지난 10년간 독자들이 남겨 주신 리뷰 중에서
가장 많이 언급한 단어순으로 강조해서 표현했습니다.

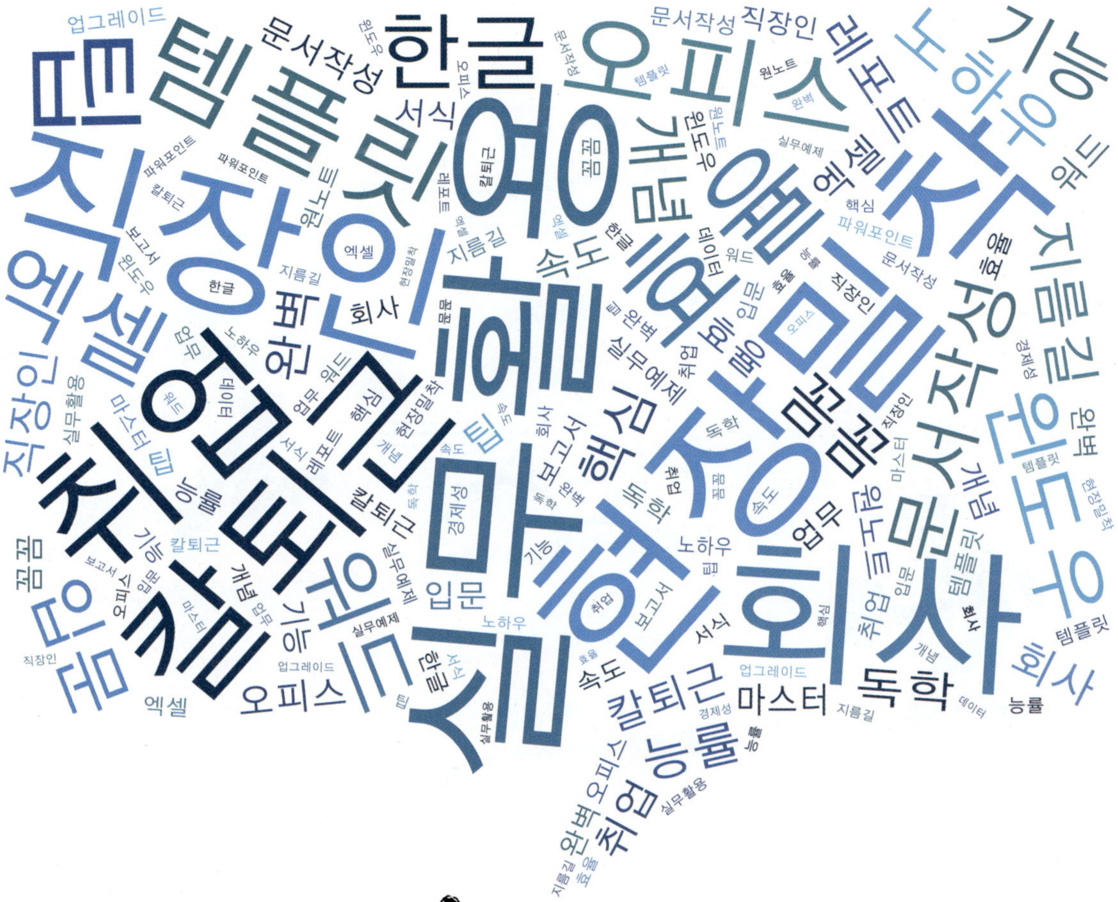

과연 회사에서 바로 통하더라!

회사통 시리즈는
직장인을 위한 '현장밀착형 입문(활용)서'이며
한빛미디어(주)의 대표 브랜드입니다.

1 단계별 학습 전략으로 쉽게, 빠르게, 바로 실무에 써먹는다

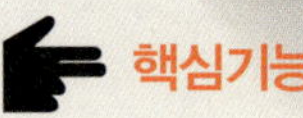

친절한 설명,
꼼꼼한 따라 하기 화면,
적재적소에 비치한 팁이
준비되어 있습니다.
엑셀 기능을 막힘없이
속 시원히 실습할 수 있도록
안내해 드립니다.

실제 업무 현장에서
사용하는 실무형
프로젝트 예제로 기능을
막힘없이 활용할 수 있도록
도와줍니다.

실무에서 자주 부딪히는
문제를 빠르고 쉽게
해결할 수 있도록 돕습니다.
프로그램 활용 능력을
업그레이드해 보세요.

2 10년간 쌓아온 현장밀착형 절대 비급을 확보하라

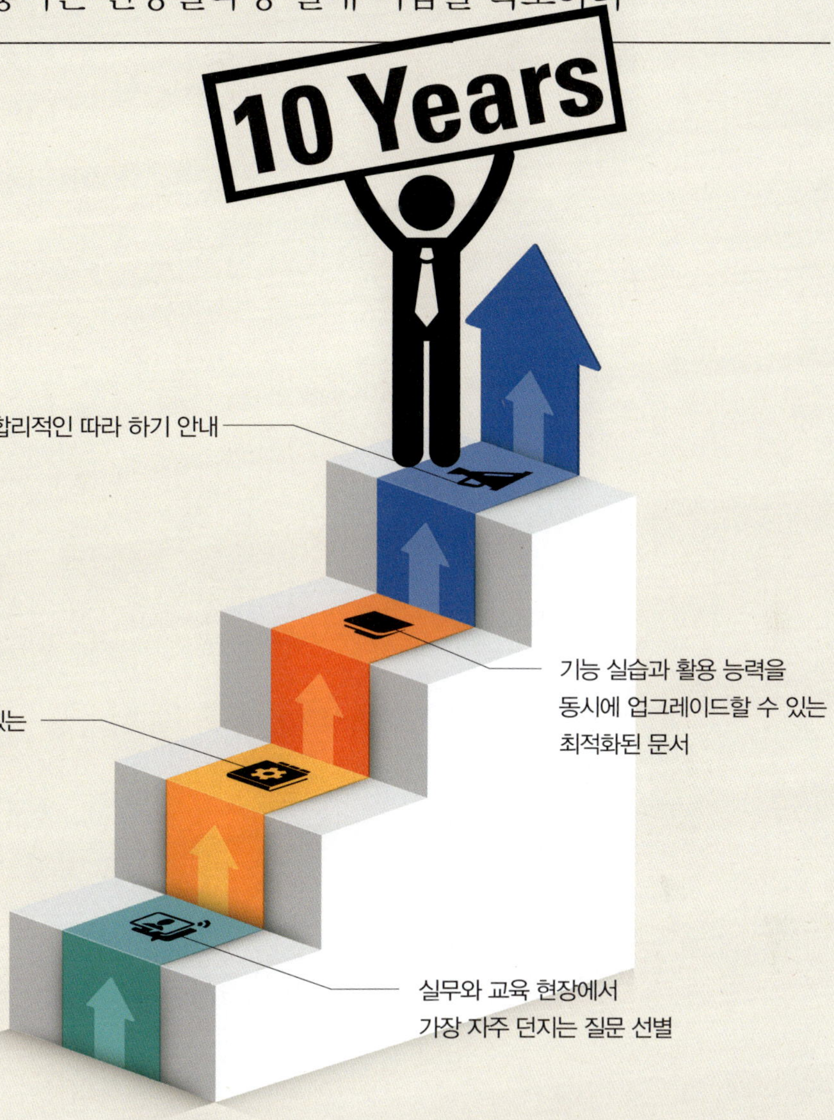

3 일과 삶의 균형을 잡으세요!

■ 칼퇴근　　　　■ 오피스의 신　　　　■ 연봉 레벨 업

회사에서 바로 통하는

엑셀 함수 실무 강의

김경자 · 송선영 지음

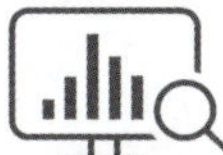

한빛미디어
Hanbit Media, Inc.

지은이 **김경자** (onwings@cpedu.co.kr)

LG전자 Learning Center에 근무하면서 IT 교육과 인연을 맺어 현재는 LG전자, 한국표준협회, 토지주택공사, 국가공무원인재개발원, 국토교통인재개발원, 대한상공회의소, 서울대학교, 중앙교육원 등에서 강의하면서 엑셀 VBA를 활용한 업무 혁신 프로그램을 개발하고 있습니다. 저서로는 《회사에서 바로 통하는 엑셀 데이터 활용+분석》(한빛미디어, 2016), 《엑셀 2016 매크로와 VBA》(정보문화사, 2016), 《엑셀 2013 기본+실무완성》(북스홀릭퍼블리싱, 2014), 《엑셀 2010 매크로&VBA》(영진닷컴, 2012), 《엑셀 2010 기본+실무완성》(북스홀릭퍼블리싱, 2010), 《엑셀 2007 매크로&VBA 기본+실무》(성안당, 2009) 등이 있습니다.

지은이 **송선영** (asanyer@hanmail.net)

한국표준협회, 삼성전자, 통계교육원, 중앙교육연수원, 경기도교육연수원, 우정공무원교육원, 단재교육연수원, 충북자치연수원, 경남교육연수원, 경북교육연수원, 부산교육연수원, 농촌진흥청 등의 교육 기관에서 IT 및 정보화 교육, MS 오피스 등의 강의를 진행하고 있습니다. 저서로는 《회사에서 바로 통하는 엑셀 데이터 활용+분석》(한빛미디어, 2016), 《엑셀 2013 기본+실무완성》(북스홀릭퍼블리싱, 2014) 등이 있습니다.

회사에서 바로 통하는
엑셀 함수 실무 강의

초판발행 2017년 05월 31일
3쇄발행 2020년 04월 03일

지은이 김경자, 송선영 / **펴낸이** 김태헌
펴낸곳 한빛미디어(주) / **주소** 서울시 서대문구 연희로2길 62 한빛미디어(주) IT출판부
전화 02-336-7129 / **팩스** 02-336-7124
등록 1999년 6월 24일 제25100-2017-000058호 / **ISBN** 978-89-6848-805-4 13000

총괄 전정아 / **책임편집** 배윤미 / **기획** 배윤미 / **편집** 박지수 / **교정교열** 전성희
디자인 내지 김연정, 표지 서채홍 / **전산편집** 오정화
영업 김형진, 김진불, 조유미 / **마케팅** 박상용, 송경석, 조수현, 홍혜은, 이행은 / **제작** 박성우, 김정우

이 책에 대한 의견이나 오탈자 및 잘못된 내용에 대한 수정 정보는 한빛미디어(주)의 홈페이지나 아래 이메일로 알려주십시오. 잘못된 책은 구입하신 서점에서 교환해 드립니다. 책값은 뒤표지에 표시되어 있습니다.
한빛미디어 홈페이지 www.hanbit.co.kr / 이메일 ask@hanbit.co.kr

지금 하지 않으면 할 수 없는 일이 있습니다.
책으로 펴내고 싶은 아이디어나 원고를 메일(**writer@hanbit.co.kr**)로 보내주세요.
한빛미디어(주)는 여러분의 소중한 경험과 지식을 기다리고 있습니다.

원하는 결과를 얻으려면 엑셀 함수를 정확히 입력해야 한다!

필자의 강의를 들으러 온 교육생 한 분이 이런 이야기를 한 적이 있습니다. VLOOKUP 함수를 사용하면 어떤 때는 결과가 잘 나오는데, 어떤 때는 결과가 제대로 나오지 않아서 함수를 신뢰할 수 없다는 내용이었습니다. 이는 VLOOKUP 함수의 형식과 조건을 정확히 이해하지 못한 상태에서 사용했을 때 일어나는 문제입니다. 엑셀 함수는 업무 상황에 맞춰 정확히 입력해야만 비로소 원하는 결과를 구해줍니다. 따라서 엑셀 함수를 잘 쓰고 싶다면 우선 기본기를 탄탄하게 다지고, 이렇게 쌓은 기본기를 바탕으로 실무에 활용할 수 있는 응용력을 키우고 발휘해야 합니다.

실무에서 바로 활용할 수 있는 프로젝트 예제를 수록했다!

이 책은 필자가 20년 동안 현장에서 엑셀 실무자를 대상으로 엑셀 수식과 함수를 강의하면서 접해온 현장감을 담아 집필하려고 노력했습니다. 업무에서 좀 더 쉽게 함수를 사용할 수 있도록 예제를 구성하고 친절한 설명을 수록했습니다. 실무형 프로젝트 예제는 회사에서 바로 사용할 수 있는 것만 선별해 구성했습니다.

엑셀 함수의 달인이 되어 엑셀 전문가로 거듭나자!

어떠한 형태로 기능을 전달해야 독자분들이 가장 잘 이해할 수 있을지, 어떤 예제를 다루어야 실무에서 적용할 때 부족함이 없을지, 그리고 수식과 함수 교육에서 가장 궁금해하는 질문 사항에는 어떤 것이 있는지 등을 차곡차곡 모아 이 책에 수록하기 위해 최선을 다했습니다. 아무쪼록 이러한 노력이 이 책으로 엑셀 함수를 학습하는 여러분에게 그대로 전달되면 좋겠습니다. 이 책을 보는 독자분들이 엑셀 함수의 달인이 되어 주위에서 부러워하는 엑셀 전문가로 거듭날 수 있길 바랍니다.

많은 사람의 시간과 노력, 그리고 정성이 들어가야 한 권의 책이 완성됩니다. 이 책은 20년 동안 강의에서 받아왔던 질문 사항을 중심축으로 구성했습니다. 궁금한 사항을 질문해준 교육생들에게 감사드립니다. 더불어 편집, 교정, 출력 담당자분들에게 감사드리며, 무엇보다 항상 함께 해준 가족과 응원해준 지인들에게 감사드립니다.

2017년 5월

김경자, 송선영

핵심기능과 실무형 프로젝트 예제로
일 잘하는 직장인으로 거듭난다!

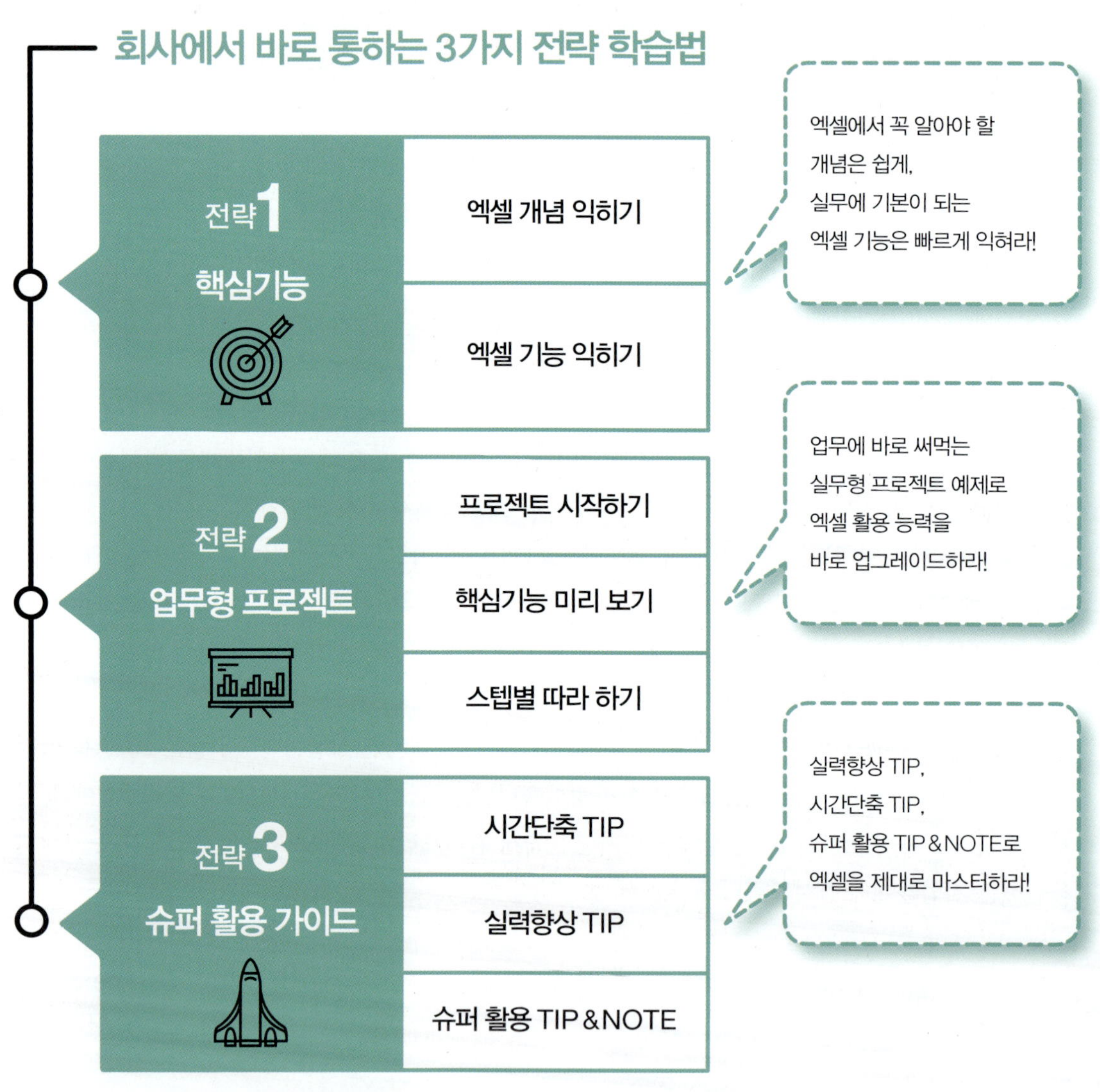

회사에서 바로 통하는 검증된 프로젝트 예제를 경험하라!

하나, 51개의 핵심기능과 프로젝트 예제
둘, 수식과 함수를 연계한 실무형 자동화 문서
셋, 엑셀의 모든 버전 사용

실무형 프로젝트 활용서에서 다루는 5가지 전략 키워드

전략 키워드 1
표 + 서식

표 데이터의 형식과 업무의 목적에 따라 유효성 검사, 조건부 서식 등을 적용하고 실무 문서를 완성할 수 있습니다.

전략 키워드 2
함수 + 자동화 문서

실무 문서의 종류에 따라 적절한 수식과 함수를 적용해 반복 작업이 필요 없는 자동화 문서를 작성할 수 있습니다.

전략 키워드 3
피벗 테이블 + 데이터 관리/분석

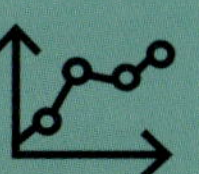

엑셀 형식에 맞지 않는 RAW 데이터도 함수와 피벗 테이블을 활용해 업무에 적합한 데이터로 가공할 수 있습니다.

전략 키워드 4
차트 + 보고서

수식과 함수를 데이터와 연결해 동적 차트로 시각화한 후 보고서, 제안서 등에 활용할 수 있습니다.

전략 키워드 5
매크로 + 업무 자동화

매크로와 VBA를 이용해 자주 쓰는 기능, 반복 업무를 자동화하고 효율적으로 처리할 수 있습니다.

PART 01

엑셀 수식과 함수를 제대로
다루는 데 꼭 필요한 핵심기능 30

엑셀에 어느 정도 익숙한 사용자라도 평소에 자주 쓰는 기능만 사용하므로 데이터를 편집하고 문서를 작성할 때 알아두면 유용한 기능에 대해 잘 알지 못하는 경우가 많습니다. 업무 효율을 확 높여주고 프로젝트 예제를 학습하는 데 기본이 되는 수식과 함수에 대해 알아보겠습니다.

회사에서 바로 통하는 키워드

채우기 옵션, 절대 참조, 이름 정의, 혼합 참조, 사용자 지정 표시 형식, 값 복사, 서식 복사, 빈 셀 선택, 자동 합계, 연결하여 붙여넣기, 수식 오류, 바꾸기, 텍스트 나누기, 공백 삭제, 통합, 날짜로 변환, 데이터 유효성 검사, 조건부 서식, 시트 보호, 피벗 테이블, 표 서식, 중복된 항목 제거, 중간값, 필터, 스핀 단추, 고급 필터, 매크로 함수, 배열 수식, 이동 옵션, 하이퍼링크, 선택하여 붙여넣기, 피벗 차트, 셀 병합 해제, 다중 피벗 테이블, 범위로 변환, 새 통합 문서로 복사, 행/열 바꿈, 유효성 검사, 선택 영역 이름 만들기, 보고서 필터 페이지 표시, 인쇄 영역 설정, 콤보 상자, 피벗 테이블 디자인, 스핀 단추, 세로 막대 차트, 스크롤 막대, 방사형 차트, 스파크라인, ActiveX 컨트롤, 이벤트 프로시저, 옵션 단추, 매크로 기록, 매크로 편집

회사에서 바로 통하는 함수

SUM, AVERAGE, INDIRECT, TYPE, IFERROR, CLEAN, SUMIF, SUMIFS, DATE, IF, AND, OR, NOT, VLOOKUP, ROUND, ROUNDUP, ROUNDDOWN, YEAR, MONTH, DAY, HOUR, MINUTE, SECOND, COUNT, COUNTA, COUNTIF, COUNTIFS, ROW, TEXT, LEFT, MID, CONCAT, GETPIVOTDATA, DCOUNTA, DSUM, DAVERAGE, PHONETIC, MEDIAN, RANK.EQ, SUBTOTAL, INDEX, MATCH, LARGE, GET.CELL, FIND, LEN, MIN, INT, GET.WORKBOOK, RIGHT, HYPERLINK, DATEDIF, TODAY, WEEKDAY, EOMONTH, CHOOSE, OFFSET, ADDRESS, SUMPRODUCT, COLUMN, HLOOKUP

PART 02

프로젝트로 업그레이드하는 엑셀 수식과 함수 활용

CHAPTER 01 외부 다운로드 데이터 편집하고 실무 활용도가 높은 집계표 만들기

외부 데이터 목록이나 표를 편집하여 실무에서 많이 쓰는 집계표를 작성할 수 있습니다. 외부 데이터를 편집할 때 업무 시간을 단축할 수 있는 함수의 활용 방법을 알아보고 편집한 데이터를 집계표로 작성해보겠습니다.

CHAPTER 02 표 데이터를 변환하여 한눈에 확인하는 보고서 작성하기

실무에서는 기존에 사용하던 엑셀 표를 다른 유형으로 변환하여 새로운 보고서로 만들어야 하는 경우가 많습니다. 대부분 수작업으로 이동, 복사, 삭제 등을 반복하는데, 적절한 함수를 사용하면 빠르게 표 유형을 변환하고 보고서를 작성할 수 있습니다.

CHAPTER 03 수식과 함수를 활용하여 반복 작업이 필요 없는 자동화 문서 만들기

수식과 함수는 자동화 문서를 만들 때 폭넓게 적용할 수 있습니다. 함수를 전부 다 익히기는 쉽지 않지만 데이터 집계나 수집에 쓰이는 함수를 잘 알아두면 복잡한 작업을 간단히 해결하여 쉽게 자동화 문서를 작성할 수 있습니다.

CHAPTER 04 함수로 데이터 분석하고 차트로 시각화하기

함수는 여러 개체와 연동하여 사용할 수 있습니다. 피벗 테이블의 데이터를 추출하거나 수식을 차트와 연결하여 동적 차트를 작성하는 등 다양한 문서 작업에 활용할 수 있습니다.

CHAPTER 05 컨트롤 도구와 함수를 활용하여 매크로 프로그램 만들기

엑셀 함수와 양식 컨트롤, 매크로 기록, VBA를 함께 사용하면 반복 작업을 효율적으로 처리하고 빠른 속도로 작업할 수 있습니다. 엑셀에서 제공하지 않는 기능은 매크로 기록과 VBA를 이용해 직접 만들어 사용해보겠습니다.

이 책의 구성

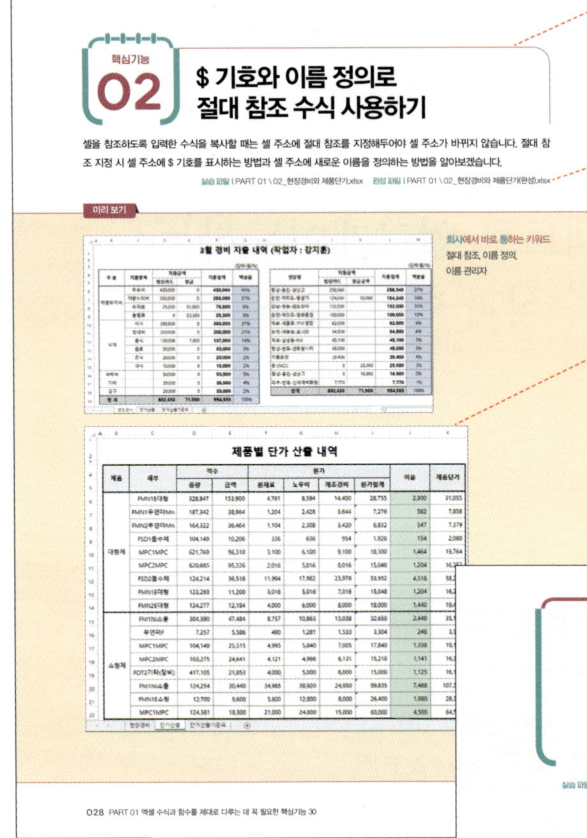

핵심기능

엑셀을 다룰 때 반드시 알아야 할 핵심기능으로 엑셀의 기본 개념을 충실히 익힐 수 있습니다.

실습 파일&완성 파일

엑셀을 학습하는 데 최적화된 예제만 선별해 수록했습니다. 예제를 따라 한 후 결과를 비교해볼 수 있습니다.

완성 화면 미리 보기

실습을 모두 완료한 후 확인할 수 있는 완성 화면을 미리 보면서 학습을 준비합니다.

프로젝트 시작하기

실제 업무에서 바로 써먹을 수 있는 실무 예제로 프로젝트를 진행할 수 있습니다. 엑셀 활용 능력을 업그레이드해줍니다.

회사에서 바로 통하는 키워드

프로젝트 예제에서 사용된 주요 기능 및 실무 문서를 다룰 때 꼭 알아야 할 엑셀 기능과 함수 등을 키워드로 뽑아 수록했습니다.

핵심기능 미리 보기

프로젝트를 구성하는 각 스텝별로 사용되는 주요 기능 및 활용 방법을 한눈에 확인할 수 있도록 구성했습니다. 프로젝트의 전 과정을 미리 살펴보고 학습할 수 있습니다.

✔ 핵심기능 미리보기

STEP 01 카드번호 표시 형식 변경하고 한 번에 입력하기

❶ [법인카드내역] 시트에서 D열의 표시 형식을 [일반]으로 변경하고 [이동 옵션]을 이용하여 카드번호 열의 빈 셀만 선택한 후 수식으로 위쪽에 표시된 셀 데이터를 한 번에 입력합니다.

❷ 수식으로 입력된 셀을 [선택하여 붙여넣기]를 이용하여 [값]으로 변경합니다.

STEP 02 법인카드 사용부서 표시하기

❶ [부서별사용카드] 시트의 목록을 이름으로 정의한 후 법인카드의 사용부서를 VLOOKUP 함수로 표시합니다.

❷ F열의 서식을 H열로 복사합니다.

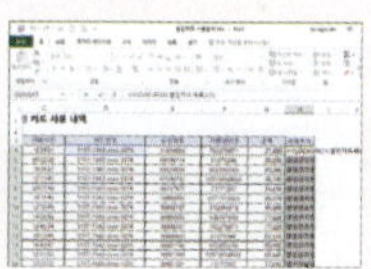

STEP 03 부서별/월별 집계표 작성하기

❶ [법인카드내역] 시트의 거래일자, 사용부서, 금액의 범위를 [선택 영역에서 이름 만들기]로 이름 정의합니다.

❷ SUM과 MONTH 함수를 배열 수식으로 입력하여 부서별/월별 법인카드 사용 금액을 계산합니다.

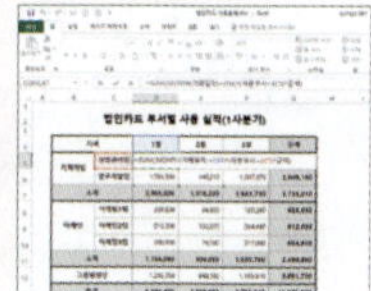

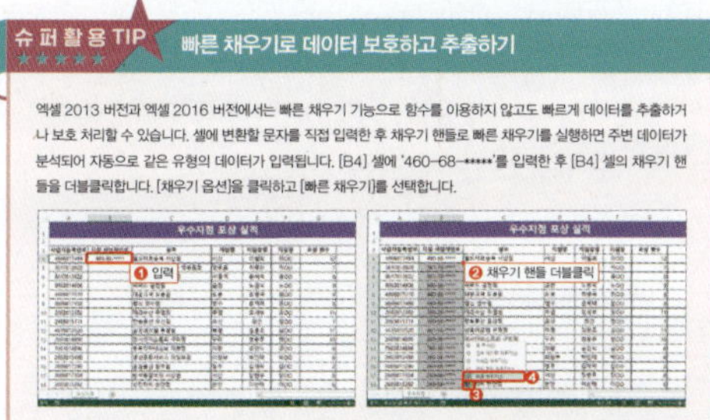

슈퍼 활용 TIP ★ 빠른 채우기로 데이터 보호하고 추출하기

엑셀 2013 버전과 엑셀 2016 버전에서는 빠른 채우기 기능으로 함수를 이용하지 않고도 빠르게 데이터를 추출하거나 보호 처리할 수 있습니다. 셀에 변환할 문자를 직접 입력한 후 채우기 핸들로 빠른 채우기를 실행하면 주변 데이터가 분석되어 자동으로 같은 유형의 데이터가 입력됩니다. [B4] 셀에 '460-68-*****'를 입력한 후 [B4] 셀의 채우기 핸들을 더블클릭합니다. [채우기 옵션]을 클릭하고 [빠른 채우기]를 선택합니다.

STEP 02 조건부 서식으로 포상실적 그래프 작성하기

G열의 포상 횟수를 이용하여 H열에 포상실적 그래프를 표시해보겠습니다. 이 그래프는 셀에 표시하는 막대그래프이므로 조건부 서식을 이용합니다.

5 포상실적 그래프에 값 입력하기 [H4] 셀에 **=G4**를 입력합니다. [H4] 셀의 채우기 핸들을 더블클릭하여 수식을 복사합니다.

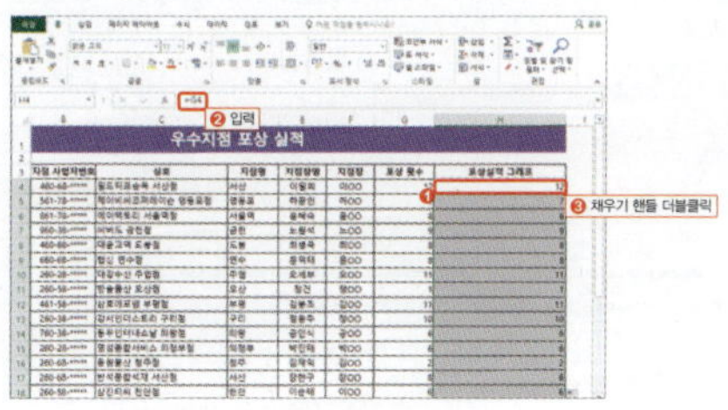

슈퍼 활용 TIP

엑셀을 활용하는 데 필요한 유용한 정보, 알고 넘어가면 좋을 참고 사항을 상세히 소개합니다.

STEP

프로젝트를 구성하는 작업 단위입니다. 스텝별로 실무형 프로젝트의 작업 과정을 익히고 실무 예제를 활용하는 데 필요한 엑셀의 핵심기능을 한 번 더 학습할 수 있습니다.

이 책의 구성

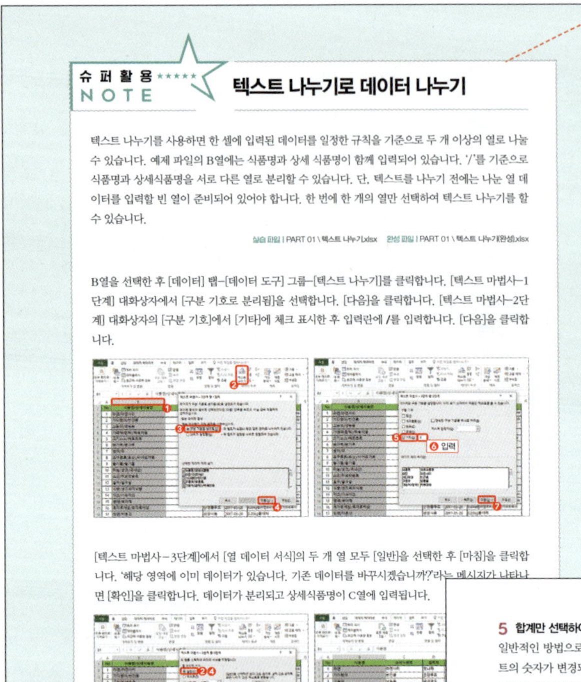

슈퍼 활용 NOTE

엑셀의 개념 및 이론 학습이 필요한 부분을 별도의 참고 페이지로 구성했습니다. 찬찬히 읽어보면서 엑셀 실력을 업그레이드할 수 있습니다.

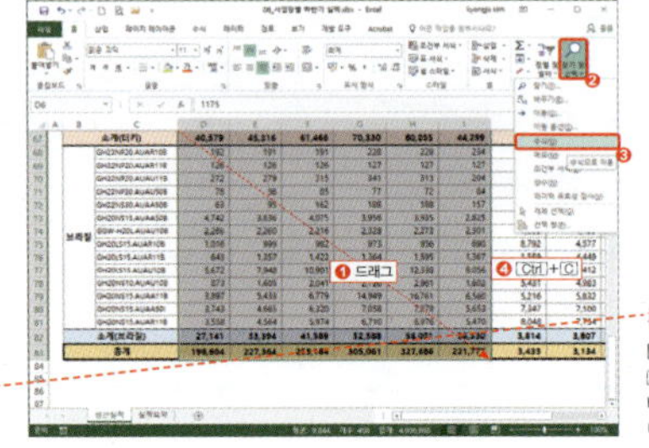

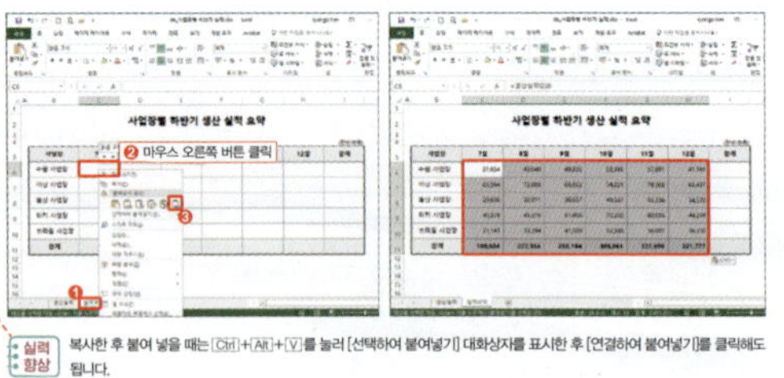

시간단축 TIP

알아두면 엑셀을 활용한 업무를 좀 더 효율적으로 할 수 있고 작업 시간을 단축할 수 있는 내용을 팁으로 수록했습니다.

실력향상 TIP

엑셀을 다루는 데 필요한 기본 개념이나 예제 실습 중 헷갈리기 쉬운 부분, 꼭 알아두어야 할 내용을 팁으로 수록했습니다.

PART 01

엑셀 수식과 함수를 제대로 다루는 데 꼭 필요한 핵심기능 30

차례

PART 02

프로젝트로 업그레이드하는 엑셀 수식과 함수 활용

엑셀 수식과 함수를 제대로 다루는 데 꼭 필요한 핵심기능 30

엑셀에서 가장 폭넓게 사용할 수 있는 기능이 수식과 함수입니다. 엑셀을 사용하는 대부분의 사용자들은 이렇게 막강한 엑셀의 계산 기능을 활용하기 위해서 엑셀을 쓴다고 해도 과언이 아닙니다. 기본이 튼튼해야 실력이 쌓이는 것처럼 수식과 함수도 기본 기능부터 탄탄하게 다져야 합니다.

PART 01에서는 엑셀의 꽃인 수식과 함수를 활용할 때 꼭 알아두어야 할 핵심기능과 엑셀 실무에서 주로 사용하는 함수를 중심으로 기능과 사용 방법을 알아보겠습니다.

엑셀 수식을 사용할 때 자주 나타나는 문제 해결하기

수식이나 함수를 입력할 때 참조할 셀을 클릭할 수 없거나 수식을 복사할 때 셀 테두리가 바뀌는 등의 경험을 종종 해보았을 것입니다. 엑셀을 사용할 때 자주 발생하는 문제의 원인을 파악하고 해결하는 방법에 대해 알아보겠습니다.

실습 파일 | PART 01 \ 01_비품 감가상각비.xlsx　　**완성 파일** | PART 01 \ 01_비품 감가상각비(완성).xlsx

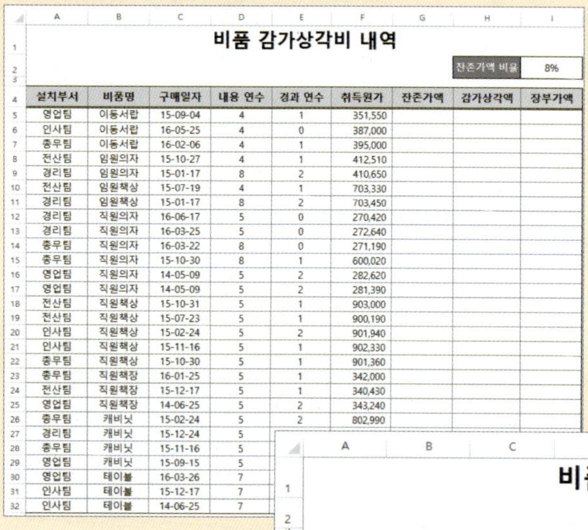

비품 감가상각비 내역

잔존가액 비율　8%

설치부서	비품명	구매일자	내용 연수	경과 연수	취득원가	잔존가액	감가상각액	장부가액
영업팀	이동서랍	15-09-04	4	1	351,550			
인사팀	이동서랍	16-05-25	4	0	387,000			
총무팀	이동서랍	16-02-06	4	1	395,000			
전산팀	임원의자	15-10-27	4	1	412,510			
경리팀	임원의자	15-01-17	8	2	410,650			
전산팀	임원책상	15-07-19	4	1	703,330			
경리팀	임원책상	15-01-17	8	2	703,450			
경리팀	직원의자	16-06-17	5	0	270,420			
경리팀	직원의자	16-03-25	5	0	272,640			
총무팀	직원의자	16-03-22	8	0	271,190			
총무팀	직원의자	15-10-30	8	1	600,020			
영업팀	직원의자	14-05-09	5	2	282,620			
영업팀	직원의자	14-05-09	5	2	281,390			
전산팀	직원책상	15-10-31	5	1	903,000			
전산팀	직원책상	15-07-23	5	1	900,190			
인사팀	직원책상	15-02-24	5	2	901,940			
인사팀	직원책상	15-11-16	5	1	902,330			
총무팀	직원책상	15-10-30	5	1	901,360			
총무팀	직원책장	16-01-25	5	1	342,000			
전산팀	직원책장	15-12-17	5	1	340,430			
영업팀	직원책장	14-06-25	5	2	343,240			
총무팀	캐비닛	15-02-24	5	2	802,990			
경리팀	캐비닛	15-12-24	5					
총무팀	캐비닛	15-11-16	5					
영업팀	캐비닛	15-09-15	5					
영업팀	테이블	16-03-26	7					
인사팀	테이블	15-12-17	7					
인사팀	테이블	14-06-25	7					

회사에서 바로 통하는 키워드　채우기 옵션, 수식 표시, 수식 입력줄 확장, Ctrl + Enter, 계산 옵션

비품 감가상각비 내역

잔존가액 비율　8%

설치부서	비품명	구매일자	내용 연수	경과 연수	취득원가	잔존가액	감가상각액	장부가액
영업팀	이동서랍	15-09-04	4	1	351,550	28,120	80,850	270,700
인사팀	이동서랍	16-05-25	4	0	387,000	30,960	-	387,000
총무팀	이동서랍	16-02-06	4	1	395,000	31,600	90,850	304,150
전산팀	임원의자	15-10-27	4	1	412,510	33,000	94,870	317,640
경리팀	임원의자	15-01-17	8	2	410,650	32,850	94,450	316,200
전산팀	임원책상	15-07-19	4	1	703,330	56,260	161,760	541,570
경리팀	임원책상	15-01-17	8	2	703,450	56,270	161,790	541,660
경리팀	직원의자	16-06-17	5	0	270,420	21,630	-	270,420
경리팀	직원의자	16-03-25	5	0	272,640	21,810	-	272,640
총무팀	직원의자	16-03-22	8	0	271,190	21,690	-	271,190
총무팀	직원의자	15-10-30	8	1	600,020	48,000	69,000	531,020
영업팀	직원의자	14-05-09	5	2	282,620	22,600	104,000	178,620
영업팀	직원의자	14-05-09	5	2	281,390	22,510	103,550	177,840
전산팀	직원책상	15-10-31	5	1	903,000	72,240	166,150	736,850
전산팀	직원책상	15-07-23	5	1	900,190	72,010	165,630	734,560
인사팀	직원책상	15-02-24	5	2	901,940	72,150	331,910	570,030
인사팀	직원책상	15-11-16	5	1	902,330	72,180	166,030	736,300
총무팀	직원책상	15-10-30	5	1	901,360	72,100	165,850	735,510
총무팀	직원책장	16-01-25	5	1	342,000	27,360	62,920	279,080
전산팀	직원책장	15-12-17	5	1	340,430	27,230	62,640	277,790
영업팀	직원책장	14-06-25	5	2	343,240	27,450	126,310	216,930
총무팀	캐비닛	15-02-24	5	2	802,990	64,230	295,500	507,490
경리팀	캐비닛	15-12-24	5	1	801,320	64,100	147,440	653,880
총무팀	캐비닛	15-11-16	5	1	802,320	64,180	147,620	654,700
영업팀	캐비닛	15-09-15	5	1	801,270	64,100	147,430	653,840
영업팀	테이블	16-03-26	7	0	402,690	32,210	-	402,690
인사팀	테이블	15-12-17	7	1	402,950	32,230	52,960	349,990
인사팀	테이블	14-06-25	7	2	402,120	32,160	105,700	296,420

1 참조할 셀이 클릭되지 않는 문제 해결하기 셀에 입력하는 수식이 길면 왼쪽 열이나 오른쪽 열까지 수식이 표시되어 수식에 참조할 셀을 클릭할 수 없습니다. [G5] 셀에 **=ROUNDDOWN(**을 입력한 후 참조할 셀로 [F5] 셀을 클릭해야 하는데 [G5] 셀에 입력된 수식이 길어 [F5] 셀을 가리고 있으므로 [F5] 셀을 클릭하기 어렵습니다. 이때는 주변에 있는 다른 셀인 [F4] 셀을 먼저 클릭한 후 ↓를 눌러 수식에 [F5] 셀을 입력합니다.

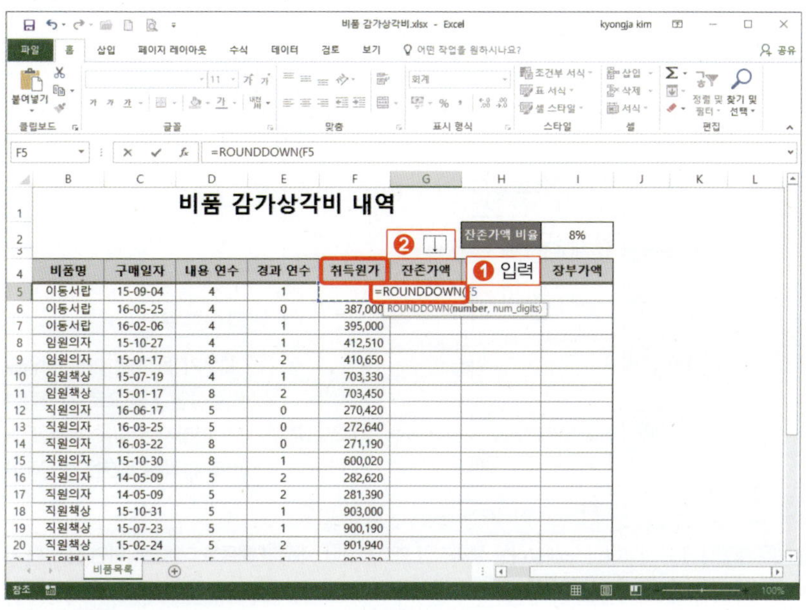

2 [F5] 셀이 입력되었다면 ***$I$2,−1)**을 마저 입력하여 수식을 완성합니다. 긴 수식을 수정할 때는 셀에서 직접 수정하기보다는 수식 입력줄을 이용합니다. 수식 입력줄을 클릭하면 왼쪽 열이나 오른쪽 열의 데이터를 가리지 않기 때문에 참조할 셀을 클릭하기가 편리합니다.

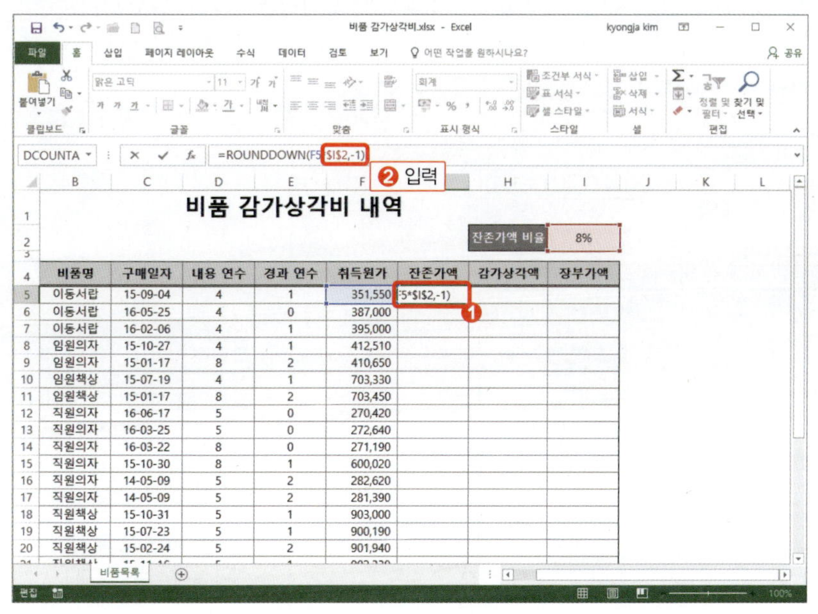

실력 향상

셀에 수식이나 데이터를 입력할 때 수식 입력줄에서만 입력 또는 수정할 수 있도록 제한할 수 있습니다. [파일]–[옵션]을 선택한 후 [Excel 옵션] 대화상자에서 [고급] 항목 중 [셀에서 직접 편집 허용]의 체크 표시를 해제합니다.

3 복사할 때 셀 테두리가 바뀌는 문제 해결하기 [G5] 셀의 채우기 핸들을 더블클릭하거나 드래그해 복사하면 [G5] 셀의 수식뿐만 아니라 셀 서식까지 함께 복사되어 셀의 테두리 선이 변경됩니다. 이때는 채우기 핸들을 더블클릭하거나 드래그했을 때 나타나는 [채우기 옵션]을 클릭한 후 [서식 없이 채우기]를 선택합니다.

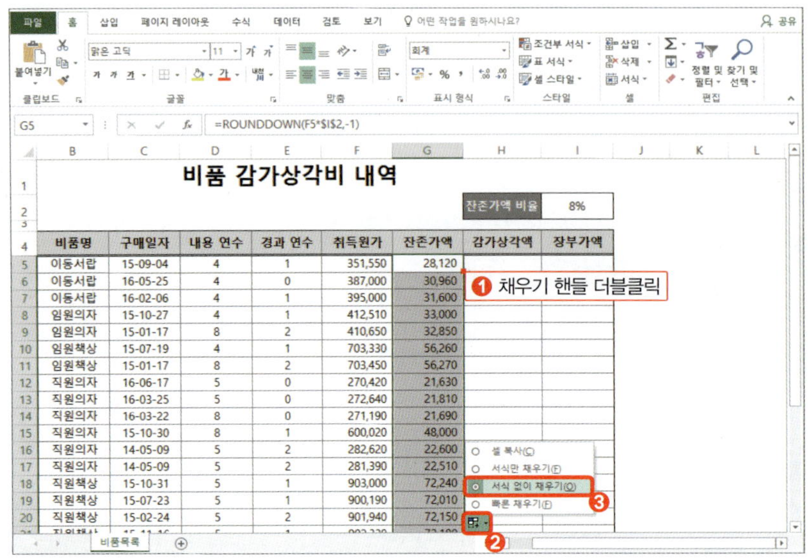

실력 향상
[채우기 옵션]은 다른 작업을 진행하면 자동으로 사라집니다. 따라서 수식을 복사한 후 바로 클릭해 옵션을 변경해야 합니다.

실력 향상
수식이나 값을 복사할 때 채우기 핸들을 드래그하면 드래그하는 셀까지만 복사됩니다. 채우기 핸들을 더블클릭하면 첫 번째 기준으로 왼쪽 열인 F열에서 데이터가 채워진 곳까지만 복사되고, 왼쪽 열이 비어 있으면 두 번째 기준으로 오른쪽 열인 H열에서 데이터가 채워진 곳까지만 복사됩니다.

4 수식을 입력할 때 범위를 미리 선택한 후 수식을 입력하고 Ctrl + Enter 를 누르면 수식 복사 시 테두리가 변경되지 않습니다. [H5:H32] 셀 범위를 선택한 후 **=ROUNDDOWN((F5−G5)/D5*E5,−1)**을 입력합니다. Ctrl + Enter 를 누르면 선택된 셀에 수식이 동시에 입력되고 셀 테두리는 변경되지 않습니다.

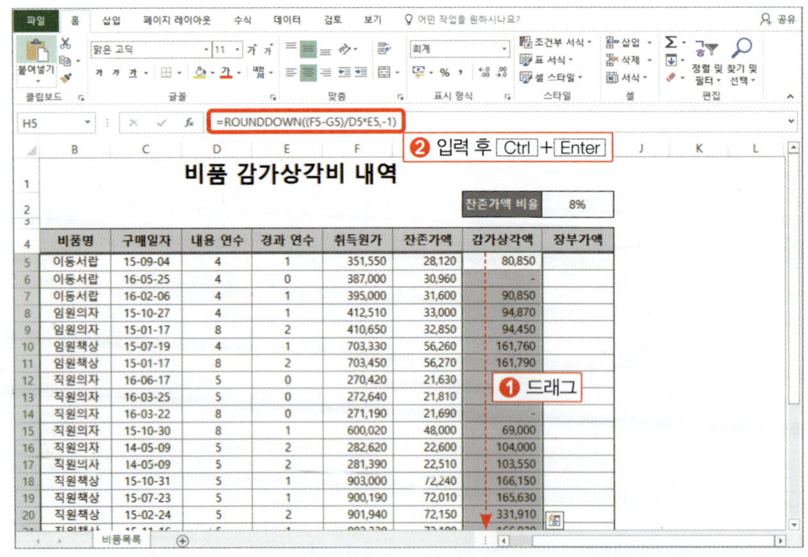

실력 향상
셀 범위를 선택한 후 다시 [H5] 셀을 클릭하면 선택된 셀 범위가 해제됩니다. 셀 범위가 선택된 상태에서 수식을 입력해야 Ctrl + Enter 를 눌렀을 때 수식이 동시에 입력됩니다.

5 **셀에 수식 표시하기** 셀에는 수식의 결과가 표시되고 수식은 수식 입력줄에 표시됩니다. 만약 셀에 수식을 모두 표시하려면 [수식] 탭-[수식 분석] 그룹-[수식 표시]를 클릭합니다. [수식 표시]를 다시 클릭하면 셀에 수식의 결과가 표시됩니다. 입력된 수식이 길어서 수식 입력줄에 모두 표시되지 않을 경우 수식 입력줄을 확장하여 사용합니다. 수식 입력줄의 [확장 단추 ▾]를 클릭합니다. 수식 입력줄이 넓게 표시되고 다시 [축소 단추 ▴]를 클릭하면 좁아집니다.

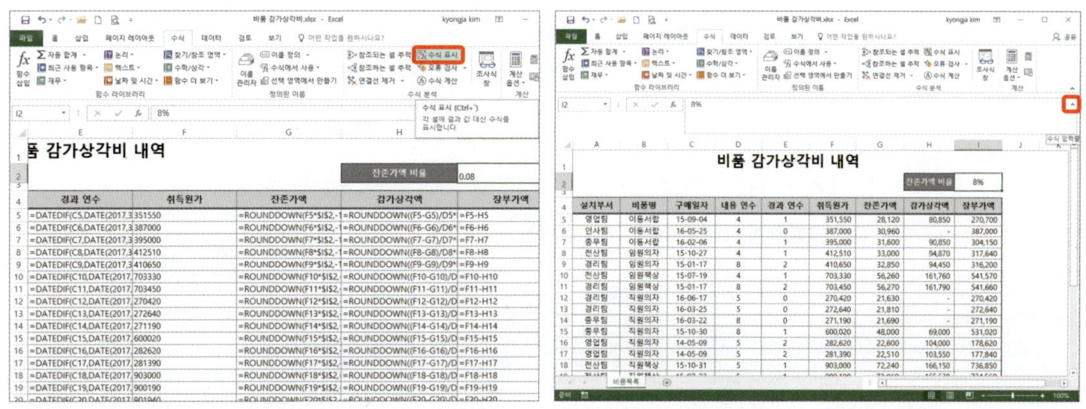

시간 단축 수식 표시 설정과 해제 단축키는 Ctrl + ` 입니다.

6 **계산 옵션 확인하기** 수식에서 참조한 셀 데이터가 변경되면 수식의 결과는 자동으로 변경됩니다. 참조한 셀 데이터가 바뀌지 않으면 수식이 변경되지 않는다면 계산 옵션이 수동으로 설정되어 있는지 확인합니다. [수식] 탭-[계산] 그룹-[계산 옵션]을 클릭합니다. [계산 옵션]이 [수동]으로 설정되어 있다면 [자동]으로 변경합니다.

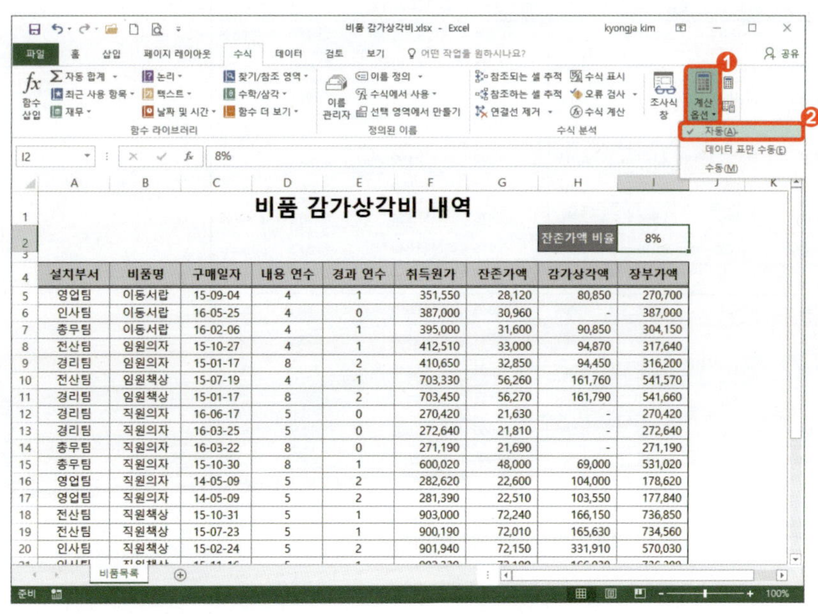

$ 기호와 이름 정의로 절대 참조 수식 사용하기

셀을 참조하도록 입력한 수식을 복사할 때는 셀 주소에 절대 참조를 지정해두어야 셀 주소가 바뀌지 않습니다. 절대 참조 지정 시 셀 주소에 $ 기호를 표시하는 방법과 셀 주소에 새로운 이름을 정의하는 방법을 알아보겠습니다.

실습 파일 | PART 01 \ 02_현장경비와 제품단가.xlsx　　**완성 파일** | PART 01 \ 02_현장경비와 제품단가(완성).xlsx

3월 경비 지출 내역 (작업자 : 강지훈)

(단위:원/%)

구 분	지출항목	지출금액 법인카드	지출금액 현금	지출합계	백분율
차량유지비	주유비	430,000	0	430,000	45%
	차량수리비	253,000	0	253,000	27%
	주차료	25,000	51,800	76,800	8%
	통행료	0	25,300	25,300	3%
식대	석식	350,000	0	350,000	37%
	접대비	200,000	0	200,000	21%
	중식	130,000	7,000	137,000	14%
	음료	30,000	0	30,000	3%
	조식	20,000	0	20,000	2%
	야식	15,000	0	15,000	2%
숙박비		50,000	0	50,000	5%
기타		35,000	0	35,000	4%
공구		20,000	0	20,000	2%
합 계		882,650	71,900	954,550	100%

(단위:원/%)

현장명	지출금액 법인카드	지출금액 현금금액	지출합계	백분율
명성-용인-성산고	256,340		256,340	27%
온민-여의도-증권가	124,240	30,000	154,240	16%
강남-명동-엠프라자	152,000		152,000	16%
온민-여의도-영화증권	100,000		100,000	10%
국보-세종로-7F수영장	62,000		62,000	6%
온민-세종로-포시즌	54,800		54,800	6%
국보-삼성동-SM	45,100		45,100	5%
명성-반포-센트럴시티	45,000		45,000	5%
기흥공장	35,400		35,400	4%
용산KCC	0	25,000	25,000	3%
명성-용인-성산고	0	16,900	16,900	2%
다우-반포-신세계백화점	7,770		7,770	1%
합계	882,650	71,900	954,550	100%

현장경비　단가산출　단가산출기준표

회사에서 바로 통하는 키워드

절대 참조, 이름 정의, 이름 관리자

제품별 단가 산출 내역

제품	세부	적수 중량	적수 금액	원가 원재료	원가 노무비	원가 제조경비	원가 원가합계	이윤	제품단가
대형제	FMN1E대형	328,847	153,900	4,761	9,594	14,400	28,755	2,300	31,055
	FMN1무연마Mn	187,342	38,964	1,204	2,428	3,644	7,276	582	7,858
	FMN2무연마Mn	164,322	36,464	1,104	2,308	3,420	6,832	547	7,379
	FSD1흡수체	104,149	10,206	336	636	954	1,926	154	2,080
	MPC1MPC	621,769	96,310	3,100	6,100	9,100	18,300	1,464	19,764
	MPC2MPC	620,685	95,226	2,016	5,016	8,016	15,048	1,204	16,252
	FSD2흡수체	124,214	36,516	11,994	17,982	23,976	53,952	4,316	58,268
	FMN1E대형	123,293	11,200	3,016	5,016	7,016	15,048	1,204	16,252
	FMN2E대형	124,277	12,184	4,000	6,000	8,000	18,000	1,440	19,440
소형제	FNI1Ni소물	304,390	47,484	8,757	10,863	13,038	32,658	2,449	35,107
	무연마F	7,257	5,586	490	1,281	1,533	3,304	248	3,552
	MPC1MPC	104,149	25,515	4,995	5,840	7,005	17,840	1,338	19,178
	MPC2MPC	103,275	24,641	4,121	4,966	6,131	15,218	1,141	16,359
	FOT2기타(장비)	417,105	21,853	4,000	5,000	6,000	15,000	1,125	16,125
	FNI1Ni소물	124,254	30,440	34,965	39,920	24,950	99,835	7,488	107,323
	FMN1E소형	12,700	9,600	5,600	12,800	8,000	26,400	1,980	28,380
	MPC1MPC	124,381	18,300	21,000	24,000	15,000	60,000	4,500	64,500

현장경비　단가산출　단가산출기준표

1 **$ 기호로 절대 참조 수식 사용하기** [현장경비] 시트의 G열과 M열에 '=지출합계/전체합계'의 수식을 입력하여 지출의 비중을 구해보겠습니다. 지출합계는 각 항목마다 다르지만 전체합계는 한 셀을 여러 수식에서 동일하게 참조해야 하므로 절대 참조로 지정해야 합니다. [G6] 셀에 **=F6/F19**를 입력합니다. 전체합계인 [F19] 셀이 'F19'로 입력된 상태에서 F4 를 눌러 절대 참조로 변경합니다. 행 번호와 열 이름 앞에 '$' 기호가 추가되어 **$F$19**로 표시됩니다. Enter 를 누릅니다.

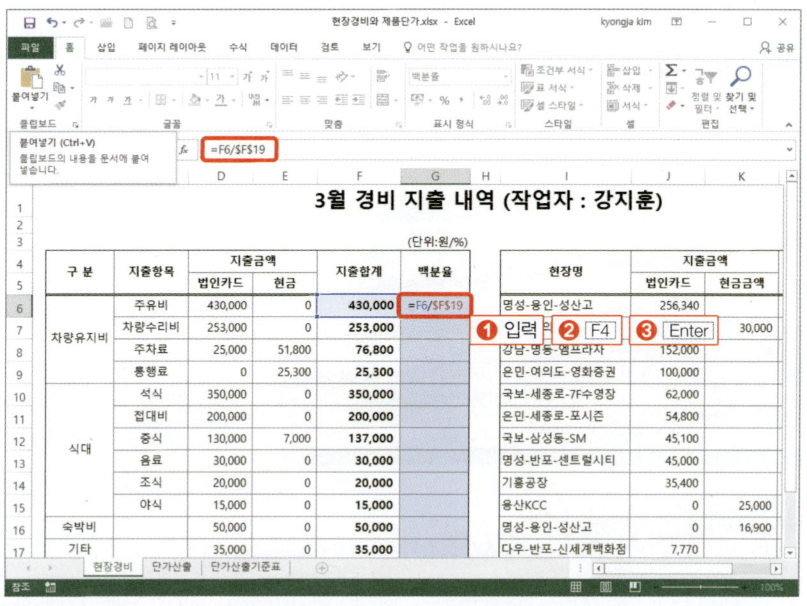

2 수식을 복사하기 위해 [G6] 셀의 채우기 핸들을 더블클릭합니다. 수식과 함께 서식도 복사되어 테두리 선이 변경되었습니다. [채우기 옵션]을 클릭하고 [서식 없이 채우기]를 선택합니다.

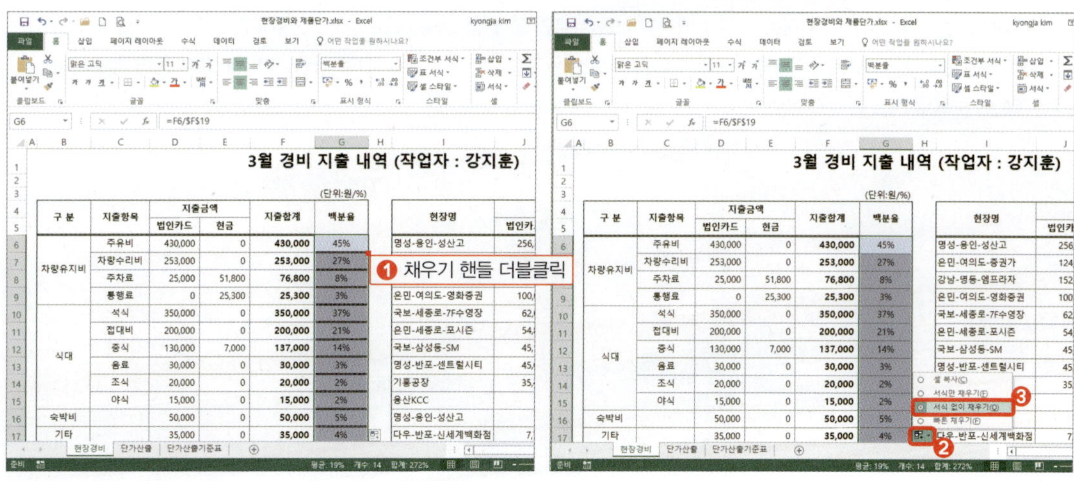

3 [M6] 셀에 **=L6/$L$18**을 입력합니다. [M6] 셀의 채우기 핸들을 더블클릭한 후 [채우기 옵션]을 클릭하고 [서식 없이 채우기]를 선택합니다.

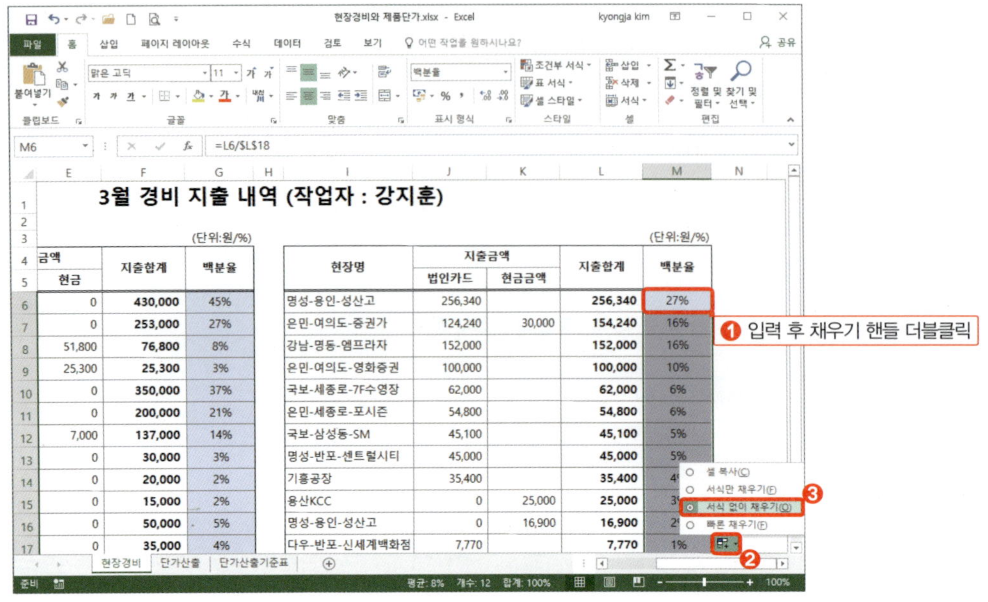

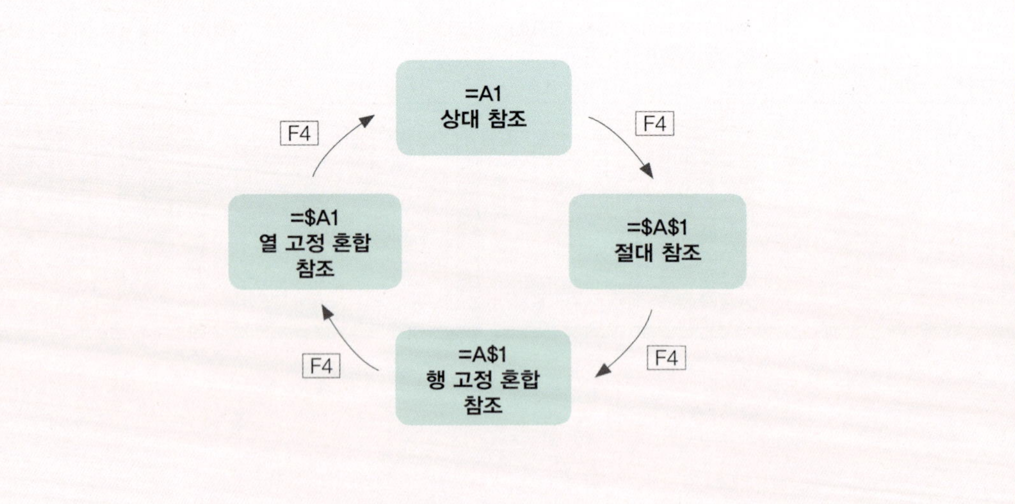

슈퍼활용 TIP 상대 참조, 절대 참조, 혼합 참조 알아보기

셀을 참조하여 입력한 수식을 다른 셀에 복사했을 때 복사한 수식의 셀 주소가 바뀌면 상대 참조, 바뀌지 않으면 절대 참조, 행과 열 중 하나만 바뀌면 혼합 참조라고 합니다. 셀 참조 방식을 변경하려면 $ 기호를 직접 입력하거나 F4 를 누릅니다. 상대 참조(A1)로 지정된 셀 주소에서 F4 를 누르면 절대 참조($A$1)로 바뀌고, 절대 참조에서 F4 를 누르면 행 고정 혼합 참조(A$1)로 바뀌며, 다시 F4 를 누르면 열 고정 혼합 참조($A1)로 바뀝니다. 열 고정 혼합 참조에서 F4 를 누르면 처음 상태인 상대 참조(A1)로 바뀌어 순환되는 형태입니다.

4 **이름 정의하기** 참조할 셀을 일반적인 문자로 이름 정의하여 수식(절대 참조 형식으로)에 입력해보겠습니다. [단가산출기준표] 시트를 선택합니다. [D5] 셀을 클릭합니다. [이름 상자]에 **대형제**를 입력한 후 Enter를 누릅니다. [D5] 셀이 [대형제]라는 이름으로 정의되었습니다.

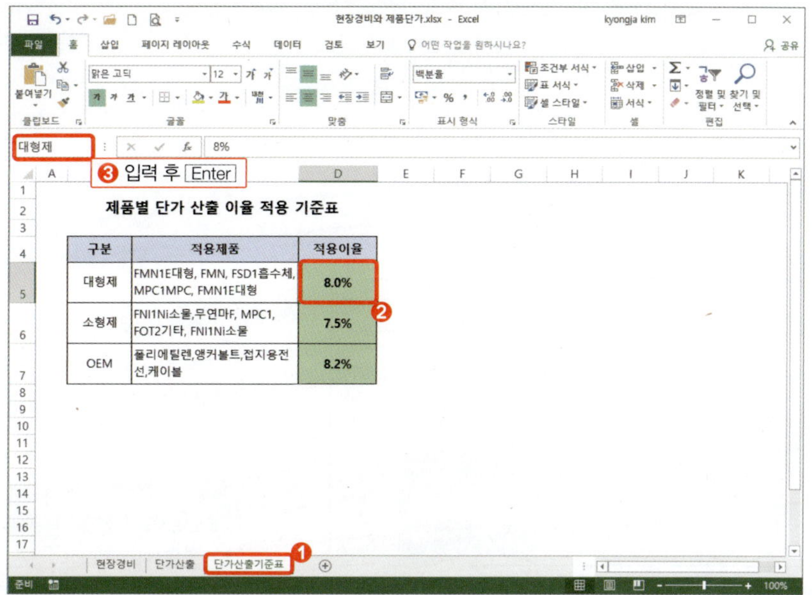

> **실력 향상** 셀 주소는 열 이름과 행 번호로 구성되어 상대 참조 수식을 복사하면 셀 주소가 바뀝니다. 그러나 셀 주소를 일반적인 문자로 정의하면 상대 참조 수식이 적용되지 않고 절대 참조 수식으로만 적용됩니다.

5 같은 방법으로 [D6] 셀을 클릭합니다. [이름 상자]에 **소형제**를 입력한 후 Enter를 누릅니다. [D7] 셀을 클릭합니다. [이름 상자]에 **OEM**을 입력한 후 Enter를 누릅니다.

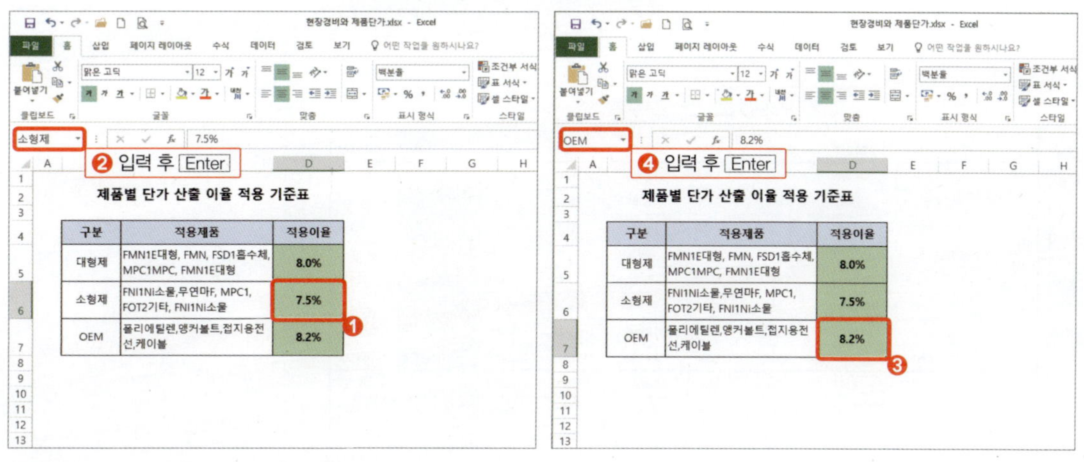

> **실력 향상** 이름을 지정할 때는 규칙을 따라야 합니다. 이름의 첫 글자는 반드시 문자(가나다, ABC 등)로 시작해야 하며 문자 뒤에는 숫자를 사용할 수 있습니다. 특수 문자와 공백은 사용할 수 없지만 언더바(_)는 사용할 수 있습니다.

6 **정의된 이름으로 절대 참조 수식 사용하기** [단가산출기준표] 시트에서 정의한 이름을 사용하여 [단가산출] 시트에서 대형제의 이윤을 구해보겠습니다. [단가산출] 시트에서 [J6:J14] 셀 범위를 선택한 후 **=I6*대형제**를 입력하고 Ctrl + Enter 를 누릅니다. [J6:J14] 셀 범위에 수식이 동시에 입력됩니다. [I6] 셀은 상대 참조로, 이름으로 정의한 [대형제]는 절대 참조로 사용되었습니다.

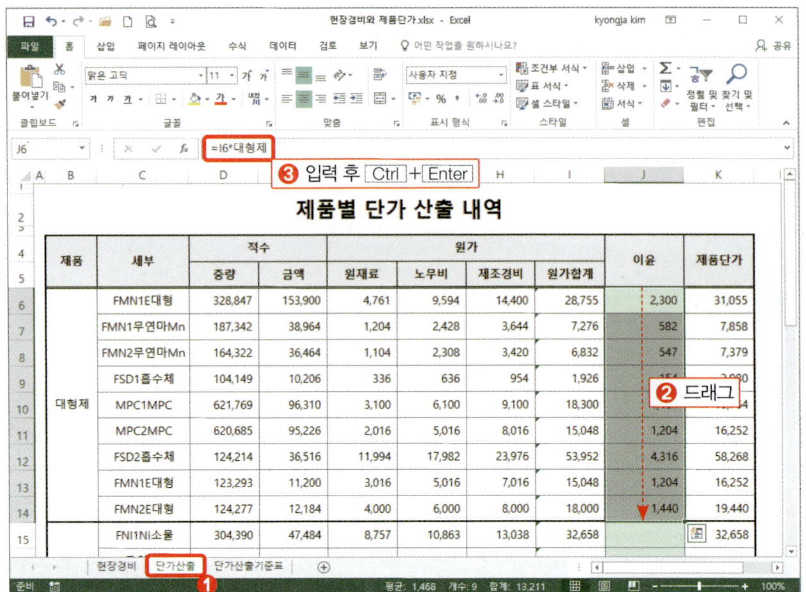

실력 향상

이름을 정의하면 셀의 위치와 함께 시트명도 지정되기 때문에 일반적인 문자로 정의한 이름을 수식에서 참조할 때는 시트명을 입력하지 않습니다.

7 소형제의 이윤을 구해보겠습니다. [J15:J22] 셀 범위를 선택한 후 **=I15*소형제**를 입력하고 Ctrl + Enter 를 누릅니다. [J15:J22] 셀 범위에 수식이 동시에 입력됩니다.

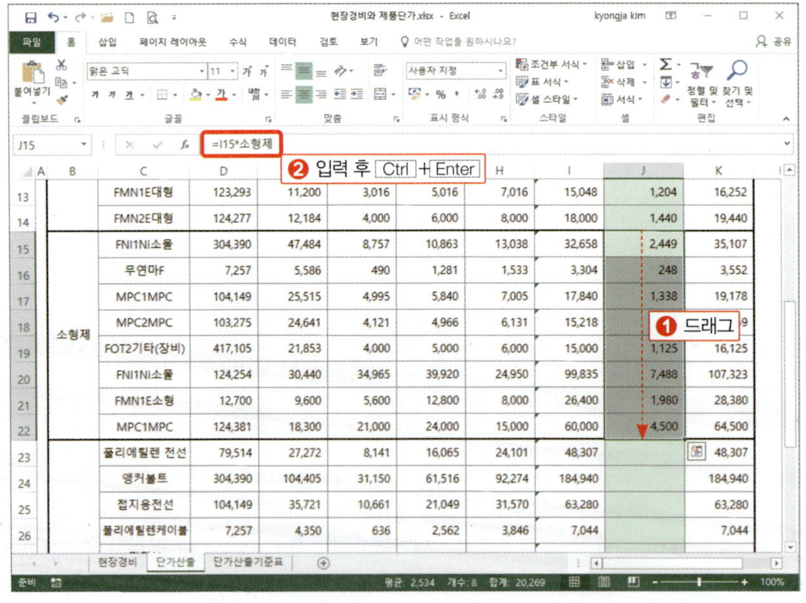

8 OEM의 이윤을 구해보겠습니다. [J23:J35] 셀 범위를 선택한 후 **=I23*OEM**을 입력하고 Ctrl + Enter 를 누릅니다. [J23:J35] 셀 범위에 수식이 동시에 입력됩니다.

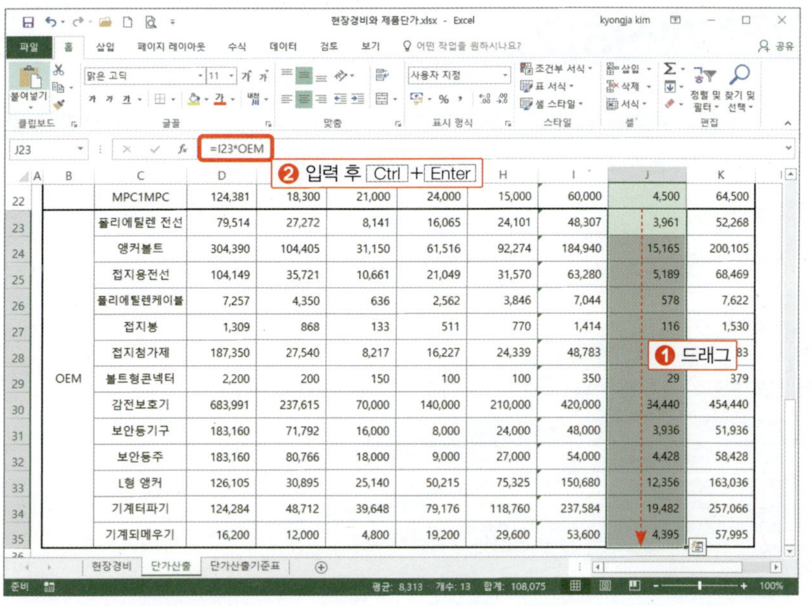

정의된 이름 관리하기

셀이나 범위를 이름으로 정의했을 경우 [이름 상자]에서 목록 단추를 클릭하면 통합 문서에 정의된 이름이 모두 나타납니다. 목록에 나타나는 이름을 클릭하면 해당 이름으로 정의된 셀을 선택할 수 있습니다. 정의된 이름을 편집하거나 삭제할 때는 [수식] 탭-[정의된 이름] 그룹-[이름 관리자]를 사용합니다. [이름 관리자] 대화상자를 표시하는 단축키는 Ctrl + F3 입니다.

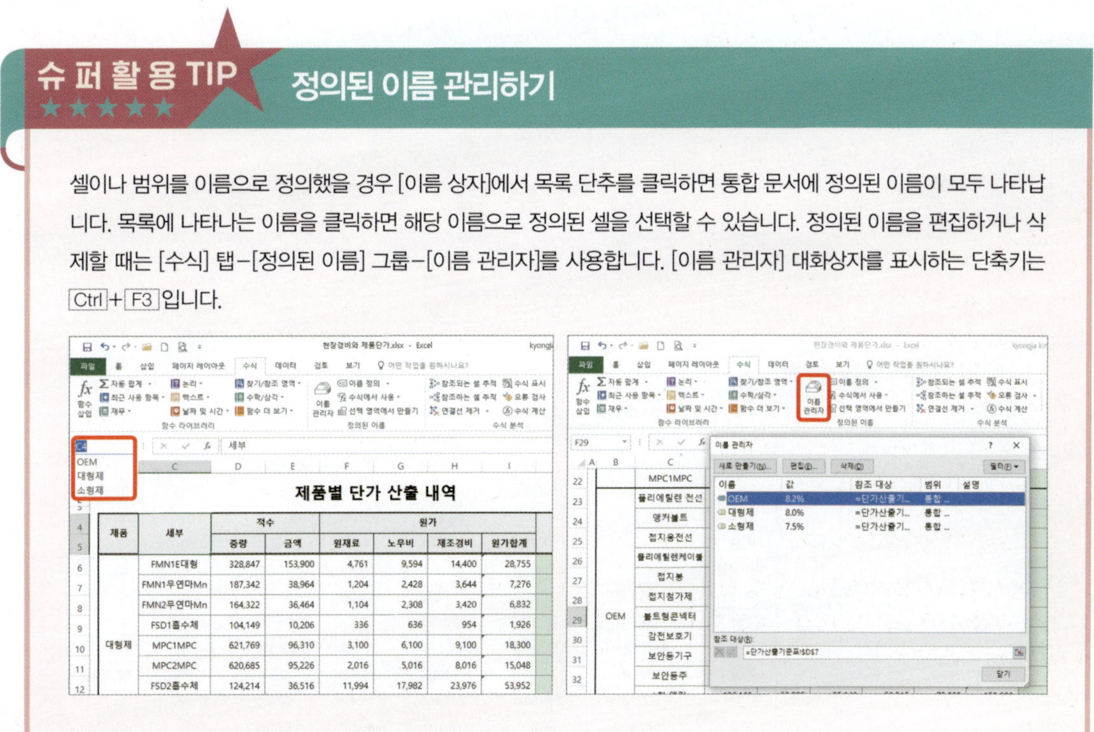

핵심기능
03 혼합 참조로 사업부별 실적 분석표 일괄 계산하기

혼합 참조는 셀 주소의 열이나 행 중 하나만 고정하는 방식으로 '$A1' 또는 'A$1'과 같이 사용합니다. 수식을 행 방향, 열 방향으로 모두 복사해야 할 때 주로 사용하며 셀 주소에서 $ 기호가 붙은 열이나 행은 변경되지 않습니다.

실습 파일 | PART 01 \ 03_사업부별 실적분석.xlsx **완성 파일** | PART 01 \ 03_사업부별 실적분석(완성).xlsx

미리 보기

사업부별 실적분석

구분		전년도 실적	계획	실적	1/4분기	2/4분기	3/4분기	4/4분기	비고
전체 합계		2,102,551	985,290	933,832	90.3%	91.5%	81.1%	72.4%	
국내 사업부	에너지	132,826	107,832	97,398	81.1%	89.9%	83.1%	85.8%	
	환경	54,810	13,450	10,689	70.2%	87.0%	84.4%	94.5%	
	건설	127,441	103,313	101,147	93.1%	94.8%	85.9%	89.4%	
	합계	315,077	224,595	209,235	81.4%	90.5%	84.5%	89.9%	
	비율								
중국 법인	에너지	22,648	19,660	20,741	93.7%	92.8%	74.4%	74.6%	
	환경	4,571	2,162	351	82.2%	86.9%	55.8%	52.6%	
	건설	12,296	19,622	19,411	99.9%	95.4%	86.5%	85.3%	
	합계	39,515	41,445	40,503	91.9%	91.7%	72.2%	70.8%	
	비율								
유럽 법인	에너지	145,515	118,013	117,326	96.8%	94.6%	84.1%	82.4%	
	환경	354,710	13,208	11,078	95.5%	87.7%	82.4%	81.2%	
	건설	109,804	95,385	88,775	99.2%	94.7%	85.6%	87.2%	
	합계	610,029	226,606	217,179	97.2%	92.3%	84.0%	83.6%	
	비율								
동남아 법인	에너지	300,989	245,505	235,465	89.4%	92.4%	82.9%	44.7%	
	환경	58							
	건설	24							
	합계	1,137							
	비율								

사업부별 실적분석

구분		전년도 실적	계획	실적	1/4분기	2/4분기	3/4분기	4/4분기	비고
전체 합계		2,102,551	985,290	933,832	90.3%	91.5%	81.1%	72.4%	
국내 사업부	에너지	132,826	107,832	97,398	81.1%	89.9%	83.1%	85.8%	
	환경	54,810	13,450	10,689	70.2%	87.0%	84.4%	94.5%	
	건설	127,441	103,313	101,147	93.1%	94.8%	85.9%	89.4%	
	합계	315,077	224,595	209,235	81.4%	90.5%	84.5%	89.9%	
	비율	15.0%	22.8%	22.4%	▽8.9%	▽1.0%	3.4%	17.5%	
중국 법인	에너지	22,648	19,660	20,741	93.7%	92.8%	74.4%	74.6%	
	환경	4,571	2,162	351	82.2%	86.9%	55.8%	52.6%	
	건설	12,296	19,622	19,411	99.9%	95.4%	86.5%	85.3%	
	합계	39,515	41,445	40,503	91.9%	91.7%	72.2%	70.8%	
	비율	1.9%	4.2%	4.3%	1.7%	0.2%	▽8.8%	▽1.6%	
유럽 법인	에너지	145,515	118,013	117,326	96.8%	94.6%	84.1%	82.4%	
	환경	354,710	13,208	11,078	95.5%	87.7%	82.4%	81.2%	
	건설	109,804	95,385	88,775	99.2%	94.7%	85.6%	87.2%	
	합계	610,029	226,606	217,179	97.2%	92.3%	84.0%	83.6%	
	비율	29.0%	23.0%	23.3%	6.9%	0.8%	2.9%	11.2%	
동남아 법인	에너지	300,989	245,505	235,465	89.4%	92.4%	82.9%	44.7%	
	환경	587,400	28,820	22,118	86.5%	87.5%	82.2%	45.6%	
	건설	249,541	218,320	209,333	96.1%	94.8%	85.8%	45.9%	
	합계	1,137,930	492,645	466,916	90.7%	91.6%	83.6%	45.4%	
	비율	54.1%	50.0%	50.0%	0.4%	0.0%	2.5%	▽27.1%	

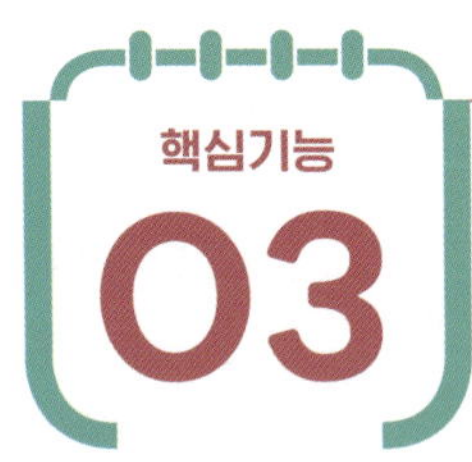

회사에서 바로 통하는 키워드
혼합 참조, 음수 표시 형식, 사용자 지정 표시 형식 기호

1 **혼합 참조 수식 입력하기** 사업부별 실적분석표에서 '=각사업부별 합계/전체합계'의 수식을 적용하여 계획과 실적의 비율을 구해보겠습니다. 절대 참조를 사용하면 각 사업부별로 수식을 각각 입력해야 하지만 혼합 참조를 사용하면 수식을 한 번만 입력해도 비율을 구할 수 있습니다. [D9:F9] 셀 범위를 선택합니다. Ctrl 을 누른 상태에서 [D14:F14], [D19:F19], [D24:F24] 셀 범위를 각각 드래그한 후 **=D23/D$4** 를 입력하고 Ctrl + Enter 를 누릅니다. 선택된 범위의 비율이 구해집니다.

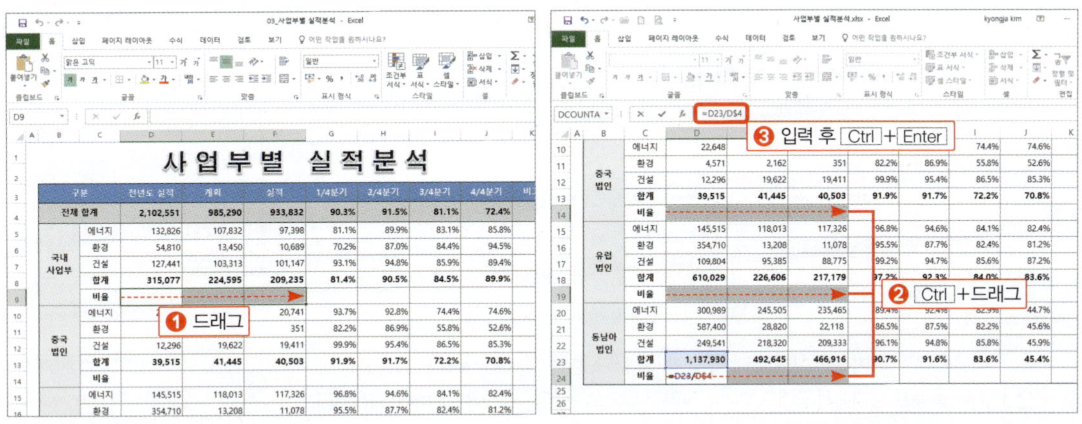

실력 향상 'D$4'는 행을 고정하는 행 고정 혼합 참조로 F4 를 두 번 눌러서 지정합니다. 또한 Ctrl + Enter 를 누르면 범위가 선택된 셀에 수식이 동시에 입력되는데, 수식을 복사하는 것처럼 상대 참조와 혼합 참조가 그대로 반영되어 비율이 정확히 계산됩니다.

2 **비율 표시 형식 설정하기** 구해진 비율에 백분율 표시 형식을 설정해보겠습니다. [홈] 탭-[표시 형식] 그룹-[백분율]을 선택한 후 [자릿수 늘림]을 한 번 클릭합니다. 소수점 이하 첫 번째 자리까지 표시되고 백분율 표시 형식이 적용됩니다.

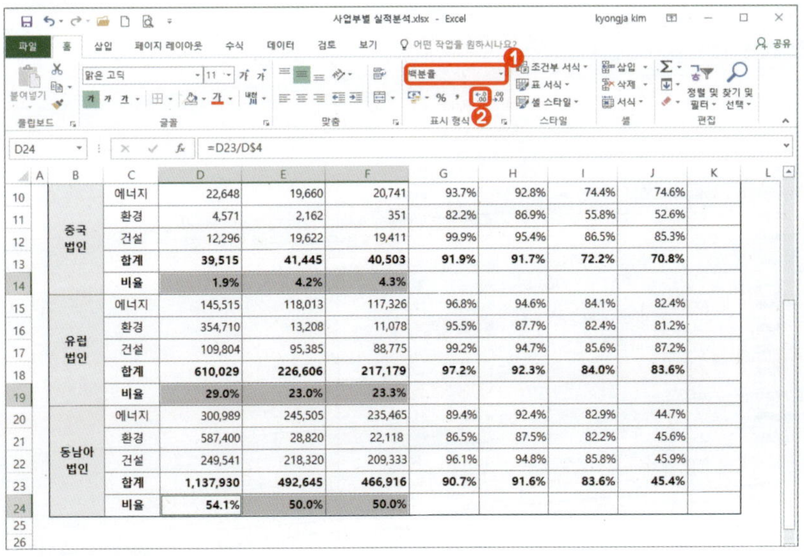

3 혼합 참조 비율 구하기 분기별 비율을 '=분기별 비율−전체합계 비율'의 수식을 적용하여 구해보겠습니다. [G9:J9] 셀 범위를 선택합니다. Ctrl 을 누른 상태에서 [G14:J14], [G19:J19], [G24:J24] 셀 범위를 각각 드래그한 후 **=G23−G$4**를 입력하고 Ctrl + Enter 를 누릅니다. 선택된 범위에 비율이 구해집니다.

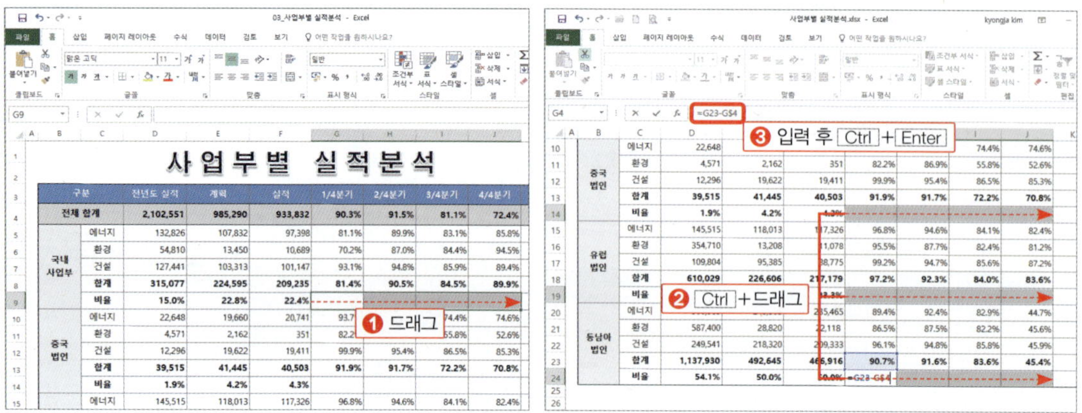

실력 향상 비연속적인 셀 범위를 선택할 때 첫 번째 셀 범위에서는 Ctrl 을 누르지 않은 상태에서 드래그하고, 두 번째 셀 범위부터는 Ctrl 을 누른 상태에서 드래그합니다. 그러면 필요 없는 셀이 범위에 포함되지 않습니다.

실력 향상 셀 범위가 선택된 상태에서 수식을 입력한 후 Ctrl + Enter 를 누르면 범위 내 수식이 동시에 채워지므로 수식 입력줄의 수식은 '=G23−G$4'로 표시됩니다.

4 음수 표시 형식 설정하기 구해진 분기별 비율 중 음수에만 − 부호 대신 ▽가 표시되도록 사용자 지정 표시 형식을 설정해보겠습니다. 셀 범위가 선택된 상태에서 마우스 오른쪽 버튼을 클릭한 후 [셀 서식]을 선택합니다.

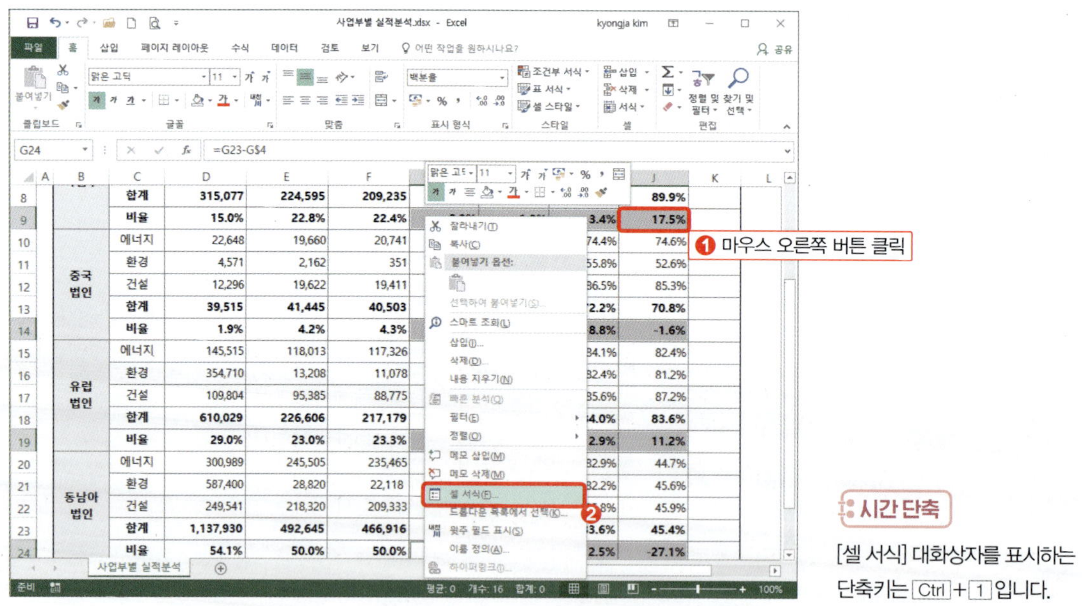

시간 단축

[셀 서식] 대화상자를 표시하는 단축키는 Ctrl + 1 입니다.

5 [셀 서식] 대화상자의 [표시 형식] 탭에서 [사용자 지정]을 선택합니다. [형식]에 **0.0%;▽0.0%**를 입력한 후 [확인]을 클릭합니다.

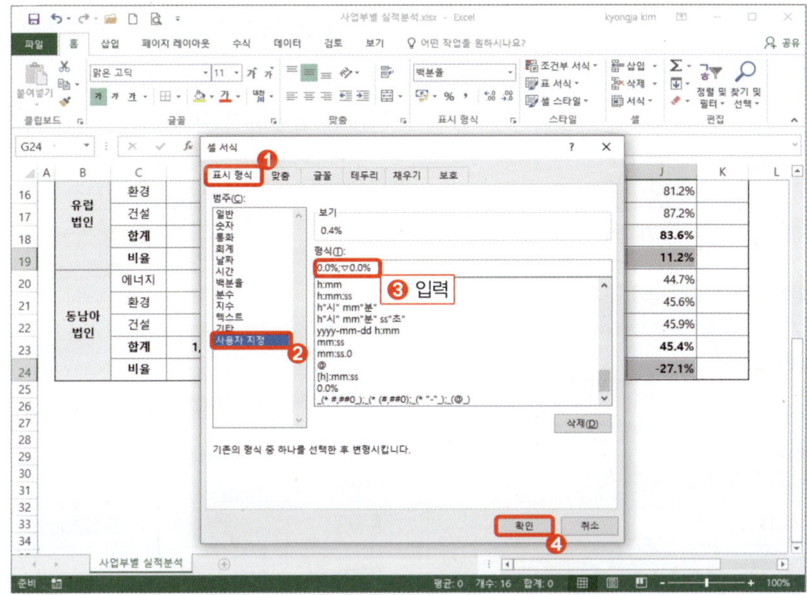

실력 향상 표시 형식은 셀에 입력된 문자와 숫자 값을 화면에서 어떻게 보여줄지 결정하는 것으로 표시 형식으로 문자나 기호를 변경 또는 추가해도 입력된 원본 데이터는 변경되지 않습니다.

6 사용자 지정 표시 형식이 반영되어 음수에만 – 부호 대신 ▽가 표시되었습니다.

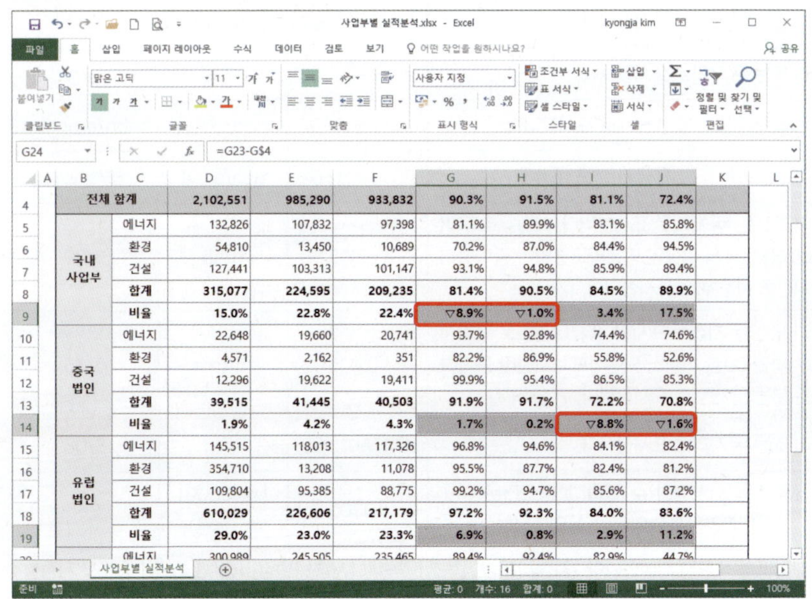

실력 향상 셀에 두 개 이상의 표시 형식을 적용할 경우에는 형식을 구분하는 기호로 세미콜론(;)을 사용합니다. 특정한 조건이 없을 때는 '양수;음수;0;문자' 기준으로 표시 형식이 적용됩니다.

사용자 지정 표시 형식 알아보기

[표시 형식] 탭-[범주]에서 제공하지 않는 표시 형식은 [사용자 지정]에서 정해진 기호를 이용하여 정의합니다. 코드를 여러 가지로 조합하여 사용자가 직접 표시 형식을 지정할 수 있습니다.

기호	기능	입력 데이터	표시 형식	화면 표시
#	숫자를 표시하는 기호로 무효의 0을 표시하지 않습니다. 소수점을 기준으로 왼쪽 값의 자릿수가 # 기호보다 많은 경우에는 입력한 데이터를 초과하여 모두 표시합니다. 소수점 기준으로 오른쪽에 입력한 데이터는 지정한 # 기호 개수만큼만 표시합니다.	12345.10	#,###.##	12,345.1
0	숫자를 표시하는 기호로 무효의 0을 모두 표시합니다.	123.1	0,000.00	0,123.10
?	숫자를 표시하는 기호로 무효의 0은 공백으로 처리하여 자릿수를 맞추고자 할 때 사용합니다.	12.67 5.3	??.??	12.67 (공백)5.3(공백)
@	문자의 자리를 표시합니다.	홍길동	@님	홍길동님
_(언더바)	_ 기호 다음에 오는 기호 너비만큼 공백을 표시합니다. '#,##0_-'으로 하면 - 문자 크기의 공백이 숫자 다음에 들어갑니다.	1230	#,##0_-	1,230(공백)
*	* 기호 다음에 입력된 데이터를 셀이 채워질 때까지 반복합니다.	123	*●#	●●●123
;	항목을 구분하는 기호로 '양수;음수;0;문자'를 구분합니다.	▲#,##0;▼#,##0;-;@		
yy/yyyy	년도를 두 자리 또는 네 자리로 표시합니다.	2017-01-02	yy/yyyy	17/2017
m/mm	월을 한 자리 또는 두 자리로 표시합니다.	2017-01-02	m/mm	1/01
d/dd	일을 한 자리 또는 두 자리로 표시합니다.	2017-01-02	d/dd	2/02
ddd/dddd	요일을 영문 세 글자 또는 영문 전체로 표시합니다.	2017-01-02	ddd/dddd	mon/monday
aaa/aaaa	요일을 한글로 한 글자 또는 세 글자로 표시합니다.	2017-01-02	aaa/aaaa	월/월요일
h/hh	시간을 한 자리 또는 두 자리로 표시합니다. 대괄호로 묶어서 [h]로 표시하면 24시 이상이 되더라도 1일이 증가하지 않고 모든 시간을 시 단위로 표시합니다.	AM 09:05:08	h/hh	9/09
m/mm	분을 한 자리 또는 두 자리로 표시합니다. 대괄호로 묶어서 [m]으로 표시하면 60분 이상이 되더라도 1시간이 증가하지 않고 모든 분을 분 단위로 표시합니다.	AM 09:05:08	m/mm	5/05
s/ss	초를 한 자리 또는 두 자리로 표시합니다.	AM 09:05:08	s/ss	8/08
조건값	숫자 데이터에 조건을 지정할 수 있습니다. 조건은 〈, 〉, 〉=, 〈=, 〈〉, =의 비교 연산자로 입력할 수 있습니다.	12300	[〉=10000] #","###0	1,2300
[파랑][빨강] …	셀에 있는 데이터의 색상을 지정합니다. [검정], [파랑], [녹청], [녹색], [자홍], [빨강], [흰색], [노랑] 중에서 지정할 수 있습니다. 그 외의 색은 [색n]으로 표기합니다. n은 1~56까지 지정할 수 있습니다.			

셀 범위의 첫 행을 이름 정의하여 함수 사용하기

다른 시트의 셀 범위를 참조하는 수식을 입력할 때 참조하는 셀 범위를 미리 이름으로 정의해두면 함수를 입력할 때 시트를 이동할 필요가 없어 편리합니다. 또한 참조 수식에 시트명이 표시되지 않으므로 수식을 간결하게 입력할 수 있습니다.

실습 파일 | PART 01 \ 04_건설폐기물 집계.xlsx **완성 파일** | PART 01 \ 04_건설폐기물 집계(완성).xlsx

미리 보기

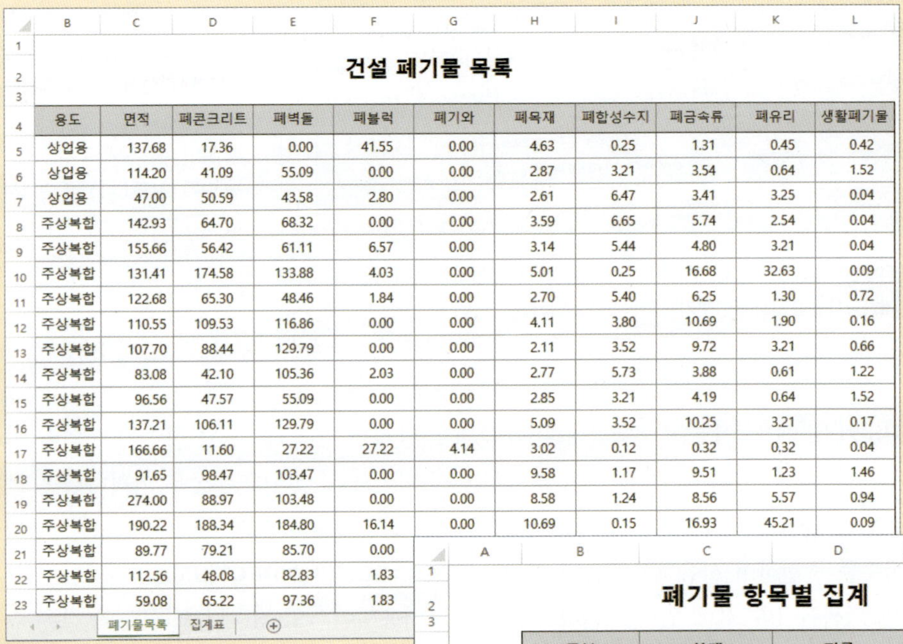

건설 폐기물 목록

용도	면적	폐콘크리트	폐벽돌	폐블럭	폐기와	폐목재	폐합성수지	폐금속류	폐유리	생활폐기물
상업용	137.68	17.36	0.00	41.55	0.00	4.63	0.25	1.31	0.45	0.42
상업용	114.20	41.09	55.09	0.00	0.00	2.87	3.21	3.54	0.64	1.52
상업용	47.00	50.59	43.58	2.80	0.00	2.61	6.47	3.41	3.25	0.04
주상복합	142.93	64.70	68.32	0.00	0.00	3.59	6.65	5.74	2.54	0.04
주상복합	155.66	56.42	61.11	6.57	0.00	3.14	5.44	4.80	3.21	0.04
주상복합	131.41	174.58	133.88	4.03	0.00	5.01	0.25	16.68	32.63	0.09
주상복합	122.68	65.30	48.46	1.84	0.00	2.70	5.40	6.25	1.30	0.72
주상복합	110.55	109.53	116.86	0.00	0.00	4.11	3.80	10.69	1.90	0.16
주상복합	107.70	88.44	129.79	0.00	0.00	2.11	3.52	9.72	3.21	0.66
주상복합	83.08	42.10	105.36	2.03	0.00	2.77	5.73	3.88	0.61	1.22
주상복합	96.56	47.57	55.09	0.00	0.00	2.85	3.21	4.19	0.64	1.52
주상복합	137.21	106.11	129.79	0.00	0.00	5.09	3.52	10.25	3.21	0.17
주상복합	166.66	11.60	27.22	27.22	4.14	3.02	0.12	0.32	0.32	0.04
주상복합	91.65	98.47	103.47	0.00	0.00	9.58	1.17	9.51	1.23	1.46
주상복합	274.00	88.97	103.48	0.00	0.00	8.58	1.24	8.56	5.57	0.94
주상복합	190.22	188.34	184.80	16.14	0.00	10.69	0.15	16.93	45.21	0.09
주상복합	89.77	79.21	85.70	0.00						
주상복합	112.56	48.08	82.83	1.83						
주상복합	59.08	65.22	97.36	1.83						

폐기물목록 / 집계표

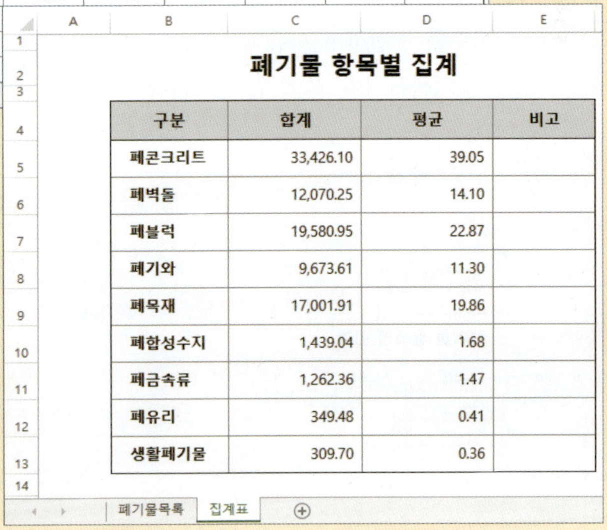

폐기물 항목별 집계

구분	합계	평균	비고
폐콘크리트	33,426.10	39.05	
폐벽돌	12,070.25	14.10	
폐블럭	19,580.95	22.87	
폐기와	9,673.61	11.30	
폐목재	17,001.91	19.86	
폐합성수지	1,439.04	1.68	
폐금속류	1,262.36	1.47	
폐유리	349.48	0.41	
생활폐기물	309.70	0.36	

폐기물목록 / 집계표

회사에서 바로 통하는 키워드 선택 영역에서 만들기, SUM, AVERAGE, INDIRECT

1 선택 영역에서 이름 만들기 [폐기물목록] 시트의 건설 폐기물 목록에서 각 범위를 이름 정의하고 집계 표를 작성해보겠습니다. [D4:L860] 셀 범위를 선택합니다. [수식] 탭–[정의된 이름] 그룹–[선택 영역에 서 만들기]를 클릭합니다. [선택 영역에서 이름 만들기] 대화상자에서 [첫 행]에만 체크 표시합니다. [확 인]을 클릭합니다. 정의된 이름은 [이름 상자]의 목록 단추를 클릭하여 확인할 수 있습니다.

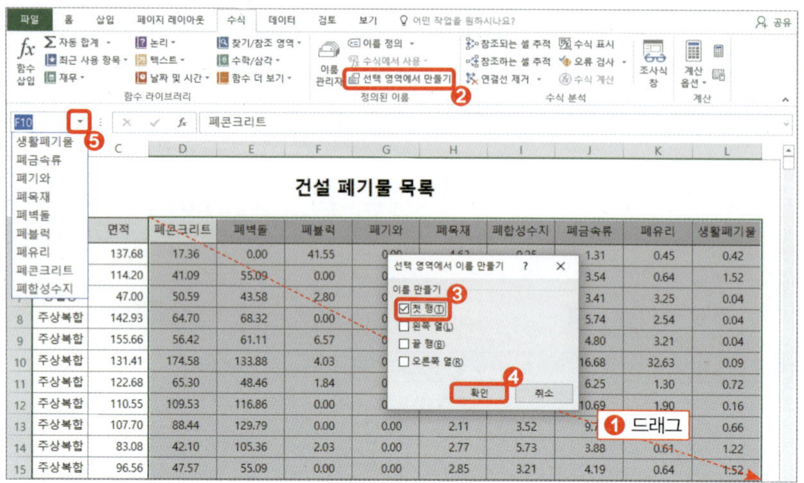

> **시간 단축**
>
> [D4] 셀을 클릭하고 Ctrl + Shift + → 를 누른 후 Ctrl + Shift + ↓ 를 누르면 빠르게 범위를 선택할 수 있습니다. [D4:L860] 셀 범위를 선택한 상태에서 [선택 영역에서 만들기]를 실행하면 각 열의 첫 번째 셀이 이름 문자로 사용되고 두 번째 셀부터 마지막 셀까지는 이름 범위로 적용됩니다.

> **실력 향상** [수식] 탭–[정의된 이름] 그룹–[이름 관리자]에서도 정의된 이름을 확인할 수 있습니다. [이름 관리자] 대화상자를 표시하는 단축키는 Ctrl + F3 입니다.

2 구분별 합계 구하기 [집계표] 시트를 선택합니다. 구분별로 합계를 구할 때 SUM 함수에 정의된 이름을 사용할 수 있지만 '=SUM(폐콘크리트)', '=SUM(폐벽돌)' 형식으로 셀마다 수식을 입력하려면 불편합니다. 따라서 [C5] 셀에 수식을 한 번 입력한 후 [C13] 셀까지 복사하여 계산할 수 있도록 SUM 과 INDIRECT 함수를 중첩하여 사용해보겠습니다. [C5] 셀에 **=SUM(INDIRECT(B5))**를 입력합니다. INDIRECT 함수에 의해서 [B5] 셀에 입력된 문자가 이름으로 사용되어 '=SUM(폐콘크리트)'와 같은 수식으로 계산됩니다.

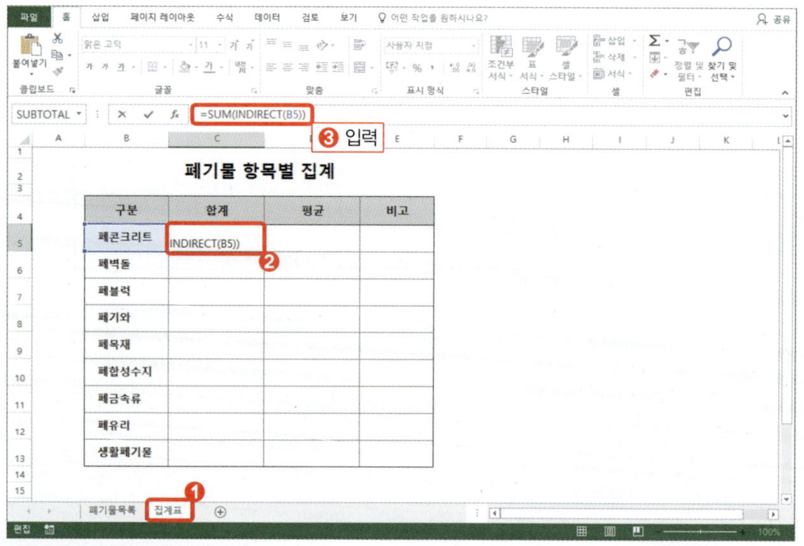

3 구분별 평균 구하기 AVERAGE와 INDIRECT 함수를 중첩하여 사용해보겠습니다. [D5] 셀에 **=AVERAGE(INDIRECT (B5))**를 입력합니다.

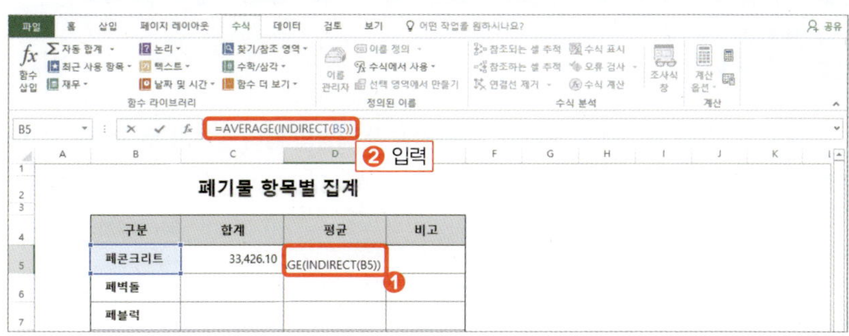

4 [C5:D5] 셀 범위를 선택합니다. 채우기 핸들을 더블클릭하여 수식을 복사합니다. [채우기 옵션]을 클릭하고 [서식 없이 채우기]를 선택합니다. 정의된 이름으로 항목별 집계가 계산되었습니다.

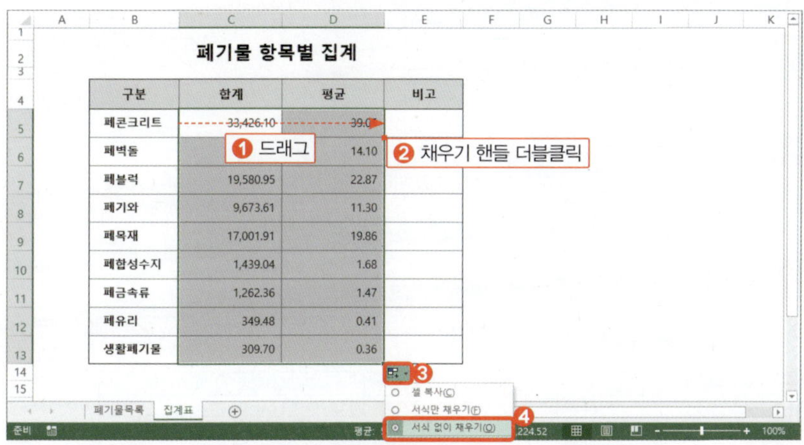

★ 슈퍼 활용 TIP ★★★★★ INDIRECT 함수 알아보기

문자열 형태로 지정된 셀 주소나 셀에 입력된 문자를 실제 셀 주소나 이름으로 만듭니다.

INDIRECT(문자열, 참조 유형)

- **문자열** : 셀 주소 또는 이름 형태의 문자열로 '"A"&1'이 입력되면 [A1] 셀로 인식하고, 'B5'가 입력되면 [B5] 셀에 입력되어 있는 문자를 셀 주소나 이름으로 사용합니다.
- **참조 유형** : 논리 값을 TRUE로 지정하거나 생략하면 문자열 인수에서 셀 주소를 사용할 때 [A1], [B2], [C4] 등의 형태로 사용해야 하고, FALSE로 지정하면 [R1C1], [R2C2], [R4C3] 등의 형태로 사용해야 합니다. [R1C1]은 행 번호 1, 열 번호 1로 [A1] 셀을 뜻하고, [R4C3]은 행 번호 4, 열 번호가 3으로 [C4] 셀을 뜻합니다.

분리된 데이터를 한 셀에 입력하고 정리하기

급여지급 내역표에는 은행명과 계좌번호가 서로 다른 행에 입력되어 있습니다. 한 사람의 급여 정보가 두 개 행으로 나누어져 있으므로 은행과 계좌번호 데이터를 한 셀로 모으고 불필요한 빈 행을 일괄 삭제해보겠습니다.

실습 파일 | PART 01 \ 05_급여 입금계좌.xlsx　　**완성 파일** | PART 01 \ 05_급여 입금계좌(완성).xlsx

3월 급여지급 내역

성명	부서	직책	급	호	부양가족	지급액 (기본급+수당)	공제액 (세금-4대보험)	실지급액	은행명[예금주] / 계좌번호
고수진	품질관리부	사원	6	2	3	812,800	73,980	738,820	농협[고수진] 216-02-010837
공성식	연구소	차장	2	5	1	1,743,210	173,960	1,569,250	농협[공성식] 371-02-040090
권기윤	품질보증	사원	6	2	3	812,800	73,980	738,820	국민[권기윤] 614-20-048837
권해옥	연구소	대리	4	3	2	1,170,680	104,450	1,066,230	기업[권해옥] 021-281408-12-401
권형석	개발실	대리	4	3	1	1,150,680	105,720	1,044,960	농협[권형석] 591-067058-02-003
김나영	생산부	과장	3	4	3	1,472,760	137,060	1,335,700	국민[김나영] 305-20-010978
김동영	설계실	대리	4	3	1	1,150,680	105,720	1,044,960	신한[김동영] 174-08-377086
김동옥	연구소	부장	1	6	3	2,117,110	190,170	1,926,940	시티[김동옥] 256-150925-02-002
김미성	해외지사	부장	1	6	1	2,077,110	200,250	1,876,860	기업[김미성] 115-08-071823
김미진	품질관리부	과장	3	4	3	1,472,760	137,060	1,335,700	국민[김미진] 371-02-040091

급여내역

회사에서 바로 통하는 키워드

한 셀로 합치기, 값 복사, 서식 복사, 빈 셀 선택

3월 급여지급 내역

사원번호	성명	부서	직책	급	호	부양가족	지급액	공제액	실지급액	은행명[예금주] 계좌번호
214324	고수진	품질관리부	사원	6	2	3	812,800	73,980	738,820	농협[고수진] 216-02-010837
140993	공성식	연구소	차장	2	5	1	1,743,210	173,960	1,569,250	농협[공성식] 371-02-040090
43940	권기윤	품질보증	사원	6	2	3	812,800	73,980	738,820	국민[권기윤] 614-20-048837
216360	권해옥	연구소	대리	4	3	2	1,170,680	104,450	1,066,230	기업[권해옥] 021-281408-12-401
213599	권형석	개발실	대리	4	3	1	1,150,680	105,720	1,044,960	농협[권형석] 591-067058-02-003
116612	김나영	생산부	과장	3	4	3	1,472,760	137,060	1,335,700	국민[김나영] 305-20-010978
215469	김동영	설계실	대리	4	3	1	1,150,680	105,720	1,044,960	신한[김동영] 174-08-377086
16976	김동옥	연구소	부장	1	6	3	2,117,110	190,170	1,926,940	시티[김동옥] 256-150925-02-002
130211	김미성	해외지사	부장	1	6	1	2,077,110	200,250	1,876,860	기업[김미성] 115-08-071823
140936	김미진	품질관리부	과장	3	4	3	1,472,760	137,060	1,335,700	국민[김미진] 371-02-040091
139171	김병주	개발실	과장	3	4	2	1,452,760	137,050	1,315,710	농협[김병주] 361-08-064638
218016	김소영	품질관리부	대리	4	3	1	1,150,680	105,720	1,044,960	국민[김소영] 291-01-0005-182
213966	김운식	품질관리부	대리	4	3	2	1,170,680	104,450	1,066,230	우체국[김운식] 174-08-377085
58449	김원선	사업부	사원	6	2	2	792,800	69,670	723,130	외환[김원선] 984-87-0384-336
109630	김재주	생산부	과장	3	4	2	1,452,760	137,050	1,315,710	제일[김재주] 600-20-086369
115975	김진욱	생산부	과장	3	4	2	1,452,760	137,050	1,315,710	기업[김진욱] 604-20-553450
113454	김현기	생산부	부장	1	4	3	16,374,520	190,170	16,184,350	우체국[김현기] 591-067058-02-002
117034	나형수	생산부	차장	2	5	3	1,783,210	173,580	1,609,630	국민[나형수] 305-20-010977
135652	남택영	생산부	부장	1	6	1	2,077,110	200,250	1,876,860	국민[남택영] 305-20-010977
25863	명문수	품질관리부	차장	2	5	1	1,743,210	173,960	1,569,250	하나[명문수] 174-08-377085
211794	박선호	생산부	대리	4	3	3	1,190,680	103,910	1,086,770	씨티[박선호] 240-21-0555-812

급여내역

1 은행명과 계좌번호 한 셀로 모으기 K열에 두 행으로 나누어 입력되어 있는 은행명과 계좌번호를 한 셀에 표시해보겠습니다. [L3] 셀에 **=K3&" "&K4**를 입력합니다. 따옴표 안에 공백이 한 칸 있으므로 은행명과 계좌번호 사이에 공백이 한 칸 생깁니다. [L3:L4] 셀 범위를 선택한 후 채우기 핸들을 더블클릭합니다. [L3] 셀에는 수식이 입력되어 있고, [L4] 셀은 빈 셀이므로 수식과 빈 셀이 반복되어 표시됩니다.

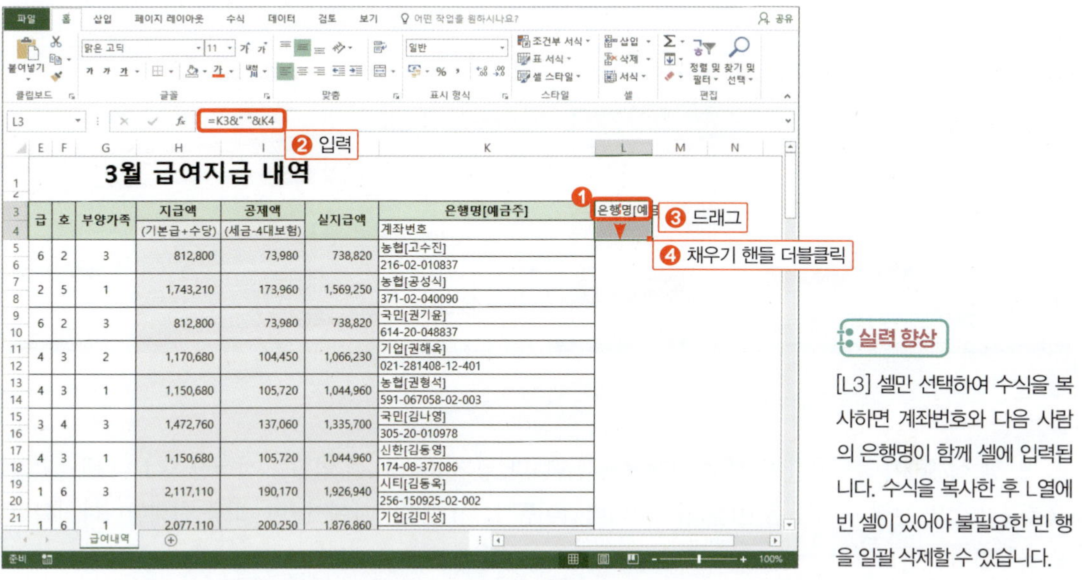

실력 향상

[L3] 셀만 선택하여 수식을 복사하면 계좌번호와 다음 사람의 은행명이 함께 셀에 입력됩니다. 수식을 복사한 후 L열에 빈 셀이 있어야 불필요한 빈 행을 일괄 삭제할 수 있습니다.

2 수식을 값으로 복사하기 L열에 은행명과 계좌번호를 표시했으므로 K열은 삭제합니다. L열에 입력한 수식에 K열이 참조된 상태에서 K열을 삭제하면 L열의 수식에 오류가 발생합니다. K열을 삭제했을 때 오류가 발생하지 않도록 L열의 수식을 값으로 변경해보겠습니다. [L3:L122] 셀 범위를 선택한 후 Ctrl + C 를 눌러 복사합니다. [L3:L122] 셀 범위가 선택된 상태에서 마우스 오른쪽 버튼을 클릭한 후 [붙여넣기 옵션] 중 [값]을 클릭합니다.

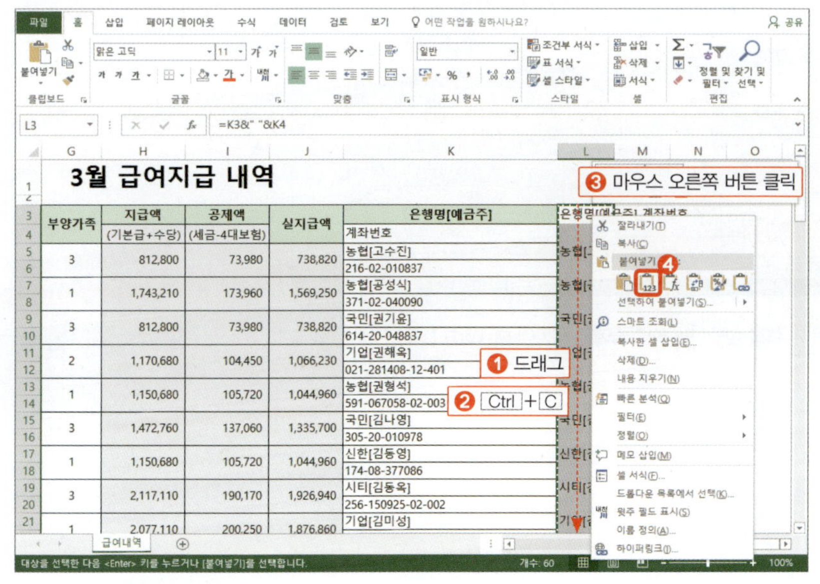

시간 단축

[L3] 셀을 클릭한 후 마우스 휠로 화면을 아래로 이동하고 Shift 를 누른 상태에서 마지막 셀인 [L122] 셀을 클릭하면 빠르게 범위를 선택할 수 있습니다.

3 **서식 복사하기** K열의 서식을 L열에 복사해보겠습니다. K열을 선택한 후 [홈] 탭-[클립보드] 그룹-[서식 복사]를 클릭합니다. L열을 클릭합니다. K열의 서식이 L열로 복사되었습니다. K열을 선택한 후 마우스 오른쪽 버튼을 클릭합니다. [삭제]를 선택합니다.

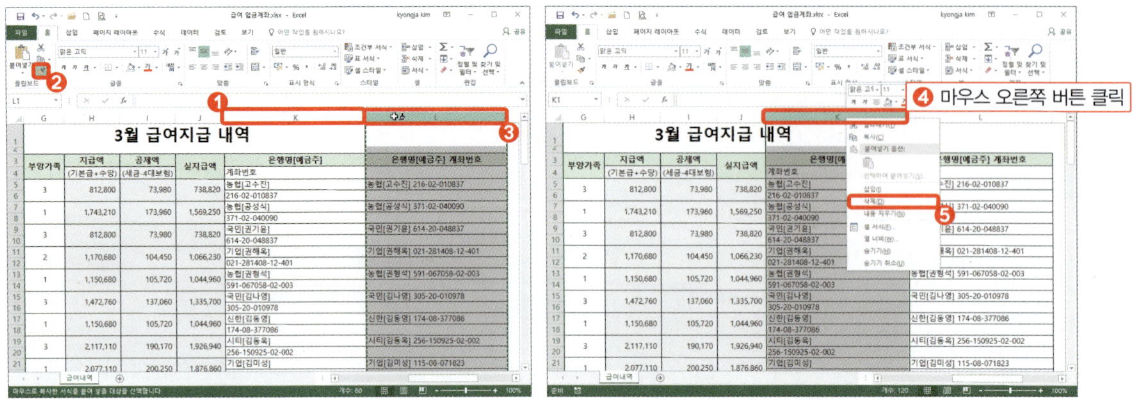

4 **빈 행 삭제하기** 불필요한 빈 행을 삭제해보겠습니다. [K3:K122] 셀 범위를 선택한 후 [홈] 탭-[편집] 그룹-[찾기 및 선택]-[이동 옵션]을 선택합니다. [이동 옵션] 대화상자에서 [빈 셀]을 선택합니다. [확인]을 클릭합니다.

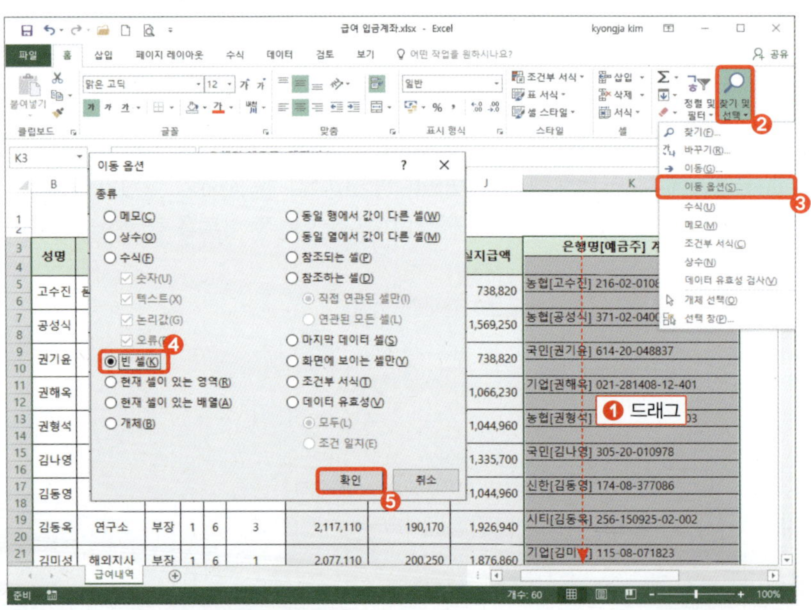

실력 향상 K열을 선택한 상태에서 빈 셀을 선택하면 K열 중에서 제목에 해당하는 [1:2] 행의 빈 셀도 선택됩니다.

5 선택된 셀에서 마우스 오른쪽 버튼을 한 후 [삭제]를 클릭합니다. [삭제] 대화상자에서 [행 전체]를 선택한 후 [확인]을 클릭합니다.

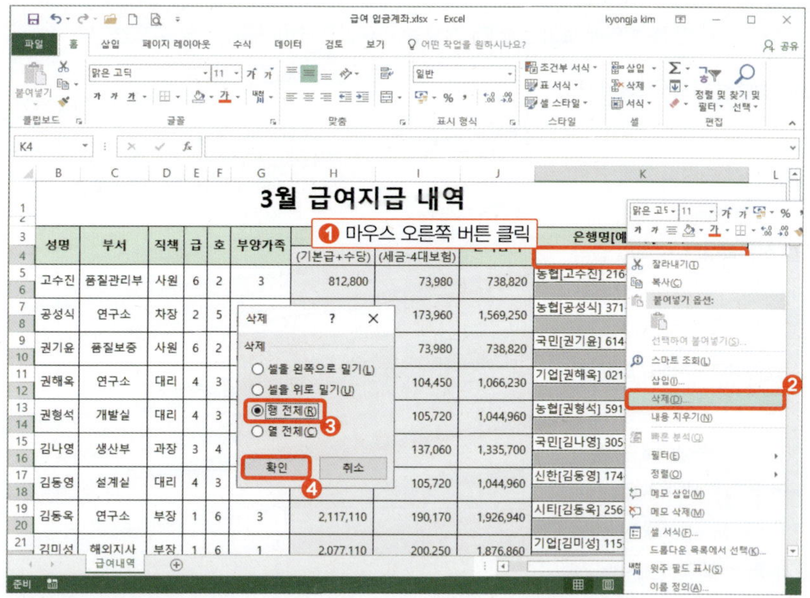

> **실력 향상** 마우스 오른쪽 버튼을 클릭할 때는 반드시 선택된 빈 셀 위에서 클릭해야 선택된 빈 셀이 해제되지 않습니다.

6 불필요한 빈 행이 모두 삭제되고 한 사람의 급여 정보가 한 행으로 정리되었습니다.

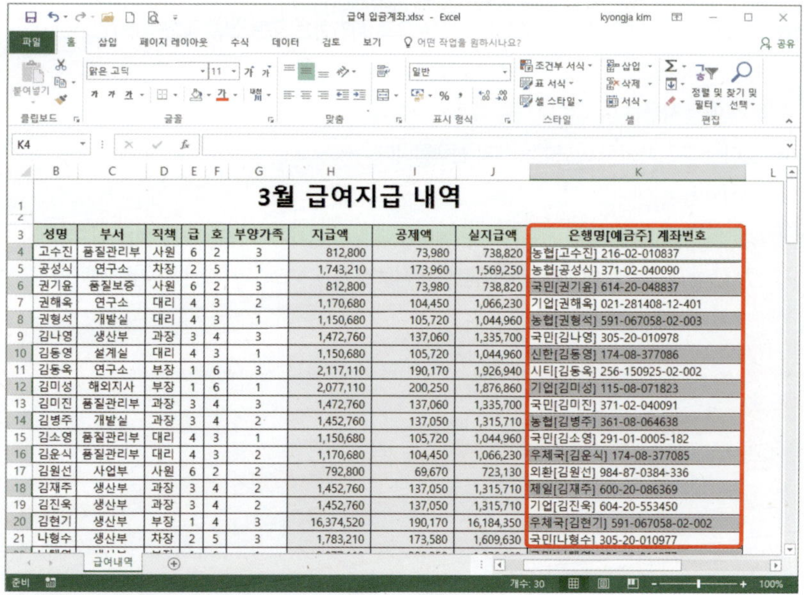

[이동 옵션]으로 텍스트(상수), 수식, 메모, 빈 셀, 화면에 보이는 셀 만, 개체 등 종류별로 데이터를 선택할 수 있습니다.

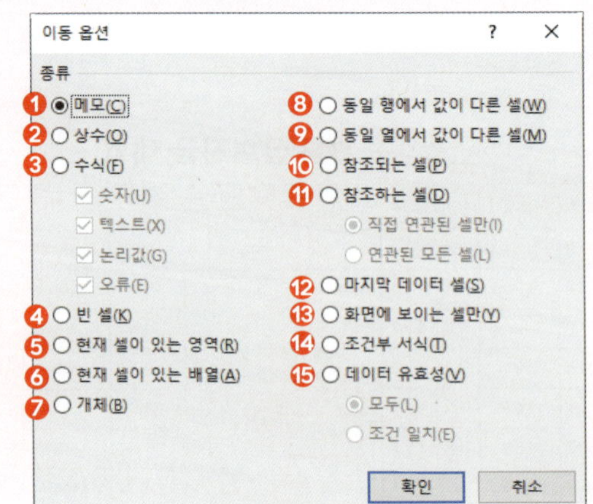

❶ **메모** : 선택된 셀 범위 또는 선택된 워크시트에서 메모가 입력된 셀을 선택합니다.

❷ **상수** : 수식을 제외하고 데이터가 입력된 셀을 선택합니다.

❸ **수식** : 수식이 입력된 셀을 선택합니다. 수식의 결과에 따라 다시 세분화하여 [숫자], [텍스트], [논리값], [오류] 등을 선택할 수 있습니다.

❹ **빈 셀** : 비어 있는 셀만 선택합니다. 수식에 의해 빈 셀이 표시된 것은 제외됩니다.

❺ **현재 셀이 있는 영역** : 선택한 셀을 중심으로 빈 행과 빈 열 전까지의 모든 데이터 영역을 선택합니다.

❻ **현재 셀이 있는 배열** : Ctrl + Shift + Enter 를 눌러 배열 데이터를 입력했을 때 한 배열 안에 포함된 셀을 선택합니다.

❼ **개체** : 워크시트의 텍스트 상자, 차트, 양식 컨트롤을 비롯한 그래픽 개체를 선택합니다.

❽ **동일 행에서 값이 다른 셀** : 선택된 셀의 같은 행에서 값이 다른 셀만 선택합니다.

❾ **동일 열에서 값이 다른 셀** : 선택된 셀의 같은 열에서 값이 다른 셀만 선택합니다.

❿ **참조되는 셀** : 현재 셀의 수식에서 사용하고 있는 셀을 선택합니다.

⓫ **참조하는 셀** : 현재 셀을 사용해서 수식이 입력된 셀을 선택합니다. 현재 셀을 직접 참조하는 수식이 포함된 셀만 찾으려면 [직접 연관된 셀만]을 선택하고, 현재 셀을 직접 또는 간접적으로 참조하는 모든 셀을 찾으려면 [연관된 모든 셀]을 선택합니다.

⓬ **마지막 데이터 셀** : 현재 워크시트에서 사용된 마지막 셀 다음 셀을 선택합니다.

⓭ **화면에 보이는 셀만** : 숨겨진 행이나 열은 제외하고 보이는 셀만 선택합니다.

⓮ **조건부 서식** : 조건부 서식이 설정된 셀을 선택합니다.

⓯ **데이터 유효성** : 데이터 유효성 검사가 설정된 셀을 선택합니다. 데이터 유효성 검사가 적용된 모든 셀을 찾으려면 [모두]를 선택하고, 현재 선택한 셀과 동일한 데이터 유효성 검사가 적용된 셀을 찾으려면 [조건 일치]를 선택합니다.

06 그룹별 평균과 합계를 한 번에 구하고 합계만 요약 시트에 복사하기

집계표를 작성할 때 그룹별 소계를 구한 후 소계의 합을 다시 계산하여 전체 총계를 구하는 경우가 많습니다. 하나의 표에서 소계와 합계를 구할 때 셀 범위를 그룹별로 미리 설정해두면 [자동 합계] 도구를 한 번 클릭하는 것만으로 소계와 합계를 모두 구할 수 있습니다. 생산실적 보고서의 [생산실적] 시트에서 사업장별 평균과 합계를 구하고, 그 결과를 수식으로 연결하여 [실적요약] 시트로 복사해보겠습니다.

실습 파일 | PART 01 \ 06_사업장별 하반기 실적.xlsx　　**완성 파일** | PART 01 \ 06_사업장별 하반기 실적(완성).xlsx

미리 보기

사업장별 하반기 생산실적 보고

(단위:천원)

사업장	제품 코드	2017년 하반기 실적 합계 분석						2016년 ~ 2017년 상반기 평균 분석			
		7월	8월	9월	10월	11월	12월	전년도 평균	상반기 평균	1/4분기 평균	2/4분기 평균
수원	DH16NS10.AUAA10B	1,175	1,249	1,291	1,405	1,657	1,271	1,211	858	810	1,351
	GDR-8164BB.ALEK147	570	649	632	750	722	260	616	430	648	622
	GDR-8164RBB.ALEK148	267	287	308	303	320	266	258	1,104	223	226
	GDR-H20N.ALEK130	1,807	2,325	3,118	3,833	3,810	2,706	2,459	5,762	2,194	1,775
	GDR-H20NRB.ALET110	9,196	10,574	13,552	17,566	18,605	10,762	11,458	5,469	9,139	9,940
	GSA-H42NRBB.ALEK02	1,093	1,936	1,238	1,694	1,382	913	1,387	1,164	1,635	1,161
	GSA-H44NRB.ALET105	797	988	1,316	1,282	1,277	1,257	1,041	1,594	960	900
	GSA-H54LRB.ALET101	8,269	10,247	12,833	14,891	14,353	9,909	7,004	3,975	2,352	2,165
	GSA-H54LRBB.ALEK103	5,831	5,765	5,693	6,166	6,166	6,096	5,822	3,731	5,719	5,662
	GSA-H55L.AUAU50B	1,734	1,815	1,868	2,053	2,009	1,392	1,791	1,103	1,773	1,768
	GSA-H55LRB.ALET101	440	468	498	517	550	510	467	1,961	446	426
	GSA-H55N.ALET102	3,897	4,092	4,092	4,187	3,254	3,053	3,624	2,120	2,560	4,411
	GSA-H55NRB.ALET101	1,459	1,231	1,488	1,594	1,624	1,099	1,085	1,130	561	947
	GSA-H58N.AUAU50B	1,119	1,414	1,923	2,154	2,162	1,647	1,622	5,075	1,590	1,423
	소계(수원)	37,654	43,040	49,850	58,395	57,891	41,141	2,846	2,534	2,186	2,341
아산	GSA-H62NRB.ALET113	2,219	2,411	3,093	4,105	4,965	3,610	1,882	1,734	1,815	1,868
	GH22NP20.AUAA50B	3,701	3,935	4,672	5,398	5,553	4,288	3,350	3,504	3,527	3,072
	GH22LP20.AUAU10B	4,870	4,012	4,333	4,177	4,101	2,978	4,149	4,023	3,465	3,950
	GH22LP20.AUAU11B	5,969	6,027	6,106	7,046	9,176	5,915	4,209	4,720	4,293	4,386
	GH22LP20.AUAU50B	3,656	3,115	3,225	3,858	4,090	1,705	5,903	3,887	5,133	5,067
	GH22LS30.AUAR10B	1,564	3,034	3,554	4,242	4,709	3,042	2,974	2,368	2,488	2,860
	GH22LS30.AUAU10B	13,013	18,116	3,061	3,808	3,402	2,905	2,710	10,981	2,089	2,035
	GH22LS30.AUAU50B	1,136	1,139	1,204	1,253	1,232	4,585	22,143	9,968	20,991	18,811
	GSA-H54LRB.ALET101	173	180	190	213	230	2,511	33	4,023	34	34
	GSA-H54LRBB.ALEK103	3,765									
	GH22NP20.AUAA11B	7,260									

생산실적 | 실적요약 | (+)

사업장별 하반기 생산 실적 요약

(단위:천원)

사업장	7월	8월	9월	10월	11월	12월	합계
수원 사업장	37,654	43,040	49,850	58,395	57,891	41,141	287,971
아산 사업장	63,594	72,803	65,602	74,221	78,503	65,437	420,160
울산 사업장	29,636	32,811	36,657	49,527	55,236	34,570	238,437
터키 사업장	40,579	45,316	61,466	70,330	80,055	44,299	342,045
브라질 사업장	27,141	33,394	41,589	52,588	56,001	36,330	247,043
합계	198,604	227,364	255,164	305,061	327,686	221,777	1,535,656

생산실적 | 실적요약 | (+)

회사에서 바로 통하는 키워드　자동 합계, 수식 선택, 연결하여 붙여넣기

1 **사업장별 소계와 합계 구하기** [생산실적] 시트의 [D:I] 열에 사업장별 합계를 구해보겠습니다. [D6:I20] 셀 범위를 선택한 후 Ctrl 을 누른 상태에서 [D21:I36], [D37:I50], [D51:I67], [D68:I82], [D83:I83] 셀 범위를 각각 선택합니다.

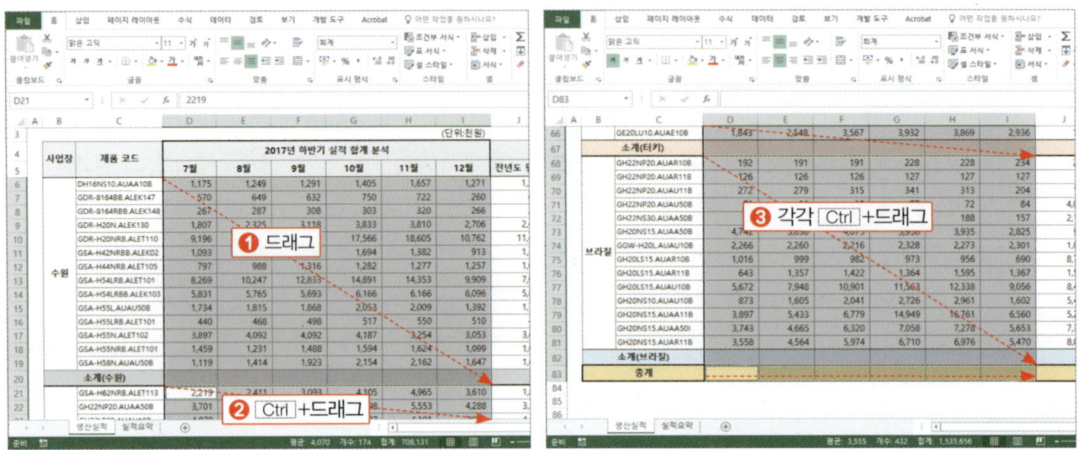

2 [홈] 탭-[편집] 그룹-[자동 합계]를 클릭합니다. 사업장별 소계와 합계가 구해집니다.

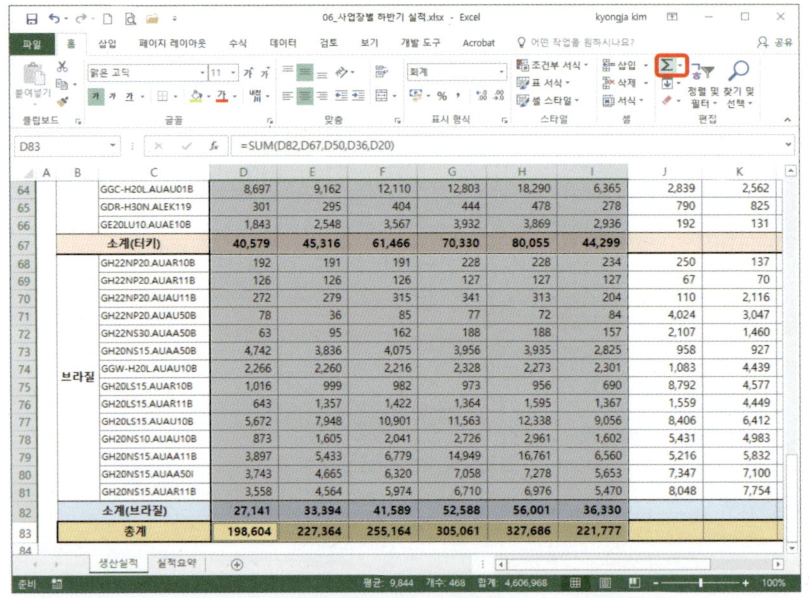

			D	E	F	G	H	I	J	K
64		GGC-H20L.AUAU01B	8,697	9,162	12,110	12,803	18,290	6,365	2,839	2,562
65		GDR-H30N.ALEK119	301	295	404	444	478	278	790	825
66		GE20LU10.AUAE10B	1,843	2,548	3,567	3,932	3,869	2,936	192	131
67		소계(터키)	40,579	45,316	61,466	70,330	80,055	44,299		
68		GH22NP20.AUAR10B	192	191	191	228	228	234	250	137
69		GH22NP20.AUAR11B	126	126	126	127	127	127	67	70
70		GH22NP20.AUAU11B	272	279	315	341	313	204	110	2,116
71		GH22NP20.AUAU50B	78	36	85	77	72	84	4,024	3,047
72		GH22NS30.AUAA50B	63	95	162	188	188	157	2,107	1,460
73		GH20NS15.AUAA50B	4,742	3,836	4,075	3,956	3,935	2,825	958	927
74	브라질	GGW-H20L.AUAU10B	2,266	2,260	2,216	2,328	2,273	2,301	1,083	4,439
75		GH20LS15.AUAR10B	1,016	999	982	973	956	690	8,792	4,577
76		GH20LS15.AUAR11B	643	1,357	1,422	1,364	1,595	1,367	1,559	4,449
77		GH20LS15.AUAU10B	5,672	7,948	10,901	11,563	12,338	9,056	8,406	6,412
78		GH20NS10.AUAU10B	873	1,605	2,041	2,726	2,961	1,602	5,431	4,983
79		GH20NS15.AUAA11B	3,897	5,433	6,779	14,949	16,761	6,560	5,216	5,832
80		GH20NS15.AUAA50I	3,743	4,665	6,320	7,058	7,278	5,653	7,347	7,100
81		GH20NS15.AUAR11B	3,558	4,564	5,974	6,710	6,976	5,470	8,048	7,754
82		소계(브라질)	27,141	33,394	41,589	52,588	56,001	36,330		
83		총계	198,604	227,364	255,164	305,061	327,686	221,777		
84										

실력 향상 [자동 합계]에 있는 함수는 셀 범위에 숫자가 연속적으로 입력되어 있고 마지막 행이 빈 행이면 범위의 마지막 행에 선택한 함수의 결과를 표시합니다. 또한 같은 열에서 SUM 함수로 계산된 수식이 있을 때는 그 계산 결과만 다시 모아 합계를 구해줍니다. 단, 같은 열에는 숫자 데이터가 연속적으로 있어야 합니다.

3 사업장별 자동 평균 구하기 같은 방법으로 [J:M] 열에 사업장별 평균을 구해보겠습니다. [J6:M20] 셀 범위를 선택한 후 Ctrl 을 누른 상태에서 [J21:M36], [J37:M50], [J51:M67], [J68:M82], [J83:M83] 셀 범위를 각각 선택합니다 .

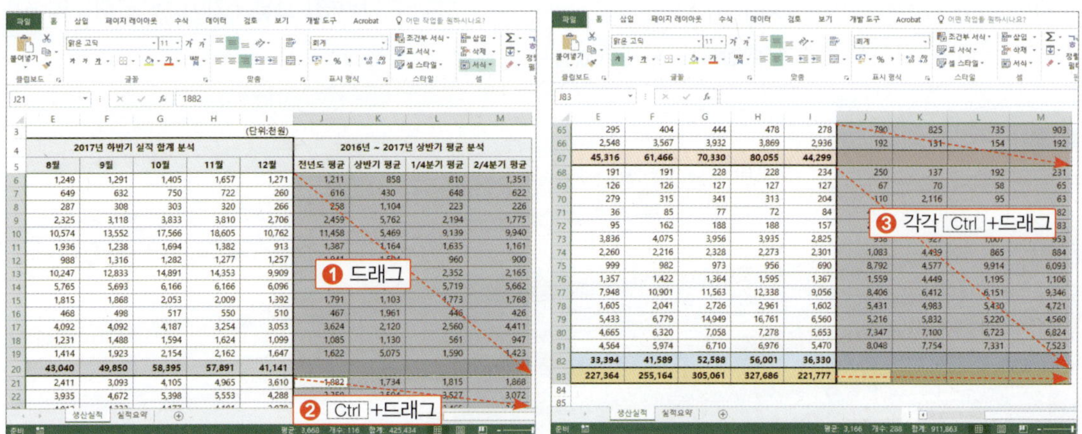

4 [홈] 탭-[편집] 그룹-[자동 합계]-[평균]을 선택합니다. 사업장별 평균과 전체 평균이 모두 구해집니다.

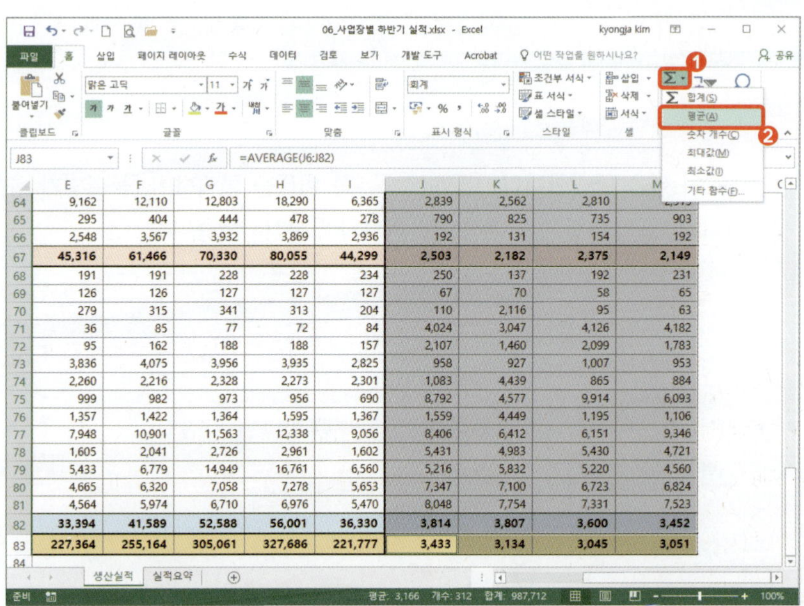

5 **합계만 선택하여 연결하여 붙여넣기** 하반기 실적의 합계만 [실적요약] 시트로 복사해보겠습니다. 이때 일반적인 방법으로 복사하고 붙여 넣으면 [생산실적] 시트의 합계가 값으로 붙여넣기되어 [생산실적] 시트의 숫자가 변경되었을 때 [실적요약] 시트의 합계가 변경되지 않습니다. 두 시트의 합계를 수식으로 연결하여 복사해보겠습니다. [D6:I83] 셀 범위를 선택합니다. [홈] 탭–[편집] 그룹–[찾기 및 선택]–[수식]을 선택합니다. 사업장별 소계와 합계만 선택되었습니다. Ctrl + C 를 눌러 복사합니다.

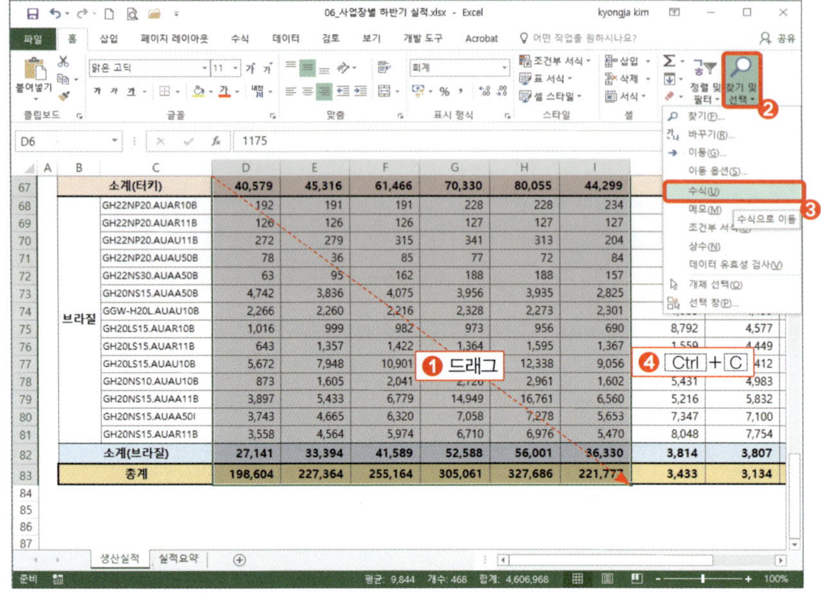

시간 단축

[D6:I6] 셀 범위를 클릭한 후 Ctrl + Shift + ↓ 를 누르면 빠르게 범위를 선택할 수 있습니다.

6 [실적요약] 시트를 선택한 후 [C6] 셀을 클릭합니다. 마우스 오른쪽 버튼을 클릭하여 [붙여넣기 옵션]–[연결하여 붙여넣기]를 클릭합니다. 소계와 합계가 수식으로 연결되어 복사되었습니다.

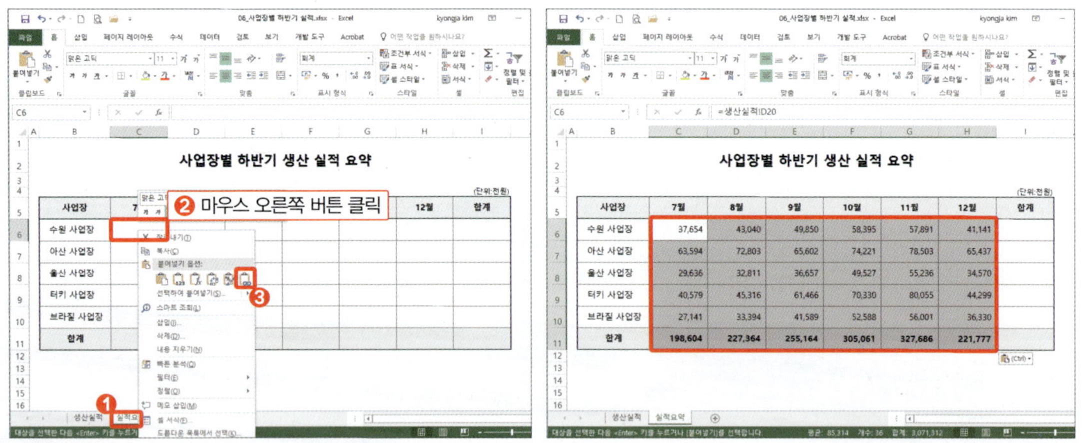

실력 향상 복사한 후 붙여 넣을 때는 Ctrl + Alt + V 를 눌러 [선택하여 붙여넣기] 대화상자를 표시한 후 [연결하여 붙여넣기]를 클릭해도 됩니다.

7 [C6:I11] 셀 범위를 선택한 후 [홈] 탭–[편집] 그룹–[합계]를 클릭합니다. I열에 합계가 구해집니다.

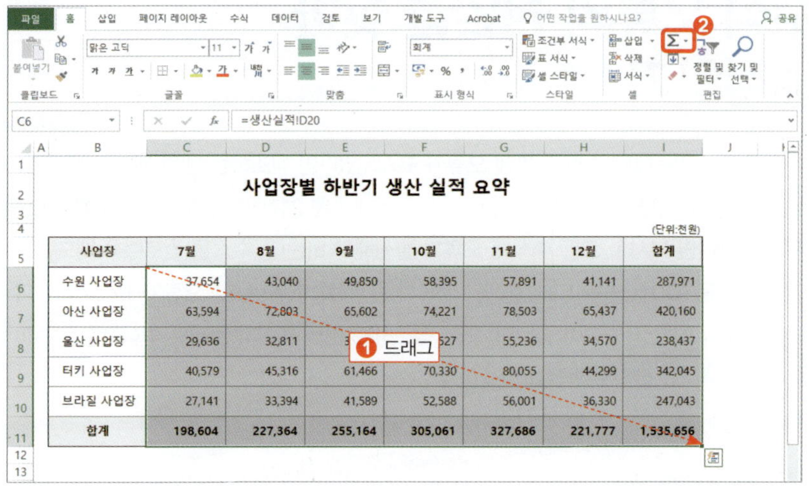

슈퍼활용 TIP ★★★★★ 붙여넣기 옵션 알아보기

셀이나 범위를 복사한 후 붙여 넣을 때 선택할 수 있는 옵션입니다. [선택하여 붙여넣기]를 선택한 후 [선택하여 붙여넣기] 대화상자를 표시하여 추가적인 옵션을 선택할 수 있습니다.

❶ **붙여넣기** : 셀 내용은 물론, 서식, 수식, 메모 등 셀 전체를 붙여 넣습니다. [선택하여 붙여넣기] 대화상자에서 [모두]를 선택한 것과 동일합니다.

❷ **수식** : 값과 동일한 결과로 표시되지만 수식도 함께 복사합니다.

❸ **수식 및 숫자 서식** : 수식과 함께 숫자 서식도 복사합니다.

❹ **원본 서식 유지** : 원본 데이터의 서식을 그대로 함께 복사합니다.

❺ **테두리 없음** : 테두리 서식만 제외하고 복사합니다. [선택하여 붙여넣기] 대화상자에서 [테두리만 제외]를 선택한 것과 동일합니다.

❻ **원본 열 너비 유지** : 원본 데이터의 열 너비를 그대로 적용합니다.

❼ **바꾸기** : 행과 열의 구조를 바꿔서 복사합니다. [선택하여 붙여넣기] 대화상자에서 [행/열 바꿈]을 선택한 것과 동일합니다.

❽ **값** : 원본 데이터의 값만 복사하되, 수식은 수식의 결과 값만 복사합니다.

❾ **값 및 숫자 서식** : 값과 함께 숫자에 사용된 서식도 함께 복사합니다. 수식이 있을 경우 결과 값이 복사됩니다.

❿ **값 및 원본 서식** : 원본 데이터의 모든 것을 복사하되, 수식만 결과 값으로 대체하여 복사합니다.

⓫ **서식** : 적용된 서식(글꼴, 맞춤, 표시 형식, 테두리, 채우기 색 등)만 복사합니다.

⓬ **연결하여 붙여넣기** : 원본 데이터와 연결하여 복사합니다. 즉, 원본 데이터를 수정하면 복사한 데이터도 자동으로 수정됩니다.

⓭ **그림** : 그림 형식으로 복사됩니다.

⓮ **연결된 그림** : 원본 데이터를 그림 형식으로 원본 데이터와 연결하여 복사합니다. 이때 원본 데이터가 변경되면 이 데이터도 자동으로 변경됩니다.

수식 오류의 원인을 찾아 해결하기

셀에 입력한 수식이나 함수 형식에 오류가 없는데도 수식 결과에 오류가 표시되었다면 참조하는 셀의 데이터 문제입니다. [수요조사] 시트의 G열에 '=신청인원/계획인원'의 수식을 입력한 후 복사했더니 총 21개의 셀 중에 5개 셀에서 오류가 발생했습니다. 셀 참조를 잘못 설정했다면 복사한 모든 수식에 오류가 발생해야 하는데, 수식을 검토했을 때도 오류가 발견되지 않았습니다. 이와 같이 수식을 복사했을 때 일부 셀에만 오류가 발생하고 'VALUE!' 오류가 표시된다면 수식에서 참조하고 있는 셀 데이터에 문제가 있을 가능성이 큽니다. 또한 참조하는 셀의 데이터 문제로 발생한 [판매처비교] 시트의 VLOOKUP 함수 오류에 대해서도 살펴보겠습니다.

실습 파일 | PART 01 \ 07_수식에서 발생하는 오류.xlsx　　**완성 파일** | PART 01 \ 07_수식에서 발생하는 오류(완성).xlsx

미리 보기

	C	D	E	F	G
1	**교육계획 수립을 위한 수요조사 집계 결과**				
2					
3	과정명	기간	계획인원	신청인원	신청률
4	맞춤형 강사요원 양성과정	1주	100	37	37%
5	맞춤형 집중 파일럿테스트 과정	3일	100	40	40%
6	맞춤형 집중 시범운영과정	3일	60	65	108%
7	핵심가치 공유 과정	2일	40	37	93%
8	5급후보 역량강화 과정	3일	30	0	0%
9	과장후보 역량강화 과정	3일	60	45	75%
10	고급 관리자 과정	44주	60	33	55%
11	사무관승진자 과정	2주	60	40	67%
12	학교설립 관련 도시계획의 이해 과정	3일	60	0	0%
13	대학 교육훈련 역량강화과정	3일	60	0	0%
14	정보화 담당자 집중교육 과정	1주	60	42	70%
15	학교 보건행정 실무과정	5일	40	5	13%
16	핵심 인재 양성 과정	2주	40	5	13%
17	창의 역량 개발 과정	2일	40	30	75%
18	기획력 향상 과정	1주	30		0%
19	효과적인 커뮤니케이션 과정	1주	30		
20	녹색성장정책의 이해 과정	3일	30		
21	엑셀 실무	3일	76		
22	엑셀 함수와 매크로	3일	60		
23	엑셀	5일	40		
24	파워포인트	5일	30		
25					
26					

`◀ ▶　　수요조사　교육수료자　판매처비교　（＋）`

회사에서 바로 통하는 키워드

수식 오류, TYPE, 바꾸기, IFERROR, 텍스트 나누기, CLEAN, 오류의 종류

	A	B	C	D	E	F	G	H
1				**진급대상자 교육 수료 현황**				
2								
3		이름	주민번호	근무부서	교육시작일	의무점수	수강점수	교육 점수 비율
4		강계환	620203-******	생산부	2017-09-26	40	37	93%
5		강광수	560903-******	생산부	2017-09-03	40	62	155%
6		강귀영	730325-******	생산부	2017-09-08	0	25	
7		강기태	620702-******	설계실	2017-06-03	35	62	177%
8		강동주	660208-******	생산부	2017-06-12	40	37	93%
9		강동준	690209-******	품질관리부	2017-02-19	35	25	71%
10		강동헌	560531-******	품질관리부	2017-10-07	0	37	
11		강두성	560411-******	생산부	2017-10-29	40	37	93%
12		강득환	680806-******	생산부	2017-07-09	40	37	93%
13		강래오	580715-******	연구소	2017-04-04	0	37	
14		강명화	681028-******	생산부	2017-09-04	40	37	93%
15		강무경	611015-******	연구소	2017-05-15	40	25	63%
16		강무순	740308-******	품질관리부	2017-03-01	40	37	93%
17		강문자	720707-******	기판반	2017-02-20	35	37	106%
18		강미숙	620223-******	생산부	2017-06-07	40	37	93%
19		강미연	540105-******	품질관리부	2017-03-10	35	25	71%
20		강미정	540510-******	품질관리부	2017-05-30	35	37	106%
21		강민구	731128-******	품질관리부	2017-06-05	35	37	106%
22		강민성	560726-******	품질관리부	2017-06-16	40	37	93%
23		강민수	590211-******	생산부	2017-04-10	35	37	106%
24		강민영	620111-******	해외지사	2017-06-19	35	37	106%

`◀ ▶　　수요조사　교육수료자　판매처비교　（＋）`

1 **문자 데이터로 인식하는 오류 해결하기** 수식에 #VALUE! 오류가 발생했을 때는 연산할 수 없는 문자 형식의 데이터를 참조하고 있을 가능성이 큽니다. 계획인원과 신청인원 항목의 데이터 형식을 확인해보겠습니다. [E4:F24] 셀 범위를 선택한 후 가로 가운데 맞춤을 해제하기 위해 [홈] 탭-[맞춤] 그룹-[가운데 맞춤]을 클릭합니다. 가로 맞춤이 [일반]으로 변경됩니다. 셀 가로 맞춤이 [일반]으로 설정된 상태에서 데이터가 [왼쪽 맞춤]으로 표시되면 문자 데이터라는 의미입니다. 오류가 난 행의 계획인원 데이터가 문자 형식이라는 것을 확인할 수 있습니다.

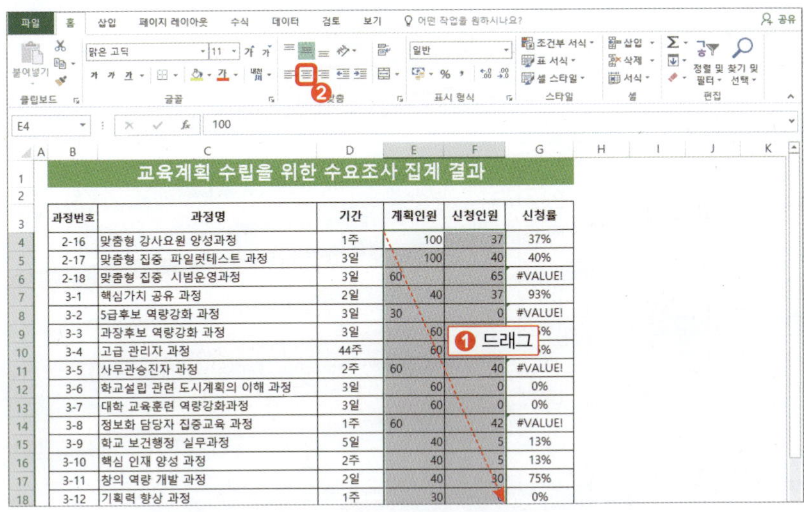

실력 향상

다른 방법으로 셀 데이터의 형식을 확인하려면 TYPE 함수를 사용합니다. '=TYPE(셀 주소)'를 입력하면 숫자일 경우 결과가 1로 표시되고, 문자일 경우 2가 표시됩니다.

2 오류가 난 수식에서 참조하고 있는 셀을 검토해보니 계획인원 항목의 숫자 앞뒤로 공백이 한 칸 포함되어 있습니다. 바꾸기 기능으로 공백을 모두 삭제해보겠습니다. 단, 엑셀에서는 공백으로 보이지만 실제로는 공백이 아닌 다른 데이터일 수 있으므로 [바꾸기] 대화상자에서 [찾을 내용]에는 실제 셀에 있는 공백을 복사하여 적용합니다. 오류가 표시된 수식에서 참조하는 셀 중 [E6] 셀을 클릭한 후 수식 입력줄에서 숫자 앞에 있는 공백을 드래그로 선택합니다. Ctrl + C 로 복사한 후 Esc 를 눌러 편집 모드를 취소합니다.

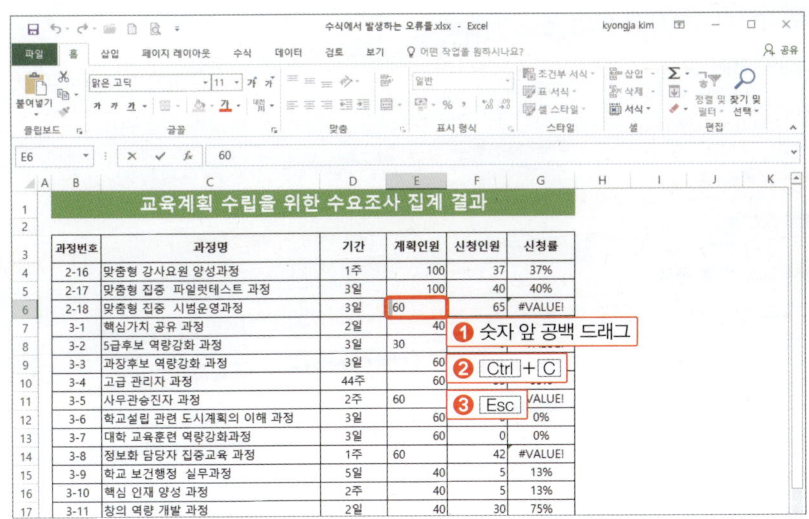

실력 향상

엑셀에서 숫자를 입력할 때 공백은 포함할 수 없습니다. 숫자 데이터 앞뒤에 공백을 입력하면 자동으로 삭제됩니다. 만약 숫자 데이터에 공백이 입력되어 있다면 이 데이터는 외부에서 가져온 데이터로, 셀에서는 공백으로 보이지만 엑셀에서는 다른 코드로 인식합니다. 엑셀에서 입력하는 공백과 외부 시스템에서 입력하는 공백은 서로 다른 코드로 인식됩니다.

3 [E4:E24] 셀 범위를 선택한 후 [홈] 탭–[편집] 그룹–[찾기 및 선택]–[바꾸기]를 선택합니다. [찾기 및 바꾸기] 대화상자에서 [찾을 내용]을 클릭하고 Ctrl + V 를 눌러 붙여넣기합니다. 공백이 입력됩니다. [모두 바꾸기]를 클릭합니다. '10개의 항목이 바뀌었습니다.'라는 메시지가 나타나면 [확인]을 클릭합니다. 오류로 표시되었던 수식도 모두 계산된 결과로 바뀝니다. [찾기 및 바꾸기] 대화상자에서 [닫기]를 클릭합니다.

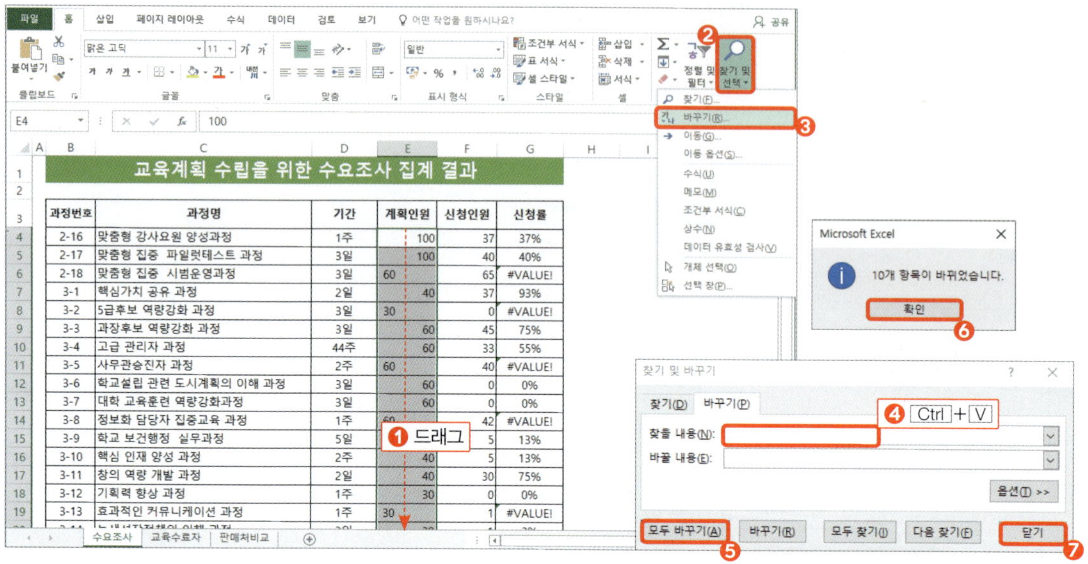

> **실력 향상** [찾기 및 바꾸기] 대화상자에서 [바꿀 내용]에 아무것도 입력하지 않고 바꾸기를 실행하면 [찾을 내용]에 입력된 데이터가 삭제됩니다.

4 **IFERROR 함수로 수식의 오류 해결하기** [교육수료자] 시트를 클릭합니다. H열에는 '=수강점수/의무점수'의 수식을 입력한 후 복사했습니다. 일부 셀에 #DIV/0! 오류가 표시되었는데 값을 0으로 나누었기 때문입니다. 나누는 수가 0이면 나누기를 할 수 없으므로 오류가 발생합니다. 이때는 셀 데이터가 잘못되거나 수식에 오류가 있는 것이 아니므로 오류가 표시되지 않도록 IFERROR 함수를 사용합니다. [H4] 셀에 **=IFERROR(G4/F4,"")**를 입력합니다. [H4] 셀의 채우기 핸들을 더블클릭하여 수식을 복사합니다. 의무점수가 0인 경우는 빈 셀로 대체되어 오류가 표시되지 않습니다.

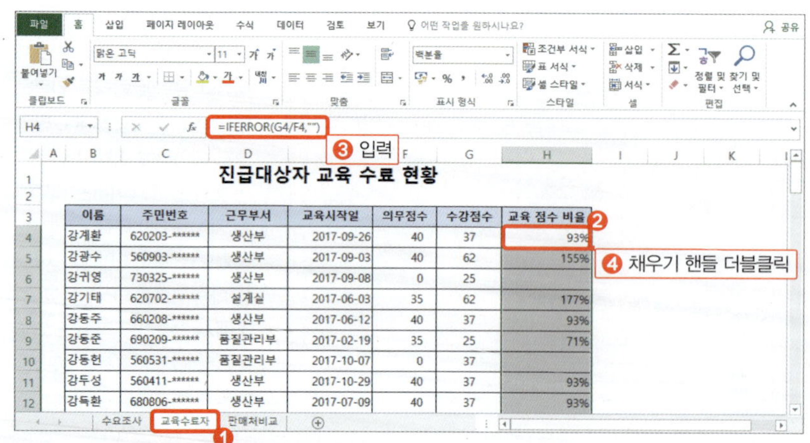

> **실력 향상**
>
> IFERROR 함수는 'G4/F4' 식에 오류가 없으면 나눈 결과를 표시하고, 오류가 있으면 ""(빈 셀)을 표시합니다.

5 **보이지 않는 Tab 문자 삭제하기** [판매처비교] 시트를 클릭합니다. [표1]은 엑셀에서 직접 작성했고, [표2]는 외부에서 다운로드했습니다. [표2]에서 VLOOKUP 함수를 사용하여 [표1]에 있는 사업자번호를 표시하려고 하는데, VLOOKUP 함수에 오류가 발생했습니다. H열에 입력한 VLOOKUP 함수의 형식에 문제가 없고, G열의 판매처가 모두 A열에 있는 문자인데도 함수의 결과가 오류로 표시되는 이유는 화면상에서 같게 보이는 두 표의 문자 데이터가 다르기 때문입니다. 다운로드한 데이터에는 화면에 보이지 않는 내용이 포함되어 있을 수 있으므로 [텍스트 나누기] 기능으로 확인해보겠습니다. [G5:G18] 셀 범위를 선택한 후 [데이터] 탭-[데이터 도구] 그룹-[텍스트 나누기]를 클릭합니다.

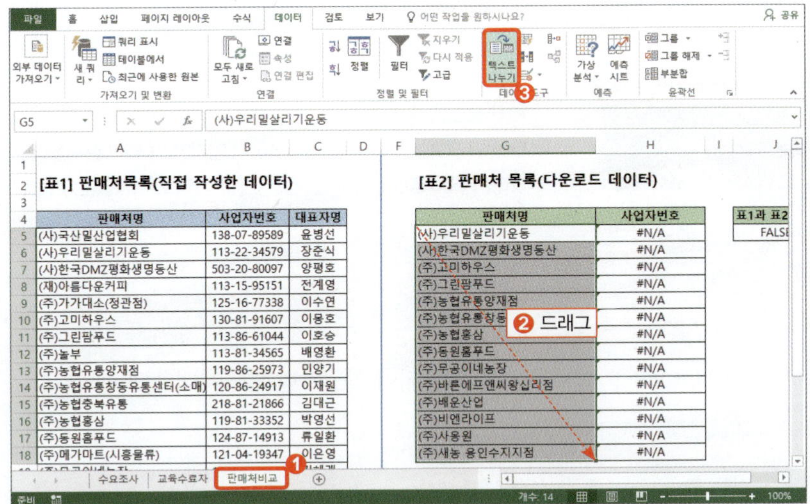

6 [텍스트 마법사-1단계] 대화상자의 [선택한 데이터 미리 보기] 항목에 셀에 보이지 않았던 o 기호가 표시됩니다. 이 기호는 키보드의 Tab 문자이므로 모두 삭제해보겠습니다. [텍스트 마법사-1단계] 대화상자에서 [구분 기호로 분리됨]을 선택한 후 [다음]을 클릭합니다. [텍스트 마법사-2단계] 대화상자의 [구분 기호]에서 [탭]에 체크 표시합니다. Tab 문자가 사라지고 구분선이 표시되었습니다. [다음]을 클릭합니다.

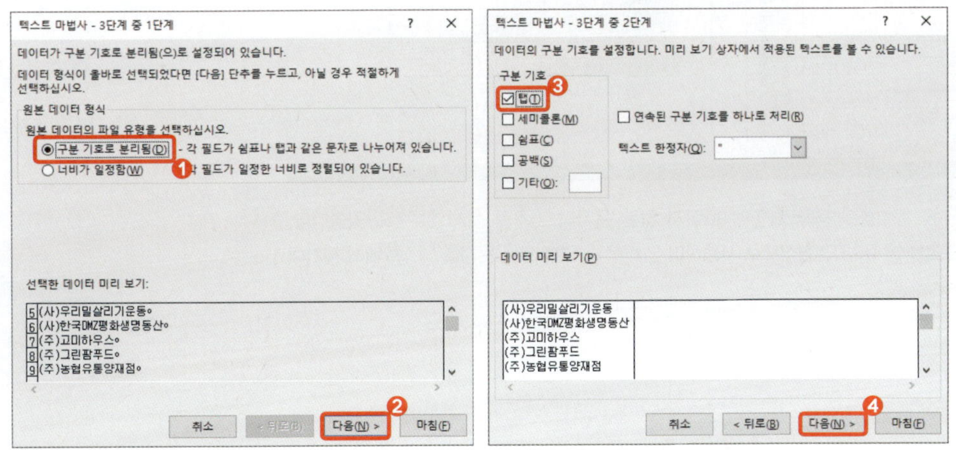

텍스트 나누기는 하나의 열 데이터를 두 개 이상의 열로 나눌 때 주로 사용하는 기능이지만 불필요한 데이터가 있을 때 데이터를 분리하여 삭제하거나 열을 나누지 않고 데이터 형식을 변경하여 문자를 숫자 등으로 변경할 때도 유용하게 사용할 수 있습니다.

7 [텍스트 마법사–3단계] 대화상자의 첫 번째 열 데이터 서식을 [일반]으로 선택합니다. 두 번째 열 데이터 서식을 [열 가져오지 않음(건너뜀)]으로 선택합니다. [마침]을 클릭합니다.

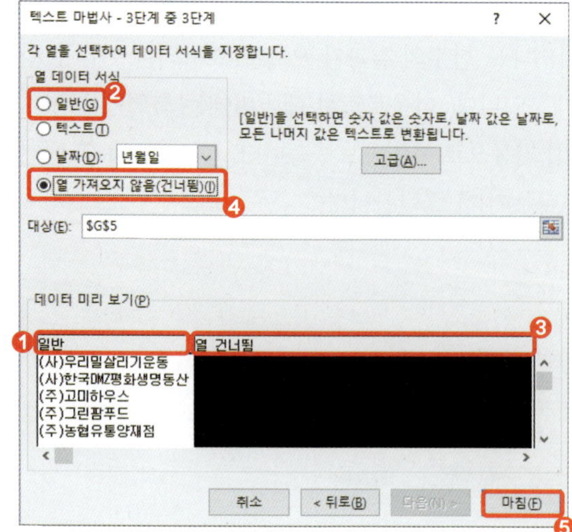

실력 향상

두 번째 열에는 아무런 내용이 보이지 않지만 빈 열이 존재합니다. 따라서 [열 데이터 서식]은 반드시 [열 가져오지 않음(건너뜀)]으로 설정해야 합니다. 만약 [일반]으로 설정한 후 [마침]을 클릭하면 [H5:H18] 셀 범위에 빈 셀이 복사됩니다.

8 G열에 Tab 문자가 삭제되고, VLOOKUP 함수 오류가 해결되어 사업자번호가 제대로 표시됩니다.

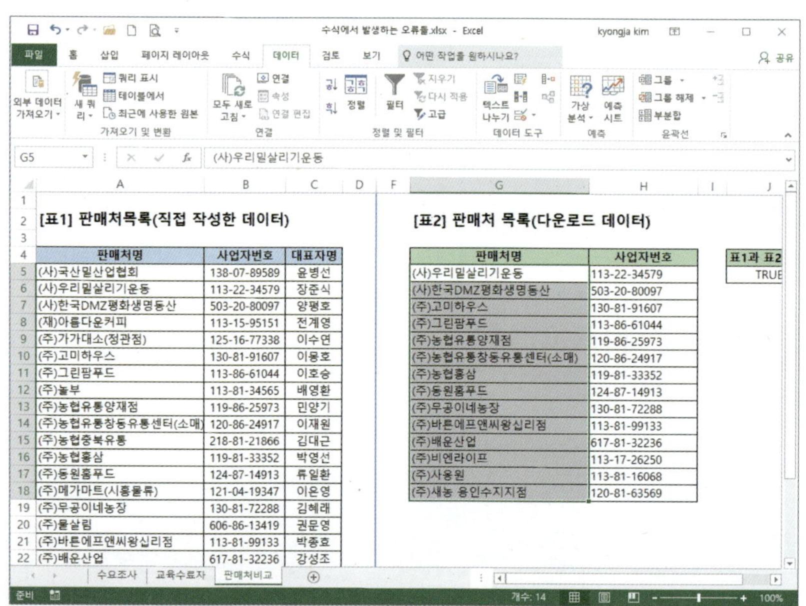

실력 향상 CLEAN 함수를 사용해 화면에 보이지 않는 문자나 기호를 삭제 할 수도 있습니다. '=CLEAN(셀 주소)'의 형식으로 사용하며 인쇄할 수 없는 모든 문자를 텍스트에서 제거해 줍니다.

수식의 오류 살펴보기

1 오류 원인과 해결 방법

수식을 입력했을 때 셀에 결과 값이 표시되지 않고 오류 표시가 나타나는 경우가 있습니다. 오류 표시별로 의미를 이해하면 오류의 원인도 쉽게 찾을 수 있습니다.

오류 표시	오류 원인과 해결 방법
#DIV/0!	나눗셈에서 어떤 값을 0으로 나눌 때 나타나는 오류입니다. 나누는 값이 0이거나 빈 셀이므로 0이 아닌 값으로 바꿉니다.
#NAME?	주로 함수명을 잘못 입력하거나 정의하지 않은 이름을 사용할 경우 표시되는 오류입니다. 정의된 이름이나 함수에 오타를 확인합니다.
#REF!	참조된 셀이 없을 때 나타나는 오류입니다. 수식에 참조된 셀이 삭제되지는 않았는지 확인합니다.
#VALUE!	값이 잘못되었다는 오류입니다. 연산이나 함수의 인수로 사용된 값이 잘못되었는지 확인합니다.
#N/A	사용할 수 없는 값을 참조했을 때 나타나는 오류입니다. 수식에서 참조된 셀의 값이 맞는지 확인합니다.
#NUM!	숫자를 잘못 사용했을 때 나타나는 오류입니다. 인수에 사용된 숫자가 올바르게 입력되었는지 확인합니다.
#NULL!	존재하지 않는 값을 사용했을 때 나타나는 오류입니다. 교차되지 않은 셀 범위를 지정했는지 확인합니다.
######	셀에 입력된 숫자 데이터에 비해 열 너비가 좁을 때 나타나므로 열 너비를 넓혀줍니다. 표시 형식을 적용했을 때 표시할 수 있는 데이터 유형일 경우에도 이러한 오류가 발생할 수 있습니다. 이때는 표시 형식을 [일반]으로 변경합니다.

2 수식의 오류를 검사하는 IFERROR 함수

수식을 사용하다보면 #VALUE!, #N/A, #DIV/0 등과 같은 오류가 나타날 때가 있습니다. 이때는 IFERROR 함수를 사용해 오류가 없을 때는 수식의 결과를 표시하고, 오류가 발생했을 때는 다른 값으로 대체할 수 있습니다.

함수 형식	=IFERROR(Value, Value_If_Error) =IFERROR(오류를 검사할 수식, 오류가 발생했을 때 대체할 값)
인수	• Value : 오류가 발생했는지 확인하는 수식으로 오류가 없을 때는 셀에 수식의 결과를 표시합니다. • Value_If_Error : Value 인수의 결과가 오류일 때 대체해서 셀에 입력할 값이나 계산할 수식입니다.

수식으로 데이터 일괄 이동하여 목록 정리하기

수식을 적용해 행으로 나열된 항목을 각각 다른 열로 이동하고 반복되는 머리글은 텍스트 나누기를 적용한 후 일괄 삭제하여 데이터 목록을 정리해보겠습니다.

실습 파일 | PART 01 \ 08_연구재료비 목록.xlsx　　**완성 파일** | PART 01 \ 08_연구재료비 목록(완성).xlsx

	B	C	D	E	F	G	H
1							
2						연구재료비 구입 목록	
3							
4	번호	일자	거래처	예산액	집행액	사용목적	사업자등록번호
5	140	2017-05-11	상당아크릴	49,500	35,398	사용목적 :재료구매	
6						사업자등록번호(지급처) :104-04-35847(상당아크릴)	
7						품명 :아크릴	
8						수량 :1	
9						단가(원) :35398	
10	141	2017-04-08	API솔루션	1,216,000	1,216,000	사용목적 :연구재료구매	
11						사업자등록번호(지급처) :536-15-00013(API솔루션)	
12						품명 :전자부품구매	
13						수량 :1	
14						단가(원) :1216000	
15	142	2017-04-05	KPCON	3,000	2,727	사용목적 :배송비	
16						사업자등록번호(지급처) :101-08-40015(콘케이알)	
17						품명 :배송비	
18						수량 :1	
19						단가(원) :3000	
20	143	2017-04-05	KPCON	28,000	25,455	사용목적 :DMX 케이블 구매	
21						사업자등록번호(지급처) :101-08-40015(콘케이알)	
22						품명 :DMX Cable 5M	
23						수량 :4	
24						단가(원) :7000	

텍스트 나누기, 공백 삭제

	B	C	D	E	F	G	H	I	J	K
1										
2						연구재료비 구입 목록				
3										
4	번호	일자	거래처	예산액	집행액	사용목적	사업자등록번호	품명	수량	단가
5	140	2017-05-11	상당아크릴	49,500	35,398	재료구매	104-04-35847(상당아크릴)	아크릴	1	35,398
6	141	2017-04-08	API솔루션	1,216,000	1,216,000	연구재료구매	536-15-00013(API솔루션)	전자부품구매	1	1,216,000
7	142	2017-04-05	KPCON	3,000	2,727	배송비	101-08-40015(콘케이알)	배송비	1	3,000
8	143	2017-04-05	KPCON	28,000	25,455	DMX 케이블 구매	101-08-40015(콘케이알)	DMX Cable 5M	4	7,000
9	144	2017-04-01	OP전기	17,600	16,000	전기부품구매	101-33-72386(일진전기)	H.B(흑)	40	400
10	145	2017-04-01	에스알티	38,500	35,000	연구재료 민특 고무패킹구매	601-20-68572(에스알티)	민특 M-1	500	70
11	146	2017-03-31	스마트유통	420,000	381,819	장비전원 아답터 구매	105-12-58019(스마트유통)	모니터 아답터 DC12V5A	50	8,400
12	147	2017-03-31	스마트유통	2,500	2,273	장비전원 아답터 구매 배송	105-12-58019(스마트유통)	배송	1	2,500
13	148	2017-03-31	NAPPA(주)	17,900	16,273	연구재료비구매	220-81-62517(네이버)	재료비	1	17,900
14	149	2017-03-30	뱅큐PIK	2,200	2,000	재료구매 배송	114-81-69078(뱅큐PIK)	배송비	1	2,200
15	150	2017-03-30	뱅큐PIK	11,550	10,500	테스트 센서	114-81-69078(뱅큐PIK)	RV160-20	50	231
16	151	2017-03-30	(주)파인파크	14,100	12,818	마이크로 USB케이블	217-09-50552(인터파크)	마이크로5핀 USB 데이터 충전	20	2,900
17	152	2017-03-25	아크릴조인	500,000	500,000	재료비- 아크릴 가공	101-36-72451(아크릴조인)	아크릴가공	5	100,000
18	153	2017-03-24	NAPPA(주)	80,000	72,727	연구재료비 - 전자부품구매	817-08-00189(3D프린터)	리밋스위치	1	80,000
19	154	2017-03-24	렉스(주)	30,800	28,000	연구 부품구매	113-81-88335(엔티렉스)	테프론튜브	1	28,000
20	155	2017-03-24	NAPPA(주)	65,000	59,091	연구재료비 - 전자부품구매	817-08-00189(3D프린터)	테프론튜브	1	65,000
21	156	2017-03-24	NAPPA(주)	40,000	36,364	연구재료비 - 전자부품구매	817-08-00189(3D프린터)	써미스터	1	40,000
22	157	2017-03-24	NAPPA(주)	24,000	21,819	연구재료비 - 전자부품구매	817-08-00189(3D프린터)	타이밍벨트	1	24,000
23	158	2017-03-24	NAPPA(주)	80,000	72,727	연구재료비 - 전자부품구매	817-08-00189(3D프린터)	커플러	1	80,000
24	159	2017-03-24	렉스(주)	52,800	48,000	연구 부품구매	113-81-88335(엔티렉스)	팬쿨러	1	48,000
25	160	2017-03-23	도시바	8,000,000	8,000,000	재료비- 소프트웨어구매	110-81-75049(도시바)	MIDI MTC 제어 소프트웨어	1	8,000,000
26	161	2017-03-23	리본	16,300	14,819	연구재료비구매	220-81-83676(리본)	재료	1	14,818
27	162	2017-03-20	PALCOM	677,752	677,752	연구재료 해외구매	Libelium Comunicacio(해외구매)	전자부품 모듈	1	677,752
28	163	2017-03-17	한국인테리어	4,750,000	4,750,000	임베디드 보드 (LCD 형) rnao	135-86-04285(주식회사 한국인테리어)	임베디드 보드 lcd형	10	475,000
29	164	2017-03-15	EIRO(주)	3,750,000	3,750,000	임베디드 보드 구매	144-81-06133(EIRO(주))	통신임베디드 보드 구매	25	150,000

1 반복되는 문자 일괄 삭제하기 연구재료비 구입 목록의 G열에는 사용목적, 사업자등록번호, 품명, 수량, 단가가 모두 입력되어 있습니다. 이 표를 수정하여 G열에는 사용목적, H열에는 사업자등록번호, I열에는 품명, J열에는 수량, K열에는 단가가 표시되도록 정리해보겠습니다. 각 항목을 이동하기 전에 콜론(:)을 기준으로 G열 데이터 앞부분의 문자를 삭제해보겠습니다. [G5:G129] 셀 범위를 선택한 후 [데이터] 탭-[데이터 도구] 그룹-[텍스트 나누기]를 클릭합니다. [텍스트 마법사-1단계] 대화상자에서 [구분 기호로 분리됨]을 선택한 후 [다음]을 클릭합니다.

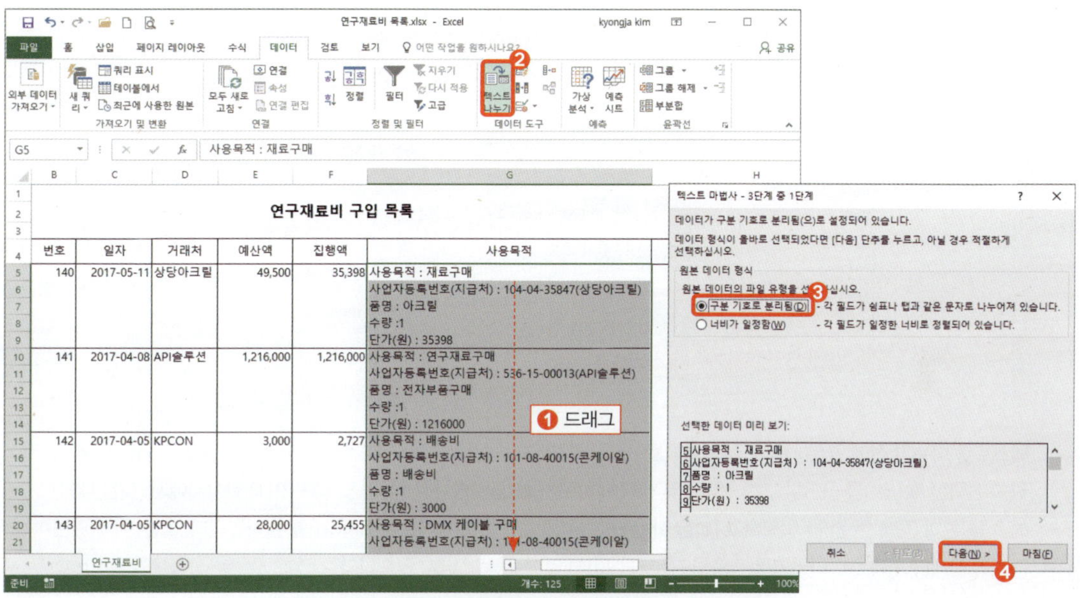

[G5] 셀을 클릭한 후 Ctrl + Shift + ↓ 를 누르면 빠르게 범위를 선택할 수 있습니다.

2 [텍스트 마법사-2단계] 대화상자의 [구분 기호]에서 [기타]에 체크 표시하고 입력란에 :을 입력합니다. [데이터 미리 보기]에 콜론(:)을 기준으로 두 개의 열로 나눠진 미리 보기가 표시됩니다. [다음]을 클릭합니다. [텍스트 마법사-3단계] 대화상자에서 첫 번째 열 데이터 서식으로 [열 가져오지 않음(건너뜀)]을 선택합니다. 두 번째 열 데이터 서식으로 [일반]을 선택합니다. [마침]을 클릭합니다.

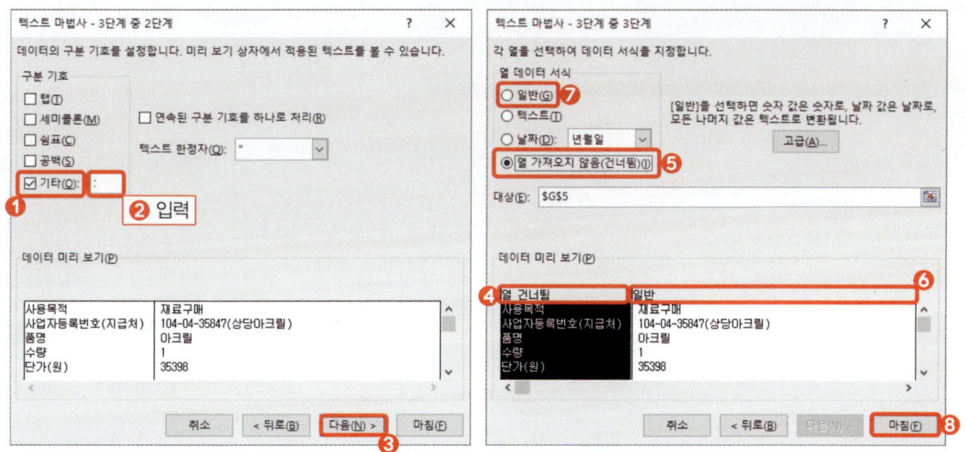

텍스트 나누기 기능으로 편집된 G열은 수량을 제외한 나머지 문자의 맨 앞부분에 공백이 한 칸씩 있습니다. 원본 데이터 콜론(:) 뒤에 공백이 한 칸 포함되어 있었기 때문입니다. 문자 데이터 맨 앞과 맨 뒤에 있는 공백만 삭제할 경우에는 TRIM 함수를 사용합니다. 빈 열에 '=TRIM(G5)'을 입력한 후 채우기 핸들을 더블클릭합니다. 공백이 제거된 셀 데이터를 모두 선택한 후 복사하여 G열에 [값]으로 붙여넣기합니다.

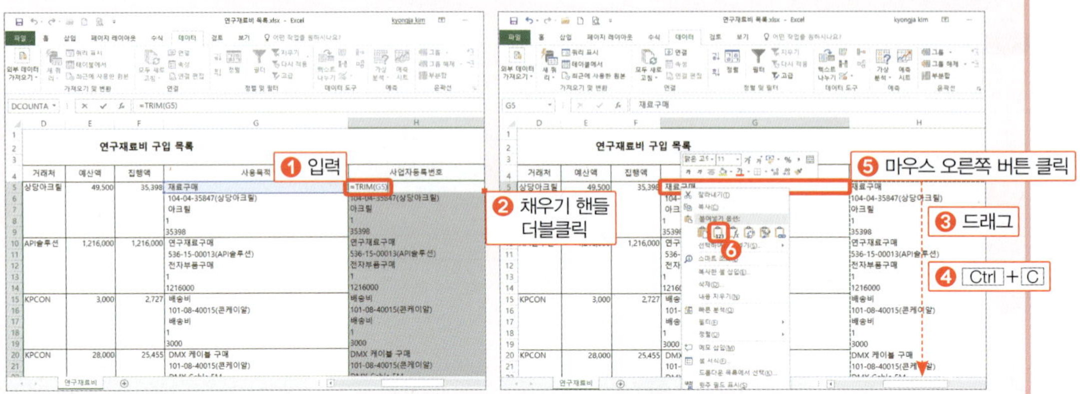

텍스트를 나누기 전에 콜론(:) 뒤에 있는 공백을 미리 삭제한 후 [텍스트 나누기]를 적용해도 됩니다. [G5:G129] 셀 범위를 선택한 후 [홈] 탭–[편집] 그룹–[찾기 및 선택]–[바꾸기]를 클릭합니다. [찾기 및 바꾸기] 대화상자에서 [찾을 내용]에 ': '(콜론과 공백 한 칸)을 입력하고 [바꿀 내용]에 ':'(콜론)을 입력한 후 [모두 바꾸기]를 클릭합니다. 콜론 뒤에 있는 공백이 삭제되어 텍스트 나누기를 적용해도 문자 데이터 앞에 공백이 남지 않습니다.

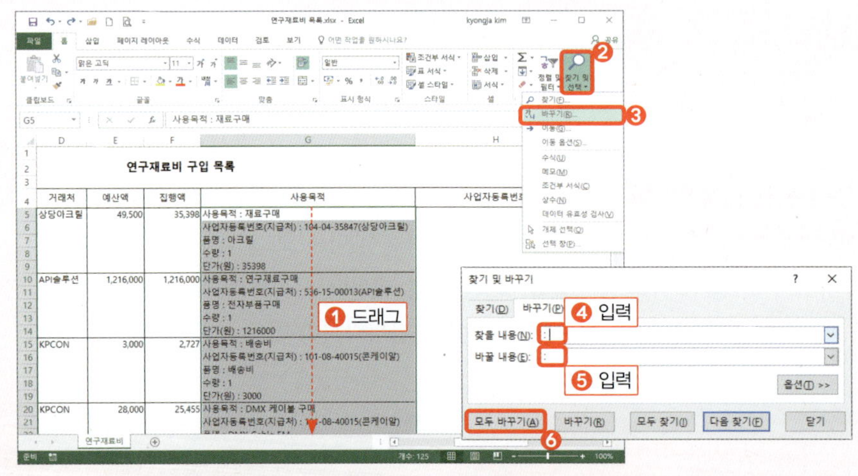

3 수식을 적용하여 G열에는 사용목적만 남기고, 사업자등록번호는 H열, 품명은 I열, 수량은 J열, 단가는 K열로 이동해보겠습니다. [H5] 셀에 **=G6**을 입력합니다. [I5] 셀에는 **=G7**, [J5] 셀에는 **=G8**, [K5] 셀에는 **=G9**를 입력합니다. [H5:K9] 셀 범위를 선택한 후 채우기 핸들을 더블클릭합니다. 수식이 복사되면 사업자등록번호부터 단가까지 모두 표시됩니다.

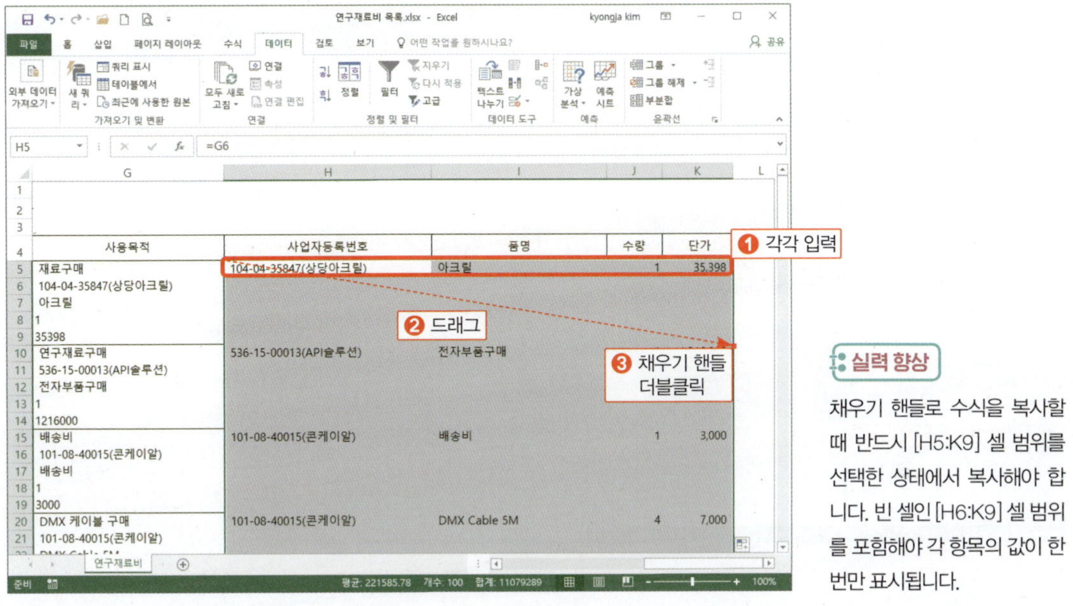

실력 향상

채우기 핸들로 수식을 복사할 때 반드시 [H5:K9] 셀 범위를 선택한 상태에서 복사해야 합니다. 빈 셀인 [H6:K9] 셀 범위를 포함해야 각 항목의 값이 한 번만 표시됩니다.

4 **수식을 값으로 복사하기** [H:K] 열의 빈 행을 삭제하면 수식이 입력된 [H:K] 열이 참조하는 G행의 내용도 삭제되어 오류가 표시됩니다. 행을 삭제해도 오류가 발생하지 않도록 수식을 값으로 변경해보겠습니다. [H5:K129] 셀 범위가 선택된 상태에서 Ctrl + C로 복사합니다. 셀 범위가 선택된 상태에서 마우스 오른쪽 버튼을 클릭한 후 [붙여넣기 옵션]에서 [값]을 선택합니다.

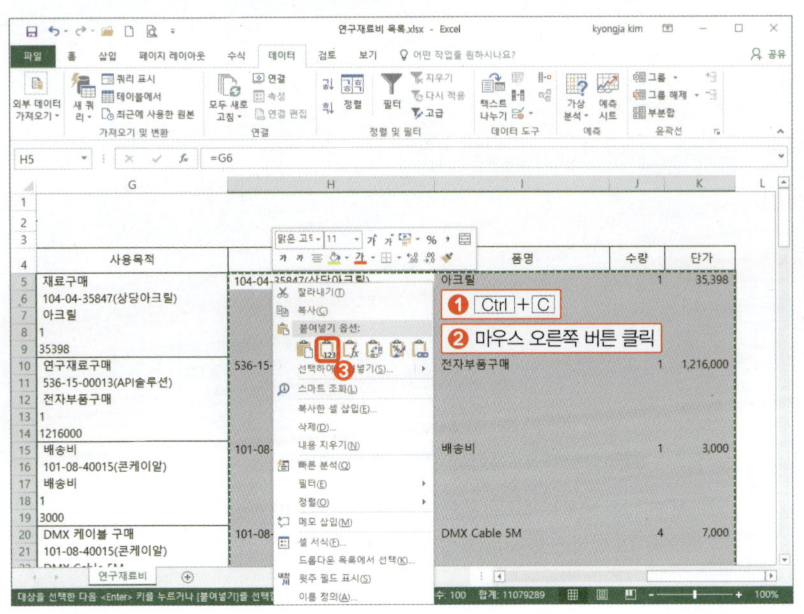

5 **빈 행 일괄 삭제하기** H열을 기준으로 빈 행을 삭제해보겠습니다. [H4:H129] 셀 범위를 선택한 후 [홈] 탭-[편집] 그룹-[찾기 및 선택]-[이동 옵션]을 선택합니다. [이동 옵션] 대화상자에서 [빈 셀]을 선택한 후 [확인]을 클릭합니다.

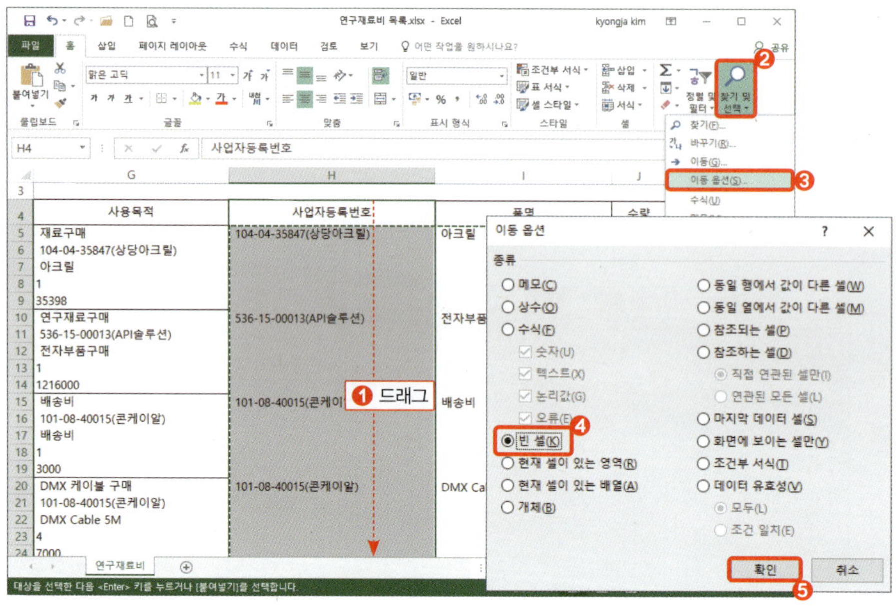

6 선택된 셀에서 마우스 오른쪽 버튼을 클릭하여 [삭제]을 선택합니다. [삭제] 대화상자에서 [행 전체]를 선택한 후 [확인]을 클릭합니다.

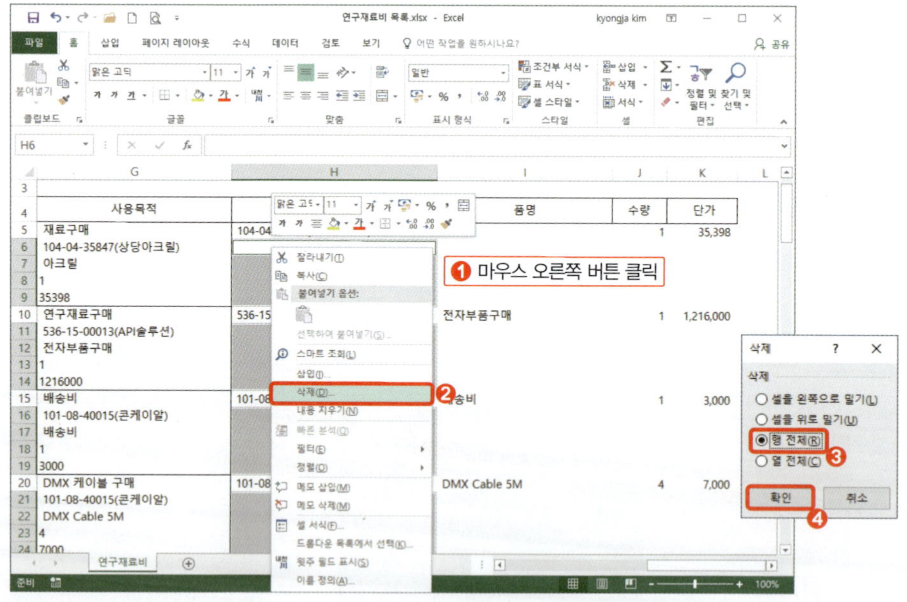

실력 향상 [H4:H129] 셀 범위를 선택한 상태에서 빈 셀을 선택했으므로 [H4:H129] 셀 범위 중에서 빈 셀만 선택됩니다. 마우스 오른쪽 버튼을 클릭할 때는 반드시 선택된 빈 셀 위에서 클릭해야 선택이 해제되지 않습니다.

7 편집이 완료된 데이터 목록에 서식을 설정해보겠습니다. 데이터가 있는 임의의 셀을 클릭한 후 Ctrl +A를 누릅니다. 셀 범위가 선택되면 [홈] 탭–[글꼴] 그룹–[테두리]–[모든 테두리]를 선택합니다. [홈] 탭–[맞춤] 그룹–[가운데 맞춤]을 클릭합니다. [B:K] 열을 선택한 후 열 머리글 경계선에서 더블클릭하여 열 너비를 자동 맞춤합니다.

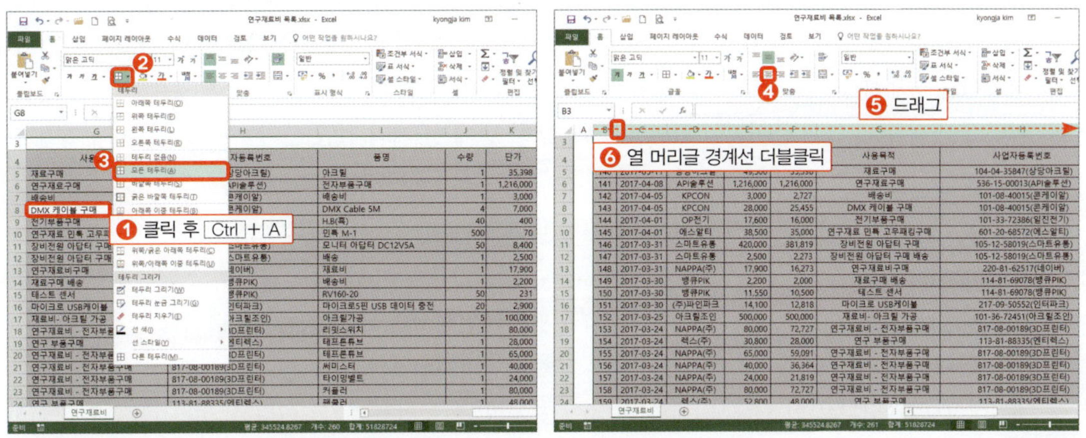

8 **제목을 선택 영역 가운데 맞추기** [B2:K2] 셀 범위를 선택한 후 마우스 오른쪽 버튼을 클릭하여 [셀 서 식]을 선택합니다. [셀 서식] 대화상자의 [맞춤] 탭을 클릭합니다. [텍스트 맞춤]–[가로]에서 [선택 영역의 가운데로]를 선택합니다. [확인]을 클릭합니다.

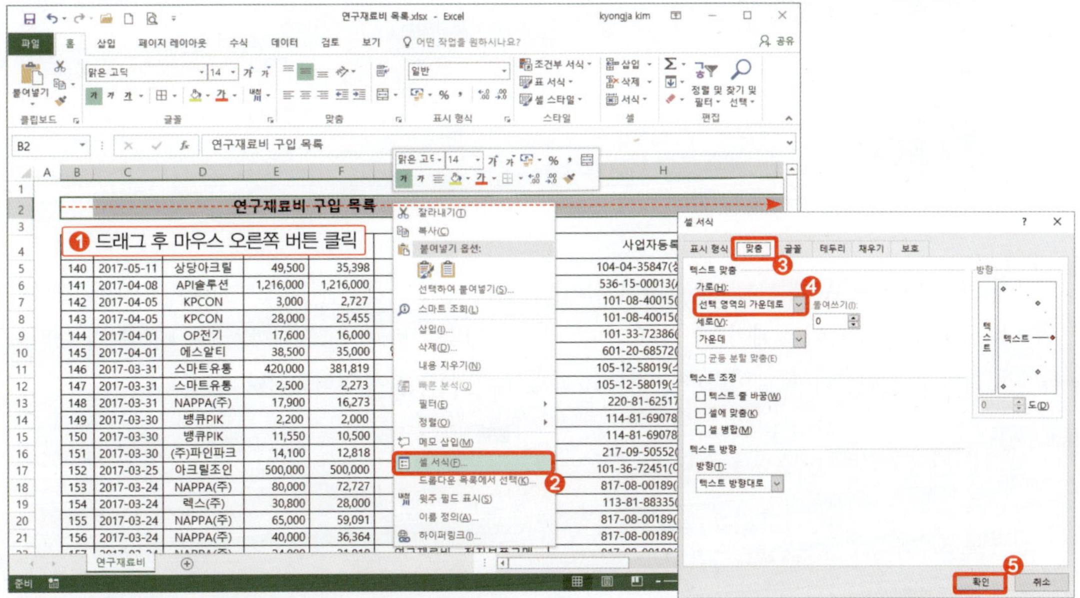

실력 향상 가로 맞춤을 [선택 영역의 가운데로]로 설정하면 셀을 병합하지 않고도 여러 셀에 걸쳐서 제목을 표시할 수 있습니다.

텍스트 나누기로 데이터 나누기

텍스트 나누기를 사용하면 한 셀에 입력된 데이터를 일정한 규칙을 기준으로 두 개 이상의 열로 나눌 수 있습니다. 예제 파일의 B열에는 식품명과 상세식품명이 함께 입력되어 있습니다. '/'를 기준으로 식품명과 상세식품명을 서로 다른 열로 분리할 수 있습니다. 단, 텍스트를 나누기 전에는 나눈 열 데이터를 입력할 빈 열이 준비되어 있어야 합니다. 한 번에 한 개의 열만 선택하여 텍스트 나누기를 할 수 있습니다.

실습 파일 | PART 01 \ 텍스트 나누기.xlsx   **완성 파일** | PART 01 \ 텍스트 나누기(완성).xlsx

B열을 선택한 후 [데이터] 탭-[데이터 도구] 그룹-[텍스트 나누기]를 클릭합니다. [텍스트 마법사-1단계] 대화상자에서 [구분 기호로 분리됨]을 선택합니다. [다음]을 클릭합니다. [텍스트 마법사-2단계] 대화상자의 [구분 기호]에서 [기타]에 체크 표시한 후 입력란에 /를 입력합니다. [다음]을 클릭합니다.

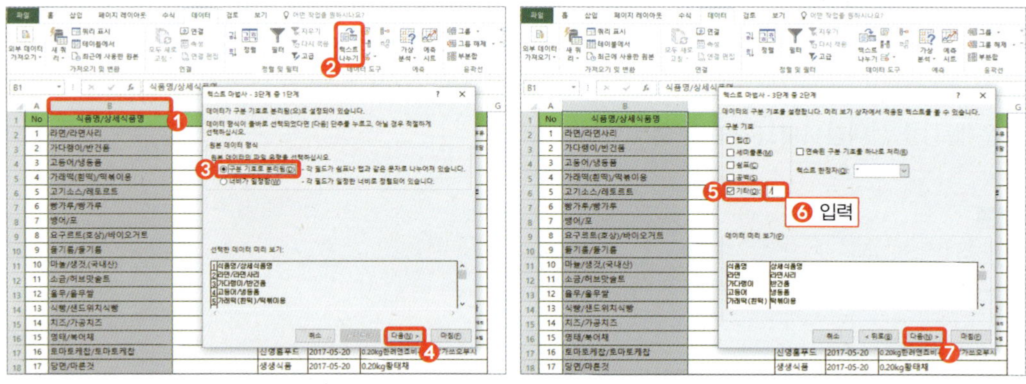

[텍스트 마법사-3단계]에서 [열 데이터 서식]의 두 개 열 모두 [일반]을 선택한 후 [마침]을 클릭합니다. '해당 영역에 이미 데이터가 있습니다. 기존 데이터를 바꾸시겠습니까?'라는 메시지가 나타나면 [확인]을 클릭합니다. 데이터가 분리되고 상세식품명이 C열에 입력됩니다.

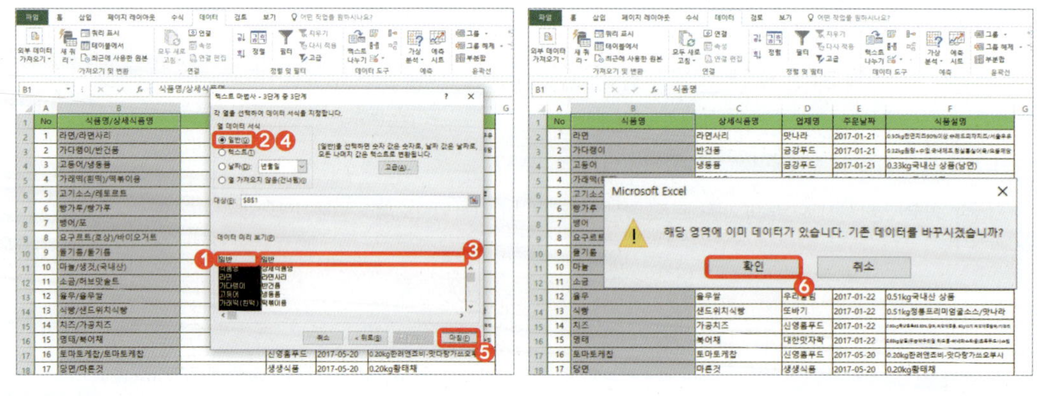

시간 데이터 삭제하고 날짜별 입출금 집계하기

법인 통장에서 거래한 내역을 표시한 거래일시 데이터에서 시간 데이터를 삭제하고 날짜별 입금과 출금 합계를 구해보 겠습니다. 시간 데이터 삭제는 텍스트 나누기를 적용하고 날짜별 입출금의 합계는 SUMIF 함수를 사용해 구해보겠습니다.

실습 파일 | PART 01 \ 09_금융 거래내역.xlsx   **완성 파일** | PART 01 \ 09_금융 거래내역(완성).xlsx

미리 보기

법인 통장 거래 내역

No	거래일시	구분	항목	입금금액	출금금액	거래후잔액	거래지점
1	2017-01-04	입금	전자금융	8,355,950	350,000	8,005,950	815270
2	2017-01-04	출금	모바일뱅킹	-	1,025,000	6,980,950	동탄역
3	2017-01-04	출금	모바일뱅킹	354,000	1,189,000	6,145,950	삼산
4	2017-01-07	출금	모바일뱅킹	214,500	3,025,000	3,335,450	동탄동
5	2017-01-07	출금	모바일뱅킹	-	825,000	2,510,450	동탄동
6	2017-01-17	입금	PC뱅킹	1,525,000	245,100	3,790,350	동탄동
7	2017-01-18	입금	PC뱅킹	-	4,100,000	- 309,650	059310
8	2017-01-18	출금	ATM출금	1,500,000	125,000	1,065,350	대치동
9	2017-01-18	출금	대출이자	1,000,000	54,076	2,011,274	동탄동
10	2017-01-18	입금	현금입금	4,025,000	2,485,110	3,551,164	동탄동
11	2017-01-18	입금	현금입금	825,000	2,543,000	1,833,164	동탄동
12	2017-01-20	입금	PC뱅킹	1,475,000	150,000	3,158,164	강남
13	2017-01-20	입금	ATM이체	350,000	365,000	3,143,164	동탄역

[일자별 입출금 합계]

일자	입금 합계	출금 합계
2017-01-04	8,709,950	2,564,000
2017-01-07	214,500	3,850,000
2017-01-17	1,525,000	245,100
2017-01-18	7,350,000	9,307,186
2017-01-20	1,825,000	515,000
2017-01-21	3,829,000	2,024,157
2017-01-22	34,073,500	32,386,814
2017-01-23	4,208,000	7,745,000
2017-01-24	7,519,000	7,049,170
2017-01-26	7,755,600	2,009,227
2017-01-27	1,802,000	254,000
총합계	78,811,550	67,949,654

회사에서 바로 통하는 키워드

텍스트 나누기, 시간 삭제, SUMIF, SUMIFS, 자동 합계, 통합

1 **시간 데이터 삭제하기** [B5:B61] 셀 범위를 선택한 후 [데이터] 탭–[데이터 도구] 그룹–[텍스트 나누기]를 클릭합니다. [텍스트 마법사–1단계] 대화상자에서 [너비가 일정함]을 선택합니다. [다음]을 클릭합니다. [텍스트 마법사–2단계] 대화상자의 [데이터 미리 보기]에서 일자 뒷부분을 클릭합니다. 구분 화살표가 표시됩니다. [다음]을 클릭합니다.

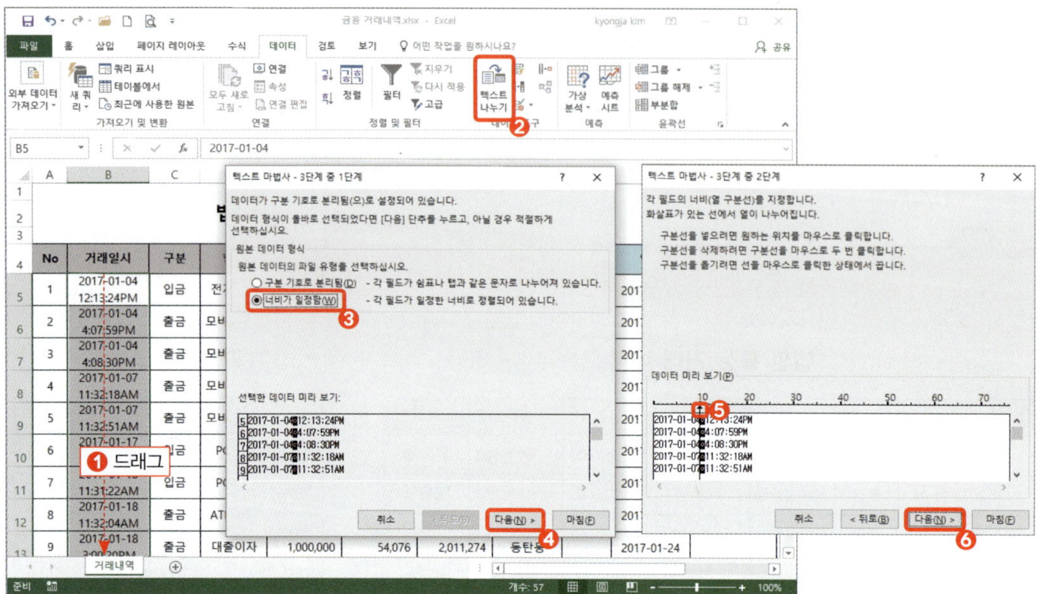

2 [텍스트 마법사–3단계] 대화상자에서 첫 번째 열 데이터 서식으로 [일반]을 선택하고, 두 번째 열 데이터 서식으로 [열 가져오지 않음(건너뜀)]을 선택합니다. [마침]을 클릭합니다. 시간 데이터가 삭제되었습니다.

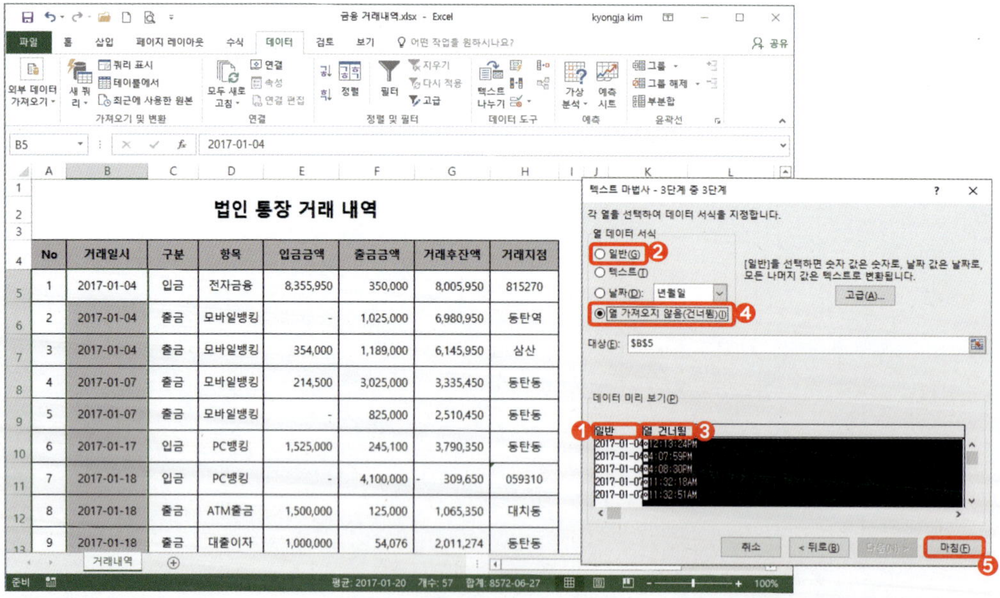

3 **SUMIF 함수로 입출금 합계 구하기** 일자별 입금 합계와 출금 합계를 구해보겠습니다. [L5] 셀을 클릭합니다. [수식] 탭–[함수 라이브러리] 그룹–[수학/삼각]–[SUMIF]를 선택합니다. [함수 인수] 대화상자에서 [Range]에는 거래일시에 해당하는 **$B$5:$B$61**을 입력합니다. [Criteria]에는 합을 구할 일자에 해당하는 **$K5**를 입력합니다. [Sum_Range]에는 합을 구할 입금금액에 해당하는 **E$5:E$61**를 입력합니다. [확인]을 클릭합니다.

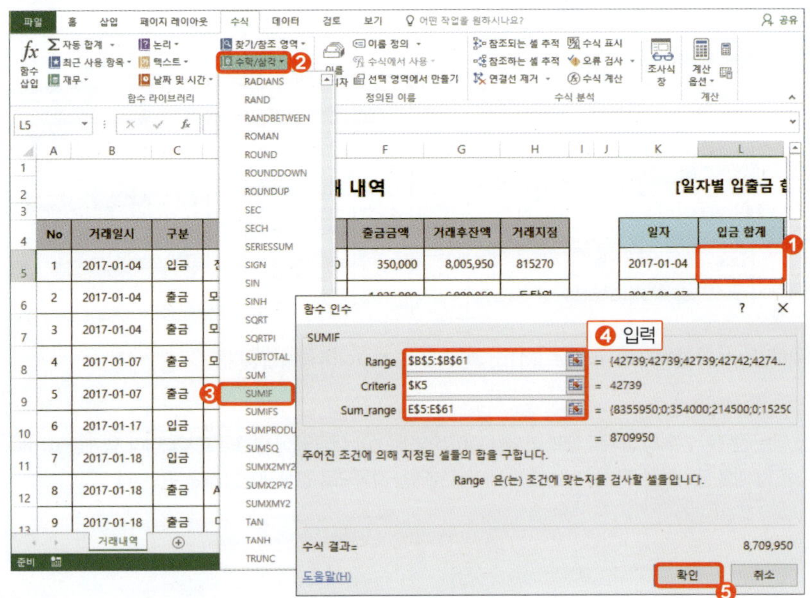

슈퍼활용TIP ★★★★★ SUMIF, SUMIFS 함수 알아보기

SUMIF 함수는 SUM 함수 뒤에 조건을 뜻하는 'IF'가 붙은 것처럼 전체 합계가 아니라 조건에 맞는 데이터만 찾아서 합계를 구할 때 사용합니다. 또한 조건이 두 개 이상일 경우에는 복수형을 의미하는 'S'가 붙은 SUMIFS 함수를 사용합니다. SUMIF 함수는 '합을 구할 범위' 인수가 마지막에 입력되지만, SUMIFS 함수는 첫 번째 인수로 '합을 구할 범위'를 입력합니다.

함수 형식	=SUMIF(Range, Criteria, [Sum_Range]) =SUMIF(조건 범위, 조건, [합을 구할 범위])
	=SUMIFS(Sum_Range, Criteria_Range1, Criteria1, [Criteria_Range2, Criteria2], …) =SUMIFS(합을 구할 범위, 조건 범위1, 조건1, 조건 범위2, 조건2,…)
인수	• Range : 조건을 비교할 범위입니다. • Criteria : 합계를 구할 조건입니다. • Sum_Range : 실제 합을 구할 범위로 조건을 비교할 범위와 합을 구할 범위가 같다면 생략할 수 있습니다.

4 [L5] 셀의 채우기 핸들을 [M5] 셀까지 드래그하여 수식을 복사합니다. [L5:M5] 셀 범위가 선택된 상태에서 채우기 핸들을 [M15] 셀까지 드래그합니다. [L5:M16] 셀 범위를 선택한 후 [수식] 탭-[함수 라이브러리] 그룹-[자동 합계]를 클릭합니다. [L16:M16] 셀 범위에 합계가 표시됩니다.

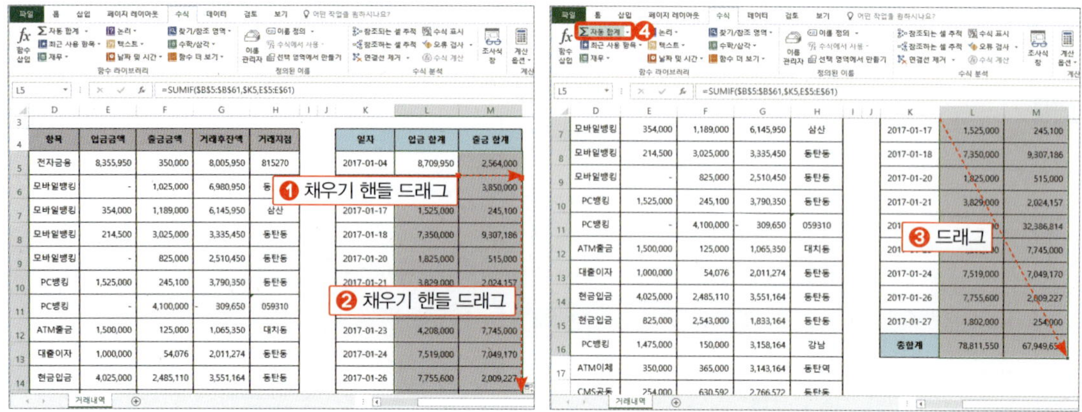

> **실력 향상** 채우기 핸들에서 더블클릭하면 [M16] 셀까지 복사되므로 [M15] 셀까지만 드래그하여 복사합니다.

> **실력 향상** [자동 합계]로 합계를 구할 때는 선택한 범위의 마지막 행과 마지막 열이 비어 있어야 해당 셀에 합계가 표시됩니다. 합계를 표시할 셀만 범위를 선택한 후 [자동 합계]를 클릭하면 주변에 있는 숫자 데이터 영역을 자동으로 인식하여 합계를 구합니다.

슈퍼활용 TIP ★★★★★ 일자별 입금과 출금 합계를 통합으로 구하기

[통합] 기능을 사용해도 일자별 입출금 합계를 구할 수 있습니다. 단, 통합을 사용하기 위해서는 두 표의 머리글이 '거래일시', '입금금액', '출금금액'으로 모두 똑같아야 합니다. [K4:M15] 셀 범위를 선택한 후 [데이터] 탭-[데이터 도구] 그룹-[통합]을 클릭합니다. [통합] 대화상자의 [함수]에서 [합계]를 선택하고, [참조]를 클릭한 후 [B4:H61] 셀 범위를 드래그하여 [추가]를 클릭합니다. [사용할 레이블]에서 [첫 행]과 [왼쪽 열]에 모두 체크 표시합니다. [확인]을 클릭합니다. 일자별 입금과 출금의 합계가 표시됩니다.

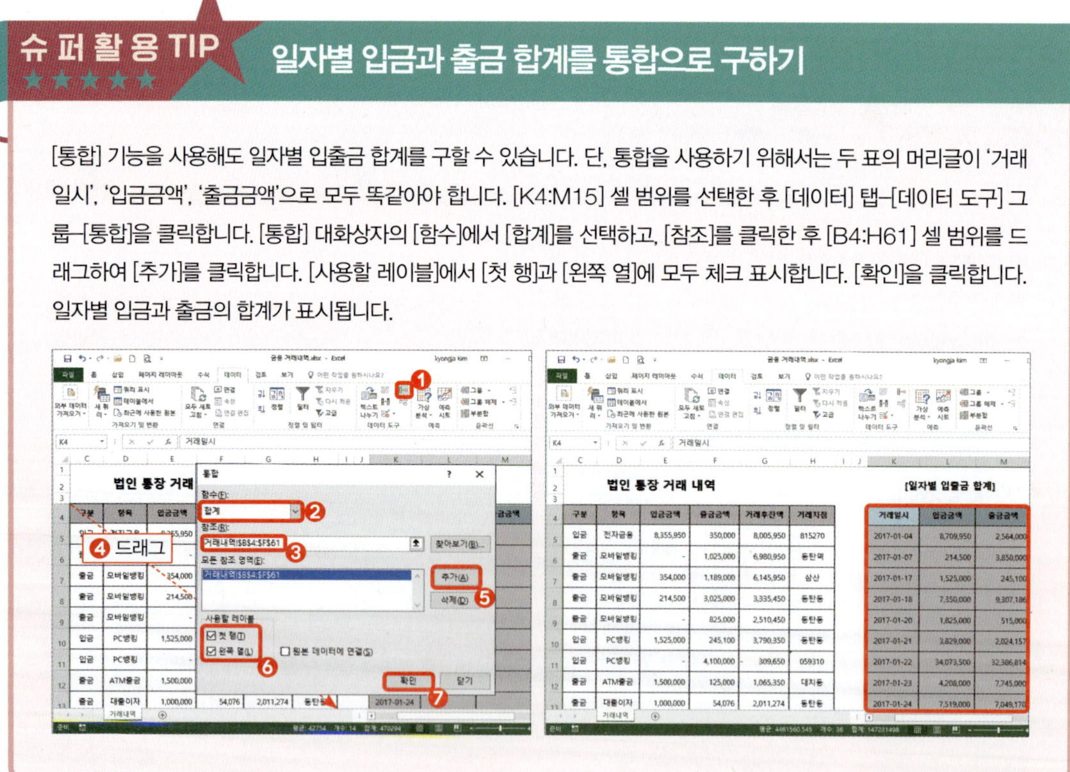

특정 날짜를 기준으로 재직여부 표시하기

3월 1일을 기준으로 재직여부에 재직과 퇴사를 구분해 표시하려고 합니다. 기준 날짜는 DATE 함수를 사용하여 이름으로 정의하고 IF, AND, OR 함수를 사용하여 재직여부를 표시합니다.

실습 파일 | PART 01 \ 10_재직 구분.xlsx   **완성 파일** | PART 01 \ 10_재직 구분(완성).xlsx

직원 재직 구분 (기준일 : 2017년 3월 1일)

성명	입사일자	퇴직일자	재직여부	비고
박태순	2016.05.20	2016.09.22		
김혜란	2015.04.28	2017.04.10		
이승모	2015.11.24			
김순기	2016.06.22	2016.10.21		
이정길	2014.07.15	2017.05.31		
박종관	2015.02.04	2016.10.02		
강진모	2015.04.15			
신송희	2015.07.11			
구본행	2016.03.25	2016.12.31		
성기소	2015.12.22			
김건무	2016.08.17			
박세훈	2016.10.05	2017.03.10		
윤영돈	2012.09.17			
이몽호	2014.07.01			
염건령	2014.07.05	2016.07.04		
이철종	2014.07.29	2016.07.28		
양명순	2014.07.15	2016.07.14		
윤동주	2014.08.01	2016.07.31		
박광석	2014.08.12	2016.08.11		
김건무	2014.07.22	2016.07.21		
박종태	2014.08.01	2016.07.31		

회사에서 바로 통하는 키워드 날짜로 변환, DATE, IF, AND, OR, NOT

직원 재직 구분 (기준일 : 2017년 3월 1일)

성명	입사일자	퇴직일자	재직여부	비고
박태순	2016-05-20	2016-09-22	퇴사	
김혜란	2015-04-28	2017-04-10	재직	
이승모	2015-11-24		재직	
김순기	2016-06-22	2016-10-21	퇴사	
이정길	2014-07-15	2017-05-31	재직	
박종관	2015-02-04	2016-10-02	퇴사	
강진모	2015-04-15		재직	
신송희	2015-07-11		재직	
구본행	2016-03-25	2016-12-31	퇴사	
성기소	2015-12-22		재직	
김건무	2016-08-17		재직	
박세훈	2016-10-05	2017-03-10	재직	
윤영돈	2012-09-17		재직	
이몽호	2014-07-01		재직	
염건령	2014-07-05	2016-07-04	퇴사	
이철종	2014-07-29	2016-07-28	퇴사	
양명순	2014-07-15	2016-07-14	퇴사	
윤동주	2014-08-01	2016-07-31	퇴사	
박광석	2014-08-12	2016-08-11	퇴사	
김건무	2014-07-22	2016-07-21	퇴사	
박종태	2014-08-01	2016-07-31	퇴사	

1 **날짜 형식으로 변환하기** C열의 입사일자와 D열의 퇴직일자가 문자 데이터 형식으로 입력되어 있습니다. 수식에서 참조할 수 있도록 날짜 형식으로 변환해보겠습니다. [C5:D528] 셀 범위를 선택한 후 [홈] 탭-[편집] 그룹-[찾기 및 선택]-[바꾸기]를 선택합니다. [바꾸기] 대화상자에서 [찾을 내용]에 .를, [바꿀 내용]에 −를 입력한 후 [모두 바꾸기]를 클릭합니다. '1672개 항목이 바뀌었습니다'라는 메시지가 나타나면 [확인]을 클릭한 후 [닫기]를 클릭합니다.

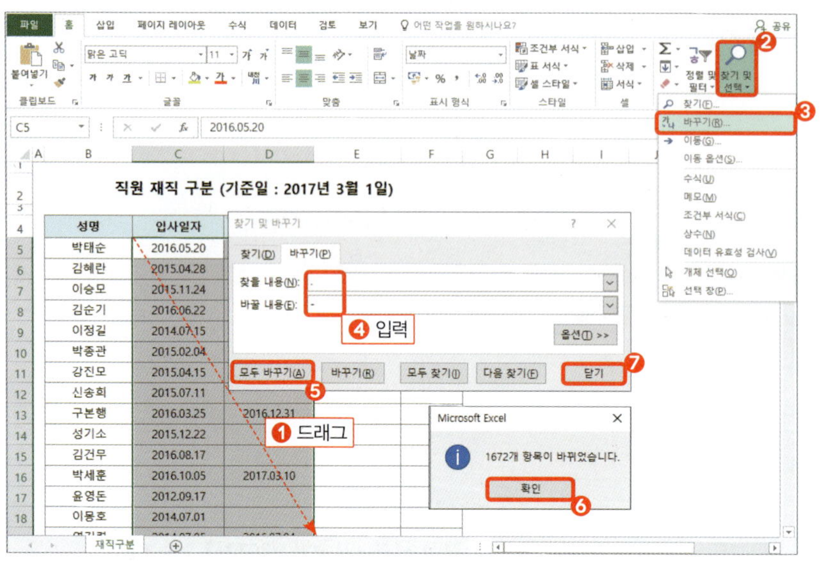

2 **기준일 이름 정의하기** 기준일은 DATE 함수를 사용하여 이름으로 정의해보겠습니다. [수식] 탭-[정의된 이름] 그룹-[이름 관리자]를 클릭합니다. [이름 관리자] 대화상자에서 [새로 만들기]를 클릭합니다. [새 이름] 대화상자에서 [이름]에 **기준일**을 입력하고, [범위]로 [통합 문서]를 선택합니다. [참조 대상]에 **=DATE(2017,3,1)**을 입력합니다. [확인]을 클릭합니다. [이름 관리자] 대화상자의 [이름] 목록에 [기준일]이 표시됩니다. [닫기]를 클릭합니다.

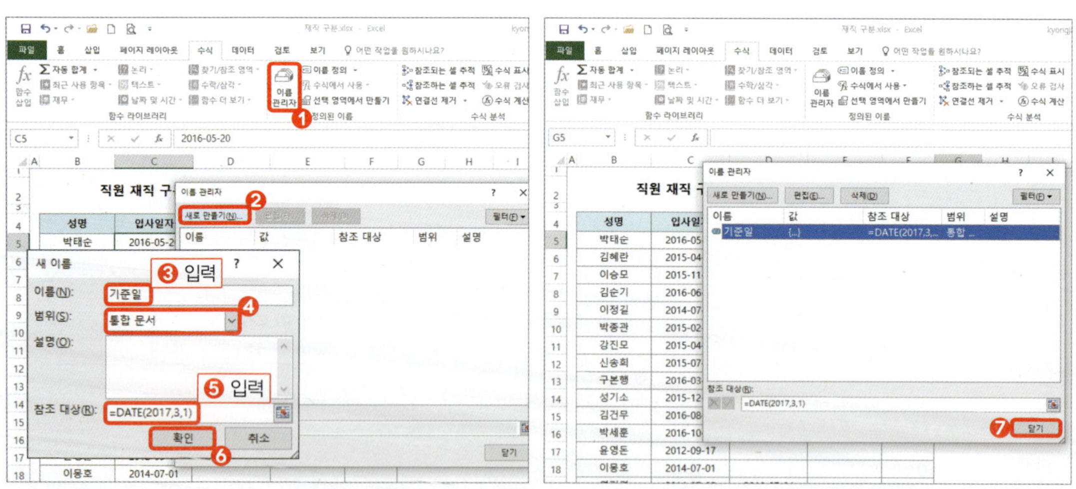

실력 향상 DATE 함수는 년, 월, 일을 숫자로 지정하여 날짜를 만듭니다. 함수 형식은 '=DATE(년, 월, 일)'입니다.

3 **함수로 재직과 퇴사 표시하기** [E5] 셀을 클릭합니다. [수식] 탭–[함수 라이브러리] 그룹–[논리]–[IF]
를 선택합니다. [함수 인수] 대화상자에서 [Logical_test]에 **AND(C5〈=기준일,OR(D5)=기준일,D5=""))**,
[Value_if_true]에 **"재직"**, [Value_if_false]에 **"퇴사"**를 입력합니다.

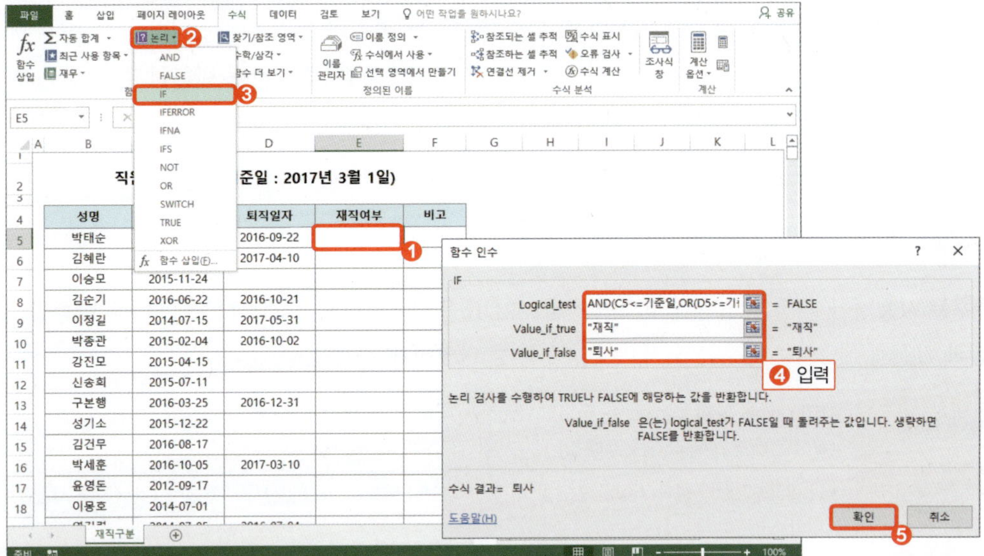

실력 향상 'AND(C5〈=기준일,OR(D5)=기준일,D5=""))' 조건식은 [C5] 셀의 입사일자가 기준일보다
작거나 같고, [D5] 셀의 퇴직일자가 기준일보다 크거나 같거나 또는 빈 셀일 경우를 계산합
니다.

4 [E5] 셀의 채우기 핸들을 더블클릭하여 수식을 복사합니다. 2017년 3월 1일을 기준으로 재직 및 퇴
사 여부가 모두 구해졌습니다.

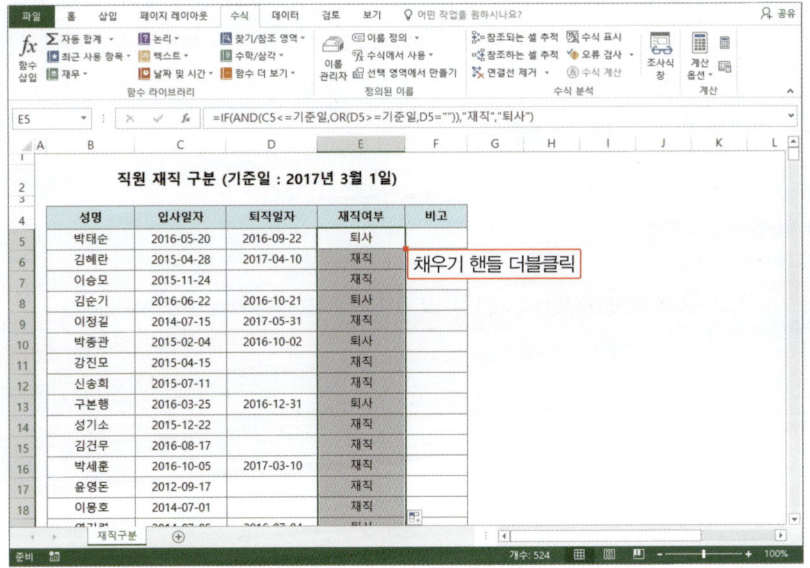

논리 함수 알아보기

조건에 따라 서로 다른 값을 표시하거나 다른 식을 계산하는 함수가 논리 함수입니다. 논리 함수에서 가장 대표적인 함수는 IF 함수이며, IF 함수는 조건을 만족시킬 때 참값을 반환하고, 조건을 만족시키지 못하면 거짓값을 반환합니다. IF 함수에 조건을 두 개 이상 지정해야 할 경우 AND, OR, NOT 함수 등을 중첩하여 사용합니다.

1 IF 함수

IF 함수는 사용자가 지정한 조건에 맞으면 참값(TRUE)을, 맞지 않으면 거짓값(FALSE)을 반환합니다. 참과 거짓에 해당하는 인수는 숫자, 문자, 수식 등 다양하게 지정할 수 있습니다.

함수 형식	= IF(Logical_Test, [Value_If_True], [Value_If_False]) = IF(조건식, 참일 때 값, 거짓일 때 값)
인수	• Logical_Test : 참과 거짓을 판단할 수 있는 값이나 식으로, 비교연산자(), 〈, 〉=, 〈=, 〈〉)를 사용합니다. • Value_If_True : 조건식의 결과가 참일 때 셀에 입력할 값이나 계산할 수식으로, 생략하면 TRUE가 표시됩니다. • Value_if_false : 조건식의 결과가 거짓일 때 셀에 입력할 값이나 계산할 수식으로, 생략하면 FALSE가 표시됩니다.

2 AND, OR, NOT 함수

IF 함수에 조건을 지정하다 보면 여러 조건을 지정해서 동시에 비교해야 할 때가 있습니다. 이렇게 여러 조건을 동시에 비교할 때는 IF 함수를 중첩하는 것보다 AND, OR, NOT 함수를 중첩해 사용합니다. AND 함수는 여러 조건을 모두 만족할 때 참값을 반환하고, OR 함수는 여러 조건 중에 하나라도 만족하면 참값을 반환합니다. NOT 함수는 지정한 조건을 모두 만족하지 않을 경우 참값을 반환하고, 그중 하나라도 만족하면 거짓값을 반환합니다.

함수 범주	= AND(Logical1, Logical2, …)	= AND(조건1, 조건2, …)
	= OR(Logical1, Logical2, …)	= OR(조건1, 조건2, …)
	= NOT(Logical, Logical2, …)	= NOT(조건1, 조건2, …)
인수	• Logical : 참과 거짓을 판단할 수 있는 값이나 식으로 비교 연산자(), 〈, 〉=, 〈=, 〈〉)를 사용합니다.	

11

식품명을 기준으로
식자재 주문처 찾아오기

식자재 주문표에서 식품명과 상세식품명을 기준으로 주문처를 표시하려고 합니다. 식품주문처 목록을 이름으로 정의한 후 VLOOKUP 함수를 사용하여 주문처를 찾아 표시해보겠습니다.

실습 파일 | PART 01 \ 11_식자재 주문.xlsx   완성 파일 | PART 01 \ 11_식자재 주문(완성).xlsx

구내 식당 1월 2주차 식자재 주문

식품명	상세식품명	식품주문처	식품설명	단위	1/4(월)	1/5(화)	1/6(수)	1/7(목)	1/8(금)	1/9(토)	1/10(일)
새우젓	(추젓)		0.25kg국내산,상등급/광천새우젓	통	0	0	0	0	1.00	0	0.20
다시마	말린것		국산	kg	0.20	0.20	0.20	0	0.20	2.00	0.20
어묵	찜		0.32kg원양＋수입,국내제조,정실홍실어묵/제일제당	개	0	2.00	0	0	0	0.20	0
요구르트	호상(우유,무가당)		양팡플러스 80ml짜리169개	kg	0	13.52	0	0	0	0.40	0
참기름	참기름		0.33kg국산,남면	병	0	0	1.00	0	0	0	3.00
멸치	자건품(큰멸치)		국산-상품	kg	0.20	0	0.20	0	0	0	0
명태	말린것,성어(북어)		북어채,러시아	kg	0	0	0.50	0	0	0.20	2.00
오징어	냉동품		동원 오징어채(국산) 5180	kg	0.70	0	0	0	0	1.50	0
오징어	조미포,홍진미		동원 맛진미채 페루산 국내가공 21000	kg	0	0	0	1.00	0	0	0
어묵	게맛살		1.00kg백설	개	3.00	0	0	0	0	0.20	2.00
식초	과일식초(사과식초)		1.80kg1.8l, 2배	병	2.00	0	0	0	0	0.20	2.00
참기름	참기름		1.00l 맛나라 쉐프원 참기름(볶음참깨분말)-(1L)	병	2.00	0	0	0	0	0.50	0
카레소스,분말	카레소스,분말		1.00kg또바기-중간맛	봉	0	0	11.00	0	0	0	0
어묵	게맛살		원양＊수입,국내제조„백설삼호	kg	0	0	1.00	0	0	0	0
참기름	참기름		또바기. 1kg짜리.	kg	0	0.66	0	0	0	0	0.20
돼지고기가공품(햄)	모듬햄		국내이츠웰 부대찌개 모듬햄	kg					0.60		

주문현황 | 식품주문처 ⊕

식품명	상세식품명	식품주문처	식품설명	단위
			### 구내 식당 1월 2주차	
식품명	상세식품명	식품주문처	식품설명	단위
새우젓	(추젓)	생생홈푸드	0.25kg국내산,상등급/광천새우젓	통
다시마	말린것	생생홈푸드	국산	kg
어묵	찜	건강한먹거리	0.32kg원양＋수입,국내제조,정실홍실어묵/제일제당	개
요구르트	호상(우유,무가당)	건강한먹거리	양팡플러스 80ml짜리169개	kg
참기름	참기름	건강한먹거리	0.33kg국산,남면	병
멸치	자건품(큰멸치)	생생홈푸드	국산-상품	kg
명태	말린것,성어(북어)	생생홈푸드	북어채,러시아	kg
오징어	냉동품	생생홈푸드	동원 오징어채(국산) 5180	kg
오징어	조미포,홍진미	생생홈푸드	동원 맛진미채 페루산 국내가공 21000	kg
어묵	게맛살	건강한먹거리	1.00kg백설	개
식초	과일식초(사과식초)	건강한먹거리	1.80kg1.8l, 2배	병
참기름	참기름	건강한먹거리	1.00l 맛나라 쉐프원 참기름(볶음참깨분말)-(1L)	병
카레소스,분말	카레소스,분말	건강한먹거리	1.00kg또바기-중간맛	봉
어묵	게맛살	건강한먹거리	원양＊수입,국내제조„백설삼호	kg
참기름	참기름	건강한먹거리	또바기. 1kg짜리.	kg
돼지고기가공품(햄)	모듬햄	건강한먹거리	국내이츠웰 부대찌개 모듬햄	kg

주문현황 | 식품주문처 ⊕

회사에서 바로 통하는 키워드

이름 정의, VLOOKUP

1 이름 정의하기 [식품주문처] 시트를 선택합니다. [B4:C293] 셀 범위를 선택하고 [이름 상자]에 **주문처목록**을 입력한 후 Enter 를 누릅니다.

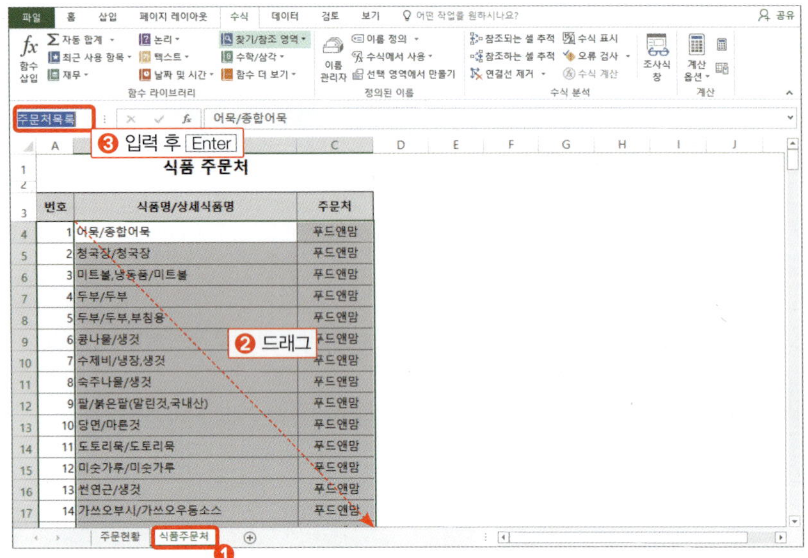

2 VLOOKUP 함수로 식품주문처 표시하기 [주문현황] 시트를 선택합니다. 이름으로 정의한 [주문처목록] 이름의 첫 번째 열에 식품명과 상세식품명이 함께 입력되어 있으므로 & 연산자를 이용하여 A열의 식품명과 B열의 상세식품명을 합쳐서 VLOOKUP 함수에 사용해보겠습니다. [C5] 셀을 클릭합니다. [수식] 탭-[함수 라이브러리] 그룹-[찾기/참조 영역]-[VLOOKUP]을 선택합니다. [함수 인수] 대화상자에서 [Lookup_value]에 **A5&"/"&B5**, [Table_array]에 **주문처목록**, [Col_index_num]에 **2**, [Range_lookup]에 **0**을 입력합니다. [확인]을 클릭합니다.

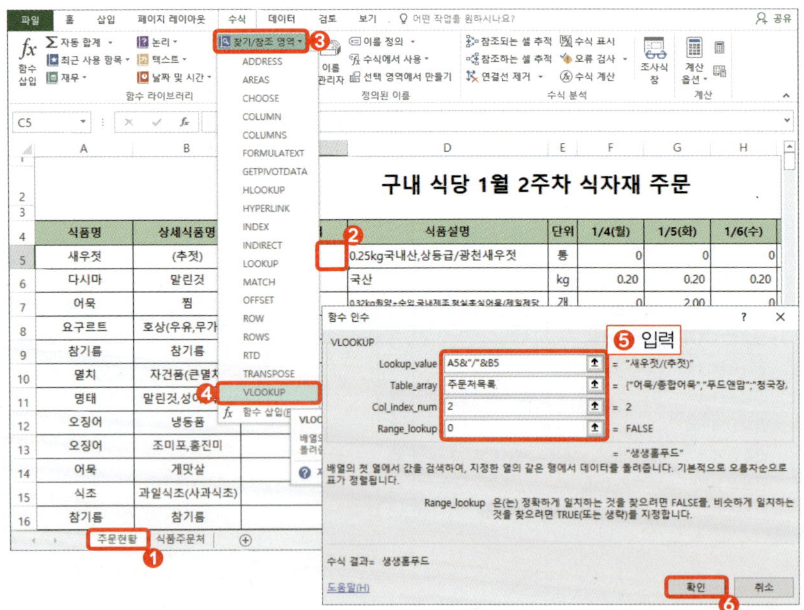

3 [C5] 셀에 식품주문처가 표시됩니다. [C5] 셀의 채우기 핸들을 더블클릭하여 수식을 복사합니다.

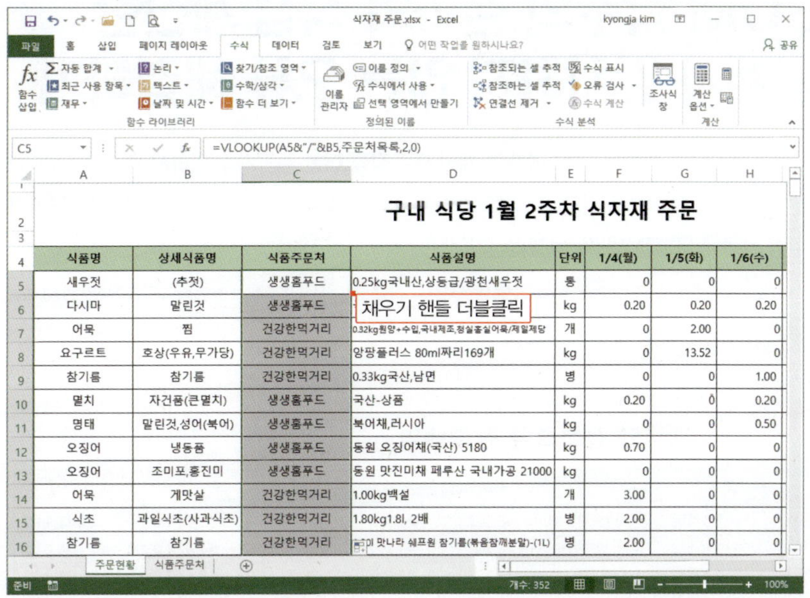

★★★★★ 슈퍼활용 TIP   VLOOKUP 함수 알아보기

데이터 목록에서 지정한 데이터와 일치하거나 조건에 맞는 데이터를 찾아와 그 값에 따라 계산해야 할 경우 찾기/참조 범주의 함수를 사용합니다. 데이터 목록의 첫 열에서 찾고자 하는 기준 값을 검색한 후 세로(Vertical) 방향으로 원하는 항목을 찾아 셀에 표시해야 할 때 VLOOKUP 함수를 사용합니다. 만약 기준 값을 검색한 후 가로(Horizontal) 방향으로 원하는 항목을 찾아 셀에 표시해야 한다면 HLOOKUP 함수를 사용합니다.

함수 형식	=VLOOKUP(Lookup_value, Table_array, Col_index_num, [Range_lookup]) =VLOOKUP(찾을 기준 값, 기준 범위, 가져올 열 번호, 찾는 방법)
인수	• Lookup_value : 데이터 목록의 첫 열에 있는 값 중에서 찾을 기준 값을 지정합니다. • Table_array : 찾고자 하는 데이터가 있는 목록입니다. 찾을 기준 값과 셀에 표시할 값이 모두 포함되어 있는 데이터 목록입니다. 수식을 복사할 경우 이 인수는 주로 절대 참조로 사용하므로 이 인수의 셀 범위는 이름으로 정의해서 사용하는 것이 좋습니다. • Col_index_num : 셀에 표시할 항목이 있는 열 번호를 지정하는 인수로 Table_array에 지정된 데이터 목록 중 몇 번째 열 값을 셀에 표시할 것인지 숫자로 지정합니다. • Range_lookup : 찾을 방법을 지정하는 인수로 FALSE 또는 0을 입력하면 정확하게 일치하는 값을 찾고, TRUE나 1을 입력하거나 생략하면 한 단계 낮은 근삿값을 찾습니다.

SUM 함수의 결과와 직접 계산한 합계가 일치하지 않는 오류 해결하기

수식이나 함수의 계산 결과를 사용하여 SUM 함수로 구한 합계와 계산기로 직접 더한 결과가 일치하지 않는 경우가 있습니다. 수식으로 결과가 계산될 때 셀에는 정수만 표시되었더라도 소수점 아래의 실수 데이터까지 포함해 값을 구하기 때문입니다. ROUND 계열 함수를 사용해 문제를 해결해보겠습니다.

실습 파일 | PART 01 \ 12_전화요금 산출내역.xlsx   **완성 파일** | PART 01 \ 12_전화요금 산출내역(완성).xlsx

미리 보기

고객별 전화요금 산출내역

고객번호	성명	가입일자	고객등급	사용기간	국내통화	해외통화	이동통신통화	통화할인율	총금액	고객 청구 금액
A101	호광수	2014-04-23	로얄	2년 9개월	35,930	46,590	26,020	5%	103,113.0	103,110
A103	김남석	2015-05-20	로얄	1년 8개월	23,080	26,540	49,350	5%	94,022.0	94,020
B115	손창호	2016-07-21	골드	0년 6개월	12,150	13,230	43,120	3%	66,445.0	66,440
A105	박종원	2015-08-12	로얄	1년 6개월	39,610	48,350	37,780	5%	119,453.0	119,450
B119	방남길	2015-07-05	골드	1년 7개월	15,700	12,060	21,170	3%	47,462.0	47,460
C121	김한희	2014-06-05	우수	2년 8개월	22,630	19,510	19,620	3%	59,907.0	59,900
C122	조호정	2016-05-02	우수	0년 9개월	13,760	27,640	31,890	3%	71,091.0	71,090
B117	김정미	2015-06-12	골드	1년 8개월	29,290	15,810	18,850	3%	62,032.0	62,030
C123	민병규	2014-12-16	우수	2년 1개월	47,720	21,690	31,180	5%	95,561.0	95,560
D132	김지현	2015-12-27	보통	1년 1개월	11,600	36,980	32,310	5%	76,846.0	76,840
A102	김영진	2016-04-18	로얄	0년 9개월	32,100	35,970	15,630	5%	79,515.0	79,510
C124	김은희	2014-07-21	우수	2년 6개월	34,620	33,150	23,460	5%	86,669.0	86,660
C125	오유선	2016-03-18	우수	0년 10개월	23,670	12,830	47,880	5%	80,161.0	80,160
D104	김현식	2015-09-24	보통	1년 4개월	30,430	21,280	37,050	5%	84,322.0	84,320
A133	한지민	2015-03-12	로얄	1년 11개월	10,600	38,390	27,200	3%	73,904.0	73,900
합계									1,200,503.0	1,200,450

직접 계산한 결과	1,200,503

회사에서 바로 통하는 키워드
ROUND, ROUNDUP, ROUNDDOWN

1 표시 형식 변경하여 합계 불일치 원인 확인하기 전화요금 정산 내역에서 총금액을 표시하는 K 열의 값은 SUM 함수로 계산되어 있으며, 전체합계는 [K19] 셀에 표시되어 있습니다. [K21] 셀에 는 계산기로 직접 더한 결과를 표시했는데, 두 가지 결과가 서로 다릅니다. K열에 계산된 총금액은 '=SUM(G4:I4)*(1-J4)' 수식을 사용하여 소수점 아래 숫자 값을 포함해 계산했기 때문입니다. [K4:K19] 셀 범위를 선택한 후 [홈] 탭-[표시 형식] 그룹에서 [자릿수 늘림]을 한 번 클릭합니다. 소수점 아래 첫 번 째 숫자가 표시됩니다.

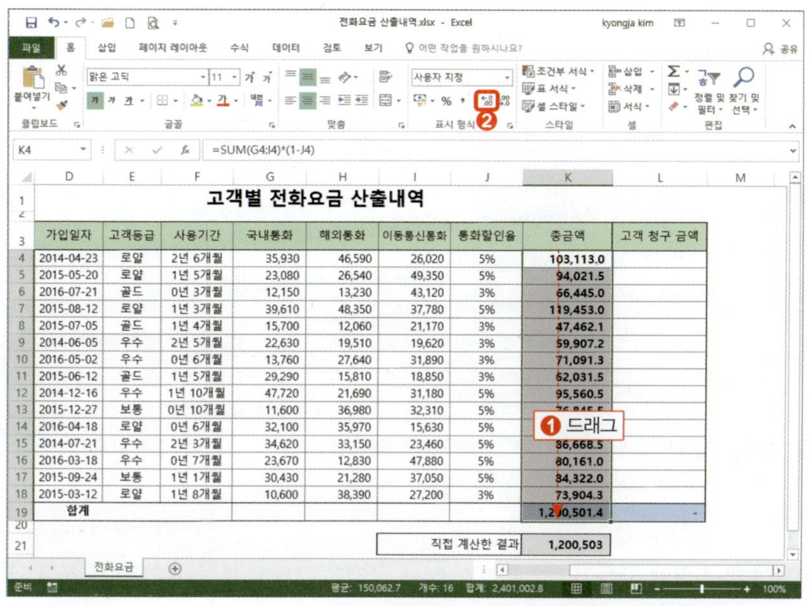

실력 향상 수식의 결과로 소수점 아래 자리까지 값을 구하더라도 표시 형식으로 [쉼표 스타일]을 지정 하면 소수점 아래 숫자는 자동으로 반올림되어 정수만 표시됩니다.

2 ROUND 함수로 총금액 구하기 소수점 아래 숫자가 남지 않도록 ROUND 함수로 총금액에 반올림하 여 다시 계산해보겠습니다. [K4:K18] 셀 범위를 선택한 후 Delete 를 눌러 수식을 모두 삭제합니다. [K4] 셀을 클릭합니다. [수식] 탭-[함수 라이브러리] 그룹-[수학/삼각]-[ROUND]를 선택합니다.

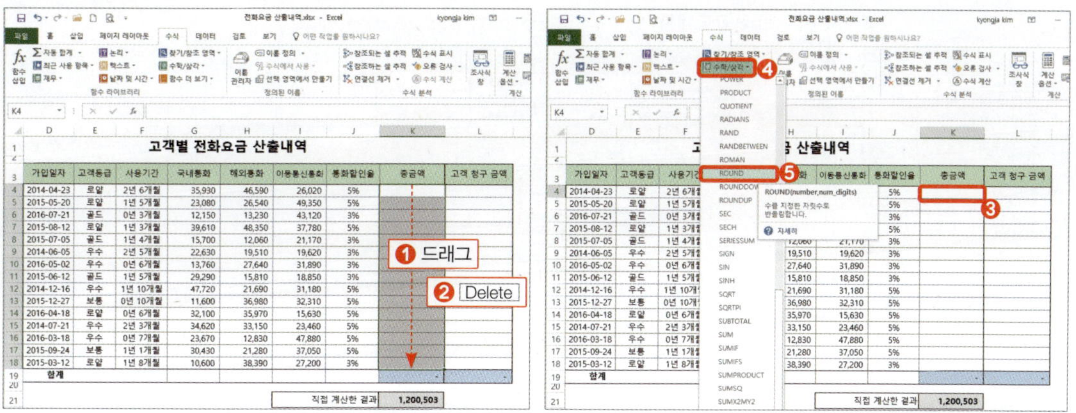

3 [함수 인수] 대화상자에서 [Number]에 **SUM(G4:I4)*(1–J4)**, [Num_digits]에 **0**을 입력합니다. [확인]을 클릭합니다. [K4] 셀의 채우기 핸들을 더블클릭하여 수식을 복사합니다. [K19] 셀의 합계와 [K21] 셀의 합계가 일치합니다.

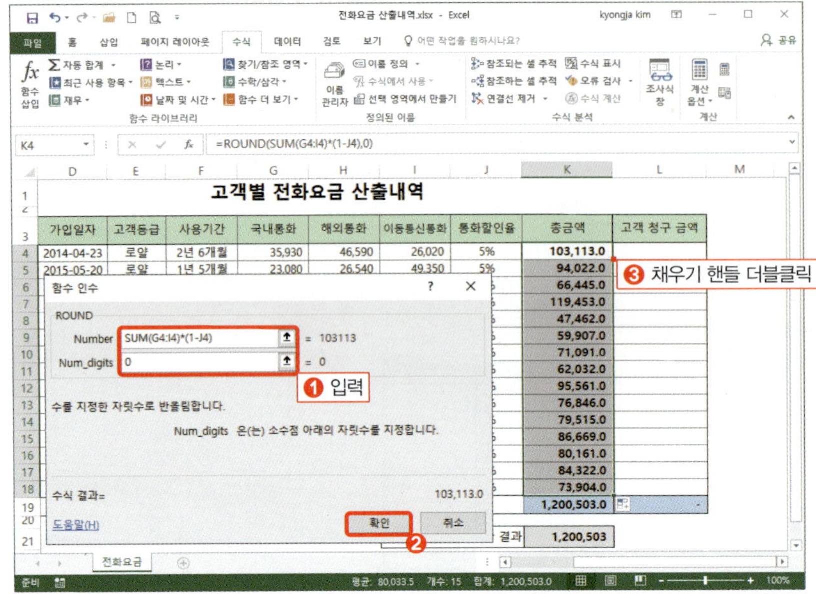

> **실력 향상**
>
> [Num_digits] 인수에 0을 입력하면 소수점 이하 자릿수는 표시하지 않고 정수까지만 표시합니다. 즉, 소수점 첫 번째 숫자에서 반올림하여 일의 자리까지만 값을 표시합니다.

4 **ROUNDDOWN 함수로 고객 청구 금액 구하기** L열에 고객 청구 금액을 구해보겠습니다. 고객 청구 금액은 일의 자리에서 버림하여 십의 자리까지만 값을 표시하도록 ROUNDDOWN 함수를 사용합니다. [L4] 셀을 클릭합니다. [수식] 탭-[함수 라이브러리] 그룹-[수학/삼각]-[ROUNDDOWN]을 선택합니다. [함수 인수] 대화상자에서 [Number]에 **K4**, [Num_digits]에 **–1**을 입력합니다. [확인]을 클릭합니다.

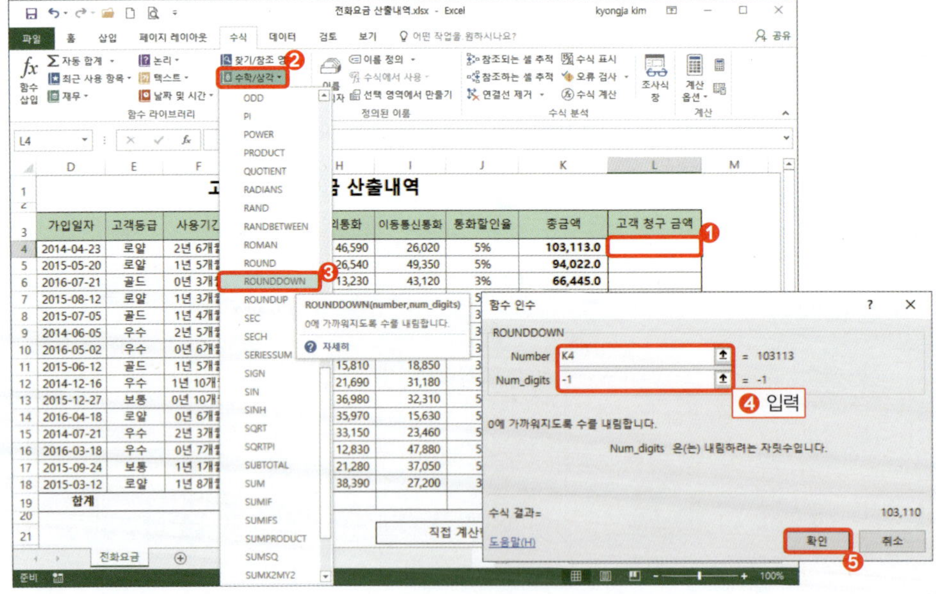

5 [L4] 셀의 채우기 핸들을 더블클릭하여 수식을 복사합니다.

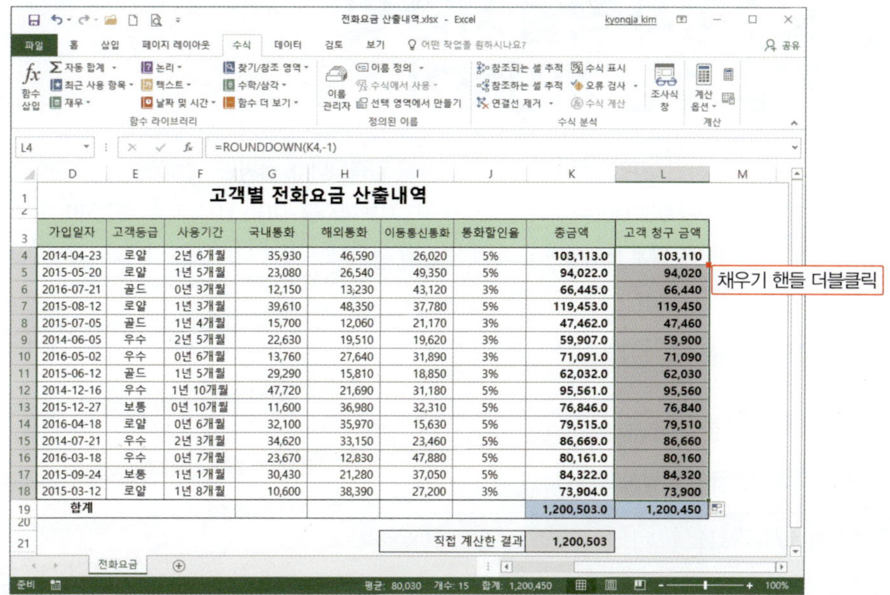

ROUND, ROUNDUP, ROUNDDOWN 함수 알아보기
슈퍼활용 TIP ★★★★★

ROUND 함수는 셀에 입력된 숫자 데이터나 수식의 결과를 반올림하여 지정한 자릿수 값이 4 이하이면 버리고, 5 이상이면 올립니다. ROUNDUP 함수는 값에 상관없이 올림한 값을 표시하고 ROUNDDOWN 함수는 내림한 값을 표시합니다.

함수 형식	=ROUND(Number, Num_digits)	=ROUND(반올림할 수식이나 숫자, 자릿수)
	=ROUNDUP(Number, Num_digits)	=ROUNDUP(올림할 수식이나 숫자, 자릿수)
	=ROUNDDOWN(Number, Num_digits)	=ROUNDDOWN(내림할 수식이나 숫자, 자릿수)
인수	• Number : 반올림할 숫자로 숫자가 입력된 셀 주소, 결과가 숫자로 표시되는 수식 등이 입력됩니다. • Num_digits : 반올림할 자릿수입니다. 0을 기준으로 양의 정수 또는 음의 정수를 입력합니다.	

자릿수를 지정하는 [Num_digits] 인수에 0을 기준으로 1, 2, 3과 같이 양수를 지정하면 해당하는 숫자만큼 소수 자릿수가 표시되고, −1, −2, −3과 같이 음수를 지정하면 정수에서 한 자리씩 높아지면서 일의 단위, 십의 단위, 백의 단위로 반올림됩니다.

보수공사 작업 시간 및 작업 수당 계산하기

셀에 날짜와 시간 형식으로 데이터를 입력하면 날짜는 정수로 시간은 소수로 입력됩니다. 날짜는 1900년 1월 1일을 숫자 '1'로 환산하고 시간은 하루의 시작인 0시 0분 0초부터 다음날 0시 0분 0초까지를 '0.0~1.0'까지로 설정하여 하루 24시간을 소수로 환산합니다. 날짜와 시간은 셀에 표시되는 값과 계산할 때 환산되는 값이 다르므로 날짜와 시간에 맞는 함수로 계산해야 합니다.

실습 파일 | PART 01 \ 13_보수공사 작업 시간.xlsx   **완성 파일 |** PART 01 \ 13_보수공사 작업 시간(완성).xlsx

미리 보기

연수원 시설 보수공사 작업시간 계산

작업명	시작 일시	종료 일시	작업 시간	작업 인정 시간 (30분 이상은 1시간)	작업 수당
1. 본관 건물 틈새 작업	2017-10-12 12:00	2017-10-12 20:15			
2. 건물 외곽 작업	2017-10-15 09:00	2017-10-16 19:30			
3. 운동장 잔디 복구	2017-10-29 07:00	2017-10-30 16:50			
4. 멀티미디어 강의실 구조 변경	2017-11-30 09:00	2017-12-01 12:10			
5. 2층 화장실 몰딩 작업	2017-12-01 12:10	2017-12-02 21:15			
6. 식당 싱크대 보수	2017-12-02 11:05	2017-12-03 22:40			
7. 현관 입구 바닥 높이 변경	2017-12-14 13:00	2017-12-16 09:15			

연수원 시설 보수공사 작업시간 계산

작업명	시작 일시	종료 일시	작업 시간	작업 인정 시간 (30분 이상은 1시간)	작업 수당
1. 본관 건물 틈새 작업	2017-10-12 12:00	2017-10-12 20:15	8:15	8	280,000
2. 건물 외곽 작업	2017-10-15 09:00	2017-10-16 19:30	34:30	35	1,225,000
3. 운동장 잔디 복구	2017-10-29 07:00	2017-10-30 16:50	33:50	34	1,190,000
4. 멀티미디어 강의실 구조 변경	2017-11-30 09:00	2017-12-01 12:10	27:10	27	945,000
5. 2층 화장실 몰딩 작업	2017-12-01 12:10	2017-12-02 21:15	33:05	33	1,155,000
6. 식당 싱크대 보수	2017-12-02 11:05	2017-12-03 22:40	35:35	36	1,260,000
7. 현관 입구 바닥 높이 변경	2017-12-14 13:00	2017-12-16 09:15	44:15	44	1,540,000

회사에서 바로 통하는 키워드

DATE, YEAR, MONTH, DAY, HOUR, MINUTE, SECOND, 시간 표시 형식

1 작업 시간 구하기 보수공사 작업 시간 계산표에서 공사 시작 일시와 종료 일시를 기준으로 작업 시간과 작업 수당을 구해보겠습니다. [E4] 셀에 **=D4-C4**를 입력합니다. 수식의 결과가 소수로 환산한 값으로 표시됩니다. [E4] 셀의 채우기 핸들을 더블클릭하여 수식을 복사합니다.

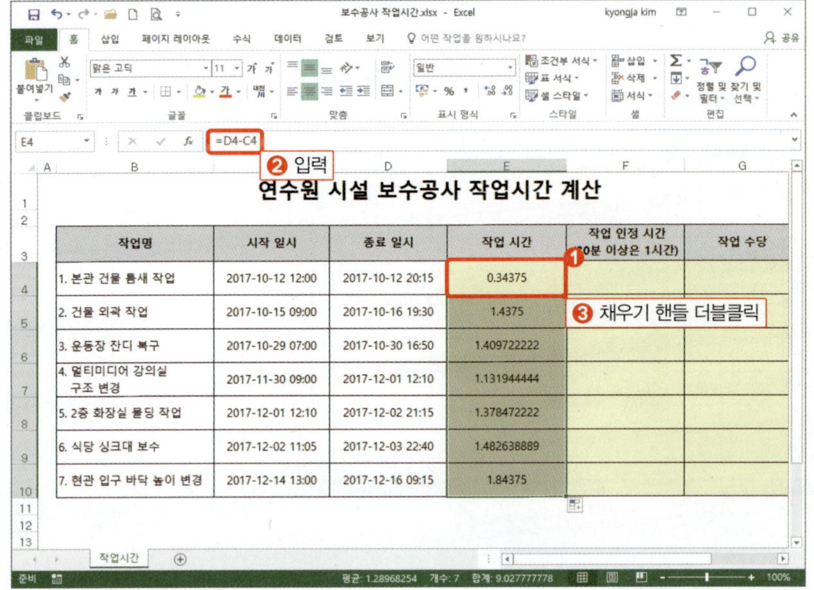

실력 향상

시간이 입력된 셀의 표시 형식이 [일반]으로 설정되어 있을 경우 하루 24시간을 소수로 환산한 결과가 표시됩니다.

2 시간 표시 형식 변경하기 계산된 작업 시간이 '시간:분' 형식으로 표시되도록 표시 형식을 설정해보겠습니다. [E4:E10] 셀 범위를 선택합니다. 마우스 오른쪽 버튼을 클릭한 후 [셀 서식]을 선택합니다. [셀 서식] 대화상자의 [표시 형식] 탭에서 [사용자 지정]을 클릭합니다. [형식]에 **[H]:MM**을 입력합니다. [확인]을 클릭합니다.

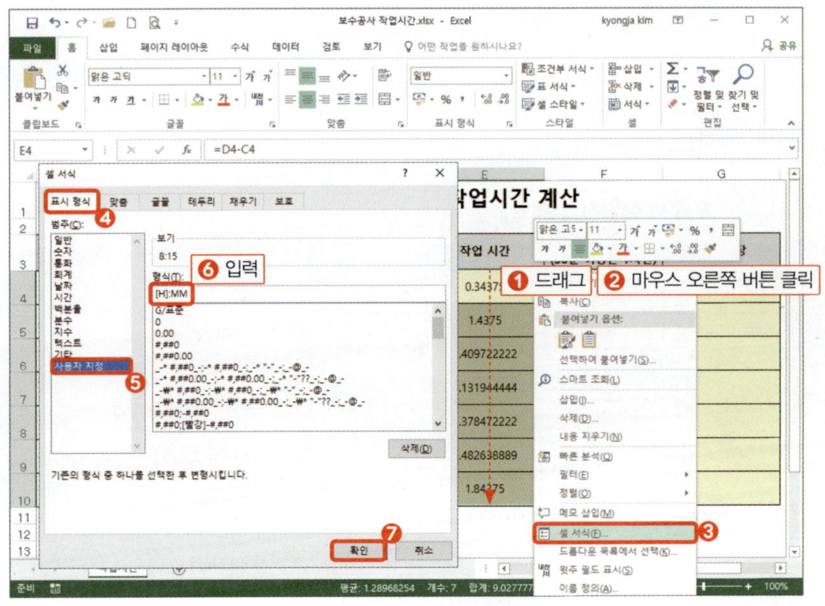

실력 향상

시간 표시 형식을 [H]로 대괄호를 묶어서 지정하면 24시 이상이 되더라도 1일이 증가하지 않고 모든 시간을 시 단위로 표시합니다.

3 작업 시간에 시간이 1일로 증가하지 않고 모든 시간 데이터가 시 단위로 분과 함께 표시됩니다.

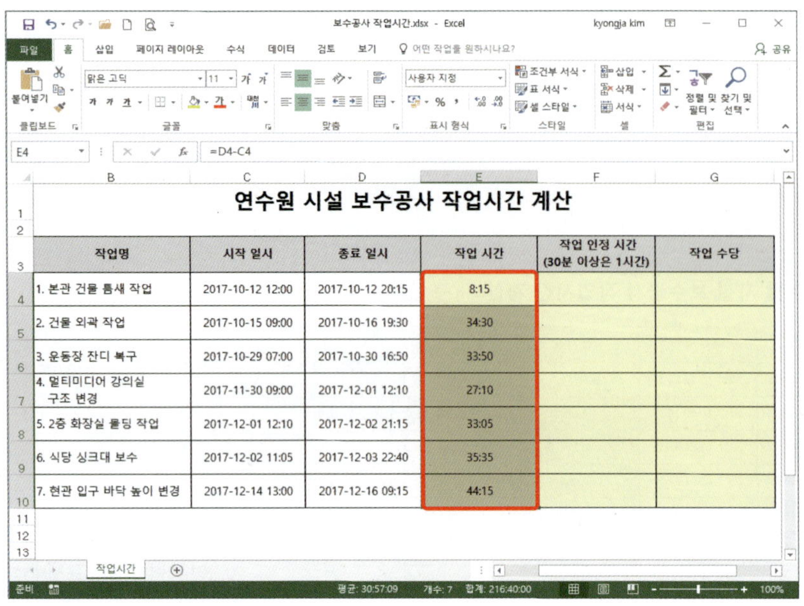

4 작업 인정 시간 구하기 작업 인정 시간에는 분 데이터가 30분 이상이면 1시간으로 인정되도록 시간을 구해보겠습니다. 작업 시간에 계산된 시간 데이터는 표시 형식에 의해서 시간과 분으로 표시되었지만 실제 셀에 입력된 데이터는 일수와 시간, 분이 모두 포함되어 있습니다. DAY와 HOUR 함수로 시간을 구하고, IF 함수로 30분 이상이면 1시간을 증가시켜 값을 구해보겠습니다. [F4] 셀을 클릭합니다. [수식]탭-[함수 라이브러리] 그룹-[날짜 및 시간]-[DAY]를 선택합니다. [함수 인수] 대화상자에서 [Serial_number]에 **E4**를 입력합니다. [확인]을 클릭합니다.

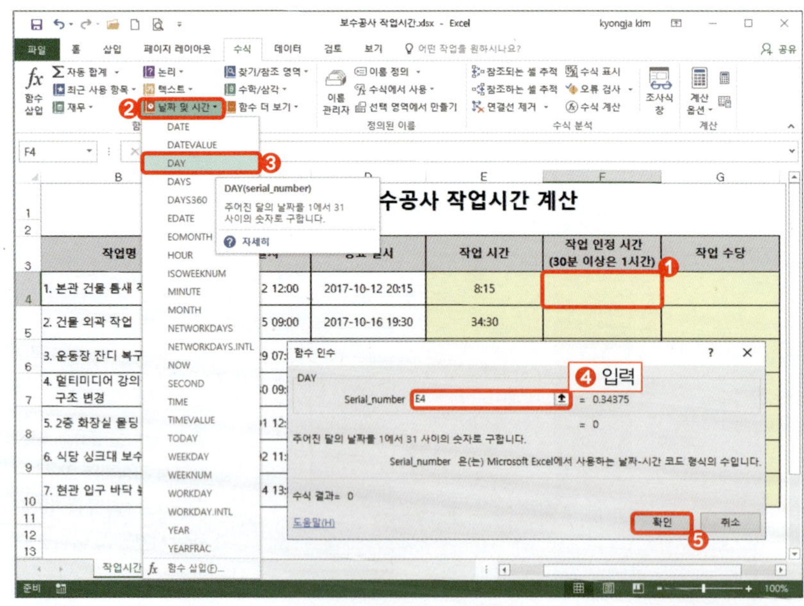

실력 향상

DAY 함수는 날짜 데이터에서 일을 추출하고, HOUR 함수는 시간 데이터에서 시를, MINUTE 함수는 분을 추출합니다.

5 수식 입력줄을 클릭하여 입력된 수식 맨 뒤에 ***24+**를 추가로 입력합니다. DAY 함수로 계산된 작업 일수를 시간 단위로 구하기 위해 24를 곱하고 시간을 구하기 위해 +를 입력했습니다. [수식] 탭–[함수 라이브러리] 그룹–[날짜 및 시간]–[HOUR]를 선택합니다. [함수 인수] 대화상자에서 [Serial_number]에 **E4**를 입력합니다. [확인]을 클릭합니다.

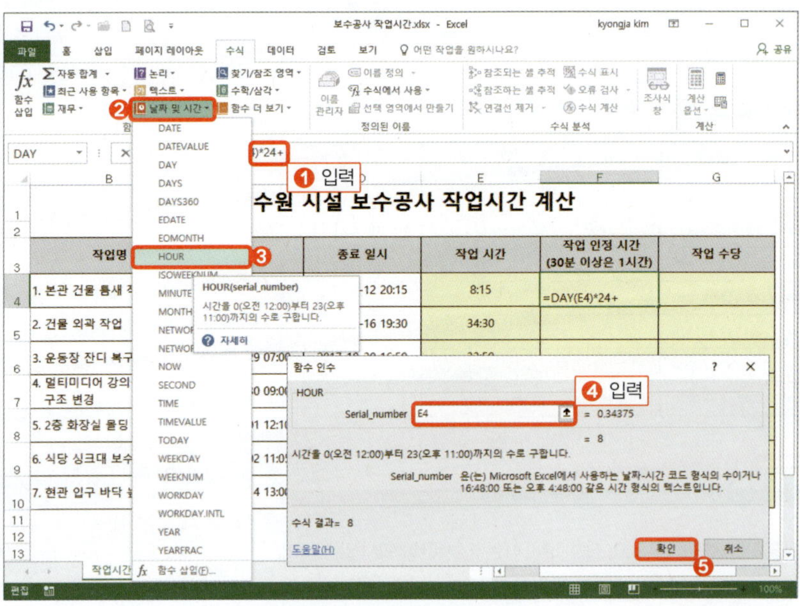

6 수식 입력줄을 클릭하여 입력된 수식 맨 뒤에 **+**를 입력한 후 [수식] 탭–[함수 라이브러리] 그룹–[논리]–[IF]를 선택합니다. [함수 인수] 대화상자에서 [Logical_test]에 **MINUTE(E4)>=30**, [Value_if_true]에 **1**, [Value_if_false]에 **0**을 입력합니다. [확인]을 클릭합니다.

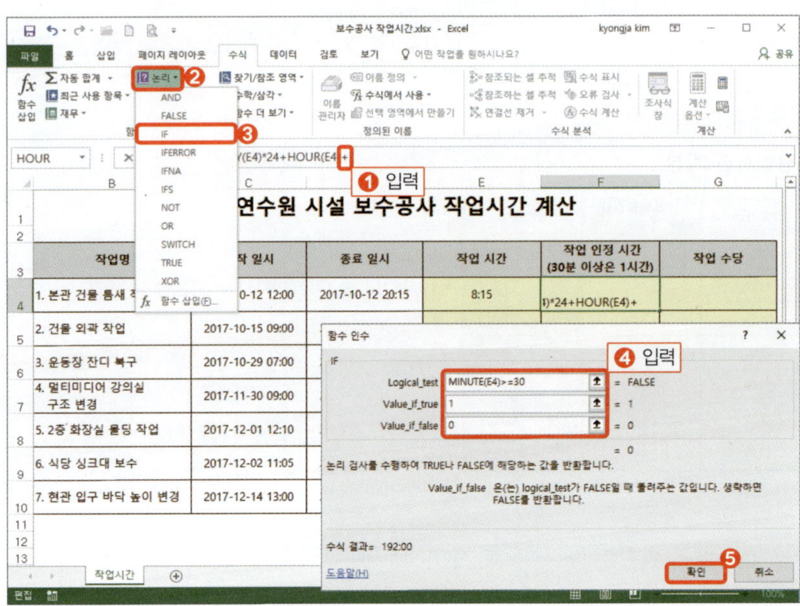

7 [홈] 탭-[표시 형식] 그룹-[표시 형식]을 클릭하여 [일반]을 선택합니다. [F4] 셀의 채우기 핸들을 더블클릭하여 수식을 복사합니다.

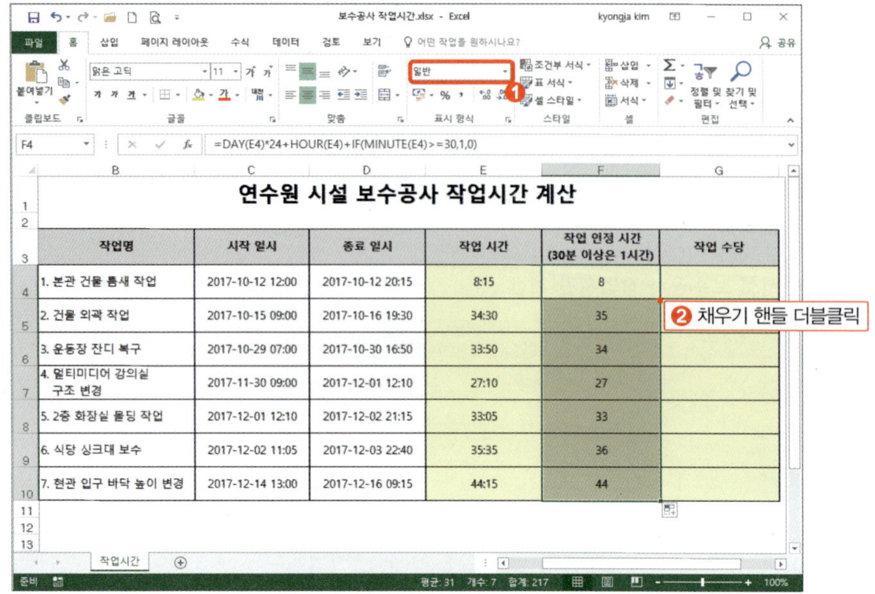

실력 향상 'DAY(E4)*24'는 일수에 해당하는 시간을 구하고, 'HOUR(E4)'는 24시간이 되지 않는 나머지 시간을 구합니다. 'IF(MINUTE(E4)>=30,1,0)'은 분 단위가 30분 이상이면 1시간을 증가시킵니다.

8 작업 수당 구하기 [G4] 셀에 **=F4*35000**을 입력합니다. [G4] 셀의 채우기 핸들을 더블클릭하여 수식을 복사합니다. 작업 수당이 구해집니다.

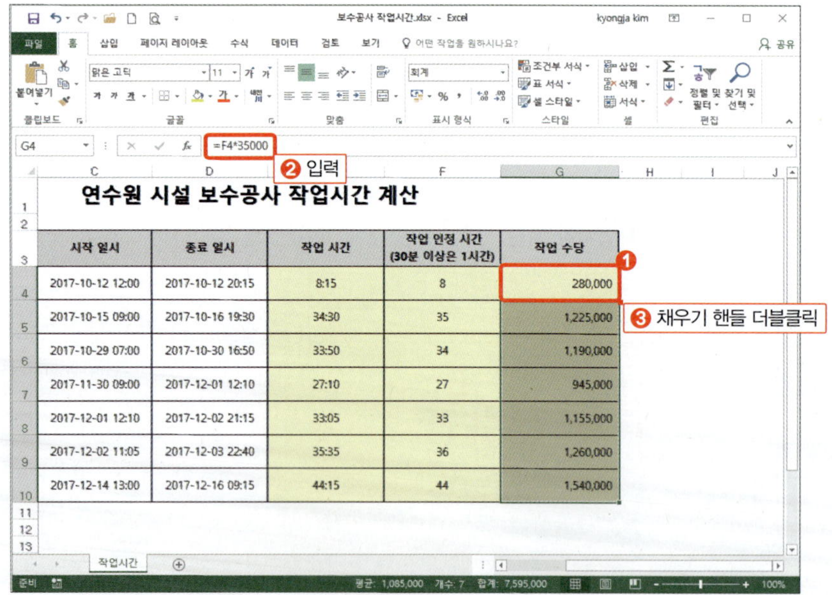

날짜와 시간 함수

1 날짜를 만드는 DATE 함수

DATE 함수는 년, 월, 일을 숫자로 지정하여 날짜를 만드는 함수입니다.

함수 범주	=DATE(Year, Month, Day) =DATE(년, 월, 일)
함수 형식	• Year : 년도를 지정하는 인수로 1900~9999까지의 숫자 중에서 지정할 수 있습니다. 두 자리 년도를 지정하면 1990년대로 입력됩니다. • Month : 월을 지정하는 인수로 1~12까지의 숫자를 지정합니다. 12보다 크면 연수가 1년 증가하고 나머지 개월 수에 해당하는 월이 지정됩니다. • Day : 일을 지정하는 1~31까지의 숫자를 지정합니다. Day가 지정한 달의 일수보다 크면 개월 수가 1개월 증가하고 나머지 일수가 지정됩니다.

2 날짜에서 년, 월, 일을 추출하는 YEAR, MONTH, DAY 함수

날짜 데이터는 셀에 년, 월, 일로 구분되어 표시되지만 실제 입력된 셀 데이터는 해당 날짜의 일련번호인 숫자가 입력되어 있습니다. 따라서 날짜 데이터에서 LEFT, MID, RIGHT 함수를 사용해 년, 월, 일을 추출한 후 다른 셀에서 사용할 수 없습니다. 이때는 년을 추출하는 YEAR 함수와 월을 추출하는 MONTH 함수, 일자를 추출하는 DAY 함수를 사용합니다.

함수 범주	=YEAR(Serial_number) =MONTH(Serial_number) =DAY(Serial_number)	=YEAR(날짜) =MONTH(날짜) =DAY(날짜)
함수 형식	• Serial_number : 년, 월, 일을 추출할 날짜 데이터나 날짜에 해당하는 일련번호를 입력합니다.	

3 시간에서 시, 분, 초를 추출하는 HOUR, MINUTE, SECOND 함수

날짜에서 YEAR, MONTH, DAY 함수를 사용하는 것처럼 시간 데이터에서 HOUR 함수는 시, MINUTE 함수는 분, SECOND 함수는 초를 추출합니다.

함수 범주	=HOUR(Serial_number) =MINUTE(Serial_number) =SECOND(Serial_number)	=HOUR(시간) =MINUTE(시간) =SECOND(시간)
함수 형식	• Serial_number : 시, 분, 초를 추출할 시간 데이터나 시간에 해당하는 소수를 입력합니다.	

14 고유번호를 기준으로 자동 번호 매기기

고유번호가 같으면 같은 번호를 표시하고 고유번호가 달라지면 그 다음 번호가 셀에 표시되도록 IF 함수로 번호를 입력해보겠습니다.

실습 파일 | PART 01 \ 14_매출채권 번호.xlsx **완성 파일 |** PART 01 \ 14_매출채권 번호(완성).xlsx

회사에서 바로 통하는 키워드

IF, COUNT

거래처별 매출채권 관리대장

번호	고유번호	네고일	만기일	송장번호	선적일	통화	금액	비고
1	276-71-107565	2016-01-07	2017-07-05	201612Q012	2016-12-15	EUR	347.13	
	276-71-107565	2016-09-09	2018-03-08	201612Q011	2016-12-27	EUR	13,559.79	
2	276-71-110840	2016-02-24	2017-08-22	201602Q014	2016-02-26	EUR	415.80	
	276-71-110840	2016-03-08	2017-09-04	201602Q013	2016-02-16	EUR	189.00	
	276-71-110840	2016-05-18	2017-11-14	201602Q011	2016-02-28	EUR	7,153.56	
	276-71-110840	2016-08-19	2018-02-15	201602Q015	2016-02-28	EUR	7,851.75	
3	276-71-115710	2016-02-25	2017-08-23	201606Q114	2016-06-14	EUR	454.72	
	276-71-115710	2016-06-24	2017-12-21	201604Q114	2016-05-01	EUR	189.00	
	276-71-115710	2016-07-27	2018-01-23	201606Q011	2016-06-08	EUR	214.02	
	276-71-115710	2016-08-25	2018-02-21	201606Q014	2016-06-18	EUR	1,656.00	
	276-71-115710	2016-12-27	2018-06-25	201606Q013	2016-06-20	EUR	5,378.94	
4	276-71-116947	2016-07-22	2018-01-18	201606Q012	2016-06-13	EUR	3,788.08	
	276-71-116947	2016-12-30	2018-06-28	201607Q011	2016-07-11	EUR	14,309.64	
5	276-71-117935	2016-08-19	2018-02-15	201607Q005	2016-07-31	EUR	8,005.01	
6	276-71-118109	2016-08-25	2018-02-21	201608Q011	2016-08-13	EUR	92.70	
	276-71-118109	2016-12-14	2018-06-12	201608Q012	2016-08-15	EUR	10,592.00	
7	276-71-119962	2016-03-31	2017-09-27	201609Q132	2016-09-27	EUR	8,838.50	
	276-71-119962	2016-04-01	2017-09-28	201609Q002	2016-09-22	EUR	10,087.21	
	276-71-119962	2016-05-18	2017-11-14	201609Q003	2016-09-15	EUR	6,627.00	

매출채권(1)　매출채권(2)

거래처별 매출채권 관리대장

번호	고유번호	네고일	만기일	송장번호	선적일	통화	금액	비고
1	276-71-107565	2016-01-07	2017-07-05	201612Q012	2016-12-15	EUR	347.13	
1	276-71-107565	2016-09-09	2018-03-08	201612Q011	2016-12-27	EUR	13,559.79	
2	276-71-110840	2016-02-24	2017-08-22	201602Q014	2016-02-26	EUR	415.80	
2	276-71-110840	2016-03-08	2017-09-04	201602Q013	2016-02-16	EUR	189.00	
2	276-71-110840	2016-05-18	2017-11-14	201602Q011	2016-02-28	EUR	7,153.56	
2	276-71-110840	2016-08-19	2018-02-15	201602Q015	2016-02-28	EUR	7,851.75	
3	276-71-115710	2016-02-25	2017-08-23	201606Q114	2016-06-14	EUR	454.72	
3	276-71-115710	2016-06-24	2017-12-21	201604Q114	2016-05-01	EUR	189.00	
3	276-71-115710	2016-07-27	2018-01-23	201606Q011	2016-06-08	EUR	214.02	
3	276-71-115710	2016-08-25	2018-02-21	201606Q014	2016-06-18	EUR	1,656.00	
3	276-71-115710	2016-12-27	2018-06-25	201606Q013	2016-06-20	EUR	5,378.94	
4	276-71-116947	2016-07-22	2018-01-18	201606Q012	2016-06-13	EUR	3,788.08	
4	276-71-116947	2016-12-30	2018-06-28	201607Q011	2016-07-11	EUR	14,309.64	
5	276-71-117935	2016-08-19	2018-02-15	201607Q005	2016-07-31	EUR	8,005.01	
6	276-71-118109	2016-08-25	2018-02-21	201608Q011	2016-08-13	EUR	92.70	
6	276-71-118109	2016-12-14	2018-06-12	201608Q012	2016-08-15	EUR	10,592.00	
7	276-71-119962	2016-03-31	2017-09-27	201609Q132	2016-09-27	EUR	8,838.50	
7	276-71-119962	2016-04-01	2017-09-28	201609Q002	2016-09-22	EUR	10,087.21	
7	276-71-119962	2016-05-18	2017-11-14	201609Q003	2016-09-15	EUR	6,627.00	
7	276-71-119962	2016-09-14	2018-03-13	201609Q131	2016-09-14	EUR	4,372.36	
7	276-71-119962	2016-10-10	2018-04-08	201609Q001-1	2016-09-04	EUR	1,020.00	
7	276-71-119962	2016-12-14	2018-06-12	201609Q004	2016-09-29	EUR	10,881.00	
8	276-71-121568	2016-03-02	2017-08-29	201611Q012	2016-11-21	EUR	12,703.74	
8	276-71-121568	2016-07-27	2018-01-23	201610Q016	2016-10-31	EUR	241.47	

매출채권(1)　매출채권(2)

1 **고유번호 기준으로 번호 매기기** [매출채권(1)] 시트를 선택하고 [C4] 셀을 클릭합니다. [데이터] 탭-[정렬 및 필터] 그룹-[텍스트 오름차순 정렬]을 클릭합니다. B열의 번호는 C열의 고유번호가 같으면 같은 번호를 표시하고 고유번호가 달라지면 다음 번호를 표시해보겠습니다. [B4] 셀에 **1**을 입력합니다. 첫 번째 번호는 직접 입력하고 두 번째 번호부터 함수로 표시하겠습니다. [B5] 셀을 클릭한 후 [수식] 탭-[함수 라이브러리] 그룹-[논리]-[IF]를 선택합니다.

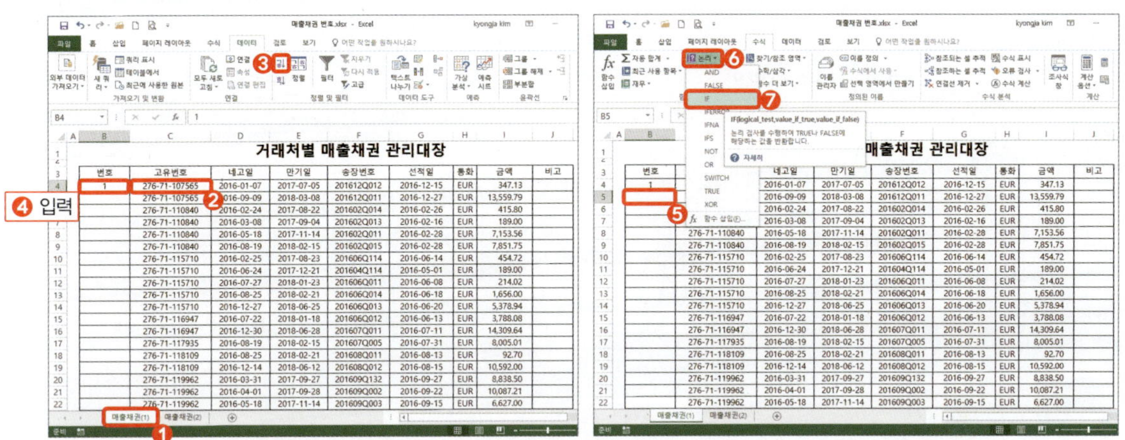

2 [함수 인수] 대화상자에서 [Logical_test]에 **C5=C4**, [Value_if_true]에 **B4**, [Value_if_false]에 **B4+1**을 입력합니다. [확인]을 클릭합니다. [B5] 셀의 채우기 핸들을 더블클릭하여 수식을 복사합니다. 같은 고유번호에 같은 번호가 차례대로 표시됩니다.

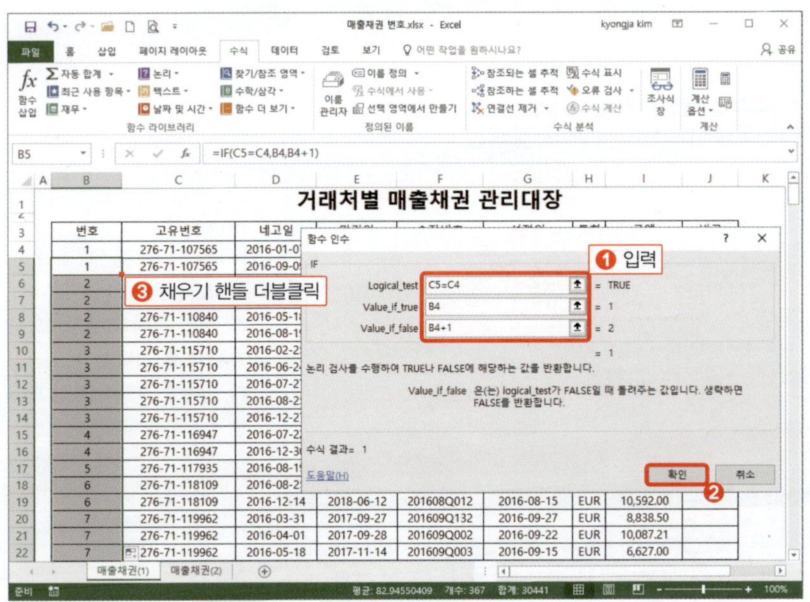

> **실력**
> **향상** [C5] 셀의 고유번호가 위쪽 행의 고유번호인 [C4] 셀과 같으면 앞 번호와 같은 번호를 입력하고 다르면 앞 번호에 1을 더한 값을 입력합니다.

3 **같은 번호는 한 번만 표시하기** [매출채권(2)] 시트를 선택합니다. 이번에는 고유번호가 같으면 번호를 표시하지 않고 고유번호가 달라지면 다음 번호를 표시해보겠습니다. [C4] 셀을 클릭합니다. [데이터] 탭-[정렬 및 필터] 그룹-[텍스트 오름차순 정렬]을 클릭합니다. [B4] 셀에 **1**을 입력합니다. [B5] 셀을 클릭한 후 [수식] 탭-[함수 라이브러리] 그룹-[논리]-[IF]를 선택합니다.

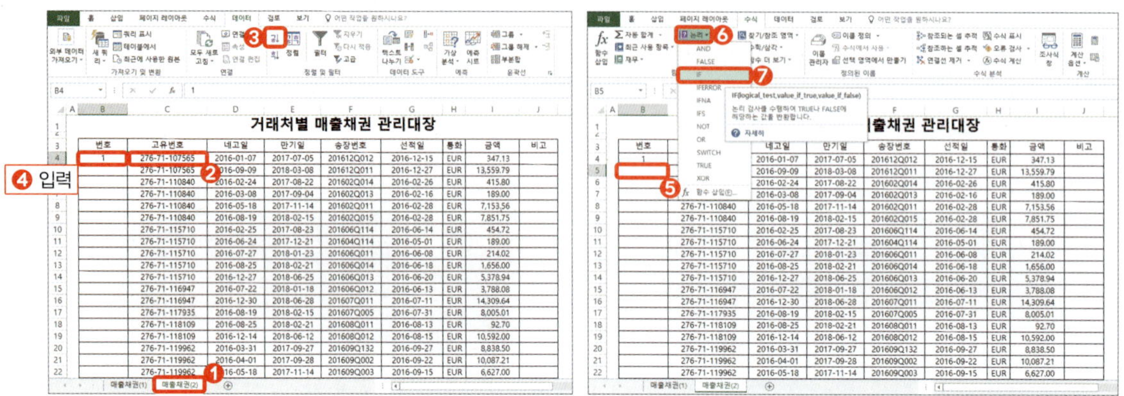

4 [함수 인수] 대화상자에서 [Logical_test]에 **C5=C4**, [Value_if_true]에 **""**, [Value_if_false]에 **COUNT($B$4:B4)+1**을 입력합니다. [확인]을 클릭합니다. [B5] 셀의 채우기 핸들을 더블클릭하여 수식을 복사합니다. 고유번호가 달라질 때만 다음 번호가 표시됩니다.

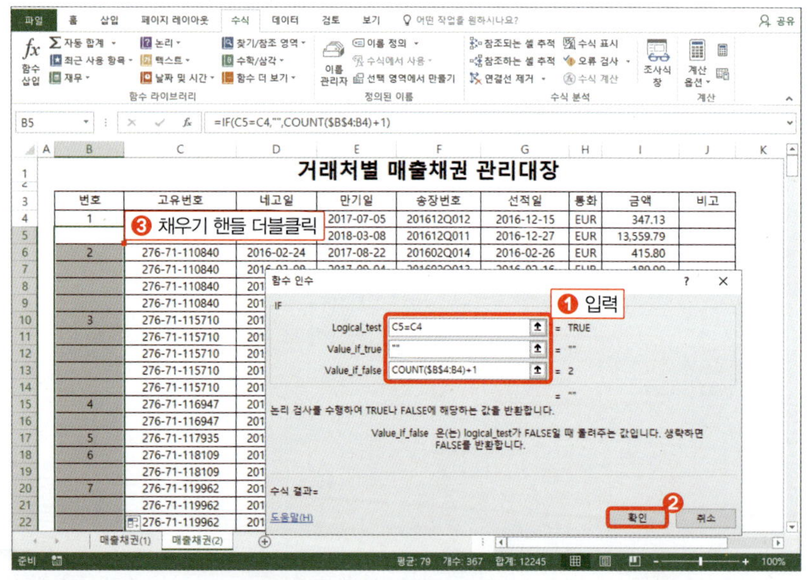

시간 단축

[$B$4:B4]의 셀 범위를 입력할 때는 [B4] 셀을 클릭한 후 ':'을 직접 입력하여 자동으로 'B4:B4'를 입력할 수 있습니다. 앞쪽에 입력된 'B4'를 클릭한 후 F4 를 누르면 절대 참조 형식으로 변경되어 수식을 완성할 수 있습니다.

실력 향상 'COUNT($B$4:B4)+1' 수식은 [B4] 셀부터 현재 셀 위쪽 셀까지 표시된 번호의 누적 개수를 구하는 수식으로 만약 2까지 번호가 표시되었다면 'COUNT($B$4:B4)'의 결과는 2가 되므로 '+1'을 입력하여 다음 번호인 3을 표시합니다.

15

병합된 셀 개수가 다른 표에 자동 번호 매기기

자동 채우기는 병합된 셀 개수가 같은 경우에만 사용할 수 있으므로 병합된 셀 개수가 제각각 다른 표에서는 자동 채우기로 번호를 입력할 수 없습니다. COUNTA 함수를 사용하여 누적 개수를 구하는 방법으로 번호를 입력하면 행 목록이 추가되거나 삭제되더라도 번호를 자동으로 업데이트할 수 있습니다.

실습 파일 | PART 01 \ 15_업체별 수주계획.xlsx   **완성 파일** | PART 01 \ 15_업체별 수주계획(완성).xlsx

8월 업체별 수주 계획

번호	업체명	제품명	구분	통화단위	통화단가	원화단가	분기계획수량	판매계획수량	분기계획금액	판매계획금액	비고
	MIL(C)(H.K)	OR234H060	hi-flux	USD	0.4	513.8	150,000	40,000	77,062,500	20,550,000	
		OR330A060	SAP	USD	0.6	616.5	40,000	0	24,660,000	0	
		sd100*100*6.2;SN-20	ferrite	USD	2.7	2,781.0	0	13,300	0	36,987,300	
	UENO	OR330H060	hi-flux	USD	1.0	1,007.0	5,000	20,000	5,034,750	20,139,000	
		OR270H060	hi-flux	USD	0.8	852.8	10,000	10,000	8,528,250	8,528,250	
	ANKEDUO	OR330S060	sendust	USD	0.2	235.3	50,000	0	11,764,875	0	
		OR234S060	sendust	USD	0.1	124.9	40,000	20,250	4,997,760	2,530,116	
		OR400S060	sendust	USD	0.5	556.9	4,000	5,000	2,227,620	2,784,525	
		OR270S125	sendust	USD	0.2	166.9	0	27,000	0	4,505,220	
	SANWA	SE3815S060G	sendust	USD	0.3	298.0	10,000	0	2,979,750	0	
	WGT	OR49*16-34HC,SM-100	ferrite	USD	0.6	658.6	12,000	0	7,903,530	0	
	Dalian Ueno	OR467H060	hi-flux	USD	4.5	4,595.9	0	8,000	0	36,766,880	
		OR234H060	hi-flux	USD	0.4	370.8	0	0	0	0	
		HCS330090	sendust	USD	0.2	243.5	2,000	0	487,035	0	
		HCS172090	sendust	USD	0.1	98.6	20,000	0	1,972,800	0	
		HCS127090	sendust	USD	0.1	77.1	20,000	0	1,541,250	0	
	PAYTON	HCS101125	sendust	USD	0.1	61.7	120,000	400,000	7,398,000	24,660,000	
	RAINFORD	HCS467060	sendust	USD	0.9	922.9	0	2,000	0	1,845,760	
	RIKEN	OR400S090	sendust	USD	0.5	556.9	4,000	1,500	2,227,620	835,358	
		HCS101125	sendust	USD	0.1	61.7	120,000	400,000	7,398,000	24,660,000	

회사에서 바로 통하는 키워드

COUNTA, COUNTIF, COUNTIFS

8월 업체별 수주 계획

번호	업체명	제품명	구분	통화단위	통화단가	원화단가	분기계획수량	판매계획수량	분기계획금액	판매계획금액	비고
1	MIL(C)(H.K)	OR234H060	hi-flux	USD	0.4	513.8	150,000	40,000	77,062,500	20,550,000	
		OR330A060	SAP	USD	0.6	616.5	40,000	0	24,660,000	0	
		sd100*100*6.2;SN-20	ferrite	USD	2.7	2,781.0	0	13,300	0	36,987,300	
2	UENO	OR330H060	hi-flux	USD	1.0	1,007.0	5,000	20,000	5,034,750	20,139,000	
		OR270H060	hi-flux	USD	0.8	852.8	10,000	10,000	8,528,250	8,528,250	
3	HANBIT										
4	ANKEDUO	OR330S060	sendust	USD	0.2	235.3	50,000	0	11,764,875	0	
		OR234S060	sendust	USD	0.1	124.9	40,000	20,250	4,997,760	2,530,116	
		OR400S060	sendust	USD	0.5	556.9	4,000	5,000	2,227,620	2,784,525	
		OR270S125	sendust	USD	0.2	166.9	0	27,000	0	4,505,220	
5	SANWA	SE3815S060G	sendust	USD	0.3	298.0	10,000	0	2,979,750	0	
6	WGT	OR49*16-34HC,SM-100	ferrite	USD	0.6	658.6	12,000	0	7,903,530	0	
7	Dalian Ueno	OR467H060	hi-flux	USD	4.5	4,595.9	0	8,000	0	36,766,880	
		OR234H060	hi-flux	USD	0.4	370.8	0	0	0	0	
		HCS330090	sendust	USD	0.2	243.5	2,000	0	487,035	0	
		HCS172090	sendust	USD	0.1	98.6	20,000	0	1,972,800	0	
		HCS127090	sendust	USD	0.1	77.1	20,000	0	1,541,250	0	
8	PAYTON	HCS101125	sendust	USD	0.1	61.7	120,000	400,000	7,398,000	24,660,000	
9	RAINFORD	HCS467060	sendust	USD	0.9	922.9	0	2,000	0	1,845,760	
10	RIKEN	OR400S090	sendust	USD	0.5	556.9	4,000	1,500	2,227,620	835,358	

1 **병합된 셀에 번호 매기기** 업체별 수주 계획에는 업체명을 기준으로 셀이 병합되어 있습니다. 병합된 셀의 개수가 제각각이므로 COUNTA 함수를 사용하여 B열의 번호를 입력해보겠습니다. [B5:B41] 셀 범위를 선택하고 **=COUNTA($C$5:C5)**를 입력한 후 Ctrl + Enter 를 누릅니다. 병합된 셀 개수가 모두 다를 때는 채우기 핸들을 드래그해 수식을 복사할 수 없으므로 수식을 입력하기 전에 미리 범위를 선택한 후 Ctrl + Enter 를 눌러야 수식을 모두 입력할 수 있습니다. [B5:B41] 셀 범위에 번호가 모두 입력되었습니다.

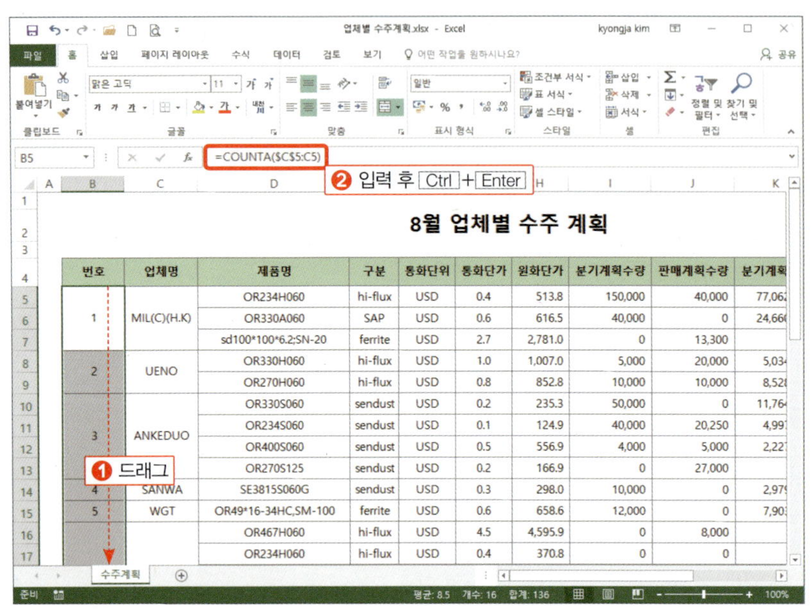

'COUNTA($C$5:C5)' 수식은 C열에 입력된 업체명의 누적 개수를 구하는 수식으로 Ctrl + Enter 로 입력하면 첫 번째 번호에서는 'COUNTA($C$5:C5)'로, 두 번째 번호에서는 'COUNTA($C$5:C8)'로, 세 번째 번호에서는 'COUNTA($C$5:C10)'으로 셀 범위가 점점 확장됩니다. COUNTA 함수는 데이터가 있는 셀의 개수를 구하는 함수로 병합된 셀 범위가 포함되면 그 범위는 한 개의 셀로만 카운트합니다. 'COUNTA($C$5:C8)' 수식은 실제 데이터가 있는 셀 개수가 두 개이므로 결과가 2로 표시되고, 'COUNTA($C$5:C10)' 수식은 데이터가 있는 셀 개수가 세 개이므로 3으로 표시됩니다.

2 10행을 선택합니다. 마우스 오른쪽 버튼을 클릭하여 [삽입]을 선택합니다.

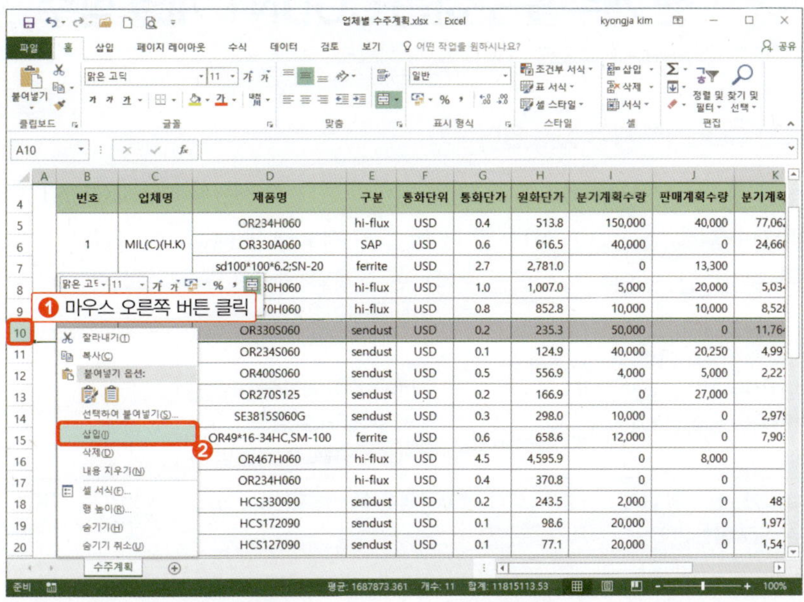

3 **추가된 행에 수식 복사하기** 삽입된 [C10] 셀에 **HANBIT**을 입력합니다. 기존 세 번째 업체명부터 1씩 증가한 번호로 업데이트됩니다. [B10] 셀에도 번호를 입력해야 하는데 병합된 셀의 크기가 달라 채우기 핸들로 수식을 복사할 수 없습니다. [B8:B10] 셀 범위를 선택합니다. 수식 입력줄을 클릭한 후 Ctrl + Enter 를 누릅니다. 추가 삽입한 [B10] 셀에 번호가 표시됩니다.

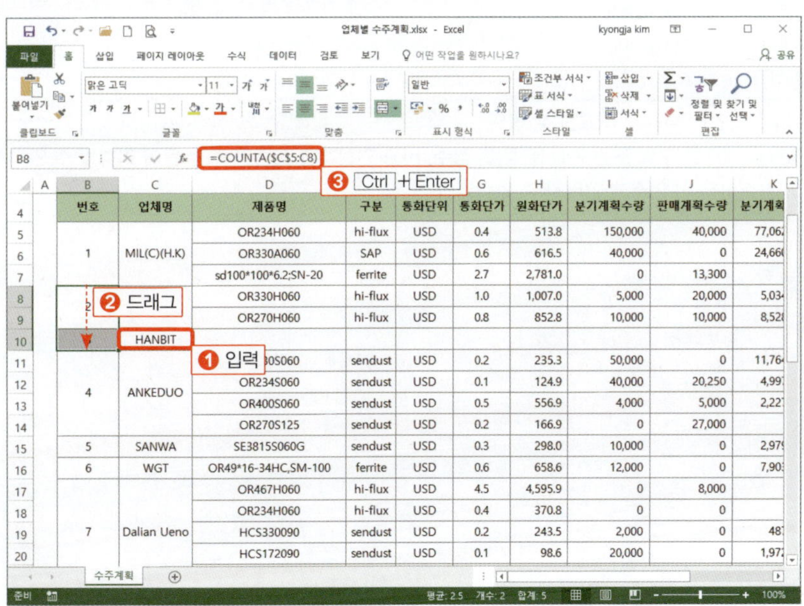

> **실력 향상** B열의 번호는 C열에 입력된 업체명의 누적 개수를 계산하여 번호를 표시하므로 [C10] 셀이 비어 있으면 다음 번호가 업데이트되지 않습니다.

셀 개수를 구하는 COUNT 계열 함수

1 범위의 셀 개수를 세는 COUNT 계열 함수 알아보기

COUNT 계열 함수는 셀의 개수를 세는 함수입니다. 숫자가 입력된 셀의 개수를 셀 때는 COUNT 함수, 비어 있지 않은 셀의 개수를 셀 때는 COUNTA 함수, 빈 셀의 개수를 셀 때는 COUNTBLANK 함수를 사용합니다. 숫자로 간주할 수 있는 데이터는 숫자로만 구성된 데이터, 날짜 데이터, 수식의 결과로 숫자나 날짜가 표시된 데이터가 포함됩니다.

함수 범주	=COUNT(Value1, [Value2],…)　　　　　=COUNT(셀 범위) =COUNTA(Value1, [Value2],…)　　　　=COUNTA(셀 범위) =COUNTBLANK(Range)　　　　　　　　=COUNTBLANK(셀 범위)
함수 형식	• Value : 개수를 구할 값이나 셀 범위입니다. Value1의 인수는 꼭 지정해야 하고, Value2부터는 필요한 경우에만 사용합니다. • Range : 셀 범위입니다.

2 범위 내 조건에 맞는 셀의 개수를 세는 COUNTIF, COUNTIFS 함수

COUNT 함수 뒤에 조건을 의미하는 IF가 붙은 COUNTIF 함수는 셀 범위에서 한 개 조건에 맞는 셀의 개수를 구하고, COUNTIF 함수 뒤에 'S(복수형)'가 붙은 COUNTIFS 함수는 셀 범위에서 두 개 이상의 조건에 맞는 셀의 개수를 구합니다.

함수 범주	=COUNTIF(Rnge, Criteria)　　　　　　=COUNTIF(셀 범위, 조건) =COUNTIFS(Criteria_range1, Criteria1, [Criteria_range2], [Criteria2],…) =COUNTIFS(셀 범위1, 조건1, 셀 범위2, 조건2,…)
함수 형식	• Range : 조건이 맞는지 비교할 셀 범위 • Criteria : 개수를 구할 조건으로 셀 주소, 상수, 비교 연산자를 포함한 조건 등이 입력될 수 있으나 함수식은 이 인수에 입력될 수 없습니다.

거래명세표에 도서명 중복 입력 방지하기

거래명세표에서 도서명을 입력할 때 이미 입력한 도서명은 중복으로 입력되지 않도록 함수를 사용하여 유효성 검사를 설정해보겠습니다. 또한 선택한 도서명의 단가는 VLOOKUP 함수를 사용하여 표시해보겠습니다.

실습 파일 | PART 01 \ 16_도서 거래명세표.xlsx   **완성 파일** | PART 01 \ 16_도서 거래명세표(완성).xlsx

미리 보기

거 래 명 세 표

			공급자	사업자번호	220-81-05665		
	김경자 귀하			회사명	한빛미디어	대표자	김태현
				주 소	(04029) 서울 마포구 양화로7길 83		
	아래와 같이 계산합니다.			업 태	제조	종목	출판

작성날짜	2017-08-05	검토
합계금액		

No.	월/일	도서명	수 량	단 가	공급가액	세 액	비 고
1	08/04	회사에서 바로 통하는 엑셀 데이터 활용+분석		17,820	-	-	
2	08/04	포토샵 라이트룸 CC 사진 강의		22,500	-	-	
3	08/05	7가지 동시성 모델		22,500	-	-	
4	08/05	엑셀 2016 매크로&VBA 바이블		40,500	-	-	
					-	-	
					-	-	
					-	-	
					-	-	
					-	-	
					-	-	
					-	-	
					-	-	
					-	-	

회사에서 바로 통하는 키워드   ROW, COUNTIF, VLOOKUP, IF, 데이터 유효성 검사, IFERROR

도서 단가표

도서명	단가
회사에서 바로 통하는 엑셀 데이터 활용+분석	17,820
회사에서 바로 통하는 오토캐드 2017	25,200
포토샵 라이트룸 CC 사진 강의	22,500
7가지 동시성 모델	22,500
처음부터 다시 배우는 웹 기획	25,200
파이썬 웹 프로그래밍 (실전편)	27,000
9가지 사례로 익히는 고급 스파크 분석	23,400
유니티로 배우는 게임 수학	25,200
엑셀 2016 매크로&VBA 바이블	40,500

1 **도서명을 기준으로 번호 매기기** 도서명이 입력되면 [B11:B24] 셀 범위에 자동으로 번호가 표시되도록 IF와 ROW 함수를 사용해보겠습니다. [B11] 셀을 클릭한 후 [수식] 탭–[함수 라이브러리] 그룹–[논리]–[IF]를 선택합니다. [함수 인수] 대화상자에서 [Logical_test]에 **D11=""**, [Value_if_true]에는 **""**, [Value_if_false]에 **ROW( )–10**을 입력합니다. [확인]을 클릭합니다.

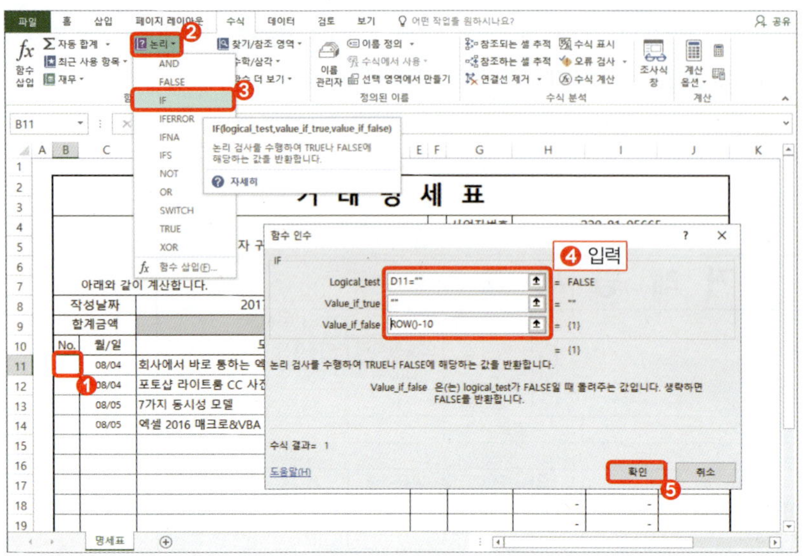

> **실력향상** 'D11=""' 조건식은 도서명 셀이 빈 셀인지 비교하는 식입니다. 만약 [D11] 셀이 빈 셀이면 [B11] 셀을 빈 셀로 표시하고, 도서명이 입력되어 있으면 ROW 함수로 번호를 표시합니다. ROW 함수는 인수 없이 '=ROW( )'로 사용할 경우 현재 셀의 행 번호를 셀에 표시합니다. [B11] 셀에 'ROW( )'를 사용하면 11이 계산되므로 번호 1을 만들기 위해 10을 뺍니다.

2 [B11] 셀의 채우기 핸들을 [B24] 셀까지 드래그합니다. [채우기 옵션]을 클릭한 후 [서식 없이 채우기]를 선택합니다.

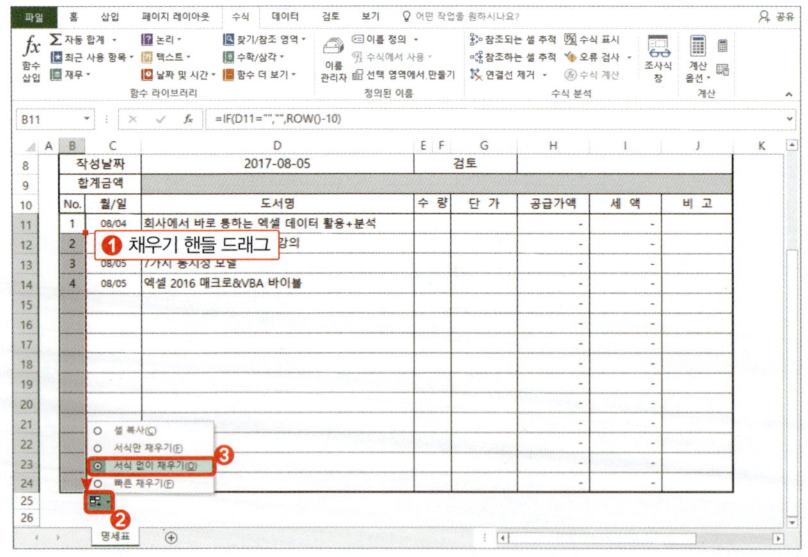

3 **중복되는 도서명 입력 제한하기** [D11:D24] 셀 범위를 선택하고 [데이터] 탭-[데이터 도구] 그룹-[데이터 유효성 검사]를 클릭합니다. [데이터 유효성] 대화상자의 [설정] 탭에서 [제한 대상]으로 [사용자 지정]을 선택하고 [수식]에 **=COUNTIF($D$11:$D$24,D11)<2**를 입력합니다.

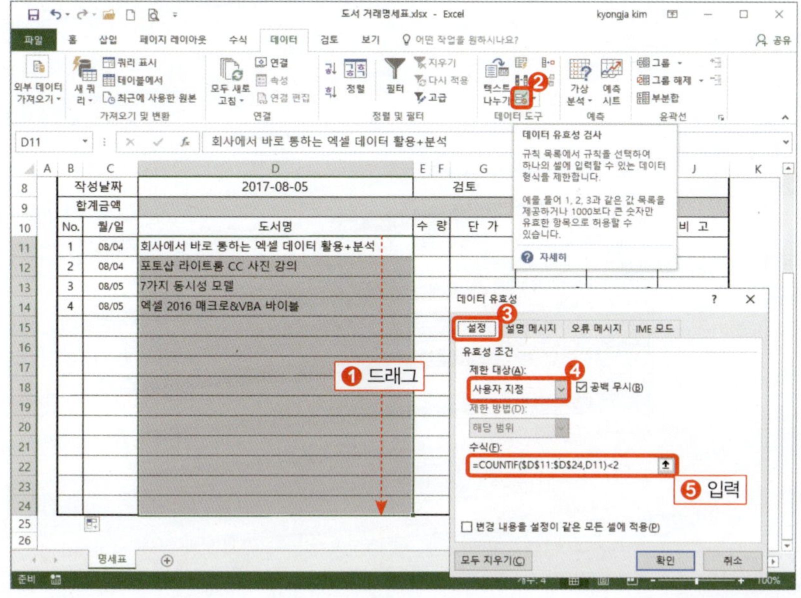

실력 향상

함수 형식은 COUNTIF(범위, 조건)입니다. COUNTIF 함수는 지정한 셀 범위에서 조건에 맞는 셀의 개수를 구하는 함수로 도서명이 입력될 [D11:D24] 셀 범위에 현재 입력한 도서명과 같은 도서명이 두 개 미만인 것으로 제한합니다.

4 [데이터 유효성] 대화상자의 [오류 메시지] 탭을 클릭합니다. [스타일]을 [중지]로 선택합니다. [제목]에 **도서명 입력 오류**, [오류 메시지]에 **이미 입력한 도서입니다.**를 입력합니다. [확인]을 클릭합니다. D행에 이미 입력된 도서명과 같은 도서명을 입력하면 오류 메시지가 표시됩니다.

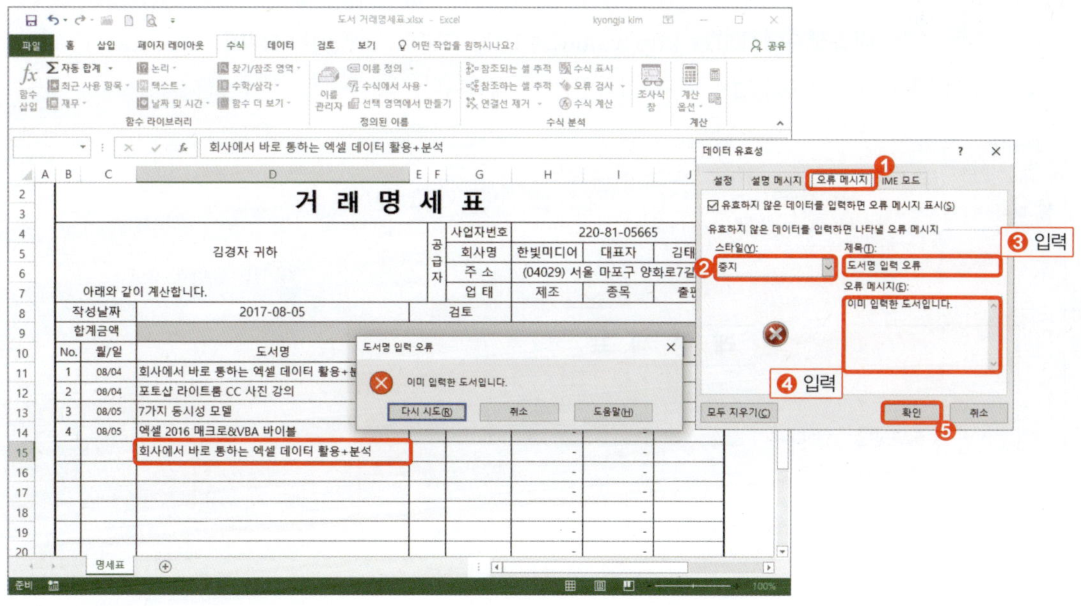

5 **VLOOKUP 함수로 단가 표시하기** 입력된 도서명의 단가를 VLOOKUP 함수를 사용하여 구해보겠습니다. VLOOKUP 함수에서 참조하기 위해 먼저 도서 단가표를 이름으로 정의하겠습니다. [M3:N12] 셀 범위를 선택합니다. [이름 상자]에 **단가표**를 입력한 후 Enter 를 누릅니다.

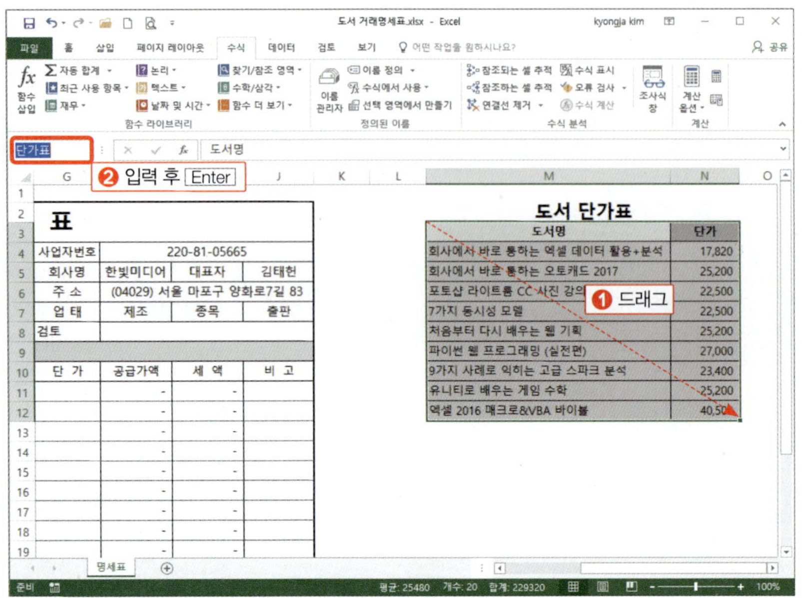

> **실력 향상** 이름을 정의한 후 [이름 상자]의 목록 단추를 클릭하면 [단가표]가 표시되고 이 이름을 선택했을 때 셀 범위가 선택됩니다. 이름을 수정하거나 삭제할 경우에는 [수식] 탭-[정의된 이름] 그룹-[이름 관리자]를 사용합니다.

6 [G11] 셀을 클릭한 후 [수식] 탭-[함수 라이브러리] 그룹-[찾기/참조 영역]-[VLOOKUP]을 선택합니다. [함수 인수] 대화상자에서 [Lookup_value]에 D11, [Table_array]에 **단가표**, [Col_index_num]에 **2**, [Range_lookup]에 **0**을 입력합니다. [확인]을 클릭합니다.

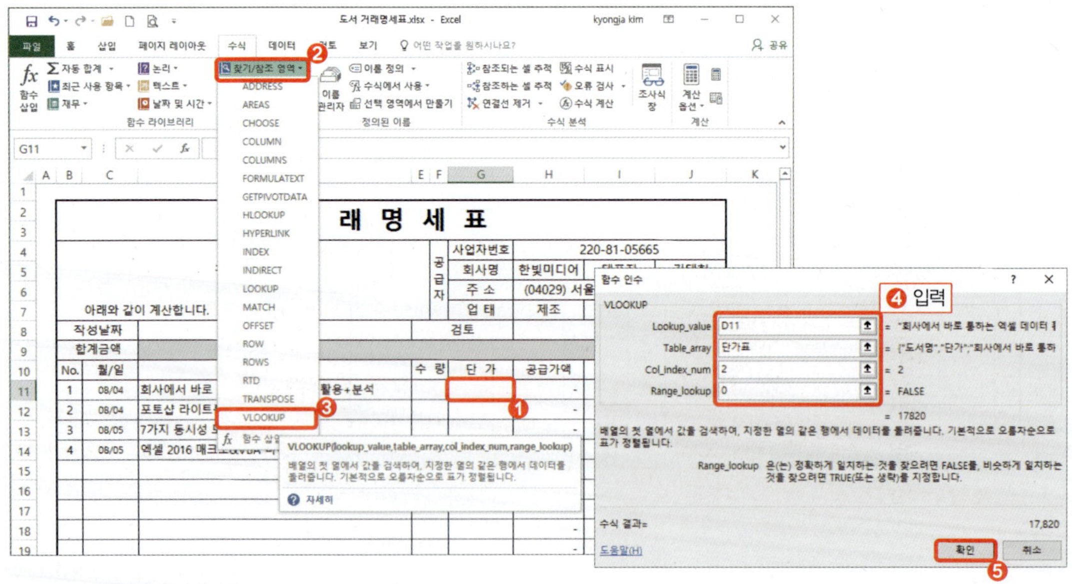

7 [G11] 셀의 채우기 핸들을 [G14] 셀까지 드래그합니다. [채우기 옵션]을 클릭하고 [서식 없이 채우기]를 선택합니다.

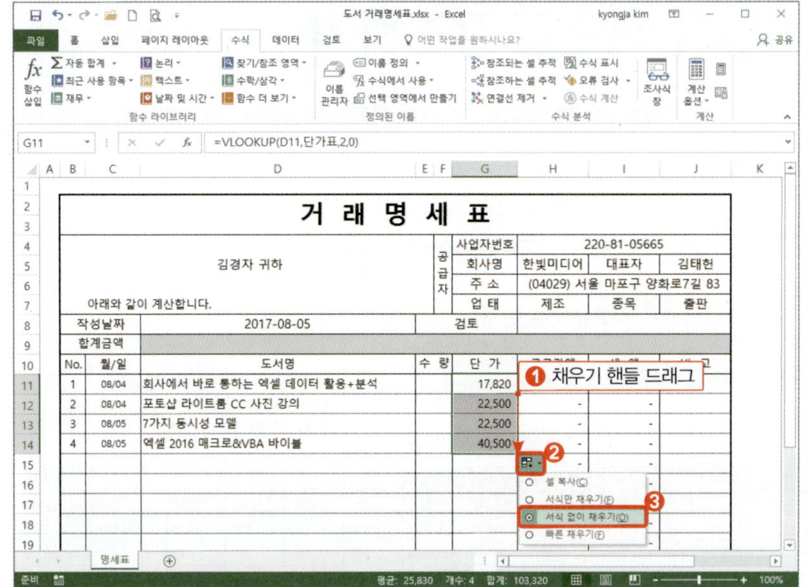

실력 향상

[G11] 셀의 VLOOKUP 수식을 [G24] 셀까지 복사하면 도서명이 입력되지 않은 행에 오류가 표시됩니다. 오류가 표시되지 않게 하려면 VLOOKUP 함수에 IFERROR 함수를 중첩합니다. [G11] 셀의 수식을 '=IFERROR(VLOOKUP(D11,단가표,2,0),0)'으로 수정한 후 복사합니다.

슈 퍼 활 용 TIP ★★★★★ 데이터 유효성 검사 알아보기

셀에 데이터를 입력할 때 입력 가능한 데이터의 유형이나 값을 제한하는 것을 유효성 검사라고 합니다. 데이터 유효성 검사를 사용하면 셀에 잘못된 데이터가 입력되는 것을 방지하고 목록에서 값을 선택하여 데이터를 입력할 수 있습니다. 데이터 유효성 검사를 설정할 셀 범위를 선택한 후 [데이터]-[데이터 유효성 검사]를 클릭하여 원하는 제한 조건을 설정합니다. [데이터 유효성 검사] 대화상자에 대해 살펴보겠습니다.

❶ **[설정] 탭** : 선택한 범위에 입력될 데이터 값의 형식을 설정합니다.

❷ **[설명 메시지] 탭** : 셀을 클릭할 때 해당 셀에 나타낼 데이터의 설명을 입력합니다.

❸ **[오류 메시지] 탭** : 설정한 조건에 맞지 않는 데이터를 입력할 때 나타낼 오류 메시지 내용을 입력합니다.

❹ **[IME 모드] 탭** : 입력할 데이터 언어를 미리 지정합니다. [한/영]을 누르지 않아도 [한글]로 지정하면 한글로 입력되고, [영문]으로 지정하면 영문으로 입력됩니다.

❺ **모두 지우기** : 선택된 셀이나 범위에 설정된 유효성 검사를 모두 삭제합니다. [모두 지우기]를 클릭하면 [설정] 탭의 [제한 대상]이 [모든 값]으로 변경됩니다.

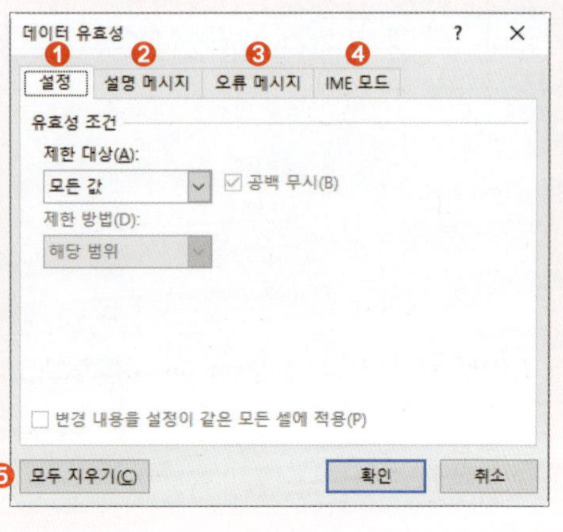

선택한 조건에 맞는 행만 채우기 색으로 강조하기

월별 제품 판매계획표에서 선택한 용도와 일치하는 행 데이터에 채우기 색이 자동으로 설정되도록 서식을 설정해보겠습니다. 용도는 목록에서 선택할 수 있도록 유효성 검사를 설정하고 동일한 용도와 같은 행은 조건부 서식을 사용하여 지정합니다.

실습 파일 | PART 01 \ 17_용도별 판매계획.xlsx   완성 파일 | PART 01 \ 17_용도별 판매계획(완성).xlsx

미리 보기

용도 선택 | 산업용

기타
산업용
소물기타
정보통신용/기타
Display용
소물EMI
자동차용
SMD

월별 제품 판매계획

No	용도	품목번호	거래처	지역	통화유형	결재단가	담당자	1월수량	2월수량	3월수량	4월수량	7월수량	8월수량
1		ME028E	(주)한민족도시가스엔지	유럽계	EUR	1.04	이길선	1,436	1,436	1,357	1,357	40,000	40,000
2		ME512S	K글로벌테크윈㈜	한국계	KRW	350.00	유은희	350	350	350	350	1,667	1,667
3		MV848Q	K글로벌테크윈㈜	한국계	KRW	740.00	유은희	740	740	740	740	1,792	1,792
4	산업용	ME683E	삼미콘피에스	한국계	KRW	2,480.00	탁연미	2,480	2,480	2,480	2,480	-	1,000
5	Display용	ME292S	㈜코리아올앳	한국계	KRW	326.00	유은희	326	326	326	326	1,740	1,740
6	산업용	ME799S	㈜코리아올앳	한국계	KRW	176.00	유은희	176	176	176	176	3,500	3,500
7	자동차용	MI970S	㈜코리아올앳	한국계	KRW	266.00	유은희	266	266	266	266	10,984	10,984
8	자동차용	MI766S	㈜코리아올앳	한국계	KRW	266.00	유은희	266	266	266	266	50,000	30,171
9	자동차용	MS957D	(주)한민족도시가스엔지	유럽계	EUR	4.10	이길선	5,638	5,638	5,330	5,330	-	1,000
10	산업용	MM896V	(주)삼홍	유럽계	EUR	0.55	이길선	754	754	712	712	-	-
11	산업용	MM639V	(주)삼홍	유럽계	EUR	0.62	이길선	851	851	805	805	-	-
12	자동차용	MS880D	경선화학㈜	한국계	KRW	149.00	조수만	149	149	149	149	330,400	330,400
13	산업용	MS568D	장창공업	한국계	KRW	130.00	유은희	130	130	130	130	6,784	6,784
14	산업용	MS695D	장창공업	한국계	KRW	150.00	유은희	150	150	150	150	25,325	25,325
15	산업용	MS660D	장창공업	한국계	KRW	122.00	유은희	122	122	122	122	47,493	47,493
16	자동차용	MS795D	한국프레실	한국계	KRW	240.00	조수만	240	240	240	240	140,000	140,000
17	소물기타	MI595V	한상하이테크	한국계	KRW	2.00	탁연미	2	2	2	2	1,000,000	1,000,000
18	SMD	MD946C	아비코인전자	한국계	KRW	12.50	탁연미	13	13	13	13	1,000,000	1,000,000
19	SMD	MI375M	아비코인전자	한국계	KRW	12.50	탁연미	13	13	13	13	1,000,000	1,000,000
20	소물EMI	MI523S	K글로벌테크윈㈜	한국계	KRW	35.00	유은희	35	35	35	35	20,000	20,000
21	소물EMI	MI291S	K글로벌테크윈㈜	한국계	KRW	57.00	유은희	57	57	57	57	50,000	50,000
22	소물EMI	MI206V	K글로벌테크윈㈜	한국계	KRW	98.00	유은희	98	98	98	98	20,000	20,000
23	소물EMI	MI091S	K글로벌테크윈㈜	한국계	KRW	84.00	유은희	84	84	84	84	7,000	7,000

판매계획 | 용도

회사에서 바로 통하는 키워드

데이터 유효성 검사, 조건부 서식

1 목록 유효성 검사 설정하기 [용도] 시트의 데이터가 [C2] 셀에 목록으로 표시될 수 있도록 유효성 검사를 설정해보겠습니다. [판매계획] 시트에서 [C2] 셀을 클릭합니다. [데이터] 탭–[데이터 도구] 그룹–[데이터 유효성 검사]를 클릭합니다. [데이터 유효성] 대화상자의 [설정] 탭에서 [제한 대상]으로 [목록]을 선택하고, [원본]을 클릭합니다.

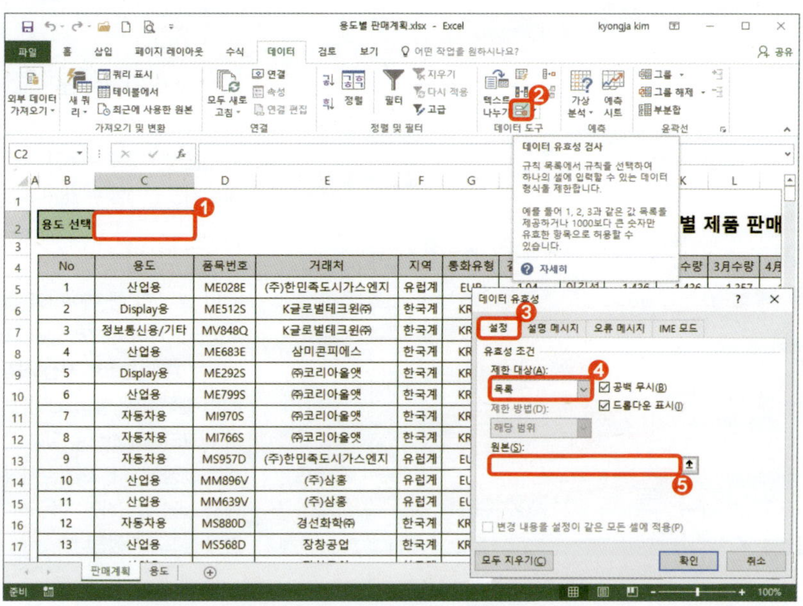

2 [용도] 시트를 클릭한 후 [A2:A12] 셀 범위를 드래그합니다. [확인]을 클릭합니다. [C2] 셀의 목록 단추를 클릭하고 [산업용]을 선택합니다.

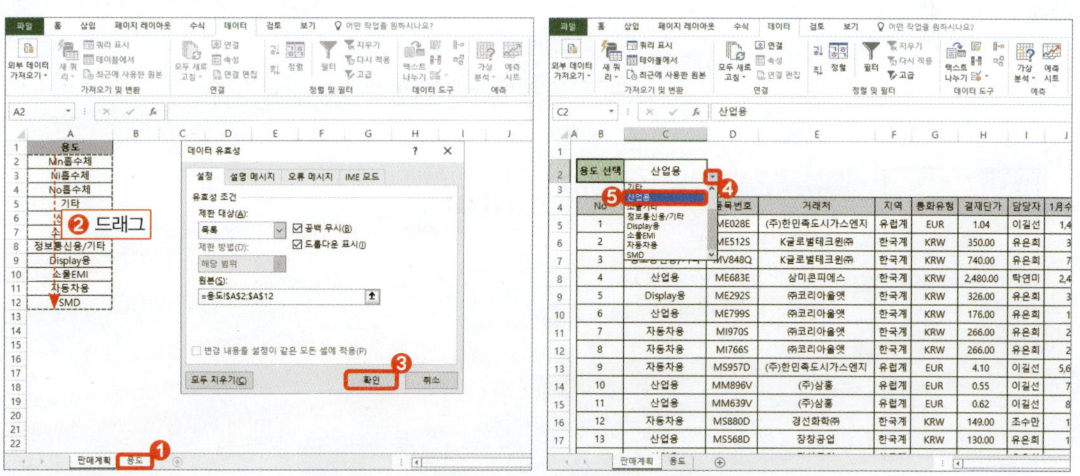

실력 향상 [용도] 시트의 [A2:A12] 셀 범위를 이름으로 정의한 후 [원본]에 '=이름'을 입력해도 됩니다.

3 **조건부 서식 설정하기** [B5:T399] 셀 범위를 선택합니다. [홈] 탭-[스타일] 그룹-[조건부 서식]-[새 규칙]을 선택합니다. [새 서식 규칙] 대화상자의 [규칙 유형 선택]에서 [수식을 사용하여 서식을 지정할 셀 결정]을 선택하고, 수식 입력란에 **=$C5=$C$2**를 입력합니다. [서식]을 클릭합니다.

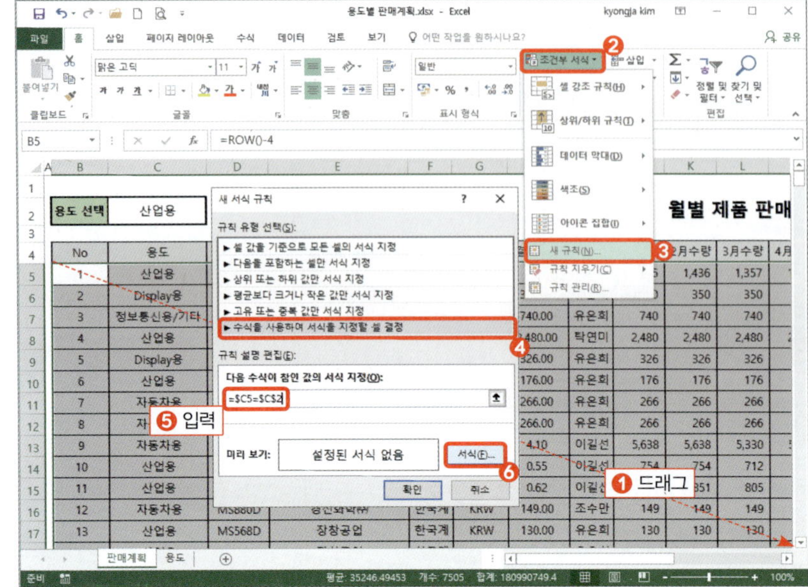

4 [셀 서식] 대화상자의 [채우기] 탭을 클릭한 후 [배경색]에서 적당한 색을 선택합니다. [확인]을 클릭합니다. [새 서식 규칙] 대화상자의 [미리 보기]에서 설정된 서식을 확인합니다. [확인]을 클릭합니다.

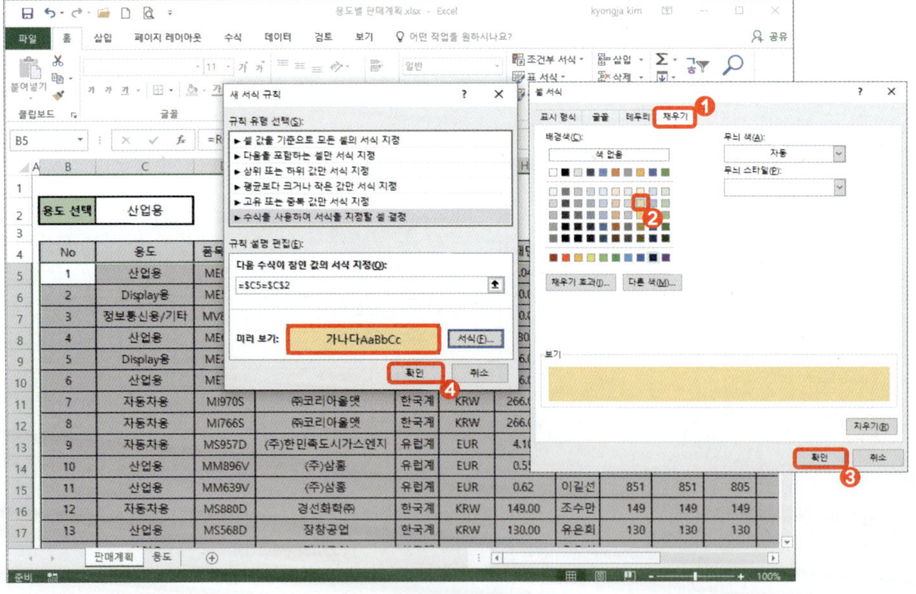

5 [C2] 셀의 목록에서 용도를 선택하면 선택한 용도와 일치하는 행 데이터에 채우기 색이 설정됩니다.

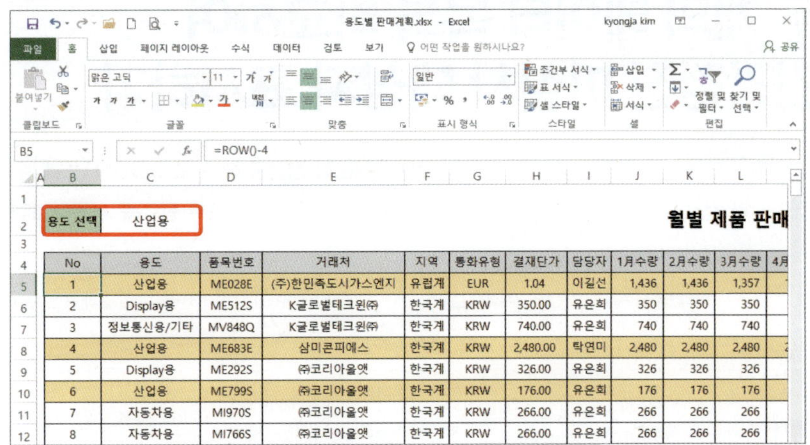

슈퍼활용 TIP — 데이터 시각화를 위한 조건부 서식 알아보기

조건부 서식은 강조하고자 하는 데이터에만 서식을 지정하여 다른 데이터와 차별화할 때 사용합니다. 특정한 값 사이에 있는 값 또는 평균보다 큰 값이나 평균보다 작은 값, 상위 또는 하위 10%의 조건을 부여하여 서식을 적용하고 싶다면 [셀 강조 규칙]과 [상위/하위 규칙]을 적용하고 수식이나 함수를 사용할 때는 [새 규칙]에서 직접 수식을 입력합니다. 지정한 규칙을 수정하거나 일부 규칙만 삭제할 경우 [규칙 관리]를 사용합니다. [조건부 서식 규칙 관리자] 대화상자를 살펴보겠습니다.

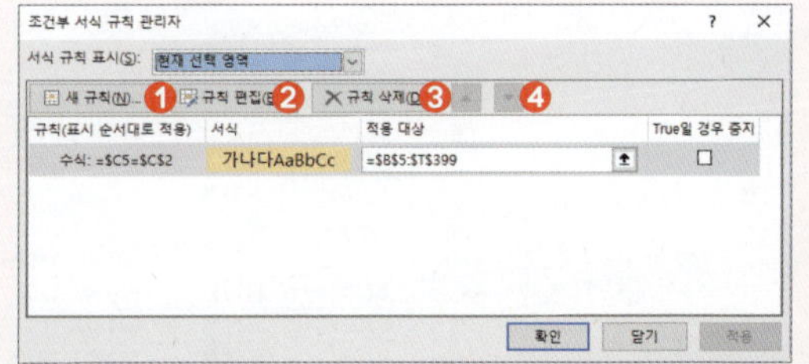

❶ **새 규칙** : 새로운 조건부 서식 규칙을 추가합니다.

❷ **규칙 편집** : 현재 설정되어 있는 조건부 서식의 규칙을 변경합니다. 클릭하면 선택된 조건부 서식의 규칙을 변경할 수 있는 [서식 규칙 편집] 대화상자가 나타납니다.

❸ **규칙 삭제** : 선택된 조건부 서식 규칙을 삭제합니다.

❹ **위로 이동과 아래로 이동** : 조건부 서식 규칙의 우선 적용 순서를 변경합니다. 기본적으로 마지막에 지정된 조건부 서식이 가장 높은 우선순위를 가집니다. [위로 이동]과 [아래로 이동] 버튼을 이용하여 규칙의 순서를 변경할 수 있습니다.

지정한 규칙을 일괄 삭제할 경우 [조건부 서식]-[규칙 지우기]를 사용하여 선택한 셀의 규칙만 삭제하거나 시트 전체의 규칙을 삭제할 수 있습니다.

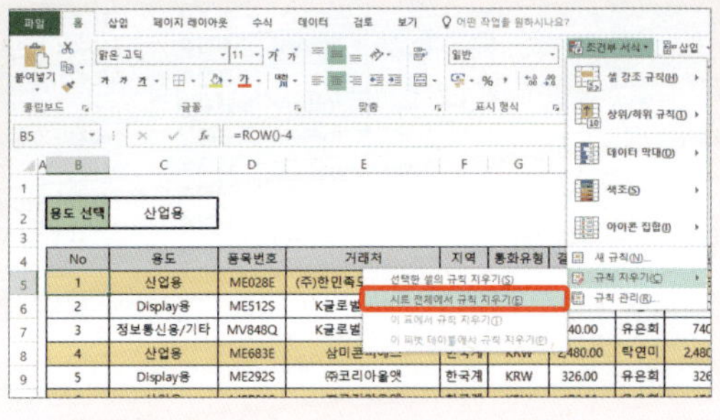

두 개의 데이터 목록 비교하여 건강검진 미실시 대상자 표시하기

구 데이터와 신 데이터를 비교해 어떠한 항목이 추가되고 어떠한 항목이 누락되었는지 점검할 때 주로 COUNTIF 함수를 사용합니다. 건강검진 결과 데이터와 건강검진 대상자 데이터를 비교하여 미검진자를 표시하도록 함수를 사용해보겠습니다.

실습 파일 | PART 01 \ 18_건강검진 결과.xlsx　　**완성 파일** | PART 01 \ 18_건강검진 결과(완성).xlsx

건강검진 대상자

사번	성명	주민등록번호	근무부서	직위	입사일자	건강검진 확인
016916	권혁창	690209-1178200	해외지사	부장	2003-06-27	
019232	강현구	540105-2100229	사업개발담당	부장	2009-04-08	
022627	국중만	540510-2156125	생산부	차장	1997-10-21	
023337	구호남	721707-2099682	품질관리부	차장	2010-04-01	
023611	권혁기	590226-1173604	해외지사	차장	1994-01-08	
026566	강재식	620111-2052659	연구소	차장	1992-12-26	
027568	구기송	620203-1162617	해외지사	차장	1986-01-06	
027631	권영돈	620203-1208533	생산부	차장	2002-05-09	
028270	고진석	641816-1057776	연구소	차장	2008-06-12	
028321	김경환	560411-1279238	생산부	차장	2007-08-26	
029066	경인중	661238-2111214	품질보증	차장	1995-02-13	
030206	곽상욱	611015-1078950	생산부	사원	2007-04-16	
034838	권상현	540105-2225130	생산부	사원	2009-12-09	
035350	강성철	560531-1050201	연구소	사원	1989-04-22	
038174	강영택	540721-1054931	연구소	사원	1988-11-05	
041353	구본철	620702-1153068	개발실	사원	1990-02-14	
043096	권환조	681028-2205121	해외지사	사원	2001-08-22	
043207	강래오	580715-2004349	연구소	사원	1991-04-04	
043940	권기윤	640904-1188542	품질보증	사원	1985-09-10	
044624	강성호	560411-1051324	개발실	사원	1989-09-14	
104048	김광규	620223-22793…				
104397	구성모	660238-215326…				
106073	김구열	540510-22528…				
108847	권병철	720707-21217…				
108971	곽천운	560726-10977…				

대상자 ／ 건강검진결과

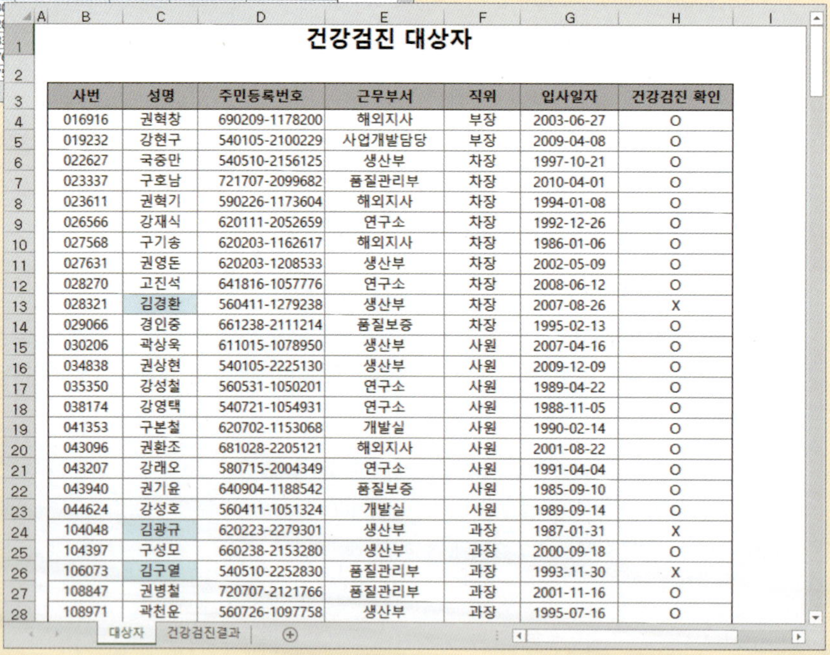

건강검진 대상자

사번	성명	주민등록번호	근무부서	직위	입사일자	건강검진 확인
016916	권혁창	690209-1178200	해외지사	부장	2003-06-27	O
019232	강현구	540105-2100229	사업개발담당	부장	2009-04-08	O
022627	국중만	540510-2156125	생산부	차장	1997-10-21	O
023337	구호남	721707-2099682	품질관리부	차장	2010-04-01	O
023611	권혁기	590226-1173604	해외지사	차장	1994-01-08	O
026566	강재식	620111-2052659	연구소	차장	1992-12-26	O
027568	구기송	620203-1162617	해외지사	차장	1986-01-06	O
027631	권영돈	620203-1208533	생산부	차장	2002-05-09	O
028270	고진석	641816-1057776	연구소	차장	2008-06-12	O
028321	김경환	560411-1279238	생산부	차장	2007-08-26	X
029066	경인중	661238-2111214	품질보증	차장	1995-02-13	O
030206	곽상욱	611015-1078950	생산부	사원	2007-04-16	O
034838	권상현	540105-2225130	생산부	사원	2009-12-09	O
035350	강성철	560531-1050201	연구소	사원	1989-04-22	O
038174	강영택	540721-1054931	연구소	사원	1988-11-05	O
041353	구본철	620702-1153068	개발실	사원	1990-02-14	O
043096	권환조	681028-2205121	해외지사	사원	2001-08-22	O
043207	강래오	580715-2004349	연구소	사원	1991-04-04	O
043940	권기윤	640904-1188542	품질보증	사원	1985-09-10	O
044624	강성호	560411-1051324	개발실	사원	1989-09-14	O
104048	김광규	620223-2279301	생산부	과장	1987-01-31	X
104397	구성모	660238-2153280	생산부	과장	2000-09-18	O
106073	김구열	540510-2252830	품질관리부	과장	1993-11-30	X
108847	권병철	720707-2121766	품질관리부	과장	2001-11-16	O
108971	곽천운	560726-1097758	생산부	과장	1995-07-16	O

대상자 ／ 건강검진결과

회사에서 바로 통하는 키워드

IF, COUNTIF, 조건부 서식

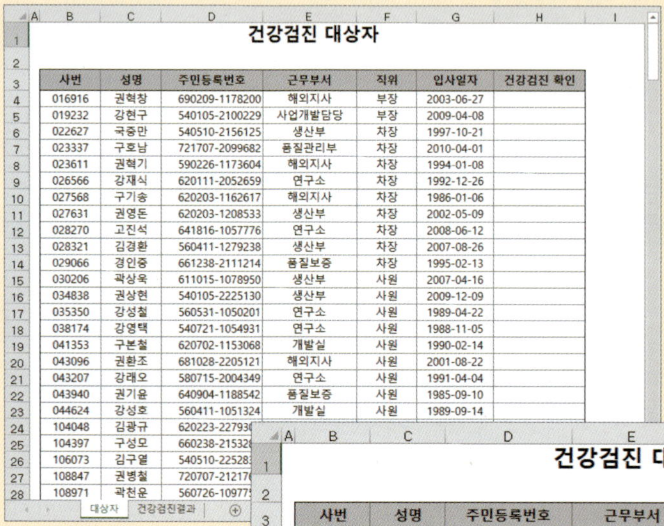

1 **COUNTIF 함수로 검진 여부 표시하기** [대상자] 시트에는 건강검진을 받아야하는 대상자가 입력되어 있고, [건강검진결과] 시트에는 건강검진을 받은 결과가 입력되어 있습니다. 두 시트의 주민등록번호를 비교하여 [대상자] 시트 H열에 건강검진을 받았는지 여부를 O, X로 표시해보겠습니다. [건강검진결과] 시트를 선택합니다. [D4:D194] 셀 범위를 선택합니다. [이름 상자]에 **검진자주민번호**를 입력한 후 Enter 를 누릅니다. [대상자] 시트를 선택하고 [H4] 셀을 클릭합니다. [수식] 탭-[함수 라이브러리] 그룹-[논리]-[IF]를 선택합니다.

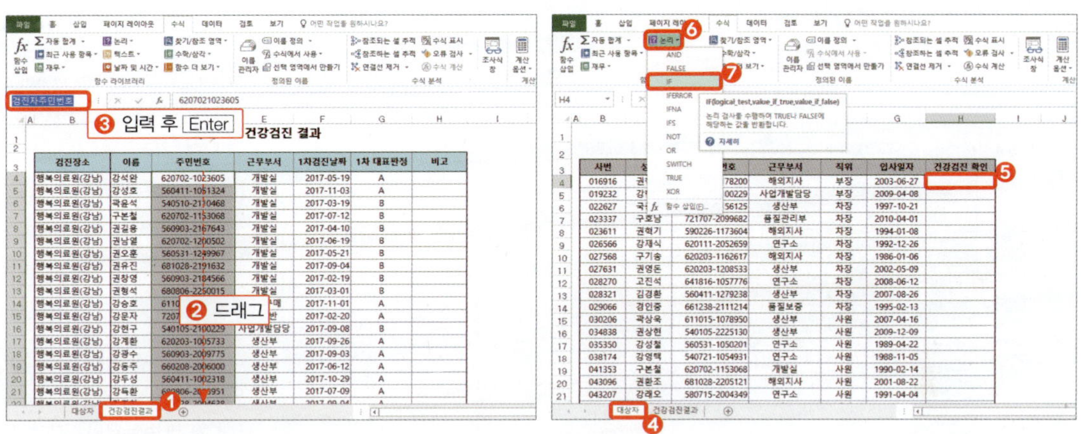

2 [함수 인수] 대화상자에서 [Logical_test]에 **COUNTIF(검진자주민번호,D4)>0**, [Value_if_true]에 **"O"**, [Value_if_false]에 **"X"**를 입력합니다. [확인]을 클릭합니다. [H4] 셀의 채우기 핸들을 더블클릭하여 수식을 복사합니다. [채우기 옵션]을 클릭한 후 [서식 없이 채우기]를 선택합니다.

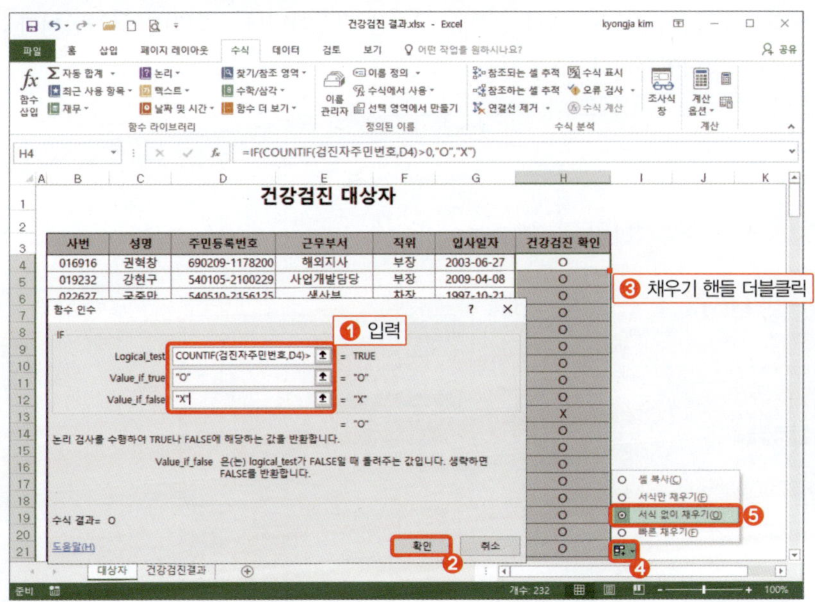

> **실력 향상** [D4] 셀의 주민등록번호가 [건강검진결과] 시트의 주민번호에 하나 이상 존재하는지 COUNTIF 함수로 계산합니다. 결과가 0보다 크면 존재하는 것이므로 O를 표시하고, 0보다 크지 않으면 [건강검진결과] 시트에 주민등록번호가 존재하지 않는 것이므로 X를 표시합니다.

3 조건부 서식으로 미검진자 강조하기 건강검진 확인이 X로 표시된 대상자의 성명에 채우기 색을 설정해보겠습니다. [대상자] 시트에서[C4:C235] 셀 범위를 선택합니다. [홈] 탭-[스타일] 그룹-[조건부 서식]-[새 규칙]을 선택합니다. [새 서식 규칙] 대화상자의 [규칙 유형 선택]에서 [수식을 사용하여 서식을 지정할 셀 결정]을 선택하고 수식 입력란에 **=H4="X"**를 입력합니다. [서식]을 클릭합니다.

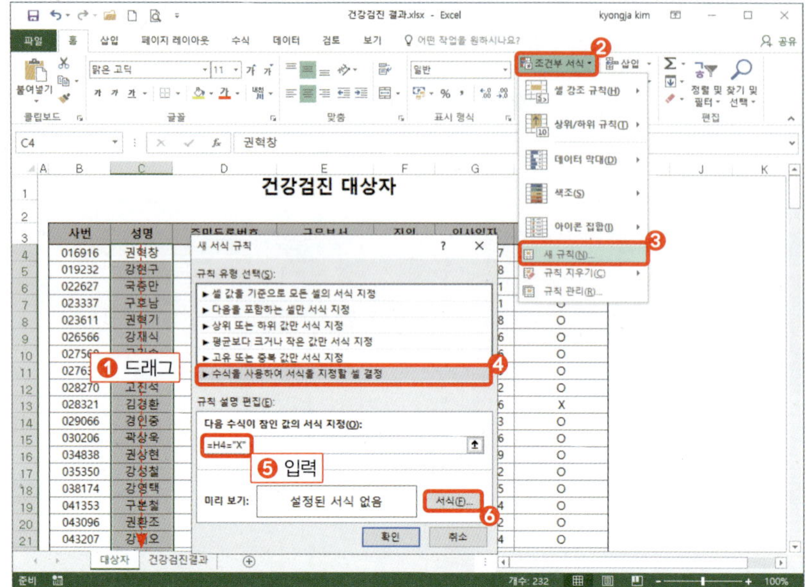

4 [셀 서식] 대화상자에서 [채우기] 탭을 클릭한 후 [배경색]에서 적당한 색을 선택합니다. [확인]을 클릭합니다. [새 서식 규칙] 대화상자의 [미리 보기]에서 설정된 서식을 확인합니다. [확인]을 클릭합니다. 미검진자 성명에만 채우기 색이 설정되었습니다.

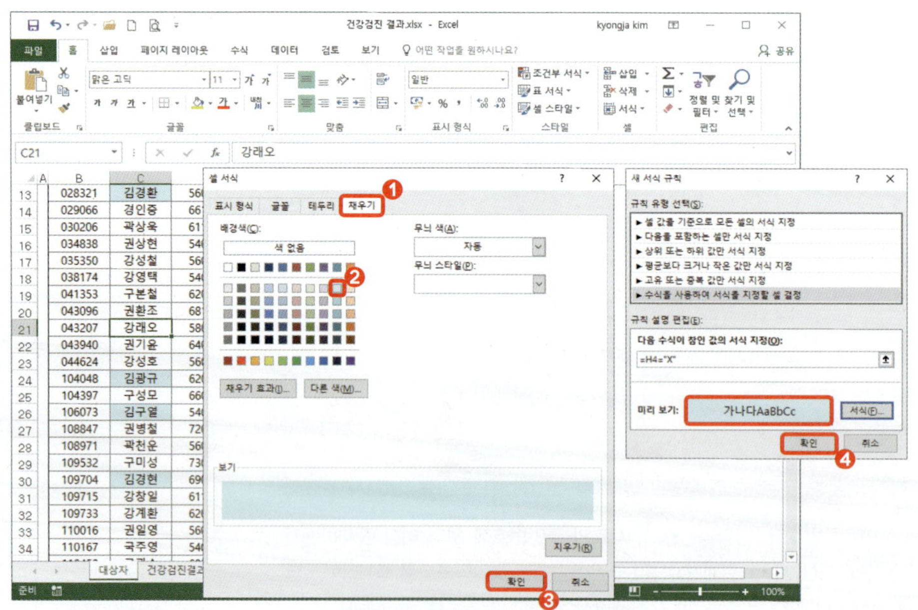

19

공개용 문서로 편집하여 시트 보호하기

성적표를 공개할 때 성명의 중간 글자는 O로 표시하고, 편집이 완료된 데이터는 임의로 변경하지 못하도록 암호를 설정해 시트를 보호해보겠습니다.

실습 파일 | PART 01 \ 19_사전사후 성적비교.xlsx **완성 파일** | PART 01 \ 19_사전사후 성적비교(완성암호-1234).xlsx

미리 보기

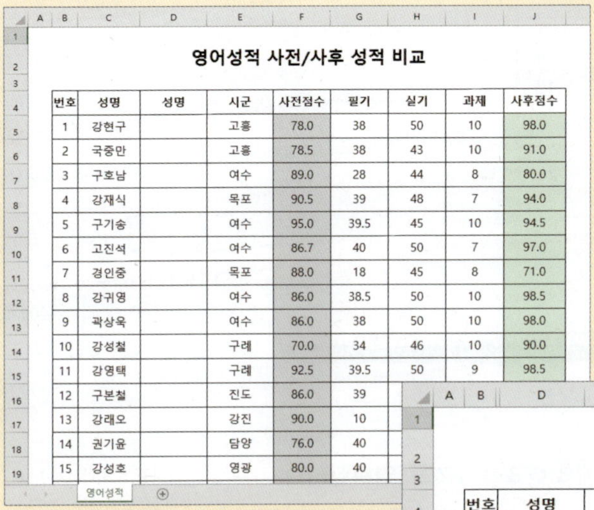

영어성적 사전/사후 성적 비교

번호	성명	성명	시군	사전점수	필기	실기	과제	사후점수
1	강현구		고흥	78.0	38	50	10	98.0
2	국중만		고흥	78.5	38	43	10	91.0
3	구호남		여수	89.0	28	44	8	80.0
4	강재식		목포	90.5	39	48	7	94.0
5	구기송		여수	95.0	39.5	45	10	94.5
6	고진석		여수	86.7	40	50	7	97.0
7	경인중		목포	88.0	18	45	8	71.0
8	강귀영		여수	86.0	38.5	50	10	98.5
9	곽상욱		여수	86.0	38	50	10	98.0
10	강성철		구례	70.0	34	46	10	90.0
11	강영택		구례	92.5	39.5	50	9	98.5
12	구본철		진도	86.0	39			
13	강래오		강진	90.0	10			
14	권기윤		담양	76.0	40			
15	강성호		영광	80.0	40			

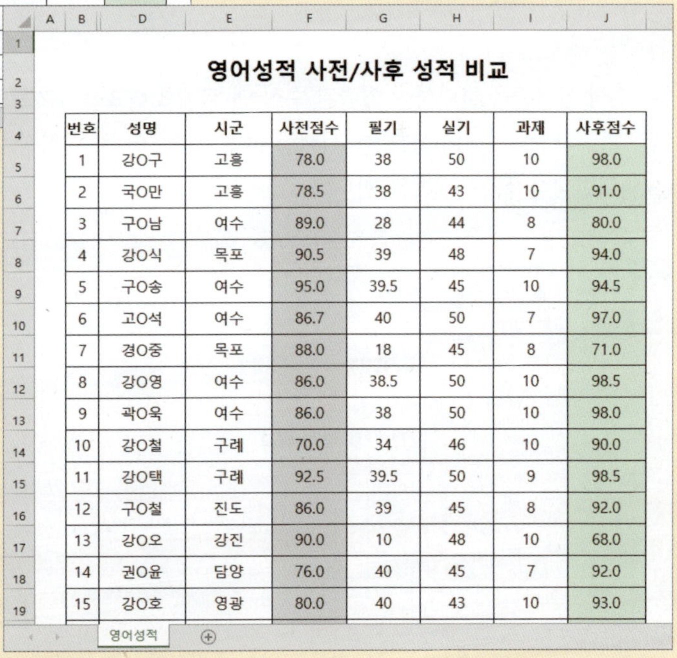

영어성적

회사에서 바로 통하는 키워드: LEFT, RIGHT, MID, CONCAT, 시트 보호

영어성적 사전/사후 성적 비교

번호	성명	시군	사전점수	필기	실기	과제	사후점수
1	강O구	고흥	78.0	38	50	10	98.0
2	국O만	고흥	78.5	38	43	10	91.0
3	구O남	여수	89.0	28	44	8	80.0
4	강O식	목포	90.5	39	48	7	94.0
5	구O송	여수	95.0	39.5	45	10	94.5
6	고O석	여수	86.7	40	50	7	97.0
7	경O중	목포	88.0	18	45	8	71.0
8	강O영	여수	86.0	38.5	50	10	98.5
9	곽O욱	여수	86.0	38	50	10	98.0
10	강O철	구례	70.0	34	46	10	90.0
11	강O택	구례	92.5	39.5	50	9	98.5
12	구O철	진도	86.0	39	45	8	92.0
13	강O오	강진	90.0	10	48	10	68.0
14	권O윤	담양	76.0	40	45	7	92.0
15	강O호	영광	80.0	40	43	10	93.0

영어성적

1 성명의 중간 글자 'O'로 표시하기 LEFT와 RIGHT 함수를 사용하여 성명의 두 번째 글자를 영문자 O로 표시해보겠습니다. [D5] 셀을 클릭합니다. [수식] 탭–[함수 라이브러리] 그룹–[텍스트]–[LEFT]를 선택합니다. [함수 인수] 대화상자에서 [Text]에 **C5**, [Num_chars]에 **1**을 입력합니다. [확인]을 클릭합니다.

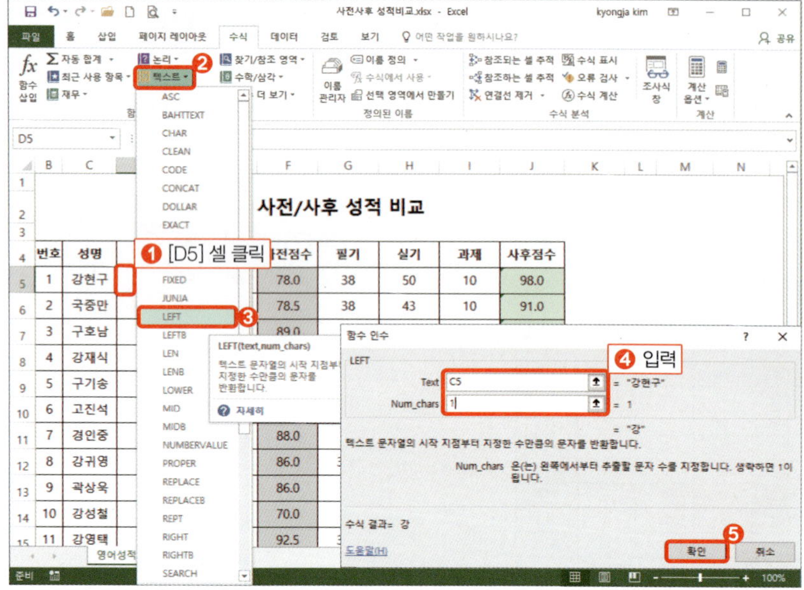

실력 향상

LEFT(C5,1) 함수는 [C5] 셀에 입력된 데이터 중 왼쪽에서부터 한 글자를 추출합니다.

2 수식 입력줄을 클릭하여 입력된 수식 맨 뒤에 **&"O"&**를 추가로 입력합니다. [수식] 탭–[함수 라이브러리] 그룹–[텍스트]–[RIGHT]를 선택합니다. [함수 인수] 대화상자에서 [Text]에 **C5**, [Num_chars]에 **1**을 입력합니다. [확인]을 클릭합니다.

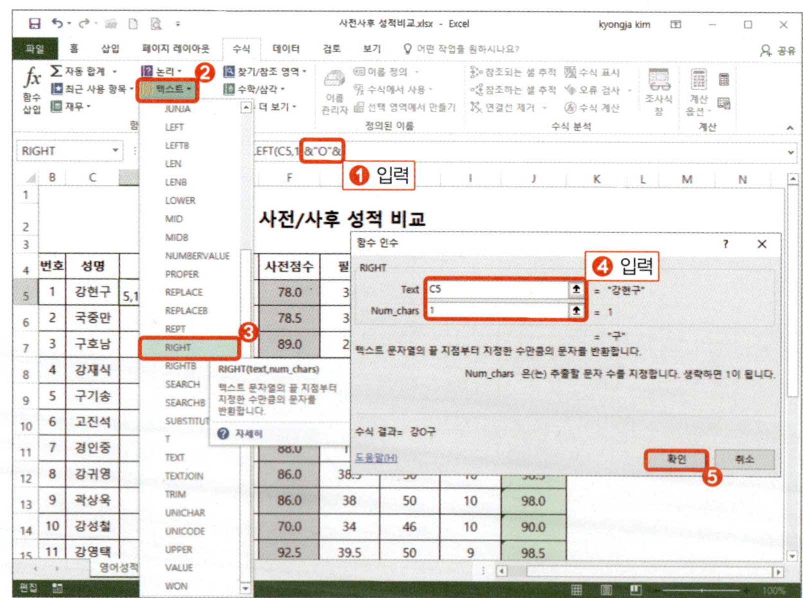

실력 향상

RIGHT(C5,1) 함수는 [C5] 셀에 입력된 데이터 중에서 오른쪽에서부터 한 글자를 추출합니다.

3 성명 열 숨기기 [D5] 셀의 채우기 핸들을 더블클릭하여 수식을 복사합니다. C열을 선택합니다. 마우스 오른쪽 버튼을 클릭한 후 [숨기기]를 선택합니다.

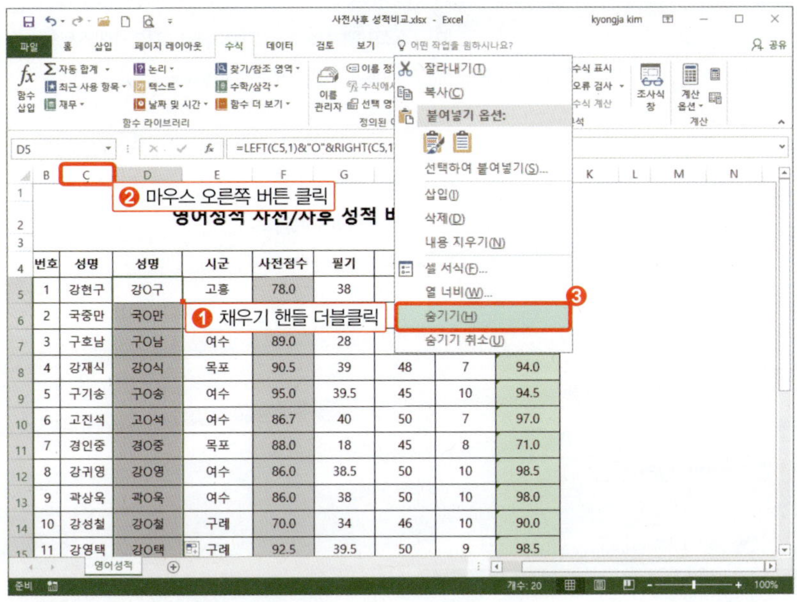

⭐ 슈 퍼 활 용 TIP 데이터를 추출하는 문자열 함수 알아보기

LEFT, MID, RIGHT 함수는 한 셀에 입력된 데이터 중에서 원하는 위치의 문자를 추출할 때 사용하는 함수입니다. LEFT 함수는 문자를 왼쪽에서, RIGHT 함수는 문자를 오른쪽에서, MID 함수는 지정한 위치에서부터 문자를 추출합니다.

함수 형식	=LEFT(Text, [Num_chars])	=LEFT(셀 주소, 문자 수)
	=RIGHT(Text, [Num_chars])	=RIGHT(셀 주소, 문자 수)
	=MID(Text, Start_num, Num_chars)	=MID(셀 주소, 추출할 문자 위치, 문자 수)
인수	• Text : 추출할 글자가 있는 문자 또는 셀 주소 • Start_num : 추출할 문자의 시작 위치 • Num_chars : 추출할 문자 수	

문자 수를 1로 지정하면 한글도 한 글자, 영문도 한 글자, 숫자도 한 글자를 추출합니다. 날짜는 일련번호의 첫 번째 숫자를 한 글자 추출합니다.

LEFTB 함수를 사용하면 추출하는 단위가 Byte가 되어 한글의 문자 수 지정을 차별화할 수 있습니다. 한글은 영문이나 숫자와 다르게 2Byte를 추출해야 한 글자가 되기 때문입니다. 예를 들어 한글만 입력된 셀에서 첫 글자 한 개를 추출한다면 LEFT 함수는 '=LEFT(셀 주소, 1)'로 사용하지만, LEFTB 함수는 '=LEFTB(셀 주소, 2)'로 사용합니다. 한 글을 추출할 때 '=LEFTB(셀 주소, 1)'을 사용하면 아무것도 표시되지 않습니다.

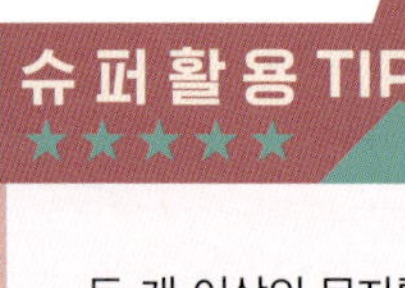

두 개 이상의 문자를 결합할 때 CONCAT 함수를 사용할 수 있습니다. [수식] 탭–[함수 라이브러리] 그룹–[텍스트]를 클릭하여 [CONCAT]를 선택합니다. [함수 인수] 대화상자에서 [Text1]에는 'LEFT(C5,1)', [Text2]에는 '"O"', [Text3]에는 'RIGHT(C5,1)'를 입력합니다.

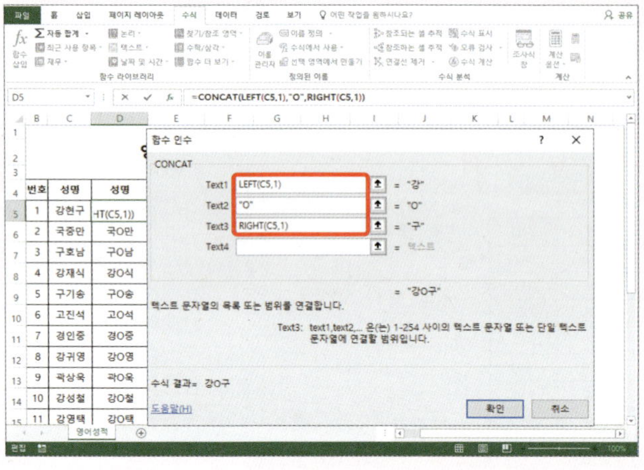

4 시트 보호하기 편집된 성적표를 다른 사람이 임의로 수정할 수 없도록 시트를 보호해보겠습니다. 시트에서 일부 셀 데이터만 보호하고자 할 때는 먼저 해당하는 셀에만 잠금을 설정합니다. 시트 전체를 선택하고 마우스 오른쪽 버튼을 클릭한 후 [셀 서식]을 선택합니다. [셀 서식] 대화상자에서 [보호] 탭을 클릭합니다. [잠금] 항목의 체크 표시를 해제합니다. [확인]을 클릭합니다.

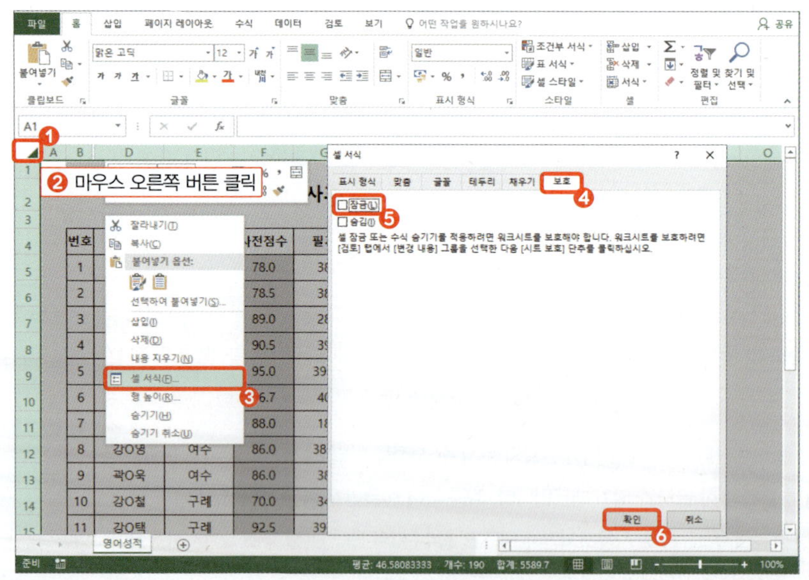

실력 향상

엑셀의 모든 셀에는 기본적으로 [잠금]이 설정되어 있습니다. 보호할 셀만 잠금이 되어 있어야 하므로 전체 셀을 먼저 잠금 해제한 후 보호할 셀에만 다시 [잠금]을 설정합니다.

5 [B4:J24] 셀 범위를 선택합니다. 마우스 오른쪽 버튼을 클릭한 후 [셀 서식]을 선택합니다. [셀 서식] 대화상자에서 [보호] 탭을 클릭한 후 [잠금] 항목에 체크 표시합니다. [확인]을 클릭합니다. 셀 서식에서 잠금을 설정하더라도 시트 보호를 하지 않으면 셀 내용은 계속 수정할 수 있습니다.

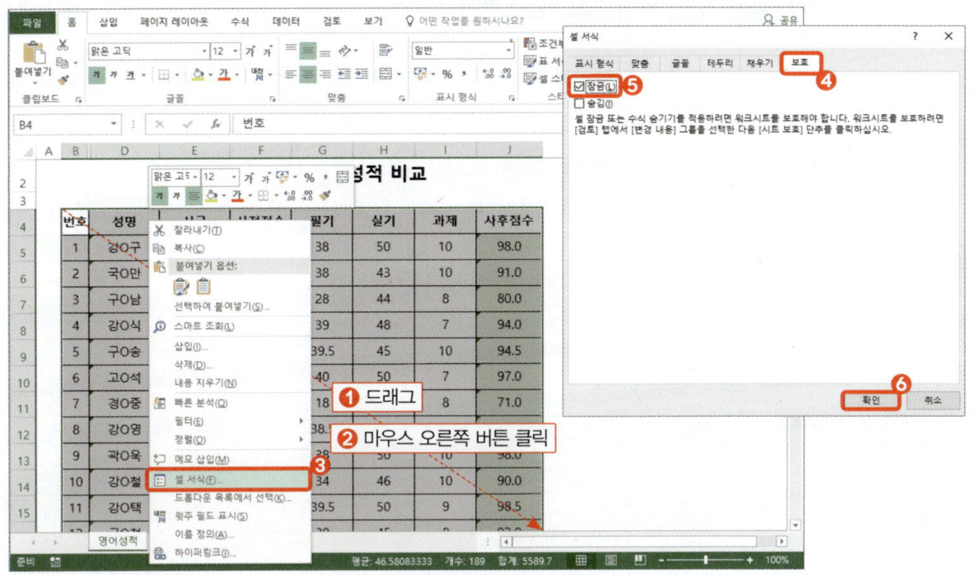

시간 단축 [B4] 셀을 클릭한 후 Ctrl + A 를 누르면 빠르게 범위를 선택할 수 있습니다.

6 잠금된 셀 데이터를 수정할 수 없도록 [검토] 탭–[변경 내용] 그룹–[시트 보호]를 클릭합니다. [시트 보호] 대화상자에서 [시트 보호 해제 암호]로 **1234**를 입력하고, [워크시트에서 허용할 내용] 중 원하는 항목을 선택합니다. [확인]을 클릭합니다. [암호 확인] 대화상자에서 암호를 한 번 더 입력하고 [확인]을 클릭합니다. 시트 보호가 완료됩니다. 보호 셀을 수정하려고 하면 수정할 수 없다는 메시지가 나타납니다. [확인]을 클릭합니다.

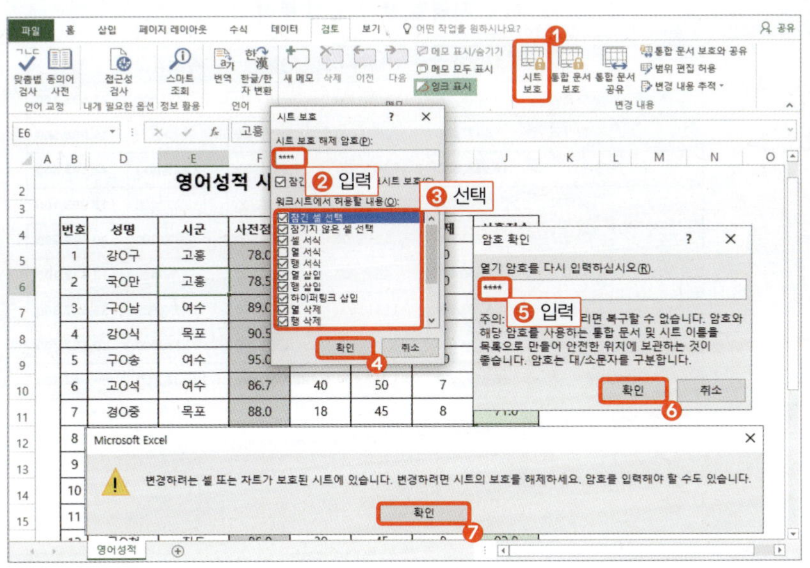

실력 향상

보호된 시트를 해제할 때는 [검토] 탭–[변경 내용] 그룹–[시트 보호 해제]를 클릭합니다. 암호가 설정되어 있으면 암호를 정확하게 입력해야 시트 보호를 해제할 수 있습니다.

피벗 테이블 데이터를 이용하여 매출 분석표 만들기

전체 매출실적을 사용하여 지역별/분기별 매출을 분석하려고 합니다. 날짜 데이터를 분기별로 그룹화해 집계할 때는 피벗 테이블을 사용하면 되는데, 피벗 테이블로 작성한 표는 형태를 변형할 수 없습니다. 이때는 피벗 테이블로 집계표를 만든 후 GETPIVOTDATA 함수로 원하는 표에 연결하여 간단히 분석표를 만들 수 있습니다.

실습 파일 | PART 01 \ 20_지역별 매출분석.xlsx **완성 파일** | PART 01 \ 20_지역별 매출분석(완성).xlsx

	A	B	C	D	E	F	G
1				2017년 전체 매출실적			
2							
3	지역	지점	담당자	방문일	판매	수금	미수
4	서울시	강남본점	최욱현	2017-01-05	2,603,300	2,290,300	313,000
5	전라도	김제지점	박선주	2017-01-12	1,967,100	1,439,500	527,600
6	충청도	청주지점	홍현정	2017-01-19	3,360,400	3,075,200	285,200
7	전라도	정읍지점	박선주	2017-01-26	2,894,600	2,479,800	414,800
8	서울시	상도지점	최동진	2017-02-02	1,993,800	1,743,400	250,400
9	경상도	김천지점	김중락	2017-02-09	1,723,500	1,300,400	423,100
10	강원도	동해지점	김상연	2017-02-16	3,201,900	2,775,800	426,100
11	서울시	성북지점	홍현정	2017-02-23	4,258,900	4,258,900	-
12	경기도	부천지점	최욱현	2017-03-02	2,102,300	1,702,800	399,500
13	제주도	한라지점	박재언	2017-03-09	3,704,800	3,510,600	194,200
14	경기도	파주지점	최동진	2017-03-16	2,314,800	1,727,500	587,300
15	경기도	인천본점	최욱현	2017-03-23	3,760,500	3,501,600	258,900
16	서울시	화곡지점	박재언	2017-03-30	2,923,200	2,586,500	336,700
17	전라도	나주지점	김중락	2017-04-06	2,966,400	2,966,400	
18	충청도	공주지점	박재언	2017-04-13	4,551,300	3,954,500	596,800
19	서울시	창동지점	박선주	2017-04-20	2,822,100	2,486,500	335,600
20	강원도	태백지점	김상연	2017-04-27	1,745,900	1,201,000	544,900
21	전라도	여수지점	최동진	2017-05-04	1,649,600	1,189,000	460,600
22	경상도	울산본점	최동진	2017-05-11	2,979,100	2,477,100	502,000
23	서울시	은평지점	최욱현	2017-05-18	3,084,600	2,786,500	298,100
24	경상도	김해지점	박재언	2017-05-25	2,786,500	2,611,600	174,900
25	경상도	밀양지점	홍현정	2017-06-01	2,838,700	2,408,200	430,500
26	전라도	광주본점	박선주	2017-06-08	4,220,700	4,100,000	120,700
27	서울시	불광지점	박선주	2017-06-15	3,023,400	2,515,900	507,500
28	경기도	광명지점	김상연	20			
29	경상도	안동지점	김중락	20			
30	경기도	김포지점	김중락	20			

전체실적 실적분석 ⊕

회사에서
바로 통하는
키워드

피벗 테이블,
GETPIVOTDATA

지역별 분기 실적 분석

지역		1사분기	2사분기	3사분기	4사분기	합계
수도권	서울시	11,779,200	8,930,100	-	2,825,800	23,535,100
	경기도	8,177,600	2,971,600	7,859,300	-	19,008,500
수도권 합계		19,956,800	11,901,700	7,859,300	2,825,800	42,543,600
지방	강원도	3,201,900	1,745,900	2,136,700	8,208,600	15,293,100
	전라도	4,861,700	8,836,700	4,969,400	2,222,100	20,889,900
	충청도	3,360,400	4,551,300	5,741,000	3,766,400	17,419,100
	경상도	1,723,500	11,618,500	8,552,900	13,652,600	35,547,500
	제주도	3,704,800	-	4,701,200	2,286,700	10,692,700
지방 합계		16,852,300	26,752,400	26,101,200	30,136,400	99,842,300

1 피벗 테이블 작성하기 [전체실적] 시트를 선택하고 [A3] 셀을 클릭합니다. [삽입] 탭-[표] 그룹-[피벗 테이블]을 클릭합니다. [피벗 테이블 만들기] 대화상자의 [표/범위]에는 선택한 셀을 기준으로 데이터 영역 전체가 자동으로 표시되고, 피벗 테이블 보고서를 넣을 위치에는 [새 워크시트]가 선택되어 있습니다. [확인]을 클릭합니다.

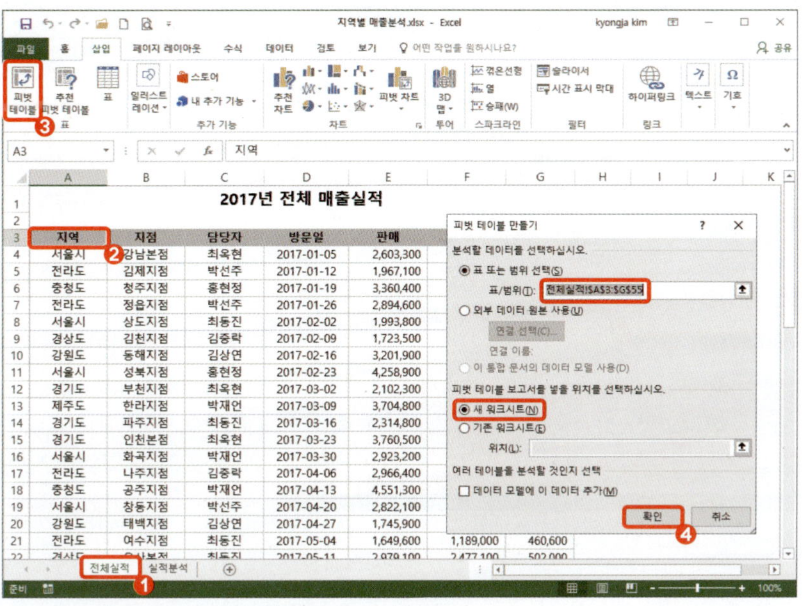

2 새로운 시트에 피벗 테이블 보고서 작업 영역이 표시됩니다. [피벗 테이블 필드] 작업 창에서 [지역] 필드를 [행], [방문일] 필드는 [열], [판매] 필드는 [값] 영역으로 각각 드래그합니다.

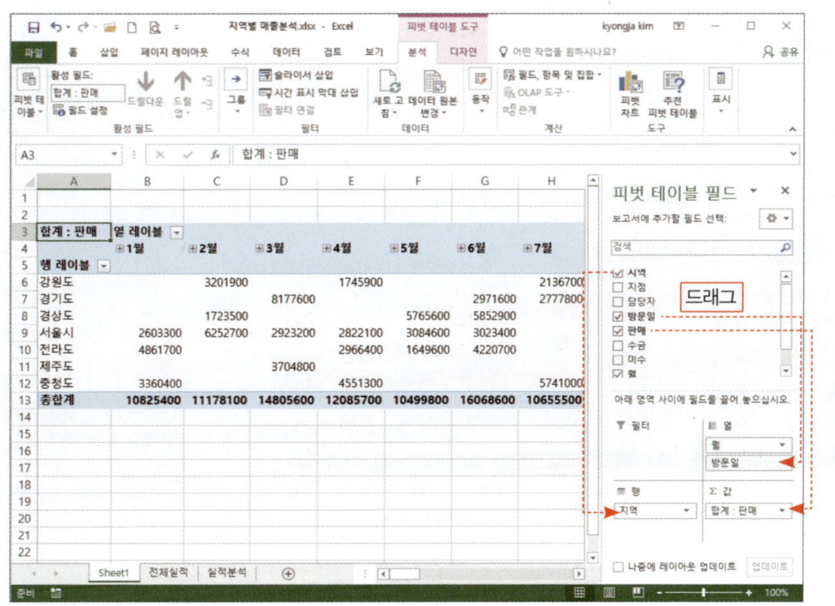

실력 향상

[피벗 테이블 필드] 작업 창이 화면에 표시되지 않으면 피벗 테이블 보고서 작성 영역을 클릭합니다. 선택된 셀 위치가 피벗 테이블 보고서 작업 영역 안에 있어야 [피벗 테이블 필드] 작업 창이 표시됩니다.

실력 향상 엑셀 2016 버전에서는 피벗 테이블 필드 설정 시 날짜 필드를 행이나 열로 드래그하면 자동으로 월 단위 그룹이 설정되어 [월]과 [방문일] 필드가 함께 표시됩니다. 엑셀 2016 이전 버전에서는 [방문일] 필드만 표시됩니다.

3 분기별 그룹 설정하기 [B4] 셀을 클릭합니다. 마우스 오른쪽 버튼을 클릭하여 [그룹]을 선택합니다. [그룹화] 대화상자의 [단위]에서 [분기] 항목만 선택합니다. [확인]을 클릭합니다.

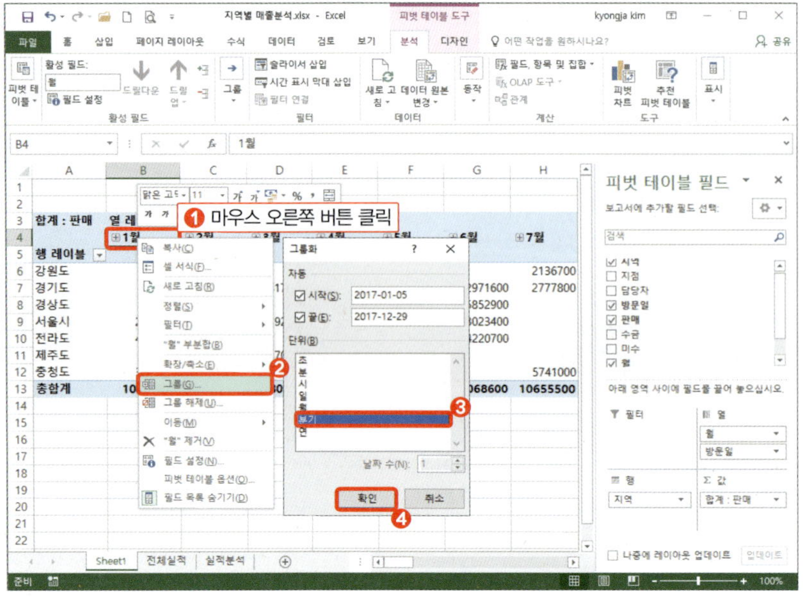

4 피벗 테이블의 열 레이블에 있는 방문일이 분기 단위로 그룹화되었습니다.

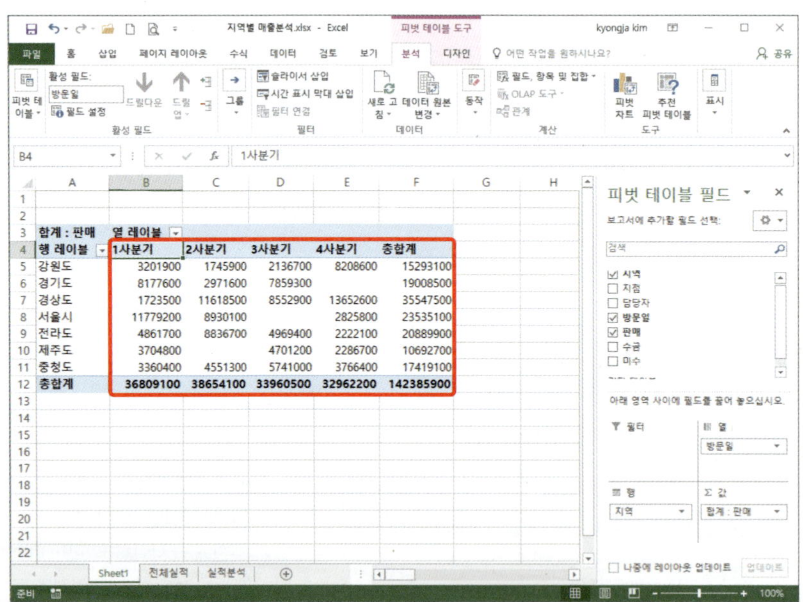

5 피벗 테이블 데이터를 수식으로 연결하기 [Sheet1] 시트에 작성된 피벗 테이블 데이터를 [실적분석] 시트로 연결해보겠습니다. [실적분석] 시트를 선택합니다. [D5] 셀에 **=**를 입력합니다. [Sheet1] 시트에서 [B5] 셀을 클릭한 후 Enter 를 누릅니다. [실적분석] 시트의 [D5] 셀에 GETPIVOTDATA 함수가 입력됩니다.

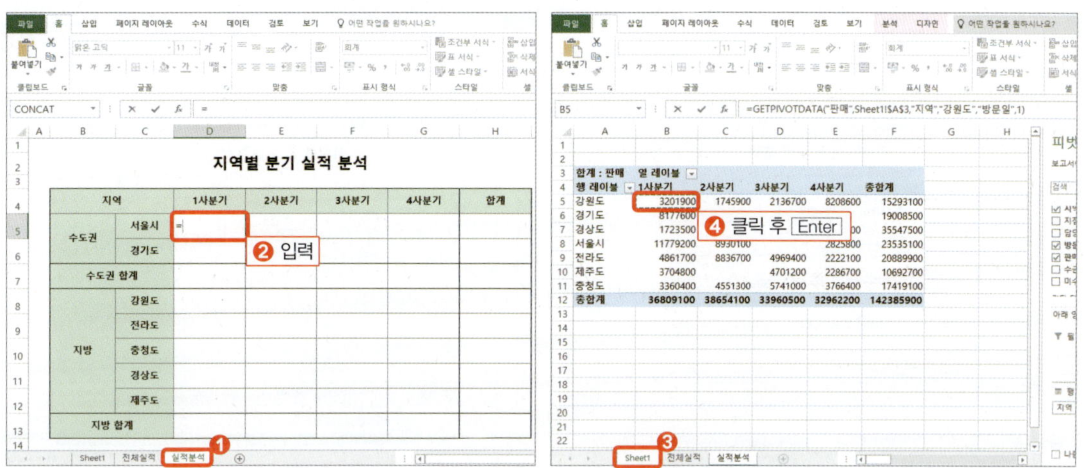

6 [D5] 셀의 수식을 복사하려면 GETPIVOTDATA 함수를 수정해야 합니다. [D5] 셀을 클릭한 후 수식 입력줄에서 "강원도"를 **$C5**로 변경하고 수식 제일 끝에 입력된 1을 **D$4**로 변경합니다. [D5] 셀의 채우기 핸들을 [G5] 셀까지 드래그한 후 [D5:G5] 셀 범위가 선택된 상태에서 [G12] 셀까지 채우기 핸들을 드래그하여 수식을 복사합니다. [채우기 옵션]을 클릭한 후 [서식 없이 채우기]를 선택합니다.

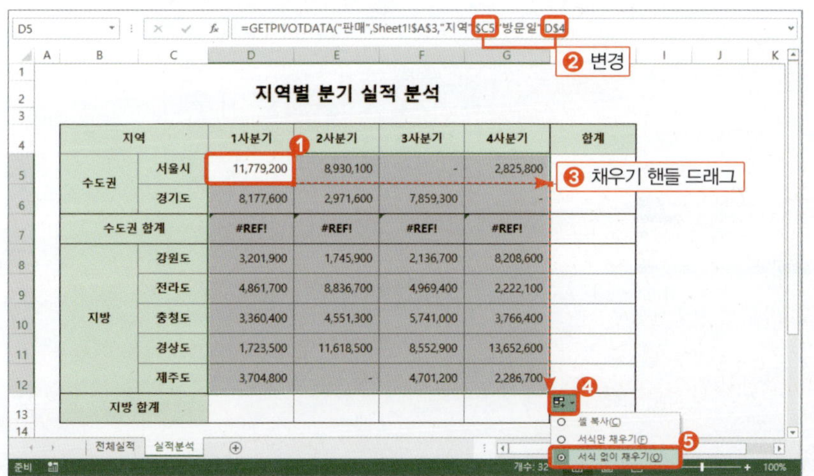

> **실력 향상** GETPIVOTDATA 함수는 피벗 테이블 보고서에 있는 데이터를 찾아오는 함수로 [지역] 필드의 조건으로 [C5] 셀을 사용하고, [방문일] 필드의 조건으로 [D4] 셀을 사용하도록 수식을 수정합니다. [C5] 셀은 F4 를 세 번 눌러서 열 고정 혼합 참조로, [D4] 셀은 F4 를 두 번 눌러서 행 고정 혼합 참조로 지정합니다.
> - 입력된 수식 =GETPIVOTDATA("판매",Sheet1!$A$3,"지역","강원도","방문일",1)
> - 수정한 수식 =GETPIVOT DATA("판매",Sheet1!$A$3,"지역",$C5,"방문일",D$4)

7 [D7:G7] 셀 범위에는 수식이 복사되면서 지역명이 '수도권합계'로 적용되어 오류가 표시됩니다. 이 셀 범위에는 SUM 함수를 입력해야 하므로 오류가 표시된 [D7:G7] 셀 범위를 선택한 후 Delete 를 눌러 삭제합니다. [D5:H7] 셀 범위를 선택한 후 Ctrl 을 누른 상태에서 [D8:H13] 셀 범위를 선택합니다. [홈] 탭-[편집] 그룹-[합계]를 클릭합니다.

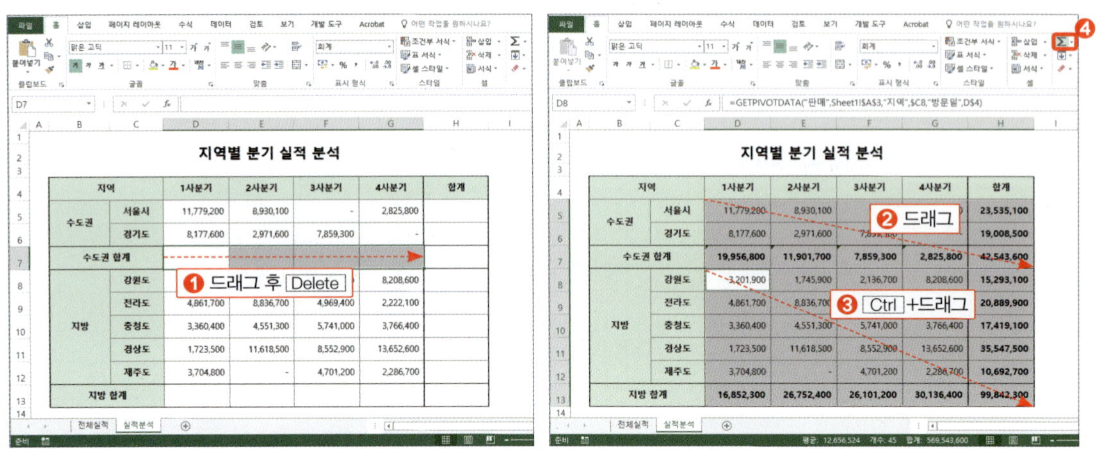

8 **피벗 테이블 시트 숨기기** 피벗 테이블 보고서가 작성된 [Sheet1] 시트는 화면에 표시되지 않도록 [Sheet1] 시트에서 마우스 오른쪽 버튼을 클릭하고 [숨기기]를 선택합니다.

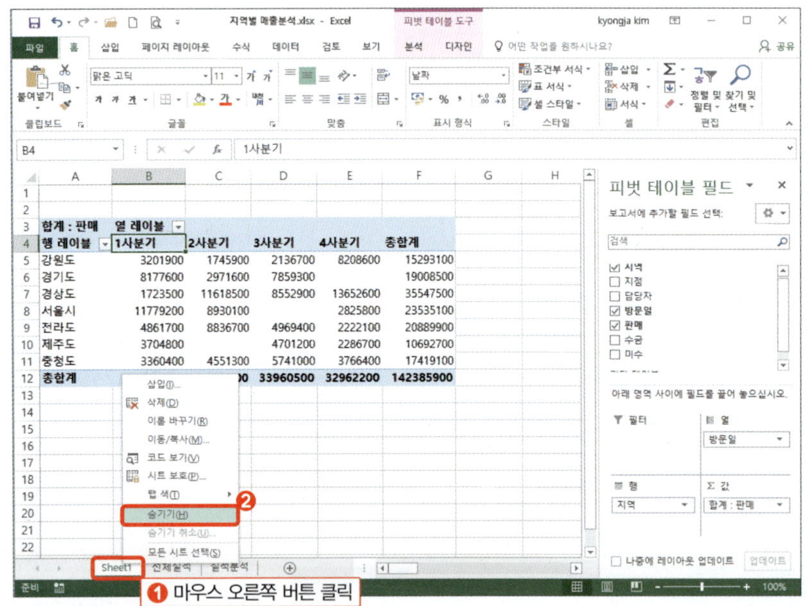

피벗 테이블 보고서 작성 시 유용한 GETPIVOTDATA 함수

1 GETPIVOTDATA 함수 알아보기

GETPIVOTDATA 함수는 피벗 테이블 보고서 내의 조건에 맞는 값을 참조할 때 사용하는 함수로 등호(=)를 입력한 후 참조할 데이터가 있는 피벗 테이블 보고서의 셀을 클릭하면 GETPIVOTDATA 함수의 수식을 빠르게 입력할 수 있습니다.

함수 범주	=GETPIVOTDATA(Data_field, Pivot_table, [Field1, Item1, Field2, Item2], …) =GETPIVOTDATA(값 영역의 필드명, 피벗 테이블 위치, [필드명1, 조건1, 필드명2, 조건2], …)
함수 형식	• Data_field : 참조할 피벗 테이블에서 [값] 영역에 추가한 필드 중 가져올 필드명입니다. • Pivot_table : 참조할 피벗 테이블이 작성된 시트명과 셀 주소를 지정합니다. • Field1, Item1 : 참조할 데이터의 필드 이름과 항목 이름을 쌍으로 구성하여 총 126개까지 지정할 수 있습니다.

=GETPIVOTDATA("판매", Sheet1!$A$3, "지역", "강원도", "방문일", 1)
　　　　　　　　①　　　　　　②　　　　　③　　　　④　　　　⑤　　　⑥

① [값] 영역에 추가된 [판매] 필드의 값을 참조합니다.

② [Sheet1] 시트의 [A3] 셀에 작성된 피벗 테이블을 참조합니다.

③~④ ③과 ④는 한 묶음입니다. [지역] 필드 중에 [강원도] 조건의 레코드를 참조합니다.

⑤~⑥ ⑤와 ⑥도 한 묶음입니다. [방문일] 필드 중에 [1분기] 조건의 레코드를 참조합니다.

2 GETPIVOTDATA 함수 사용하지 않기

수식을 입력하면서 피벗 테이블 보고서의 [값] 필드 셀을 클릭하면 GETPIVOTDATA 함수가 자동으로 입력됩니다. GETPIVOTDATA 함수가 입력되지 않고 일반적인 셀 주소(C4, D5 등)가 입력되도록 하려면 [파일]-[옵션]을 클릭합니다. [수식]을 선택하고 [수식 작업] 항목 중 [피벗 테이블 참조에 GetPivotData 함수 사용]의 체크 표시를 해제합니다.

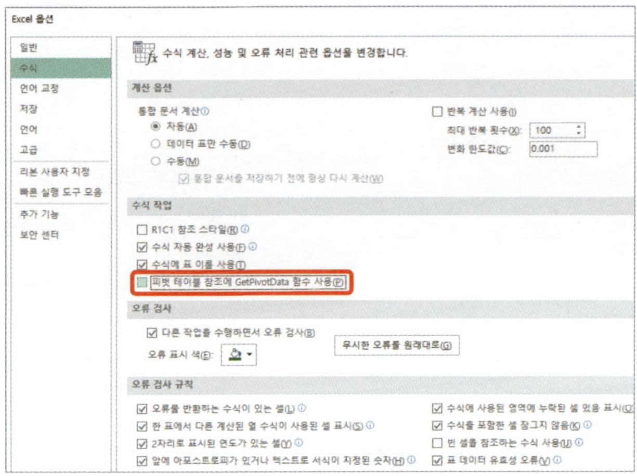

거래 국가에 맞는 통화유형과
표시 형식 적용하기

해외 업체와의 거래내역이 표시된 데이터에 국가별 통화유형과 통화 표시 형식, 환율에 맞는 체결 금액을 계산하려고 합니다. 국가에 맞는 통화유형은 IF 함수를 이용하여 표시하고 통화 표시 형식은 거래금액에 자동으로 표시되도록 조건부 서식을 설정하겠습니다. 또 국가별 환율표를 참조하여 VLOOKUP 함수로 체결 금액을 원화로 계산해보겠습니다.

실습 파일 | PART 01 \ 21_거래국가별 체결금액표.xlsx   **완성 파일** | PART 01 \ 21_거래국가별 체결금액표(완성).xlsx

미리 보기

회사에서 바로 통하는 키워드

IF, VLOOKUP, 조건부 서식, 서식 복사

1 국가별 통화유형 표시하기 G열을 선택합니다. 마우스 오른쪽 버튼을 클릭한 후 [삽입]을 선택합니다. [G3] 셀에 통화유형을 입력합니다. [G4] 셀을 클릭합니다. [수식] 탭-[함수 라이브러리] 그룹-[논리]-[IF]를 선택합니다.

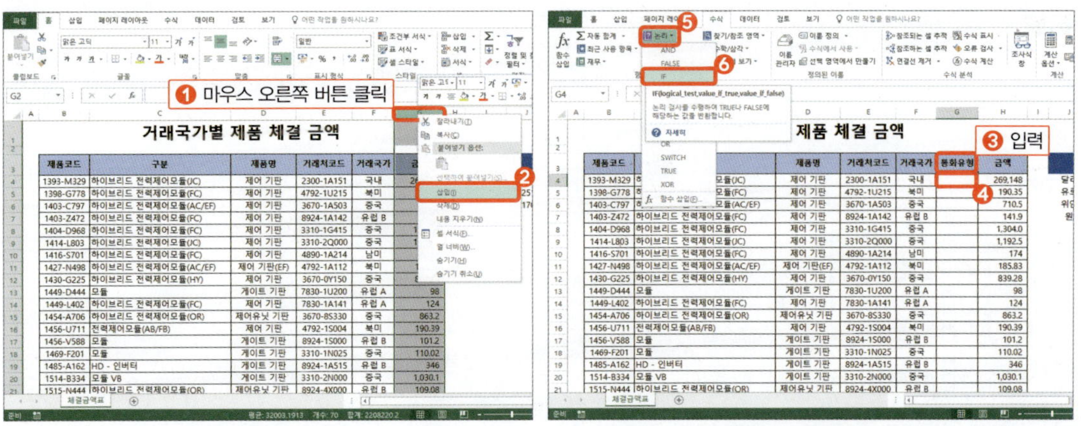

2 [함수 인수] 대화상자에서 [Logical_test]에 첫 번째 조건식인 F4="국내", [Value_if_true]에 "원"을 입력합니다. [Value_if_false]를 클릭하고 다시 IF 함수를 불러오기 위해 수식 입력줄에서 [이름 상자]-[IF]를 선택합니다.

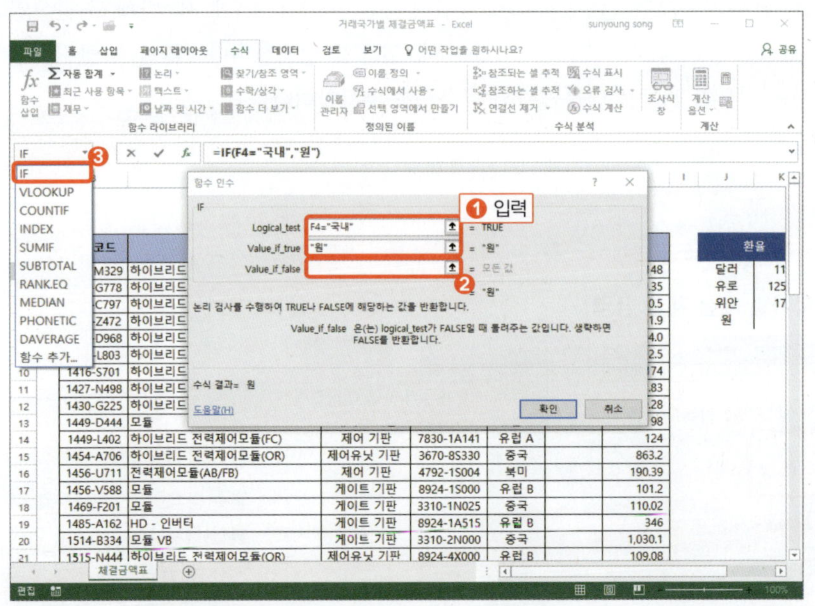

> 실력 향상 IF 함수 중첩 사용 시 [Value_if_false]에 직접 'IF( )'를 입력한 후 수식 입력줄에서 두 번째 IF를 클릭하면 추가한 IF 함수의 [함수 인수] 대화상자로 이동할 수 있습니다.

3 두 번째로 나타나는 IF 함수의 [함수 인수] 대화상자에서 [Logical_test]에 두 번째 조건식인 **F4="중국"**, [Value_if_true]에 **"위안"**을 입력합니다. [Value_if_false]를 클릭하고 수식 입력줄에서 [이름 상자]−[IF]를 한 번 더 선택합니다.

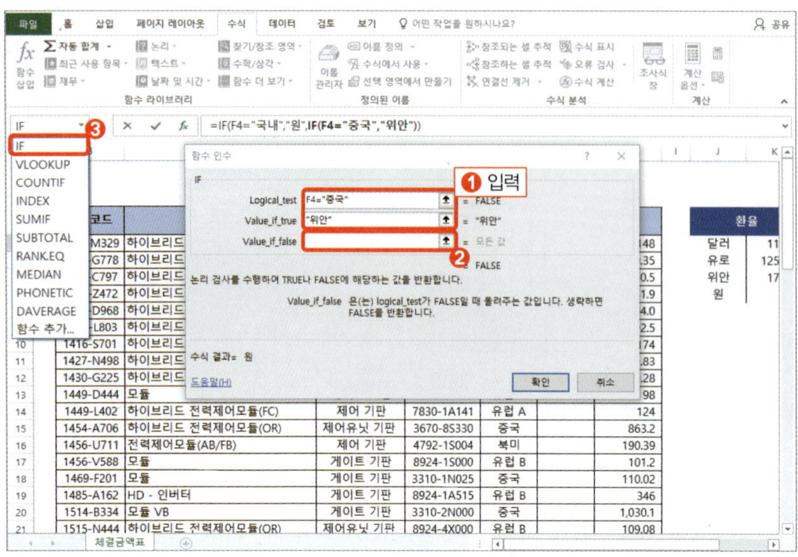

4 세 번째로 나타나는 IF 함수의 [함수 인수] 대화상자에서 [Logical_test]에 세 번째 조건식인 **LEFT(F4,2)="유럽"**, [Value_if_true]에 **"유로"**, [Value_if_false]에 **"달러"**를 입력합니다. [확인]을 클릭하면 수식이 완성됩니다. [G4] 셀의 채우기 핸들을 더블클릭하여 수식을 복사합니다.

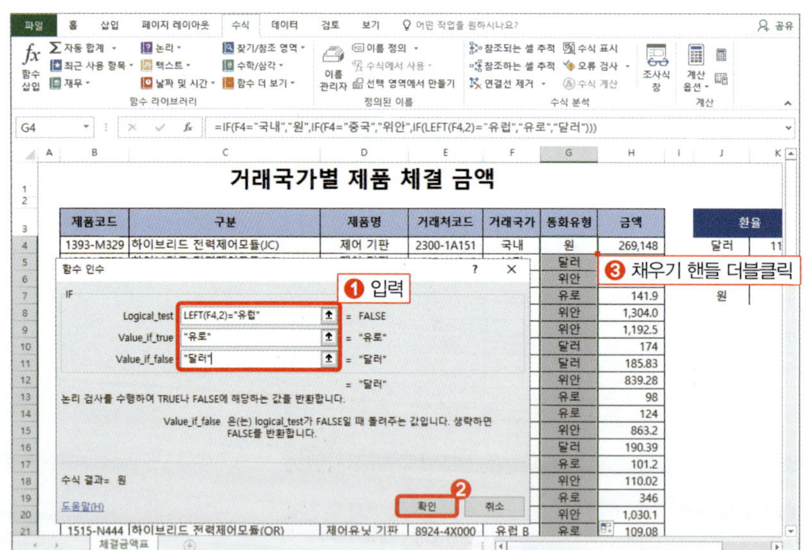

실력 향상

함수 형식은 'LEFT(문자열, 추출할 글자 개수)'입니다. 거래국가 중 '유럽 A'와 '유럽 B'로 구분되어 있는 유럽의 왼쪽 두 개의 글자를 추출하여 유럽 국가인지 확인합니다.

실력 향상 IF 함수 세 개를 중첩하여 총 네 개의 결과를 표시합니다. 첫 번째 IF 함수 조건식은 거래국가가 '국내'이면 통화유형 '원'을 표시하고, 그렇지 않으면 두 번째 IF 함수로 넘어갑니다. 두 번째 IF 함수 조건식은 거래국가가 '중국'이면 통화유형 '위안'을 표시하고, 그렇지 않으면 세 번째 IF 함수로 넘어갑니다. 세 번째 IF 함수 조건식은 거래국가의 왼쪽 두 개 글자를 추출한 문자가 '유럽'이면 통화유형 '유로'를 표시하고, 그렇지 않으면 통화유형 '달러'를 표시합니다.

5 **조건부 서식으로 국내 통화 표시 형식 설정하기** [H4:H72] 셀 범위를 선택합니다. [홈] 탭–[스타일] 그룹–[조건부 서식]–[새 규칙]을 선택합니다. [새 서식 규칙] 대화상자의 [규칙 유형 선택]에서 [수식을 사용하여 서식을 지정할 셀 결정]을 선택합니다. 수식 입력란에 **=$G4="원"**을 입력합니다. [서식]을 클릭합니다.

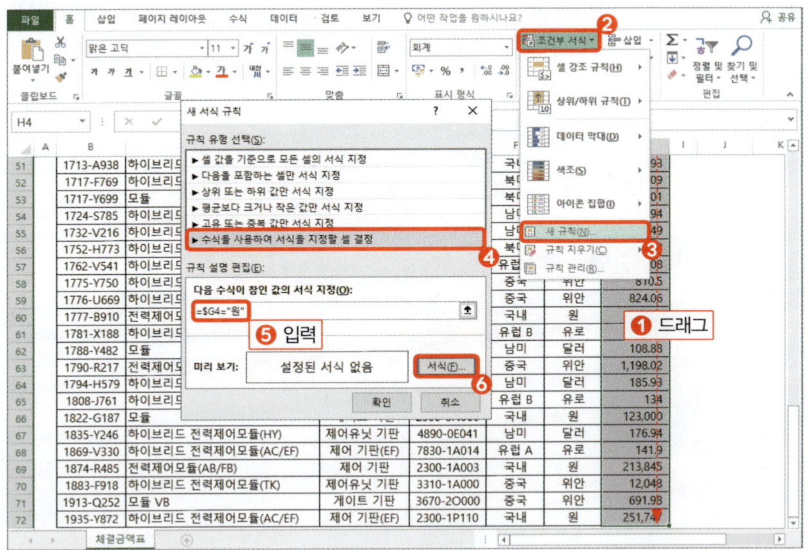

시간 단축 [H4:H72] 셀 범위 선택 시 [H4] 셀을 클릭한 후 Ctrl + Shift + ↓ 를 누르면 빠르게 범위를 선택할 수 있습니다.

6 [셀 서식] 대화상자의 [표시 형식] 탭에서 [통화]를 선택합니다. [기호]로 [₩]을 선택한 후 [확인]을 클릭합니다. [새 서식 규칙] 대화상자의 [미리 보기]에서 설정된 서식을 확인합니다. [확인]을 클릭합니다.

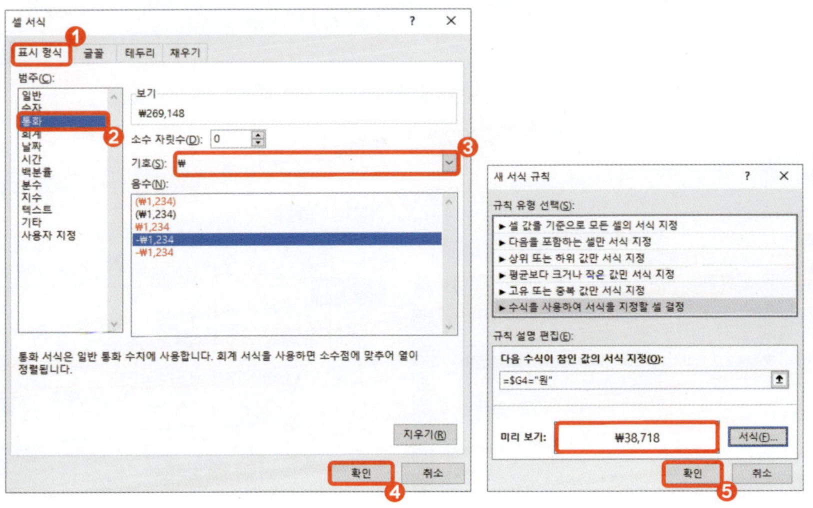

7 조건부 서식으로 중국 통화 표시 형식 설정하기 [H4:H72] 셀 범위가 선택된 상태에서 [홈] 탭-[스타일] 그룹-[조건부 서식]-[새 규칙]을 선택합니다. [새 서식 규칙] 대화상자의 [규칙 유형 선택]에서 [수식을 사용하여 서식을 지정할 셀 결정]을 선택합니다. 수식 입력란에 **=$G4="위안"**을 입력합니다. [서식]을 클릭합니다. [셀 서식] 대화상자의 [표시 형식] 탭에서 [통화]를 선택합니다. [기호]로 [¥중국어(중국)]을 선택하고, [소수 자릿수]는 **1**로 수정한 후 [확인]을 클릭합니다. [새 서식 규칙] 대화상자에서도 [확인]을 클릭합니다.

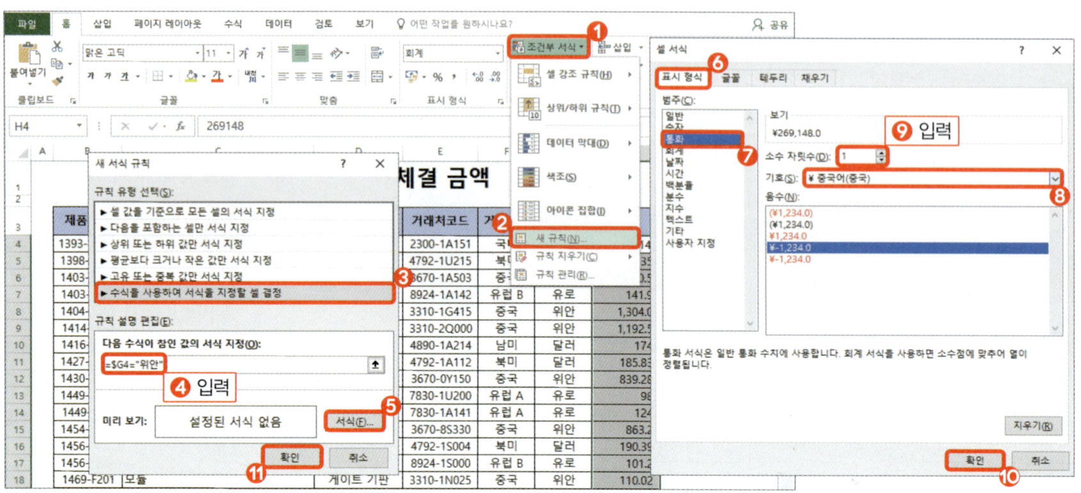

8 조건부 서식으로 유럽 통화 표시 형식 설정하기 유로에 맞는 표시 형식을 지정하기 위해 [홈] 탭-[스타일] 그룹-[조건부 서식]-[새 규칙]을 선택합니다. [새 서식 규칙] 대화상자의 [규칙 유형 선택]에서 [수식을 사용하여 서식을 지정할 셀 결정]을 선택합니다. 수식 입력란에 **=$G4="유로"**를 입력합니다. [서식]을 클릭합니다. [셀 서식] 대화상자의 [표시 형식] 탭에서 [통화]를 선택합니다. [기호]로 [€ 유로(€ 123)]를 선택하고, [소수 자릿수]는 **1**로 수정한 후 [확인]을 클릭합니다. [새 서식 규칙] 대화상자에서도 [확인]을 클릭합니다.

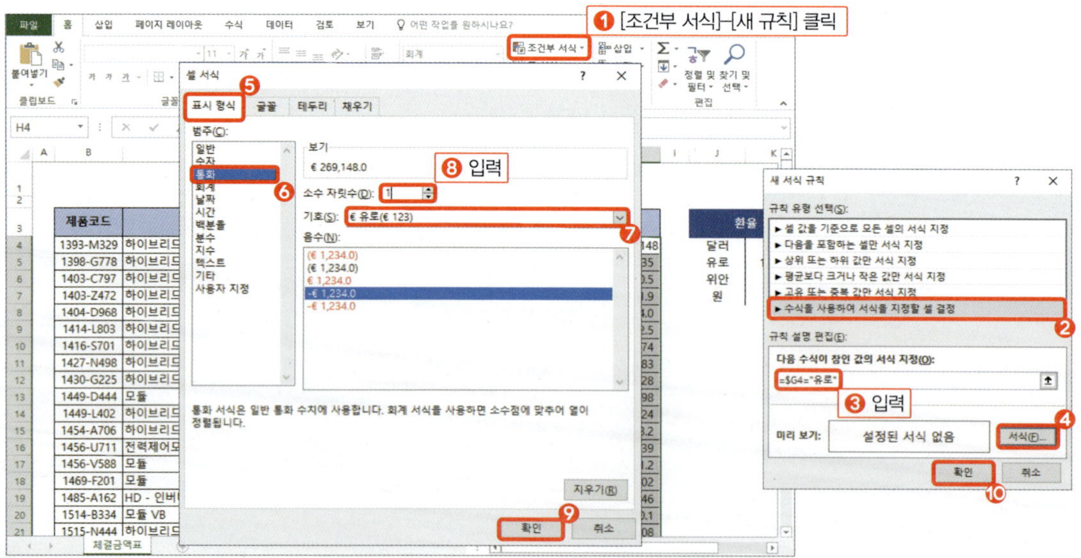

9 **조건부 서식으로 미국 통화 표시 형식 설정하기** 달러에 맞는 표시 형식을 지정하기 위해 [홈] 탭–[스타일] 그룹–[조건부 서식]–[새 규칙]을 선택합니다. [새 서식 규칙] 대화상자의 [규칙 유형 선택]에서 [수식을 사용하여 서식을 지정할 셀 결정]을 선택합니다. 수식 입력란에 **=$G4="달러"**를 입력합니다. [서식]을 클릭합니다. [셀 서식] 대화상자의 [표시 형식] 탭에서 [통화]를 선택합니다. [기호]로 [$]를 선택하고, [소수 자릿수]는 **1**로 수정한 후 [확인]을 클릭합니다. [새 서식 규칙] 대화상자에서도 [확인]을 클릭합니다. 각 통화유형에 맞는 표시 형식이 적용됩니다.

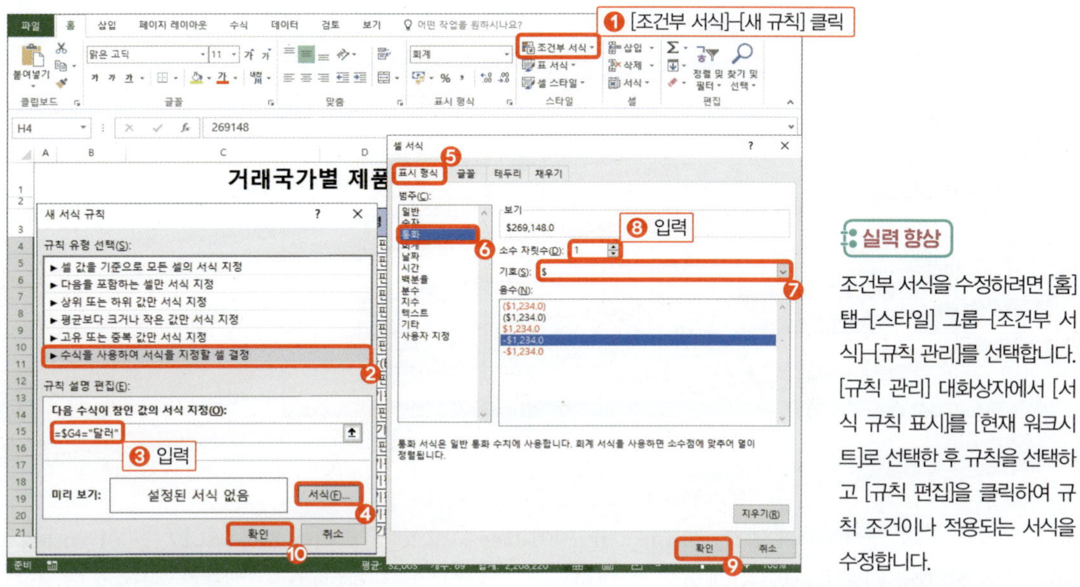

10 **국가별 환율에 맞춰 체결금액 계산하기** 거래된 금액을 국가별 환율에 맞추어 체결금액을 계산해보겠습니다. I열을 선택합니다. 마우스 오른쪽 버튼을 클릭한 후 [삽입]을 선택합니다. 서식을 맞추기 위해 G열을 선택한 후 [홈] 탭–[클립보드] 그룹–[서식 복사]를 클릭합니다.

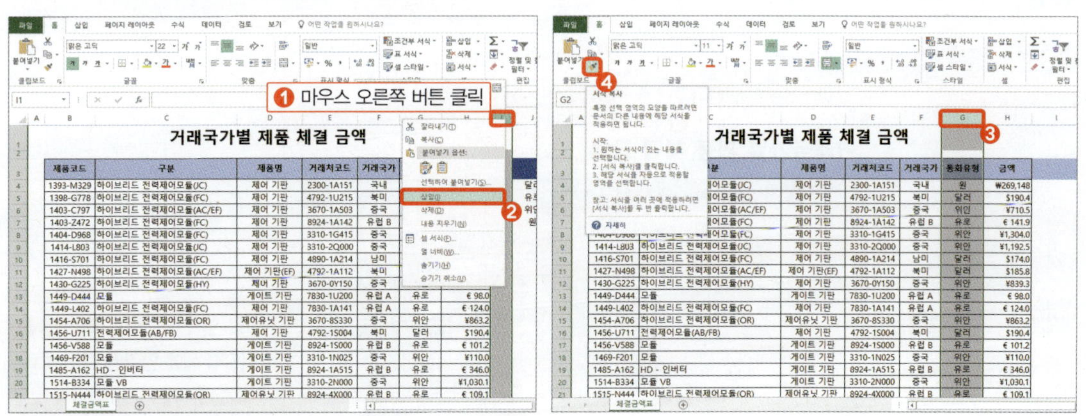

11 I열을 선택하여 서식을 붙여넣기합니다. [I3] 셀에 **체결금액**을 입력합니다. [I4] 셀을 클릭합니다. [수식] 탭-[함수 라이브러리] 그룹-[찾기/참조 영역]-[VLOOKUP]을 선택합니다.

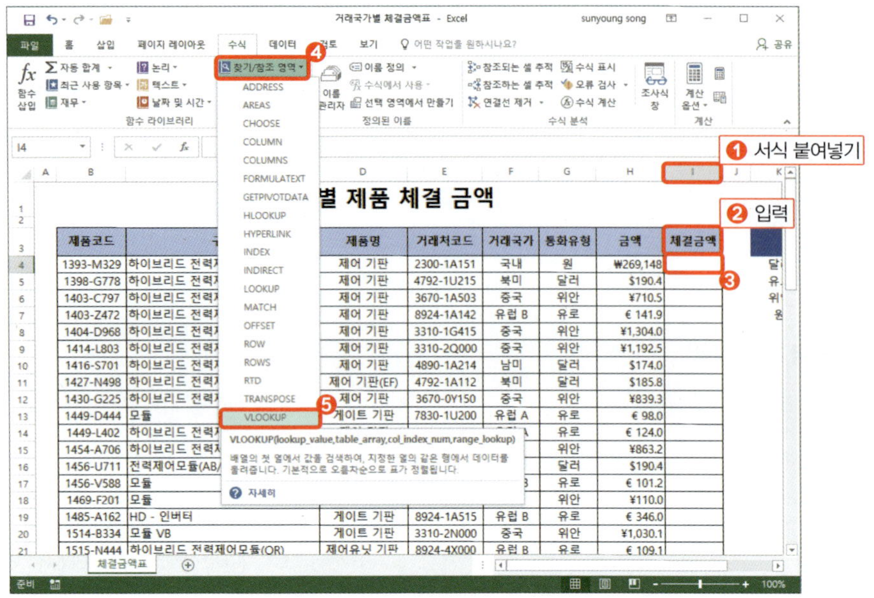

12 [함수 인수] 대화상자에서 [Lookup_value]에 **G4**, [Table_array]에 **$K$4:$L$7**, [Col_index_num]에 **2**, [Range_lookup]에 **0**을 입력합니다. [확인]을 클릭합니다. 환율을 찾아오는 수식 '=VLOOKUP(G4,$K$4:$L$7,2,0)' 뒤에 금액을 곱하는 ***H4**를 입력하고 Enter 를 누릅니다. [I4] 셀의 채우기 핸들을 더블클릭하여 수식을 복사합니다. 통화유형에 맞는 환율과 거래금액이 곱해져 체결금액이 원으로 표시됩니다.

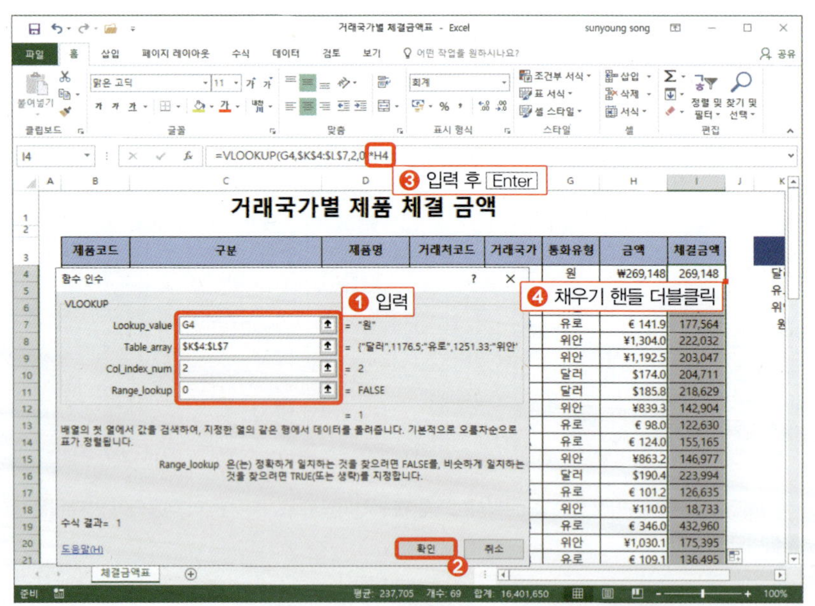

실력 향상

함수 형식은 'VLOOKUP(찾을 기준 값, 기준 범위, 가져올 열 번호, 찾는 방법)'입니다. [G4] 셀에 입력된 기준 통화유형을 [K4:L7] 셀 범위의 첫 번째 K열에서 찾은 후 두 번째 L열에 입력된 해당 환율을 가져와 [H4] 셀에 입력된 금액과 곱하는 수식입니다.

핵심기능 22

데이터에 자동 표 서식 적용하고 표 이름으로 수식 간단히 작성하기

급여 명세서 데이터에 표 서식을 적용하고 계산해보겠습니다. 표 서식에서 미리 지정된 스타일을 선택하여 데이터에 서식을 적용합니다. 또한 첫 번째 셀에서 계산된 수식이 같은 열에 자동으로 적용되는 기능을 이용하여 공제금액과 급여 금액을 계산하겠습니다. 표의 머리글과 SUMIF 함수를 이용하여 부서별 지급액 합계도 구해보겠습니다.

실습 파일 | PART 01 \ 22_급여명세서.xlsx　　**완성 파일** | PART 01 \ 22_급여명세서(완성).xlsx

급여 명세서

사번	사원명	부서	직급	기본급여	비과세급여	휴일수당	기타수당	지급액합계	건강보험	국민연금	고용보험	소득세	지방소득세	기타공제	공제액계	실급여지급액
SP1752	류하나	Flash PA팀	과장	3,736,759	100,000	200,000	-		113,410	77,670	21,940	59,600	5,960	20,000		
SP2548	이선민	T기술팀	계약직	1,976,821	100,000	-	-		59,990	27,450	12,890	18,880	1,880	20,000		
SP7640	도주철	개발 QA	부장	4,879,030	100,000	200,000	-		148,070	89,280	26,110	59,600	5,960	20,000		
SP8364	김혜경	P 기술팀	계약직	1,976,821	100,000	200,000	-		59,990	27,450	16,250	26,270	2,620	20,000		
SP2070	최기림	T기술팀	대리	3,483,382	100,000	-	-		105,720	65,520	16,980	40,000	4,000	20,000		
SP6254	김미경	Dram PE팀	사원	2,501,774	70,000	-	-		75,920	49,770	12,890	6,490	640	20,000		
SP2910	송경화	Dram PE팀	과장	3,736,759	100,000	-	-		113,410	77,670	14,430	12,020	1,200	20,000		
SP0838	이혜령	개발 QA	사원	2,501,774	100,000	-	-		75,920	49,770	12,890	18,880	1,880	20,000		
SP5016	이미경	E/F팀	계약직	1,976,821	70,000	-	-		59,990	27,450	8,530	5,050	500	20,000		
SP7070	엄수연	D기술팀	대리	3,483,382	100,000	-	-		105,720	65,520	15,010	22,090	2,200	20,000		
SP2208	심정주	영업팀	계약직	1,976,821	100,000	-	-		59,990	27,450	17,390	19,850	1,980	20,000		
SP3610	박정아	영업팀	계약직	1,976,821	100,000	-	90,000		59,990	27,450	19,610	50,190	5,010	94,270		
SP9020	유경미	Design Technology팀	대리	3,483,382	100,000	400,000	-		105,720	65,520	12,890	15,980	1,590	20,000		
SP9180	이영주	Dram PE팀	계약직	1,976,821	100,000	-	-		59,990	27,450	14,530	19,850	1,980	20,000		
SP1678	이자연	eStorage개발팀	대리	3,483,382	100,000	-	-		105,720	65,520	9,620	18,880	1,880	-		
SP3126	김은정	영업팀	과장	3,736,759	100,000	300,000	270,000		113,410	77,670	36,580	163,500	16,350	50,000		
SP7236	유은희	D기술팀	계약직	1,976,821	100,000	-	-		59,990	27,450	12,890	9,440	940	20,000		
SP6066	김태근	영업팀	과장	3,736,759	100,000	-	150,000		113,410	77,670	33,850	169,110	16,910	50,000		
SP7632	김한도	개발 QA	과장	3,736,759	100,000	300,000	290,000		113,410	77,670	37,310	236,400	23,640	50,000		
SP6363	이길선	개발 QA	대리	3,483,382	100,000	200,000	-		105,720	65,520	21,290	54,470	5,440	158,946		
SP8062	조창현	eStorage개발팀	과장	3,736,759	100,000	-	-		113,410	77,670	25,960	89,980	8,990	30,000		
SP4747	장운용	Flash PE팀	과장	3,736,759	100,000	-	-		113,410	77,670	13,440	17,180	1,710	20,000		
SP0091	김다희	P 기술팀	사원	2,501,774	100,000	-	150,000		75,920	49,770	45,080	135,630	13,560	225,808		
SP0488	신정민	eStorage개발팀	대리	3,483,382	100,000	200,000	-		105,720	65,520	22,720	57,040	5,700	20,000		
SP4453	김기란	T기술팀	과장	3,736,759	100,000	-	-		113,410	77,670	15,310	20,490	2,040	20,000		
SP7035	김우리	P 기술팀	계약직	1,976,821	100,000	200,000	-		59,990	27,450	21,250	26,270	2,620	20,000		
SP8360	한정운	Design Technology팀	사원	2,501,774	100,000	85,710	-		75,920	49,770	11,630	8,280	820	20,000		
SP5012	김화진	T기술팀	사원	2,501,774	100,000	-	90,000		75,920	49,770	17,210	53,610	5,360	50,000		
SP5178	백승기	P 기술팀	과장	3,736,759	100,000	200,000	-		113,410	77,670	20,280	59,600	5,960	20,000		
SP4834	최경미	Dram PE팀	계약직	1,976,821	100,000	-	-		59,990	27,450	10,140	13,880	1,380	20,000		
SP8600	김진형	eStorage개발팀	부장	4,879,030	-	-	-		148,070	89,280	39,490	142,220	10,790	-		

급여 명세서

사번	사원명	부서	직급	기본급여	비과세급여	휴일수당	기타수당	지급액합계	건강보험	국민연금	고용보험	소득세	지방소득세	기타공제	공제액계	실급여지급액
SP1752	류하나	Flash PA팀	과장	3,736,759	100,000	200,000	-	4,036,759	113,410	77,670	21,940	59,600	5,960	20,000	298,580	3,738,179
SP2548	이선민	T기술팀	계약직	1,976,821	100,000	-	-	2,076,821	59,990	27,450	12,890	18,880	1,880	20,000	141,090	1,935,731
SP7640	도주철	개발 QA	부장	4,879,030	100,000	200,000	-	5,179,030	148,070	89,280	26,110	59,600	5,960	20,000	349,020	4,830,010
SP8364	김혜경	P 기술팀	계약직	1,976,821	100,000	200,000	-	2,276,821	59,990	27,450	16,250	26,270	2,620	20,000	152,580	2,124,241
SP2070	최기림	T기술팀	대리	3,483,382	100,000	-	-	3,583,382	105,720	65,520	16,980	40,000	4,000	20,000	252,220	3,331,162
SP6254	김미경	Dram PE팀	사원	2,501,774	70,000	-	-	2,571,774	75,920	49,770	12,890	6,490	640	20,000	165,710	2,406,064
SP2910	송경화	Dram PE팀	과장	3,736,759	100,000	-	-	3,836,759	113,410	77,670	14,430	12,020	1,200	20,000	238,730	3,598,029
SP0838	이혜령	개발 QA	사원	2,501,774	100,000	-	-	2,601,774	75,920	49,770	12,890	18,880	1,880	20,000	179,340	2,422,434
SP5016	이미경	E/F팀	계약직	1,976,821	70,000	-	-	2,046,821	59,990	27,450	8,530	5,050	500	20,000	121,520	1,925,301
SP7070	엄수연	D기술팀	대리	3,483,382	100,000	-	-	3,583,382	105,720	65,520	15,010	22,090	2,200	20,000	230,540	3,352,842
SP2208	심정주	영업팀	계약직	1,976,821	100,000	-	-	2,076,821	59,990	27,450	17,390	19,850	1,980	20,000	146,660	1,930,161
SP3610	박정아	영업팀	계약직	1,976,821	100,000	-	90,000	2,166,821	59,990	27,450	19,610	50,190	5,010	94,270	256,520	1,910,301
SP9020	유경미	Design Technology팀	대리	3,483,382	100,000	400,000	-	3,983,382	105,720	65,520	12,890	15,980	1,590	20,000	221,700	3,761,682
SP9180	이영주	Dram PE팀	계약직	1,976,821	100,000	-	-	2,076,821	59,990	27,450	14,530	19,850	1,980	20,000	143,800	1,933,021
SP1678	이자연	eStorage개발팀	대리	3,483,382	100,000	-	-	3,583,382	105,720	65,520	9,620	18,880	1,880	-	201,620	3,381,762
SP3126	김은정	영업팀	과장	3,736,759	100,000	300,000	270,000	4,406,759	113,410	77,670	36,580	163,500	16,350	50,000	457,510	3,949,249
SP7236	유은희	D기술팀	계약직	1,976,821	100,000	-	-	2,076,821	59,990	27,450	12,890	9,440	940	20,000	130,710	1,946,111
SP6066	김태근	영업팀	과장	3,736,759	100,000	-	150,000	3,986,759	113,410	77,670	33,850	169,110	16,910	50,000	460,950	3,525,809
SP7632	김한도	개발 QA	과장	3,736,759	100,000	300,000	290,000	4,426,759	113,410	77,670	37,310	236,400	23,640	50,000	538,430	3,888,329
SP6363	이길선	개발 QA	대리	3,483,382	100,000	200,000	-	3,783,382	105,720	65,520	21,290	54,470	5,440	158,946	411,386	3,371,996
SP8062	조창현	eStorage개발팀	과장	3,736,759	100,000	-	-	3,836,759	113,410	77,670	25,960	89,980	8,990	30,000	346,010	3,490,749
SP4747	장운용	Flash PE팀	과장	3,736,759	100,000	-	-	3,836,759	113,410	77,670	13,440	17,180	1,710	20,000	243,410	3,593,349
SP0091	김다희	P 기술팀	사원	2,501,774	100,000	-	150,000	2,751,774	75,920	49,770	45,080	135,630	13,560	225,808	545,768	2,206,006
SP0488	신정민	eStorage개발팀	대리	3,483,382	100,000	200,000	-	3,783,382	105,720	65,520	22,720	57,040	5,700	20,000	276,700	3,506,682
SP4453	김기란	T기술팀	과장	3,736,759	100,000	-	-	3,836,759	113,410	77,670	15,310	20,490	2,040	20,000	248,920	3,587,839
SP7035	김우리	P 기술팀	계약직	1,976,821	100,000	200,000	-	2,276,821	59,990	27,450	21,250	26,270	2,620	20,000	157,580	2,119,241
SP8360	한정운	Design Technology팀	사원	2,501,774	100,000	85,710	-	2,687,484	75,920	49,770	11,630	8,280	820	20,000	166,420	2,521,064
SP5012	김화진	T기술팀	사원	2,501,774	100,000	-	90,000	2,691,774	75,920	49,770	17,210	53,610	5,360	50,000	251,870	2,439,904
SP5178	백승기	P 기술팀	과장	3,736,759	100,000	200,000	-	4,036,759	113,410	77,670	20,280	59,600	5,960	20,000	296,920	3,739,839
SP4834	최경미	Dram PE팀	계약직	1,976,821	100,000	-	-	2,076,821	59,990	27,450	10,140	13,080	1,380	20,000	132,840	1,943,981
SP8600	김진형	eStorage개발팀	부장	4,879,030	-	-	-	4,879,030	148,070	89,280	39,490	142,220	10,790	-	429,850	4,449,180

부서	급여 실지급액 합계
Flash PA팀	18,773,750
T기술팀	28,684,817
개발 QA	20,302,669
P 기술팀	18,430,169
Dram PE팀	27,350,412
E/F팀	3,879,132
D기술팀	25,445,764
영업팀	26,060,051
Design Technology팀	23,158,155
eStorage개발팀	29,817,966
Flash PE팀	22,356,012

회사에서 바로 통하는 키워드

표 서식, 중복된 항목 제거, SUMIF, 표 이름과 머리글로 수식 작성

1 급여명세표에 표 서식 적용하기 [A3] 셀을 클릭합니다. [홈] 탭-[스타일] 그룹-[표 서식]-[표 스타일 보통 15]를 선택합니다. [표 서식] 대화상자에서 [머리글 포함]에 체크 표시가 되어 있는지 확인합니다. [확인]을 클릭합니다.

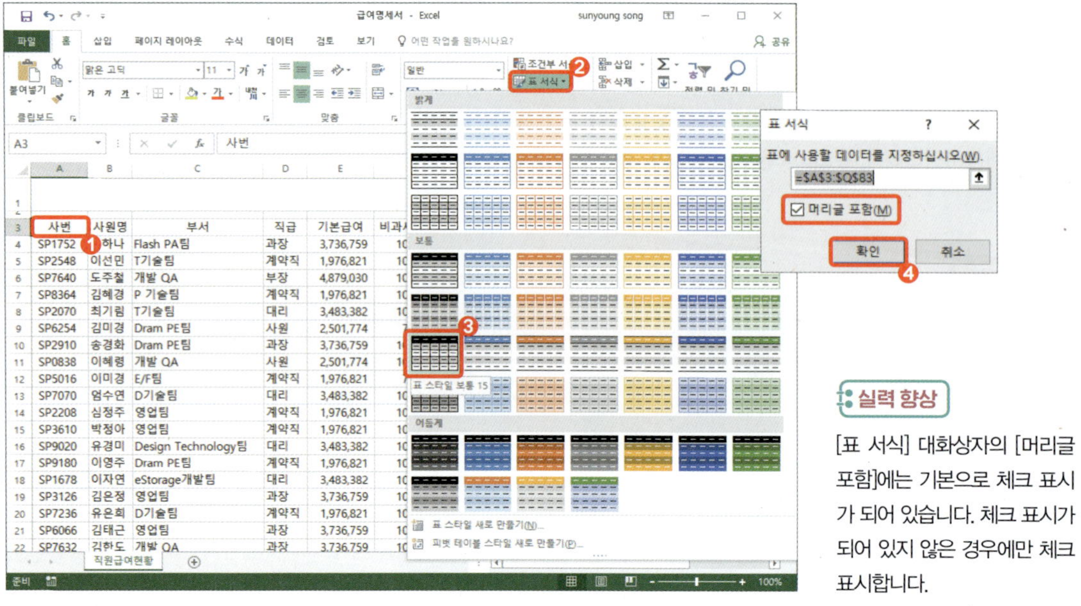

실력 향상

[표 서식] 대화상자의 [머리글 포함]에는 기본으로 체크 표시가 되어 있습니다. 체크 표시가 되어 있지 않은 경우에만 체크 표시합니다.

2 표 이름 수정하기 [표 도구]-[디자인] 탭-[속성] 그룹-[표 이름]에서 표 이름을 **급여명세표**로 수정합니다.

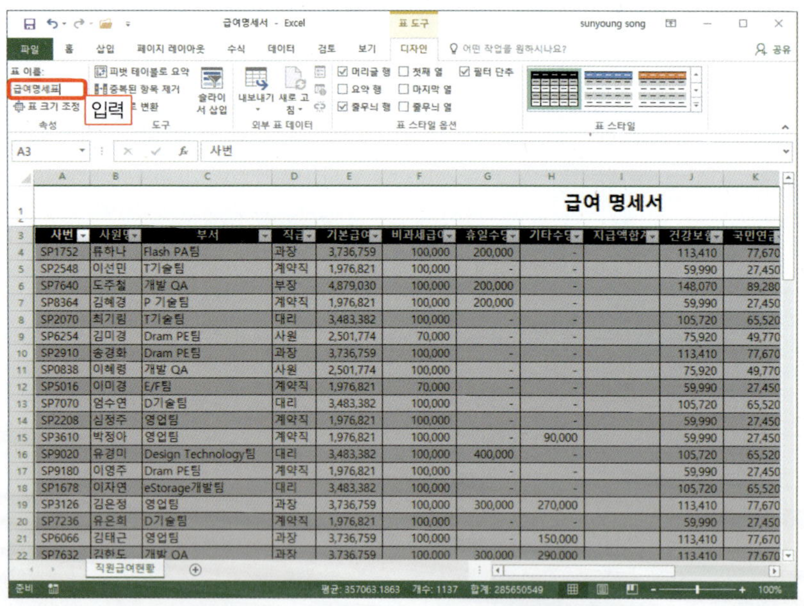

실력 향상 표 서식을 적용하면 '표1' 형식으로 표 이름이 자동 설정됩니다. [표 도구]-[디자인] 탭-[속성] 그룹-[표 이름]에서 기억하기 쉬운 이름으로 수정하여 사용할 수 있습니다.

데이터 목록에 자동으로 서식을 설정하는 기능으로 다양한 표 서식 스타일을 제공합니다. 표 서식은 새로 추가되는 데이터에도 자동으로 적용되며, 필터, 정렬, 자동 수식 기능 등의 다양한 기능을 포함하고 있습니다.

❶ **[속성] 그룹** : 표 이름을 수정하거나 표 서식이 적용된 셀 범위를 수정할 수 있습니다.

❷ **[도구] 그룹** : [피벗 테이블로 요약] – 표 서식이 적용된 데이터로 피벗 테이블을 작성할 수 있습니다.

　　[중복된 항목 제거] – 표 서식이 적용된 범위의 중복된 데이터를 제거할 수 있습니다.

　　[범위로 변환] – 표 서식이 적용된 범위를 일반 셀 범위로 변환합니다.

　　[슬라이서 삽입] – 표 서식이 적용된 데이터를 슬라이서로 필터링하여 볼 수 있습니다.

❸ **[표 스타일 옵션] 그룹** : 선택된 표 스타일의 옵션을 수정할 수 있습니다. 항목에 체크 표시하면 해당 항목의 서식이 따로 적용되어 표시되고 체크 표시를 해제하면 해당 항목의 서식 적용이 해제됩니다.

❹ **[표 스타일] 그룹** : 표 스타일 목록에서 사용할 표 스타일을 선택하여 서식을 변경합니다.

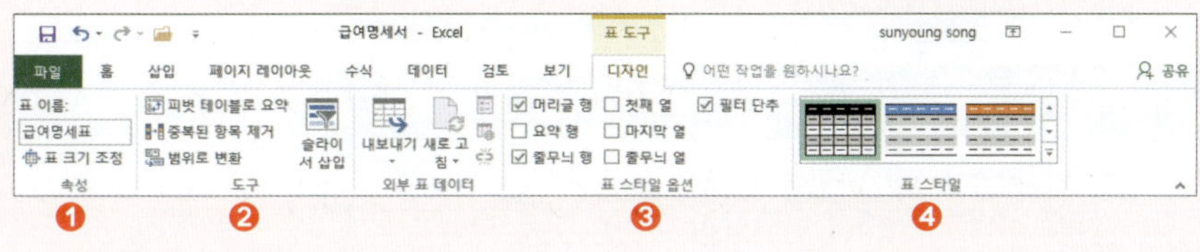

3 급여 지급금액 계산하기 [I4] 셀을 클릭합니다. [수식] 탭–[함수 라이브러리] 그룹–[자동 합계]–[합계]를 선택합니다. 급여명세표의 기본급여부터 기타수당까지 범위가 자동으로 선택됩니다. Enter 를 눌러 계산 완료합니다.

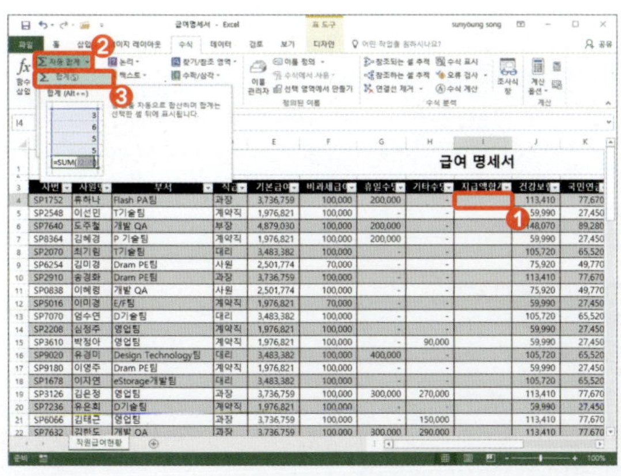
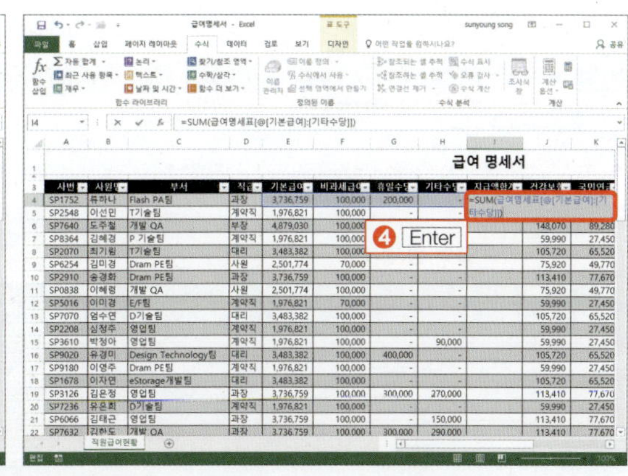

실력 향상 표 계산식은 셀 주소가 아닌 표 이름과 열 머리글로 입력되며 '표 이름[@열 머리글]' 형식으로 작성됩니다.

시간 단축 표 서식이 적용된 상태에서 계산식 입력 후 Enter 를 누르면 나머지 셀은 자동으로 수식 복사됩니다. 첫 번째 셀에서 계산된 수식이 같은 열에 자동 적용되는 표 서식의 계산 기능입니다.

4 **급여의 공제금액 계산하기** [P4] 셀을 클릭합니다. [수식] 탭-[함수 라이브러리] 그룹-[자동 합계]-[합계]를 선택합니다. 급여명세표의 기본급여부터 기타공제까지 범위가 자동으로 선택됩니다. 건강보험부터 기타공제까지에 해당하는 [J4:O4] 셀 범위를 드래그하여 범위를 수정합니다. Enter 를 눌러 계산 완료합니다.

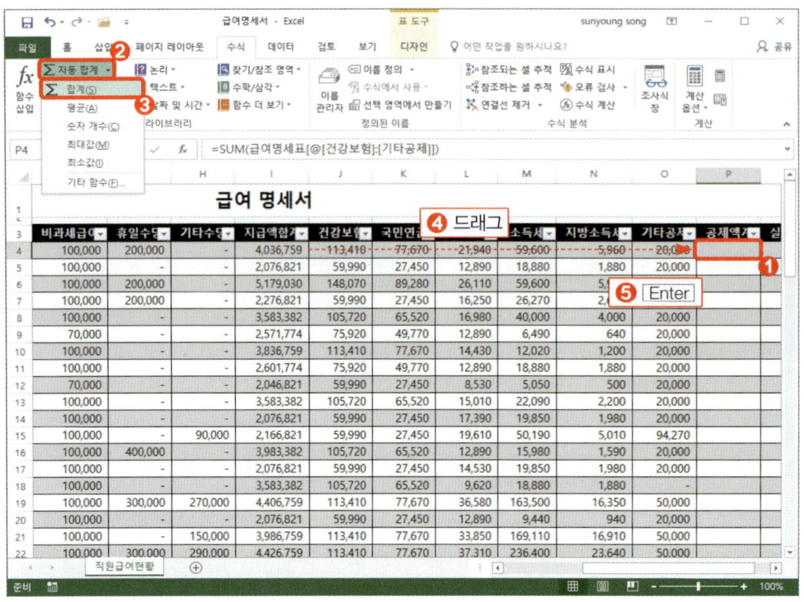

5 **실급여지급액 계산하기** [Q4] 셀을 클릭합니다. =를 입력한 후 [I4] 셀을 클릭합니다. -를 입력한 후 [P4] 셀을 클릭합니다. Enter 를 눌러 계산 완료합니다.

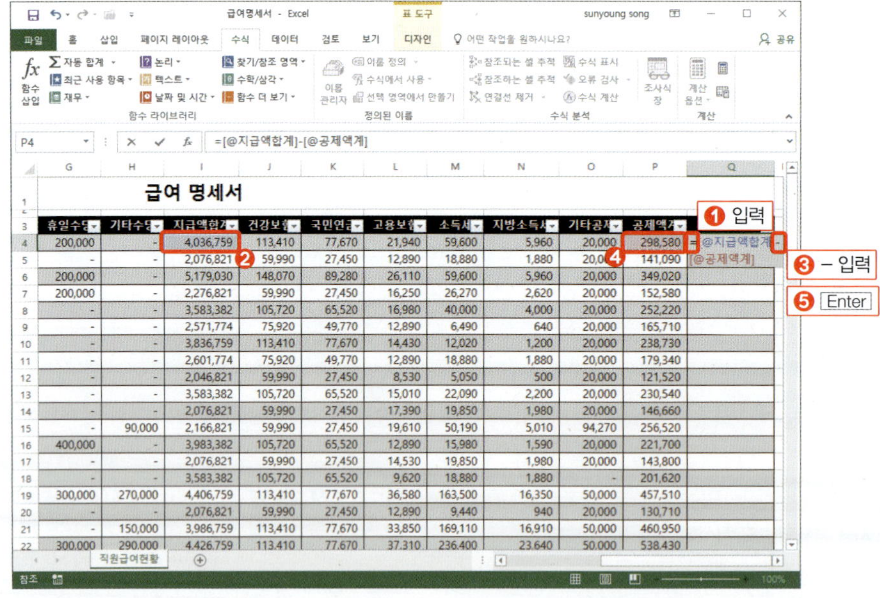

6 부서 목록 정리하기 부서를 그룹으로 묶어 부서별 실제 지급되는 급여액도 구해보겠습니다. 부서별로 정리하기 위해 C열을 선택합니다. 마우스 오른쪽 버튼을 클릭한 후 [복사]를 선택합니다. S열을 선택합니다. Enter 를 눌러 붙여넣기합니다.

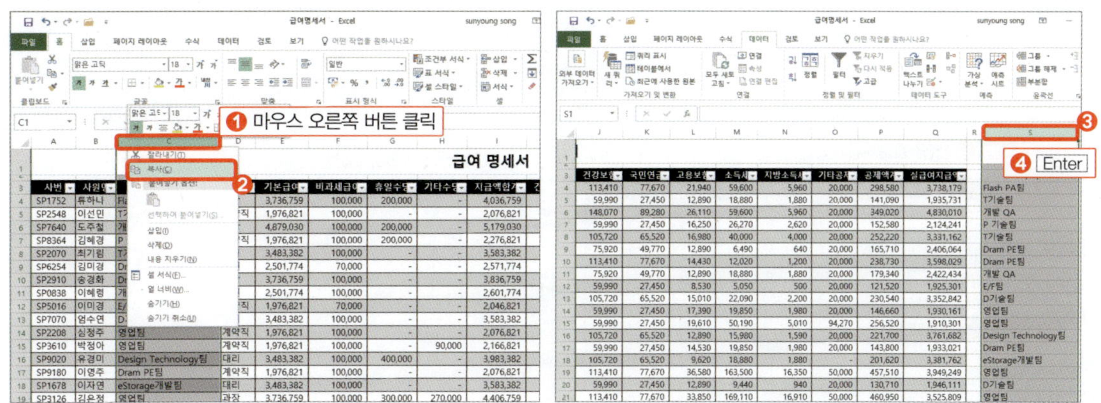

시간
단축
Enter 를 눌러 붙여 넣으면 [붙여넣기 옵션]은 표시되지 않습니다. 기본으로 한 번만 붙여 넣을 때는 Enter 를 누릅니다.

7 [S3] 셀을 클릭한 후 [데이터] 탭-[데이터 도구] 그룹-[중복된 항목 제거]를 클릭합니다. [중복된 항목 제거] 대화상자에서 [확인]을 클릭합니다. 중복된 항목 제거 개수와 유지되는 항목 개수를 알려주는 메시지가 표시됩니다. [확인]을 클릭합니다.

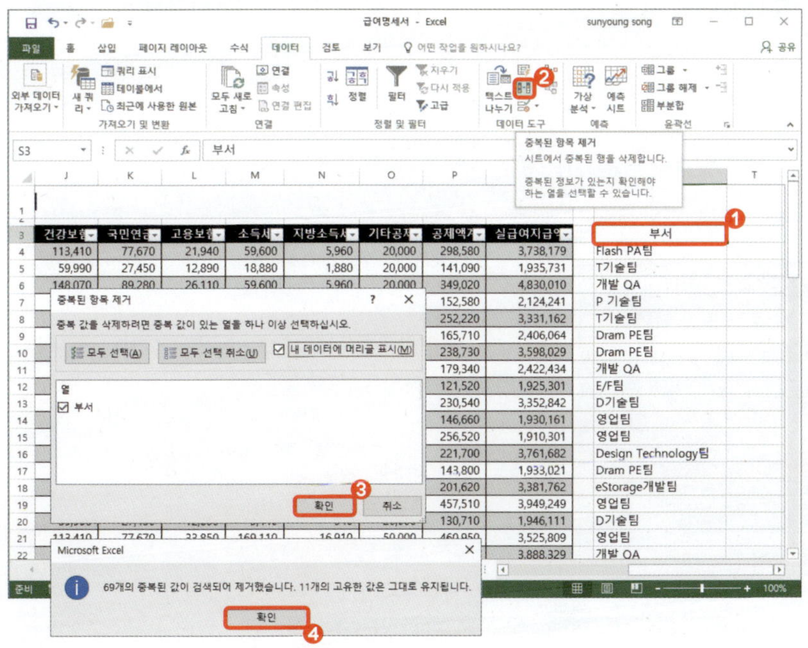

8 텍스트 입력하고 텍스트에 맞춰 열 너비 조정하기 [T3] 셀을 클릭한 후 **급여 실지급액 합계**를 입력합니다. [홈] 탭-[셀] 그룹-[서식]-[열 너비 자동 맞춤]을 선택합니다.

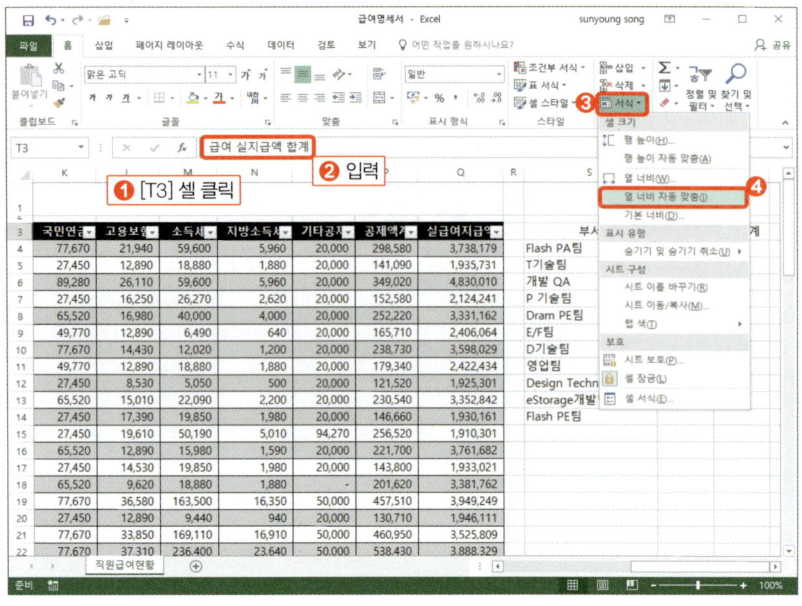

9 서식 복사하기 서식을 적용하겠습니다. [P3:Q14] 셀 범위를 선택합니다. [홈] 탭-[클립보드] 그룹-[서식 복사]를 클릭합니다. [S3:T14] 셀 범위를 드래그하여 복사한 서식을 붙여넣기합니다.

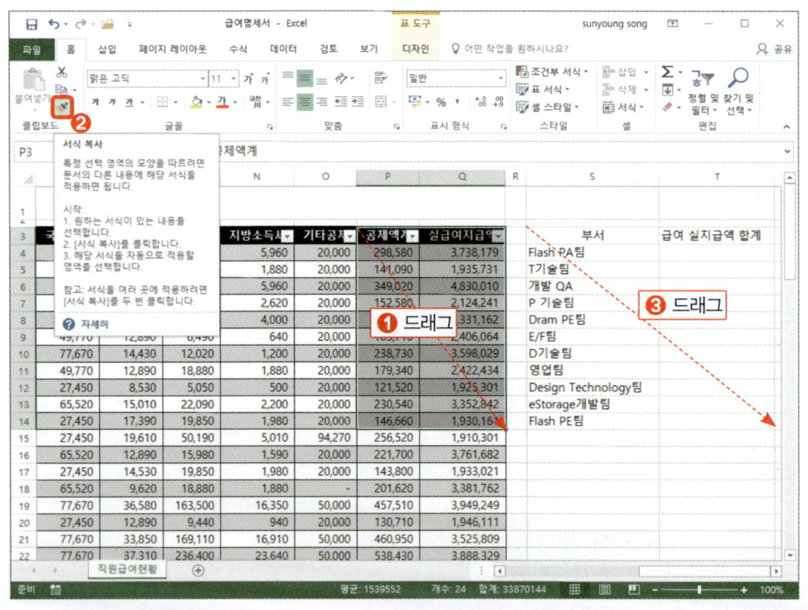

실력 향상 표의 머리글 서식과 데이터의 서식이 다르고, 데이터에는 격 행으로 서식이 다르게 설정되어 있습니다. 해당 서식을 그대로 붙여 넣으려면 필요한 범위만큼 드래그하여 복사합니다.

10 부서별 실지급액 합계 계산하기 [T4] 셀을 클릭합니다. [수식] 탭-[함수 라이브러리] 그룹-[수학/삼각]-[SUMIF]를 선택합니다. [함수 인수] 대화상자에서 [Range]에 **급여명세표[부서]**, [Criteria]에 **S4**, [Sum_Range]에 **급여명세표[실급여지급액]**을 입력합니다. [확인]을 클릭합니다. [T4] 셀의 채우기 핸들을 더블클릭합니다. 수식이 복사되면서 서식도 함께 복사되어 서식이 변경되었습니다. [채우기 옵션]을 클릭하고 [서식 없이 채우기]를 선택합니다.

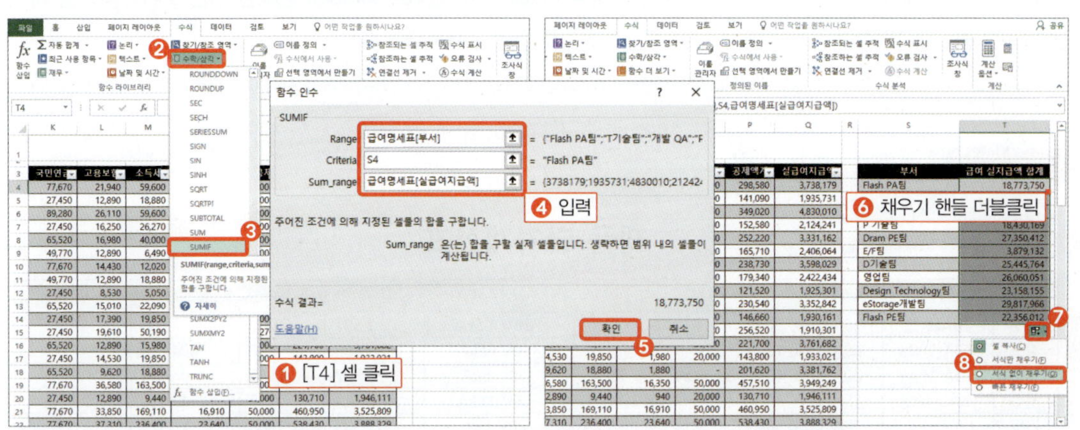

실력 향상 함수 형식은 'SUMIF(조건을 찾을 범위, 조건, 합계를 구할 범위)'입니다. '급여명세표[부서]' 범위에서 [S4] 셀에 입력된 부서와 같은 부서를 찾은 후 '급여명세표[실급여지급액]' 범위에서 해당 부서의 급여지급액 합계를 구합니다.

슈퍼활용 TIP ★★★★★   표 이름과 머리글로 수식 작성하기

표 서식이 적용되어 있으면 표 이름과 머리글로 수식을 간단하게 작성할 수 있습니다. 직접 입력하여 수식을 작성할 때는 표 이름을 입력한 후 '['를 입력하면 표 안의 열 머리글 목록을 확인할 수 있으며, 해당 열 머리글을 더블클릭하거나 위/아래 방향키로 머리글을 선택한 후 Tab 을 눌러 머리글을 쉽게 입력합니다.

유효성 검사로 조건 작성하고
데이터베이스 함수로 통계 값 계산하기

제품 단가표에서 구분과 제품명은 유효성 검사와 함수를 사용해 목록 형태로 정리하고 선택한 구분과 제품명의 총 개수,
원가의 평균과 재고수량의 합계는 데이터베이스 함수를 이용하여 구해보겠습니다.

실습 파일 | PART 01 \ 23_제품 단가계산표.xlsx　　**완성 파일** | PART 01 \ 23_제품 단가계산표(완성).xlsx

제품 단가계산표

구 분	제품명	사용 전류	규 격	원가	재고수량	거래처 원가	비 고
3PE	TBAH-32	15A, 20A, 30A	220V 1.5kA	3,597	2,000	2,605	
4PE	TBA-100a	60A, 75A, 100A	460V 65kA	1,111,205	200	804,718	
3PE	TBA-104a	20A, 30A, 40A, 50A, 60A, 75A, 100A	220V 5kA	637	85	461	
3PE	TBAE-102b	15A, 20A, 30A	460V 14kA	58,521	117	42,380	
2PE	KJE-52	15A, 20A, 30A	220V 5kA	17,983	688	13,023	
4PE	TBA-102	250A, 300A, 350A, 400A	460V 25kA	40,935	70	29,645	
4PE	SDU-32c	125A, 150A, 175A, 200A, 225A	220V 2.5kA	8,487	765	6,146	
4PE	SDU-32	120A	220V 2.5kA	8,495	990	6,152	
2PE	TBAE-104c	15A, 20A, 30A	460V 14kA	67,285	380	48,727	
2PE	TBAE-104c	15A, 20A, 30A	220V 5kA	73,327	294	53,102	
4PE	TBA-804	60A, 75A, 100A	460V 50kA	646,588	42	468,249	
4PE	TBA-204c	500A, 600A	460V 25kA	86,423	105	62,586	
2PE	SDU-32	125A, 150A, 175A, 200A, 225A	220V 1.5kA	8,078	440	5,850	C TYPE 소형
3PE	TBA-104b	250A, 300A, 350A, 400A	220V 5kA	35,535	90	25,734	
3PE	KJ-102	15A, 20A, 30A, 40A, 50A	460V 5kA	24,452	253	17,708	
2PE	KJE-53	15A, 20A, 30A	460V 5kA	28,740	483	20,813	
2PE	TBAE-203a	15A, 20A, 30A	220V 5kA	386	240	280	
2PE	MA-32a	125A, 150A, 175A, 200A, 225A	220V 2.5kA	8,516	336	6,167	
3PE	TBA-103c	20A, 30A, 40A, 50A	220V 5kA	30,595	399	22,156	
3PE	KJ-52	15A, 20A, 30A, 40A, 50A	460V 5kA	11,848	288	8,580	

구 분	제품명	검색 개수	원가 평균	재고수량 합계
4PE	SDU*	2	8,491	1,755

회사에서 바로 통하는 키워드

유효성 검사, MID, LEFT, 데이터베이스 함수, DCOUNTA, DAVERAGE, DSUM, 정의한 이름 사용하기

1 구분 목록 표시하기 [K4] 셀을 클릭합니다. [데이터] 탭-[데이터 도구] 그룹-[데이터 유효성 검사]를 클릭합니다. [데이터 유효성] 대화상자의 [설정] 탭에서 [제한 대상]으로 [목록]을 선택합니다. [원본]에 **2PE, 3PE, 4PE**를 입력합니다. [확인]을 클릭합니다. 선택한 셀에 목록 단추가 표시됩니다. 목록 단추를 클릭하고 [2PE]를 선택합니다.

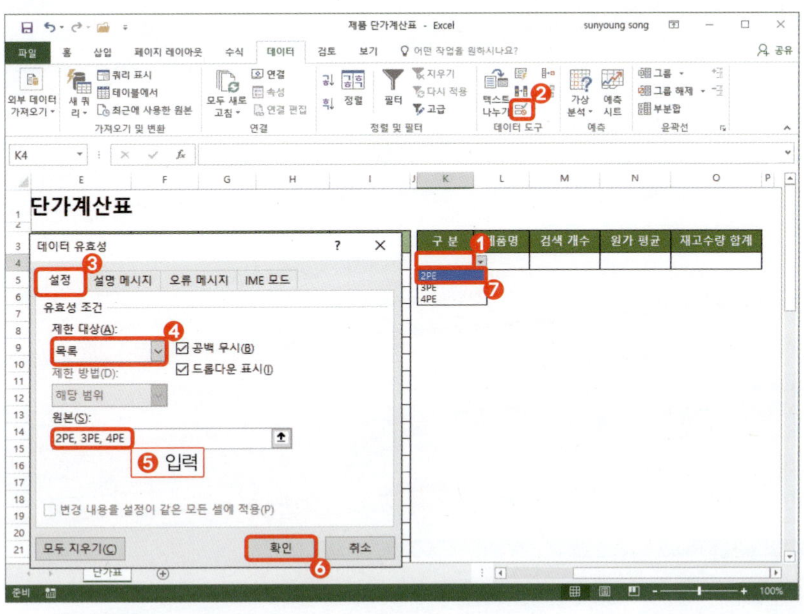

2 제품명 목록 복사하기 다양한 이름의 제품명은 왼쪽의 텍스트가 일치하는 경우 통계 값을 구할 수 있도록 제품명 목록을 정리하겠습니다. C열을 선택합니다. 마우스 오른쪽 버튼을 클릭한 후 [복사]를 선택합니다. Q열을 선택합니다. 마우스 오른쪽 버튼을 클릭한 후 [붙여넣기]를 선택합니다.

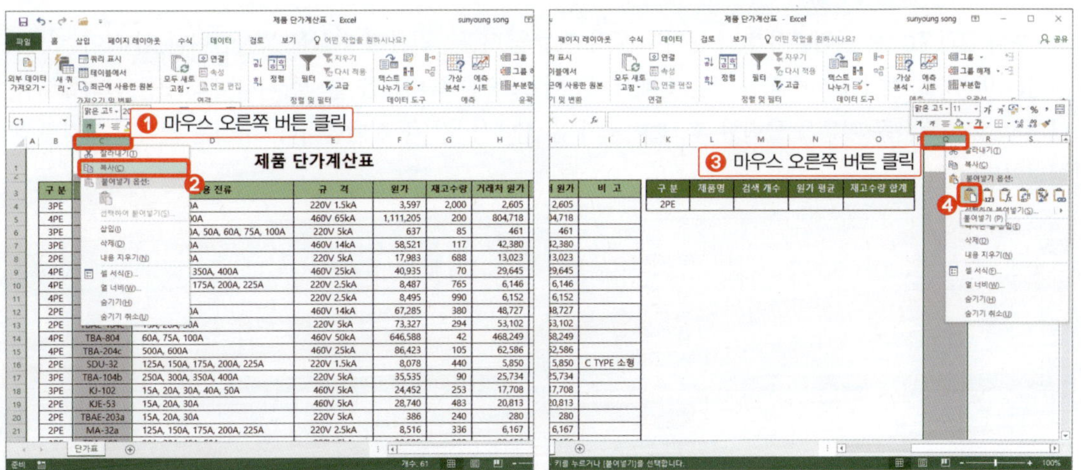

3 **제품명의 일부 문자만 표시되도록 수식 작성하기** [R4] 셀을 클릭합니다. [수식] 탭-[함수 라이브러리] 그룹-[논리]-[IF]를 선택합니다. [함수 인수] 대화상자에서 [Logical_test]에 **MID(Q4,3,1)="-"**, [Value_if_true]에 **LEFT(Q4,2)&"*"**, [Value_if_false]에 **LEFT(Q4,3)&"*"**를 입력합니다. [확인]을 클릭합니다.

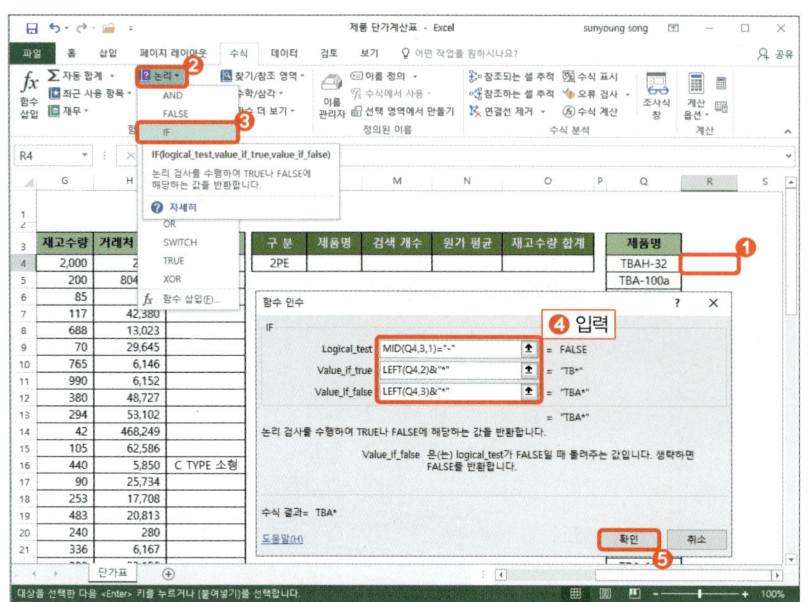

실력향상   제품명의 세 번째 글자가 – 기호이면 제품명의 왼쪽 두 글자를 추출한 후 뒤에 * 기호를 붙이고, 그렇지 않으면 제품명의 왼쪽 세 글자를 추출한 후 뒤에 * 기호를 붙이는 수식입니다.

실력향상   제품명의 앞쪽 두 글자 또는 세 글자가 같은 제품명별로 구분하여 통계를 확인하기 위해 와일드카드를 이용하여 제품명을 정리합니다. * 와일드카드는 텍스트 개수에 상관없이 모든 문자를 대표하는 기호로 TBA*이면 TBA로 시작하는 모든 제품명을 포함합니다.

4 **수식 결과 값으로 붙여넣기** [R4] 셀의 채우기 핸들을 더블클릭하여 수식을 복사합니다. 수식이 복사된 후 [R4:R63] 셀 범위가 선택되어 있는 상태에서 마우스 오른쪽 버튼을 클릭합니다. [복사]를 선택합니다. 다시 마우스 오른쪽 버튼을 클릭한 후 [붙여넣기 옵션]에서 [값]을 선택합니다. 수식은 없어지고 값만 붙여넣기됩니다.

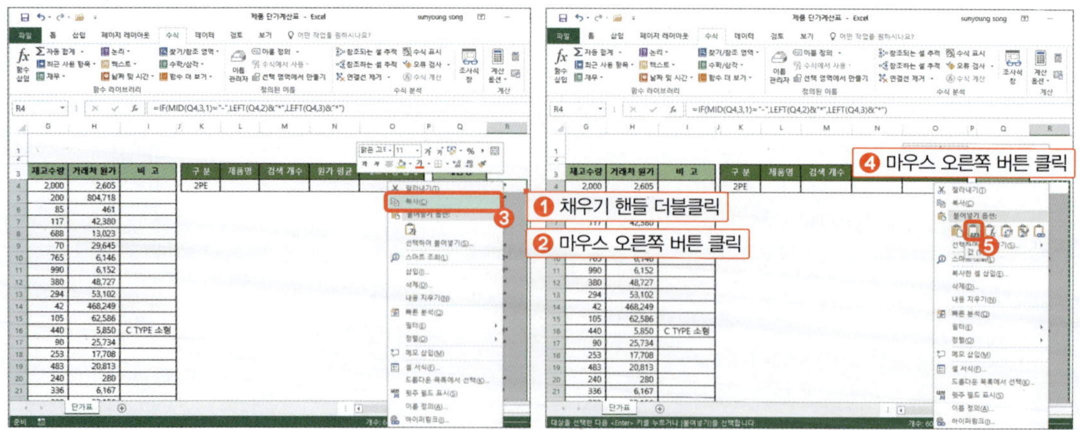

5 **복사한 제품명 목록 삭제하기** Q열을 선택합니다. 마우스 오른쪽 버튼을 클릭한 후 [삭제]를 선택합니다.

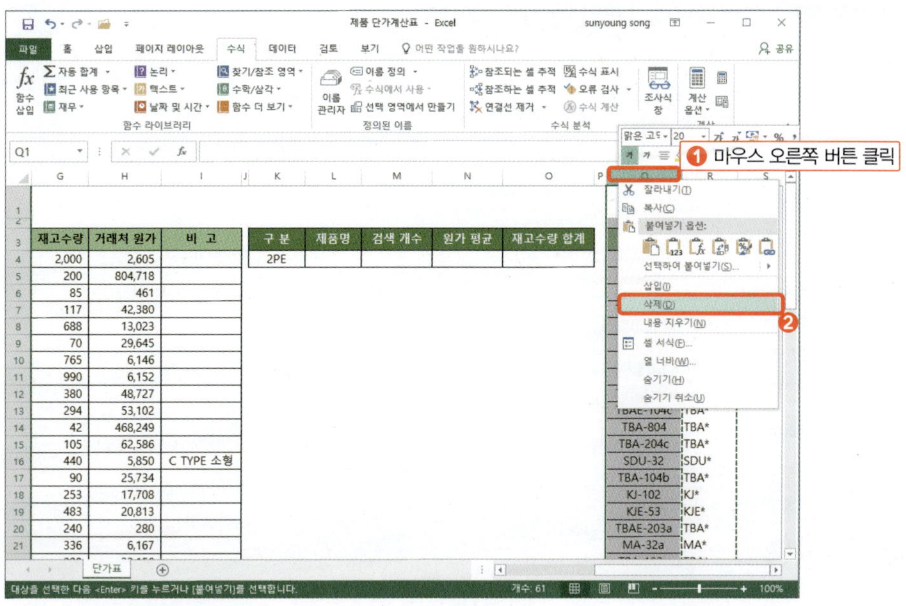

6 **일부만 표시된 제품명 중복 값 제거하기** [Q4] 셀을 클릭합니다. [데이터] 탭–[데이터 도구] 그룹–[중복된 항목 제거]를 클릭합니다. [중복된 항목 제거] 대화상자에서 [확인]을 클릭하여 중복된 항목을 제거합니다. 중복된 항목 제거 개수와 유지되는 항목 개수를 알려주는 메시지가 표시됩니다. [확인]을 클릭합니다.

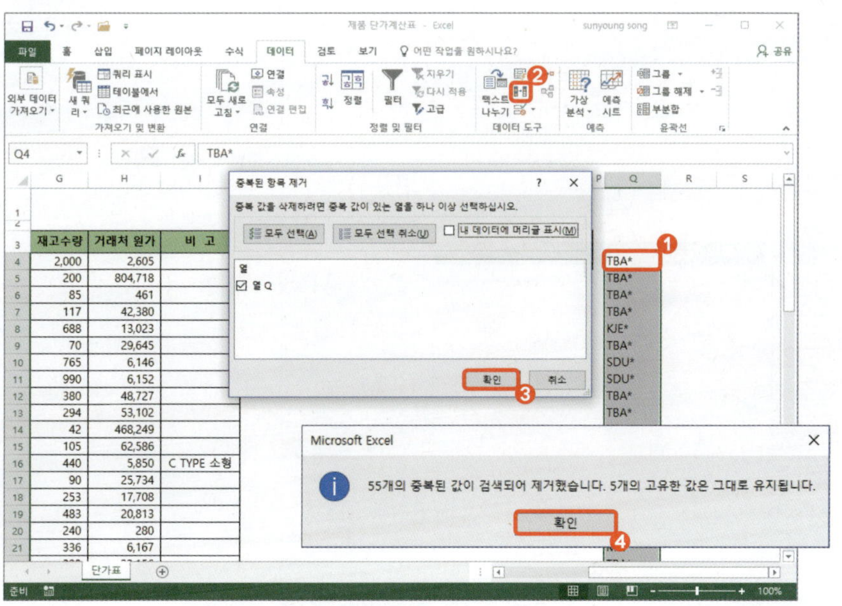

7 **제품명 일부만 목록으로 표시하기** [L4] 셀을 클릭합니다. [데이터] 탭–[데이터 도구] 그룹–[데이터 유효성 검사]를 클릭합니다. [데이터 유효성] 대화상자의 [설정] 탭에서 [제한 대상]으로 [목록]을 선택합니다. [원본]에는 **=$Q$4:$Q$8**을 입력합니다. [확인]을 클릭합니다.

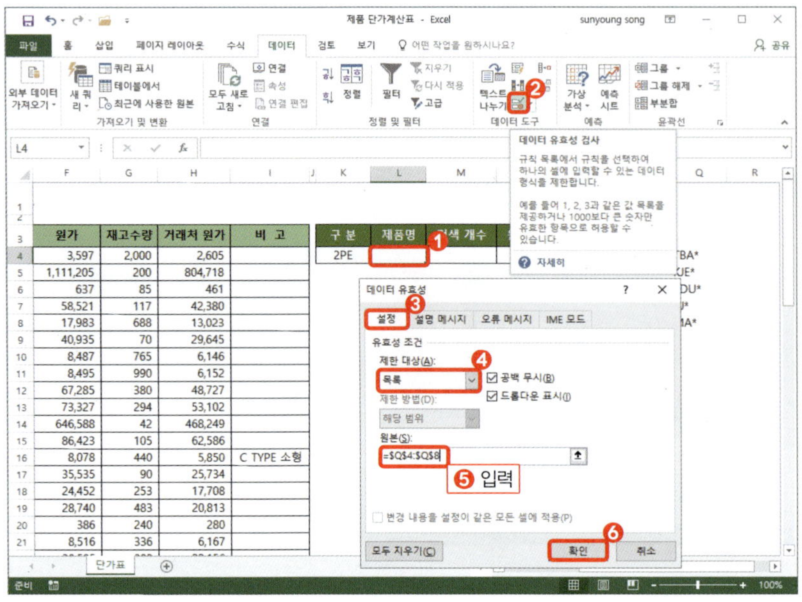

8 **제품명 일부만 표시된 열 숨기기** 선택한 셀에 목록 단추가 표시됩니다. 목록 단추를 클릭하고 [KJE*]를 선택합니다. Q열을 선택합니다. 마우스 오른쪽 버튼을 클릭합니다. [숨기기]를 선택하여 해당 열을 숨깁니다.

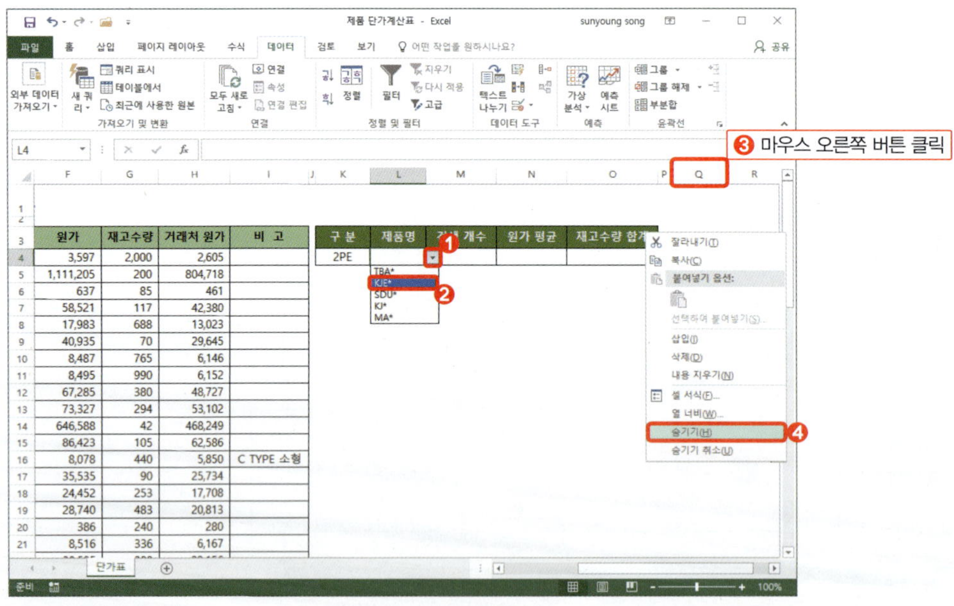

9 표 이름 설정하기 수식을 계산하기 위해 표에 이름을 설정하겠습니다. [B3] 셀을 클릭합니다. Ctrl +A를 눌러 표 전체를 선택합니다. [이름 상자]에 **단가표**를 입력한 후 Enter를 누릅니다. [M4] 셀을 클릭합니다. 수식 입력줄에서 [함수 삽입]을 클릭합니다.

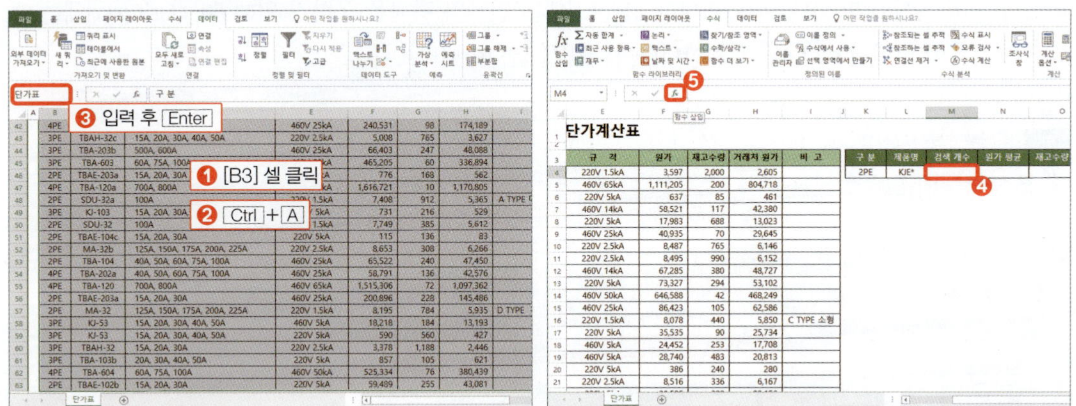

실력 향상 정의된 이름은 [이름 상자]의 목록 단추를 클릭하거나 [수식] 탭-[정의된 이름] 그룹-[이름 관리자]에서 확인할 수 있습니다.

10 선택된 구분과 제품명에 해당하는 개수 계산하기 [함수 마법사] 대화상자의 [범주 선택]에서 [데이터베이스]를 선택하고 [함수 선택]에서 [DCOUNTA]를 선택합니다. [확인]을 클릭합니다. [함수 인수] 대화상자에서 [Database]에는 원본 데이터 전체 목록인 **단가표**를 입력합니다. [Field]에는 개수를 구할 머리글인 **B3**, [Criteria]에는 조건으로 사용할 범위인 **K3:L4**를 입력합니다. [확인]을 클릭합니다.

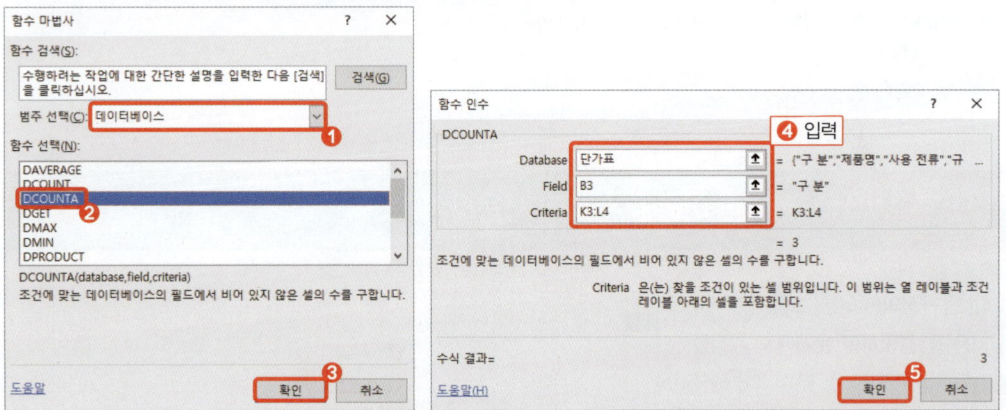

실력 향상 함수 형식은 'DCOUNTA(연관된 데이터 목록, 개수를 구할 열 머리글, 조건 범위)'입니다. 데이터 전체 목록인 [단가표] 범위에서 [K3:L4] 셀 범위의 조건에 해당하는 데이터의 개수를 [B3] 셀의 구분 데이터를 기준으로 개수를 계산합니다. 구분이 [2PE]이면서 제품명이 [KJE*]로 시작하는 조건이 만족되는 경우 같은 행의 구분 데이터를 확인하여 데이터가 입력되어 있으면 개수를 세고, 데이터가 입력되어 있지 않으면 개수를 세지 않습니다.

실력 향상 데이터베이스 함수 중 DCOUNTA는 비어 있지 않은 셀의 개수를 세는 함수입니다. [Field]에는 해당 머리글을 클릭하거나 숫자를 직접 입력합니다. [B3] 셀은 데이터 목록이 시작하는 첫 번째 열이므로 1을 입력해도 결과는 똑같이 나옵니다.

11 **선택된 구분과 제품명에 해당하는 원가 평균 계산하기** [N4] 셀을 클릭합니다. 수식 입력줄의 [함수 삽입]을 클릭합니다. [함수 마법사] 대화상자의 [범주 선택]에서 [데이터베이스]를 선택하고 [함수 선택]에서 [DAVERAGE]를 선택합니다. [확인]을 클릭합니다. [함수 인수] 대화상자에서 [Database]에는 원본 데이터 전체 목록인 **단가표**를 입력합니다. [Field]에는 원가의 평균을 구하기 위해 **F3**, [Criteria]에는 조건으로 사용할 범위인 **K3:L4**를 입력합니다. [확인]을 클릭합니다.

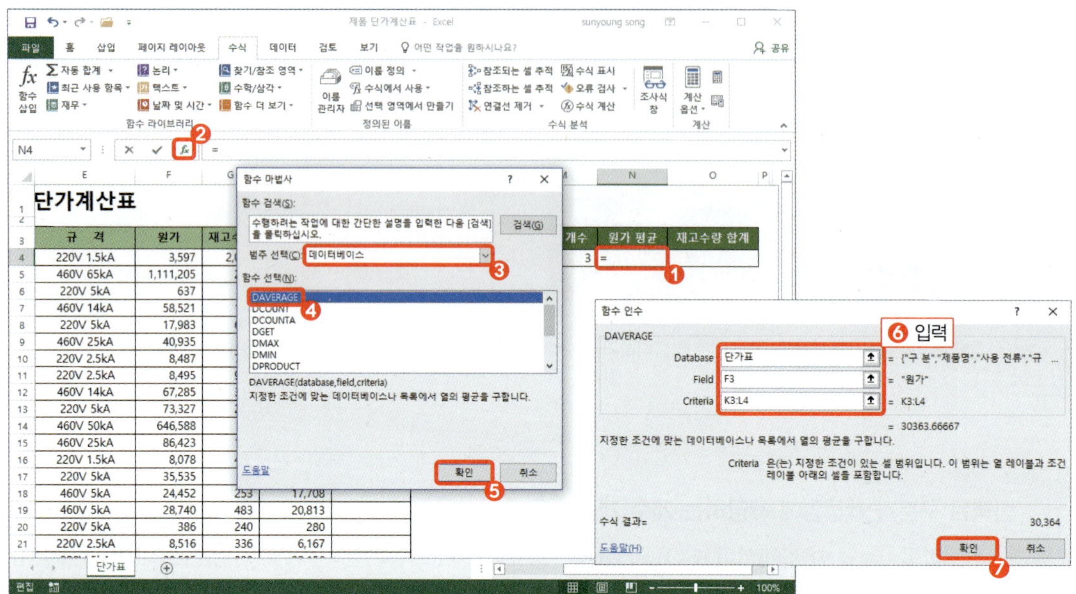

함수 형식은 'DAVERAGE(연관된 데이터 목록, 평균을 구할 열 머리글, 조건 범위)'입니다. 데이터 전체 목록인 [단가표] 범위에서 [K3:L4] 셀 범위의 조건에 해당하는 데이터의 평균을 [F3] 셀의 원가 데이터를 기준으로 계산합니다. 구분이 [2PE]이면서 제품명이 [KJE*]로 시작하는 조건이 만족되는 경우 같은 행의 원가 데이터 평균을 구합니다.

슈퍼활용 TIP — 정의한 이름을 수식에 사용하기

[수식] 탭-[정의된 이름] 그룹-[수식에서 사용]을 클릭하면 문서에서 지정한 이름 목록을 확인할 수 있습니다. 해당 이름은 클릭하여 수식에 바로 사용할 수 있습니다.

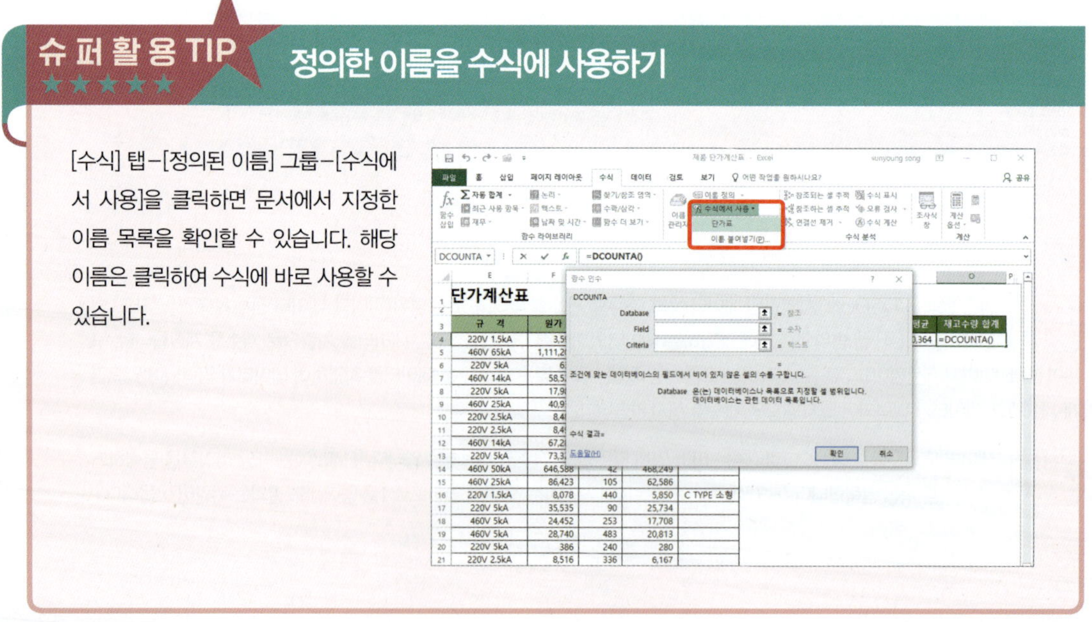

12 **선택된 구분과 제품명에 해당하는 재고수량 합계 계산하기** [O4] 셀을 클릭합니다. 수식 입력줄에서 [함수 삽입]을 클릭합니다. [함수 마법사] 대화상자의 [범주 선택]에서 [데이터베이스]를 선택하고 [함수 선택]에서 [DSUM]을 선택합니다. [확인]을 클릭합니다. [함수 인수] 대화상자에서 [Database]에는 원본 데이터 전체 목록인 **단가표**를 입력합니다. [Field]에는 재고수량의 합계를 구하기 위해 **G3**, [Criteria]에 는 조건으로 사용할 범위인 **K3:L4**를 입력합니다. [확인]을 클릭합니다.

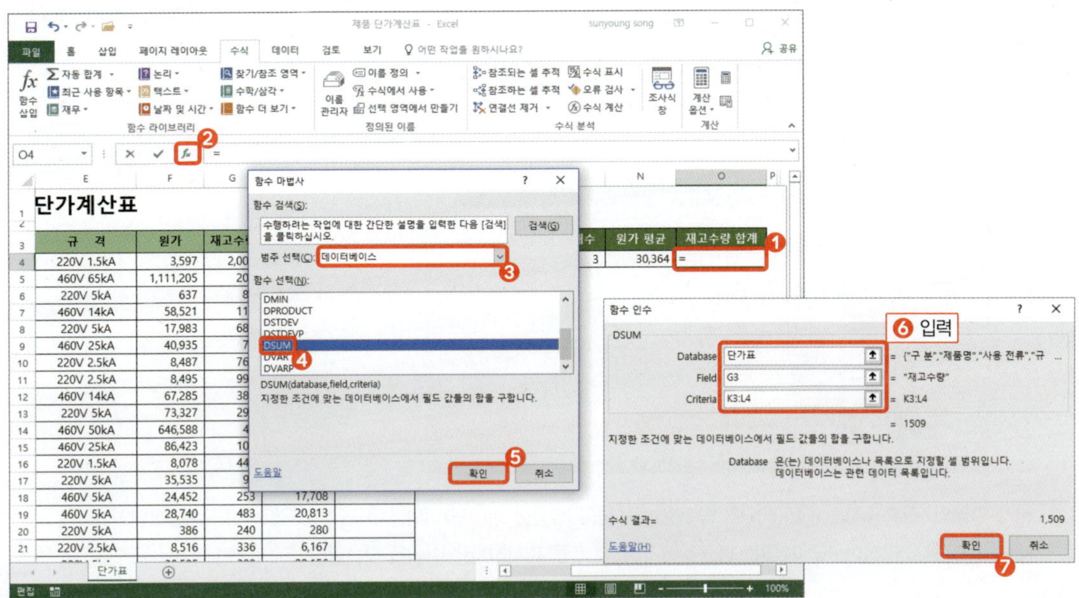

13 [K4] 셀의 구분은 [4PE]로, [L4] 셀의 제품명은 [SDU*]로 선택하면 해당 조건의 결과를 확인할 수 있습니다.

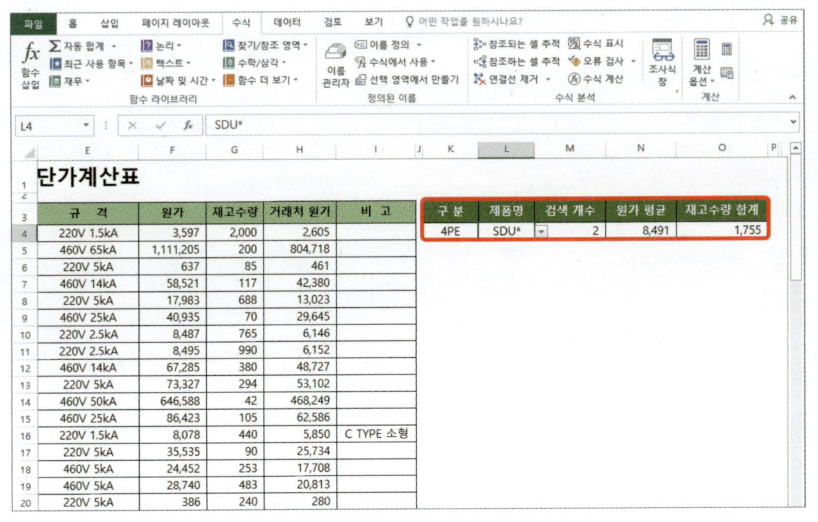

실력 향상

선택한 구분과 제품명에 해당 하는 데이터가 없으면 개수와 합계는 0으로, 평균은 오류로 표시됩니다. 평균은 조건에 맞 는 제품의 원가 합계를 구한 후 개수로 나누는 수식이므로 조 건에 맞는 결과 값이 없으면 0 으로 나누게 되어 '#DIV/0!' 오 류가 표시됩니다.

선택한 구분과 제품명에 해당하는 데이터가 없는 경우, 개수와 합계는 0으로 표시되지만 평균은 오류로 표시됩니다. 평균은 조건에 맞는 원가 합계를 구한 후 개수를 나누는 수식이어서 조건에 맞는 결과 값이 없으면 0으로 나누게 되어 '#DIV/0!' 오류로 표시됩니다.

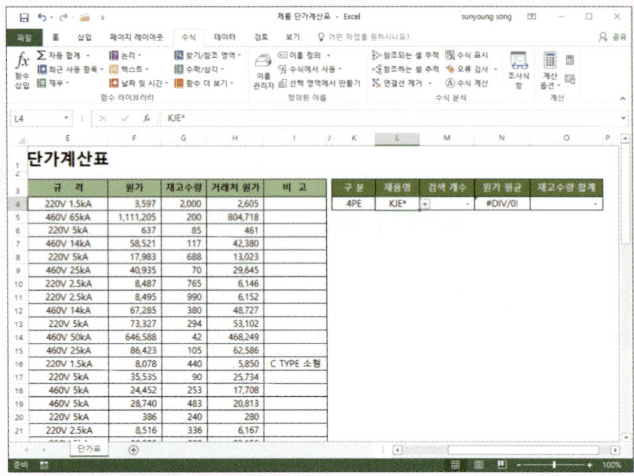

원가 평균의 오류 표시는 IFERROR 함수를 이용하여 해결할 수 있습니다. '=IFERROR(DAVERAGE(단가표,F3, K3:L4),0)'을 입력하여 조건에 맞는 평균값이 없을 때 0을 표시하도록 수식을 작성합니다.

데이터베이스 함수 알아보기

데이터베이스 함수는 데이터베이스 목록에서 각 필드의 조건을 검색한 후 해당 필드의 [합계], [평균], [개수], [최대값], [최소값] 등을 구해줍니다.

함수 범주	=데이터베이스 함수명(Database, Field, Criteria) =데이터베이스 함수명(관련 데이터 목록, 열 머리글, 조건)
함수 형식	• Database : 관련 데이터베이스 목록입니다. • Field : 계산할 필드의 열 머리글을 지정합니다. 해당 머리글을 선택하거나 필드 번호를 숫자로 입력합니다. • Criteria : 찾을 조건이 입력된 셀 범위를 지정합니다. 필드명과 조건이 입력된 셀을 포함하여 지정합니다.
함수 종류	• DAVERAGE 함수 : 조건에 맞는 레코드의 평균을 구합니다. • DCOUNT 함수 : 조건에 맞는 레코드의 숫자 데이터 개수를 구합니다. • DCOUNTA 함수 : 조건에 맞는 레코드의 비어 있지 않은 셀의 개수를 구합니다. • DGET 함수 : 조건에 맞는 레코드를 추출합니다. 레코드는 하나만 추출할 수 있습니다. • DMAX 함수 : 조건에 맞는 레코드의 최댓값을 구합니다. • DMIN 함수 : 조건에 맞는 레코드의 최솟값을 구합니다. • DPRODUCT 함수 : 조건에 맞는 레코드의 곱을 구합니다. • DSTDEV 함수 : 조건에 맞는 레코드로 이루어진 표본 집단의 표준편차를 구합니다. • DSTDEVP 함수 : 조건에 맞는 레코드로 이루어진 전체 모집단의 표준편차를 구합니다. • DSUM 함수 : 조건에 맞는 레코드의 합계를 구합니다. • DVAR 함수 : 조건에 맞는 레코드로 이루어진 표본 집단의 분산을 구합니다. • DVARP 함수 : 조건에 맞는 레코드로 이루어진 전체 모집단의 분산을 구합니다.

데이터베이스 함수의 조건 입력 방법은 다음과 같습니다. 데이터베이스 함수를 적용하려면 조건으로 사용할 필드명(열 머리글)과 조건이 입력되어 있어야 합니다. 필드명(열 머리글)은 관련 데이터베이스 목록에서 사용하는 열 머리글과 같은 문자로, 조건은 텍스트, 숫자, 식 등으로 작성해야 합니다. 조건은 AND와 OR 조건으로 구분하여 입력할 수 있습니다.

• **AND 조건 :** 구분이 '2PE'이면서 원가가 2만 원 이상인 데이터

구분	원가
2PE	>=20000

• **OR 조건 :** 구분이 '2PE'인 모든 데이터 또는 원가가 2만 원 이상인 모든 데이터

구분	원가
2PE	>=20000
	>=20000

거래처 데이터 자료에서 담당자 이메일 추출하기

거래업체의 담당자 이메일 목록을 웹브라우저 이메일 쓰기 화면의 [받는 사람]에 바로 입력할 수 있도록 변환해보겠습니다. 이메일 목록 변환은 이메일 사이에 표시될 구분 기호를 입력하고, 이메일 데이터와 구분 기호가 연결되어 표시되도록 PHONETIC 함수를 이용하여 작성하겠습니다.

실습 파일 | PART 01 \ 24_거래업체목록.xlsx **완성 파일** | PART 01 \ 24_거래업체목록(완성).xlsx

미리 보기

주요 거래업체

거래처코드	거래처명	사업자등록번호	대표자명	거래처주소	전화번호	팩스번호	담당자	담당자 연락처	담당자 이메일	주간거래금액	미수금액
A84757	강원전기	03-957-67582	김기란	경기도 고양시 일산서구 대산로 302	031-633-8291	031-633-8292	오은주	010-671-8789	ohsesil80@hanbit.com	3,201,900	426,100
N57072	세원컨트롤	09-230-40323	이회선	경기도 용인시 기흥구 동백7로 80	031-729-4114	031-729-4115	김경미	010-521-3825	809_kim@hanbit.com	2,195,300	599,600
N16359	양원기업	35-148-69166	김진형	경기도 하남시 하남대로 1번길 77 조스테크빌 1층	031-249-4133	031-249-4136	오수	010-351-9110	wrmo@hanbit.com	4,258,900	-
R74587	창원인테크	16-822-61324	탁수진	서울시 강남구 광평로 392 로즈빌딩 3층	02-428-7409	02-428-7411	조창현	010-578-1525	tenby@hanbit.com	2,924,000	156,100
F12306	화원상사	05-450-54733	윤회원	서울시 강남구 광평로51길 22 아름 코아루	02-744-1585	02-744-1588	최경미	010-703-4423	lmn99@hanbit.com	2,815,700	346,800
F84579	이엔아이건설	68-457-24791	하효정	서울시 강남구 논현로164길 368	02-756-2262	02-756-2264	김한수	010-874-6505	serva@hanbit.com	2,970,500	442,700
F71244	다훈테크	98-579-37112	차민경	서울시 강남구 학동로 506 진흥 오피스텔 4층	02-822-2478	02-822-2479	김상회	010-682-6188	kimsh99@hanbit.com	2,625,000	426,200
N42199	상미상사	97-487-66396	김상미	서울시 광진구 구의강변로 42E0	02-563-3723	02-563-3726	이은영	010-603-9320	post-00@hanbit.com	2,786,500	174,900
T54106	진원밸브	38-193-42553	도주철	서울시 광진구 자양로721길 108-2 현대그린 101호	02-929-4945	02-929-4948	한정온	010-504-2131	Yook@hanbit.com	2,314,800	587,300
F62757	동향건설	24-194-88809	민경록	서울시 광진구 중곡2동 1538	02-127-8701	02-127-8702	윤용상	010-184-2096	wr7474@hanbit.com	1,931,100	-
F52855	케이원정공	49-218-52054	김화진	서울시 구로구 경인로 643 신도림 동아빌딩	02-946-8522	02-946-8524	조문기	010-589-8046	mk@hanbit.com	2,774,100	332,500
A88780	지성주식회사	23-908-38160	이윤선	서울시 구로구 구로중앙로264다길 16 하나세인스 A-201	02-469-2547	02-469-2550	오수현	010-540-3735	hp@hanbit.com	2,100,000	702,400
N98040	부원전기	01-836-36452	김경배	서울시 금천구 두산로9길 56 삼익파크 5,6,7 층	02-197-8725	02-197-8726	홍현정	010-933-6502	cgdg628@hanbit.com	2,979,100	502,000
A31313	뉴스텍스	02-927-54294	이혜령	서울시 도봉구 마들로 859-19 뉴텍빌딩	02-263-7882	02-263-7885	이재준	010-745-2747	hahaha76@hanbit.com	4,220,700	120,700
A34882	긴스코	04-164-14974	이은경	서울시 동대문구 이문로1길 114	02-927-4037	02-927-4040	박선주	010-617-5944	kea@hanbit.com	2,825,800	-
T58398	디원-콤	46-439-46054	조수만	서울시 서대문구 세검정로4가길 242	02-524-6225	02-524-6228	김시내	010-818-5253	ksn7@hanbit.com	3,014,200	595,700
N63350	비엔아이테크	37-186-18763	한회정	서울시 서초구 강남대로 543 하나빌딩 7층	02-130-8962	02-130-8963	김미선	010-461-3210	kms@hanbit.com	2,603,300	313,000
N17550	부원테크	74-301-70989	손현진	서울시 서초구 반포대로24길 42-19	02-642-8915	02-642-8918	노명진	010-260-8198	nono@hanbit.com	2,136,700	438,500
R23104	SSYDT	44-819-11208	이영주	서울시 서초구 사임당로23길 12 가림스테이트 빌딩 502호	02-817-2158	02-817-2161	심규종	010-597-1546	sim@hanbit.com	2,828,300	480,200
F58683	오원실업	30-732-31862	고경회	서울시 서초구 사임당로23길 롯데건물 5층	02-496-3658	02-496-3661	김유진	010-114-4663	kimuj@hanbit.com	1,649,600	460,600
T73484	선원진공	24-473-78009	김성진	서울시 서초구 사평대로16길 14 장원빌라 501	02-749-2927	02-749-2930	정연주	010-885-9291	jyj@hanbit.com	4,551,300	596,800
F74595	대현밸브	62-623-80869	조은주	서울시 서초구 신반포로33길 15 삼성사이버빌리지 201	02-112-7679	02-112-7682	김태근	010-157-8339	kimtg@hanbit.com	2,894,600	414,800
R50699	다우	04-750-87036	심정주	서울시 서초구 잠원로3길 83-20	02-946-1153	02-946-1154	김선회	010-117-6665	sunhee44@hanbit.com	2,938,600	526,200
R18547	유티스	32-915-28801	안소현	서울시 서초구 주흥10길 21	02-973-6804	02-973-6805	조동철	010-771-6567	matia90@hanbit.com	2,222,100	471,800

주요 거래업체

담당자 이메일	ohsesil80@hanbit.com,809_kim@hanbit.com,wrmo@hanbit.com,tenby@hanbit.com,lmn99@hanbit.com,serva@hanbit.com,kimsh99@hanbit.com,post-00@hanbit.com,Yook@hanbit.com,wr7474@hanbit.com,mk@hanbit.com,hp@hа…

거래처코드	거래처명	사업자등록번호	대표자명	거래처주소	전화번호	팩스번호	담당자	담당자 연락처	담당자 이메일	주간거래금액	미수금액
A84757	강원전기	03-957-67582	김기란	경기도 고양시 일산서구 대산로 302	031-633-8291	031-633-8292	오은주	010-671-8789	ohsesil80@hanbit.com	3,201,900	426,100
N57072	세원컨트롤	09-230-40323	이회선	경기도 용인시 기흥구 동백7로 80	031-729-4114	031-729-4115	김경미	010-521-3825	809_kim@hanbit.com	2,195,300	599,600
N16359	양원기업	35-148-69166	김진형	경기도 하남시 하남대로 1번길 77 조스테크빌 1층	031-249-4133	031-249-4136	오수	010-351-9110	wrmo@hanbit.com	4,258,900	-
R74587	창원인테크	16-822-61324	탁수진	서울시 강남구 광평로 392 로즈빌딩 3층	02-428-7409	02-428-7411	조창현	010-578-1525	tenby@hanbit.com	2,924,000	156,100
F12306	화원상사	05-450-54733	윤회원	서울시 강남구 광평로51길 22 아름 코아루	02-744-1585	02-744-1588	최경미	010-703-4423	lmn99@hanbit.com	2,815,700	346,800
F84579	이엔아이건설	68-457-24791	하효정	서울시 강남구 논현로164길 368	02-756-2262	02-756-2264	김한수	010-874-6505	serva@hanbit.com	2,970,500	442,700
F71244	다훈테크	98-579-37112	차민경	서울시 강남구 학동로 506 진흥 오피스텔 4층	02-822-2478	02-822-2479	김상회	010-682-6188	kimsh99@hanbit.com	2,625,000	426,200
N42199	상미상사	97-487-66396	김상미	서울시 광진구 구의강변로 42E0	02-563-3723	02-563-3726	이은영	010-603-9320	post-00@hanbit.com	2,786,500	174,900
T54106	진원밸브	38-193-42553	도주철	서울시 광진구 자양로721길 108-2 현대그린 101호	02-929-4945	02-929-4948	한정온	010-504-2131	Yook@hanbit.com	2,314,800	587,300
F62757	동향건설	24-194-88809	민경록	서울시 광진구 중곡2동 1538	02-127-8701	02-127-8702	윤용상	010-184-2096	wr7474@hanbit.com	1,931,100	-
F52855	케이원정공	49-218-52054	김화진	서울시 구로구 경인로 643 신도림 동아빌딩	02-946-8522	02-946-8524	조문기	010-589-8046	mk@hanbit.com	2,774,100	332,500
A88780	지성주식회사	23-908-38160	이윤선	서울시 구로구 구로중앙로264다길 16 하나세인스 A-201	02-469-2547	02-469-2550	오수현	010-540-3735	hp@hanbit.com	2,100,000	702,400
N98040	부원전기	01-836-36452	김경배	서울시 금천구 두산로9길 56 삼익파크 5,6,7 층	02-197-8725	02-197-8726	홍현정	010-933-6502	cgdg628@hanbit.com	2,979,100	502,000
A31313	뉴스텍스	02-927-54294	이혜령	서울시 도봉구 마들로 859-19 뉴텍빌딩	02-263-7882	02-263-7885	이재준	010-745-2747	hahaha76@hanbit.com	4,220,700	120,700
A34882	긴스코	04-164-14974	이은경	서울시 동대문구 이문로1길 114	02-927-4037	02-927-4040	박선주	010-617-5944	kea@hanbit.com	2,825,800	-
T58398	디원-콤	46-439-46054	조수만	서울시 서대문구 세검정로4가길 242	02-524-6225	02-524-6228	김시내	010-818-5253	ksn7@hanbit.com	3,014,200	595,700
N63350	비엔아이테크	37-186-18763	한회정	서울시 서초구 강남대로 543 하나빌딩 7층	02-130-8962	02-130-8963	김미선	010-461-3210	kms@hanbit.com	2,603,300	313,000
N17550	부원테크	74-301-70989	손현진	서울시 서초구 반포대로24길 42-19	02-642-8915	02-642-8918	노명진	010-260-8198	nono@hanbit.com	2,136,700	438,500
R23104	SSYDT	44-819-11208	이영주	서울시 서초구 사임당로23길 12 가림스테이트 빌딩 502호	02-817-2158	02-817-2161	심규종	010-597-1546	sim@hanbit.com	2,828,300	480,200
F58683	오원실업	30-732-31862	고경회	서울시 서초구 사임당로23길 롯데건물 5층	02-496-3658	02-496-3661	김유진	010-114-4663	kimuj@hanbit.com	1,649,600	460,600
T73484	선원진공	24-473-78009	김성진	서울시 서초구 사평대로16길 14 장원빌라 501	02-749-2927	02-749-2930	정연주	010-885-9291	jyj@hanbit.com	4,551,300	596,800
F74595	대현밸브	62-623-80869	조은주	서울시 서초구 신반포로33길 15 삼성사이버빌리지 201	02-112-7679	02-112-7682	김태근	010-157-8339	kimtg@hanbit.com	2,894,600	414,800
R50699	다우	04-750-87036	심정주	서울시 서초구 잠원로3길 83-20	02-946-1153	02-946-1154	김선회	010-117-6665	sunhee44@hanbit.com	2,938,600	526,200
R18547	유티스	32-915-28801	안소현	서울시 서초구 주흥10길 21	02-973-6804	02-973-6805	조동철	010-771-6567	matia90@hanbit.com	2,222,100	471,800

회사에서 바로 통하는 키워드

PHONETIC, 열 너비 자동 맞춤

1 쉼표 입력하기 [받는 사람]에 입력할 이메일 목록이 여러 개인 경우 각 이메일은 쉼표(,)로 구분하여 입력합니다. K열을 선택합니다. 마우스 오른쪽 버튼을 클릭한 후 [삽입]을 선택합니다. [K4] 셀에 쉼표(,)를 입력합니다. [K4] 셀의 채우기 핸들을 더블클릭하여 수식을 복사합니다. [홈] 탭-[셀] 그룹-[서식]-[열 너비 자동 맞춤]을 선택합니다.

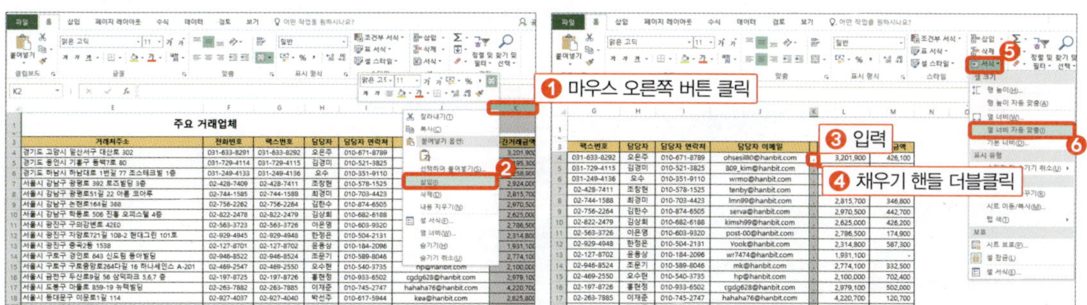

2 행 삽입하기 2행을 선택합니다. 마우스 오른쪽 버튼을 클릭한 후 [삽입]을 선택합니다. [삽입 옵션]을 클릭한 후 목록에서 [서식 지우기]를 선택합니다.

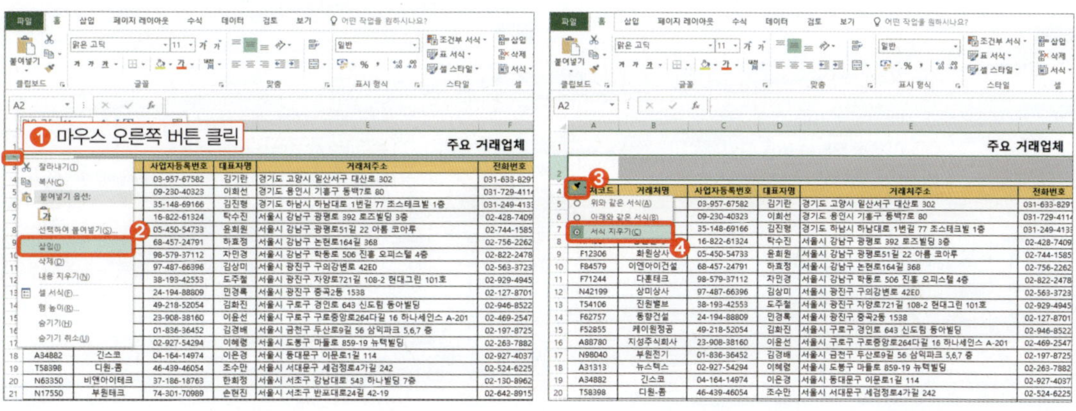

3 텍스트 입력과 서식 설정하기 [A2] 셀에 **담당자 이메일**을 입력합니다. [홈] 탭-[셀] 그룹-[서식]-[열 너비 자동 맞춤]을 선택합니다. [홈] 탭-[스타일] 그룹-[셀 스타일]을 클릭합니다. [테마 셀 스타일]에서 [강조색2]를 선택하여 서식을 지정합니다.

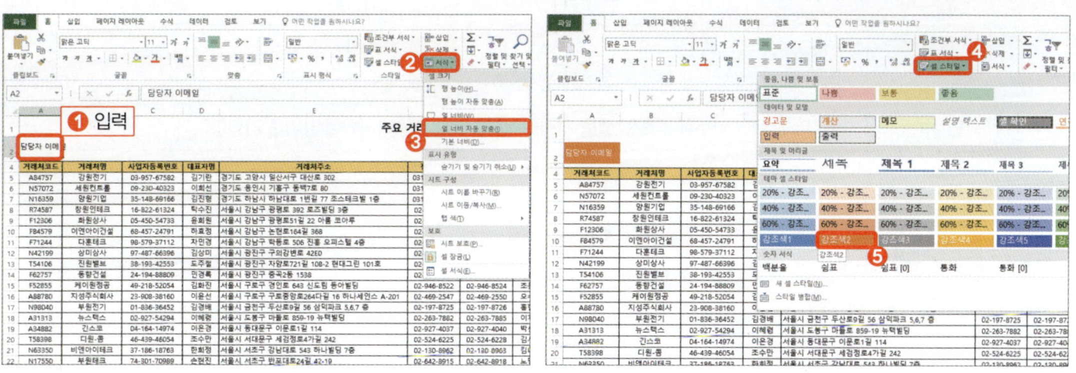

4 **이메일 목록을 하나의 셀에 표시하기** [B2] 셀을 클릭합니다. [수식] 탭–[함수 라이브러리] 그룹–[함수 더 보기]–[정보]–[PHONETIC]을 선택합니다. [함수 인수] 대화상자의 [Reference]에 **J5:K59**를 입력합니다. [확인]을 클릭합니다. 담당자 메일 목록이 하나의 셀에 모두 표시됩니다.

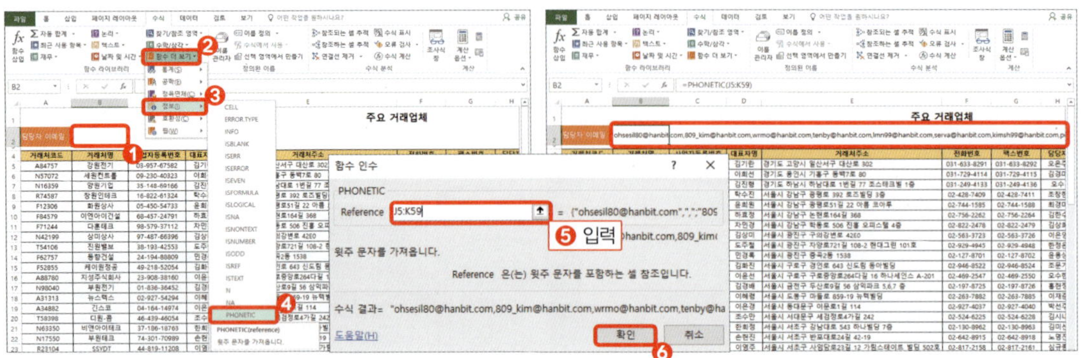

5 **수식을 텍스트로 변환하기** [B2] 셀을 클릭합니다. 마우스 오른쪽 버튼을 클릭한 후 [복사]를 선택합니다. 다시 마우스 오른쪽 버튼을 클릭하고 [붙여넣기 옵션]에서 [값]을 선택합니다.

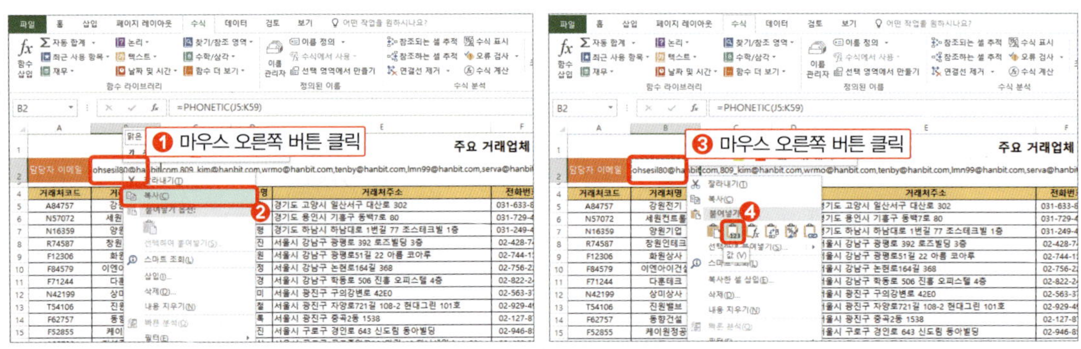

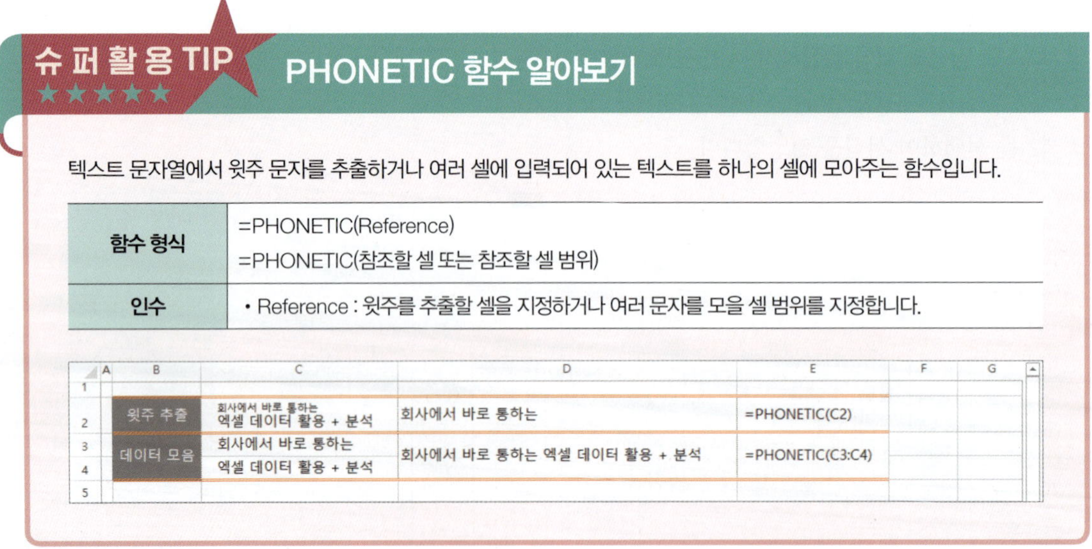

슈퍼 활용 TIP — PHONETIC 함수 알아보기

텍스트 문자열에서 윗주 문자를 추출하거나 여러 셀에 입력되어 있는 텍스트를 하나의 셀에 모아주는 함수입니다.

함수 형식	=PHONETIC(Reference) =PHONETIC(참조할 셀 또는 참조할 셀 범위)
인수	• Reference : 윗주를 추출할 셀을 지정하거나 여러 문자를 모을 셀 범위를 지정합니다.

	A	B	C	D	E	F	G
1							
2		윗주 추출	회사에서 바로 통하는 엑셀 데이터 활용 + 분석	회사에서 바로 통하는	=PHONETIC(C2)		
3		데이터 모음	회사에서 바로 통하는	회사에서 바로 통하는 엑셀 데이터 활용 + 분석	=PHONETIC(C3:C4)		
4			엑셀 데이터 활용 + 분석				
5							

6 **이메일 목록 텍스트를 이메일 발송시 받는 사람란에 표시하기** 이메일을 발송하기 위해 이메일 주소를 복사하겠습니다. [B2] 셀을 클릭하고 마우스 오른쪽 버튼을 클릭합니다. [복사]를 선택합니다.

7 웹브라우저 편지 쓰기 화면의 [받는 사람]에서 마우스 오른쪽 버튼을 클릭합니다. [일반 텍스트로 붙여넣기]를 선택합니다. 거래처 담당자 이메일 목록이 한 번에 삽입된 것을 확인할 수 있습니다.

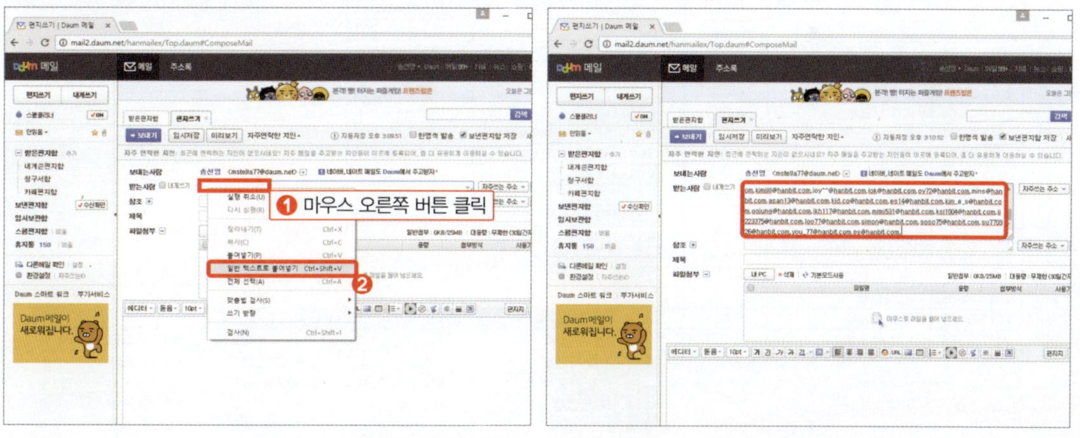

사업부별 매출 금액의 평균값과 중간값 구하기

매출실적이 입력된 데이터에서 사업부별 통계 값을 확인하려면 사업부의 중복된 값을 제거하고 여러 함수를 이용하여 결과를 표시해야 합니다. 이 작업을 손쉽게 할 수 있도록 피벗 테이블을 이용하여 고유 사업부 목록을 표시하고 체결 금액의 합계와 평균값을 구해보겠습니다. 또 체결 금액의 편차가 클 때는 모든 값을 더한 후 표본의 수로 나누는 평균값이 공정한 평균값이라 할 수 없으므로 중간값도 함께 구해보겠습니다. 선택한 사업부의 중간값을 구하기 위해 조건을 지정할 수 있는 MEDIAN과 IF 함수를 이용한 배열로 수식을 작성하고 사업부별 체결금액의 순위는 RANK.EQ 함수로 구해보겠습니다.

실습 파일 | PART 01 \ 25_사업부 연간 매출실적.xlsx   **완성 파일** | PART 01 \ 25_사업부 연간 매출실적(완성).xlsx

회사에서 바로 통하는 키워드
피벗 테이블, 중간값 구하기, IF, MEDIAN, 배열 수식, RANK.EQ

2016년 사업부 매출실적

날짜	사업부	구분	수주금액	발주금액	체결금액
2017-01-01	LP 사업부	A-003	3,438,457	110,030,624	2,750,765,600
2017-01-01	NET 사업부	A-005	2,372,602	61,687,652	2,220,755,472
2017-01-01	IT 사업부	C-002	10,803,099	983,082,009	15,729,312,144
2017-01-01	IT S 사업부	D-012	11,245,359	910,874,079	14,573,985,264
2017-01-01	ICD 사업부	C-001	2,836,704	360,261,408	13,689,933,504
2017-01-01	무선 사업부	A-003	3,198,120	169,500,360	5,593,511,880
2017-01-01	메모리 사업부	B-004	9,128,117	1,077,117,806	39,853,358,822
2017-01-01	DS 사업부	C-002	390,402	8,588,844	240,487,632
2017-01-01	온라인 사업부	A-005	5,862,744	803,195,928	21,686,290,056
2017-01-01	디스플레이이 사업부	D-011	9,474,396	445,296,612	4,452,966,120
2017-01-01	인터넷 사업부	D-011	8,233,698	1,136,250,324	35,223,760,044
2017-01-04	LP 사업부	C-002	8,291,385	165,827,700	6,135,624,900
2017-01-04	NET 사업부	B-004	3,853,188	281,282,724	9,001,047,168
2017-01-04	IT 사업부	B-006	4,399,659	171,586,701	5,319,187,731
2017-01-04	IT S 사업부	B-002	1,518,131	126,004,873	3,528,136,444
2017-01-04	ICD 사업부	A-003	8,774,142	666,834,792	8,668,852,296
2017-01-04	무선 사업부	B-004	9,643,187	163,934,179	4,754,091,191
2017-01-04	메모리 사업부	C-001	5,090,760	356,353,200	12,472,362,000
2017-01-04	DS 사업부	B-004	8,035,468	618,731,036	11,137,158,648
2017-01-04	온라인 사업부	D-011	7,429,753	928,719,125	14,859,506,000
2017-01-04	디스플레이이 사업부	A-005	7,593,059	736,526,723	11,784,427,568
2017-01-04	인터넷 사업부	A-005	8,142,152	97,705,824	977,058,240
2017-01-05	LP 사업부	A-003			
2017-01-05	NET 사업부	A-001			
2017-01-05	IT 사업부	A-007			
2017-01-05	IT S 사업부	B-002			
2017-01-05	ICD 사업부	A-007	10		

매출실적

사업부	체결금액 합계	체결금액 평균	체결금액 중간값	순위
DS 사업부	445,155,811,606	1,705,577,822	587,175,060	5
ICD 사업부	415,075,113,189	1,590,326,104	514,787,544	6
IT S 사업부	517,410,730,904	1,982,416,594	622,178,400	1
IT 사업부	402,450,774,413	1,541,956,990	587,756,840	8
LP 사업부	378,649,641,299	1,450,764,909	586,832,928	9
NET 사업부	373,972,708,619	1,432,845,627	620,915,130	11
디스플레이이 사업부	376,499,015,823	1,442,524,965	540,807,456	10
메모리 사업부	512,716,642,748	1,964,431,581	555,373,680	2
무선 사업부	472,594,865,463	1,810,708,297	538,794,984	4
온라인 사업부	477,231,417,993	1,828,472,866	582,398,478	3
인터넷 사업부	412,827,187,896	1,581,713,364	508,261,544	7

Sheet1 매출실적

1 피벗 테이블 만들기 [B3] 셀을 클릭합니다. [삽입] 탭-[표] 그룹-[피벗 테이블]을 클릭합니다. [피벗 테이블 만들기] 대화상자의 [표 또는 범위 선택]에 데이터 범위가 자동으로 표시됩니다. 피벗 테이블 보고서를 넣을 위치도 [새 워크시트]가 기본으로 선택되어 있습니다. [확인]을 클릭합니다.

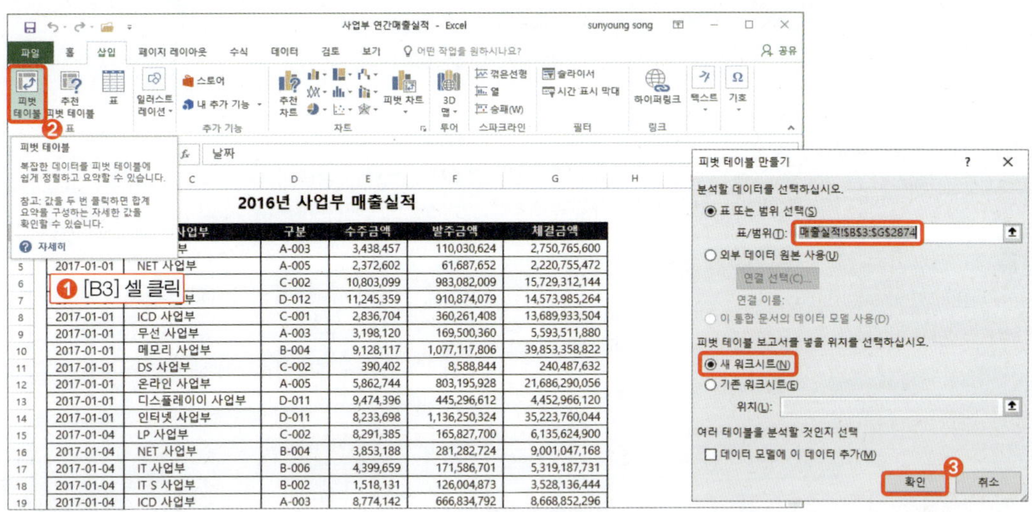

2 피벗 테이블의 필드 위치 지정하기 새로운 시트에 피벗 테이블 보고서 작업 영역이 표시됩니다. [피벗 테이블 필드] 작업 창에서 [사업부] 필드와 [체결금액] 필드에 체크 표시합니다. 각각 [행], [값] 영역에 필드가 추가됩니다. 체결금액의 평균도 추가로 구해보겠습니다. [피벗 테이블 필드] 작업 창에서 [체결금액] 필드를 [값] 영역으로 드래그합니다. [열] 영역에도 [값]이 추가됩니다.

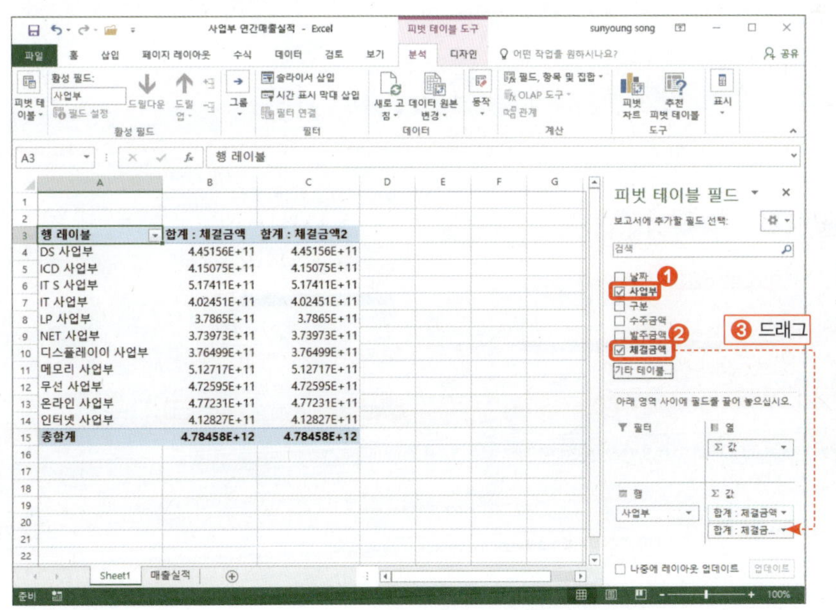

피벗 테이블 작업 영역 안의 셀이 선택되어 있어야 [피벗 테이블 필드] 작업 창이 표시됩니다. [피벗 테이블 필드] 작업 창에서 각 필드에 체크 표시하는 경우 해당 필드의 데이터가 텍스트면 [행] 영역에, 해당 필드의 데이터가 숫자이면 [값] 영역에 자동 설정됩니다.

실력 향상 한 필드로 합계, 평균, 개수 등을 모두 계산할 때는 필드를 선택한 후 드래그하여 [값] 영역에 추가합니다.

3 **체결금액의 합계 이름과 표시 형식 설정하기** [값] 영역의 첫 번째 [합계 : 체결금액]을 클릭합니다. [값 필드 설정]을 선택합니다.

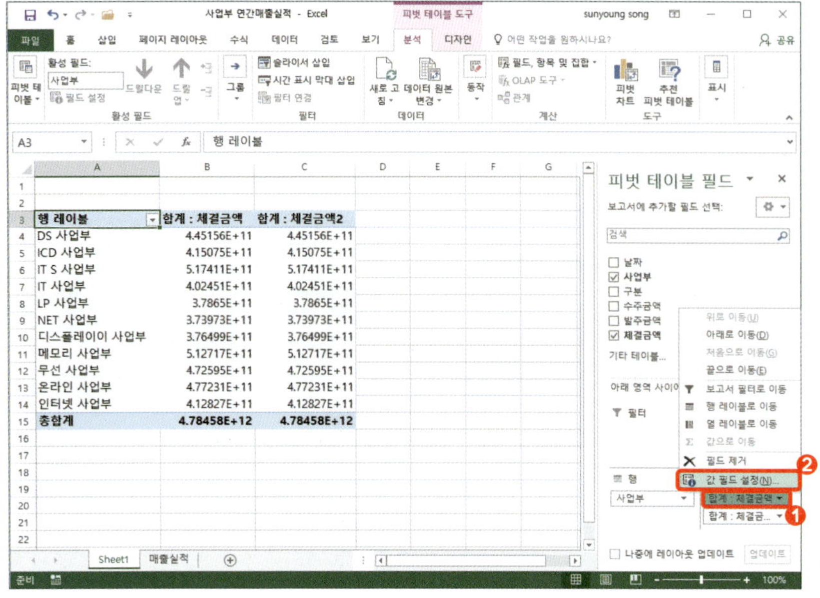

4 [값 필드 설정] 대화상자에서 [사용자 지정 이름]을 **체결금액 합계**로 수정합니다. [표시 형식]을 클릭합니다. [셀 서식] 대화상자의 [표시 형식] 탭에서 [범주]를 [숫자]로 선택하고 [1000 단위 구분 기호(,) 사용]에 체크 표시합니다. [확인]을 클릭합니다. [값 필드 설정] 대화상자에서도 [확인]을 클릭합니다.

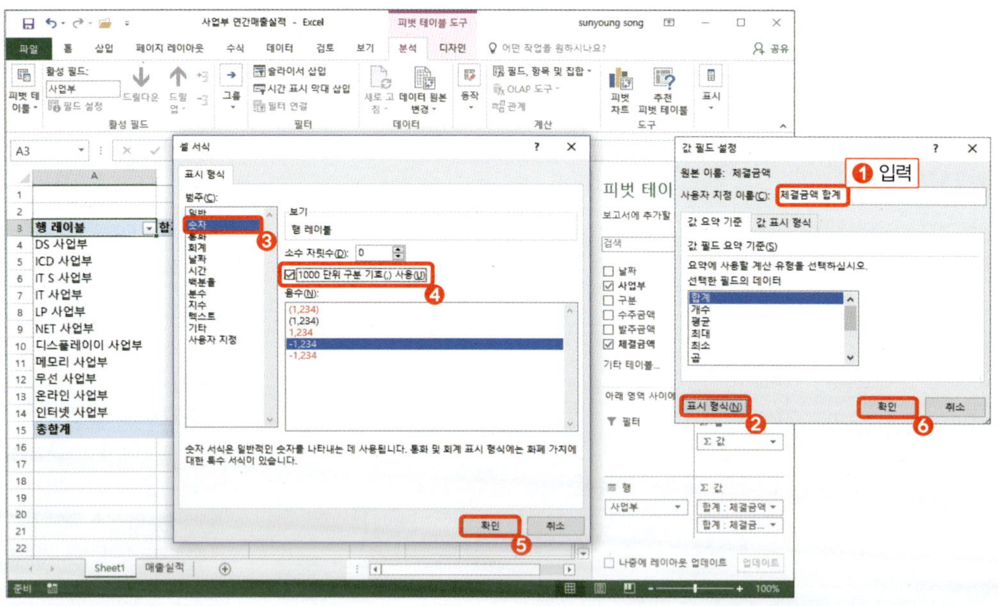

5 **체결금액의 평균 이름과 표시 형식 설정하기** [값] 영역의 두 번째 [합계 : 체결금액]을 클릭합니다. [값 필드 설정]을 선택합니다.

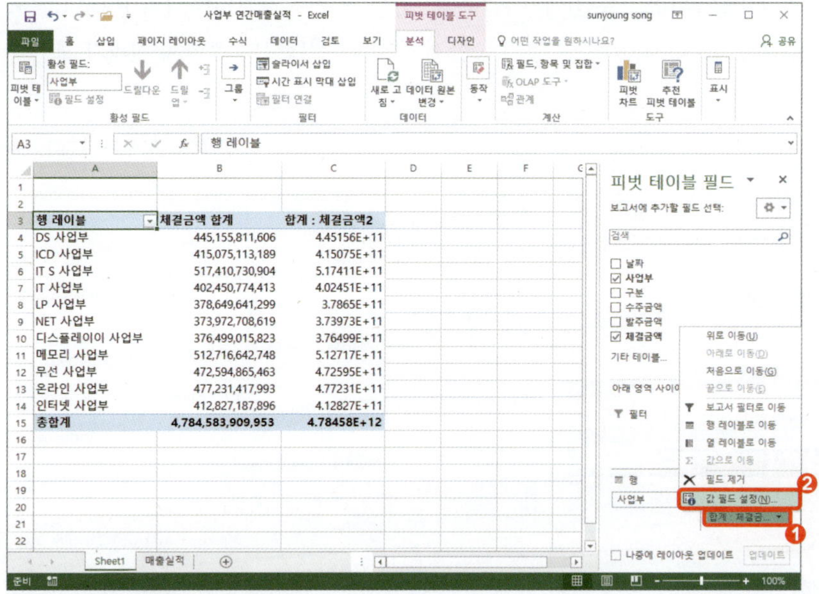

6 [값 필드 설정] 대화상자에서 [선택한 필드의 데이터]로 [평균]을 선택합니다. [사용자 지정 이름]을 **체결금액 평균**으로 수정합니다. [표시 형식]을 클릭합니다. [셀 서식] 대화상자의 [표시 형식] 탭에서 [범주]를 [숫자]로 선택하고 [1000 단위 구분 기호(,) 사용]에 체크 표시합니다. [확인]을 클릭합니다. [값 필드 설정] 대화상자에서도 [확인]을 클릭합니다.

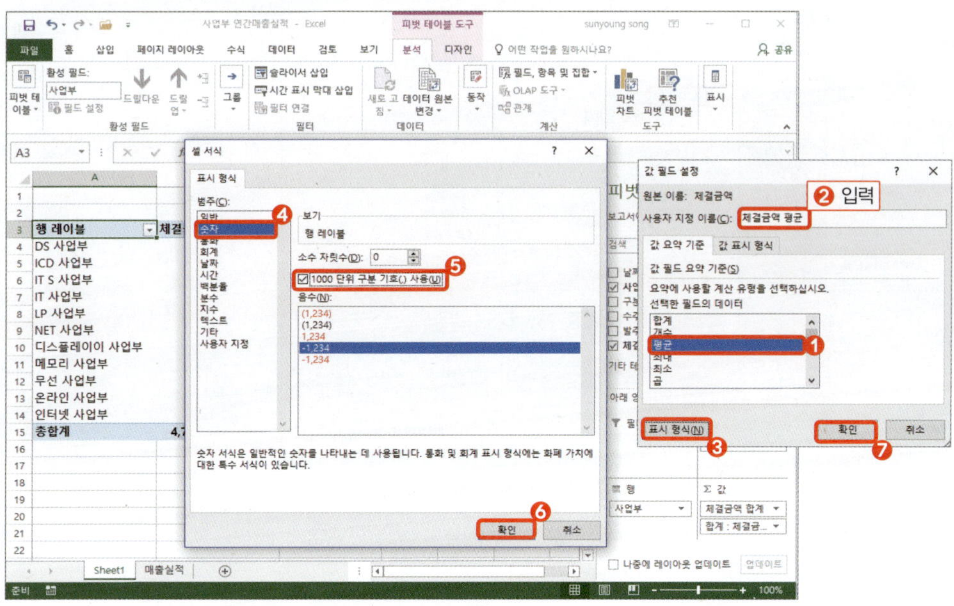

7 **피벗 테이블 디자인 설정하기** [A3] 셀의 '행 레이블'을 **사업부**로 수정합니다. [피벗 테이블 도구]–[디자인] 탭–[피벗 테이블 스타일] 그룹의 스타일 목록에서 [피벗 스타일 보통 13]을 선택합니다. [피벗 테이블 도구]–[디자인] 탭–[피벗 테이블 스타일 옵션]에서 [줄무늬 행]에 체크 표시합니다. [피벗 테이블 도구]–[디자인] 탭–[레이아웃] 그룹–[총합계]–[행 및 열의 총합계 해제]를 선택하여 총합계 결과가 보이지 않도록 설정합니다.

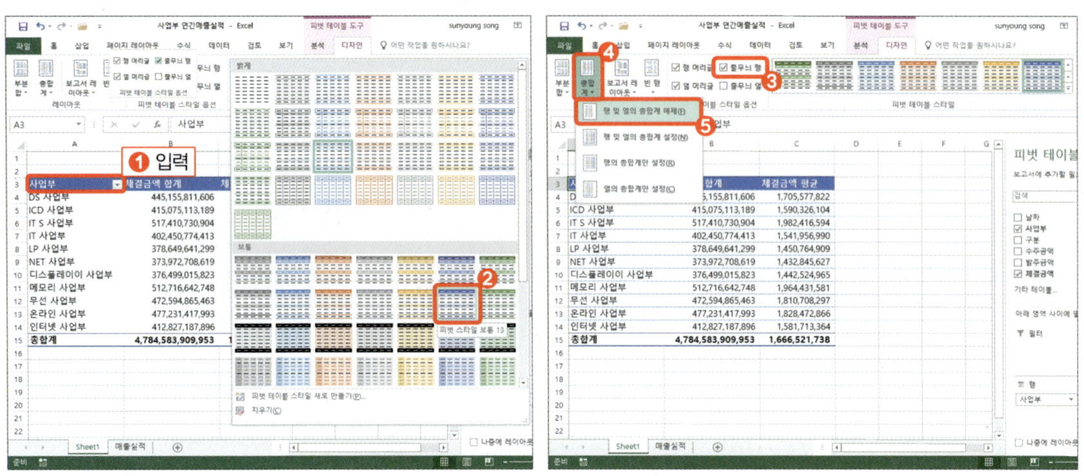

8 **체결금액 중간값 머리글 입력과 서식 복사** [D3] 셀에 **체결금액 중간값**을 입력합니다. [C3:C14] 셀 범위를 선택합니다. [홈] 탭–[클립보드] 그룹–[서식 복사]를 클릭합니다. [D3:D14] 셀 범위를 드래그하여 서식을 붙여넣기합니다.

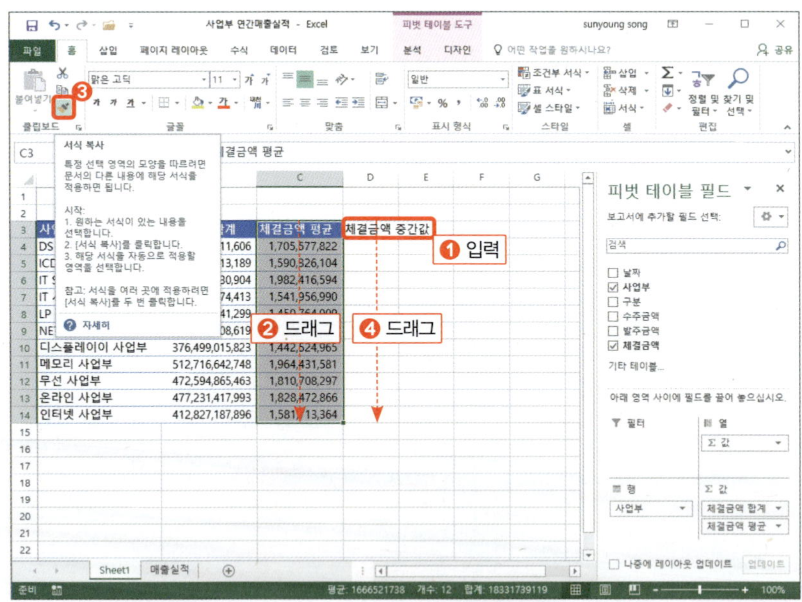

9 **체결 금액의 중간값 계산하기** [홈] 탭-[셀] 그룹-[서식]-[열 너비 자동 맞춤]을 선택합니다. [D4] 셀에 **=MEDIAN(IF(매출실적!$C$4:$C$2874=A4,매출실적!$G$4:$G$2874))**를 입력한 후 [Ctrl]+[Shift]+[Enter]를 눌러 배열 수식으로 입력합니다. [D4] 셀의 채우기 핸들을 더블클릭하여 수식을 복사합니다.

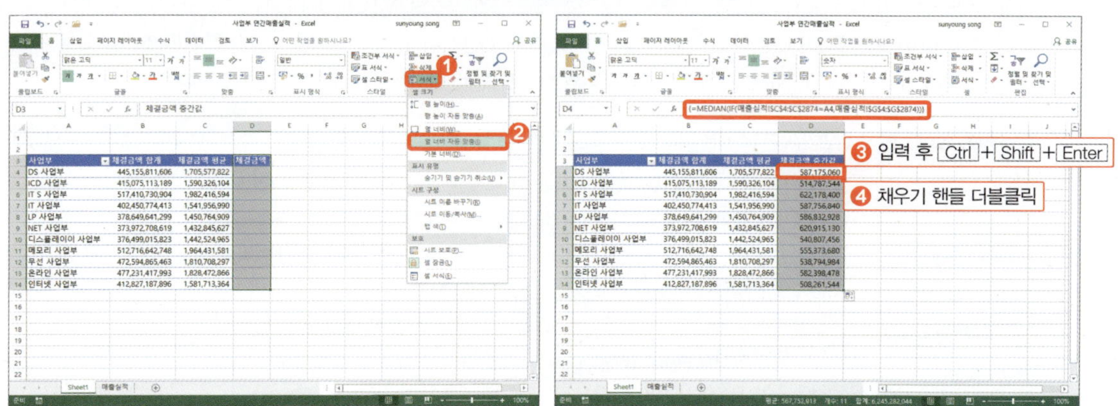

실력 향상 수식 작성 후 [Ctrl]+[Shift]+[Enter]를 눌러 배열 수식으로 입력합니다.

실력 향상 MEDIAN과 IF 함수를 이용한 배열 수식은 입력한 조건을 만족하는 중간값을 구해주며 기존 함수와 다른 형식으로 사용됩니다. 배열 수식 형식은 '=MEDIAN(IF(조건을 찾을 범위=찾을 조건, 중간값을 계산할 범위))'입니다. 사업부 목록이 입력된 [매출실적] 시트의 [$C$4:$C$2874] 셀 범위에서 [A4] 셀에 입력된 'DS 사업부'의 데이터를 찾은 후 [매출실적] 시트의 [$G$4:$G$2874] 셀 범위에서 해당 'DS 사업부'의 체결금액만 추출하여 중간값을 찾아줍니다.

슈퍼 활용 TIP ★★★★★ 평균값과 중간값 알아보기

중간값은 작은 값부터 큰 값 순서대로 나열한 후 가운데 값을 중간값으로 정하는 계산식입니다. 값의 편차가 클 때 평균값보다 평균에 가까운 값을 찾을 수 있는 통계 방법입니다.

참고 파일 | PART 01 \ 사업부 연간 매출실적.xlsx

• 값의 편차가 클 때 평균값(AVERAGE)

	A	B	C	D	E	F	G	H	I	J	K	L
1		평균 값	5,900,000									
3		A회사	직원1	직원2	직원3	직원4	직원5	직원6	직원7	직원8	직원9	직원10
4		지급급여	3,200,000	20,000,000	2,000,000	3,200,000	2,000,000	2,400,000	2,400,000	2,000,000	1,800,000	20,000,000
5	10명 직원의 급여값을 더한 후 인원 수로 나누어 평균값을 구합니다.											
6	① 일반 수식 : ((1,800,000*1명)+(2,000,000*3명)+(2,400,000*2명)+(3,200,000*2명)+(20,000,000*2명))/총 인원 10명=5,900,000원											
7	② 사용되는 엑셀 함수 : AVERAGE(C4:L4)											

• 값의 편차가 클 때 중간값(MEDIAN)

	A	B	C	D	E	F	G	H	I	J	K	L
1		중간값	2,400,000									
3		A회사	직원1	직원2	직원3	직원4	직원5	직원6	직원7	직원8	직원9	직원10
4		지급급여	1,800,000	2,000,000	2,000,000	2,000,000	2,400,000	2,400,000	3,200,000	3,200,000	20,000,000	20,000,000
6	10명 직원의 급여액을 오름차순으로 정렬한 후, 인원수/2=N번째의 값을 중간값으로 정합니다.											
7	① 일반 수식 : 10(자료 개수)/2=5 → 총 10명의 급여중 5번째와 6번째 위치한 값의 평균 값, 2,400,000원이 중간값입니다.											
8	자료의 개수가 짝수인 경우 N/2번째와 (N/2)+1번째의 평균 값이 중간값											
9	자료의 개수가 홀수인 경우 (N+1)/2번째 값이 중간값											
10	② 사용되는 엑셀 함수 : MEDIAN(C4:L4)											

배열 수식은 조건에 따른 결과 값을 얻을 때 주로 사용하는 계산 방법으로 SUM, COUNT, AVERAGE, MAX, MIN, MEDIAN, LARGE, SMALL 등의 함수와 IF 함수를 중첩으로 사용합니다. 함수 형식은 '=일반 함수(IF(조건을 찾을 범위=조건이 입력된 셀),(계산할 범위))'이며 수식 입력 후 Ctrl + Shift + Enter 를 눌러 작성을 완료합니다.

사용 형식	=일반 함수(IF(조건을 찾을 범위=조건이 입력된 셀, 계산할 범위))

함수 목록	• 조건에 맞는 합계 =SUM(IF(조건을 찾을 범위=찾을 조건, 합계를 구할 범위))
	• 조건에 맞는 평균 =AVERAGE(IF(조건을 찾을 범위=찾을 조건, 평균을 구할 범위))
	• 조건에 맞는 개수 =COUNT(IF(조건을 찾을 범위=찾을 조건, 개수를 구할 범위))
	• 조건에 맞는 최댓값 =MAX(IF(조건을 찾을 범위=찾을 조건, 최댓값을 구할 범위))
	• 조건에 맞는 최솟값 =MIN(IF(조건을 찾을 범위=찾을 조건, 최솟값을 구할 범위))
	• 조건에 맞는 중간값 =MEDIAN(IF(조건을 찾을 범위=찾을 조건, 중간값을 구할 범위))
	• 조건에 맞는 지정한 순위의 큰 값
	  =LARGE(IF(조건을 찾을 범위=찾을 조건, 순위에 맞는 큰 값을 구할 범위), 순위)
	• 조건에 맞는 지정한 순위의 작은 값
	  =SMALL(IF(조건을 찾을 범위=찾을 조건, 순위에 맞는 작은 값을 구할 범위), 순위)

10 사업부별 순위 구하기 체결금액의 합계 값으로 사업부별 순위를 구해보겠습니다. [E3] 셀에 **순위**를 입력합니다. [D3:D14] 셀 범위를 선택한 후 [홈] 탭-[클립보드] 그룹-[서식 복사]를 클릭합니다. [E3:E14] 셀 범위를 드래그하여 서식을 붙여넣기합니다. [E4] 셀을 클릭합니다. [수식] 탭-[함수 라이브러리] 그룹-[함수 더 보기]-[통계]-[RANK.EQ]를 선택합니다.

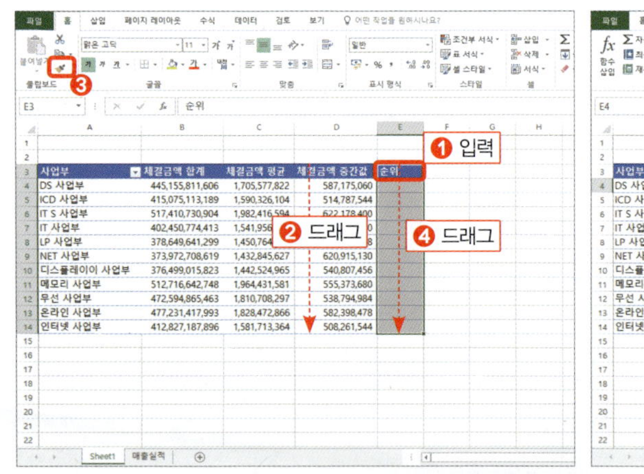
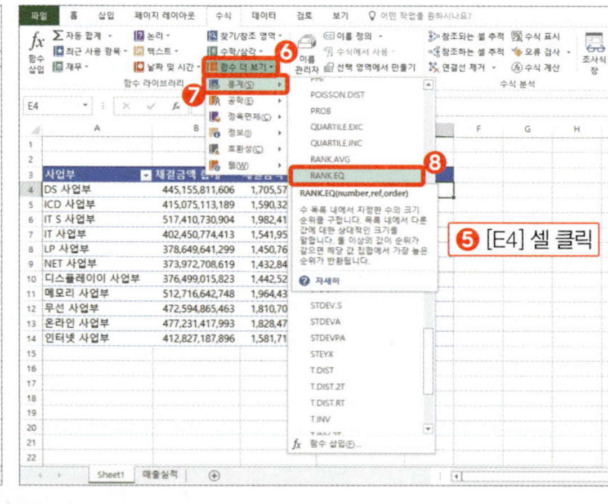

RANK.EQ는 엑셀 2010 이전 버전의 RANK와 같은 함수입니다.

11 [함수 인수] 대화상자에서 [Number]에 **B4**, [Ref]에 **$B$4:$B$14**, [Order]에 **0**을 입력합니다. [확인]을 클릭합니다. [E4] 셀의 채우기 핸들을 더블클릭하여 수식을 복사합니다.

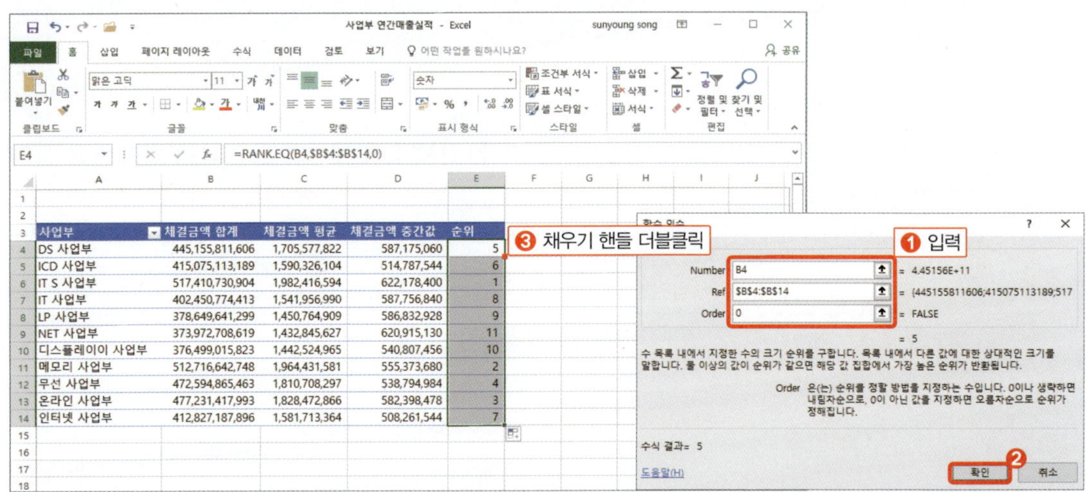

실력 향상 함수 형식은 'RANK.EQ(순위를 구할 값, 순위를 구할 숫자 범위, 옵션)'입니다. [$B$4:$B$14] 셀 범위에서 [B4] 셀에 입력된 숫자의 크기 순위를 구합니다. 합계가 가장 높은 순에서 낮은 순으로 순위를 지정하기 위해 [Order]에 내림차순 0을 입력합니다.

실력 향상 [Number]에 인수 입력 시 [B4] 셀을 클릭하면 피벗 테이블의 일부 데이터로 피벗 테이블의 값을 가져오는 GETPIVOTDATA 함수가 사용되므로 B4를 직접 입력해야 합니다.

슈퍼활용 TIP ★★★★★ RANK.EQ, RANK.AVG 함수 알아보기

기존의 RANK 함수가 엑셀 2010 버전부터는 RANK.EQ, RANK.AVG 함수로 구분되었습니다. RANK 함수는 함수 마법사에서 제공하지 않지만 셀에 직접 수식을 입력하면 함수 목록으로 표시됩니다. 만약 엑셀 2007 이하 버전에서도 통합 문서를 열어야 한다면 순위를 구할 때 RANK 함수를 사용합니다.

❶ **RANK.EQ** : 동점자가 있을 때 순위를 같은 숫자로 표시하고 다음 순위는 표시하지 않는 함수입니다. 2등이 두 명이면 둘 다 2등으로 표시하고, 그 다음 순위는 4등이 표시됩니다.

❷ **RANK.AVG** : 동점자가 있을 때 해당 순위의 숫자를 평균 숫자로 표시하는 함수입니다. 2등이 두 명이면 2.5등으로 순위를 표시합니다.

함수 형식	=RANK.EQ(Number, Ref, Order) =RANK.EQ(순위를 구할 값, 순위를 구할 숫자 범위, 옵션) =RANK.AVG(Number, Ref, Order) =RANK.AVG(순위를 구할 값, 순위를 구할 숫자 범위, 옵션)
인수	• Number : 순위를 구할 숫자 데이터입니다. 숫자를 직접 입력하거나 숫자가 입력되어 있는 셀 주소를 지정합니다. • Ref : 순위를 구하기 위해 비교할 숫자 데이터 범위입니다. • Order : 순위 방식을 지정하는 옵션입니다. 0을 입력(또는 생략 가능)하면 내림차순으로 순위가 구해지고, 0이 아닌 다른 값을 입력하면 오름차순으로 순위가 구해집니다.

통계 관련 함수 알아보기

1 MEDIAN 함수

숫자 데이터에서 중간에 놓인 값을 구하는 함수입니다. 전체 숫자 데이터 값 가운데 편차가 큰 값이 존재하면 평균은 편차가 큰 값의 영향을 받지만 중간값은 편차가 큰 값에 영향을 받지 않습니다.

함수 형식	=MEDIAN(Number1, Number2, …) =MEDIAN(범위1, 범위2, …)
인수	• Number : 숫자 데이터가 입력된 셀 범위로 한 번에 지정하거나 따로따로 지정할 수도 있습니다.

2 TRIMMEAN 함수

평균을 구할 때 상위, 하위 값 중에서 몇 개를 제외하고 평균을 구하는 함수입니다. 상위, 하위에서 제외할 퍼센트를 정할 수 있을 뿐만 아니라 상위, 하위에서 몇 개를 제외한 평균도 한 번에 구할 수 있습니다.

함수 형식	=TRIMMEAN(Array, Percent) =TRIMMEAN(범위, 제외할 퍼센트)
인수	• Array : 평균을 구할 숫자가 입력된 셀 범위입니다. • Percent : 평균 계산에서 제외할 비율로 20% 또는 0.2로 입력합니다.

3 MODE.SNGL 함수

데이터 범위 안에서 출현 빈도가 가장 높은 값, 최빈값을 구하는 함수입니다. 엑셀 2007 이하 버전에서는 MODE 함수를 사용하고 엑셀 2010 버전부터는 MODE.SNGL 함수를 사용합니다.

함수 형식	=MODE.SNGL(Number1, Number2, …) =MODE.SNGL(범위1, 범위2, …)
인수	• Number : 숫자 데이터가 입력된 셀 범위로 한 번에 지정하거나 따로따로 지정할 수도 있습니다.

26 추출된 데이터에 일련번호 매기고 요약 값 확인하기

SUBTOTAL 함수는 숨겨진 데이터를 제외하고 화면에 표시되는 데이터만을 이용하여 통계 값을 확인할 때 사용합니다. SUBTOTAL 함수로 화면에 표시되는 데이터의 번호를 재설정하고 추출된 데이터의 통계 값을 구해보겠습니다.

실습 파일 | PART 01 \ 26_사무용품 신청목록.xlsx **완성 파일 |** PART 01 \ 26_사무용품 신청목록(완성).xlsx

사무용품 신청목록

지역	신청번호	상품코드	대분류	상품명	수량	판매가	결제유형	접수유형
서울 강동지사	B100027	NM85878	사무용품	시스맥스 서류받침 3단	2	8,300	카드결제	TM
서울 강남지사	B100209	NM21628	사무용품	아톰 3공 PP링바인더 A4 (폭25mm,회)	5	2,037	착불	FAX
서울 강동지사	B101687	NM29413	생활용품가전	복숭아 홍차	1	2,700	카드결제	SM
서울 강남지사	B101814	NM36593	사무용품	문화 LA 바인더 A4 (70mm,흑)	2	2,813	착불	FAX
서울 강동지사	B101954	NM11287	생활용품가전	국제 둥글레차	1	1,590	월말결제	TM
서울 강동지사	B102819	NM29319	생활용품가전	초록매실 (1.5 PET)	10	2,450	월말결제	SM
서울 강동지사	B103016	NM98796	생활용품가전	각티슈 (3개입)	2	3,900	카드결제	TM
서울 강동지사	B263970	NM16099	생활용품가전	Energizer MAX 건전지(123A,B1)	2	4,559	착불	TM
경기지사	B105576	NM28692	사무용품	모나미 젤러펜 502 0.5 (적)	20	314	카드결제	SM
서울 강동지사	B105793	NM30761	사무용품	투명 핸드화일 CFC-101	2	2,000	카드결제	TM
서울 강동지사	B106823	NM78757	사무용품	문화 투명화일 A4 (청,10권Set)	10	1,649	월말결제	TM
서울 강동지사	B107273	NM79355	사무용품	문화 투명화일 A4 (녹,10권Set)	10	1,649	월말결제	TM
서울 강동지사	B107838	NM33795	생활용품가전	맥심 디카페인 믹스	3	3,000	카드결제	TM
서울 강남지사	B110638	NM11788	생활용품가전	생수용 종이컵	16	1,350	착불	SM
서울 강동지사	B110876	NM69774	사무용품	NCR 계산서	50	970	월말결제	TM
경기지사	B111091	NM28429	사무용품	문화 클리어화일 A4 20매 (적,F420-7)	5	1,568	카드결제	SM
서울 강동지사	B111149	NM19951	잉크토너	iplus 재생잉크 IP6615A (HP C6615A 재생)	2	17,500	착불	TM
인천지사	B112023	NM39049	잉크토너	삼성 마이젯잉크 M50	1	42,140	월말결제	SM

사무용품 신청목록

수량 합계	판매가 합계금액	판매가 평균금액
15	585,942	39,063

번호	지역	신청번호	상품코드	대분류	상품명	수량	판매가	결제유형	접수유형
1	경기지사	B177748	NM21431	잉크토너	아이피스 재생토너 HP 4100 시리즈 (C8061A 슈퍼)	1	49,980	카드결제	SM
2	경기지사	B225969	NM22204	잉크토너	HP 디자인젯 잉크 C4837A	1	42,630	카드결제	SM
3	경기지사	B235589	NM38552	잉크토너	아이피스 재생토너 HP 5000 시리즈 (C4129X, EP-62 슈퍼)	1	60,760	카드결제	SM
4	경기지사	B311244	NM57898	잉크토너	아이피스 재생토너 HP 4100 시리즈 (C8061A 슈퍼)	1	49,980	카드결제	SM
5	경기지사	B344660	NM69800	잉크토너	아이피스 재생토너 삼성 CF6800 (슈퍼)	1	47,040	카드결제	SM
6	경기지사	B458025	NM68668	잉크토너	아이피스 재생토너 HP 4100 시리즈 (C8061A 슈퍼)	1	49,980	카드결제	SM
7	경기지사	B478612	NM35547	잉크토너	EPSON S020189	1	26,362	카드결제	SM
8	경기지사	B487252	NM86889	잉크토너	EPSON S020191	1	29,400	카드결제	SM
9	경기지사	B495027	NM80861	잉크토너	Inktec HPI-5057C (HP C6657A)	1	14,700	카드결제	SM
10	경기지사	B604070	NM33160	잉크토너	HP C6658A	1	30,968	카드결제	SM
11	경기지사	B627757	NM32891	잉크토너	EPSON S020189	1	26,362	카드결제	SM
12	경기지사	B678253	NM25712	잉크토너	아이피스 재생토너 HP 4100 시리즈 (C8061A 슈퍼)	1	49,980	카드결제	SM
13	경기지사	B680339	NM14766	잉크토너	HP C4844A	1	39,200	카드결제	SM
14	경기지사	B858320	NM63412	잉크토너	HP C4844A	1	39,200	카드결제	SM
15	경기지사	B988520	NM21770	잉크토너	EPSON S020191	1	29,400	카드결제	SM

회사에서 바로 통하는 키워드

SUBTOTAL, 필터

1 **번호 입력할 열 삽입하기** B열을 선택합니다. 마우스 오른쪽 버튼을 클릭한 후 [삽입]을 선택합니다. [삽입 옵션]을 클릭하고 [오른쪽과 같은 서식]을 선택합니다.

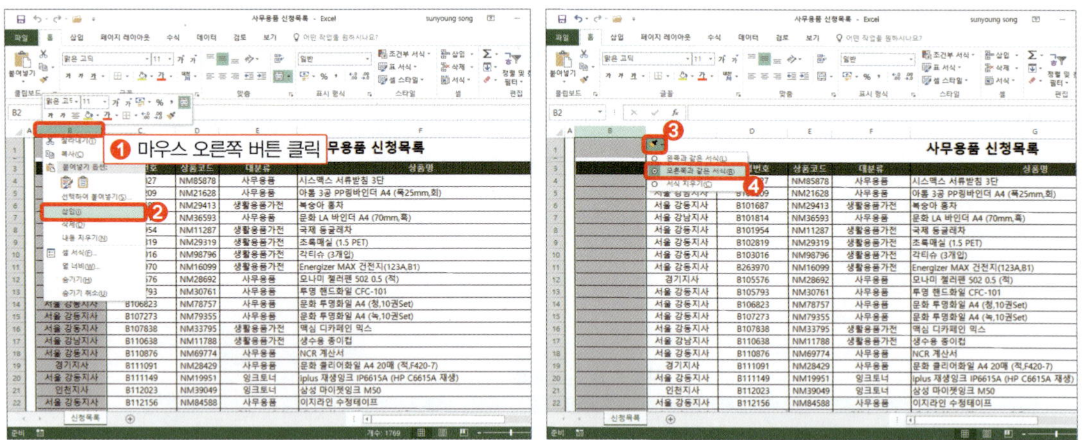

2 **번호 표시 수식 입력하기** [B3] 셀에 **번호**를 입력합니다. [B4] 셀을 클릭합니다. [수식] 탭-[함수 라이브러리] 그룹-[수학/삼각]-[SUBTOTAL]을 선택합니다. [함수 인수] 대화상자에서 [Function_num]에 **3**, [Ref1]에 **$C$4:C4**를 입력합니다. [확인]을 클릭합니다.

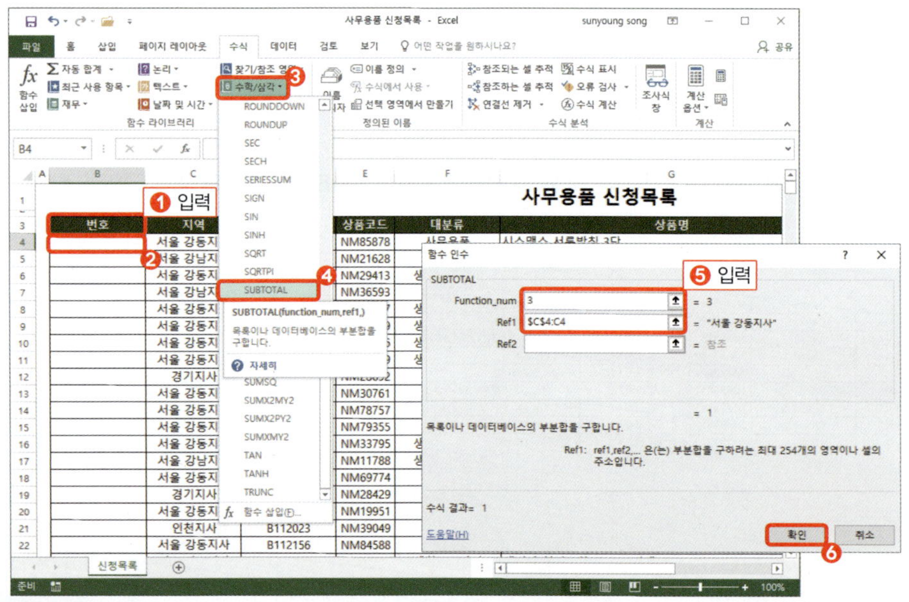

실력 향상 함수 형식은 'SUBTOTAL(함수 번호, 계산할 범위)'으로 함수 번호 3은 비어 있지 않은 데이터의 개수를 세는 함수 번호입니다. 고정된 [$C$4] 셀부터 [C4] 셀까지 누적된, 비어 있지 않은 데이터의 개수를 구하고 해당 개수를 번호로 사용합니다. [B4] 셀에서는 절대 참조된 [$C$4] 셀부터 상태 참조된 [C4] 셀까지의 누적된 데이터 개수인 1, [B5] 셀에서는 고정된 [$C$4] 셀부터 [C5] 셀까지의 개수인 2를 표시합니다. 고정된 셀부터 현재 셀까지 입력된 데이터의 누적 개수를 계산하여 표시하는 방법입니다.

3 [B4] 셀의 채우기 핸들을 더블클릭하여 수식을 복사합니다. B열 머리글의 경계선을 드래그하여 너비를 조절합니다. [B4] 셀을 클릭한 후 Ctrl + ↓를 누릅니다. B열의 마지막 데이터가 있는 [B1770] 셀로 이동합니다. [B1770] 셀의 채우기 핸들을 아래로 한 칸 더 드래그하여 수식을 복사합니다.

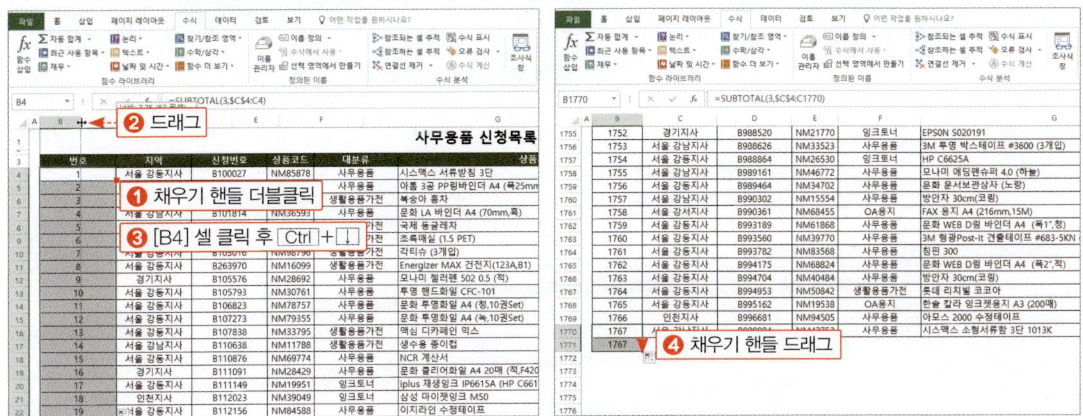

실력 향상 C열에 입력된 데이터의 누적 개수를 구하는 수식으로 [C1771] 셀에 입력된 데이터가 없으므로 [B1770] 셀과 [B1771] 셀의 결과가 같게 표시됩니다. 수식이 입력된 마지막 행이 매번 필터되는 오류를 해결하기 위해 결과와 상관없이 수식을 복사합니다.

4 1771행을 선택합니다. 마우스 오른쪽 버튼을 클릭합니다. [숨기기]를 선택합니다. [B1770] 셀을 클릭한 후 Ctrl + ↑를 눌러 데이터 맨 위쪽으로 이동합니다.

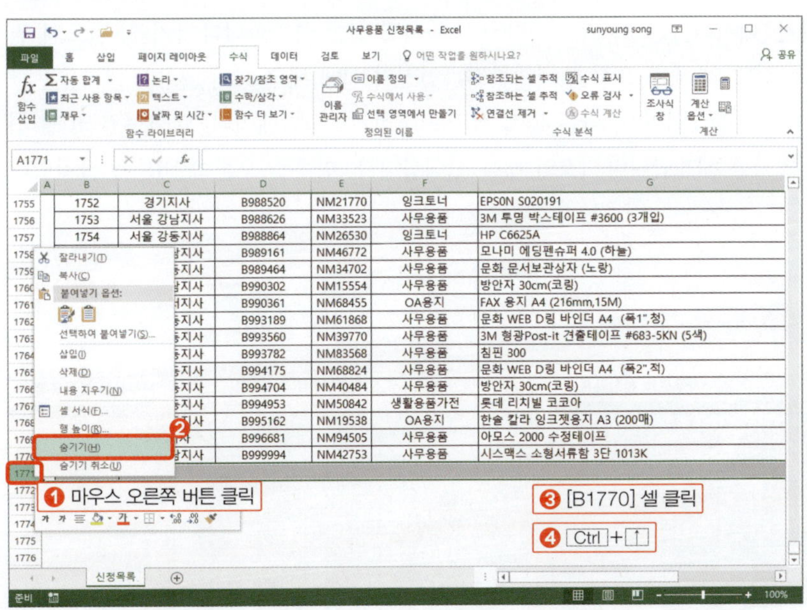

SUBTOTAL 함수로 번호를 매긴 후 [필터]를 이용하여 데이터를 추출하면 아래 이미지와 같이 마지막 데이터인 1770행이 매번 필터링됩니다. SUBTOTAL 수식이 입력된 가장 마지막 행이 필터링되는 것이므로 번호 매기기 수식을 한 칸 더 복사한 후 숨기기하여 마지막 데이터가 필터할 때 표시되는 오류를 해결합니다.

5 **필요 데이터만 필터링하기** [데이터] 탭-[정렬 및 필터] 그룹-[필터]를 클릭합니다. [지역] 필드의 필터 단추를 클릭합니다. [모두 선택]의 체크 표시를 해제한 후 [인천지사]에 체크 표시합니다. [확인]을 클릭합니다. [인천지사]의 데이터만 추출됩니다. 다른 통계 결과도 구하기 위해 [데이터] 탭-[정렬 및 필터] 그룹-[지우기]를 클릭하여 필터를 해제합니다. [3:5] 행을 선택합니다. 마우스 오른쪽 버튼을 클릭합니다. [삽입]을 선택합니다.

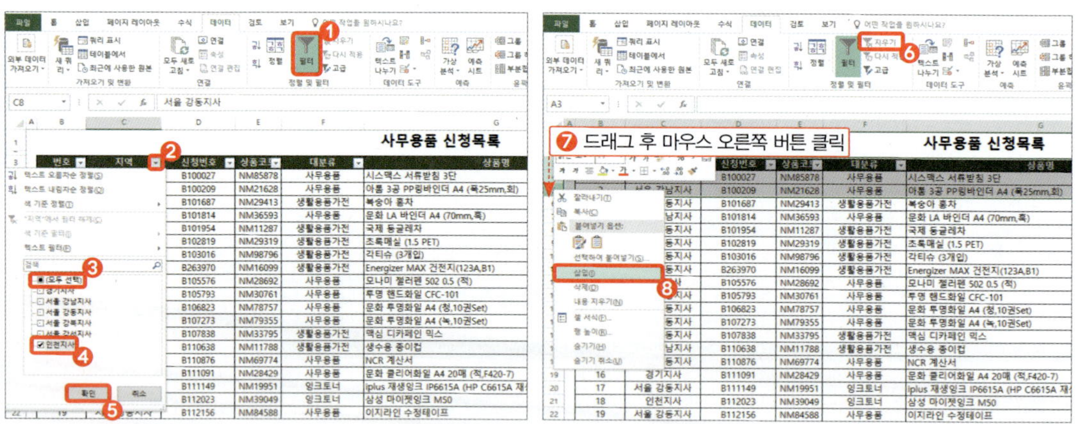

6 합계와 평균을 표시할 열 머리글 입력하기 [3:4] 행을 선택한 후 경계선을 드래그하여 높이를 조절합니다. [B3] 셀에 **수량 합계**, [C3] 셀에 **판매가 합계금액**, [D3] 셀에 **판매가 평균금액**을 각각 입력합니다.

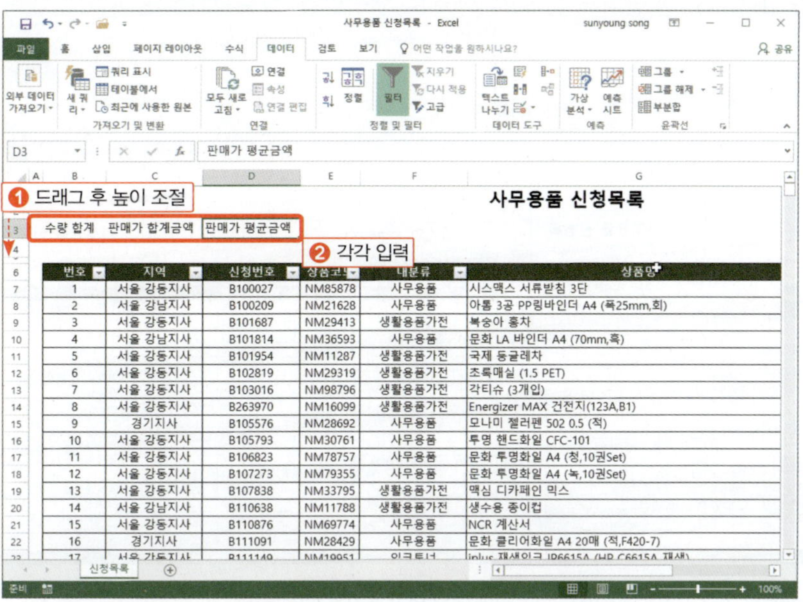

7 표 서식으로 서식 적용하기 [B3:D4] 셀 범위를 선택합니다. [홈] 탭-[스타일] 그룹-[표 서식]-[표 스타일 보통 21]을 선택합니다. [표 서식] 대화상자에서 [머리글 포함]에 체크 표시합니다. [확인]을 클릭합니다. 표 서식이 적용됩니다.

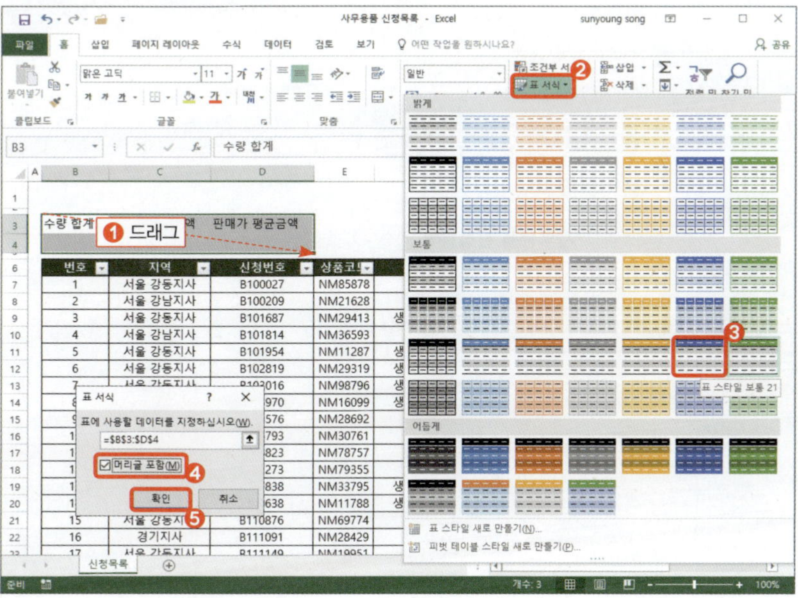

8 표 서식 일반 범위로 변환하기 표 서식은 그대로 두고 일반 셀 형태로 변환하기 위해 [표 도구]-[디자인] 탭-[도구] 그룹-[범위로 변환]을 클릭합니다. '표를 정상 범위로 변환하시겠습니까?'라는 메시지가 나타나면 [예]를 클릭합니다. [B3:D3] 셀 범위를 선택합니다. [홈] 탭-[맞춤] 그룹-[가운데 맞춤]을 클릭합니다.

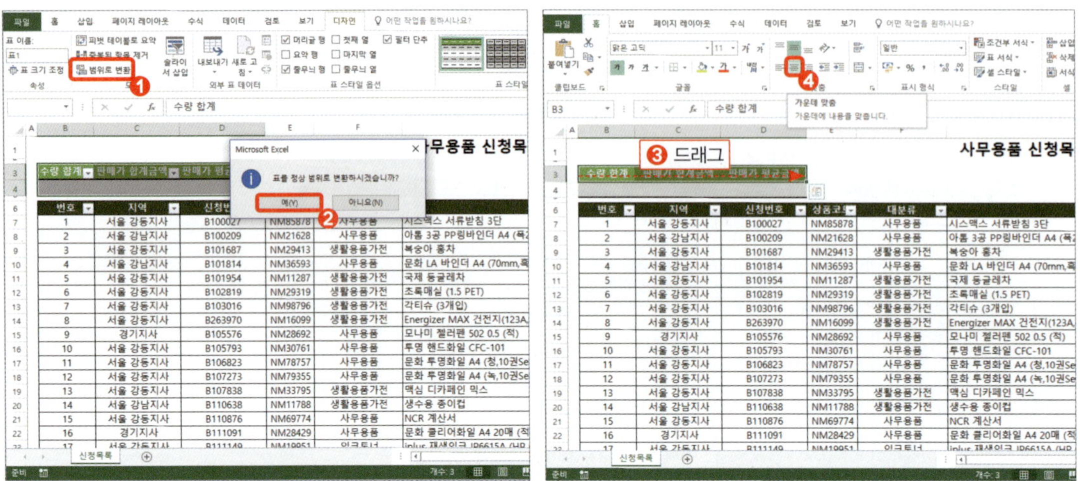

9 수량의 합계 구하기 [B4] 셀을 클릭합니다. [수식] 탭-[함수 라이브러리] 그룹-[수학/삼각]-[SUBTOTAL]을 선택합니다. [함수 인수] 대화상자에서 [Function_num]에 함수 번호인 **9**, [Ref1]에 **H7:H1773**을 입력합니다. [확인]을 클릭합니다.

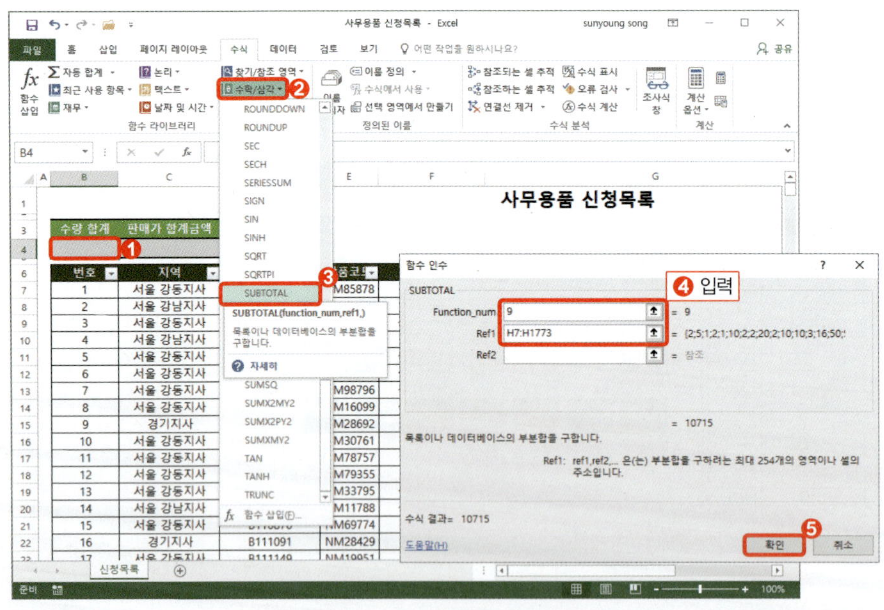

10 판매가의 합계와 평균 구하기 [B4] 셀을 클릭한 후 채우기 핸들을 오른쪽으로 드래그하여 [C4] 셀에 수식 복사합니다. 평균금액도 구하겠습니다. [D4] 셀을 클릭합니다. 수식 입력줄에 **=SUBTOTAL( )**을 입력한 후 수식 입력줄에서 [함수 삽입]을 클릭합니다. [함수 인수] 대화상자에서 [Function_num]에 **1**, [Ref1]에 **I7:I1773**을 입력합니다. [확인]을 클릭합니다. [B4:D4] 셀 범위를 선택합니다. [홈] 탭-[표시 형식] 그룹-[쉼표 스타일]을 클릭합니다.

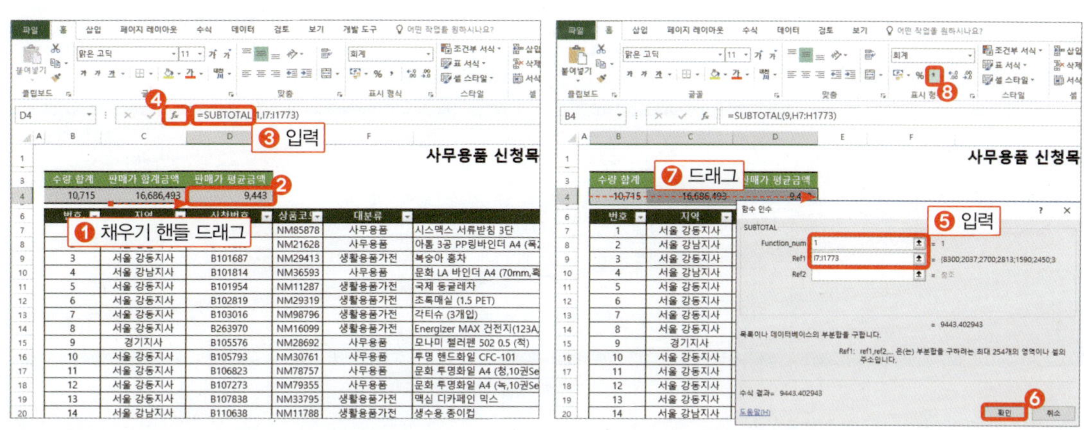

슈퍼활용 TIP ★★★★★   SUBTOTAL 함수 알아보기

화면에 표시된 데이터의 집계를 구해주는 함수로 주로 자동 필터 기능과 함께 사용되는 함수입니다.

함수 형식	=SUBTOTAL(Function_num, Ref1, Ref2, …) =SUBTOTAL(함수 번호, 셀 범위1, 셀 범위2, …)
인수	• Function_num : 계산할 함수 번호를 지정합니다. (1-AVERAGE, 2-COUNT, 3-COUNTA, 4-MAX, 5-MIN, 6-PRODUCT, 7-STDEV, 8-STDEVP, 9-SUM, 10-VAR, 11-VARP) • Ref : 계산할 셀 범위를 지정합니다.

셀에 직접 '=SUBTOTAL('까지 입력하면 [Function_num] 함수 목록과 각 함수의 숫자를 확인할 수 있습니다. 목록에서 사용할 함수 번호를 더블클릭하여 선택하거나 방향키로 함수를 선택한 후 Tab 을 눌러 자동으로 입력할 수 있습니다.

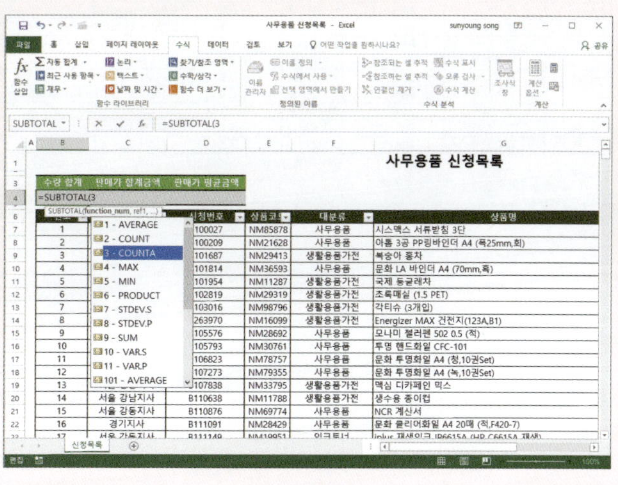

11 **데이터 필터하여 결과 확인하기** [지역] 필드의 필터 단추를 클릭합니다. [모두 선택]의 체크 표시를 해제한 후 [경기지사]에 체크 표시합니다. [확인]을 클릭합니다. [대분류] 필드의 필터 단추를 클릭합니다. [모두 선택]의 체크 표시를 해제한 후 [잉크토너]에 체크 표시합니다. [확인]을 클릭합니다.

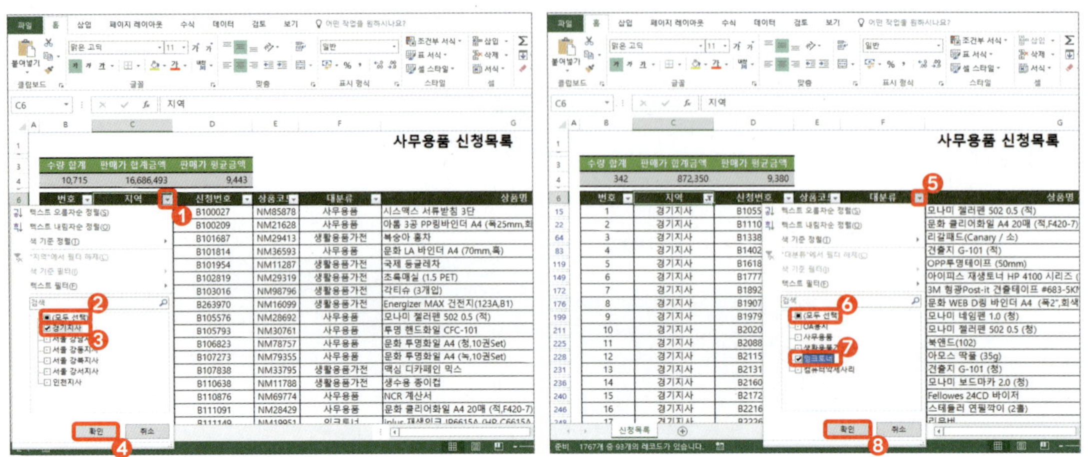

12 [경기지사] 지역에서 신청한 [잉크토너] 데이터를 확인할 수 있습니다. 번호에서 필터된 데이터의 개수를 확인할 수 있으며 수량의 합계와 판매가의 합계, 평균을 확인할 수 있습니다.

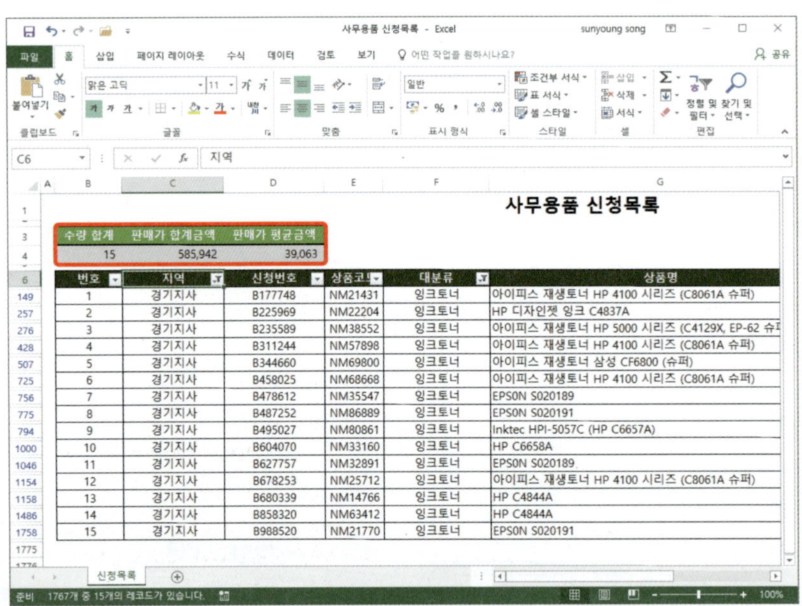

27
추출된 제품의 누적된 입/출고 현황으로 현재 재고량 파악하기

품목별 입/출고 현황 데이터에서 SUMIF 함수를 이용하여 품목의 재고량을 구한 후 자동 필터로 선택한 품명의 입고량과 출고량, 누적 재고량을 확인해보겠습니다. 또 조건부 서식을 이용하여 입고와 출고 개수가 가장 많은 데이터도 확인해보겠습니다.

실습 파일 | PART 01 \ 27_품목별 재고량.xlsx　　**완성 파일** | PART 01 \ 27_품목별 재고량(완성).xlsx

미리 보기

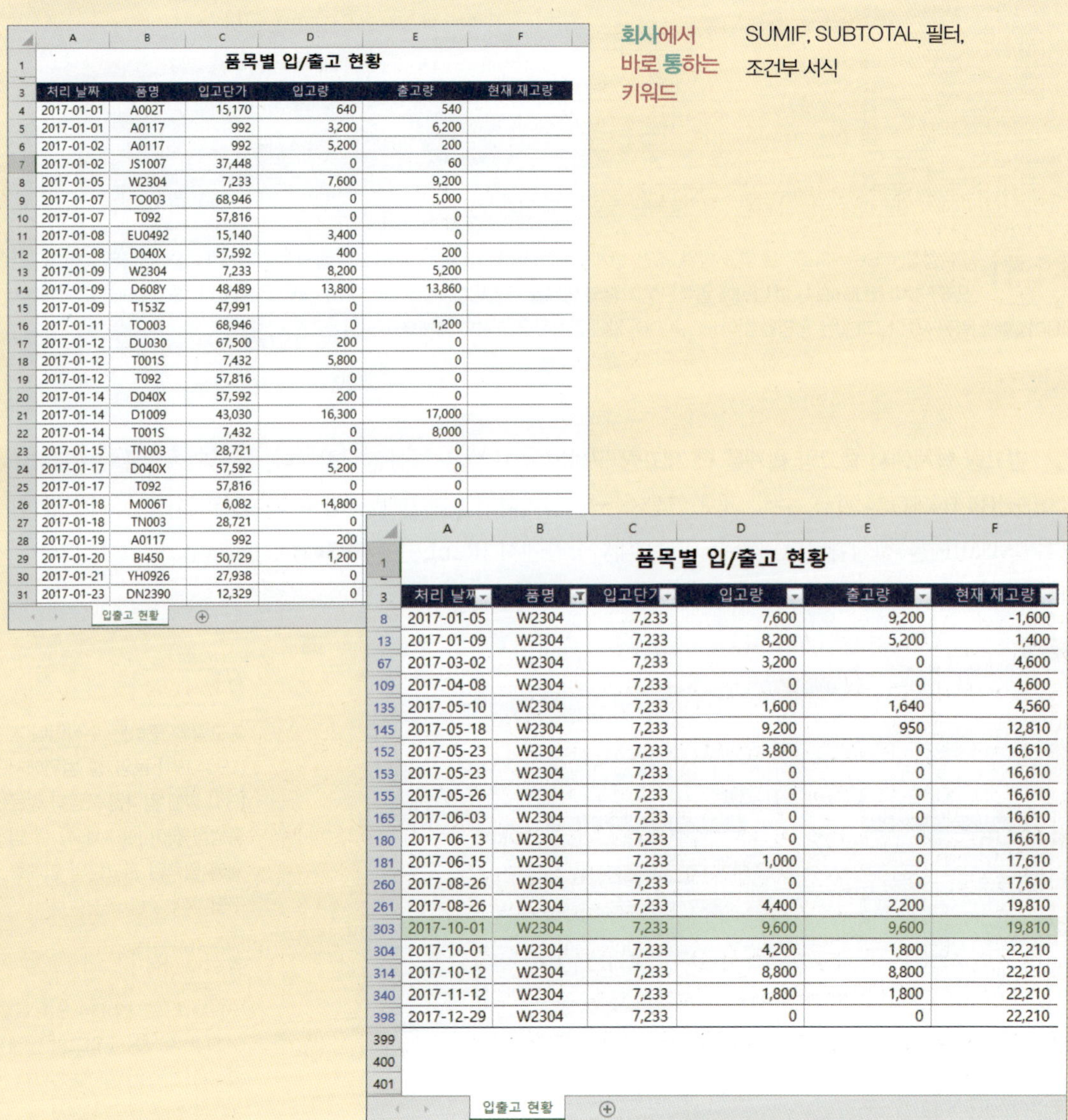

회사에서 바로 통하는 키워드　　SUMIF, SUBTOTAL, 필터, 조건부 서식

1 SUMIF 함수로 입고량 합계 구하기 [F4] 셀을 클릭합니다. [수식] 탭–[함수 라이브러리] 그룹–[수학/삼각]–[SUMIF]를 선택합니다. [함수 인수] 대화상자에서 [Range]에 **$B$4:B4**, [Criteria]에 **B4**, [Sum_Range]에 **$D$4:D4**를 입력합니다. [확인]을 클릭합니다.

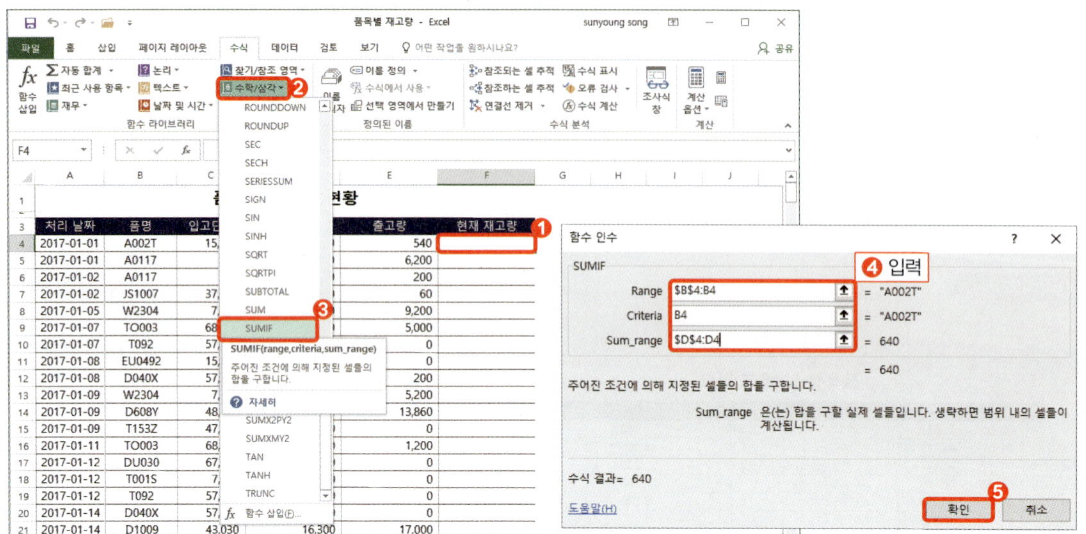

실력 향상 함수 형식은 'SUMIF(조건을 찾을 범위, 조건, 합계를 구할 범위)'입니다. [$B$4:B4] 품명 범위에서 [B4]에 입력된 품명과 같은 품명을 찾아 [$D$4:D4] 셀 범위에 입력된 입고량의 합계를 구합니다. 예를 들어 [F6] 셀에서 구한다면 [$B$4:B6] 셀 범위에서 [B6]셀에 입력된 A0117과 같은 품명을 찾아 [$D$4:D6] 셀에 입력된 입고량의 합계를 구하는 수식입니다.

2 입고량 합계에서 출고량 합계를 뺀 재고량 구하기 [F4] 셀을 더블클릭합니다. 입력되어 있는 '=SUMIF($B$4:B4,B4,$D$4:D4)' 수식 뒤에 연산자 **–**를 입력하고 [수식] 탭–[함수 라이브러리] 그룹–[수학/삼각]–[SUMIF]를 선택합니다. [함수 인수] 대화상자에서 [Range]에 **$B$4:B4**, [Criteria]에 **B4**, [Sum_Range]에 **$E$4:E4**를 입력합니다. [확인]을 클릭합니다.

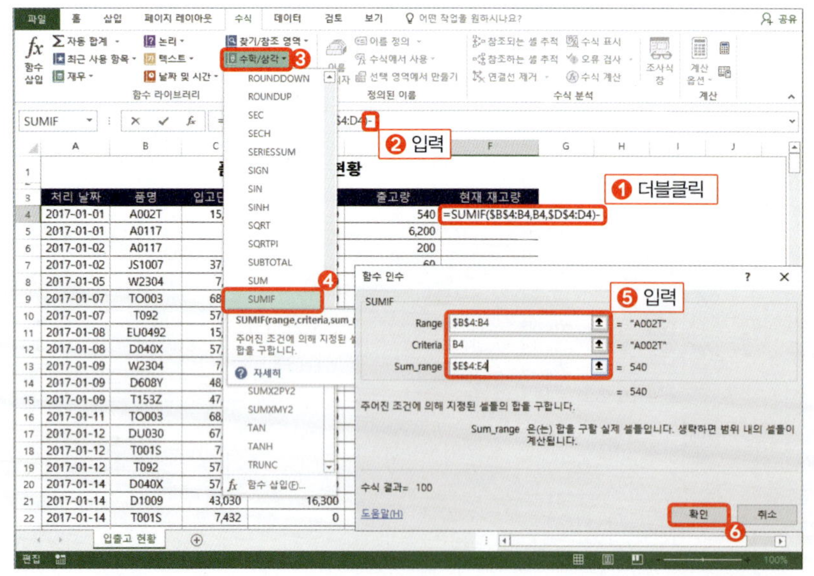

실력 향상

출고량을 구하는 수식입니다. [$B$4:B4] 품명 셀 범위에서 [B4] 셀에 입력된 품명과 같은 품명을 찾아 [$E$4:E4] 셀 범위에 입력된 출고량의 합계를 구합니다.

실력 향상

'SUMIF($B$4:B4,B4,$D$4:D4)' 수식에서 입고량 합계를 구하고, 'SUMIF($B$4:B4, B4, $E$4:E4)' 수식에서 출고량을 구해 입고량에서 출고량을 빼 현재 재고량을 구합니다.

3 [F4] 셀의 채우기 핸들을 더블클릭하여 수식을 복사합니다. 수식이 복사되면서 서식도 함께 복사되어 서식이 변경됩니다. [채우기 옵션]을 클릭하고 [서식 없이 채우기]를 선택합니다. [A3] 셀을 클릭합니다. [데이터] 탭-[정렬 및 필터] 그룹-[필터]를 클릭합니다.

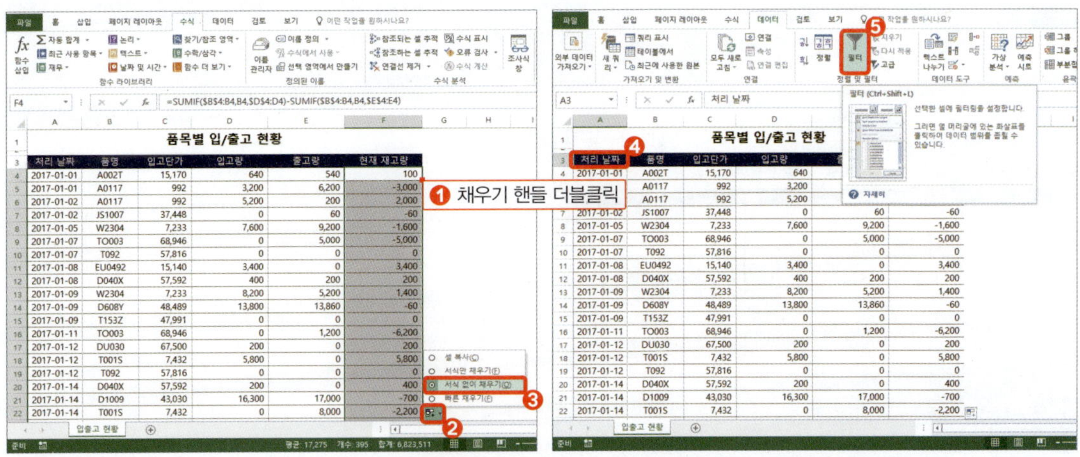

4 **특정 품명 필터링하기** [품명] 필드의 필터 단추를 클릭합니다. [모두 선택]의 체크 표시를 해제한 후 [W2304]에 체크 표시합니다. [확인]을 클릭합니다. 선택한 [W2304] 품명의 날짜별 현재 재고량이 표시됩니다.

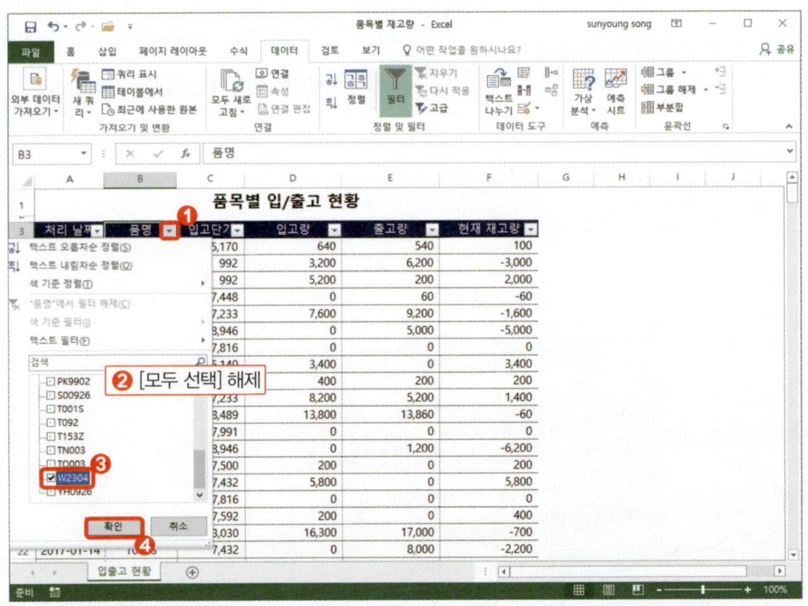

5 **입고량이 많은 데이터 구분되도록 조건부 서식 설정하기** [데이터] 탭-[정렬 및 필터] 그룹-[지우기]를 클릭하여 필터를 해제합니다. [A4] 셀을 클릭합니다. Ctrl + Shift + →를 누른 후 Ctrl + Shift + ↓를 눌러 [A4:F398] 셀 범위를 선택합니다.

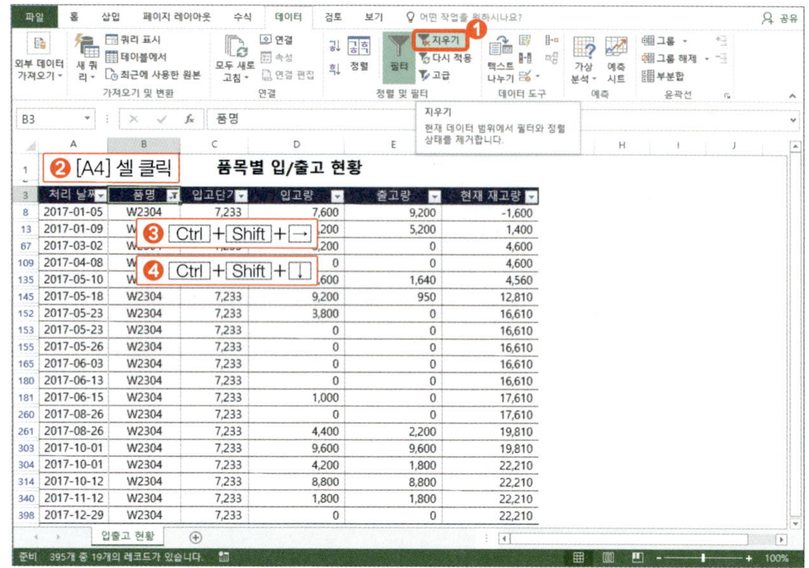

시간 단축

조건부 서식을 사용하기 전 조건에 따라 서식이 변경될 셀 범위를 미리 지정합니다.

6 [홈] 탭-[스타일] 그룹-[조건부 서식]-[새 규칙]을 선택합니다. [새 서식 규칙] 대화상자에서 [규칙 유형 선택]으로 [수식을 사용하여 서식을 지정할 셀 결정]을 선택합니다. 수식 입력란에 **=$D4>=SUBTOTAL(4,$D$4:$D$398)**을 입력합니다. [서식]을 클릭합니다. [셀 서식] 대화상자에서 [채우기] 탭을 클릭합니다. [배경색]으로 [연한 주황]을 선택합니다.

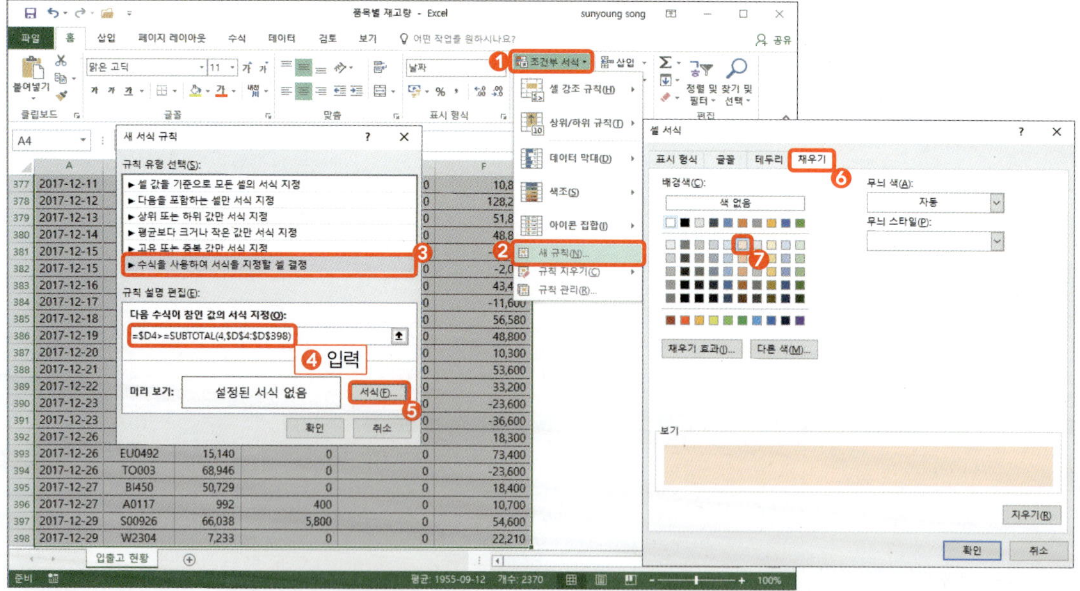

실력 향상 함수 형식은 'SUBTOTAL(함수 번호, 범위)'입니다. [$D$4:$D$398] 입고량 셀 범위에서 최댓값(함수 번호 4)을 구한 후 최댓값보다 크거나 같은 값에 서식을 지정합니다.

7 [셀 서식] 대화상자에서 [글꼴] 탭을 클릭합니다. [색]으로 [주황, 강조 2, 50% 더 어둡게]를 선택합니다. [확인]을 클릭합니다. [새 서식 규칙] 대화상자의 [미리 보기]에서 설정된 서식을 확인합니다. [확인]을 클릭합니다.

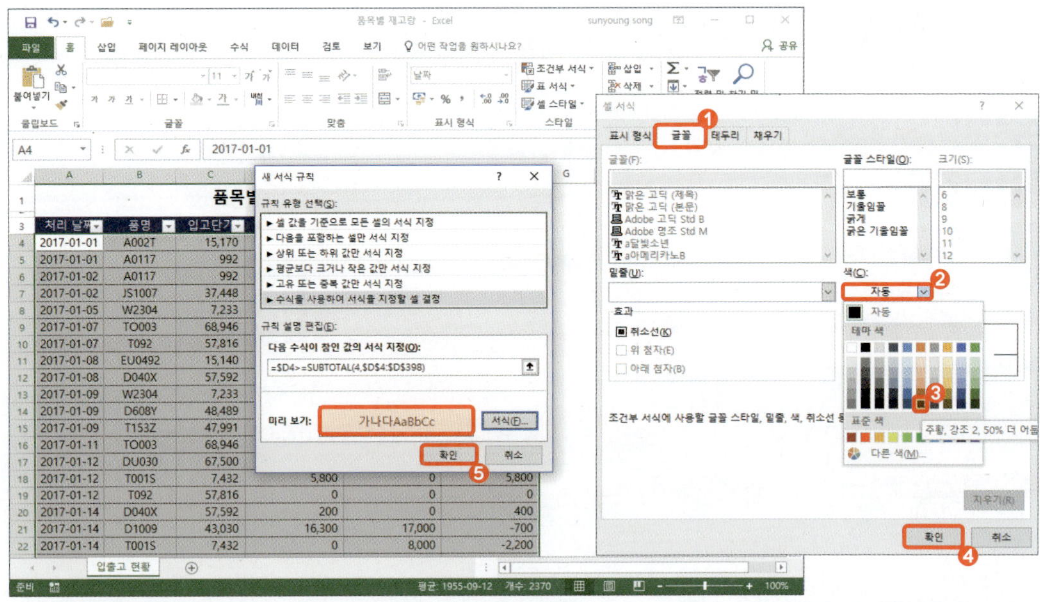

8 **출고량이 많은 데이터 구분되도록 조건부 서식 설정하기** [A4:F398] 셀 범위가 선택된 상태에서 [홈] 탭-[스타일] 그룹-[조건부 서식]-[새 규칙]을 선택합니다. [새 서식 규칙] 대화상자의 [규칙 유형 선택]에서 [수식을 사용하여 서식을 지정할 셀 결정]을 선택합니다. 수식 입력란에 **=$E4>=SUBTOTAL(4,$E$4:$E$398)**을 입력합니다. [서식]을 클릭합니다.

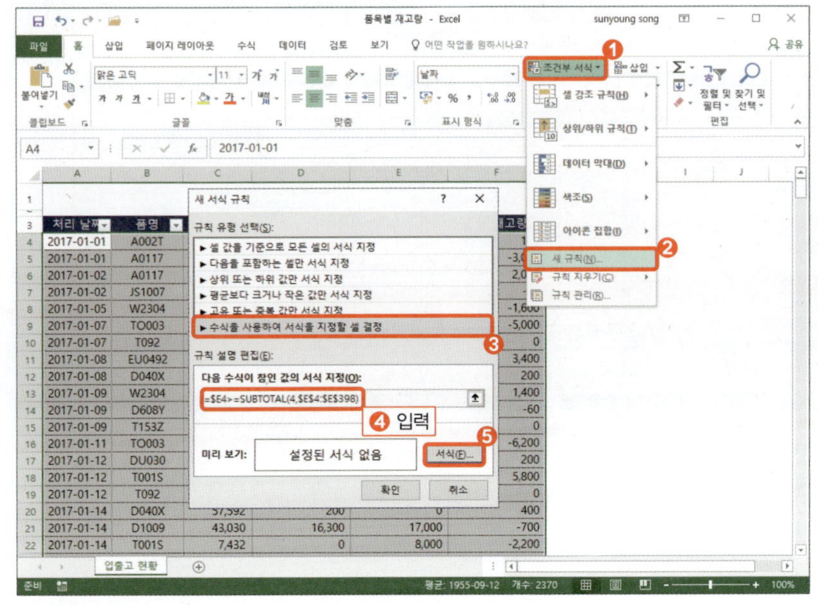

실력 향상

함수 형식은 'SUBTOTAL(함수 번호, 범위)'입니다. [$E$4:$E$398] 출고량 셀 범위에서 최댓값(함수 번호 4)을 구한 후 최댓값보다 크거나 같은 값에 서식을 지정합니다.

9 [셀 서식] 대화상자에서 [채우기] 탭을 클릭하고 [배경색]으로 [연한 파랑]을 선택합니다. [셀 서식] 대화상자에서 [글꼴] 탭을 클릭합니다. [색]으로 [파랑, 강조 5, 50% 더 어둡게]를 선택합니다. [확인]을 클릭합니다. [새 서식 규칙] 대화상자에서도 [확인]을 클릭하여 조건부 서식을 적용합니다.

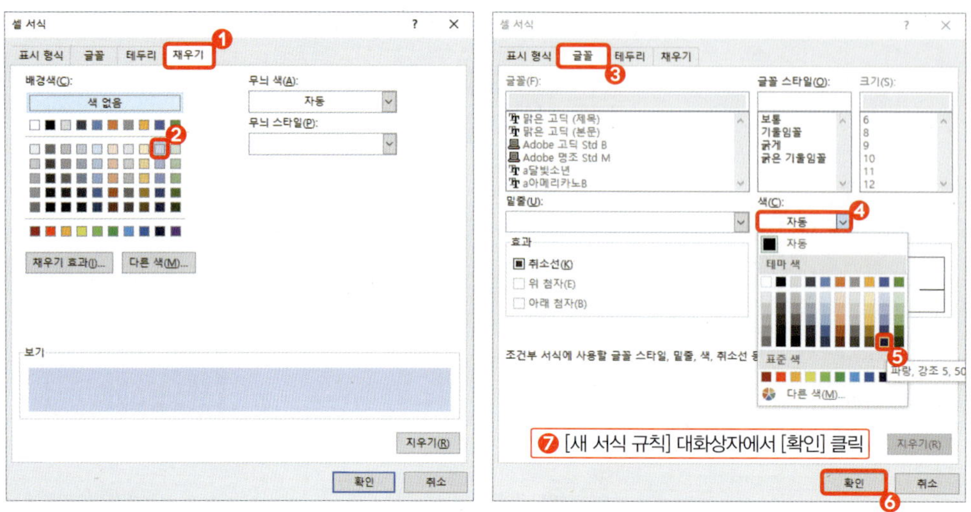

10 **필터된 품명의 재고량과 최대 입고량, 최대 출고량 확인하기** [품명] 필드의 필터 단추를 클릭합니다. [모두 선택]의 체크 표시를 해제한 후 [A0117]에 체크 표시합니다. [확인]을 클릭합니다. 선택한 품명의 날짜별 현재 재고량이 구해집니다. 또 입고량이 가장 많은 행에는 연한 주황색 배경과 주황색 텍스트로, 출고량이 가장 많은 행에는 연한 파란색 배경과 파란색 텍스트로 서식이 적용됩니다.

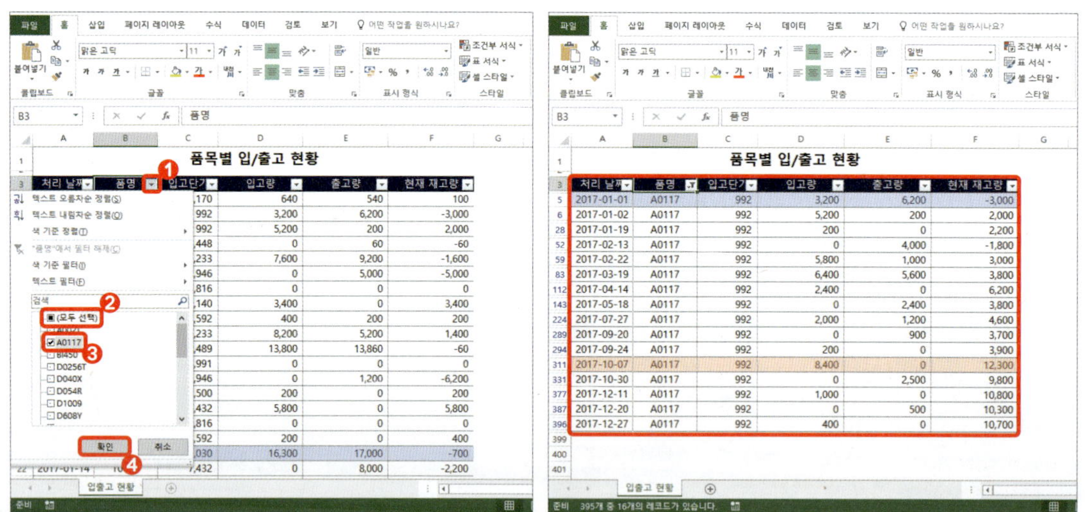

조건부 서식 중복 적용 시 해결 방법

입고량 가장 큰 값과 출고량이 가장 큰 값이 겹치는 경우에는 가장 마지막에 설정한 조건부 서식으로 서식이 적용됩니다. 이때 원하는 서식이 적용되도록 서식의 순서를 조정하거나 두 조건이 겹치는 경우 조건부 서식을 하나 더 추가하여 해결합니다. 조건부 서식을 수정하거나 새로 추가할 때는 [데이터] 탭-[정렬 및 필터] 그룹-[지우기]를 클릭하여 우선 필터를 해제합니다.

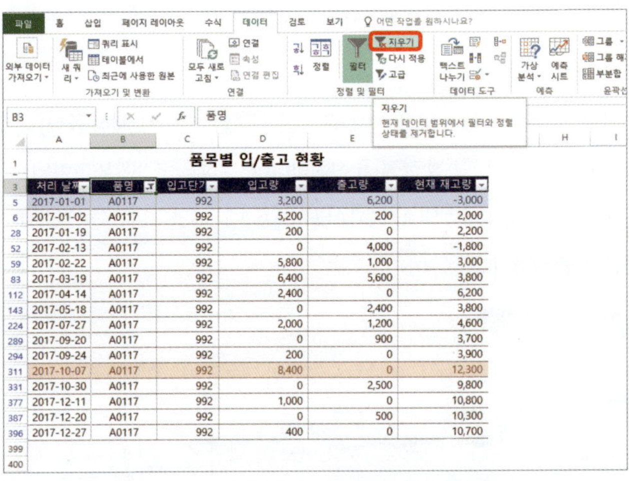

조건부 서식 순서 조정하기

❶ [홈] 탭-[스타일] 그룹-[조건부 서식]-[규칙 관리]를 선택합니다. [조건부 서식 규칙 관리자] 대화상자에서 [서식 규칙 표시]를 [현재 워크시트]로 선택하여 현재 워크시트에서 설정한 조건부 서식 목록을 모두 표시합니다.

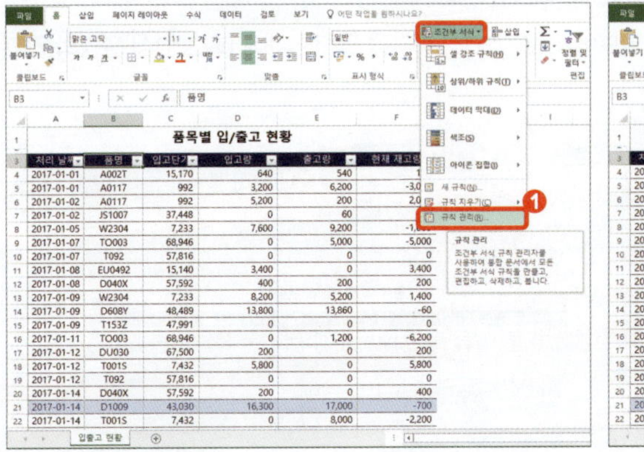

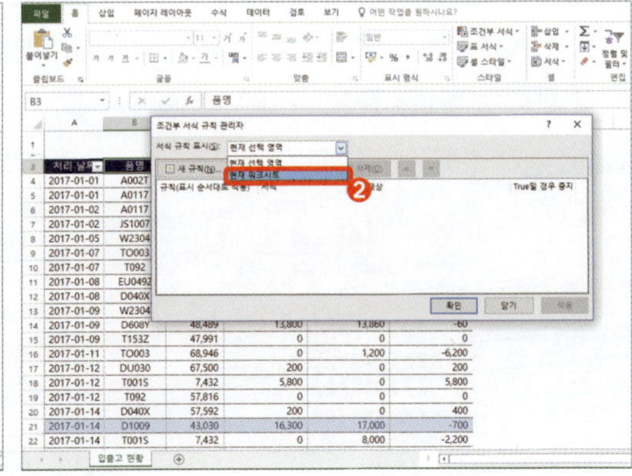

❷ 서식 선택 후 순서 조정 버튼을 이용하여 서식 순서를 변경합니다. 위쪽에 위치한 조건부 서식이 적용됩니다.

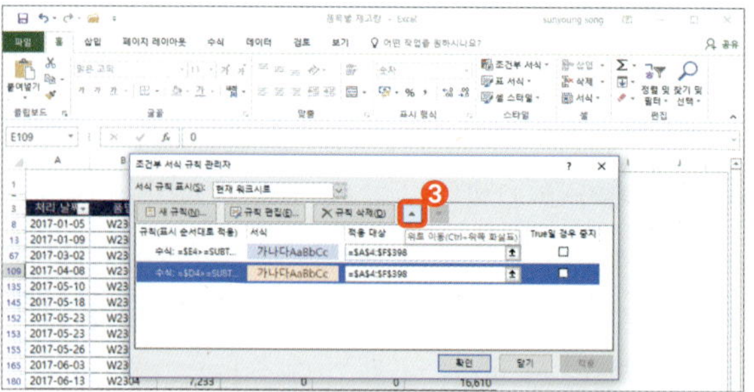

두 조건이 모두 만족되는 경우 새로운 조건부 서식 설정하기

❶ [A4:F398] 셀 범위를 선택한 후 [홈] 탭-[스타일] 그룹-[조건부 서식]-[새 규칙]을 선택합니다. [새 서식 규칙] 대화상자의 [규칙 유형 선택]에서 [수식을 사용하여 서식을 지정할 셀 결정]을 선택합니다. 수식 입력란에 입고량의 최댓값과 출고량의 최댓값이 모두 적용되는 수식 '=AND($D4>=SUBTOTAL(4,$D$4:$D$398),$E4>=SUBTOTAL(4,$E$4:$E$398))'을 입력한 후 [서식]을 클릭합니다.

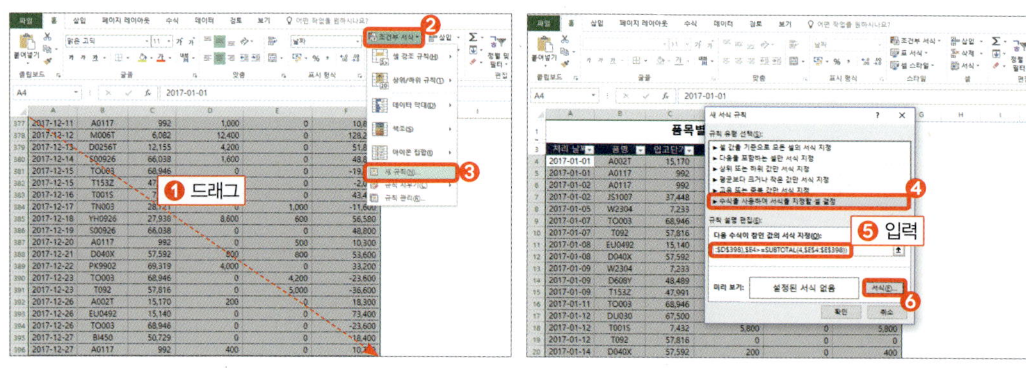

❷ [셀 서식] 대화상자에서 글꼴 색은 초록색으로 배경색은 연한 초록 계열을 선택하여 서식을 적용합니다. [데이터] 탭-[정렬 및 필터] 그룹-[필터]를 클릭하고 [품명] 필드에서 [W2304] 품명을 필터합니다. [W2304] 품명의 입고량 최댓값과 출고량 최댓값이 같은 303행에 서식이 적용됩니다.

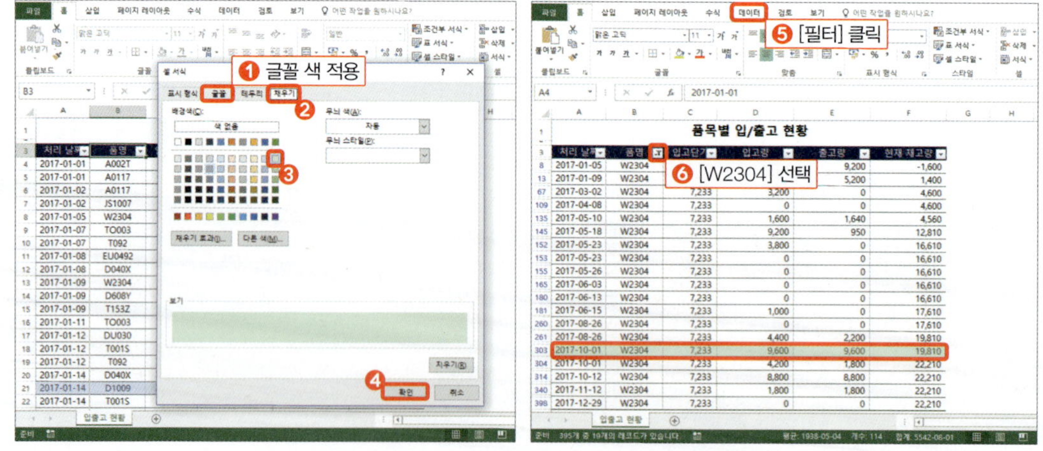

상위 매출을 달성한 직원 정보 확인하기

직원들의 실적현황 데이터가 있습니다. 매출 실적이 높은 직원부터 두 번째로 높은 매출 실적을 올린 직원, 세 번째로 높은 매출 실적을 올린 직원 등 매출 실적 순위에서 상위권을 차지하는 직원의 정보를 확인해보겠습니다. 양식 컨트롤의 스핀 단추로 매출 실적 순위를 선택하도록 하고, 선택한 순위에 맞는 직원의 이름과 직급은 INDEX와 MATCH, LARGE 함수로 수식을 작성하여 확인해보겠습니다.

실습 파일 | PART 01 \ 28_영업부 실적현황.xlsx　　**완성 파일 |** PART 01 \ 28_영업부 실적현황(완성).xlsx

사번	직급	이름	예상 매출금액	실 매출금액
MDS015697	과장	김태근	8,653,937	7,615,465
MDS018093	부장	김한수	9,545,593	954,559
MDS021680	부장	여형구	6,128,395	6,067,111
MDS023905	사원	도주철	12,321,398	9,117,835
MDS024167	사원	김민호	4,125,682	288,798
MDS026204	부장	정연섭	5,742,065	-1,837,461
MDS026548	사원	탁연미	11,306,598	9,497,542
MDS028215	차장	김태훈	13,214,710	7,532,385
MDS030335	과장	김희숙	3,567,045	2,782,295
MDS031081	과장	윤용상	6,831,270	6,899,583
MDS036131	과장	송경화	4,192,867	5,911,942
MDS037454	차장	이길선	2,952,893	3,632,058
MDS039563	과장	이희선	4,023,226	2,051,845
MDS039906	차장	김홍원	11,220,699	2,244,140
MDS040362	대리	손현진	10,859,016	9,881,705
MDS041605	대리	조수만	9,505,359	10,170,734
MDS042133	사원	김화진	9,172,365	2,109,644
MDS043153	차장	김다희	4,557,356	3,144,576
MDS043359	사원	윤희원	7,337,213	2,494,652
MDS060130	차장	이덕영	6,975,197	3,487,599
MDS070926	과장	송마리	8,783,784	5,972,973

1. 매출 실적 상위명단

순위	이름	직급
3	심규종	과장

영업부 현황

회사에서 바로 통하는 키워드

INDEX, MATCH, LARGE, 스핀 단추(양식 컨트롤)

1 **선택 영역에 이름 정의하기** [A4] 셀을 클릭합니다. Ctrl + A 를 눌러 표 전체를 선택합니다. [수식] 탭-[정의된 이름] 그룹-[선택 영역에서 만들기]를 클릭합니다. [선택 영역에서 이름 만들기] 대화상자에서 [첫 행]에만 체크 표시합니다. [확인]을 클릭합니다. [이름 상자]의 목록 단추를 클릭하여 이름 목록을 확인합니다.

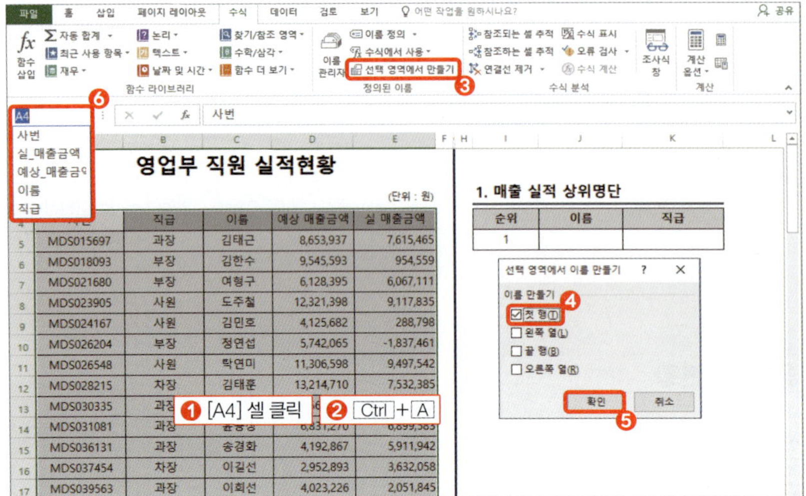

실력 향상

선택한 범위에서 각 열의 첫 번째 셀에 입력된 값은 이름으로 만들어지고, 두 번째 셀부터 마지막 셀까지는 이름 범위로 적용됩니다. 이름 정의 시에는 공백을 사용할 수 없으므로 텍스트에 공백이 있는 경우에 공백은 언더바(_)로 대체되어 이름 정의됩니다. '예상 매출금액'과 '실 매출금액'은 [예상_매출금액], [실_매출금액]으로 이름 정의됩니다.

2 **매출금액 가장 큰 직원 이름 구하기** 매출금액이 가장 큰 직원의 이름을 찾아오겠습니다. [J5] 셀을 클릭합니다. [수식] 탭-[함수 라이브러리] 그룹-[찾기/참조 영역]-[INDEX]를 선택합니다. INDEX 함수의 [인수 선택] 대화상자에서 [array, row_num, column_num]을 선택합니다. [확인]을 클릭합니다. [함수 인수] 대화상자에서 [Array]에 **이름**, [Row_num]에 **MATCH(LARGE(실_매출금액,I5),실_매출금액,0)**, [Column_num]에 **1**을 입력합니다. [확인]을 클릭합니다.

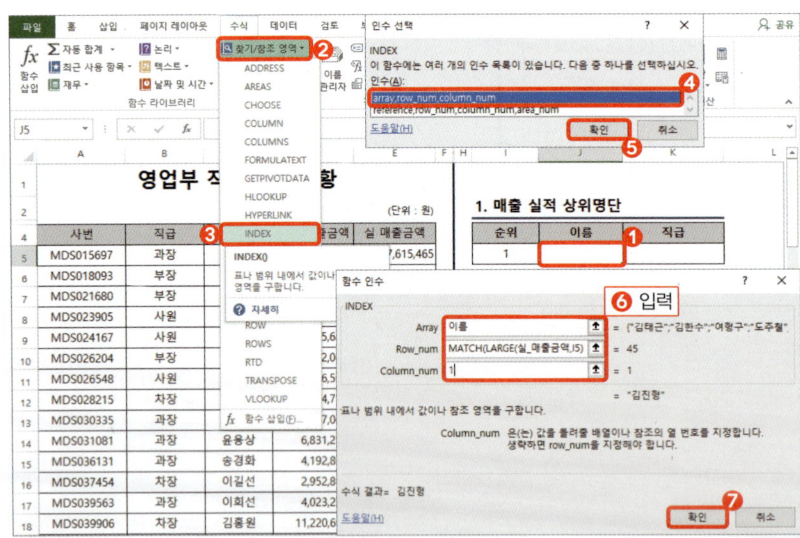

실력 향상

INDEX 함수 형식은 'INDEX(참조 범위, 행 번호, 열 번호)'입니다. [이름] 범위는 하나의 열로 되어 있으므로 열 번호는 1, 행 번호는 MATCH 함수로 실 매출금액이 가장 큰 값의 위치를 찾아 표시합니다. [이름] 범위에서 MATCH 함수로 찾은 매출금액이 큰 값의 위치에 해당하는 이름을 표시합니다.

실력 향상 MATCH 함수 형식은 'MATCH(찾을 값, 찾을 값을 찾을 데이터 범위, 옵션)'입니다. LARGE 함수로 [실_매출금액]에서 [I5] 셀에 입력된 1순위에 해당하는 큰 값을 찾은 후 해당 값과 정확히 일치(옵션 0)하는 값의 위치를 [실_매출금액] 범위에서 찾습니다.

❶ INDEX : 지정한 범위의 행과 열에 위치한 값을 반환하는 함수입니다.

함수 형식	=INDEX(Array, Row_num, Column_num) =INDEX(셀 범위, 행 번호, 열 번호)
인수	• Array : 찾을 값이 있는 셀 범위를 지정합니다. • Row_num : 데이터 목록에서 찾을 데이터의 행 번호입니다. 행이 하나이면 생략 가능합니다. • Column_num : 데이터 목록에서 찾을 데이터의 열 번호입니다. 열이 하나이면 생략 가능합니다.

❷ MATCH : 지정한 범위에서 찾을 값의 위치를 찾아 해당 인덱스 값을 반환하는 함수입니다.

함수 형식	=MATCH(Lookup_value, Lookup_array, Match_type) =MATCH(찾을 값, 찾을 값을 찾을 범위, 찾기 옵션)
인수	• Lookup_value : 찾을 값이 있는 셀을 선택하거나 찾을 값을 직접 입력합니다. • Lookup_array : 찾을 값이 포함된 데이터 범위를 지정합니다. • Match_type : 찾을 방법을 지정하는 옵션입니다. 　0 : 정확하게 일치하는 값을 찾을 때 사용합니다. 　1 또는 생략 : 한 단계 낮은 근삿값을 찾습니다. 범위가 오름차순으로 정렬되어 있어야 합니다. 　−1 : 한 단계 높은 근삿값을 찾습니다. 범위가 내림차순으로 정렬되어 있어야 합니다.

3 **매출 금액이 가장 큰 직원의 직급 구하기** [K5] 셀을 클릭합니다. [수식] 탭-[함수 라이브러리] 그룹-[찾기/참조 영역]-[INDEX]를 선택합니다. INDEX 함수의 [인수 선택] 대화상자에서 [array, row_num, column_num] 인수를 선택합니다. [확인]을 클릭합니다.

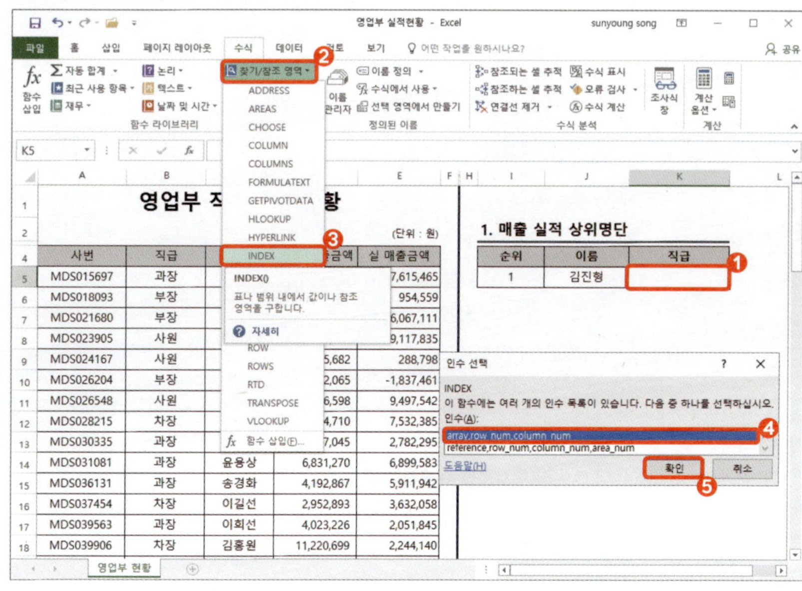

실력 향상

INDEX 함수의 [인수 선택] 대화상자에서 첫 번째 항목 선택 시 첫 번째 인수 [Array]에는 하나의 셀 범위만 지정할 수 있으며, 두 번째 항목 선택 시 첫 번째 인수 [Reference]에는 하나 이상의 셀 범위를 지정할 수 있습니다.

4 [함수 인수] 대화상자에서 [Array]에 **직급**, [Row_num]에 **MATCH(LARGE(실_매출금액,I5),실_매출금액,0)**, [Column_num]에 **1**을 입력합니다. [확인]을 클릭합니다. 매출금액이 가장 높은 직원의 이름과 직급이 확인됩니다.

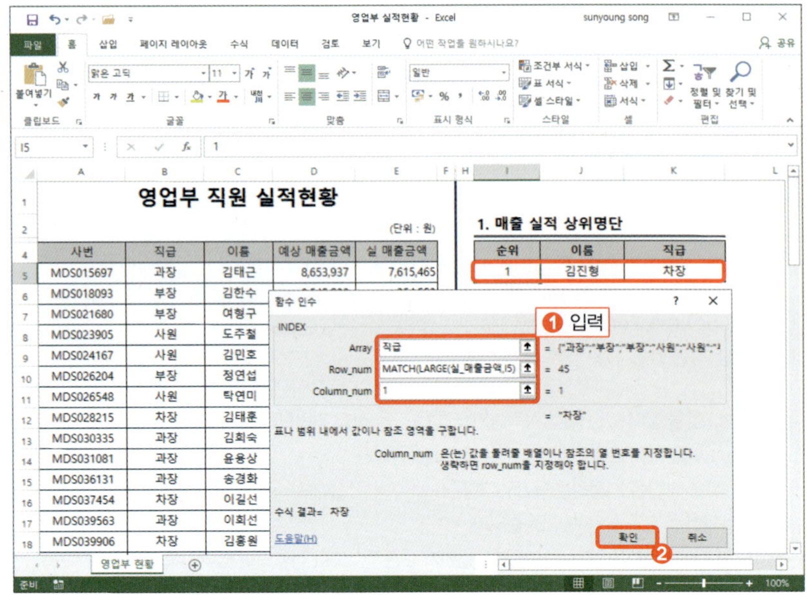

[직급] 범위는 하나의 열로 되어 있으므로 열 번호는 1, 행 번호는 MATCH 함수로 실 매출금액이 가장 큰 값의 위치를 찾아 표시합니다. [직급] 범위에서 MATCH 함수로 찾은 매출금액이 큰 값의 위치에 해당하는 직급을 표시합니다.

5 **개발 도구 메뉴에 표시하기** [파일] 탭-[옵션]을 클릭합니다. [Excel 옵션] 대화상자에서 [리본 사용자 지정]을 선택합니다. [리본 사용자 지정] 항목에서 [개발 도구]에 체크 표시한 후 [확인]을 클릭합니다.

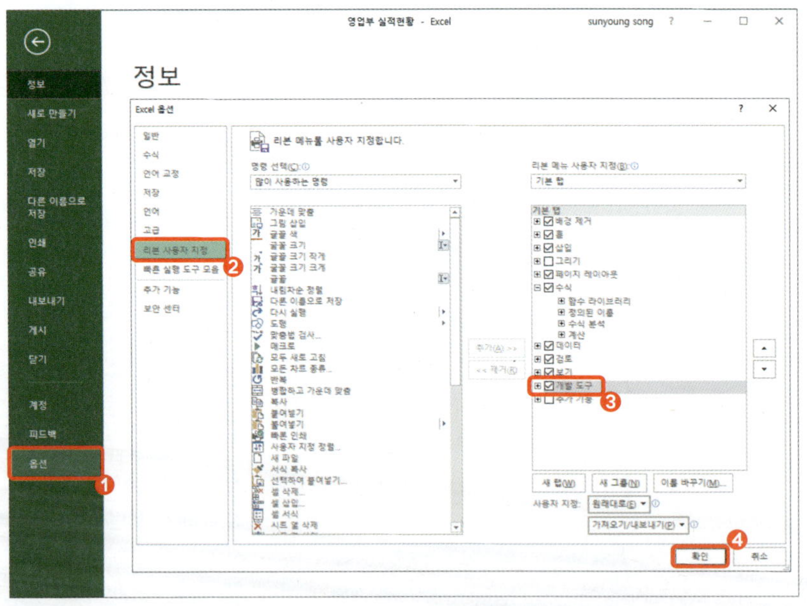

스핀 단추와 같은 양식 컨트롤은 [개발 도구] 메뉴를 이용하여 사용할 수 있습니다. [개발 도구] 메뉴는 기본으로 표시되지 않으므로 [Excel 옵션]-[리본 사용자 지정]에 체크 표시하여 탭이 보이도록 설정합니다.

6 **스핀 단추(양식 컨트롤) 삽입하기** [개발 도구] 탭–[컨트롤] 그룹–[삽입]–[양식 컨트롤]–[스핀 단추(양식 컨트롤)]을 선택합니다. [I5] 셀 옆의 공간에 드래그하여 [스핀 단추(양식 컨트롤)]을 삽입합니다. 스핀 단추가 선택된 상태에서 마우스 오른쪽 버튼을 클릭합니다. [컨트롤 서식]을 선택합니다.

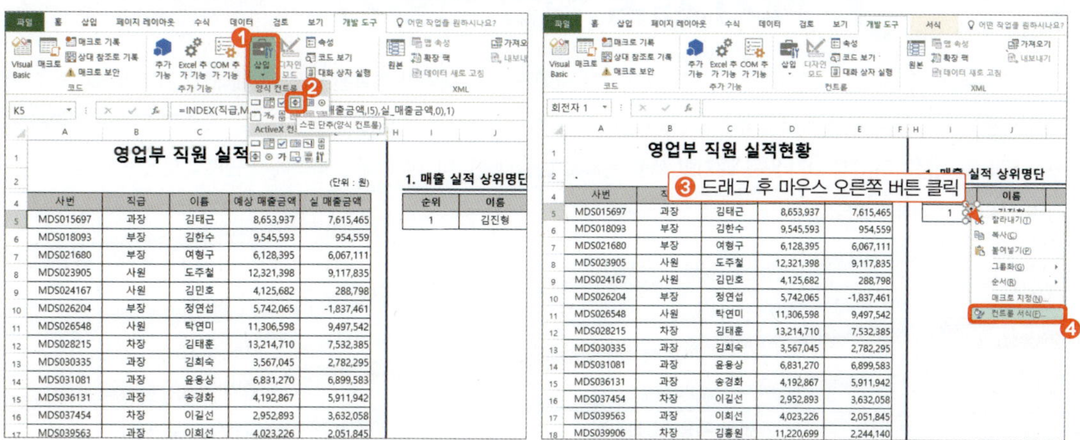

7 **스핀 단추(양식 컨트롤)의 서식 설정하기** [컨트롤 서식] 대화상자의 [컨트롤] 탭에서 [현재값]에 **1**, [최소값]에 **1**, [최대값]에 **15**, [증분 변경]에 **1**, [셀 연결]에 **$I$5**를 각각 입력합니다. [확인]을 클릭합니다. 스핀 단추의 위쪽 버튼을 두 번 클릭하여 매출실적 3위에 해당하는 직원의 이름과 직급을 확인합니다.

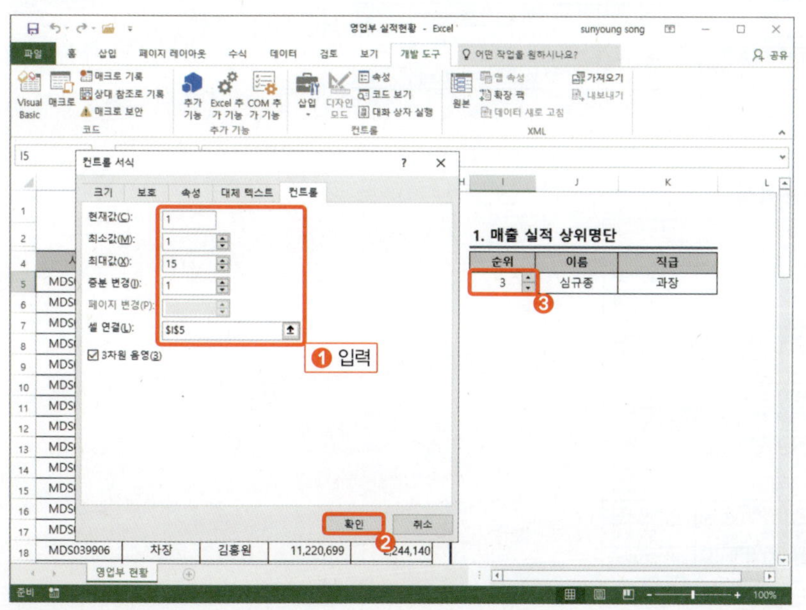

실력 향상 스핀 단추의 위쪽을 클릭할 때는 가장 큰 값은 15까지, 아래쪽을 클릭할 때는 가장 작은 값은 1까지 표시하기 위해 [최대값]은 15, [최소값]은 1로 지정합니다. 스핀 단추 클릭 시 1씩 증가/감소되도록 하기 위해서 [증분 변경]은 1로 지정하고, 스핀 단추 클릭 시 변동되는 값이 표시되는 셀은 [셀 연결]로 [I5] 셀을 설정합니다.

판매되지 않은 제품 내역 추출하여 폐기 제품 명단 만들기

전체 제품 목록이 정리된 [제품 목록] 시트의 데이터와 판매된 제품 내역이 기록된 [제품 판매내역] 시트의 데이터를 비교하여 판매되지 않은 제품 목록을 추출하겠습니다. COUNTIF 함수로 판매되지 않은 제품을 찾도록 조건을 입력하고, 고급 필터를 이용하여 판매되지 않은 폐기할 제품 목록을 만들겠습니다. 전체 제품 목록에서 판매되지 않은 제품은 제거하여 목록을 정리해보겠습니다.

실습 파일 | PART 01 \ 29_제품 판매내역.xlsx   **완성 파일** | PART 01 \ 29_제품 판매내역(완성).xlsx

미리 보기

회사에서 바로 통하는 키워드
COUNTIF, 고급 필터

연간 제품 판매내역

날짜	제품코드	제품	판매수량	단가	금액	거래처
2017-02-26	MF1-105	봉산	35	7,000	245,000	천안
2017-04-19	MF1-102	가공유	80	500,000	40,000,000	충주
2017-06-27	MF1-109	등산마스크(B형)	97	4,000	388,000	성남
2017-12-02	MF1-020	브레이크액	28	50,000	1,400,000	석수
2017-06-13	MF1-055	GRIND STONE	64	240,000	15,360,000	광주
2017-12-06	MF1-105	봉산	69	7,000	483,000	천안
2017-02-25	MF1-052	필기구류	84	1,500	126,000	석수
2017-04-13	MF1-123	윤활유	98	2,000,000	196,000,000	충주
2017-06-30	MF1-086	소모품	38	2,200	83,600	대구
2017-07-18	MF1-067	GUIDE PIN	12	35,000	420,000	광주
2017-10-15	MF1-059	Chain	86	34,000	2,924,000	대구
2017-02-10	MF1-114	PAPER	1	39,000	39,000	충주
2017-03-21	MF1-121	파일/바인더류	8	2,500	20,000	대구
2017-12-02	MF1-100	FLEXIBLE(전선관)	6	57,000	342,000	광주

제품 판매내역 | 제품목록 | 폐기할 제품목록

제품목록

제품코드	제품	단가
MF1-000	C2H2(아세틸렌)	14,000
MF1-002	구리스	330,000
MF1-003	LOCATION PIN	790,000
MF1-004	오일주입기	33,000
MF1-005	등산마스크	4,000
MF1-006	HISS PIN	97,000
MF1-007	AIR CYLIDER 부품	45,000
MF1-009	INSERT TIP	30,000
MF1-010	COUNTER DRILL	170,000
MF1-013	기체질소	6,800
MF1-014	철물	7,000
MF1-015	PACKING PARTS	260,000
MF1-017	스폰지	55,000
MF1-020	브레이크액	50,000

제품 판매내역 | 제품목록 | 폐기할 제품목록

1 **COUNTIF 함수로 판매되지 않은 제품 목록을 찾을 조건 입력하기** 판매되지 않은 제품목록을 추출하겠습니다. [폐기할 제품목록] 시트를 선택합니다. [B3] 셀에 **폐기 조건**을 입력합니다. [B4] 셀을 클릭합니다. [수식] 탭-[함수 라이브러리] 그룹-[함수 더 보기]-[통계]-[COUNTIF]를 선택합니다. [함수 인수] 대화상자에서 [Range]에 **'제품 판매내역'!$B$4:$B$4002**, [Criteria]에 **제품목록!A4**를 입력합니다. [확인]을 클릭합니다.

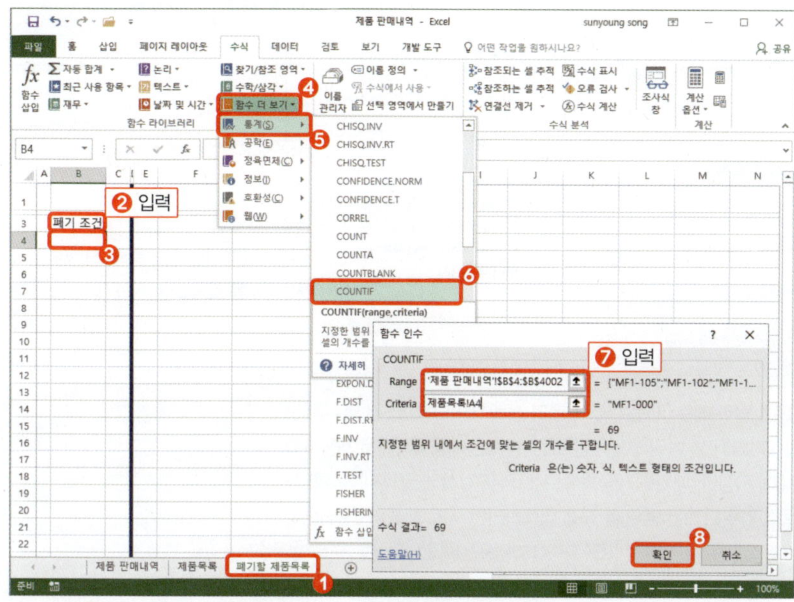

함수와 비교식을 이용하여 조건을 입력할 때 머리글은 사용자 임의대로 지정할 수 있습니다. 단, 고급 필터로 범위를 지정할 표에서 이미 사용하고 있는 머리글은 사용하지 않습니다.

실력 향상 함수 형식은 'COUNTIF(조건을 찾을 범위, 찾을 조건)'으로 조건을 찾을 범위에서 입력한 조건에 해당하는 개수를 구하는 함수입니다. [제품 판매내역] 시트의 [B$4:$B$4002] 셀 범위, 판매된 제품코드 셀 범위에서 [제품목록] 시트의 [A4] 셀에 입력된 제품코드의 개수를 구합니다.

2 [제품목록] 시트의 [A4] 셀에 입력된 제품의 판매 횟수가 결과로 표시됩니다. [B4] 셀을 더블클릭합니다. 수식 '=COUNTIF('제품 판매내역'!$B$4:$B$4002,제품목록!A4)' 뒤에 **=0**을 추가로 입력하고 Enter 를 누릅니다.

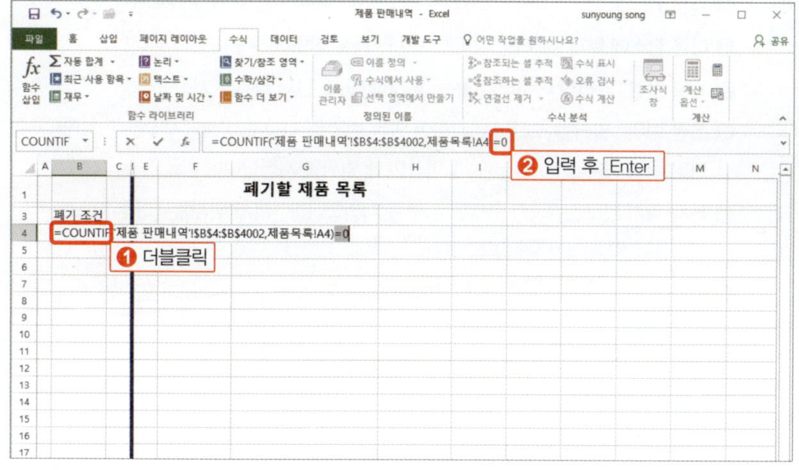

COUNTIF 함수로 제품의 판매 횟수를 구한 후 '=0' 비교식을 추가하여 판매 개수가 0인 제품코드를 찾는 수식을 입력합니다.

3 **고급 필터로 판매되지 않은 제품목록 추출하기** [데이터] 탭-[정렬 및 필터] 그룹-[고급]을 클릭합니다. [고급 필터] 대화상자에서 [결과]를 [다른 장소에 복사]로 선택합니다. [목록 범위]에서는 [제품목록] 시트의 [A3:C69] 셀 범위를 선택합니다. [조건 범위]에서는 [폐기할 제품목록] 시트의 [B3:B4] 셀 범위를 선택합니다. [복사 위치]에서는 [폐기할 제품목록] 시트의 [F3] 셀을 클릭합니다. [확인]을 클릭합니다. 한 번도 판매되지 않은 폐기할 제품만 추출됩니다.

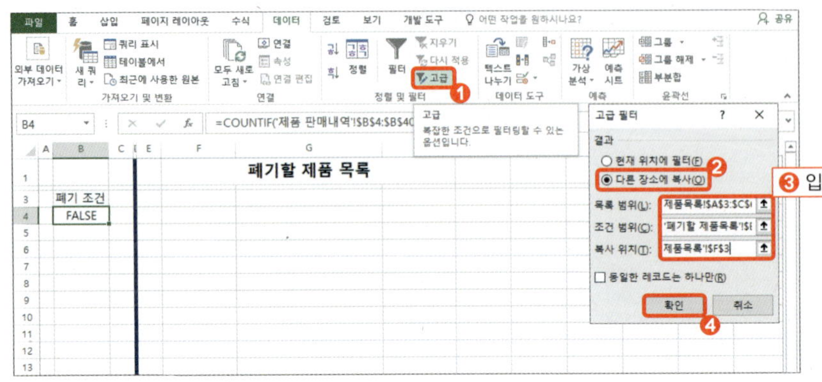

✚ **실력 향상** [고급 필터] 대화상자의 [목록 범위]에는 [제품목록] 시트의 전체 데이터를, [조건 범위]에는 [폐기할 제품목록] 시트의 [B3:B4] 셀 범위에 입력된 조건, 판매된 제품목록에서 제품코드 개수가 0인 데이터를 찾아 [복사 위치]에 지정한 [폐기할 제품목록] 시트의 [F3] 셀에 결과 데이터를 표시합니다. [고급 필터] 대화상자의 [목록 범위], [조건 범위]를 직접 입력하려면 '시트명!범위' 형식을 사용합니다. [제품 목록] 시트의 [A3:C69] 셀 범위는 '제품목록!$A$3:$C$69'로 입력합니다.

슈퍼 활용 TIP ★★★★★ 고급 필터 알아보기

고급 필터는 필요로 하는 조건이 많거나 복잡한 경우, 또는 수식을 이용하여 조건을 지정하는 경우에 사용하는 필터 기능입니다. 필터 결과는 해당 위치나 다른 위치에 따로 추출할 수 있습니다. 고급 필터는 사용하기 전 조건을 미리 입력해 두어야 합니다. [필드명(열 머리글)] 입력하고 바로 다음 행에 [조건]을 입력한 후 사용합니다.

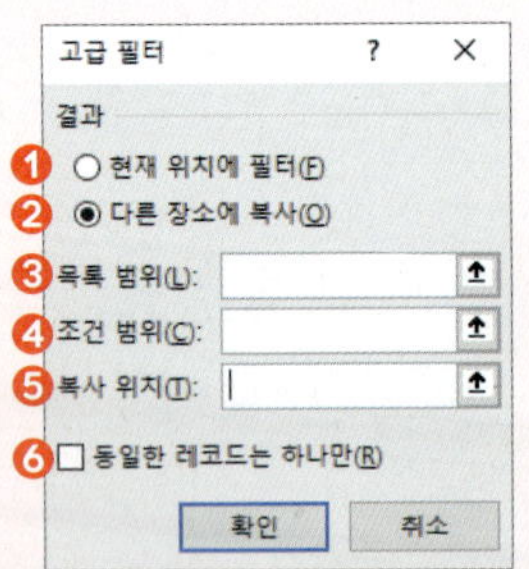

❶ **현재 위치에 필터** : 필터링 된 결과가 현재 데이터베이스 안에 추출됩니다.

❷ **다른 장소에 복사** : 필터링 결과를 지정한 다른 장소에 추출하도록 설정합니다.

❸ **목록 범위** : 필터할 데이터가 있는 데이터베이스 전체 범위를 지정합니다.

❹ **조건 범위** : 필터할 조건이 입력되어 있는 범위를 지정하며 해당 범위는 필드(열 머리글)와 해당 조건, 최소 두 개 이상의 셀 범위를 지정합니다.

❺ **복사 위치** : 필터 결과가 나타날 위치를 지정합니다. [복사 위치]는 [다른 장소에 복사]를 선택해야만 활성화됩니다.

❻ **동일한 레코드는 하나만** : 필터 결과 데이터 중 중복되는 데이터가 있으면 하나만 추출합니다.

4 보관조건 머리글 입력하기 이번에는 남겨놓을 제품만 추출해보겠습니다. [B6] 셀에 **보관 조건**을 입력합니다.

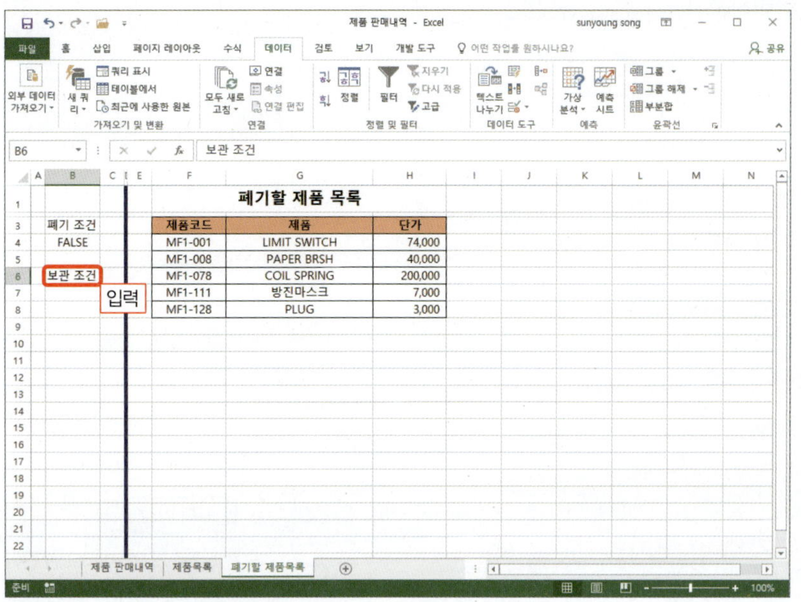

5 COUNTIF 함수로 판매된 제품목록을 찾을 조건 입력하기 [B7] 셀을 클릭합니다. [수식] 탭-[함수 라이브러리] 그룹-[함수 더 보기]-[통계]-[COUNTIF]를 선택합니다. [함수 인수] 대화상자에서 [Range]에 **'제품 판매내역'!$B$4:$B$4002**, [Criteria]에 **제품목록!A4**를 입력합니다. [확인]을 클릭합니다.

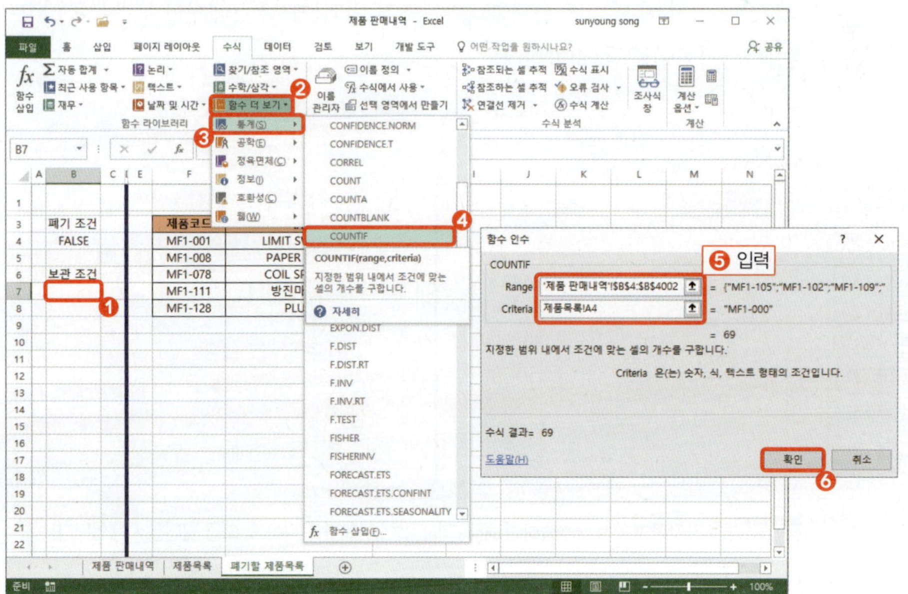

6 [제품목록] 시트의 [A4] 셀에 입력된 제품코드의 판매 횟수가 결과로 표시됩니다. 결과가 표시된 [폐기할 제품목록] 시트의 [B7] 셀을 더블클릭합니다. 수식 '=COUNTIF('제품 판매내역'!$B$4: $B$4002, 제품목록!A4)' 뒤에 〈 〉0을 입력하고 Enter 를 누릅니다.

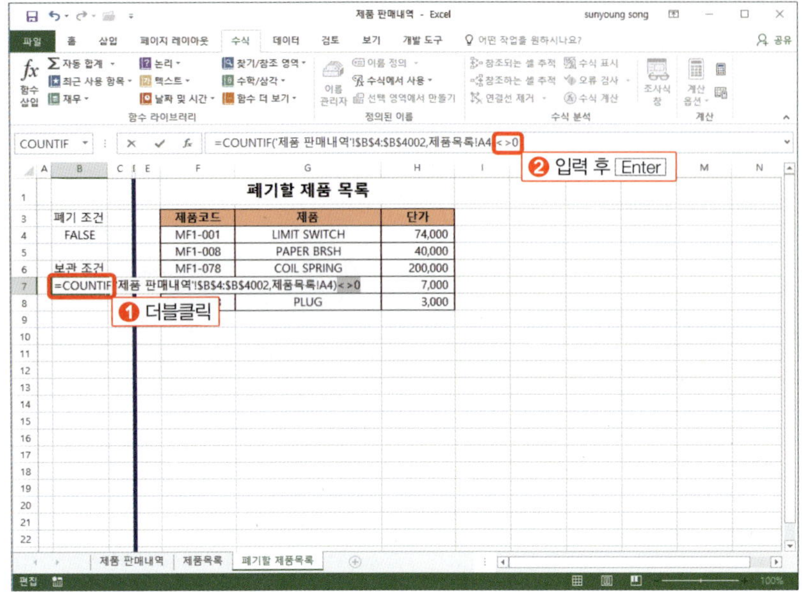

실력 향상

판매 개수가 0이 아니고 한 번이라도 판매가 되었던 제품코드를 찾는 비교식을 입력합니다.

7 고급 필터로 판매된 제품목록 추출하기 [제품목록] 시트를 선택합니다. [데이터] 탭–[정렬 및 필터] 그룹–[고급]을 클릭합니다. [고급 필터] 대화상자에서 [결과]를 [현재 위치에 필터]로 선택합니다. [목록 범위]에서는 [제품목록] 시트의 [A3:C69] 셀 범위를 선택합니다. [조건 범위]에서는 [폐기할 제품목록] 시트의 [B6:B7] 셀 범위를 선택합니다. [확인]을 클릭합니다.

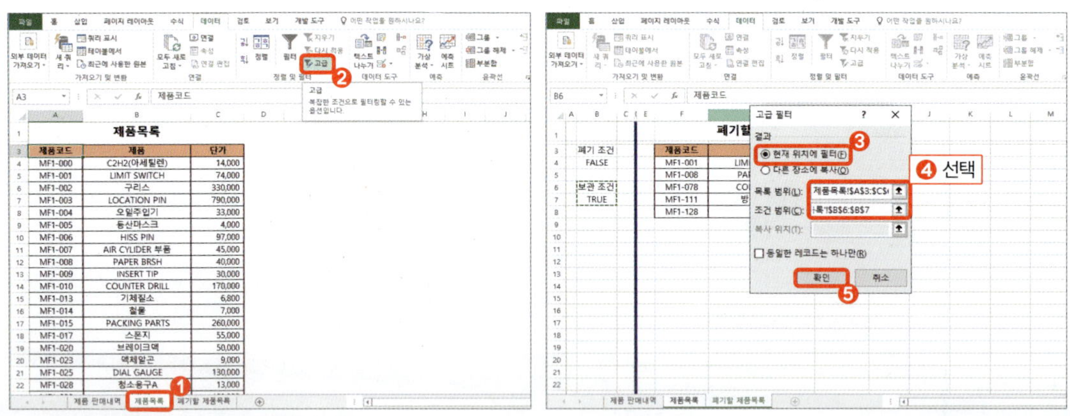

실력 향상

판매되었던 제품을 [제품목록] 시트의 제품목록에서 추출하기 위해 [제품목록] 시트를 선택한 후 고급 필터를 사용합니다.

실력 향상

[고급 필터] 대화상자의 [목록 범위]에는 [제품 목록] 시트의 전체 데이터를, [조건 범위]에는 [폐기할 제품목록] 시트의 [B6:B7] 셀 범위에 입력된 조건, 판매된 제품목록에서 제품코드 개수가 0이 아닌 데이터를 찾아 현재 데이터 목록에 표시합니다.

8 **필터된 판매 제품목록만 복사하여 따로 표시하기** 보관할 제품 목록만 추출되어 표시됩니다. 보관할 제품 목록만 남겨놓고 나머지 목록은 삭제해보겠습니다. [A1] 셀을 클릭합니다. Ctrl + Shift + ↓ 를 두 번 눌러 마지막 데이터까지 선택합니다. Ctrl + C 를 눌러 복사합니다. Ctrl + ↑ 를 눌러 가장 위로 이동한 후 [E1] 셀을 클릭합니다. Enter 를 눌러 붙여넣기합니다.

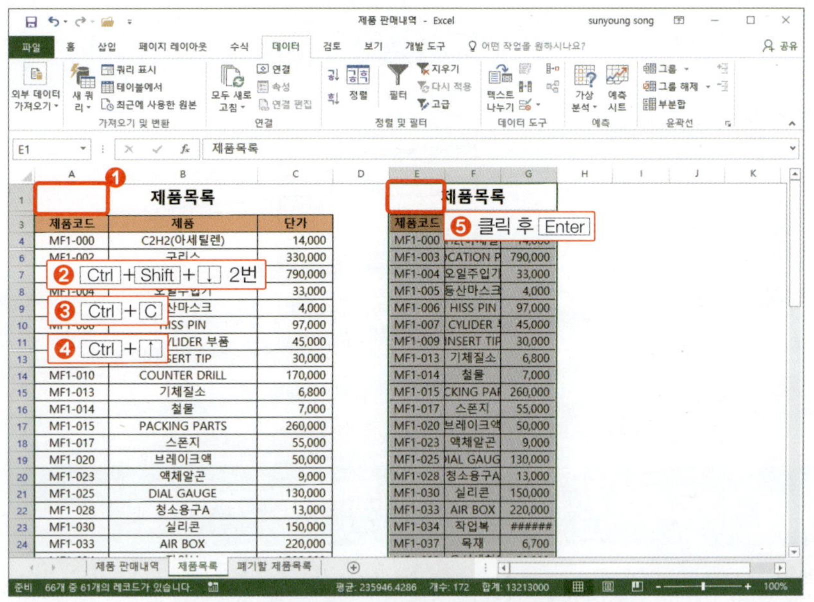

실력 향상 현재 셀에 표시되어 있으며 한 번이라도 판매되었던 제품 목록만 붙여넣기하여 표시합니다.

9 **필터 해제하기** [E:G] 열을 선택합니다. [홈] 탭–[셀] 그룹–[서식]–[열 너비 자동 맞춤]을 선택합니다. [A3] 셀을 클릭합니다. [데이터] 탭–[정렬 및 필터] 그룹–[지우기]를 클릭하여 현재 판매되었던 제품만 표시된 필터를 해제합니다.

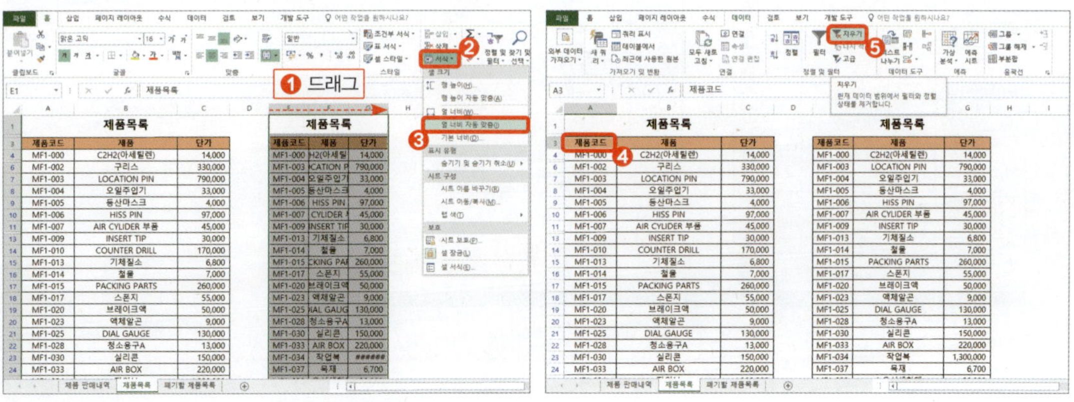

10 기존 제품목록 삭제하기 [A:C] 열을 선택한 후 마우스 오른쪽 버튼을 클릭합니다. [삭제]를 선택합니다. 판매되지 않았던 제품은 제거하고 판매되었던 제품목록만 확인할 수 있습니다.

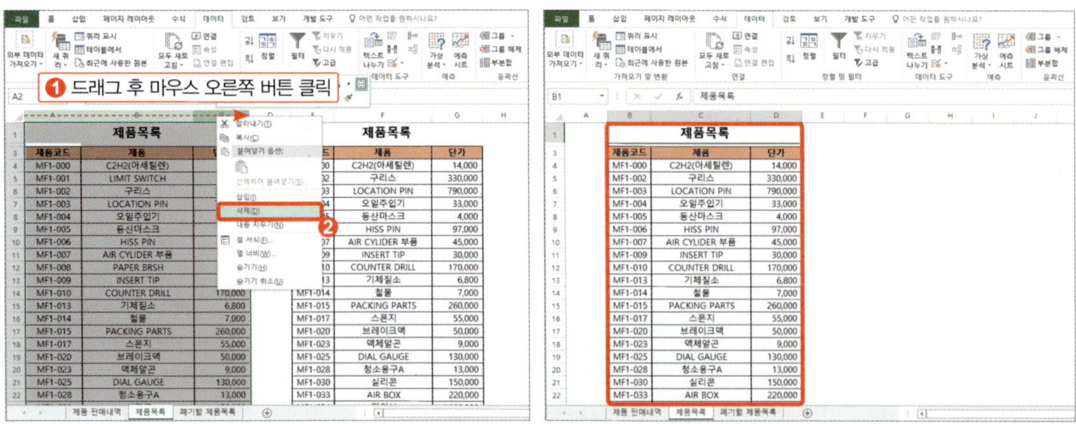

슈퍼활용 TIP 전체 제품목록과 판매된 제품목록 비교하기

[A:C] 열을 삭제하기 전 데이터를 비교해보면 왼쪽 데이터는 전체 제품목록이고, 오른쪽 데이터는 전체 제품목록에서 추출한 판매되었던 제품목록이라는 것을 확인할 수 있습니다.

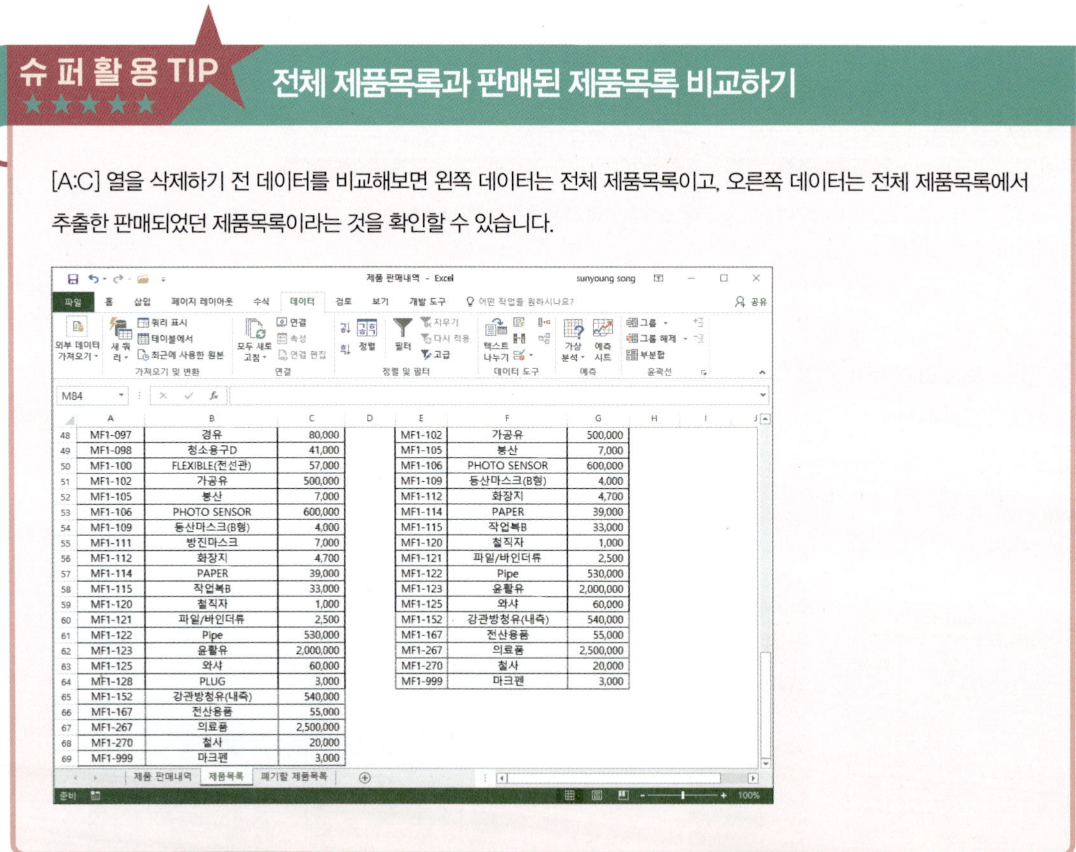

30
셀 색상에 따라 색상별 인원수, 금액 평균 구하기

회원인지 비회원인지 구분하는 회원 현황 데이터가 있습니다. 데이터에 입력된 회원 구분은 내용이 제각각 다르게 입력되어 있지만 색상은 제대로 구분되어 있으므로 색상으로 데이터의 개수를 확인해보겠습니다. 셀에 사용된 색상을 구분해주는 GET.CELL 매크로 함수로 색상의 고유번호를 확인한 후 COUNTIF 함수를 이용하여 색상별 구분 인원수를 구해보겠습니다.

실습 파일 | PART 01 \ 30_회원 연회비 내역.xlsx　　**완성 파일** | PART 01 \ 30_회원 연회비 내역(완성).xlsm

회원 구분내역과 연회비 현황

회원번호	회원명	주민등록번호	성별	연락처	연회비 입금내역	구분
m-5106	김한희	753774-*******	여	010-464-1760	1,944,100	회원
m-3647	이덕영	680301-*******	여	010-849-4555	2,964,800	회원 (A협력)
m-5392	이승호	733561-*******	남	010-953-2520		회원가입 가능성 있음
m-6409	여선주	736621-*******	여	010-887-7883		회원가입 가능성있음
m-8301	김현성	696848-*******	여	010-409-8730	797,400	탈퇴 후 재 가입
m-4462	권윤경	741449-*******	여	010-149-2530	4,890,100	VIP 회원
m-8615	이슬기	743344-*******	여	010-631-4678		회원가입 가능성 있음
m-7859	김혜영	797592-*******	여	010-899-8302	767,700	탈퇴 후 재 가입
m-5804	여형구	698536-*******	여	010-256-4290		비회원
m-5101	김한수	711437-*******	남	010-640-9335	4,053,200	회원
m-9038	박재홍	763725-*******	남	010-135-5297		비회원
m-2870	김태근	692725-*******	남	010-334-8771		비 회원
m-5605	김한도	749418-*******	남	010-154-8706	3,764,300	탈퇴
m-4304	정연섭	777033-*******	남	010-632-2640	3,344,200	탈퇴함
m-3882	조용철	685822-*******	남	010-542-8065	2,893,700	탈퇴함
m-7233	송준영	768787-*******	남	010-344-7338	2,015,200	회원(A 협력사)
m-9792	장이태	809321-*******	남	010-465-7989	2,000,800	탈퇴 가능성 있음
m-4161	조창현	755557-*******	남	010-503-5471	1,985,500	회원 (협력사 A)
m-3144	김시내	791489-*******	여	010-281-4985	1,766,800	회원
m-8867	심규종	727716-*******	남	010-416-7542	4,007,100	회원임
m-4085	김니나	739834-*******	여	010-777-1384	2,990,900	회원(A협력)
m-7494	김희숙	713656-*******	여	010-614-8233		비회원
m-7756	엄수연	690196-*******	여	010-495-5457	1,991,400	회원
m-3523	최희목	798878-*******	남	010-961-9902	2,945,000	탈퇴 후 재 가입함
m-6348	김미선	715109-*******	여	010-226-9673	1,791,100	탈퇴함
m-3205	정경수	738431-*******	남	010-825-8321		회원가입 가능성 O
m-9469	이한국	828329-*******	여	010-221-4656	2,440,500	탈퇴 후 재가입 하였음
m-4697	박정아	736105-*******	여	010-758-3110		
m-3184	신하영	789728-*******	여	010-246-5529		
m-5350	김수옥	798178-*******	여	010-651-2062		
m-3077	채송화	726317-*******	여	010-888-3499		

구분	인원수
비회원	37
회원	13
탈퇴 후 재 가입	12
회원 (A협력)	14
탈퇴 가능성 있음	1
VIP 회원	8
회원가입 가능성 있음	14

회사에서 바로 통하는 키워드　　이름 관리자, GET.CELL( ), COUNTIF, 매크로 함수 저장

1 매크로 함수 이름 정의하기 [G4] 셀을 클릭합니다. [수식] 탭–[정의된 이름] 그룹–[이름 관리자]를 클릭합니다. [이름 관리자] 대화상자에서 [새로 만들기]를 클릭합니다.

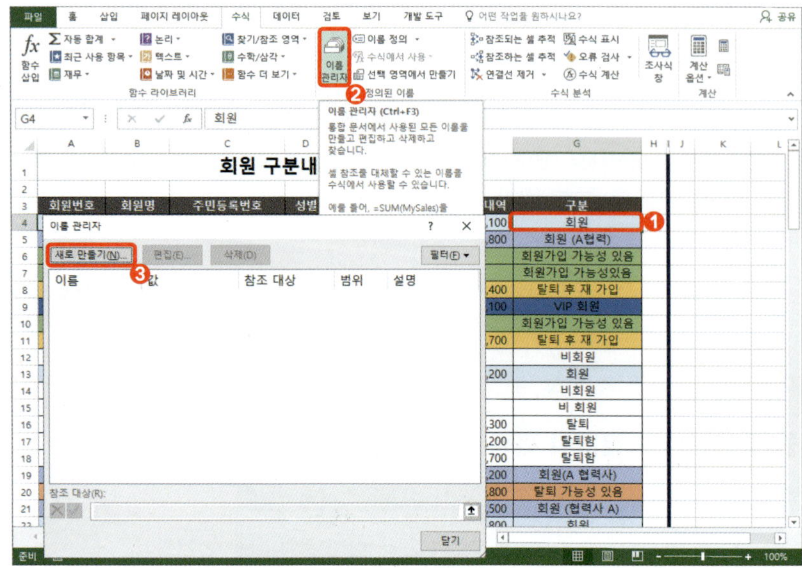

4행부터 데이터가 입력되어 있으므로 [G4] 셀을 선택합니다. [E4] 셀이나 [F4] 셀 등 행은 고정이지만 열은 다른 열을 선택해도 됩니다.

2 [새 이름] 대화상자에서 [이름]에 **셀색**, [참조 대상]에 **=GET.CELL(38,G4)**를 입력합니다. [확인]을 클릭합니다. [이름 관리자] 대화상자에서 [닫기]를 클릭합니다.

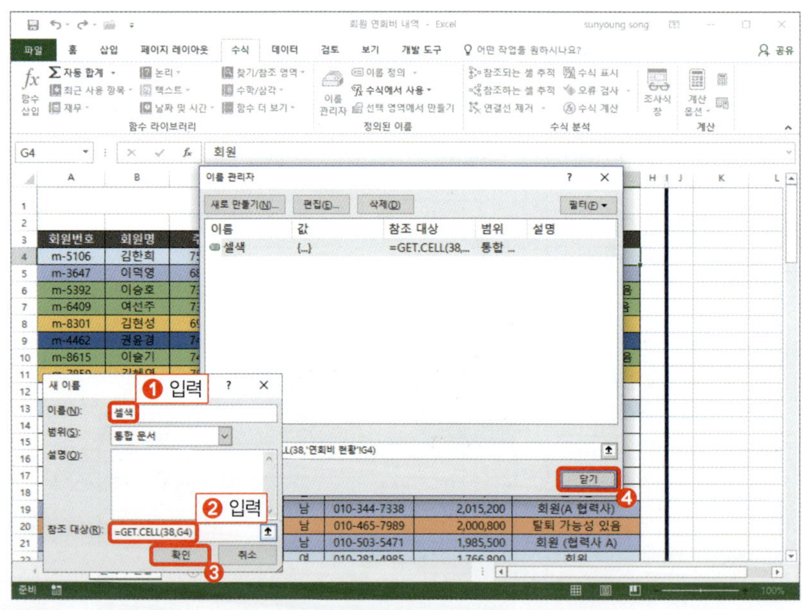

GET.CELL은 매크로 함수로 함수 형식은 'GET.CELL(옵션번호, 셀 주소)'입니다. 'GET.CELL(38,G4)'에서 38은 현재 선택한 [G4] 셀의 배경색을 확인하기 위해 입력한 옵션 번호입니다.

실력 향상 선택한 [G4] 셀부터 배경색의 고유번호를 확인하기 위해 [G4] 셀을 입력합니다. [G4] 셀 외에 다른 셀의 배경색도 알아봐야 하므로 상대 참조 형식으로 입력합니다.

GET.CELL()은 매크로 관련 시트나 VBA, 이름 정의 등에 사용 가능한 매크로 함수로 워크시트에서는 직접 사용할 수 없습니다. GET.CELL() 매크로 함수는 셀의 정보를 얻고자 할 때 사용합니다.

함수 형식	=GET.CELL(Type_num, Reference) =GET.CELL(옵션 번호, 셀 주소)		

- Type_num

1	셀 주소를 절댓값으로 변경	2	셀의 행 번호
3	셀의 열 번호	5	셀에 입력되어 있는 값
6	셀에 입력된 수식	7	셀의 표시 형식
16	셀의 열 너비	17	셀의 행 높이
18	셀에 입력된 텍스트의 글꼴	19	셀에 입력된 텍스트의 크기
20	셀에 입력된 텍스트의 굵기 여부	24	셀에 입력된 텍스트의 색상
32	파일명과 시트명	38	셀에 지정된 배경색

- Reference : 정보를 알고 싶은 셀이나 셀 범위를 지정합니다.

3 **배경색 번호를 표시할 열 삽입하기** H열을 선택합니다. 마우스 오른쪽 버튼을 클릭한 후 [삽입]을 선택합니다. G열을 선택한 후 [홈] 탭–[클립보드] 그룹–[서식 복사]를 클릭합니다.

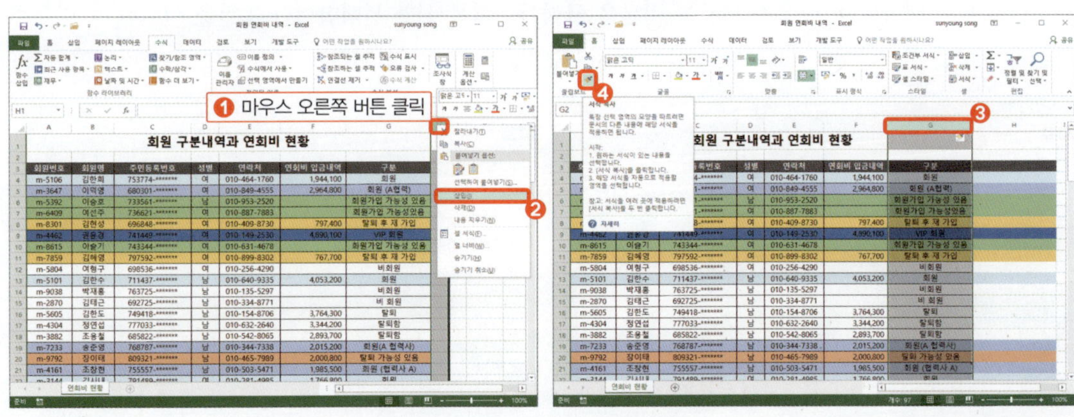

4 **이름 정의된 매크로 함수로 배경색 확인하기** H열을 선택하여 서식을 붙여넣기합니다. [H3] 셀에 **셀 색**을 입력합니다. [H4] 셀에는 **=셀색**을 입력합니다. [H4] 셀의 채우기 핸들을 더블클릭하여 수식을 복사합니다. [채우기 옵션]을 클릭하고 [서식 없이 채우기]를 선택합니다.

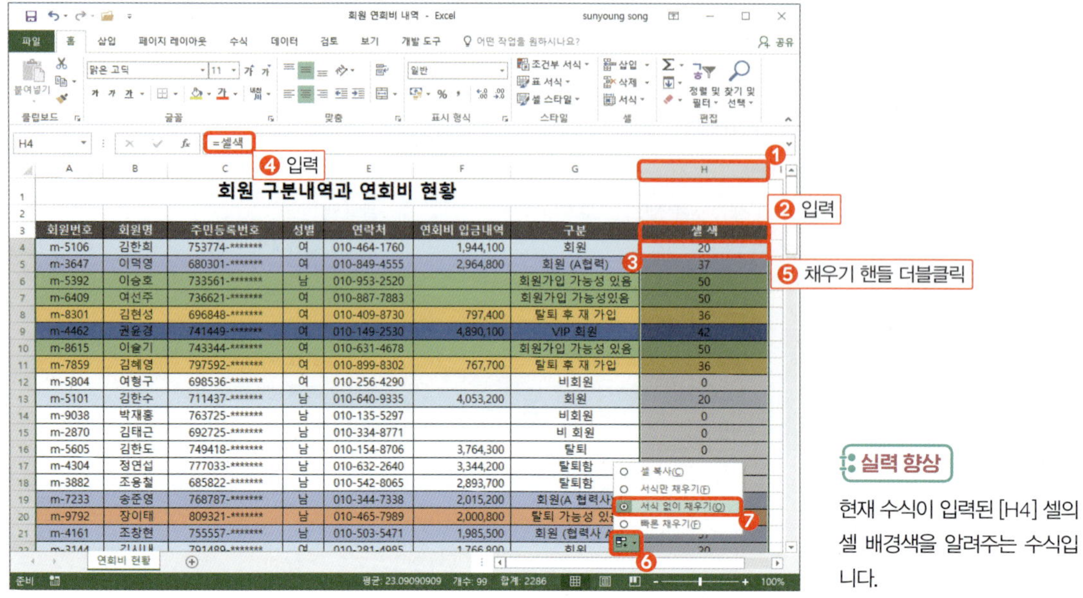

실력 향상

현재 수식이 입력된 [H4] 셀의 셀 배경색을 알려주는 수식입니다.

5 **구분과 셀 색 복사하여 다른 곳에 표시하기** 중복된 내용을 제거하여 색상별로 인원수를 구하겠습니다. [G:H] 열을 선택합니다. 마우스 오른쪽 버튼을 클릭한 후 [복사]를 선택합니다. L열을 선택한 후 마우스 오른쪽 버튼을 클릭합니다. [붙여넣기 옵션]에서 [붙여넣기]를 선택합니다.

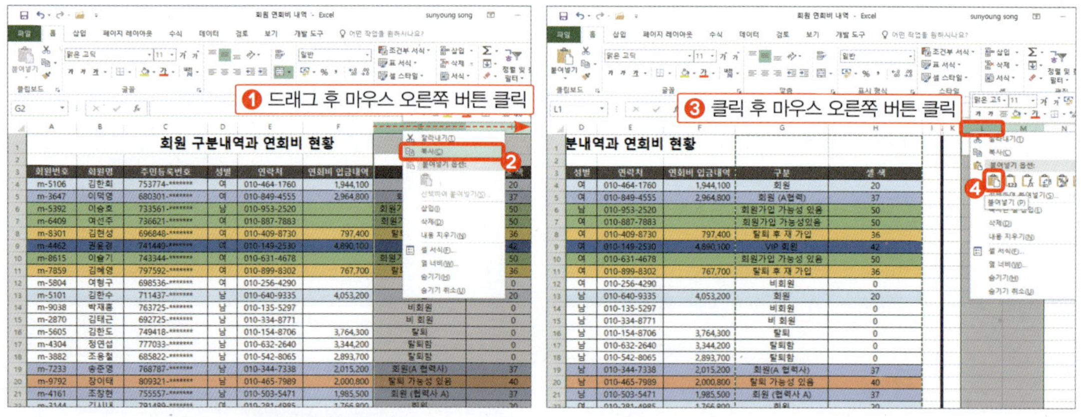

6 **구분과 셀 색의 중복된 항목 제거하기** [L3] 셀을 클릭합니다. [데이터] 탭–[데이터 도구] 그룹–[중복된 항목 제거]를 클릭합니다. [중복된 항목 제거] 대화상자의 [모두 선택 취소]를 클릭하여 [열]의 체크 표시를 모두 해제한 후 [셀 색] 열에만 체크 표시합니다. [확인]을 클릭합니다.

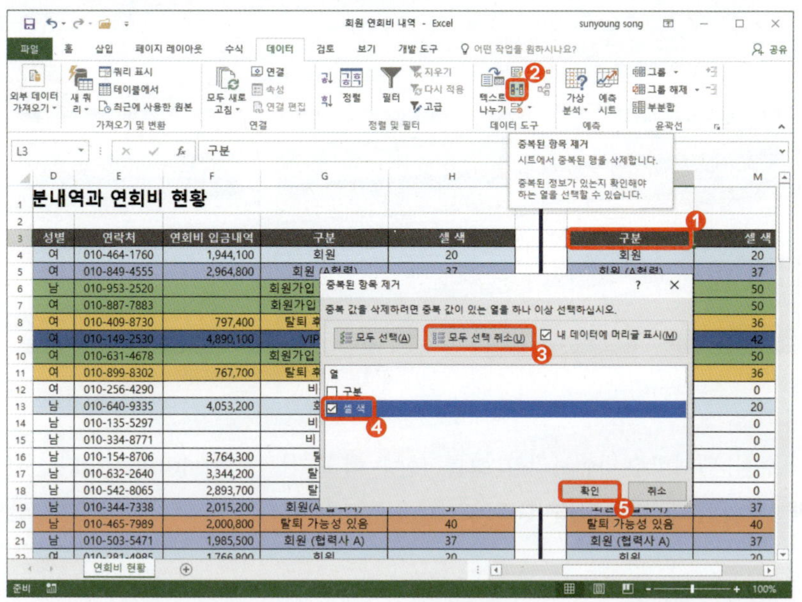

[구분] 열의 데이터는 통일되어 있지 않으므로 [셀 색] 열에만 체크 표시하여 중복된 항목을 제거합니다.

7 **색상별 오름차순 정렬하기** 중복된 항목 제거 개수와 유지되는 항목 개수를 알려주는 메시지가 표시됩니다. [확인]을 클릭합니다. [M3] 셀을 클릭합니다. [데이터] 탭–[정렬 및 필터] 그룹–[오름차순 정렬]을 클릭하여 색상의 번호 순서대로 오름차순 정렬합니다.

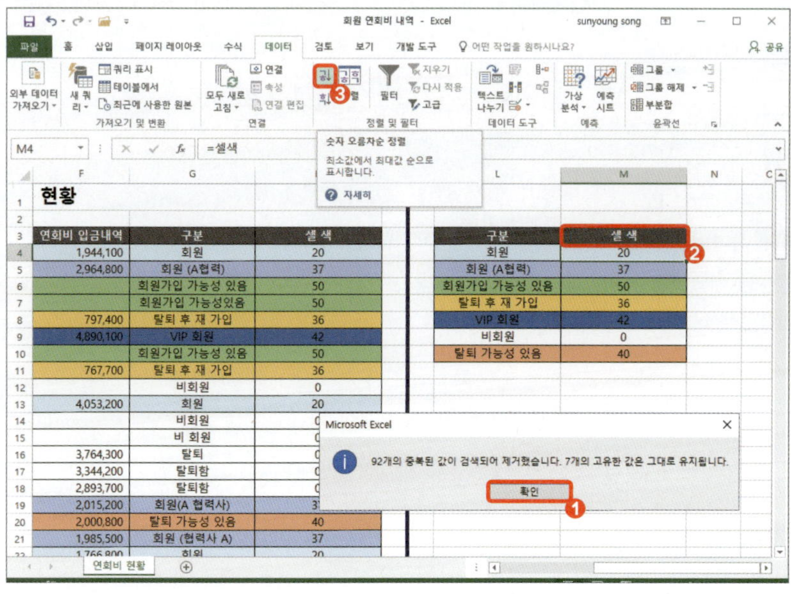

8 **색상별 개수 구하기** L열을 선택합니다. [홈] 탭-[클립보드] 그룹-[서식 복사]를 클릭합니다. N열을 선택하여 서식을 붙여넣기한 후 N열의 너비를 조절합니다. [N3] 셀에 **인원수**를 입력합니다.

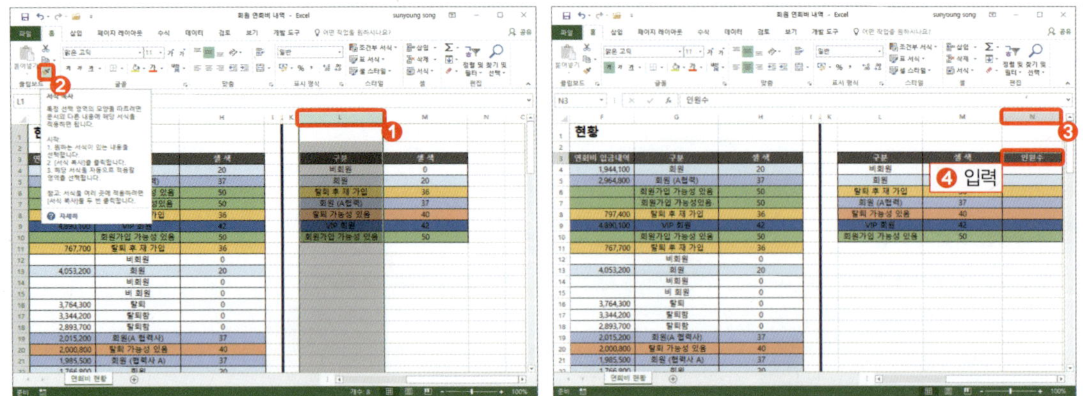

9 [N4] 셀을 클릭합니다. [수식] 탭-[함수 라이브러리] 그룹-[함수 더 보기]-[통계]-[COUNTIF]를 선택합니다. [함수 인수] 대화상자의 [Range]에 **$H$4:$H$102**, [Criteria]에 **M4**를 입력합니다. [확인]을 클릭합니다.

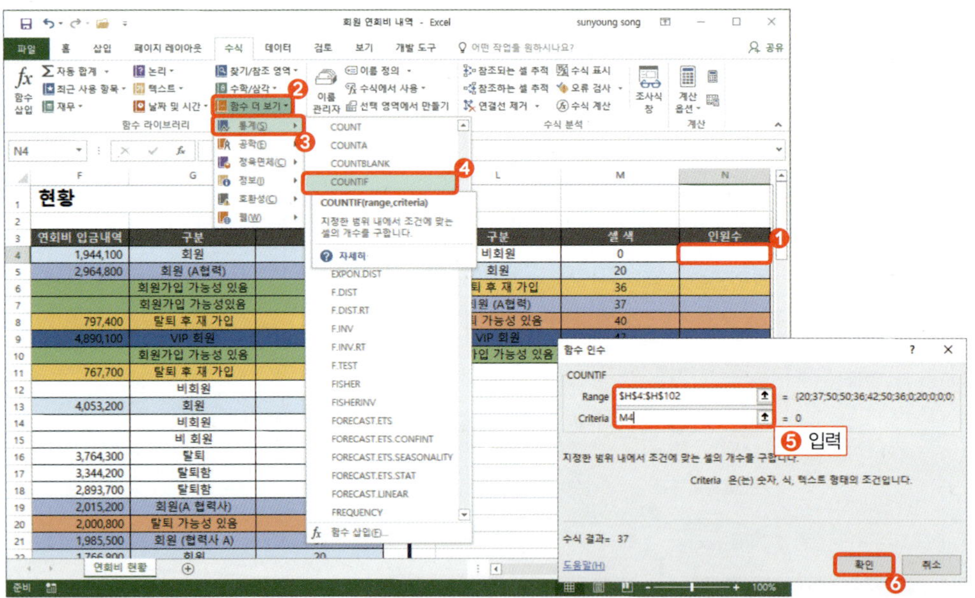

10 **수식 복사 후 셀 색 열 숨기기** [N4] 셀의 채우기 핸들을 더블클릭하여 수식을 복사합니다. [채우기 옵션]을 클릭하고 [서식 없이 채우기]를 선택합니다.

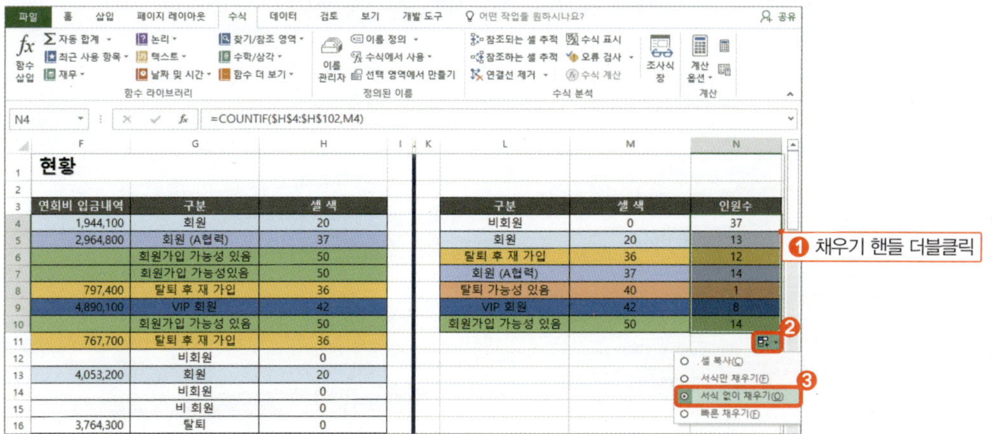

11 H열을 선택합니다. Ctrl 을 누른 상태에서 M열을 추가로 더 선택합니다. 마우스 오른쪽 버튼을 클릭한 후 [숨기기]를 선택합니다.

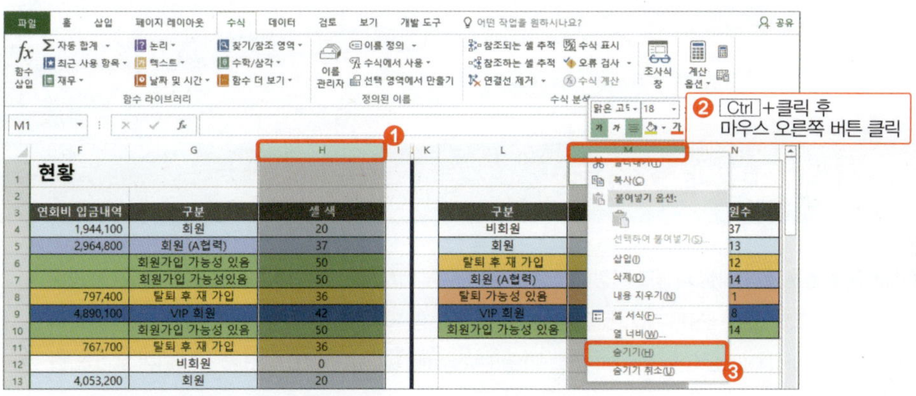

12 색상 구분별 인원수를 확인할 수 있습니다.

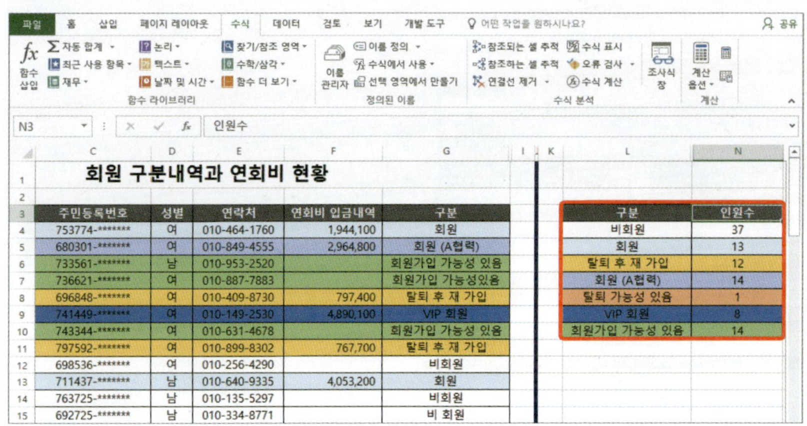

13 **매크로 사용 통합 문서 형식으로 파일 저장하기** 매크로 함수가 사용된 파일을 저장해보겠습니다. [파일]-[다른 이름으로 저장]을 클릭합니다. [다른 이름으로 저장] 목록에서 [찾아보기]를 클릭합니다. [다른 이름으로 저장] 대화상자에서 [파일 형식]을 [Excel 매크로 사용 통합 문서]로 선택합니다. [저장]을 클릭합니다.

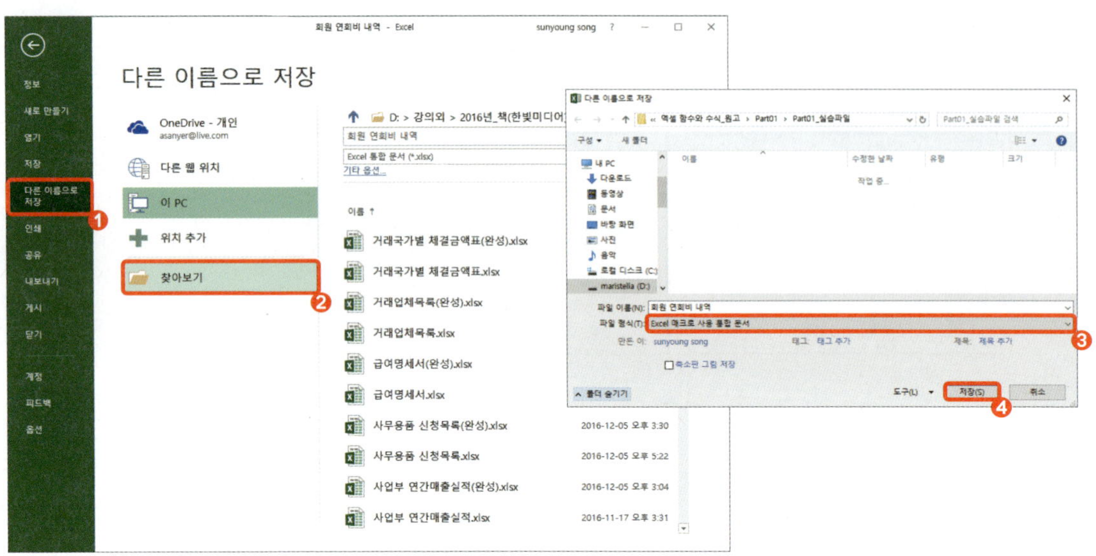

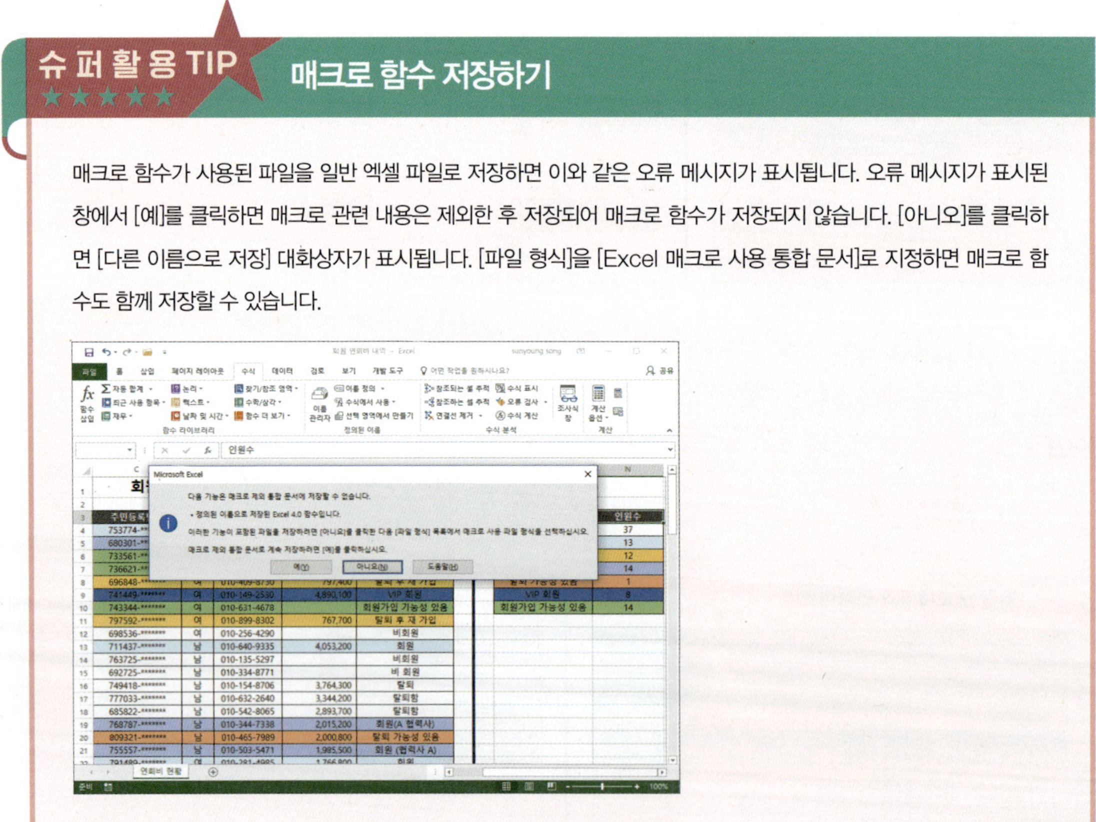

매크로 함수가 사용된 파일을 일반 엑셀 파일로 저장하면 이와 같은 오류 메시지가 표시됩니다. 오류 메시지가 표시된 창에서 [예]를 클릭하면 매크로 관련 내용은 제외한 후 저장되어 매크로 함수가 저장되지 않습니다. [아니오]를 클릭하면 [다른 이름으로 저장] 대화상자가 표시됩니다. [파일 형식]을 [Excel 매크로 사용 통합 문서]로 지정하면 매크로 함수도 함께 저장할 수 있습니다.

프로젝트로 업그레이드하는
엑셀 수식과 함수 활용

구슬이 서 말이라도 꿰어야 보배라 하듯 엑셀 함수에 대해 알고 있다 하더라도 실무에 적용할 수 있는 능력이 없다면 아는 것은 의미가 없습니다. 함수를 실무에서 제대로 사용하려면 각각의 상황별로 어떠한 함수를 사용해야 하는지 판단할 수 있는 능력이 있어야 합니다. PART 02에서는 실제 업무 현장에서는 어떠한 함수를 사용해야 하는지, 그리고 어떻게 응용해야 하는지 등을 익힘으로써 수식과 함수 활용 능력을 빠르게 향상시킬 수 있도록 도와줍니다. PART 01에서 익힌 수식과 함수의 기본기를 바탕으로 집계표를 만들어 보고서를 작성하고, 자동화 문서 작성 및 데이터 시각화를 위한 차트 작성 함수까지 심도 있게 배워보겠습니다.

외부 다운로드 데이터 편집하고 실무 활용도가 높은 집계표 만들기

외부 시스템에서 다운로드한 데이터를 사용하여
집계표를 만들 때는 RAW 데이터를 그대로 사용할 수
없습니다. 게다가 함수와 수식을 적용하기에 적합하지
않은 데이터 목록이나 표일 경우에는 대부분 편집과
가공 작업을 거쳐야 합니다.
외부 데이터를 편집할 때 업무 처리 시간을 단축할 수
있는 다양한 응용 기법을 알아보고, 편집이 완료된
데이터 목록으로 집계표 작성에 필요한 함수 사용
방법을 배워보겠습니다.

법인카드 사용 내역 가공하여
부서별 분석표 만들기

실습 파일 | PART 02 \ CHAPTER 01 \ 법인카드 사용분석.xlsx   완성 파일 | PART 02 \ CHAPTER 01 \ 법인카드 사용분석(완성).xlsx

✔ 프로젝트 시작하기

회사에서 사용하는 모든 법인카드의 1/4 분기 사용 실적을 한눈에 분석할 수 있도록 집계표를 만들려고 합니다. 1/4 분기에 사용한 법인카드 사용 내역을 금융 시스템에서 다운로드한 후 엑셀 파일로 저장했습니다. 그런데 다운로드한 엑셀 파일을 참조하여 함수를 사용하려고 하니 동일한 카드번호는 한 번씩만 입력되어 있고 각각의 카드번호가 어느 부서에서 사용되었는지 표시되지 않았습니다. 카드번호가 없는 행에는 수식으로 카드번호를 일괄 입력하고, 사용부서는 VLOOKUP 함수로 찾아 표시해보겠습니다. 이렇게 편집이 완료된 데이터 목록에서 SUM과 MONTH 함수를 배열 수식으로 사용하여 월별/부서별 법인카드 사용실적 집계표를 작성해 보겠습니다. 이 프로젝트는 다른 부서에서 받은 데이터 목록이나 통계 정보, 회계 시스템에서 다운로드한 RAW 데이터를 빠르게 가공하여 그룹별 집계표를 만드는 업무에 유용하게 응용할 수 있습니다.

회사에서 바로 통하는 키워드

SUM, VLOOKUP, MONTH, 배열 수식, 사용자 지정 표시 형식, 이동 옵션, 값 복사, 서식 복사

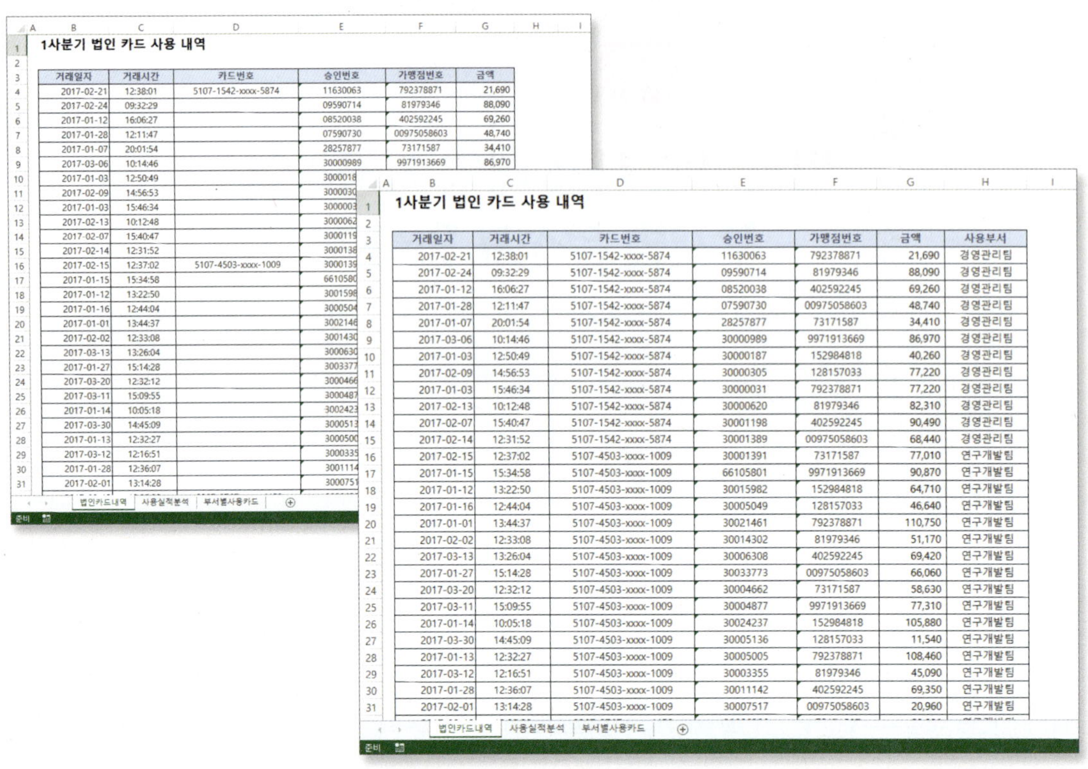

법인카드 부서별 사용 실적(1사분기)

지역		1월	2월	3월	합계
기획개발	경영관리팀	1,273,720	876,010	534,100	2,683,830
	연구개발팀	1,581,300	440,210	1,027,670	3,049,180
소계		2,855,020	1,316,220	1,561,770	5,733,010
마케팅	마케팅1팀	339,830	94,600	189,200	623,630
	마케팅2팀	515,300	132,870	264,480	912,650
	마케팅3팀	300,950	76,580	577,080	954,610
소계		1,156,080	304,050	1,030,760	2,490,890
그룹임원실		1,293,350	648,560	1,109,810	3,051,720
합계		5,304,450	2,268,830	3,702,340	11,275,620

STEP 01 카드번호 표시 형식 변경하고 한 번에 입력하기

❶ [법인카드내역] 시트에서 D열의 표시 형식을 [일반]으로 변경하고 [이동 옵션]을 이용하여 카드번호 열의 빈 셀만 선택한 후 수식으로 위쪽에 표시된 셀 데이터를 한 번에 입력합니다.

❷ 수식으로 입력된 셀을 [선택하여 붙여넣기]를 이용하여 [값]으로 변경합니다.

STEP 02 법인카드 사용부서 표시하기

❶ [부서별사용카드] 시트의 목록을 이름으로 정의한 후 법인카드의 사용부서를 VLOOKUP 함수로 표시합니다.

❷ F열의 서식을 H열로 복사합니다.

STEP 03 부서별/월별 집계표 작성하기

❶ [법인카드내역] 시트의 거래일자, 사용부서, 금액의 범위를 [선택 영역에서 이름 만들기]로 이름 정의합니다.

❷ SUM과 MONTH 함수를 배열 수식으로 입력하여 부서별/월별 법인카드 사용 금액을 계산합니다.

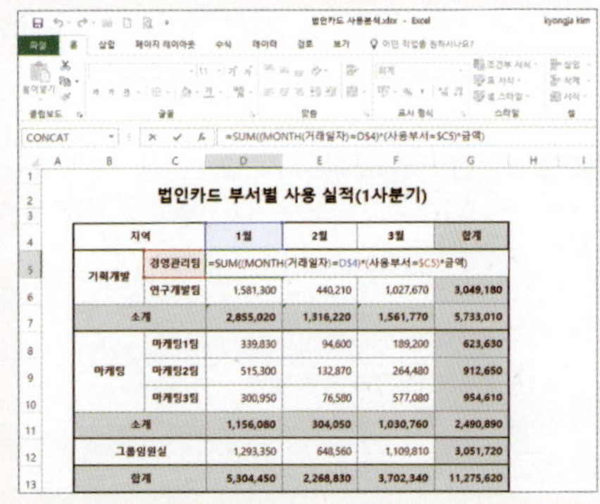

카드번호 표시 형식 변경하고 한 번에 입력하기

[법인카드내역] 시트에 카드번호가 같은 값의 레코드는 한 번씩만 입력되어 있습니다. 카드번호를 기준으로 사용부서를 표시해야 하므로 카드번호가 같은 경우에도 모두 셀에 입력해야 합니다. D열의 표시 형식을 [일반]으로 변경한 후 수식으로 빈 셀을 채우고 입력한 데이터를 값으로 변경해보겠습니다.

1 표시 형식을 일반으로 변경하기 [법인카드내역] 시트에서 D열을 선택합니다. [홈] 탭-[표시 형식] 그룹-[표시 형식]-[일반]을 선택합니다.

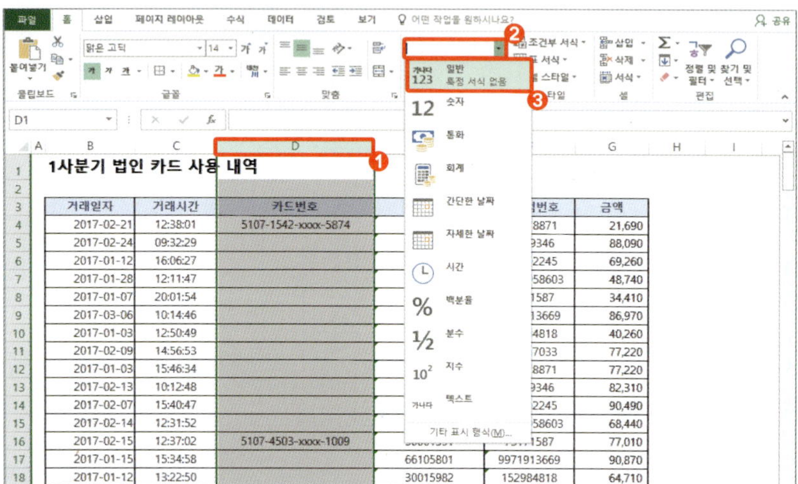

D열의 표시 형식이 [텍스트]로 설정되어 있어 표시 형식을 [일반]으로 변경하지 않으면 수식을 입력해도 계산할 수 없으며 문자로 입력됩니다.

2 카드번호 셀 범위에서 빈 셀만 선택하기 [D4:D187] 셀 범위를 선택합니다. [홈] 탭-[편집] 그룹-[찾기 및 선택]-[이동 옵션]을 선택합니다. [이동 옵션] 대화상자에서 [빈 셀]을 선택합니다. [확인]을 클릭합니다.

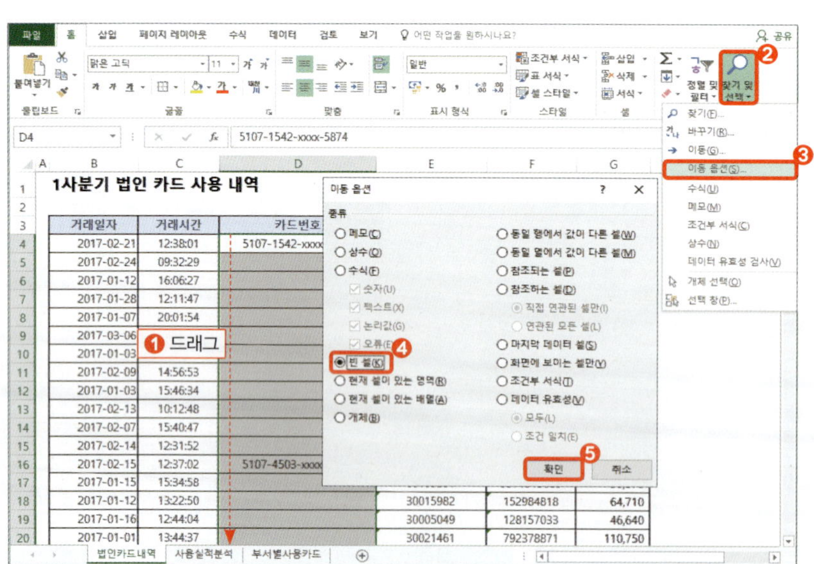

[D4] 셀을 클릭한 후 스크롤 하여 화면을 아래로 이동한 후 Shift 를 누른 상태에서 [D187] 셀을 클릭하면 빠르게 해당 셀 범위를 선택할 수 있습니다.

3 수식으로 카드번호를 한 번에 입력하기 빈 셀만 선택된 상태에서 셀 포인터가 [D5] 셀에 있으므로 **=D4**를 입력합니다. Ctrl + Enter 를 누릅니다. 빈 셀 바로 위쪽에 있는 셀 데이터가 모두 입력되었습니다.

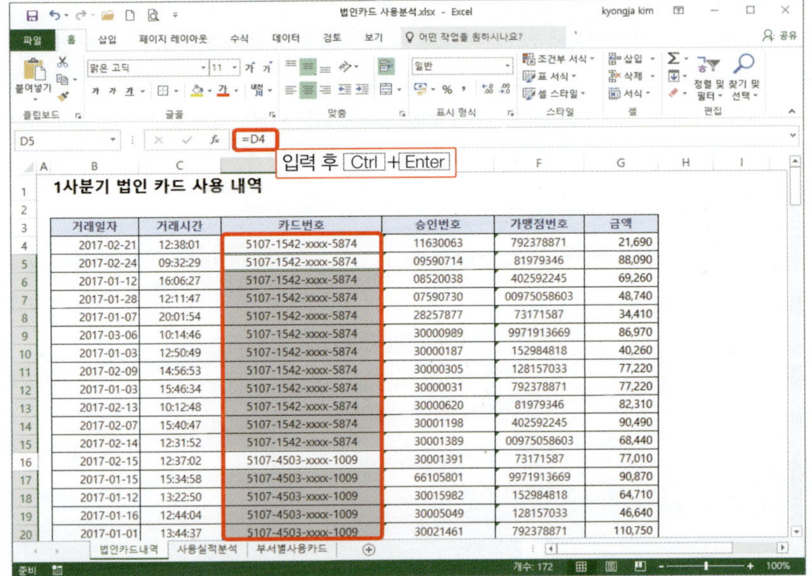

시간 단축

Ctrl + Enter 로 수식을 입력하면 채우기나 복사 기능을 사용한 것과 똑같이 상대 참조 수식으로 셀 주소가 변경된 상태로 한 번에 입력됩니다.

4 수식을 값으로 복사하기 수식으로 입력한 데이터는 참조하는 셀 데이터가 변경되면 결과가 바뀝니다. 데이터가 바뀌지 않도록 수식을 값으로 변경해보겠습니다. [D4:D187] 셀 범위를 선택합니다. Ctrl + C 로 복사합니다. [D4:D187] 셀 범위가 선택된 상태에서 마우스 오른쪽 버튼을 클릭합니다. [붙여넣기 옵션]에서 [값]을 클릭합니다. 수식으로 입력된 데이터가 모두 값으로 변경되었습니다. Esc 를 눌러 복사 범위를 해제합니다.

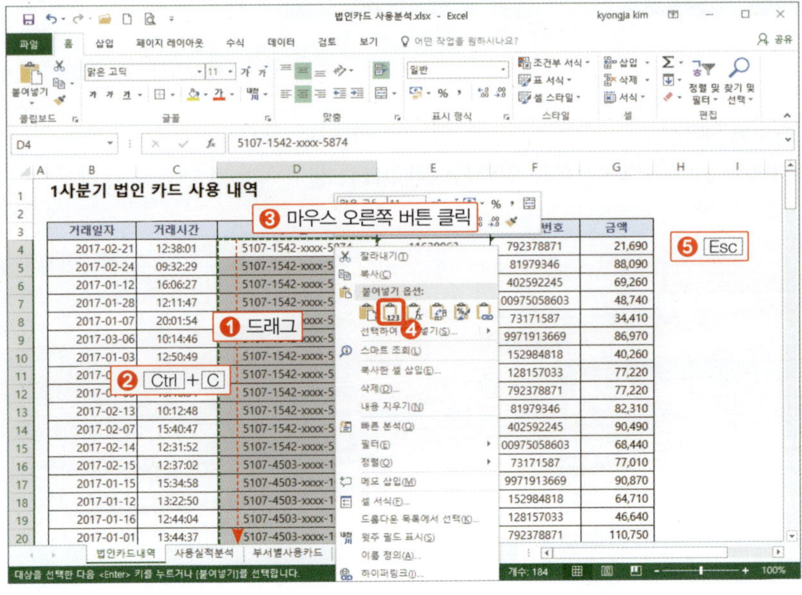

법인카드 사용부서 표시하기

STEP 02

[부서별사용카드] 시트의 법인카드 목록을 참조하여 해당 카드번호를 어느 부서에서 사용하고 있는지 [법인카드내역] 시트에 사용부서를 표시해보겠습니다. [부서별사용카드] 시트의 데이터 목록을 이름으로 정의한 후 [법인카드내역] 시트의 H열에 VLOOKUP 함수를 입력합니다. 사용부서가 모두 구해지면 F열의 서식을 H열에 복사하여 사용부서 열의 서식을 빠르게 변경해보겠습니다.

5 법인카드목록 이름 정의하기 [부서별사용카드] 시트를 선택한 후 [B3:C15] 셀 범위를 선택합니다. [이름 상자]에 **법인카드목록**을 입력한 후 Enter 를 누릅니다.

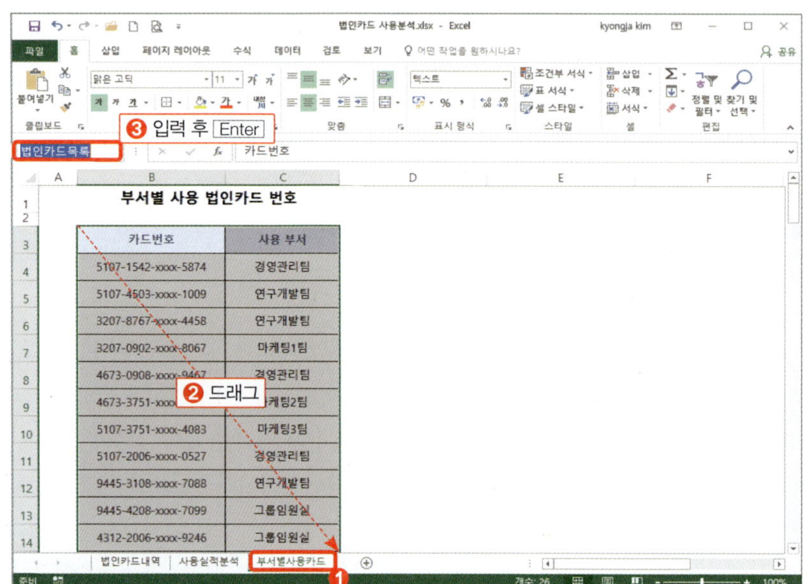

시간 단축

[B3] 셀을 클릭한 후 Ctrl + A 를 누르면 빠르게 범위를 선택할 수 있습니다.

6 VLOOKUP 함수로 사용부서 표시하기 [법인카드내역] 시트를 선택합니다. [H3] 셀에 **사용부서**를 입력합니다. [H4] 셀에 **=VLOOKUP(D4,법인카드목록,2,0)**을 입력합니다. [H4] 셀의 채우기 핸들을 더블클릭하여 수식을 복사합니다.

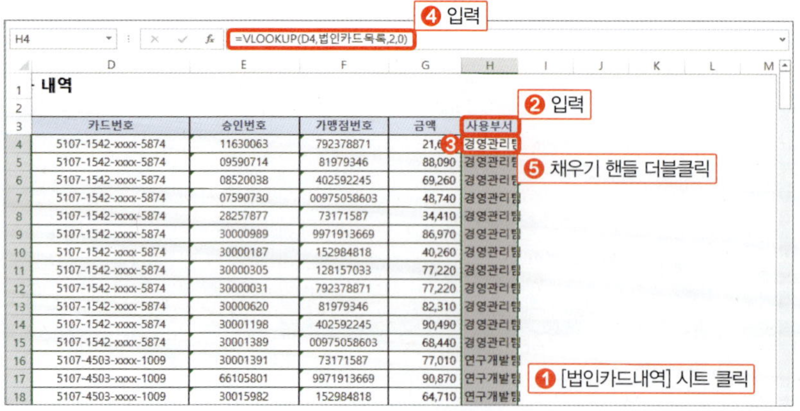

실력 향상

함수 형식은 '=VLOOKUP(찾는 기준 값, 기준 범위, 가져올 열 번호, 찾는 방법)'입니다. '=VLOOKUP(D4,법인카드목록,2,0)' 수식을 사용하면 [법인카드내역] 시트의 카드번호를 기준으로 [법인카드목록]으로 이름을 정의한 셀 범위에서 두 번째 열의 데이터를 찾아옵니다.

7 서식 복사하기 F열을 선택합니다. [홈] 탭-[클립보드] 그룹-[서식 복사]를 클릭합니다. 서식을 붙여 넣을 H열을 클릭합니다. F열의 서식이 H열로 복사되었습니다.

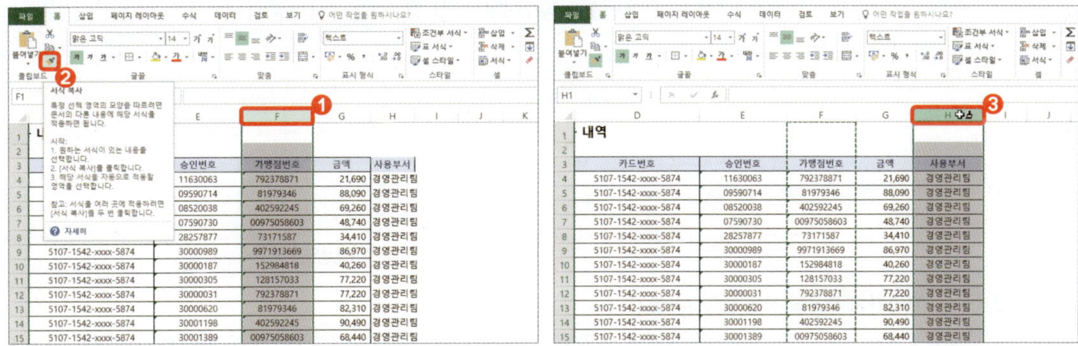

[서식 복사]를 한 번 클릭하면 한 번 [붙여넣기]를 할 수 있고, 더블클릭하면 여러 번 연속으로 [붙여넣기]를 할 수 있습니다.

STEP 03 부서별/월별 집계표 작성하기

[법인카드내역] 시트의 거래일자, 사용부서, 금액의 범위를 이름으로 정의하여 [사용실적분석] 시트에 부서별/월별 금액 합계를 구해보겠습니다. 이름 정의는 [선택 영역에서 만들기]를 사용하여 동시에 정의하고 금액의 합계는 SUM과 MONTH 함수를 배열 수식으로 입력합니다.

8 거래일자, 금액, 사용부서 이름 정의하기 [B3:B187] 셀 범위를 선택하고 Ctrl을 누른 상태에서 [G3:H187] 셀 범위를 선택합니다. [수식] 탭-[정의된 이름] 그룹-[선택 영역에서 만들기]를 클릭합니다. [선택 영역에서 이름 만들기] 대화상자에서 [첫 행]에만 체크 표시한 후 [확인]을 클릭합니다. 세 개의 이름이 정의되었습니다. 정의된 이름은 [이름 상자]의 목록 단추를 클릭하여 확인할 수 있습니다.

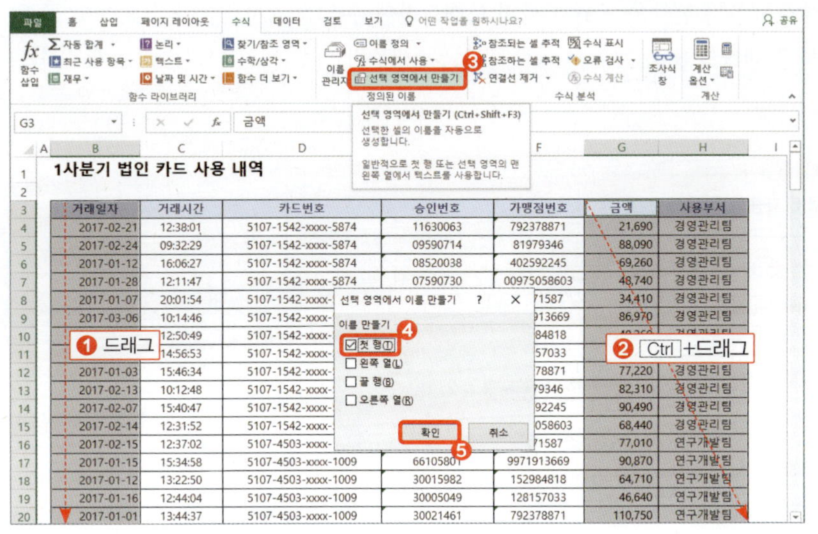

시간 단축

[B3] 셀을 클릭한 후 Ctrl + Shift + ↓를 누릅니다. Ctrl을 누른 상태에서 [G3:H3] 셀 범위를 드래그하고 Ctrl + Shift + ↓를 누르면 빠르게 셀 범위를 선택할 수 있습니다.

9 배열 함수로 부서별 금액 합계 구하기 [사용실적분석] 시트를 선택합니다. [D5] 셀에 **=SUM((MONTH (거래일자)=D$4)*(사용부서=$C5)*금액)**을 입력한 후 Ctrl + Shift + Enter 를 누릅니다. Ctrl + Shift + Enter 를 누르면 배열 수식으로 입력이 되어 수식 앞뒤로 중괄호({ })가 표시됩니다. 경영관리팀의 1월 법인카드 사용금액 합계가 계산되었습니다.

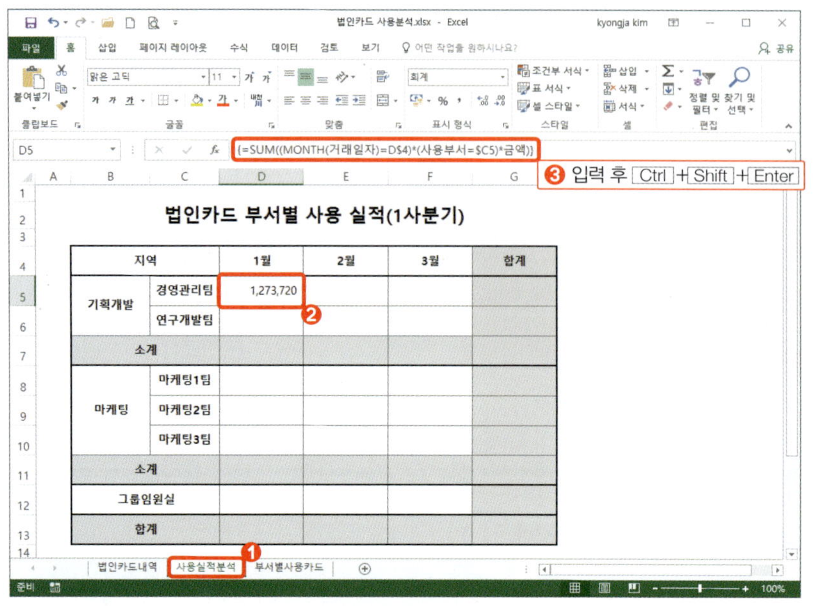

실력 향상 배열 수식은 지정한 각 셀 범위를 상호 대응하여 계산한 후 최종 결과 값을 셀에 표시해줍니다. 수식 'MONTH(거래일자)=D$4'는 거래일자 184개의 월 데이터가 [D4] 셀과 같은지 비교하여 그 결과를 TRUE 또는 FALSE로 나타냅니다. 수식 '사용부서=$C5'도 똑같이 사용부서 184개가 [C5] 셀과 같은지 비교하여 그 결과를 TRUE 또는 FALSE로 나타냅니다. 마지막으로 두 수식의 결과와 금액 184개를 상호 대응하여 곱합니다. TRUE는 1이고, FALSE가 0이므로 각각의 수식은 [1*0*금액], [1*1*금액], [0*0*금액],··· 등으로 모두 계산되어 결과를 SUM 함수로 구성하면 두 조건에 맞는 금액의 합이 최종적으로 셀에 표시됩니다.

10 수식 복사하기 [D5] 셀의 채우기 핸들을 [F5] 셀까지 드래그하여 수식을 복사합니다. [D5:F5] 셀 범위가 선택된 상태에서 채우기 핸들을 [F6] 셀까지 드래그한 후 [채우기 옵션]에서 [서식 없이 채우기]를 선택합니다.

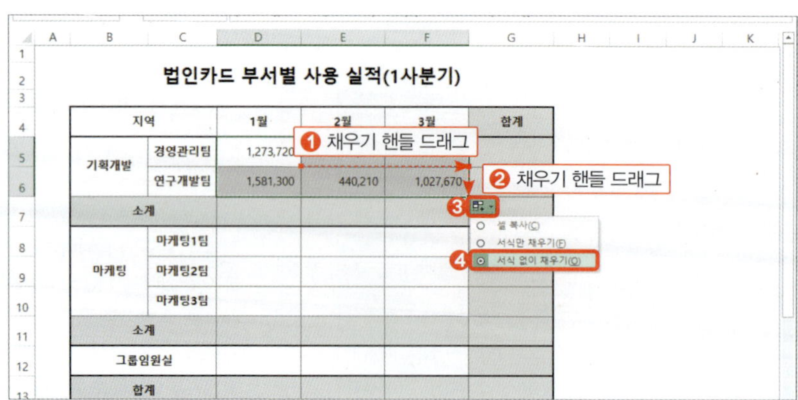

11 [D5] 셀을 클릭한 후 `Ctrl`+`C`로 복사합니다. [D8:F10] 셀 범위를 선택합니다. 마우스 오른쪽 버튼을 클릭하여 [붙여넣기 옵션]에서 [수식]을 클릭합니다. 마케팅 그룹 세 부서의 월별 금액합계가 계산되었습니다.

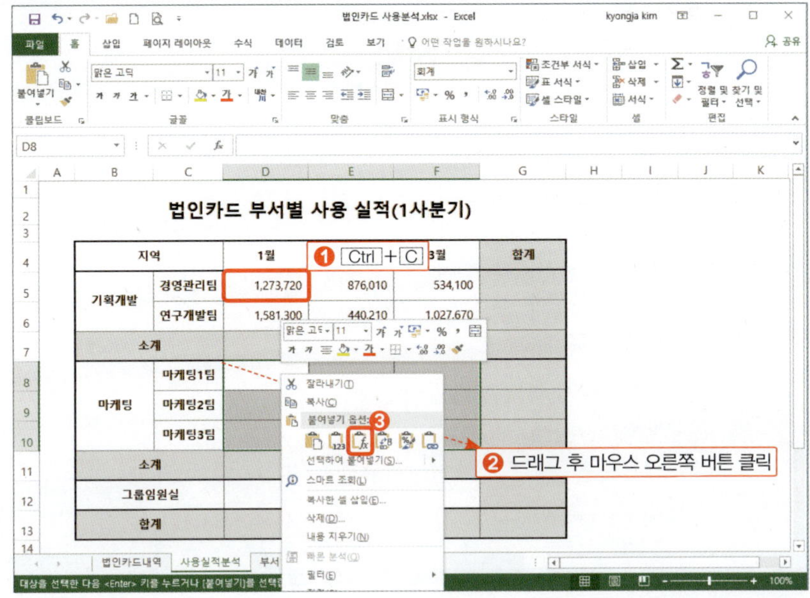

12 그룹임원실 합계 오류 해결하기 [D12] 셀을 클릭한 후 마우스 오른쪽 버튼을 클릭합니다. [붙여넣기 옵션]에서 [수식]을 클릭합니다. [D12] 셀에 복사한 수식은 결과가 0으로 계산되어 −으로 표시됩니다. 비교할 부서명인 그룹임원실이 병합된 셀에 입력되어 있기 때문입니다. [D12] 셀의 수식 '=SUM((MONTH(거래일자)=D$4)*(사용부서=$C12)*금액)'에서 $C12를 **$B12**로 변경한 후 `Ctrl`+`Shift`+`Enter`를 누릅니다. 수식 '{=SUM((MONTH(거래일자)=D$4)*(사용부서=$B12)*금액)}'이 완성됩니다.

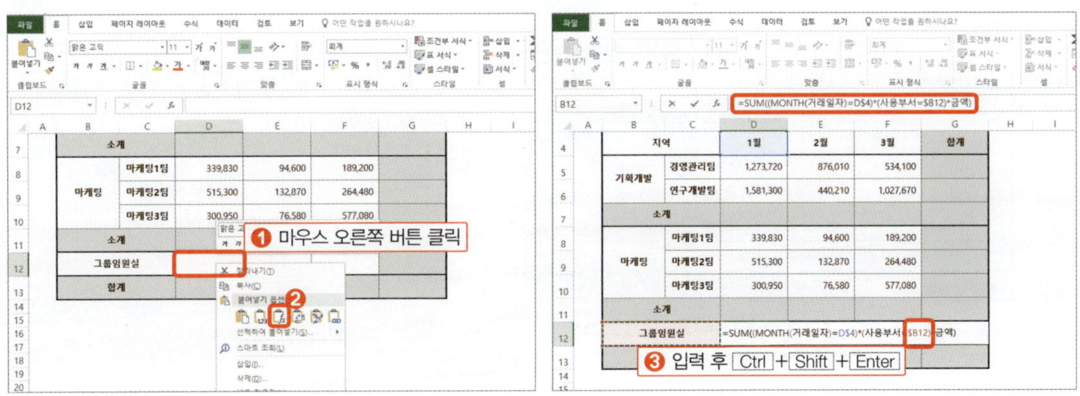

13 소계와 합계 구하기 [D12] 셀의 채우기 핸들을 [F12] 셀까지 드래그하여 복사합니다. [D5:G7] 셀 범위를 선택하고 Ctrl 을 누른 상태에서 [D8:G11], [G12] 셀 범위를 선택합니다. [수식] 탭-[함수 라이브러리] 그룹-[자동 합계]를 클릭합니다.

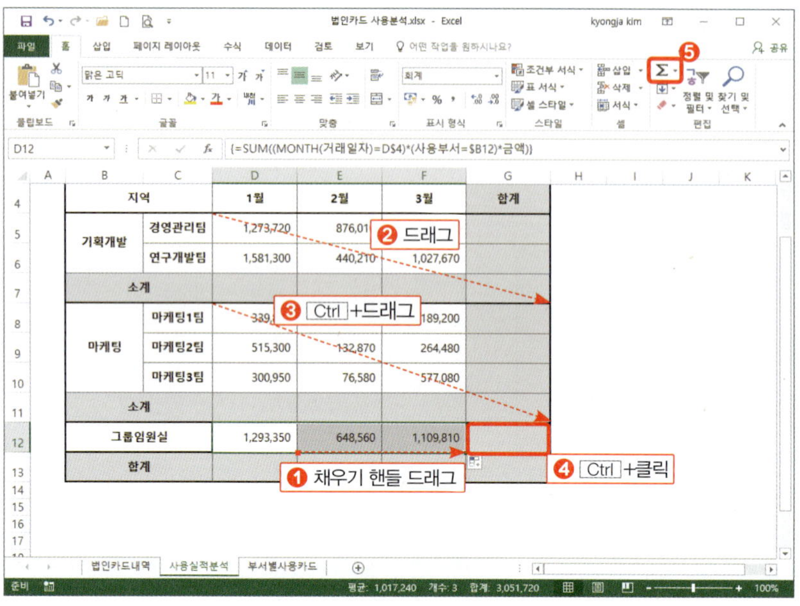

14 [D13] 셀에 **=SUM(D7,D11,D12)**를 입력합니다. [D13] 셀의 채우기 핸들을 [G13] 셀까지 드래그하여 복사합니다. [채우기 옵션]을 클릭하고 [서식 없이 채우기]를 선택합니다.

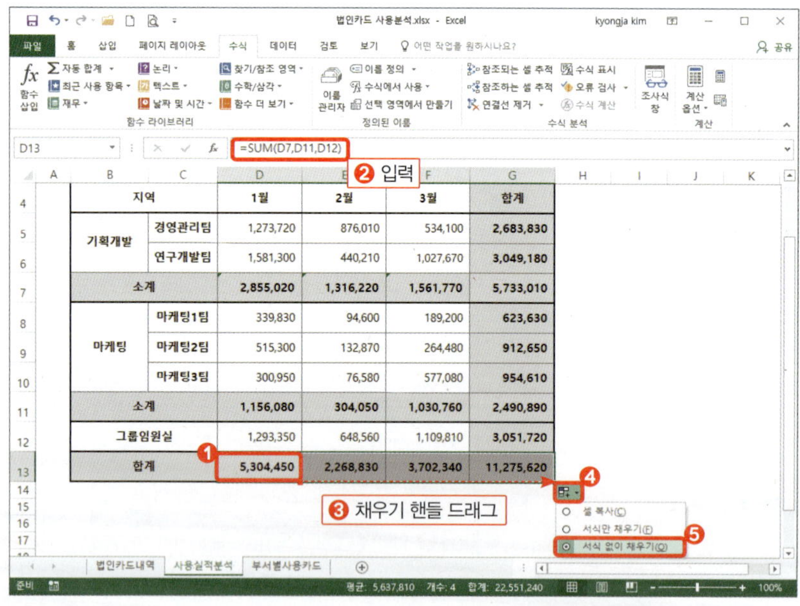

배열 수식 알아보기

배열 수식이란?

배열(Array)이란 여러 값의 집합을 말하며, 중괄호({ }) 안의 값들이 상호 대응하여 계산된 후 결과 값을 셀 또는 셀 범위에 표시합니다. '=단가*수량'을 계산하는 식을 배열 수식으로 입력하면 먼저 가격이 표시될 [D4:D8] 셀 범위를 선택한 후 '=B4:B8*C4:C8'을 입력하고 Ctrl + Shift + Enter 를 누릅니다. [D4:D8] 셀 범위에 수식이 동시에 입력되고 수식 입력줄에 표시되는 수식 앞뒤로 중괄호가 추가되어 {=B4:B8*C4:C8}로 표시됩니다.

실습 파일 | PART 02 \ CHAPTER 01 \ 배열수식(노트팁).xlsx **완성 파일** | PART 02 \ CHAPTER 01 \ 배열수식(완성).xlsx

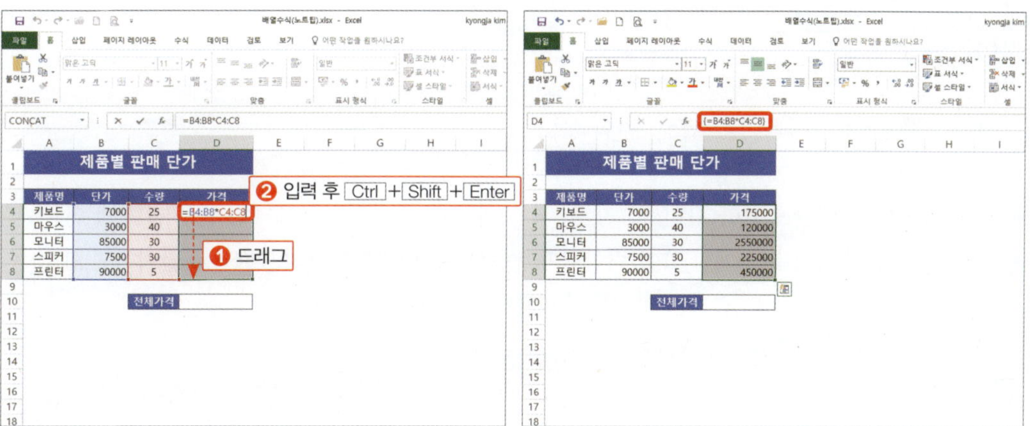

배열 수식 계산 과정

배열 수식은 다음과 같은 과정을 거쳐서 계산됩니다. 이때 배열은 서로 대응하여 계산해야 하므로 단가가 다섯 개면 수량도 다섯 개가 되어야 합니다. 가격은 각 셀에 결과를 표시할 경우는 다섯 개의 셀 범위가 선택되어야 있어야 하지만 그 결과는 한 셀에 표시할 수도 있습니다.

단가(B4:B8)		수량(C4:C8)		가격(D4:D8)
7,000	×	25	=	175,000
3,000	×	40	=	120,000
85,000	×	30	=	2,550,000
7,500	×	30	=	225,000
90,000	×	5	=	450,000

만약 가격의 합을 배열 수식으로 한 셀에 표시한다면 '=SUM(B4:B8＊C4:C8)'을 입력한 후 Ctrl + Shift + Enter 를 누릅니다. 단가와 수량을 서로 곱하여 그 결과의 합을 표시합니다.

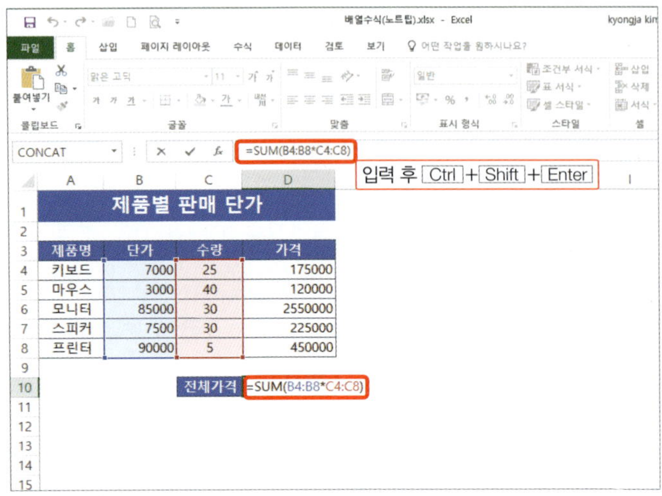

배열 수식의 중간 계산 결과를 확인하고자 할 경우 배열 수식이 입력된 [D10] 셀을 클릭한 후 [수식] 탭-[수식 분석] 그룹-[수식 계산]을 클릭합니다. [수식 계산] 대화상자의 [계산]을 클릭하면 SUM 함수 안에 계산된 배열 수식의 결과를 확인할 수 있습니다.

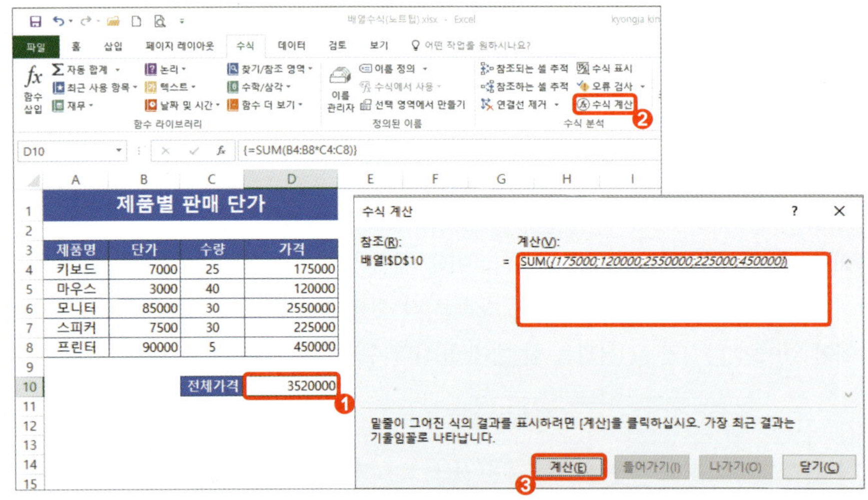

배열 수식 수정과 삭제

배열 수식이 입력되어 있는 범위에서는 일부 셀을 지우거나 수정할 수 없습니다. 배열 수식을 지우거나 수정하고 싶다면 배열 전체 범위를 지정한 후 Delete 를 눌러 전체 수식을 지우거나 수식을 수정하고 Ctrl + Shift + Enter 를 눌러 배열 수식 전체를 수정합니다.

피벗 테이블과 GETPIVOTDATA 함수로
합계 금액 구하기

부서별/월별 집계표를 작성할 때 배열 수식을 사용하지 않고 피벗 테이블을 작성한 후 GETPIVOTDATA 함수를 이용해도 됩니다. [법인카드내역] 시트에서 [B3:H187] 셀 범위를 선택한 후 [삽입] 탭-[표] 그룹-[피벗 테이블]을 클릭합니다. 피벗 테이블 보고서 작성 위치를 [새 워크시트]로 설정하고 [확인]을 클릭합니다.

실습 파일 | PART 02 \ CHAPTER 01 \ 법인카드 사용분석.xlsx　　**완성 파일** | PART 02 \ CHAPTER 01 \ 법인카드 사용분석(완성-피벗사용).xlsx

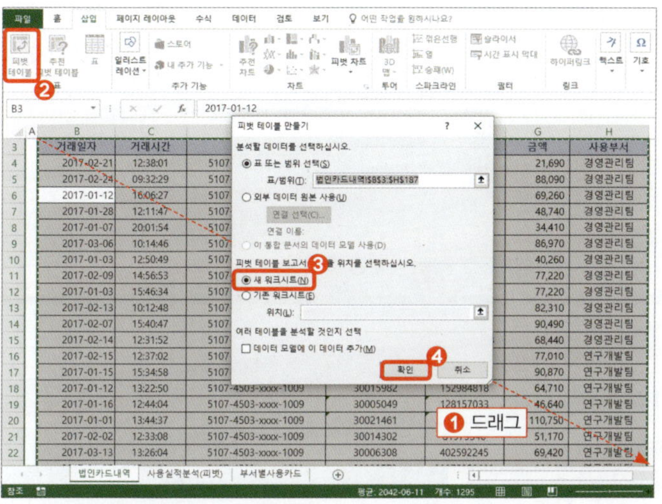

피벗 테이블 작성 화면에서 [사용부서] 필드를 [행]으로, [거래일자] 필드를 [열]로, [금액] 필드를 [값]으로 각각 드래그합니다.

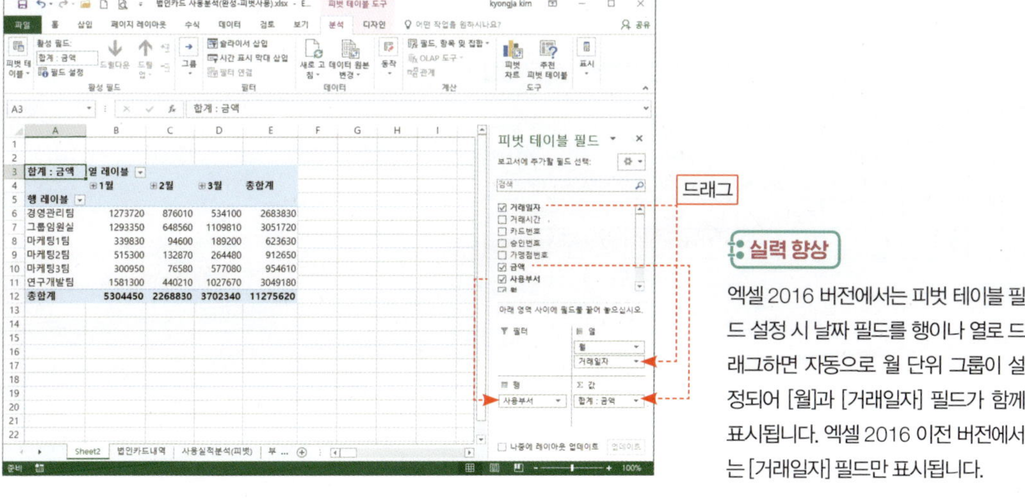

실력 향상

엑셀 2016 버전에서는 피벗 테이블 필드 설정 시 날짜 필드를 행이나 열로 드래그하면 자동으로 월 단위 그룹이 설정되어 [월]과 [거래일자] 필드가 함께 표시됩니다. 엑셀 2016 이전 버전에서는 [거래일자] 필드만 표시됩니다.

작성된 피벗 테이블의 결과를 [사용실적분석] 시트와 연결하기 위해 [사용실적분석] 시트에서 [D5] 셀을 클릭합니다. 등호(=)를 입력한 후 피벗 테이블이 작성된 [Sheet2] 시트에서 [B6] 셀을 클릭합니다. Enter 를 누르면 GETPIVOTDATA 함수가 자동으로 입력됩니다. 수식을 다음과 같이 수정합니다.

- **입력된 수식** : =GETPIVOTDATA("금액",Sheet1!$A$3,"사용부서","경영관리팀","월",1)
- **수정한 수식** : =GETPIVOTDATA("금액",Sheet1!$A$3,"사용부서",$C5,"월",D$4)

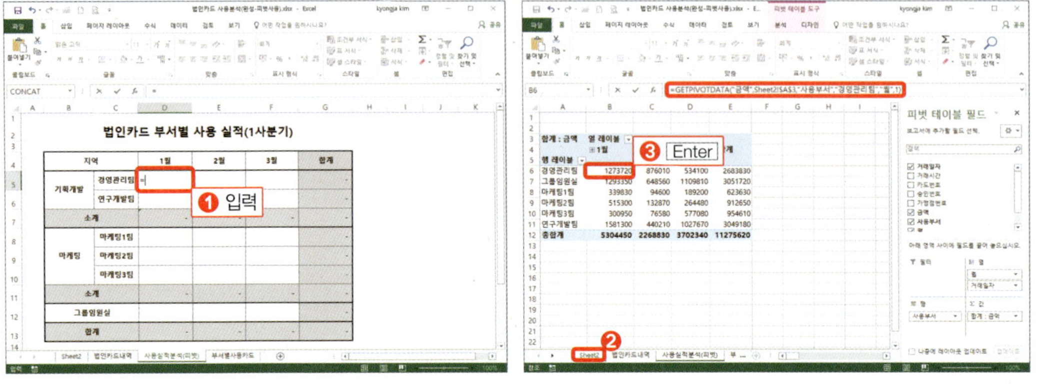

수정한 수식을 나머지 셀에 복사하여 완성합니다.

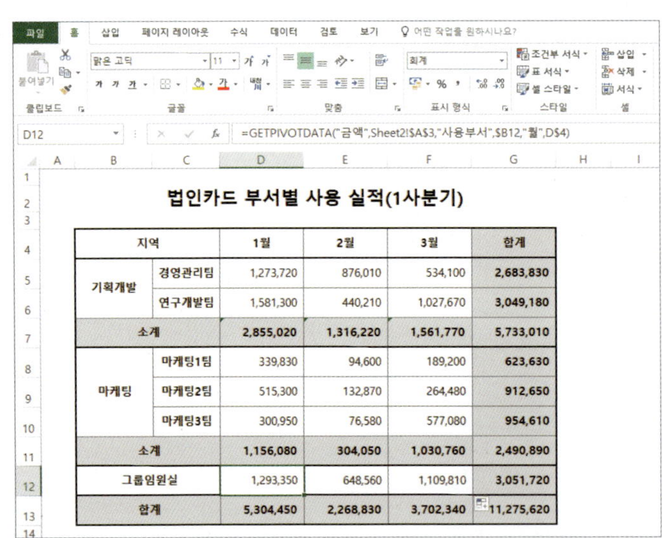

링크된 개체 삭제하고
회사별 거래 연도 표시하기

실습 파일 | PART 02 \ CHAPTER 01 \ 회사별 거래표기.xlsx　**완성 파일** | PART 02 \ CHAPTER 01 \ 회사별 거래표기(완성).xlsx

✔ 프로젝트 시작하기

최근 5년 동안 회사에서 거래한 해외 협력 회사의 정보를 ERP 시스템에서 다운로드하여 엑셀 문서로 저장했습니다. 이 RAW 데이터를 사용하여 각 협력 회사별/연도별 거래 유무를 한눈에 분석할 수 있는 표를 만들려고 합니다. ERP에서 다운로드한 RAW 데이터에는 불필요하게 링크된 개체가 많이 분포되어 있는데, 이 개체를 이동 옵션으로 일괄 삭제하고 사업명에 설정된 하이퍼링크도 삭제해보겠습니다. 이렇게 편집이 완료된 목록을 참조하여 COUNTIFS 함수로 협력 회사별, 연도별 거래현황을 분석할 수 있는 집계표를 작성하겠습니다. 함수로 완성된 집계표에 사용자 지정 표시 형식과 조건부 서식을 추가하여 직관적으로 결과를 분석할 수 있도록 시각화 문서로 완성합니다. 외부 시스템에서 다운로드한 데이터에 불필요한 개체가 있을 때 일괄 삭제하여 업무 처리 시간을 단축할 수 있고, 함수로 계산된 결과를 시각화하는 기법을 업무에 응용할 수 있습니다.

회사에서 바로 통하는 키워드

이동 옵션, 하이퍼링크 제거, 이름 정의, COUNTIFS, 자동 합계, 조건부 서식, 사용자 지정 표시 형식

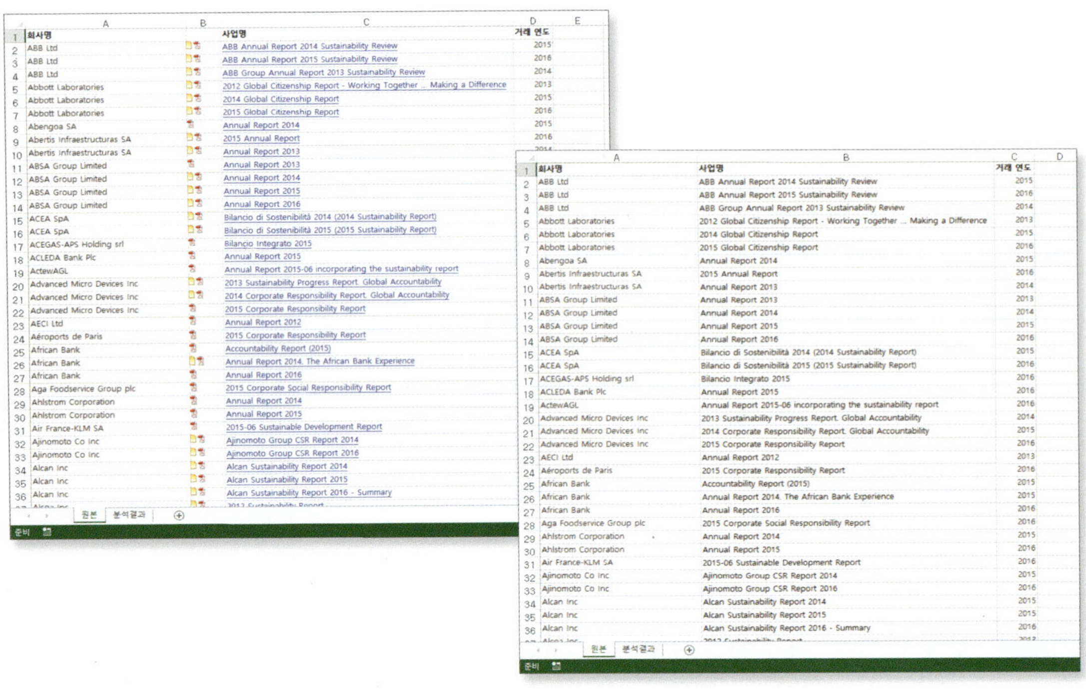

거래현황 분석

회사명	2012년	2013년	2014년	2015년	2016년	합계
ABB Ltd			●	●	●	3
Abbott Laboratories		●		●	●	3
Abengoa SA				●		1
Abertis Infraestructuras SA			●		●	2
ABSA Group Limited		●	●	●	●	4
ACEA SpA				●	●	2
ACEGAS-APS Holding srl					●	1
ACLEDA Bank Plc					●	1
ActewAGL					●	1
Advanced Micro Devices Inc			●	●	●	3
AECI Ltd		●				1
Aéroports de Paris					●	1
African Bank				●	●	3
Aga Foodservice Group plc					●	1
Ahlstrom Corporation				●	●	2
Air France-KLM SA					●	1
Ajinomoto Co Inc				●	●	2
Alcan Inc				●	●	3
Alcoa Inc		●	●			2
Alko Inc				●	●	2
Allergan Inc	●					1
Alliant Energy Corporation			●			1
Allied Technologies Limited					●	1
Alta Velocidad Renfe			●			1

STEP 01

링크된 그림 개체를 일괄 삭제하고 텍스트 하이퍼링크 제거하기

❶ [이동 옵션]을 이용하여 하이퍼링크가 설정된 그림 개체를 일괄 선택한 후 삭제합니다.

❷ 사업명 열에 설정된 하이퍼링크를 [하이퍼링크 제거] 기능을 사용하여 일괄 제거한 후 글꼴 서식을 변경합니다.

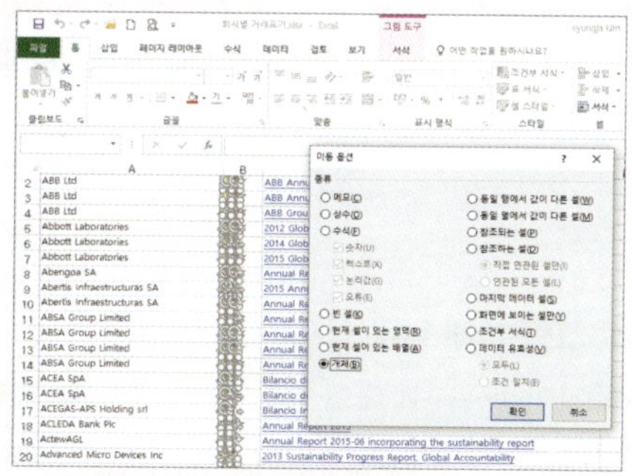

STEP 02

연도별 거래 횟수 구하기

❶ [원본] 시트의 [회사명]과 [거래 연도] 셀 범위를 이름으로 정의하고 [분석결과] 시트에서 COUNTIFS 함수를 이용하여 각 회사별/연도별 거래 횟수를 구합니다.

❷ [자동 합계]를 사용하여 거래 횟수의 총 합계를 구합니다.

STEP 03

거래가 있는 연도만 '●'로 표기하고 4년 이상 거래한 회사의 채우기 색 변경하기

❶ COUNTIFS 함수로 계산된 거래 횟수가 1 이상이면 '●', 0이면 빈 셀로 표시되도록 사용자 지정 표시 형식을 설정합니다.

❷ 총 거래 횟수의 합계가 4 이상이면 행 전체 데이터에 채우기 색이 표시되도록 조건부 서식을 설정합니다.

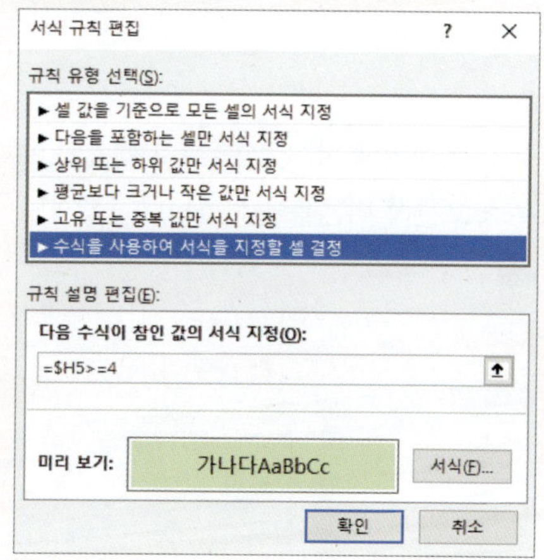

링크된 그림 개체를 일괄 삭제하고 텍스트 하이퍼링크 제거하기

[원본] 시트 B열 영역에 하이퍼링크가 설정된 불필요한 그림 개체가 많이 있습니다. 이러한 개체를 [이동 옵션] 기능을 이용하여 일괄 선택한 후 삭제하고, C열 사업명 텍스트에 설정된 하이퍼링크도 일괄 제거하겠습니다.

1 그림 개체 일괄 삭제하기 [원본] 시트에서 [홈] 탭─[편집] 그룹─[찾기 및 선택]─[이동 옵션]을 선택합니다. [이동 옵션] 대화상자에서 [개체]를 선택합니다. [확인]을 클릭합니다.

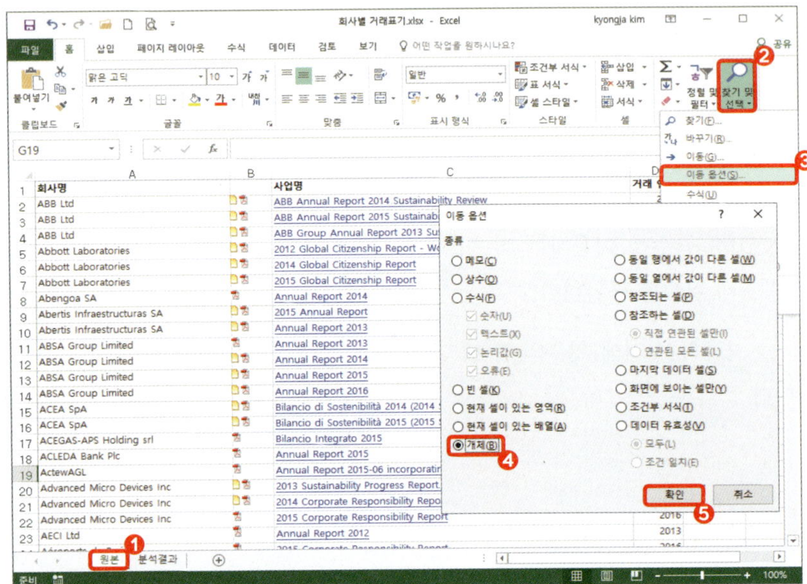

[이동 옵션] 대화상자에서 [개체]를 선택하면 현재 시트에 있는 모든 개체(그림, 도형, 차트 등)가 선택됩니다. 만약 선택된 개체 중에 삭제하지 말아야 하는 개체가 있다면 Ctrl 을 누른 상태에서 그 개체만 클릭합니다. 클릭한 개체만 선택이 해제됩니다.

2 B열 영역에 있는 모든 그림 개체가 선택되었습니다. Delete 를 눌러 삭제합니다. B열을 선택한 후 마우스 오른쪽 버튼을 클릭합니다. [삭제]를 선택합니다.

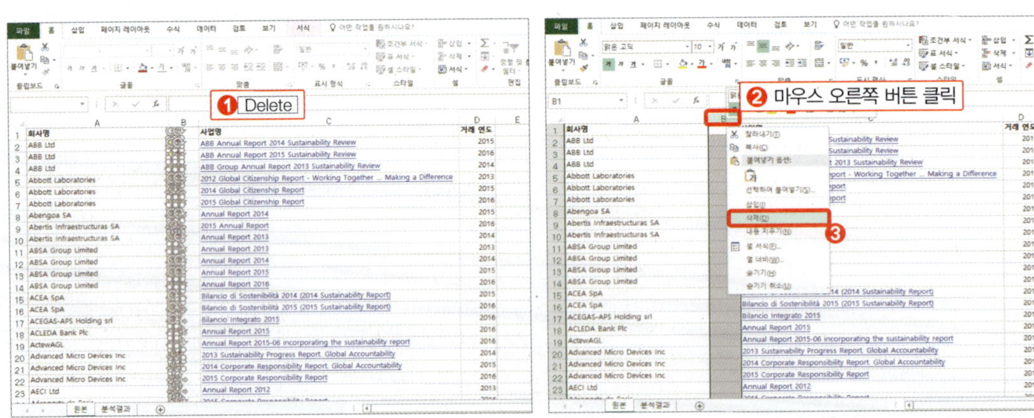

3 텍스트에 설정된 하이퍼링크 제거하기 B열을 선택합니다. [홈] 탭-[편집] 그룹-[지우기]-[하이퍼링크 제거]를 선택합니다. 하이퍼링크가 제거되고 글꼴 서식은 기본 서식으로 변경됩니다. [홈] 탭-[글꼴] 그룹-[글꼴]은 [맑은 고딕]으로, [크기]는 [10]으로 설정합니다.

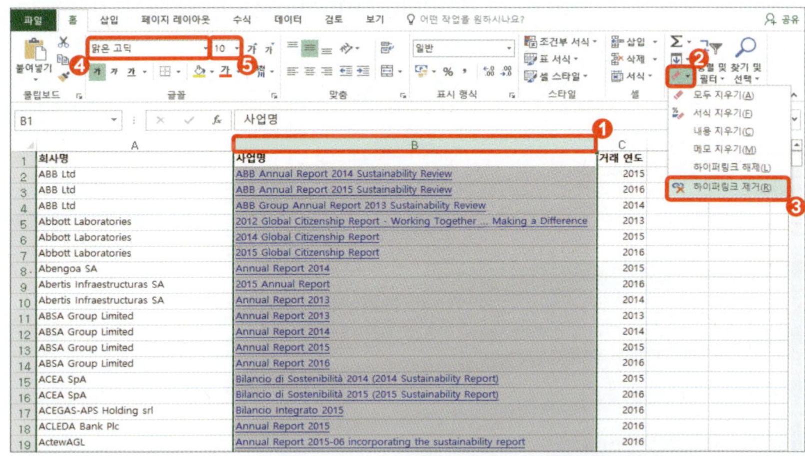

실력 향상

[하이퍼링크 해제]를 선택하면 하이퍼링크만 삭제되고 글꼴 서식은 그대로 유지됩니다.

연도별 거래 횟수 구하기

STEP 02

편집이 완료된 [원본] 시트의 회사명과 거래 연도의 셀 범위를 이름으로 정의한 후 [분석결과] 시트에서 COUNTIFS 함수를 이용하여 각 회사별/연도별 거래 횟수를 구해보겠습니다.

4 회사명과 거래 연도 이름 정의하기 [원본] 시트에서 [A1:A509] 셀 범위를 선택한 후 Ctrl 을 누른 상태에서 [C1:C509] 셀 범위를 추가로 선택합니다. [수식] 탭-[정의된 이름] 그룹-[선택 영역에서 만들기]를 클릭합니다. [선택 영역에서 이름 만들기] 대화상자에서 [첫 행]에만 체크 표시합니다. [확인]을 클릭합니다. [이름 상자]의 목록 단추를 클릭하여 정의된 이름을 확인합니다. [C1] 셀 데이터에는 공백 대신 언더바(_)가 추가되어 [거래_연도]로 정의되었습니다.

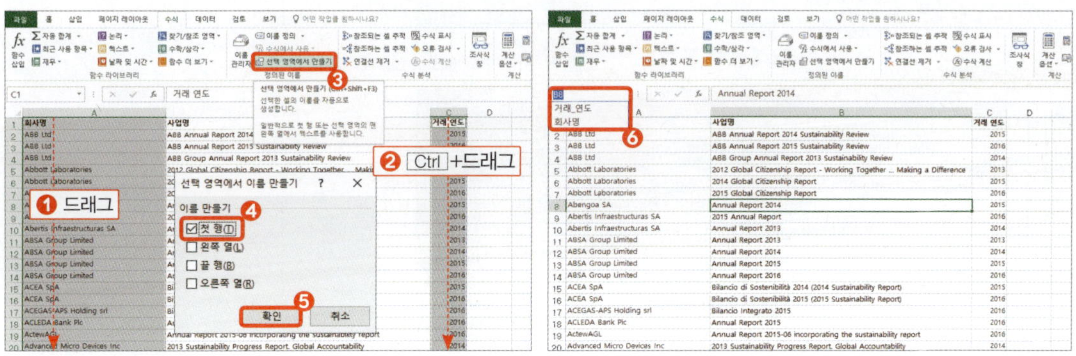

시간 단축 [A1] 셀을 클릭합니다. Ctrl + Shift + ↓ 를 누른 후 Ctrl 을 누른 상태에서 [C509] 셀을 클릭하고 Ctrl + Shift + ↑ 를 누르면 빠르게 범위를 선택할 수 있습니다.

5 COUNTIFS 함수로 연도별 거래 횟수 구하기 [분석결과] 시트를 선택합니다. [C5] 셀에 **=COUNTIFS(회사명,$B5,거래_연도,C$4)**를 입력합니다. [회사명]과 [거래_연도]의 두 조건을 동시에 만족하는 셀의 개수를 구해야 하므로 COUNTIFS 함수를 사용합니다. [C5] 셀의 채우기 핸들을 [G5] 셀까지 드래그합니다. [C5:G5] 셀 범위가 선택된 상태에서 채우기 핸들을 더블클릭하여 [G310] 셀까지 수식을 복사합니다.

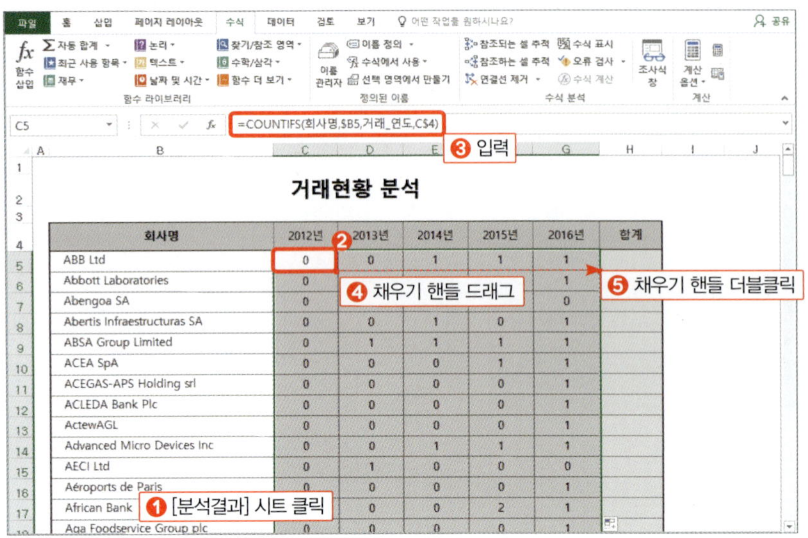

> **실력향상** 함수 형식은 '=COUNTIFS(조건 범위1, 조건1, 조건 범위2, 조건2,…)'입니다. '=COUNTIFS(회사명,$B5,거래_연도,C$4)' 수식을 사용하면 [회사명] 셀 범위에서 [B5] 셀 데이터와 같고, [거래_연도]의 셀 범위에서 [C4] 셀 데이터와 같은 셀의 총 개수를 구합니다. 수식을 복사하기 위해 [B5] 셀은 F4 를 세 번 눌러 열 고정 혼합 참조로 지정하고, [C4] 셀은 F4 를 두 번 눌러 행 고정 혼합 참조로 지정합니다.

6 거래 횟수 합계 구하기 [C5:H310] 셀 범위를 선택합니다. [수식] 탭-[함수 라이브러리] 그룹-[자동 합계]를 클릭합니다. H열에 합계가 구해집니다.

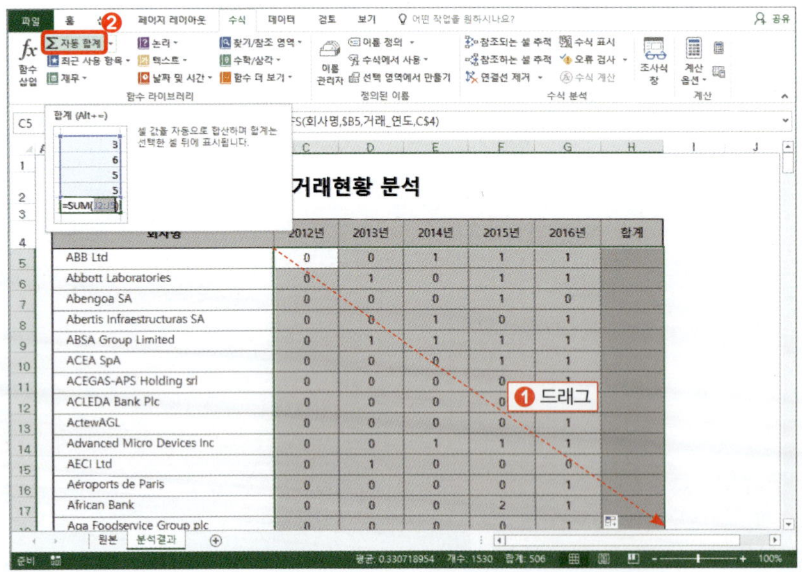

거래가 있는 연도만 '●'로 표기하고 4년 이상 거래한 회사의 채우기 색 변경하기

COUNTIFS 함수로 계산된 결과는 1 또는 0인데, 1은 '●'로 표시하고 0은 빈 셀로 표시되도록 사용자 지정 표시 형식을 설정하겠습니다. 또한 거래 횟수의 합계가 4 이상이면 행 전체 데이터에 채우기 색이 표시되도록 조건부 서식을 설정합니다.

7 1 이상이면 '●'로, 나머지는 빈 셀로 표시하기 [C5:G310] 셀 범위를 선택합니다. 마우스 오른쪽 버튼을 클릭한 후 [셀 서식]을 선택합니다. [셀 서식] 대화상자의 [표시 형식] 탭에서 [사용자 지정]을 선택하고 [형식]에 ●;;;을 입력합니다. [확인]을 클릭합니다.

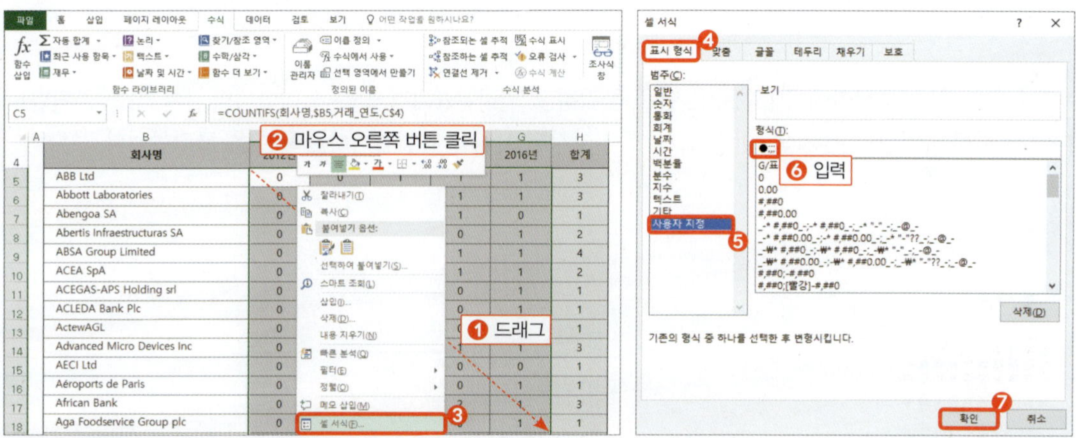

실력 향상 사용자 지정 표시 형식은 한 셀에 총 네 개까지 지정할 수 있습니다. 각 표시 형식 구분 기호로 세미콜론(;)을 사용하며 '양수;음수;0;문자' 순서로 지정합니다. '●;;;'로 표시 형식을 지정하면 양수 값일 때는 ●를 표시하고, 양수가 아닌 다른 값일 때는 셀에 아무것도 표시하지 않습니다.

8 조건부 서식으로 4회 이상이면 채우기 색 설정하기 총 거래 횟수가 4 이상이면 행 데이터 전체에 채우기 색이 표시되도록 조건부 서식을 설정해보겠습니다. [B5:H310] 셀 범위를 선택합니다. [홈] 탭-[스타일] 그룹-[조건부 서식]-[새 규칙]을 선택합니다.

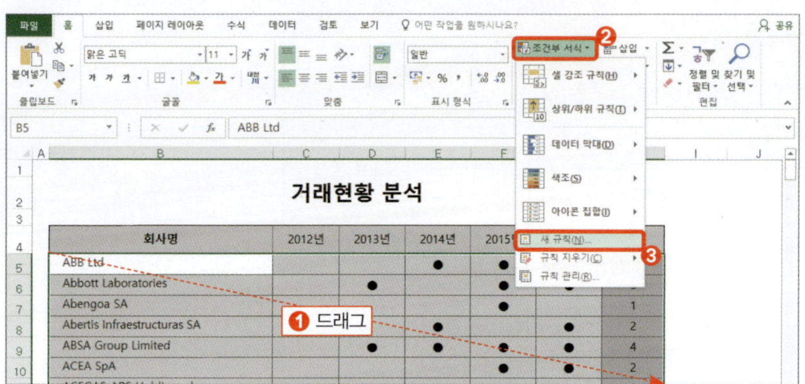

9 [새 서식 규칙] 대화상자의 [규칙 유형 선택]에서 [수식을 사용하여 서식을 지정할 셀 결정]을 선택하고 수식 입력란에 **=$H5>=4**를 입력합니다. [서식]을 클릭합니다.

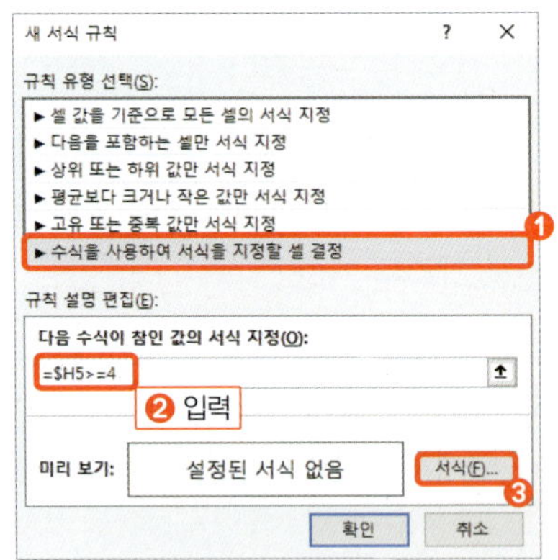

조건부 서식 입력란에서 [H5] 셀을 클릭하면 자동으로 절대 참조가 지정됩니다. F4 를 두 번 눌러 열 고정 혼합 참조로 변경합니다.

10 [셀 서식] 대화상자에서 [채우기] 탭을 클릭하고 원하는 [배경색]을 선택합니다. [확인]을 클릭합니다. [새 서식 규칙] 대화상자의 [미리 보기]에서 설정된 서식을 확인합니다. [확인]을 클릭합니다.

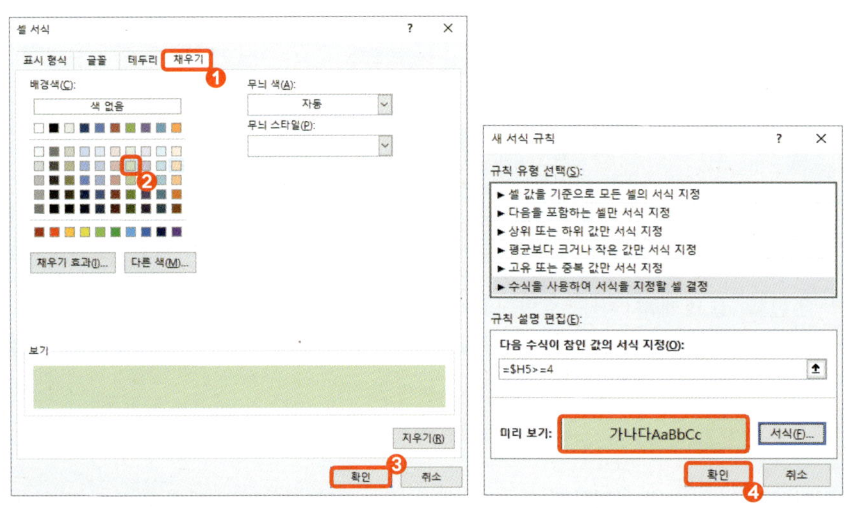

11 총 횟수가 4회 이상인 행 데이터에 채우기 색이 설정되었습니다.

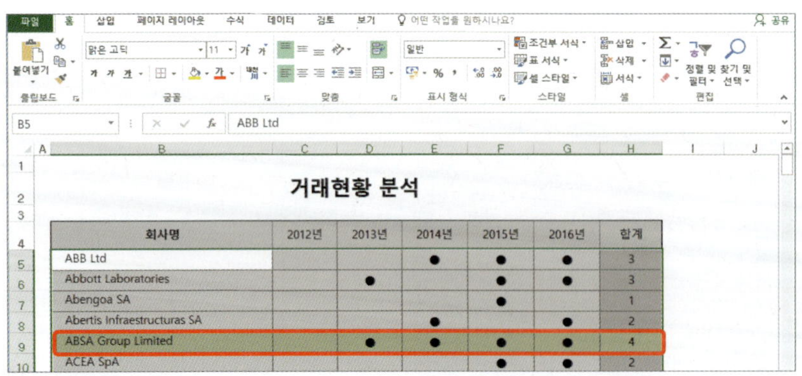

회사명	2012년	2013년	2014년	2015년	2016년	합계
ABB Ltd			●	●	●	3
Abbott Laboratories		●		●	●	3
Abengoa SA				●		1
Abertis Infraestructuras SA				●	●	2
ABSA Group Limited		●	●	●	●	4
ACEA SpA			●		●	2

홈택스에서 다운로드한 매입 합계표의 형식을 변환하여 집계하기

실습 파일 | PART 02 \ CHAPTER 01 \ 매입합계표.xlsx   **완성 파일** | PART 02 \ CHAPTER 01 \ 매입합계표(완성).xlsx

✔ 프로젝트 시작하기

홈택스에서 다운로드한 매입 합계표 목록을 이용하여 각 항목별 합계를 구하고 상호별 월 합계금액을 분석할 수 있도록 집계표를 작성하려고 합니다. 그런데 SUM 함수와 피벗 테이블을 작성하면 결과가 모두 0으로 표시되고, 피벗 테이블에서 월별 그룹이 설정되지 않습니다. 데이터 형식이 모두 텍스트로 설정되어 있기 때문입니다. 홈택스를 비롯하여 외부 시스템에서 다운로드한 엑셀 데이터 목록은 대부분 텍스트 형식으로 설정되는 경우가 많은데, 이러한 경우에는 먼저 [선택하여 붙여넣기]와 [텍스트 나누기]를 사용하여 계산이 가능한 숫자와 날짜로 변환해야 합니다. 다운로드한 매입 합계표 명세서의 데이터 형식을 계산이 가능한 형식으로 일괄 변환한 후 함수와 피벗 테이블을 사용하여 집계표를 작성해보겠습니다. 이 프로젝트는 사내 ERP 시스템이나 금융 시스템 등에서 엑셀 파일 형식으로 저장한 문서를 사용하여 보고서를 만들 때 응용할 수 있습니다.

회사에서 바로 통하는 키워드

선택하여 붙여넣기, 텍스트 나누기, INDIRECT, 피벗 테이블

매입 합계표 명세서(1분기)

일련번호	거래날짜	공급자등록번호	상호(법인명)	매수	공급가액	세액	합계금액	수취구분
1	20170605	160-38-14961	(주)백두화학	1	480,000	48,000	528,000	사업자
10	20170622	461-58-12520	(주)삼진엘앤디	1	1,450,000	145,000	1,595,000	사업자
11	20170630	260-68-17304	(주)서북월드	1	40,000,000	4,000,000	44,000,000	사업자
12	20170506	861-78-13822	(주)백두기공	14	8,640,911	864,089	9,505,000	사업자
13	20170605	460-68-17454	(주)서북	3	5,806,365	580,635	6,387,000	사업자
14	20170516	260-58-15111	(주)아스텍	2	32,870			
15	20170406	561-78-13828	(주)백두텔레콤	1	4,834,000			
16	20170406	160-38-14961	(주)백두화학	8	5,030,000			
17	20170615	460-68-17310	(주)빌더스넷	1	770,000			
18	20170518	260-38-14850	(주)씨제이스포츠	1	1,647,000			
19	20170523	260-28-12488	(주)씨에스리더	1	1,721,864			
2	20170530	260-58-15282	(주)서북상호저축은행	4	97,435,606			
20	20170413	460-68-17310	(주)빌더스넷	30	3,546,145,308			
21	20170523	760-38-14896	(주)아페론	1	2,000,000			
22	20170419	461-58-12520	(주)삼진엘앤디	1	240,000			
23	20170621	260-28-12382	(주)신라건설	3	2,802,100			
24	20170628	260-28-12488	(주)씨에스리더	1	5,721			
25	20170604	160-38-14888	(주)백두경영개발원	1	37,559			
26	20170621	260-58-15111	(주)아스텍	2	633,900			
27	20170406	460-68-17454	(주)서북	4	9,565,000			
28	20170427	260-58-15282	(주)서북상호저축은행	9	1,149,909,744			
29	20170426	260-68-17304	(주)서북월드	2	130,059,015			
3	20170426	260-68-17290	(주)무궁화	1	56,000			
30	20170405	960-38-14838	(주)서울음반	7	950,000			
31	20170505	561-78-13828	(주)백두텔레콤	2	185,400			
32	20170506	660-68-17458	(주)싸이버로지텍	9	3,391,557,436			
33	20170406	960-38-14906	(주)스마트로	10	602,116			
34	20170427	760-38-14898	(주)승산	9	12,884,240			
35	20170505	160-38-14961	(주)백두화학	6	3,862,000			
36	20170419	260-28-12382	(주)신라건설	8	1,161,162,742			

매입합계표 / 집계표

매입 합계표 명세서(1분기)

일련번호	거래날짜	공급자등록번호	상호(법인명)	매수	공급가액	세액	합계금액	수취구분
1	2017-06-05	160-38-14961	(주)백두화학	1	480000	48000	528000	사업자
2	2017-05-30	260-58-15282	(주)서북상호저축은행	4	97435606	9743559	107179165	사업자
3	2017-04-26	260-68-17290	(주)무궁화	1	56000	5600	61600	사업자
4	2017-05-31	760-38-14898	(주)승산	1	20000000	2000000	22000000	사업자
5	2017-06-06	561-78-13828	(주)백두텔레콤	6	1431060	4200	1435260	사업자
6	2017-06-04	960-38-14838	(주)서울음반	11	1770000	177000	1947000	사업자
7	2017-06-14	861-78-13822	(주)백두기공	10	271825590	27182510	299008100	사업자
8	2017-04-05	160-38-14888	(주)백두경영개발원	2	648000	64800	712800	사업자
9	2017-04-06	861-78-13822	(주)백두기공	4	523600	52360	575960	사업자
10	2017-06-22	461-58-12520	(주)삼진엘앤디	1	1450000	145000	1595000	사업자
11	2017-06-30	260-68-17304	(주)서북월드	1	40000000	4000000	44000000	사업자
12	2017-05-06	861-78-13822	(주)백두기공	14	8640911	864089	9505000	사업자
13	2017-06-05	460-68-17454	(주)서북	3	5806365	580635	6387000	사업자
14	2017-05-16	260-58-15111	(주)아스텍	2	32870	3287	36157	사업자
15	2017-04-06	561-78-13828	(주)백두텔레콤	1	4834000	483400	5317400	사업자
16	2017-04-06	160-38-14961	(주)백두화학	8	5030000	503000	5533000	사업자
17	2017-06-15	460-68-17310	(주)빌더스넷	1	770000	77000	847000	사업자
18	2017-05-18	260-38-14850	(주)씨제이스포츠	1	1647000	164700	1811700	사업자
19	2017-05-23	260-28-12488	(주)씨에스리더	1	1721864	172186	1894050	사업자
20	2017-04-13	460-68-17310	(주)빌더스넷	30	3546145308	354614380	3900759688	사업자
21	2017-05-23	760-38-14896	(주)아페론	1	2000000	200000	2200000	사업자
22	2017-04-19	461-58-12520	(주)삼진엘앤디	1	240000	24000	264000	사업자
23	2017-06-21	260-28-12382	(주)신라건설	3	2802100	280210	3082310	사업자
24	2017-06-28	260-28-12488	(주)씨에스리더	1	5721	572	6293	사업자
25	2017-06-04	160-38-14888	(주)백두경영개발원	1	37559	3755	41314	사업자
26	2017-06-21	260-58-15111	(주)아스텍	2	633900	63390	697290	사업자
27	2017-04-06	460-68-17454	(주)서북	4	9565000	956500	10521500	사업자
28	2017-04-27	260-58-15282	(주)서북상호저축은행	9	1149909744	114990970	1264900714	사업자
29	2017-04-26	260-68-17304	(주)서북월드	2	130059015	13005901	143064916	사업자
30	2017-04-05	960-38-14838	(주)서울음반	7	950000	95000	1045000	사업자

매입합계표 / 집계표

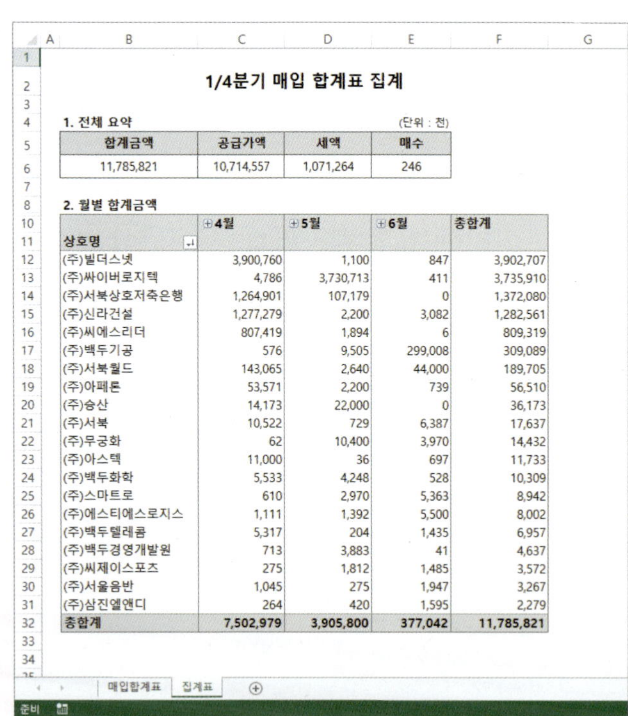

1/4분기 매입 합계표 집계

1. 전체 요약 (단위 : 천)

합계금액	공급가액	세액	매수
11,785,821	10,714,557	1,071,264	246

2. 월별 합계금액

상호명	4월	5월	6월	총합계
(주)빌더스넷	3,900,760	1,100	847	3,902,707
(주)싸이버로지텍	4,786	3,730,713	411	3,735,910
(주)서북상호저축은행	1,264,901	107,179	0	1,372,080
(주)신라건설	1,277,279	2,200	3,082	1,282,561
(주)씨에스리더	807,419	1,894	6	809,319
(주)백두기공	576	9,505	299,008	309,089
(주)서북월드	143,065	2,640	44,000	189,705
(주)아페론	53,571	2,200	739	56,510
(주)승산	14,173	22,000	0	36,173
(주)서북	10,522	729	6,387	17,637
(주)무궁화	62	10,400	3,970	14,432
(주)아스텍	11,000	36	697	11,733
(주)백두화학	5,533	4,248	528	10,309
(주)스마트로	610	2,970	5,363	8,942
(주)에스티에스로지스	1,111	1,392	5,500	8,002
(주)백두텔레콤	5,317	204	1,435	6,957
(주)백두경영개발원	713	3,883	41	4,637
(주)씨제이스포츠	275	1,812	1,485	3,572
(주)서울음반	1,045	275	1,947	3,267
(주)삼진엘앤디	264	420	1,595	2,279
총합계	7,502,979	3,905,800	377,042	11,785,821

매입합계표 / 집계표

STEP 01 숫자와 날짜 형식으로 변환하기

❶ 임의의 셀에 1을 입력한 후 복사하여 [A3:I61] 셀 범위에 [선택하여 붙여넣기]로 곱해줍니다. 1을 곱하면 데이터는 변하지 않고 형식만 숫자로 변환됩니다.

❷ B열의 거래날짜 셀 범위를 선택한 후 [텍스트 나누기]를 사용하여 데이터 형식을 [날짜]로 변환합니다.

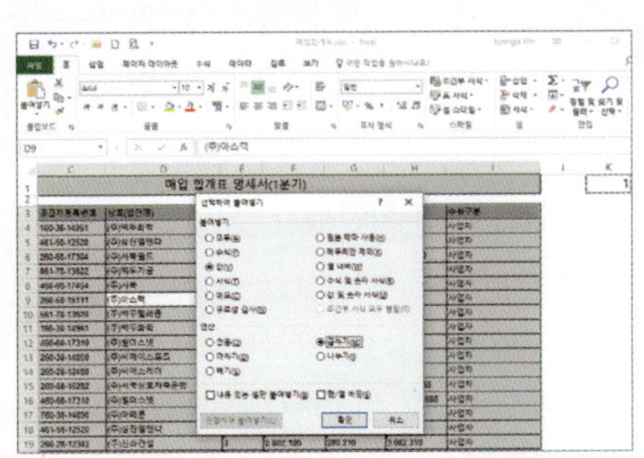

STEP 02 매입 합계표로 집계표 작성하기

❶ [E3:H61] 셀 범위를 선택하여 [선택 영역에서 만들기]로 이름을 정의합니다.

❷ [집계표] 시트에서 SUM, INDIRECT 함수를 사용하여 전체 요약표를 계산하고 천 단위로 표시 형식을 설정합니다.

❸ 피벗 테이블을 삽입하여 상호별, 월별 총합계를 구하고 총합계 기준으로 내림차순 정렬을 실행합니다.

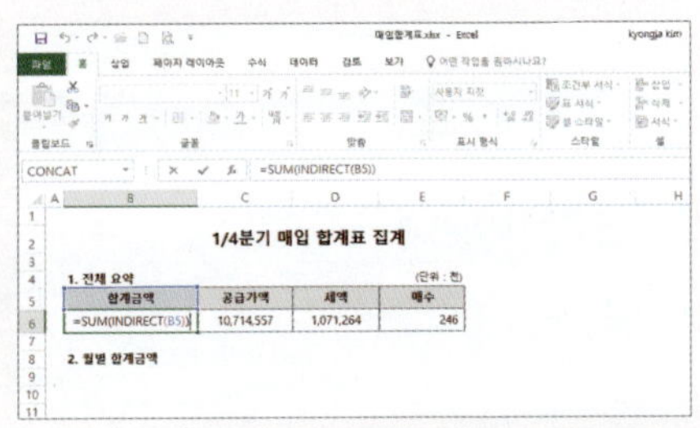

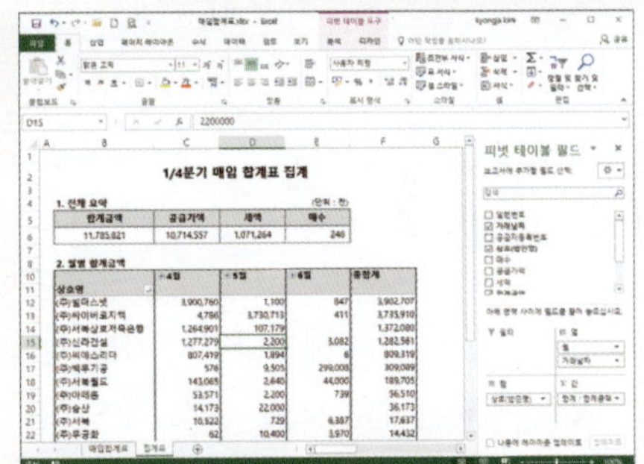

숫자와 날짜 형식으로 변환하기

홈택스에서 다운로드한 매입합계표의 각 열 데이터 형식을 확인해보고 [집계표] 시트에서 함수와 피벗 테이블에 참조할 열은 숫자와 날짜 데이터 형식으로 변환해보겠습니다.

1 데이터 형식 확인하기 [매입합계표] 시트의 매입 목록은 A열의 일련번호를 기준으로 정렬되어 있는데, 정렬 순서가 1, 10, 11, …, 2, 20, 21,… 순입니다. 또한 A열, [E:H] 열에는 오류 표시가 나타납니다. 정확한 원인을 알아보기 위해 데이터 형식을 확인해보겠습니다. [A3] 셀을 클릭한 후 Ctrl + A 를 누릅니다. [홈] 탭-[맞춤] 그룹-[가운데 맞춤]을 클릭합니다.

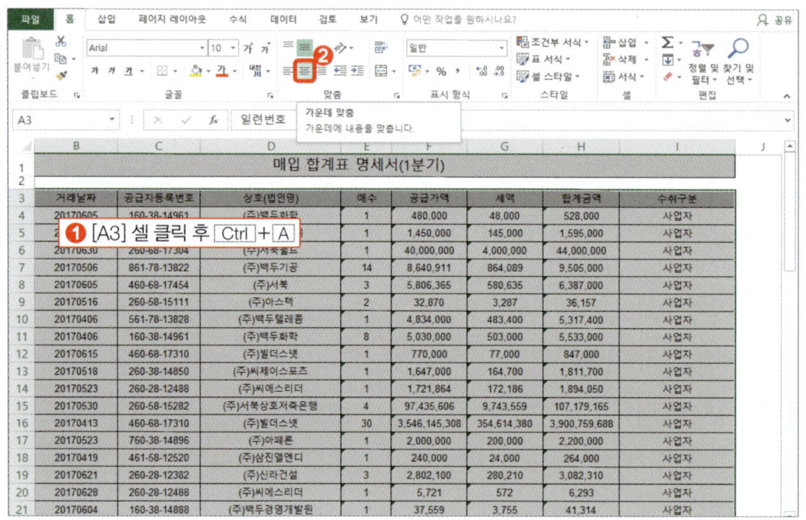

2 [가운데 맞춤]이 해제되면서 가로 맞춤 설정이 [일반]으로 변경되었습니다. 맞춤 설정이 [일반]이면 텍스트 데이터는 왼쪽으로, 숫자 데이터는 오른쪽으로 표시됩니다. [A3:I61] 셀 범위는 모두 왼쪽으로 표시되는 것으로 보아 텍스트 데이터인 것을 알 수 있습니다.

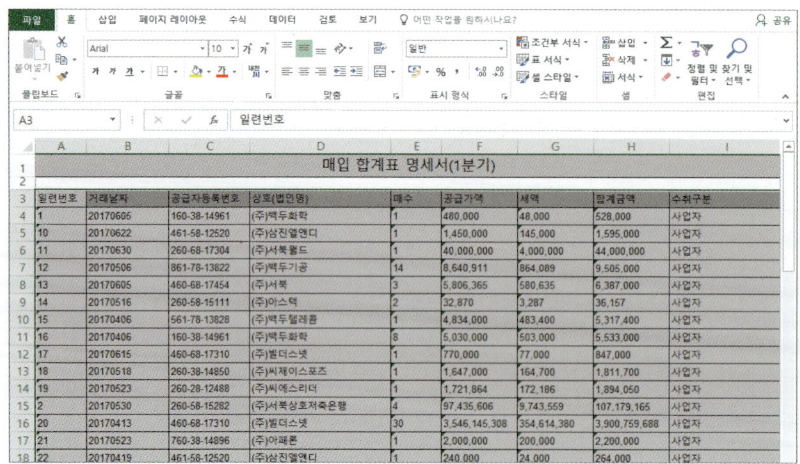

3 텍스트 형식 숫자로 변환하기 [K1] 셀에 **1**을 입력합니다. Ctrl + C 를 눌러 복사합니다. [A3] 셀을 클릭한 후 Ctrl + A 를 누릅니다. 마우스 오른쪽 버튼을 클릭하여 [선택하여 붙여넣기]를 선택합니다.

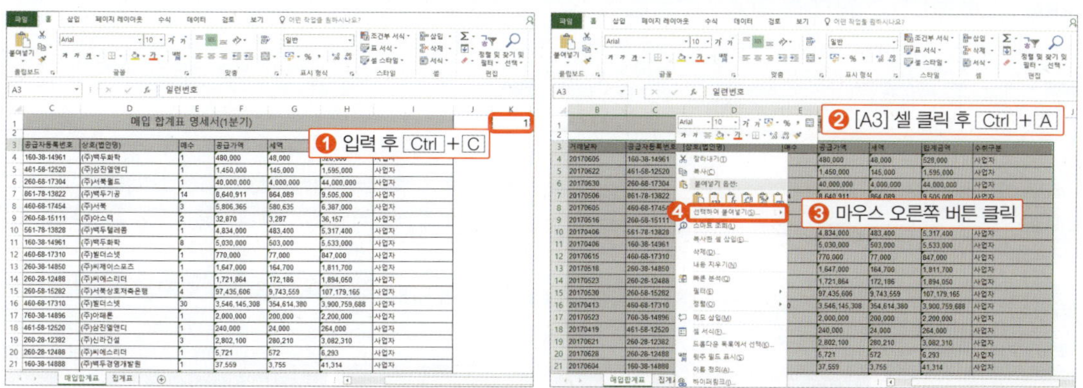

> **시간단축** 비어 있는 셀 중 임의의 셀에 1을 입력합니다.

4 [선택하여 붙여넣기] 대화상자의 [붙여넣기]에서 [값], [연산]에서 [곱하기]를 선택합니다. [확인]을 클릭합니다. 숫자로 변환이 가능한 열은 숫자로 모두 변환되어 셀 오른쪽으로 표시됩니다.

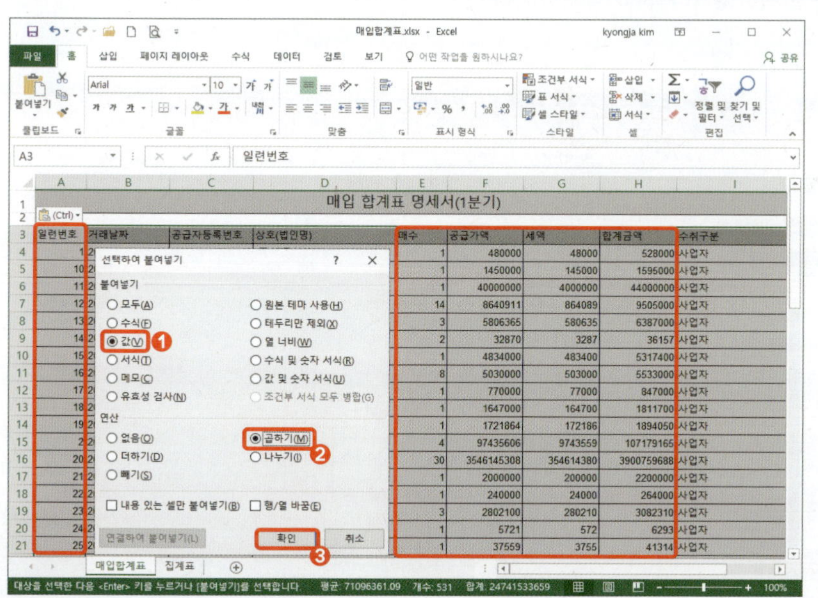

> **실력향상** [선택하여 붙여넣기]로 1을 곱했을 때 숫자 형식으로 변환할 수 없는 공급자등록번호와 상호, 수취인 데이터에는 아무런 변화가 없습니다. 거래날짜는 표시 형식이 [텍스트]로 설정되어 있어 변환되지 않습니다.

5 **숫자 형식 확인하기** [K1] 셀을 클릭합니다. Delete를 눌러 삭제합니다. [A4] 셀을 클릭합니다. [홈] 탭-[편집] 그룹-[정렬 및 필터]-[숫자 오름차순 정렬]을 선택합니다. 일련번호가 올바른 순서로 정렬됩니다.

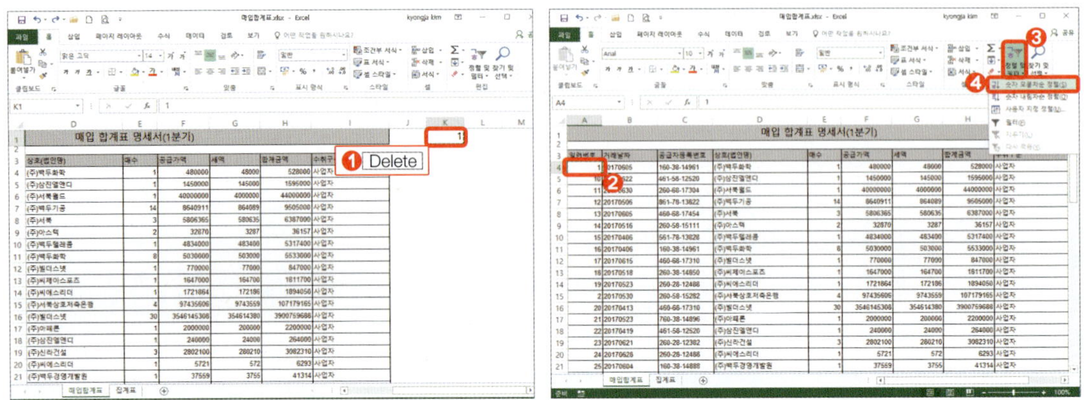

6 **날짜 형식으로 변환하기** 거래날짜를 [날짜] 형식으로 변환해보겠습니다. [B4:B61] 셀 범위를 선택합니다. [데이터] 탭-[데이터 도구] 그룹-[텍스트 나누기]를 클릭합니다. [텍스트 마법사-1단계] 대화상자에서 [구분 기호로 분리됨]을 선택한 후 [다음]을 클릭합니다.

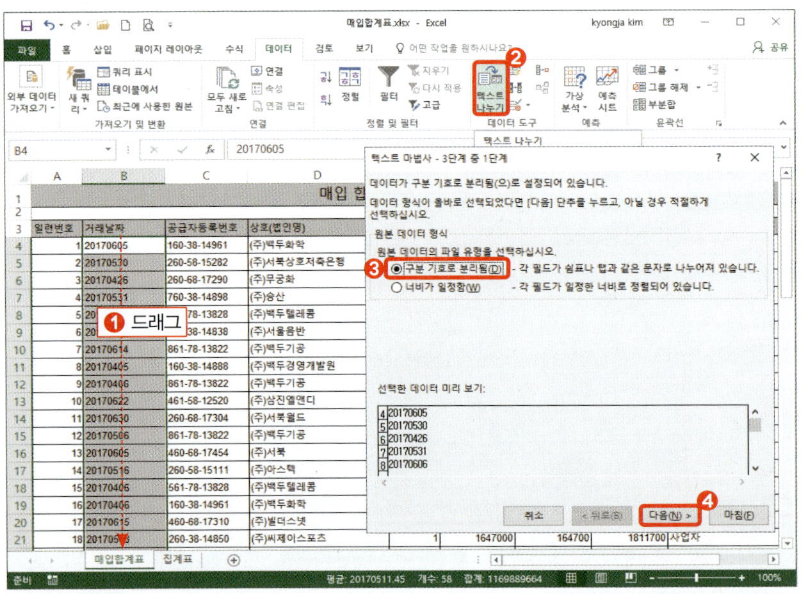

7 [텍스트 마법사−2단계] 대화상자의 [구분 기호]에서 아무것도 선택하지 않습니다. [다음]을 클릭합니다. [텍스트 마법사−3단계] 대화상자에서 열 데이터 서식을 [날짜]로 선택합니다. [마침]을 클릭합니다. 날짜 형식으로 변환되었습니다.

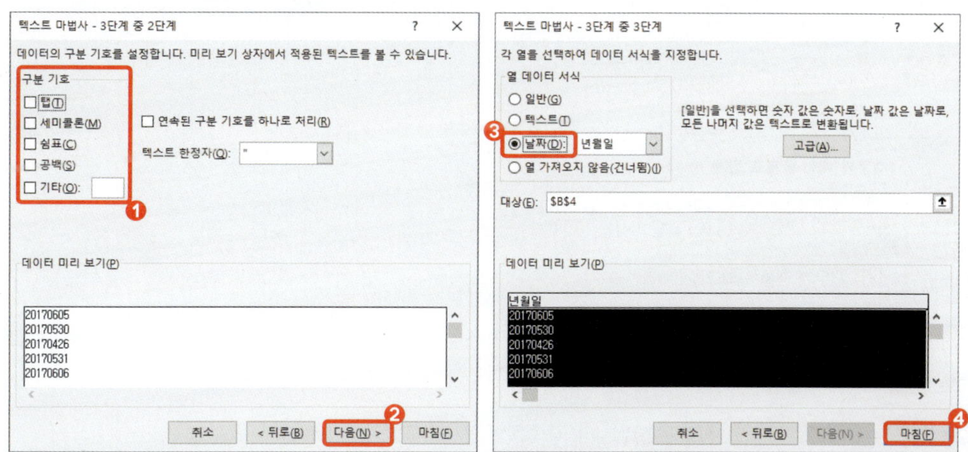

실력 향상 [텍스트 마법사 2단계]에서 [구분 기호]를 아무것도 선택하지 않으면 1단계와 2단계의 기능을 사용하지 않게 되므로 텍스트를 나누지 않습니다. 3단계의 [열 데이터 서식]만 사용하기 위해서 이와 같이 설정합니다.

매입 합계표로 집계표 작성하기

STEP 02

숫자와 날짜 데이터 형식으로 변환된 데이터 목록을 사용하여 항목별 합계와 월별 합계금액을 집계하는 피벗 테이블을 작성해보겠습니다. 작성된 피벗 테이블은 합계금액 기준으로 내림차순 정렬하고 천 단위로 표시 형식을 변경하겠습니다.

8 수식에 사용할 셀 범위 이름 정의하기 [집계표] 시트에서 참조할 매수, 공급가액, 세액, 합계금액의 열 범위를 이름으로 정의하겠습니다. [매입합계표] 시트에서 [E3:H61] 셀 범위를 선택합니다. [수식] 탭−[정의된 이름] 그룹−[선택 영역에서 만들기]를 클릭합니다. [선택 영역에서 이름 만들기] 대화상자에서 [첫 행]에만 체크 표시한 후 [확인]을 클릭합니다.

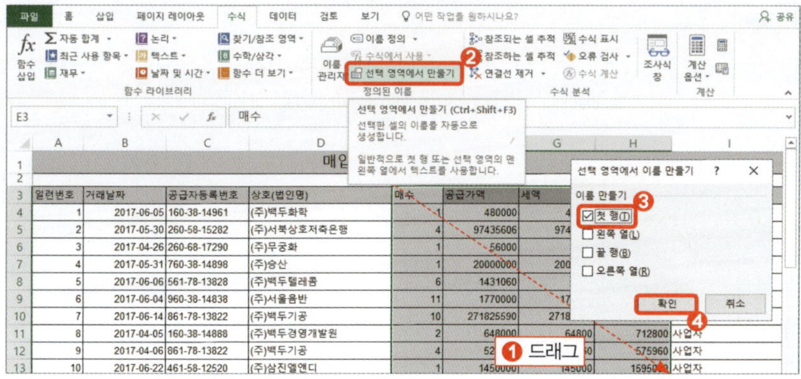

9 **INDIRECT 함수로 합계 구하고 복사하기** [집계표] 시트를 선택합니다. [B6] 셀에 **=SUM(INDIRECT (B5))**를 입력합니다. [B6] 셀의 채우기 핸들을 [E6] 셀까지 드래그합니다.

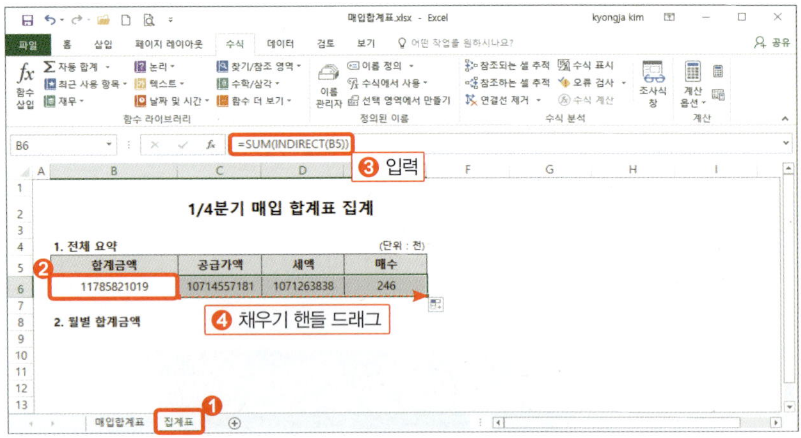

> **실력 향상** 함수 형식은 '=INDIRECT(문자열, 참조 유형)'입니다. 각 항목별 합계를 구할 때 SUM 함수와 정의된 이름만 사용하여 '=SUM(합계금액)', '=SUM(공급가액)' 등으로 수식을 입력할 수 있는데, 이렇게 입력하면 수식을 복사할 수 없습니다. [B6] 셀에 수식을 한 번 입력한 후 [D6] 셀까지 복사하여 계산할 수 있도록 SUM과 INDIRECT 함수를 중첩하여 사용합니다. INDIRECT 함수는 문자열 형태로 지정된 셀 주소나 데이터를 실제 셀 주소나 이름으로 만듭니다.

10 **사용자 지정 표시 형식으로 천 원 단위 표시하기** 계산된 금액 데이터의 표시 형식을 변경하여 단위를 천 원으로 표시해보겠습니다. [B6:D6] 셀 범위를 선택합니다. 마우스 오른쪽 버튼을 클릭하여 [셀 서식]을 선택합니다. [셀 서식] 대화상자의 [표시 형식] 탭에서 [사용자 지정]을 선택하고 [형식]에 **#,##0,**을 입력합니다. [확인]을 클릭합니다.

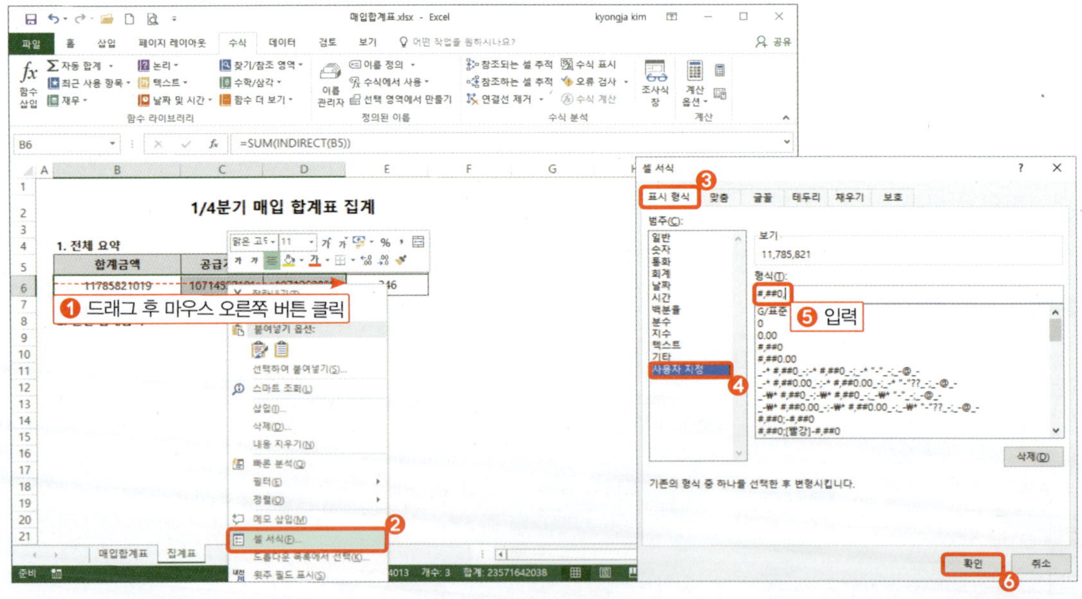

> **실력 향상** 표시 형식을 '#,##0,'으로 지정하면 맨 마지막 콤마(,) 뒤에 세 자리의 숫자가 생략된 것을 의미하므로 천 단위까지만 숫자가 표시됩니다.

11 피벗 테이블로 월별 합계 구하기 피벗 테이블을 사용하여 월별 합계 금액을 계산해보겠습니다. [매입 합계표] 시트를 선택합니다. [A3] 셀을 클릭한 후 [삽입] 탭-[표] 그룹-[피벗 테이블]을 클릭합니다. [피 벗 테이블 만들기] 대화상자의 [표/범위]에 [매입합계표] 시트의 [A3:I61] 셀 범위가 설정되어 있습니다. 피벗 테이블 보고서를 넣을 위치로 [기존 워크시트]를 선택한 후 [위치] 입력란을 클릭하고 [집계표] 시트 의 [B9] 셀을 클릭합니다. [확인]을 클릭합니다.

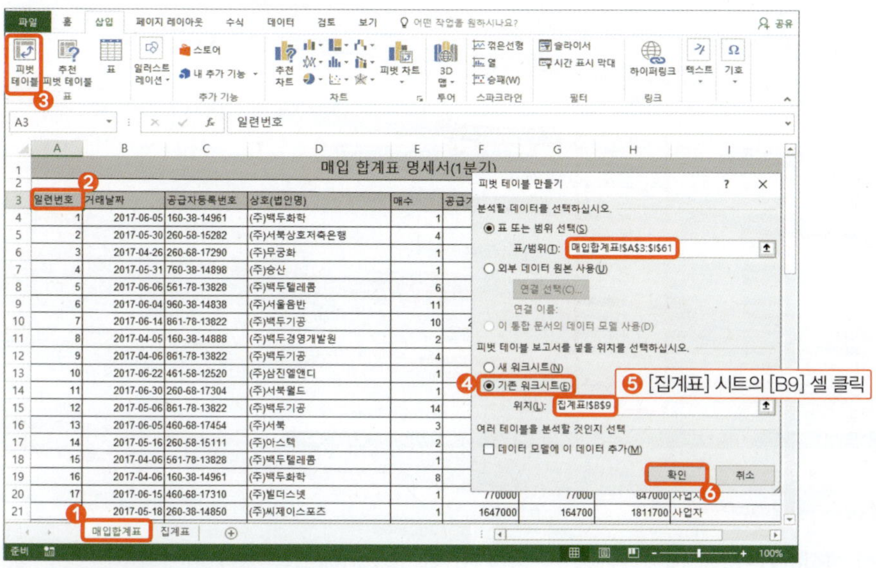

12 피벗 테이블 레이아웃 설정하고 정렬하기 [집계표] 시트의 [B9] 셀에 피벗 테이블 보고서 작업 영역이 표시됩니다. [피벗 테이블 필드] 작업 창에서 [거래날짜] 필드를 [열], [상호(법인명)] 필드를 [행], [합계금 액] 필드를 [값] 영역으로 각각 드래그합니다. [행 레이블]의 목록 단추를 클릭하여 [기타 정렬 옵션]을 선 택합니다.

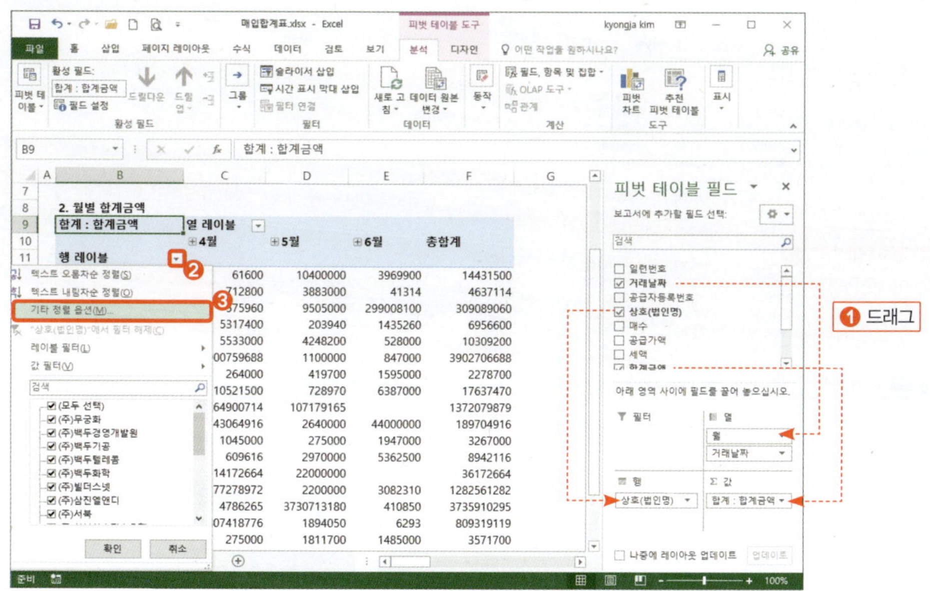

13 [정렬(상호(법인명))] 대화상자에서 [내림차순 기준]을 선택하고, [합계 : 합계금액]을 선택합니다. [확인]을 클릭합니다. 합계금액을 기준으로 내림차순 정렬되었습니다.

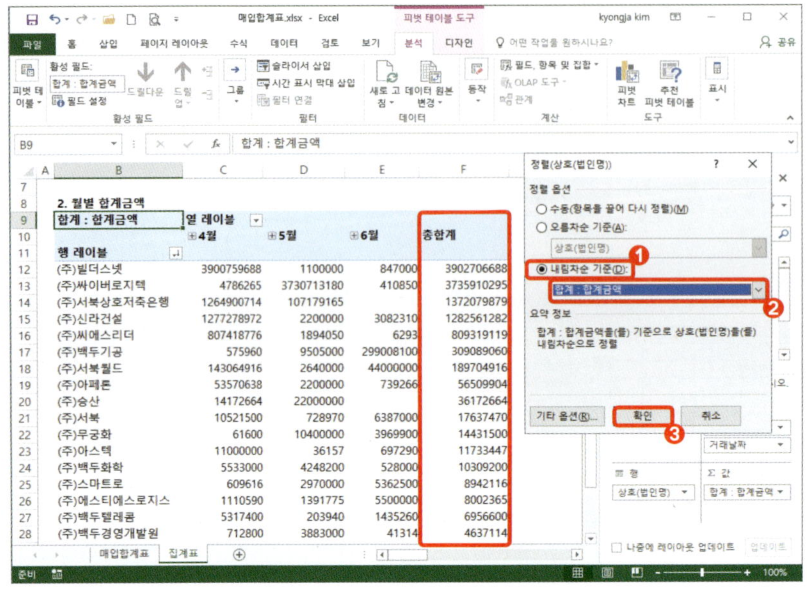

14 피벗 테이블 서식 설정하기 [피벗 테이블 도구]-[디자인] 탭-[피벗 테이블 스타일]-[피벗 스타일 밝게 15] 스타일을 클릭합니다. 9행을 선택한 후 마우스 오른쪽 버튼을 클릭합니다. [숨기기]를 선택합니다.

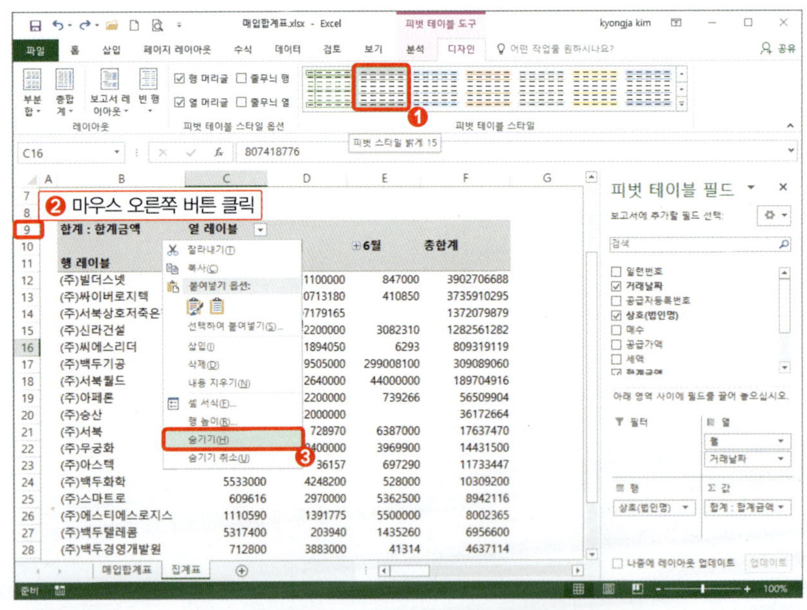

실력 향상 피벗 테이블 보고서에서 행과 열은 삭제할 수 없습니다. 불필요한 행이나 열은 숨깁니다.

15 피벗 테이블 서식 고정하기 [피벗 테이블 도구]–[분석] 탭–[피벗 테이블] 그룹–[옵션]을 클릭합니다. [피벗 테이블 옵션] 대화상자의 [레이아웃 및 서식] 탭에서 [서식] 항목 중 [빈 셀 표시]에 체크 표시하고 **0**을 입력합니다. [업데이트 시 열 자동 맞춤]의 체크 표시를 해제합니다. [확인]을 클릭합니다.

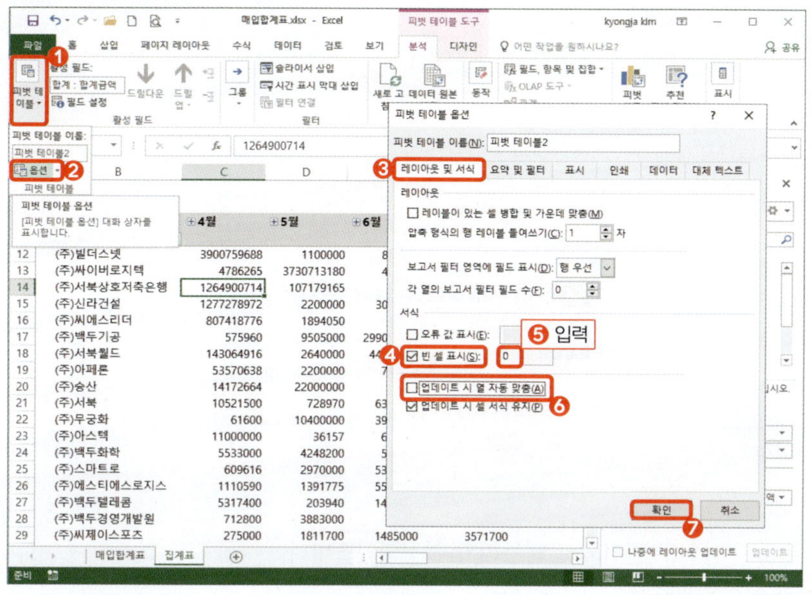

16 머리글 변경과 셀 서식 설정하기 [B11] 셀의 텍스트를 **상호명**으로 수정합니다. [C10:F32] 셀 범위를 선택하고 마우스 오른쪽 버튼을 클릭한 후 [셀 서식]을 선택합니다.

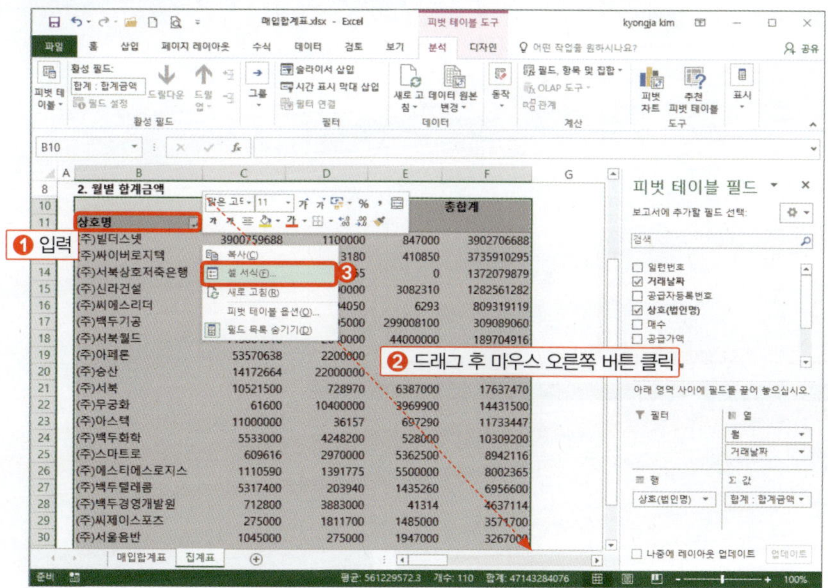

17 [셀 서식] 대화상자의 [표시 형식] 탭에서 [사용자 지정]을 선택하고, [형식]에 **#,##0,**을 입력합니다. [테두리] 탭을 클릭합니다. [색]을 클릭한 후 [검정, 텍스트 1, 50% 더 밝게]를 선택합니다. [미리 설정]에서 [윤곽선], [테두리]에서 [수직 가운데]를 차례대로 클릭합니다. [확인]을 클릭합니다.

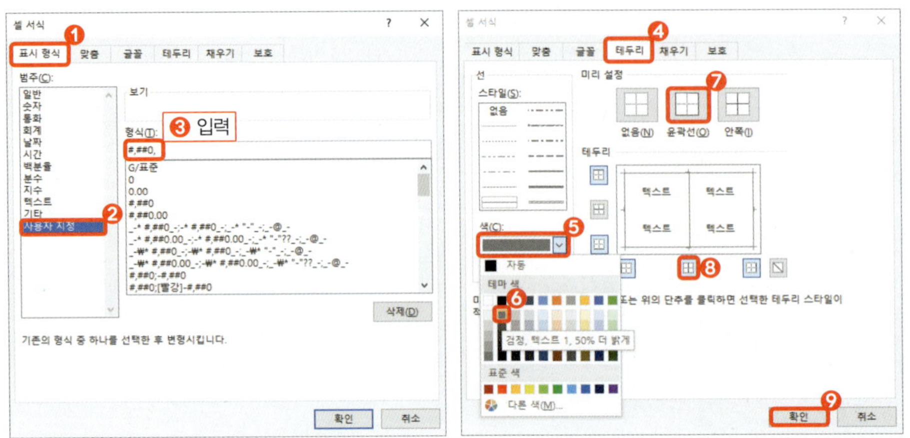

18 피벗 테이블의 금액 단위가 천 단위로 변경되고 테두리가 설정되었습니다.

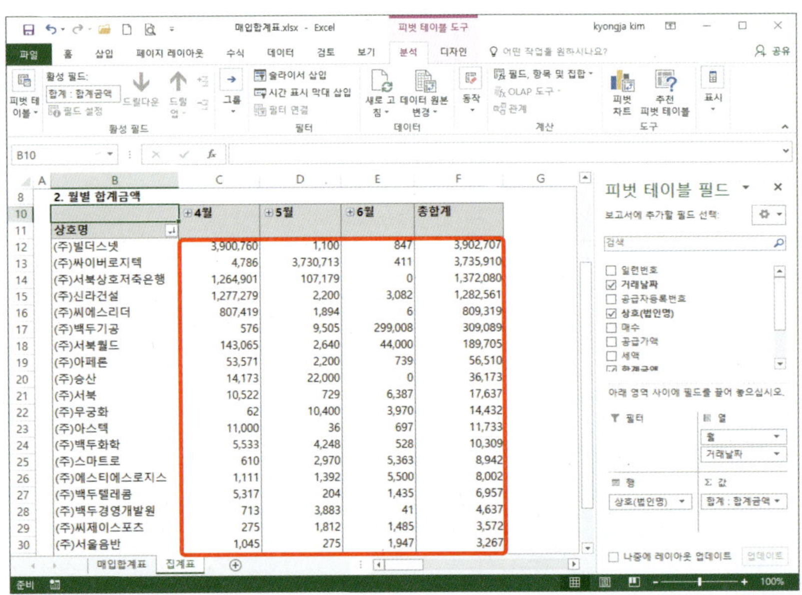

근로자 근무내역표를 근로복지공단 신고 양식으로 변환하기

실습 파일 | PART 02 \ CHAPTER 01 \ 근로내역 확인서.xlsx　　**완성 파일** | PART 02 \ CHAPTER 01 \ 근로내역 확인서(완성).xlsx

☑ 프로젝트 시작하기

회사에서 고용한 일용직 근로자 근무현황을 매월 근로복지공단에 신고해야 하는데, 회사에서 관리하고 있는 '일용직 근로자 근무내역표' 양식과 근로복지공단에 신고하는 '일용직 근로내역 확인서' 양식이 서로 다릅니다. 회사에서 관리하는 양식은 2차원 집계표 형식이고 근로복지공단에 신고하는 양식은 데이터베이스 목록형입니다. 2차원 집계표 형식의 표를 데이터베이스 목록형으로 빠르게 변환하기 위해서 다중 피벗 테이블을 사용합니다. 다중 피벗 테이블을 작성하여 [값] 필드의 [총합계]를 더블클릭하면 자동으로 데이터베이스 목록이 작성됩니다. 다중 피벗 테이블 기능은 리본 메뉴에 없으므로 [빠른 실행 도구 모음]에 추가하여 사용하겠습니다.

회사에서 바로 통하는 키워드

피벗 테이블/피벗 차트 마법사, 셀 병합 해제, 다중 피벗 테이블, VLOOKUP, 필터 설정, 행 삭제, 범위로 변환

✔ 프로젝트 미리 보기

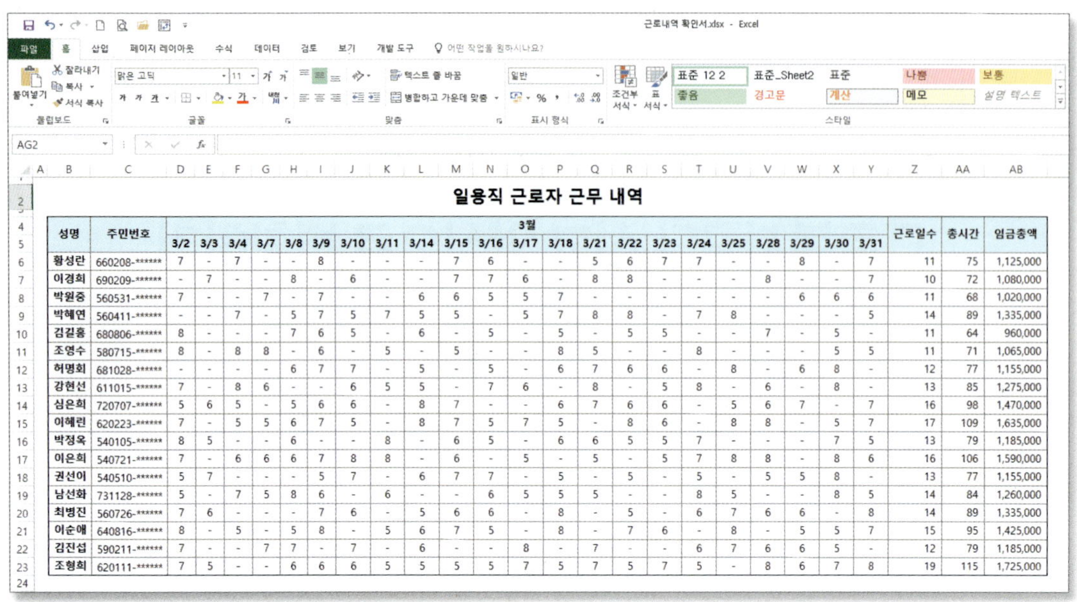

일용직 근로자 근무 내역

성명	주민번호	3월																						근로일수	총시간	임금총액
		3/2	3/3	3/4	3/7	3/8	3/9	3/10	3/11	3/14	3/15	3/16	3/17	3/18	3/21	3/22	3/23	3/24	3/25	3/28	3/29	3/30	3/31			
황성란	660208-******	7	-	7	-	-	8	-	-	-	7	6	-	-	5	6	7	7	-	-	8	-	7	11	75	1,125,000
이경희	690209-******	-	7	-	-	8	-	6	-	-	7	7	6	-	8	8	-	-	-	8	-	-	7	10	72	1,080,000
박원중	560531-******	7	-	-	7	-	7	-	-	6	6	5	5	7	-	-	-	-	-	-	6	6	6	11	68	1,020,000
박혜연	560411-******	-	-	7	-	5	7	5	7	5	5	-	5	7	8	8	-	7	8	-	-	-	5	14	89	1,335,000
김길홍	680806-******	8	-	-	-	7	6	5	-	6	-	5	-	5	-	5	5	-	-	7	-	5	-	11	64	960,000
조영수	580715-******	8	-	8	8	-	6	-	5	-	5	-	-	8	5	-	-	8	-	-	-	5	5	11	71	1,065,000
허명회	681028-******	-	-	-	-	6	7	7	-	5	-	5	-	6	7	6	6	-	8	-	6	-	8	12	77	1,155,000
강현선	611015-******	7	-	8	6	-	-	6	5	5	-	7	6	-	8	-	5	8	-	6	-	8	-	13	85	1,275,000
심은희	720707-******	5	6	5	-	5	6	6	-	8	7	-	-	6	7	6	6	-	5	6	7	-	7	16	98	1,470,000
이혜린	620223-******	7	-	5	5	6	7	5	-	8	7	5	7	5	-	8	6	-	8	8	-	5	7	17	109	1,635,000
박정욱	540105-******	8	5	-	-	6	-	-	8	-	6	5	-	6	6	5	5	7	-	-	-	7	5	13	79	1,185,000
이은희	540721-******	7	-	6	6	6	7	8	8	-	6	-	5	-	5	-	5	7	8	8	-	8	6	16	106	1,590,000
권선이	540510-******	5	7	-	-	-	5	7	-	6	7	7	-	5	-	5	-	5	-	5	5	8	-	13	77	1,155,000
남선화	731128-******	5	-	7	5	8	6	-	6	-	-	6	5	5	5	-	-	8	5	-	-	8	5	14	84	1,260,000
최병진	560726-******	7	6	-	-	-	7	6	-	5	6	6	-	8	-	5	-	6	7	6	6	-	8	14	89	1,335,000
이순애	640816-******	8	-	5	-	5	8	-	5	6	7	5	-	8	-	7	6	-	8	-	5	5	7	15	95	1,425,000
김진섭	590211-******	7	-	-	7	7	-	7	-	6	-	-	8	-	7	-	-	6	7	6	6	5	-	12	79	1,185,000
조형희	620111-******	7	5	-	-	6	6	6	5	5	5	5	7	5	7	5	7	5	-	8	6	7	8	19	115	1,725,000

	성명	주민번호	근무일자	근무시간
2	강현선	611015-******	2016-03-02	7
3	강현선	611015-******	2016-03-04	8
4	강현선	611015-******	2016-03-07	6
5	강현선	611015-******	2016-03-10	6
6	강현선	611015-******	2016-03-11	5
7	강현선	611015-******	2016-03-14	5
8	강현선	611015-******	2016-03-16	7
9	강현선	611015-******	2016-03-17	6
10	강현선	611015-******	2016-03-21	8
11	강현선	611015-******	2016-03-23	5
12	강현선	611015-******	2016-03-24	8
13	강현선	611015-******	2016-03-28	6
14	강현선	611015-******	2016-03-30	8
15	권선이	540510-******	2016-03-02	5
16	권선이	540510-******	2016-03-03	7
17	권선이	540510-******	2016-03-09	5
18	권선이	540510-******	2016-03-10	7
19	권선이	540510-******	2016-03-14	6
20	권선이	540510-******	2016-03-15	7
21	권선이	540510-******	2016-03-16	7
22	권선이	540510-******	2016-03-18	5
23	권선이	540510-******	2016-03-22	5
24	권선이	540510-******	2016-03-24	5
25	권선이	540510-******	2016-03-28	5
26	권선이	540510-******	2016-03-29	5
27	권선이	540510-******	2016-03-30	8
28	김길홍	680806-******	2016-03-02	8
29	김길홍	680806-******	2016-03-08	7
30	김길홍	680806-******	2016-03-09	6
31	김길홍	680806-******	2016-03-10	5
32	김길홍	680806-******	2016-03-14	6
33	김길홍	680806-******	2016-03-16	5
34	김길홍	680806-******	2016-03-18	5
35	김길홍	680806-******	2016-03-22	5

STEP 01 빠른 실행 모음에 도구 추가하고 셀 병합 해제하기

❶ [빠른 실행 도구 모음 사용자 지정]에서 [리본 메뉴에 없는 명령] 중 [피벗 테이블/ 피벗 차트 마법사]를 추가합니다.

❷ 피벗 테이블을 작성하기 위해 병합되어 있 는 [B4:C5] 셀 범위의 병합을 해제하고 빈 셀에 데이터를 복사합니다.

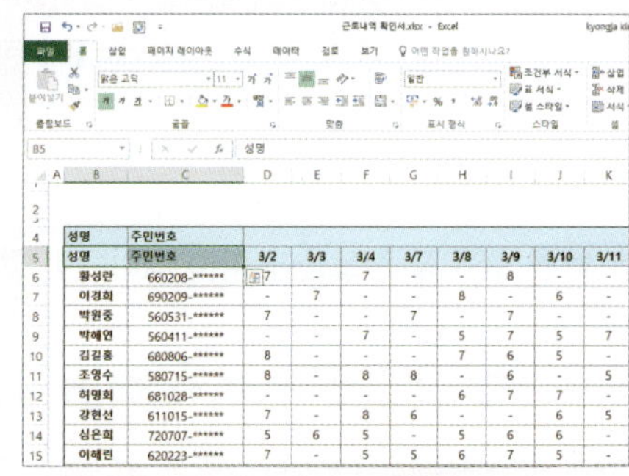

STEP 02 다중 피벗 테이블을 작성하여 목록 만들기

❶ [피벗 테이블/피벗 차트 마법사]를 실행하 여 [다중 통합 범위]로 피벗 테이블을 작성 합니다.

❷ 작성된 피벗 테이블에서 [주민번호] 필드 는 표시되지 않도록 필터에서 해제합니다.

❸ [값] 필드의 [총합계]를 더블클릭하여 데이 터 목록을 작성합니다.

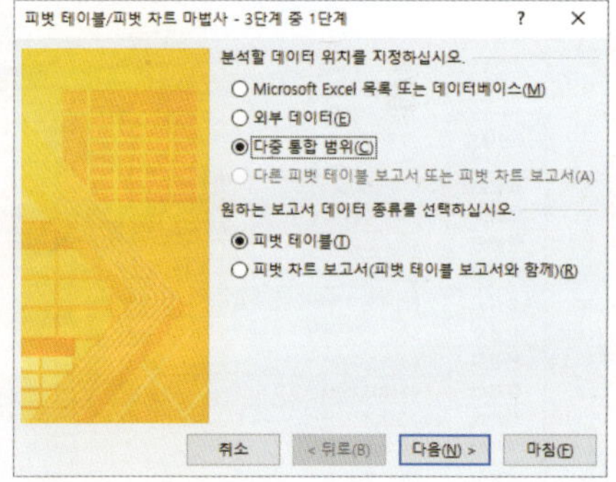

STEP 03 데이터베이스 목록 편집하기

❶ [값] 필드의 필터 단추를 사용하여 [–] 항 목만 표시되도록 한 후 불필요한 행을 모 두 삭제합니다.

❷ [범위로 변환]을 클릭하여 표를 정상 범위 로 변환합니다.

❸ B열에 빈 열을 삽입하고 VLOOKUP 함수 를 사용하여 주민번호를 표시합니다.

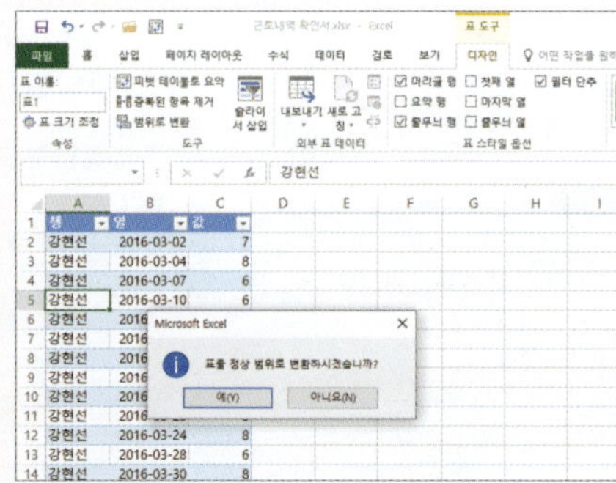

빠른 실행 모음에 도구 추가하고 셀 병합 해제하기

다중 피벗 테이블 작성 기능은 리본 메뉴에서 제공되지 않으므로 [빠른 실행 도구 모음]에 추가하여 사용합니다. 또한 피벗 테이블을 작성할 때는 사용하는 데이터 목록에 병합된 셀이 없어야 하므로 [B4:C5] 셀 범위의 병합을 해제하고, 빈 셀에 데이터를 복사해보겠습니다.

1 빠른 실행 도구 모음에 피벗 테이블/피벗 차트 마법사 추가하기 [빠른 실행 도구 모음 사용자 지정]–[기타 명령]을 선택합니다. [Excel 옵션] 대화상자의 [명령 선택]에서 [리본 메뉴에 없는 명령]을 선택하고 명령 목록에서 [피벗 테이블/피벗 차트 마법사]를 클릭합니다. [추가]를 클릭한 후 [확인]을 클릭합니다.

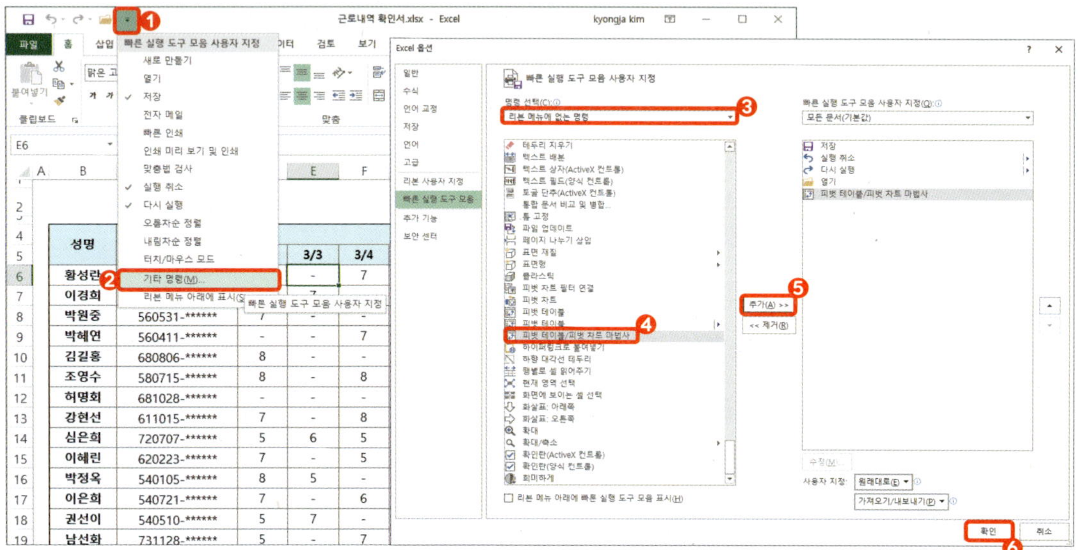

2 [빠른 실행 도구 모음]에 [피벗 테이블/피벗 차트 마법사]가 추가되었습니다.

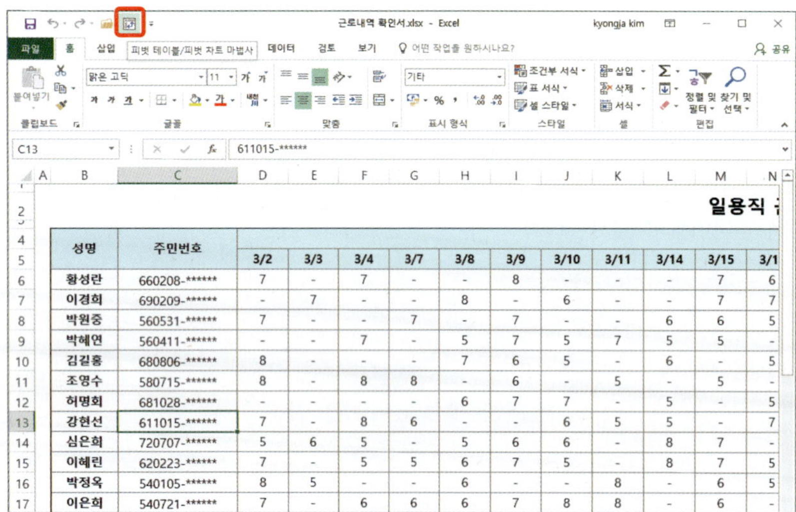

3 머리글 병합 해제한 후 입력하기 [B4:C5] 셀 범위를 선택합니다. [홈] 탭–[맞춤] 그룹–[병합하고 가운데 맞춤]을 클릭합니다. 병합이 해제됩니다. [B5:C5] 셀 범위를 선택한 후 Ctrl + D 를 누릅니다. [B4:C4] 셀 데이터가 [B5:C5] 셀 범위에 복사됩니다.

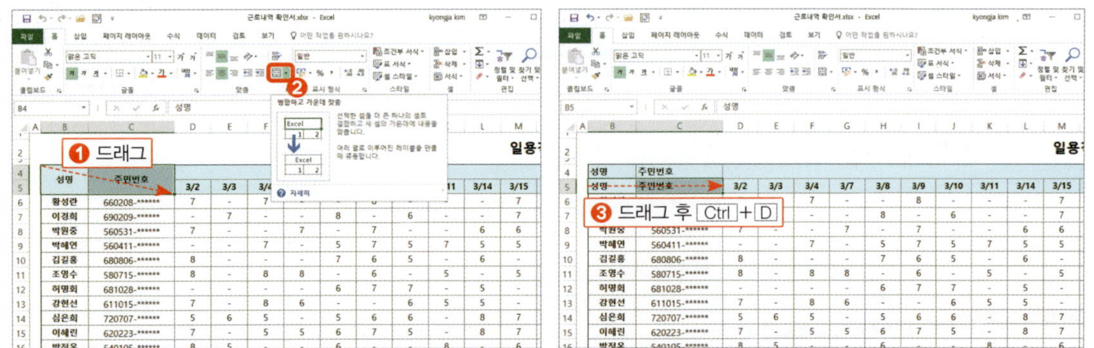

실력 향상 Ctrl + D 는 위쪽 셀을 복사하는 단축키입니다. 왼쪽 셀을 복사할 때는 Ctrl + R 을 사용합니다.

STEP 02

다중 피벗 테이블을 작성하여 목록 만들기

빠른 도구 모음에 추가한 [피벗 테이블/피벗 차트 마법사]를 실행하여 [다중 통합 범위]로 피벗 테이블을 작성해보겠습니다. 작성된 피벗 테이블에서 [주민번호] 필드는 필터에서 해제하고 [값] 필드의 [총합계]를 더블클릭하여 데이터 목록을 작성하겠습니다.

4 다중 피벗 테이블 작성하기 [빠른 실행 도구 모음]에 추가한 [피벗 테이블/피벗 차트 마법사]를 클릭합니다. [피벗 테이블/피벗 차트 마법사 1단계] 대화상자에서 분석할 데이터 위치에 [다중 통합 범위], 원하는 보고서 데이터 종류로 [피벗 테이블]을 선택합니다. [다음]을 클릭합니다.

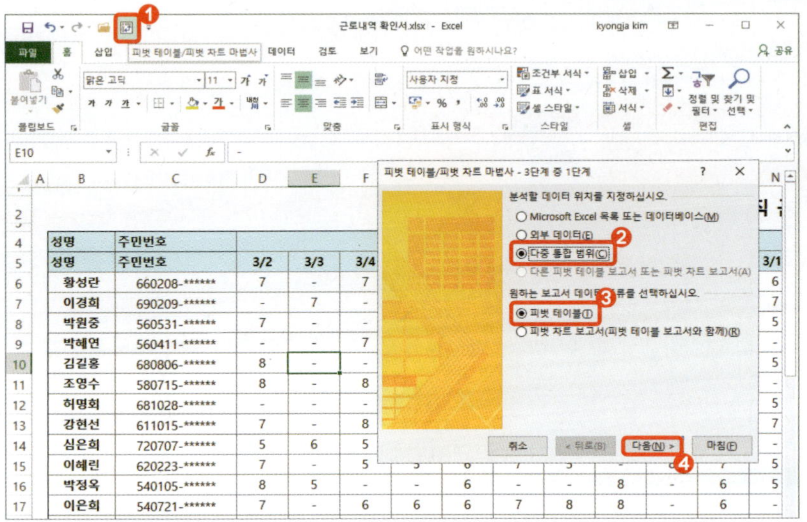

5 [피벗 테이블/피벗 차트 마법사 2A단계] 대화상자에서 [두 개 이상의 페이지 필드 만들기]를 선택합니다. [다음]을 클릭합니다. [피벗 테이블/피벗 차트 마법사 2B단계] 대화상자에서 [범위] 입력란을 클릭한 후 [B5:Y23] 셀 범위를 드래그합니다. [다음]을 클릭합니다.

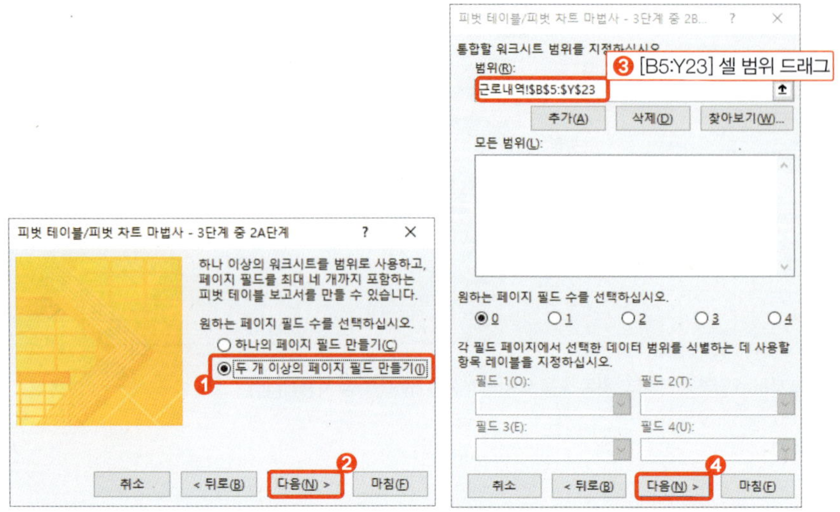

실력향상 [하나의 페이지 필드 만들기]를 선택하면 작성되는 피벗 테이블에 [페이지 필드]가 생깁니다. [페이지 필드]를 사용하지 않으려면 [두 개 이상의 페이지 필드 만들기]를 선택한 후 다음 단계에서 페이지 필드 수를 [0]으로 설정합니다.

실력향상 피벗 테이블에 사용되는 셀 범위의 첫 행에는 날짜가 있어야 하고, 첫 열에는 성명이 있어야 합니다.

6 [피벗 테이블/피벗 차트 마법사 3단계] 대화상자에서 [새 워크시트]를 선택합니다. [마침]을 클릭합니다. 새로운 [Sheet1] 시트가 삽입되고 피벗 테이블이 작성되었습니다.

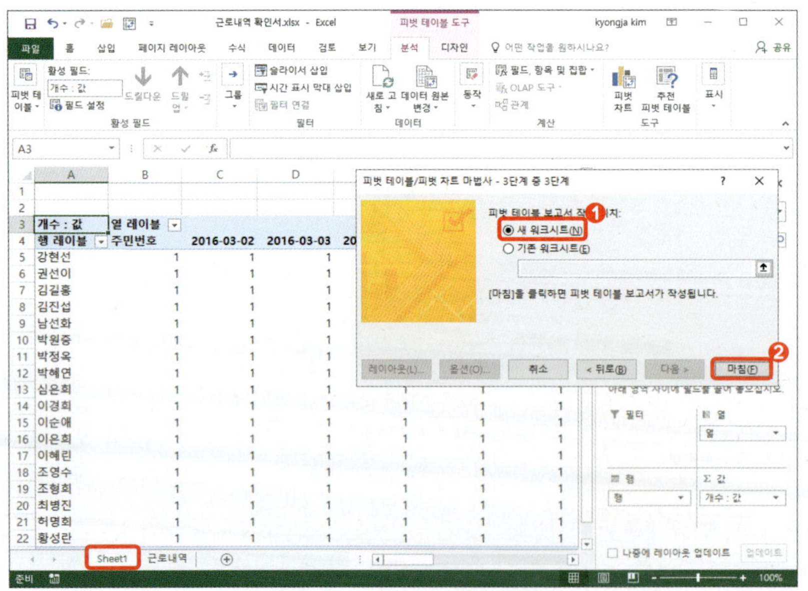

7 피벗 테이블에 주민번호 표시 해제하고 전체 목록표 만들기 [열 레이블] 필터 단추를 클릭하고 [주민번호]의 체크 표시를 해제합니다. [확인]을 클릭합니다. [값] 필드의 [총합계]가 표시된 [X23] 셀을 더블클릭합니다.

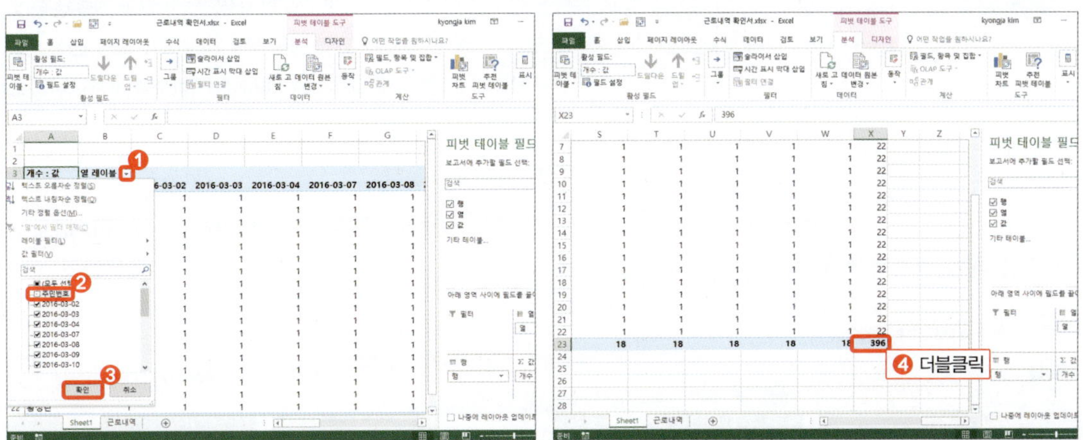

[주민번호] 필드는 레코드마다 반복적으로 표시되어야 하므로 STEP 03에서 VLOOKUP 함수를 사용하여 표시합니다.

8 새로운 [Sheet2] 시트가 삽입되고 피벗 테이블에 사용된 셀 범위가 데이터베이스 목록으로 만들어집니다. B열의 오른쪽 열 경계선을 더블클릭하여 열 너비를 자동 맞춤합니다.

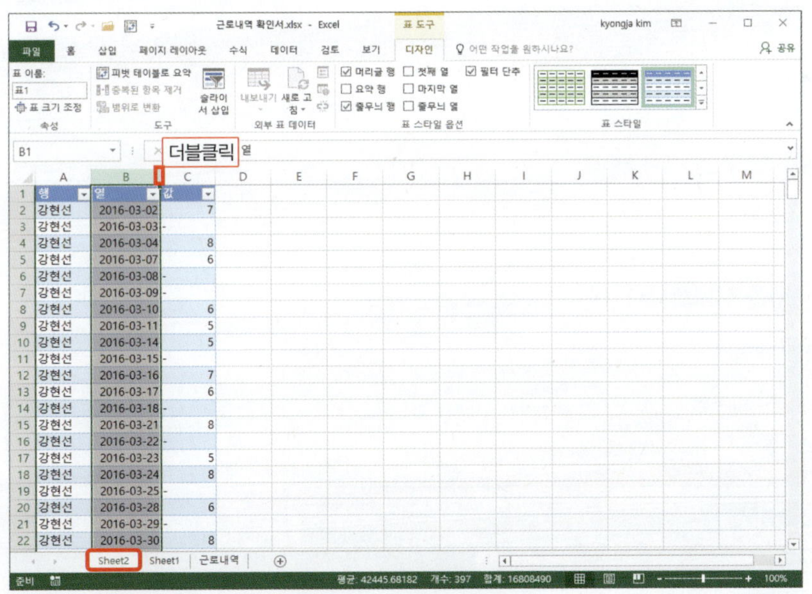

피벗 테이블 보고서에서 [값] 필드에 계산된 어떠한 숫자든 더블클릭하면 데이터 원본에서 관련된 레코드만 모두 새로운 시트로 복사합니다.

데이터베이스 목록 편집하기

피벗 테이블로 작성된 데이터베이스 목록을 신고 양식으로 편집해야 근로복지공단에 파일을 제출할 수 있습니다. [값] 필드의 필터에서 [-] 항목만 표시되도록 한 후 불필요한 행을 모두 삭제하고, 표를 정상 범위로 변환하겠습니다. 주민번호가 필요하므로 B열에 빈 열을 삽입하고 VLOOKUP 함수를 사용하여 주민번호를 표시합니다.

9 근무 시간이 없는 행 삭제하기 추가된 [Sheet2] 시트에서 C열의 [값] 필드 목록 단추를 클릭하여 [모두 선택]을 체크 해제한 후 다시 [-]에만 체크 표시합니다. [확인]을 클릭합니다. 근무 시간이 표시되지 않은 행만 선택됩니다.

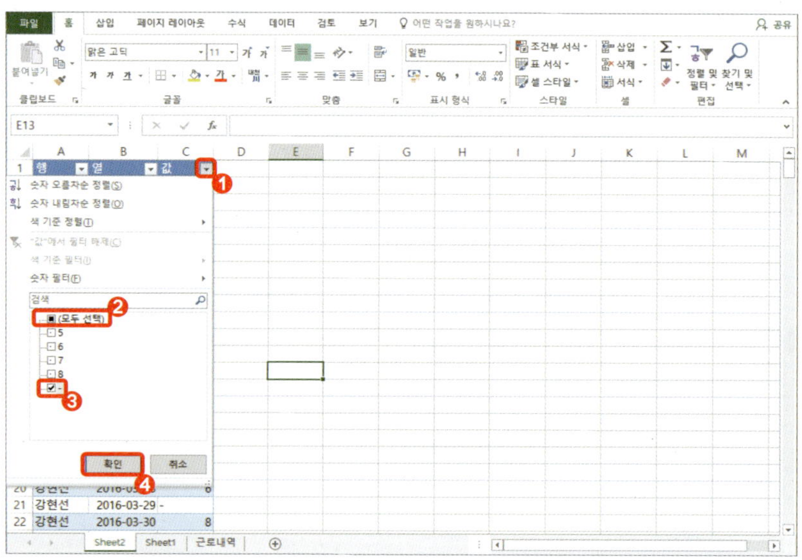

10 필터가 완료된 [3:396] 행을 선택합니다. 마우스 오른쪽 버튼을 클릭하여 [행 삭제]를 선택합니다.

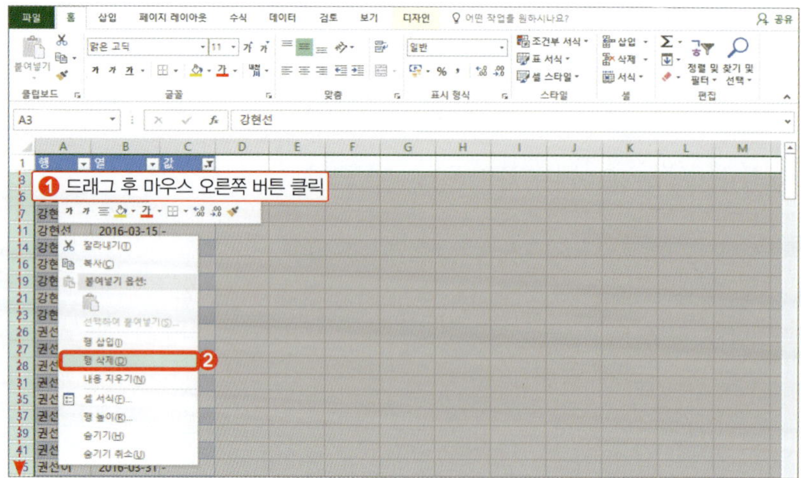

11 [값] 필드의 목록 단추를 클릭하여 ["값"에서 필터 해제]를 선택합니다. 전체 피벗 테이블 내용이 표시됩니다.

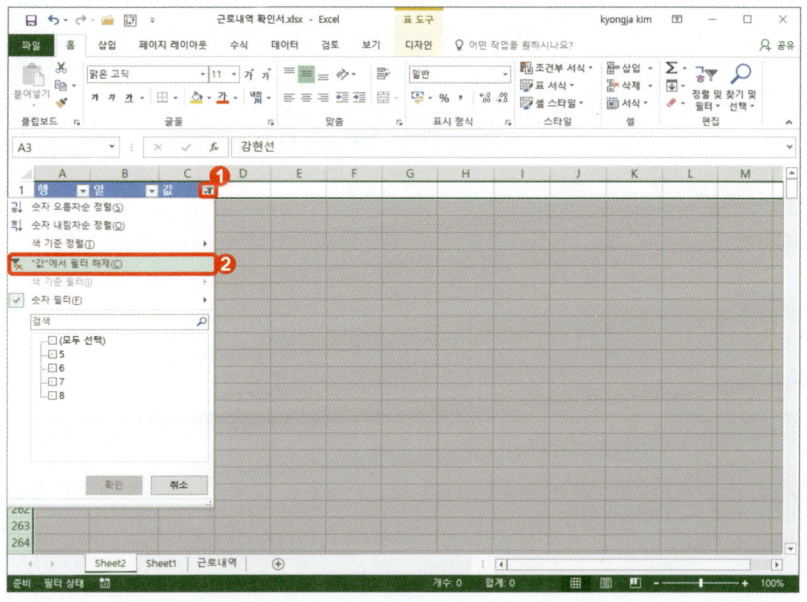

12 일반 범위로 변환하기 [A2] 셀을 클릭합니다. [표 도구]-[디자인] 탭-[도구] 그룹-[범위로 변환]을 클릭합니다. '표를 정상 범위로 변환하시겠습니까?'라는 메시지가 표시되면 [예]를 클릭합니다.

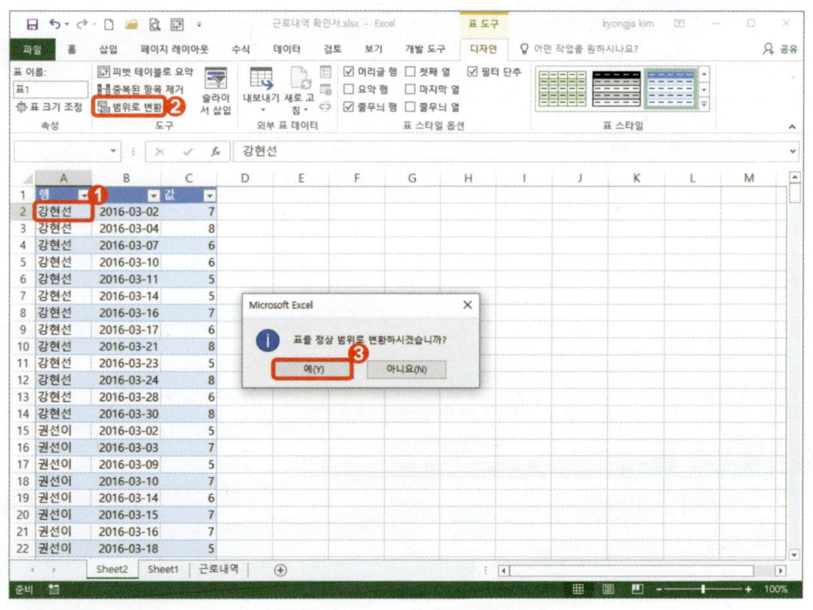

[표 도구]-[디자인] 탭이 표시되지 않으면 [A:C] 열 중 값이 있는 셀을 클릭합니다.

13 빈 열 삽입하고 머리글 변경하기 B열을 선택합니다. 마우스 오른쪽 버튼을 클릭하여 [삽입]을 선택합니다. [A1:D1] 셀 범위에 순서대로 **성명, 주민번호, 근무일자, 근무시간**을 각각 입력합니다.

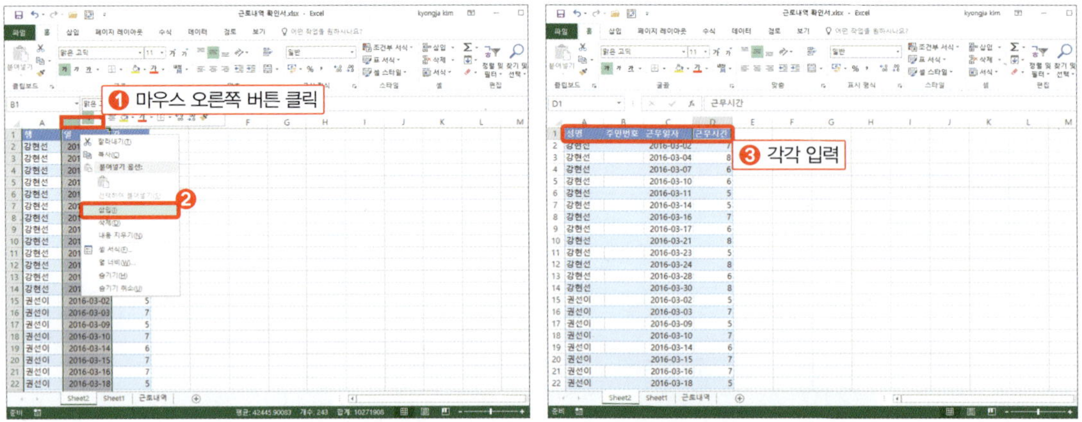

14 VLOOKUP 함수로 주민번호 표시하기 VLOOKUP 함수를 사용하여 [근로내역] 시트의 주민번호를 B열에 표시해보겠습니다. [근로내역] 시트를 선택합니다. [B5:C23] 셀 범위를 선택합니다. [이름상자]에 **주민번호**를 입력한 후 Enter 를 누릅니다.

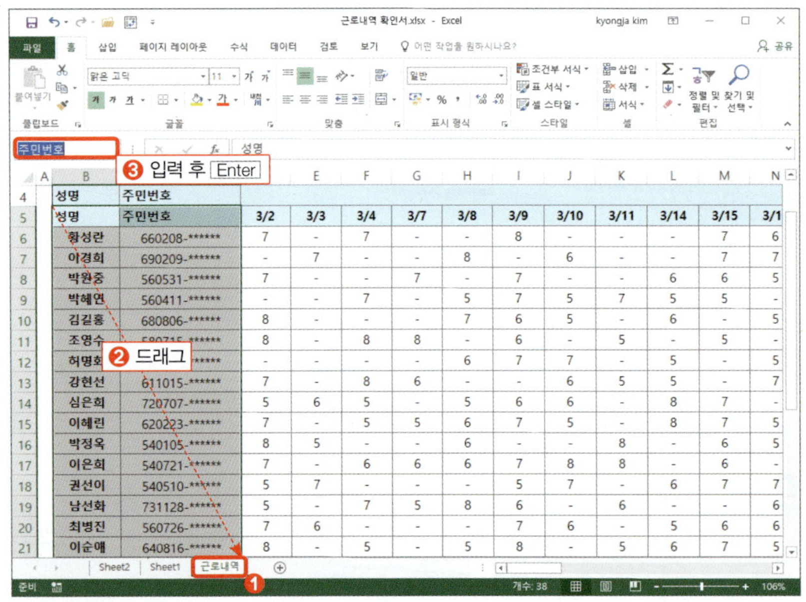

15 데이터베이스 목록이 작성된 [Sheet2] 시트를 선택합니다. [B2] 셀에 **=VLOOKUP(A2,주민번호,2,0)**을 입력합니다.

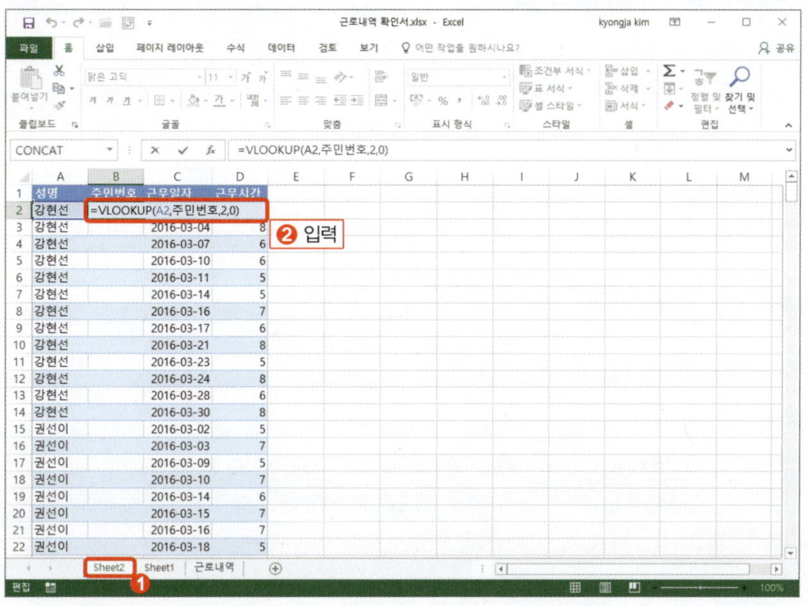

> **실력 향상** 함수 형식은 '=VLOOKUP(찾을 기준 값, 기준 범위, 가져올 열 번호, 찾는 방법)'입니다. [Sheet2] 시트의 성명을 [근로내역] 시트, [주민번호] 범위의 성명에서 찾아 두 번째 열인 주민번호를 셀에 표시하는 수식입니다.

16 **수식 복사하고 열 너비 자동 맞추기** [B2] 셀의 채우기 핸들을 더블클릭합니다. [채우기 옵션]을 클릭하고 [서식 없이 채우기]를 선택합니다. B열의 오른쪽 열 경계선을 더블클릭하여 열 너비를 자동 맞춤합니다.

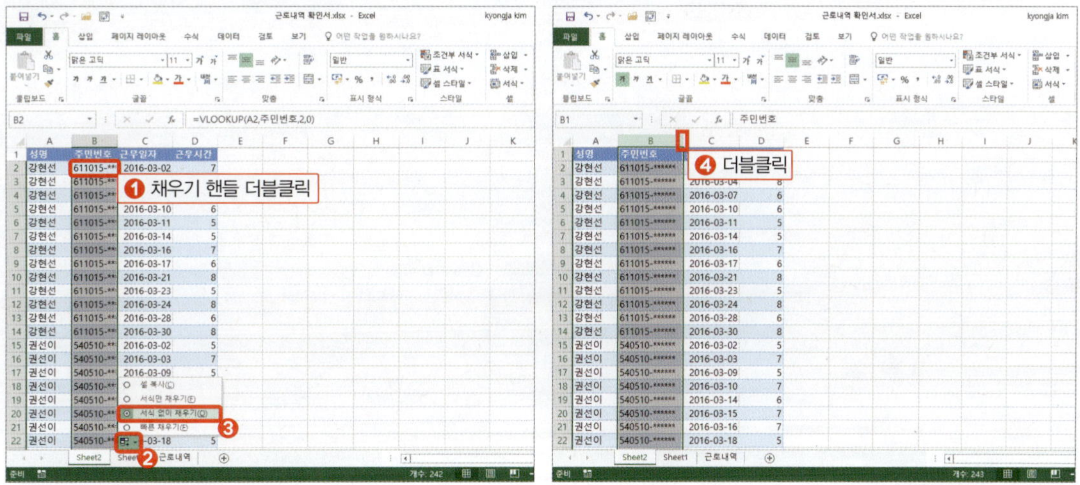

표 데이터를 변환하여 한눈에 확인하는 보고서 작성하기

회사에서는 기존에 사용하던 엑셀 표를 다른 유형으로
변환하여 새로운 보고서로 만들어야 할 때가 종종
있습니다. 이때 대부분 수작업으로 데이터의 이동과
복사, 삭제를 반복하게 되는데, 상황에 맞는 적절한
함수를 이용하면 빠르게 표 유형을 변환할 수 있습니다.
주요 정보를 보호 처리하여 외부 공개용 표로 변환하거나
목록형 표를 2차원 크로스탭 표로 변환하는 방법,
품명과 규격에 맞는 최저 단가를 찾아오는 보고서
작성 방법 등을 익혀보겠습니다.

우수지점 포상실적을 표시하는
공개용 데이터 만들기

실습 파일 | PART 02 \ CHAPTER 02 \ 우수지점 포상실적.xlsx
완성 파일 | PART 02 \ CHAPTER 02 \ 우수지점 포상실적(완성).xlsx, 우수지점 포상실적(공개용).xlsx

✅ 프로젝트 시작하기

엑셀 문서에 사내에서만 공유가 허용되는 중요한 데이터가 포함되어 있다면 문서를 외부에 공개할 때 중요 정보를 보호 처리하여 일부만 노출하거나 필요한 일부 데이터만 추출하여 표시해야 합니다. 마케팅 부서에서 사용하는 우수지점 포상실적표를 공개용 표로 변환하기 위해 중요한 데이터는 텍스트 계열 함수를 이용하여 보호 처리하고 우수지점을 한눈에 확인할 수 있도록 조건부 서식으로 셀에 막대그래프를 작성해보겠습니다. 이렇게 변환이 완료된 표는 별도의 통합 문서로 관리하고 저장합니다. 사내에서 사용하는 표와 외부에 공개할 표를 차별화하여 두 개의 표를 동시에 관리할 때 유용하게 응용할 수 있습니다.

회사에서 바로 **통**하는 키워드

TEXT, LEFT, MID, FIND, LEN, 조건부 서식, 새 통합 문서로 복사, 값 복사

사업자등록번호	상호	지점장명	포상 횟수	포상실적 그래프
우수지점 포상 실적				
4606817454	필드터프승묵 서산점	이필희	12	
5617813828	제이비씨코퍼레이슨 영등포점	하광인	7	
8617813822	에이팩토리 서울역점	윤혜숙	8	
9603814906	씨버드 금천점	노원석	9	
4606817310	대운교역 도봉점	최병국	8	
6606817458	협신 연수점	문덕태	8	
2602812382	대강수산 주엽점	오세부	11	
2605815111	한솔물산 오산점	정건	1	
4615812520	삼호에프엠 부평점	김봉조	11	
2603814850	강서인더스트리 구리점	정용주	10	
7603814896	동우인터내쇼날 의왕점	공인식	6	
2602812488	명성종합서비스 의정부점	박진태	6	
2606817290	동원물산 청주점	김재익	2	
2606817304	반석종합석재 서산점	장현구	8	
2605815282	삼진티씨 천안점	이순태	6	
7603814898	아트인터내셔날 울산점	김청수	4	
1603814888	만어수산 사하점	서만수	13	
9603814838	우드뱅크 마사점	박용수	4	
9603814846	유한회사경진목재 목포점	조정훈	3	
1603814961	이오푸드 익산점	이철우	9	
4606817454	천일인더스트리 강변점	박준	2	
5617813828	티케이공구 동수원점	이강욱	1	
8617813822	스피드 상주점	이지환	7	
9603814906	베스트마린씨푸드 동해점	강윤희	6	
4606817310	온성트레이딩 제주점	김대상	4	

우수지점

사업자등록번호	지점 사업자번호	상호	지점명	지점장명	지점장	포상 횟수	포상실적 그래프
우수지점 포상 실적							
4606817454	460-68-*****	필드터프승묵 서산점	서산	이필희	이OO	12	
5617813828	561-78-*****	제이비씨코퍼레이슨 영등포점	영등포	하광인	하OO	7	
8617813822	861-78-*****	에이팩토리 서울역점	서울역	윤혜숙	윤OO	8	
9603814906	960-38-*****	씨버드 금천점	금천	노원석	노OO	9	
4606817310	460-68-*****	대운교역 도봉점	도봉	최병국	최OO	8	
6606817458	660-68-*****	협신 연수점	연수	문덕태	문OO	8	
2602812382	260-28-*****	대강수산 주엽점	주엽	오세부	오OO	11	
2605815111	260-58-*****	한솔물산 오산점	오산	정건	정OO	1	
4615812520	461-58-*****	삼호에프엠 부평점	부평	김봉조	김OO	11	
2603814850	260-38-*****	강서인더스트리 구리점	구리	정용주	정OO	10	
7603814896	760-38-*****	동우인터내쇼날 의왕점	의왕	공인식	공OO	6	
2602812488	260-28-*****	명성종합서비스 의정부점	의정부	박진태	박OO	6	
2606817290	260-68-*****	동원물산 청주점	청주	김재익	김OO	2	
2606817304	260-68-*****	반석종합석재 서산점	서산	장현구	장OO	8	
2605815282	260-58-*****	삼진티씨 천안점	천안	이순태	이OO	6	
7603814898	760-38-*****	아트인터내셔날 울산점	울산	김청수	김OO	4	
1603814888	160-38-*****	만어수산 사하점	사하	서만수	서OO	13	
9603814838	960-38-*****	우드뱅크 마사점	마사	박용수	박OO	4	
9603814846	960-38-*****	유한회사경진목재 목포점	목포	조정훈	조OO	3	
1603814961	160-38-*****	이오푸드 익산점	익산	이철우	이OO	9	
4606817454	460-68-*****	천일인더스트리 강변점	강변	박준	박OO	2	
5617813828	561-78-*****	티케이공구 동수원점	동수원	이강욱	이OO	1	
8617813822	861-78-*****	스피드 상주점	상주	이지환	이OO	7	
9603814906	960-38-*****	베스트마린씨푸드 동해점	동해	강윤희	강OO	6	
4606817310	460-68-*****	온성트레이딩 제주점	제주	김대상	김OO	4	

우수지점

핵심기능 미리보기

STEP 01 · 함수로 데이터 보호하고 추출하기

❶ 사업자등록번호에서 TEXT, LEFT 함수를 이용하여 하이픈(−) 구분 기호를 표시하고 뒷자리 다섯 글자를 별표(*)로 표시합니다.

❷ 상호에서 MID, FIND, LEN 함수를 이용하여 지점명만 추출합니다.

❸ 지점장명에서 LEFT 함수와 & 연산자를 이용하여 첫 글자만 표시하고 나머지 글자는 O로 표시합니다.

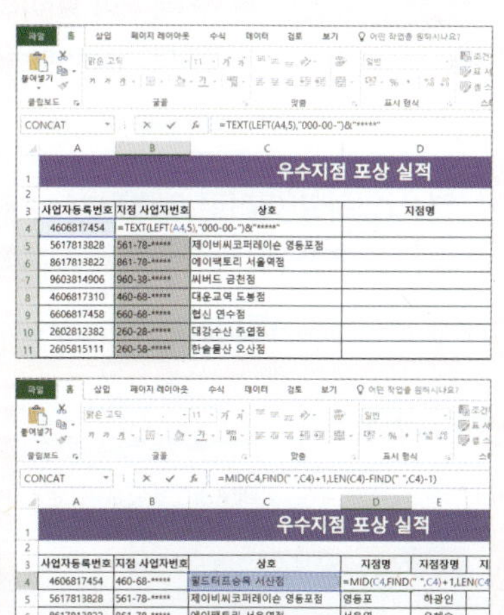

STEP 02 · 조건부 서식으로 포상실적 그래프 작성하기

❶ 포상실적 그래프 열에 포상 횟수가 표시되도록 수식을 입력합니다.

❷ 조건부 서식을 이용하여 포상실적 그래프 열에 그래프만 표시되도록 설정합니다.

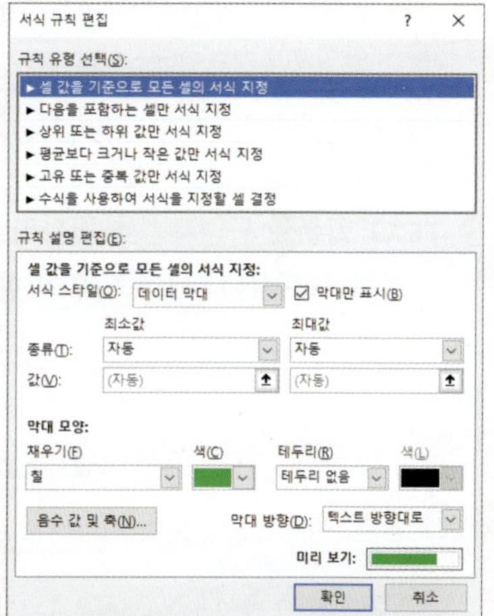

STEP 03 · 공개용 파일 관리하기

❶ 공개용 양식으로 변환이 완료된 시트를 새 통합 문서로 복사합니다.

❷ 복사된 통합 문서의 수식을 복사하여 값으로 붙여 넣은 후 A열, C열, E열을 삭제합니다.

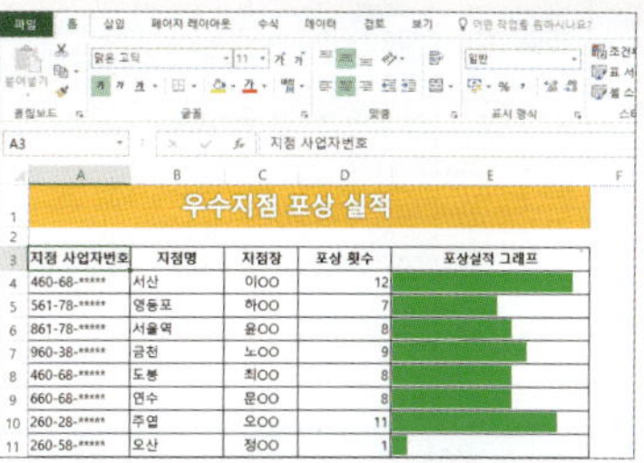

함수로 데이터 보호하고 추출하기

우수지점 포상 실적표에서 사업자등록번호는 뒷자리 다섯 글자를 별표(*)로 표시하고, 상호명은 지점명만 추출하며 지점장명은 성만 표시되고 나머지 이름은 O로 표시되도록 함수를 적용해보겠습니다.

1 열 삽입하고 머리글 입력하기 B열을 선택한 후 Ctrl을 누른 상태에서 C열과 D열을 각각 클릭합니다. 마우스 오른쪽 버튼을 클릭하여 [삽입]을 선택합니다. D열의 열 너비를 좁게 변경한 후 [B3], [D3], [F3] 셀에 순서대로 **지점 사업자번호, 지점명, 지점장**을 입력합니다.

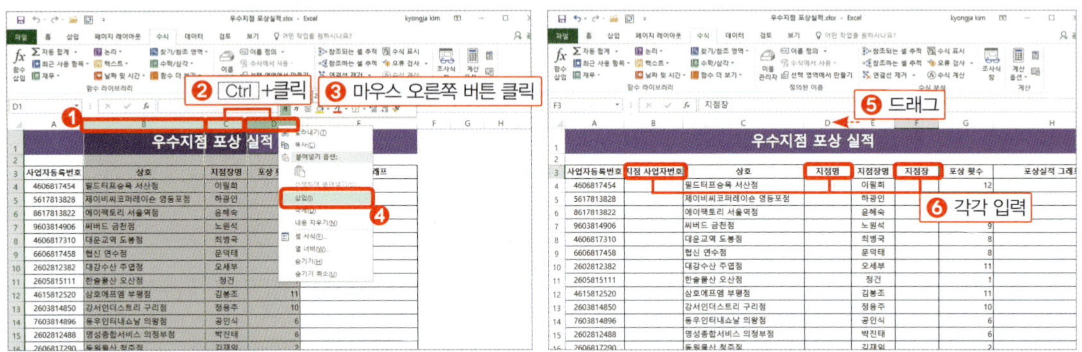

시간 단축 B열, C열, D열 앞에 각각 한 개씩 열을 삽입해야 하므로 [B:D] 열을 각각 선택해야 합니다. [B:D] 열을 드래그한 후 삽입하면 B 열 앞에 세 개의 열이 삽입됩니다.

2 TEXT 함수로 사업자번호 뒷자리를 별표(*)로 표시하기 [B4] 셀에 **=TEXT(LEFT(A4,5),"000-00-")&"*****"** 를 입력합니다. [B4] 셀의 채우기 핸들을 더블클릭하여 수식을 복사합니다.

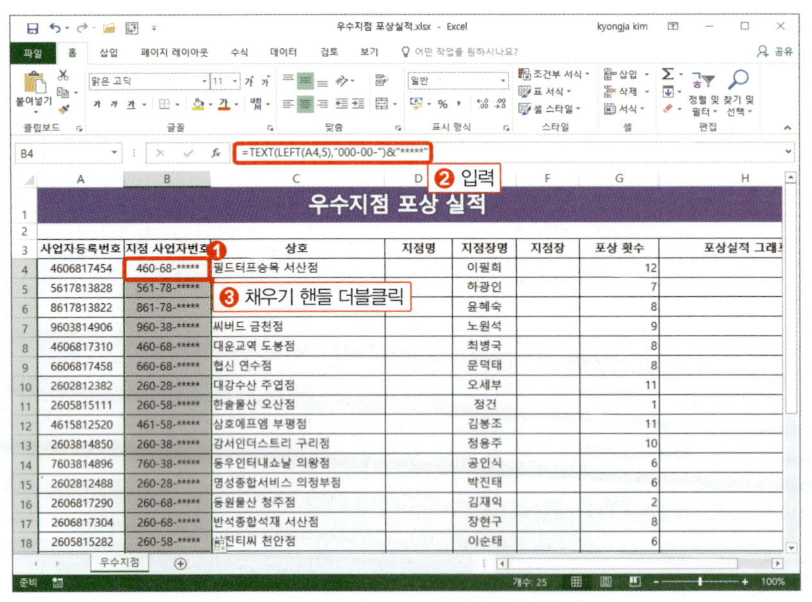

실력 향상

TEXT는 데이터 형식을 지정하는 함수고, LEFT는 왼쪽에서부터 문자를 추출하는 함수입니다. LEFT 함수를 이용하여 사업자등록번호에서 다섯 글자를 추출한 후 TEXT 함수를 이용하여 하이픈(−)을 표시합니다. 그 후 & 연산자를 이용하여 별표(*) 다섯 개를 추가합니다.

3 함수로 상호에서 지점명만 추출하기 [D4] 셀에 **=MID(C4,FIND(" ",C4)+1,LEN(C4)−FIND(" ",C4)−1)**을 입력합니다. [D4] 셀의 채우기 핸들을 더블클릭하여 수식을 복사합니다.

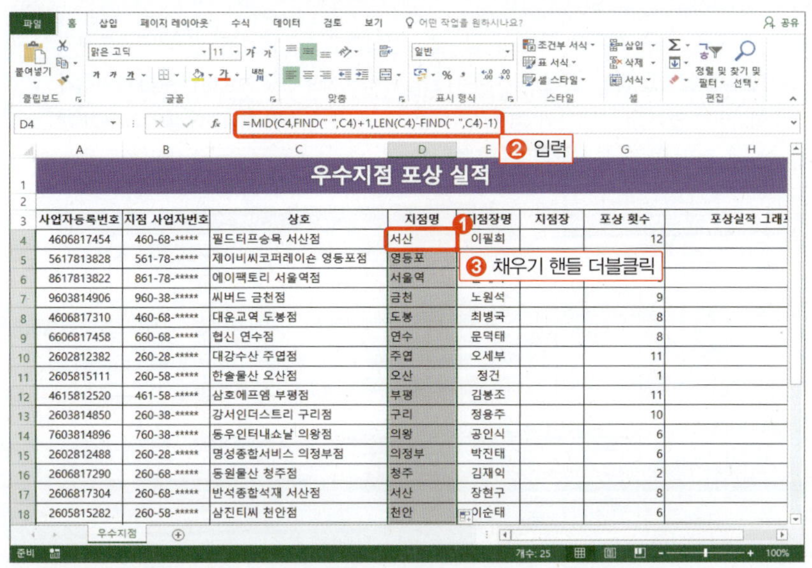

MID 함수를 이용하여 상호에서 공백 다음 문자 중 마지막 한 글자를 제외하고 모두 추출합니다. 'FIND(" ",C4)+1' 수식은 추출할 글자 위치를 계산하기 위한 식으로 공백의 위치 번호에 '+1'을 더합니다. 'LEN(C4)−FIND(" ",C4)−1' 수식은 추출할 글자 수를 계산하는 수식으로 전체 글자 수에서 공백의 위치 번호를 뺀 후 다시 '−1'을 뺍니다.

4 성을 제외한 지점장의 이름을 ○○로 표시하기 [F4] 셀에 **=LEFT(E4,1)&"OO"**를 입력합니다. [F4] 셀의 채우기 핸들을 더블클릭하여 수식을 복사합니다.

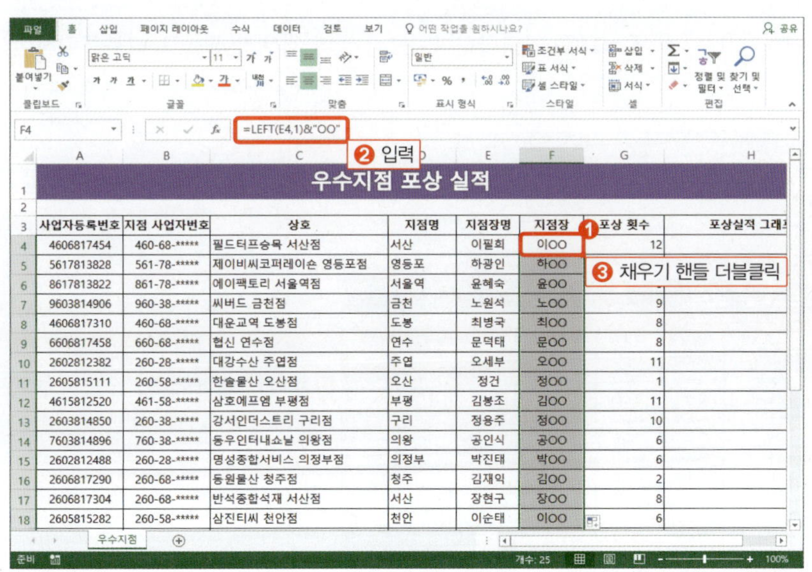

LEFT 함수를 이용하여 지점장명에서 왼쪽에서 한 글자를 추출하고 & 연산자를 이용하여 'OO'를 추가로 표시합니다.

빠른 채우기로 데이터 보호하고 추출하기

엑셀 2013 버전과 엑셀 2016 버전에서는 빠른 채우기 기능으로 함수를 이용하지 않고도 빠르게 데이터를 추출하거나 보호 처리할 수 있습니다. 셀에 변환할 문자를 직접 입력한 후 채우기 핸들로 빠른 채우기를 실행하면 주변 데이터가 분석되어 자동으로 같은 유형의 데이터가 입력됩니다. [B4] 셀에 '460-68-****'를 입력한 후 [B4] 셀의 채우기 핸들을 더블클릭합니다. [채우기 옵션]을 클릭하고 [빠른 채우기]를 선택합니다.

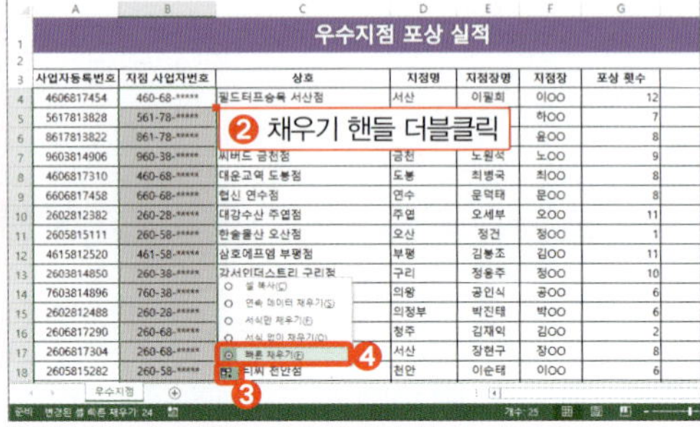

조건부 서식으로 포상실적 그래프 작성하기

G열의 포상 횟수를 이용하여 H열에 포상실적 그래프를 표시해보겠습니다. 이 그래프는 셀에 표시하는 막대그래프이므로 조건부 서식을 이용합니다.

5 포상실적 그래프에 값 입력하기 [H4] 셀에 **=G4**를 입력합니다. [H4] 셀의 채우기 핸들을 더블클릭하여 수식을 복사합니다.

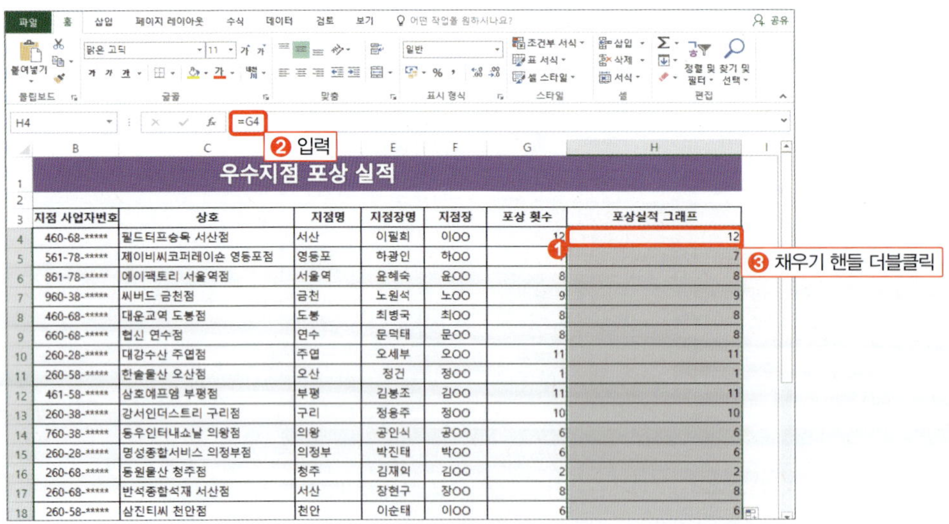

6 포상 실적 그래프에 막대만 표시하기 [H4:H28] 셀 범위를 선택합니다. [홈] 탭-[스타일] 그룹-[조건부 서식]-[데이터 막대]-[기타 규칙]을 선택합니다.

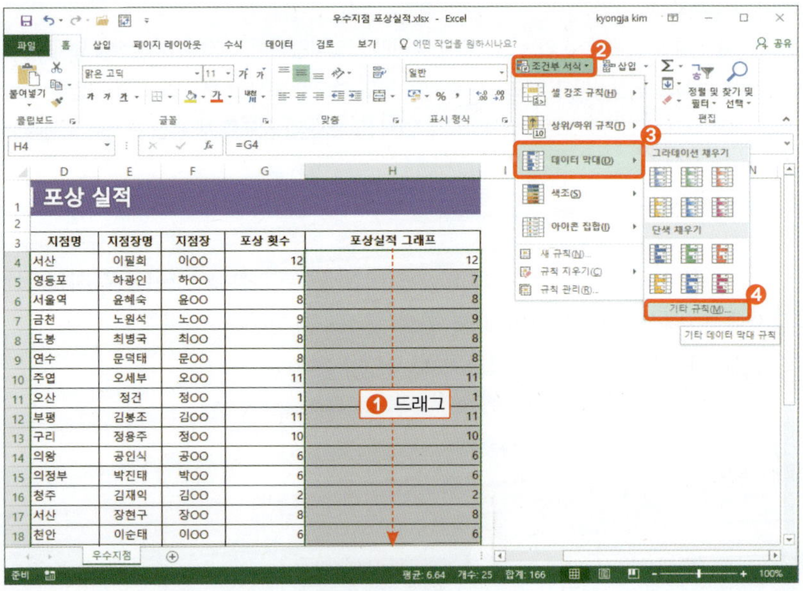

7 [서식 규칙 편집] 대화상자에서 [규칙 설명 편집]의 [막대만 표시]에 체크 표시합니다. [막대 모양]에서 [색]-[녹색]을 선택합니다. [확인]을 클릭합니다. 셀에 값은 표시되지 않고 막대그래프만 표시됩니다.

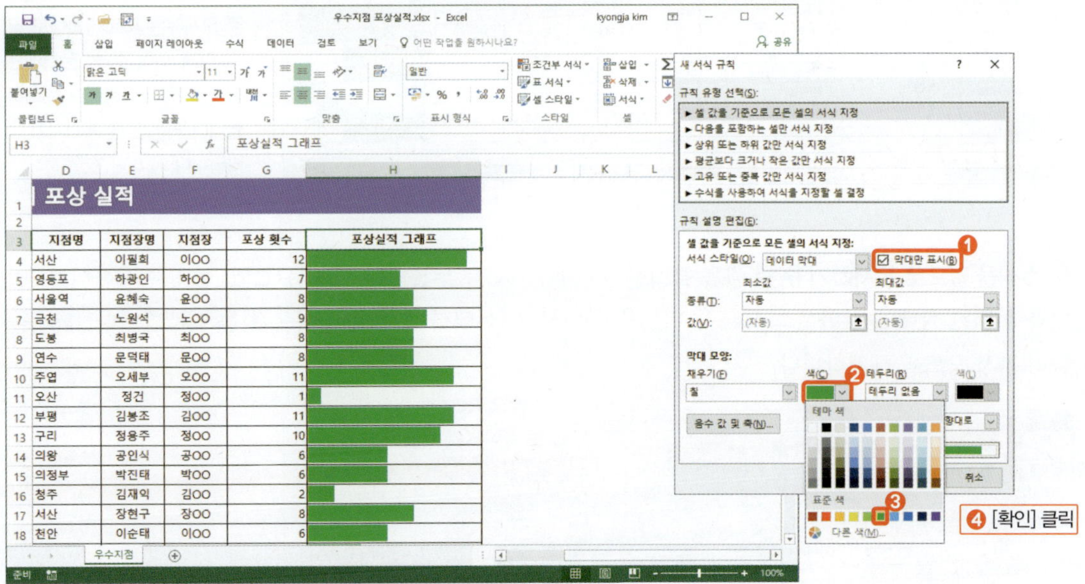

> **실력 향상** [규칙 설명 편집]에서 [막대만 표시]에 체크 표시하지 않으면 H열에 값과 막대가 함께 표시 됩니다. 포상 횟수의 값은 G열에 있으므로 H열에는 막대만 표시해야 합니다.

공개용 파일 관리하기

변환이 완료된 시트를 외부에 공개할 수 있는 문서로 만들려면 사업자등록번호, 상호, 지점장명 열을 삭제해야 합니다. 이 열은 수식에서 참조되고 있으므로 수식을 모두 값으로 복사한 후 A열, C열, E열을 삭제하겠습니다. 또한 원본 문서는 그대로 보존되어야하므로 먼저 [우수지점] 시트를 새 통합 문서로 복사해보겠습니다.

8 새 통합 문서로 복사하기 [우수지점] 시트 탭에서 마우스 오른쪽 버튼을 클릭합니다. [이동/복사]를 선택합니다. [이동/복사] 대화상자에서 [대상 통합 문서]로 [(새 통합 문서)]를 선택하고 [복사본 만들기]에 체크 표시합니다. [확인]을 클릭합니다. 새 통합 문서에 시트가 복사되었습니다.

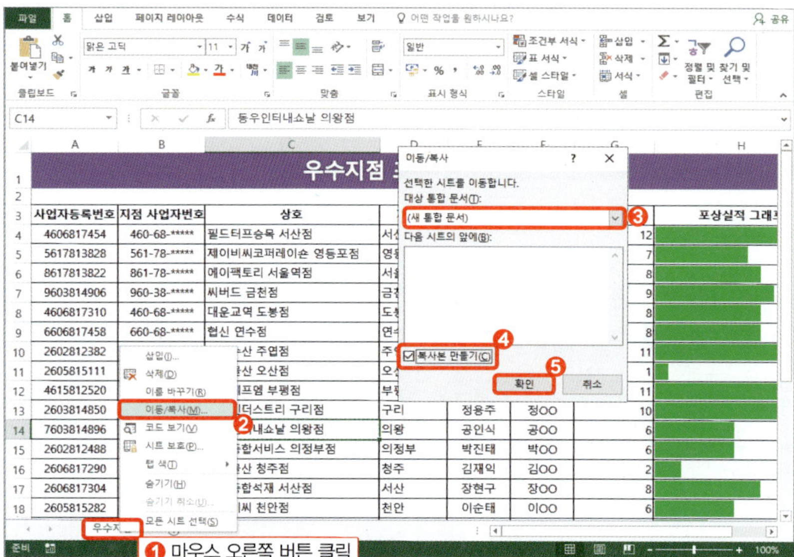

실력 향상

[복사본 만들기]에 체크 표시하지 않으면 시트가 이동되어 기존 문서에는 시트가 하나도 남지 않게 되어 '통합 문서에는 시트가 하나 이상 표시되어야 합니다.'라는 오류 메시지가 나타납니다.

9 수식을 값으로 복사하기 [A3] 셀을 클릭한 후 Ctrl + A 를 누릅니다. Ctrl + C 를 눌러 복사합니다. 범위가 선택된 상태에서 마우스 오른쪽 버튼을 클릭하고 [선택하여 붙여넣기]–[값]을 선택합니다. Esc 를 눌러 복사 모드를 해제합니다.

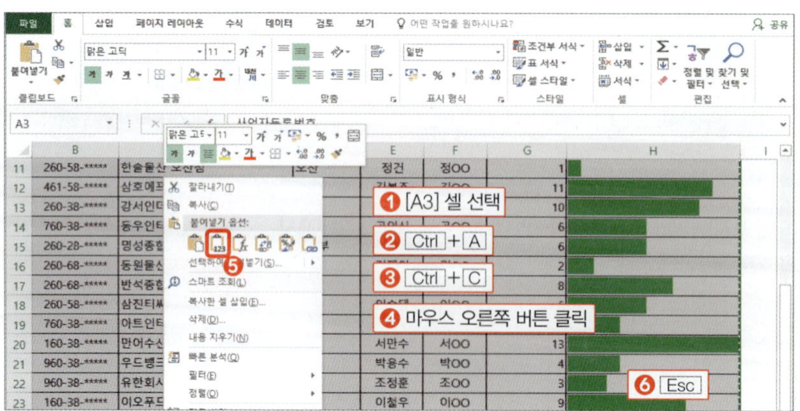

10 A열, C열, E열을 일괄 삭제하기 수식으로 입력된 데이터가 모두 값으로 변경되었습니다. A열을 선택합니다. Ctrl을 누른 상태에서 C열, E열을 각각 선택합니다. 마우스 오른쪽 버튼을 클릭하고 [삭제]를 선택합니다.

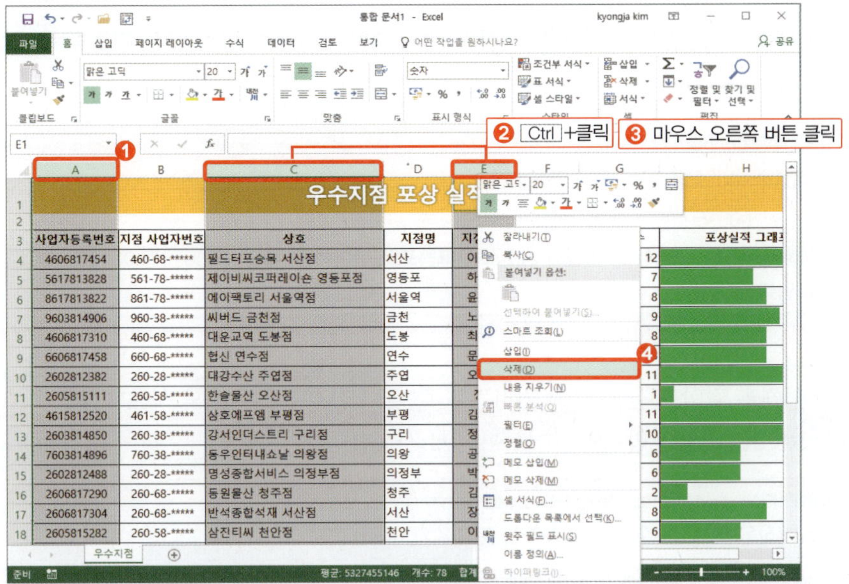

실력 향상 공개용 파일은 새 통합 문서로 기존 내부용 파일과 따로 저장하고 관리합니다. 공개용 문서의 완성 파일은 '우수지점 포상실적(완성–시트복사).xlsx'입니다. 또 외부용 파일은 한눈에 구분하기 쉽도록 1행 제목의 [채우기]를 다르게 지정합니다. 실습에서는 [황금색, 강조 4]로 지정했습니다.

11 공개용 문서로 저장할 표 변환이 완료되었습니다.

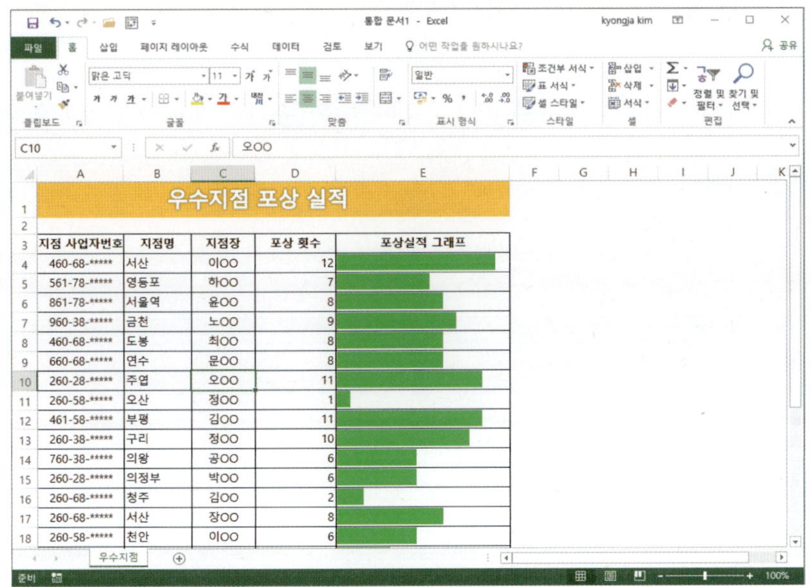

TEXT, FIND, LEN 함수

TEXT 함수는 표시 형식을 지정합니다. [셀 서식]−[표시 형식] 탭의 [사용자 지정]에서 지정할 수 있는 기호를 똑같이 이용하여 표시 형식을 지정할 수 있습니다.

함수 형식	=TEXT(Value, Format_text) =TEXT(수식이나 셀 주소, 표시 형식 기호)
인수	• Value : 표시 형식을 지정할 수식이나 셀 주소를 지정합니다. • Format_text : 지정할 표시 형식 기호로 큰따옴표로 묶어서 "#,##0", "000−00−00000" 등으로 입력합니다.

FIND 함수는 지정한 문자를 찾아서 그 문자의 위치 번호를 알려줍니다. 단독으로 사용하기보다 문자를 추출하는 LEFT, RIGHT, MID 함수와 중첩하여 주로 사용합니다.

함수 형식	=FIND(Find_text, Within_text, [Start_num]) =FIND(찾을 문자, 셀 주소, 찾기 시작할 문자 위치)
인수	• Find_text : 찾을 문자를 따옴표 안에 입력합니다. • Within_text : 찾을 문자가 있는 문자나 셀 주소를 지정합니다. • Start_num : 찾기 시작할 문자의 위치 번호로 생략하면 1로 간주합니다

LEN 함수는 셀의 글자 수를 계산합니다. 한글, 문자, 숫자 모두 똑같이 글자 수 단위로 계산합니다.

함수 형식	=LEN(Text) =LEN(셀 주소 또는 수식)
인수	• Text : 글자 수를 계산할 문자가 있는 셀 주소 또는 수식을 지정합니다.

목록 형태의 표를
2차원 크로스탭으로 변환하기

실습 파일 | PART 02 \ CHAPTER 02 \ 건설폐기물 우선순위.xlsx　　**완성 파일** | PART 02 \ CHAPTER 02 \ 건설폐기물 우선순위(완성).xlsx

✓ 프로젝트 시작하기

현장관리팀에서 사용하고 있는 건설 폐기물 발생량 우선순위 표에는 목록의 개수가 많아 한눈에 내용을 확인하기 어렵습니다. 우선순위는 구분별로 1단계~6단계까지 다양하며 단계별 항목은 행 단위로 나열되어 있습니다. 이 표를 행에는 구분, 열에는 우선순위를 나열하여 직관적으로 확인할 수 있는 2차원 크로스탭으로 변환해보겠습니다. 병합되어 있는 구분 항목을 병합 해제하여 빈 셀에 수식으로 값을 채우고 INDEX, MATCH, IFERROR 함수를 배열 수식으로 입력하여 각 항목을 표시하겠습니다. 이 프로젝트에서는 워드 문서나 다운로드한 데이터 목록을 분석하기 쉬운 표로 변환 작업하는 방법을 익히고 업무에 응용할 수 있습니다.

회사에서 바로 통하는 키워드

이동 옵션, 중복된 항목 제거, 행/열 바꿈, INDEX, MATCH, IFERROR, 배열 수식

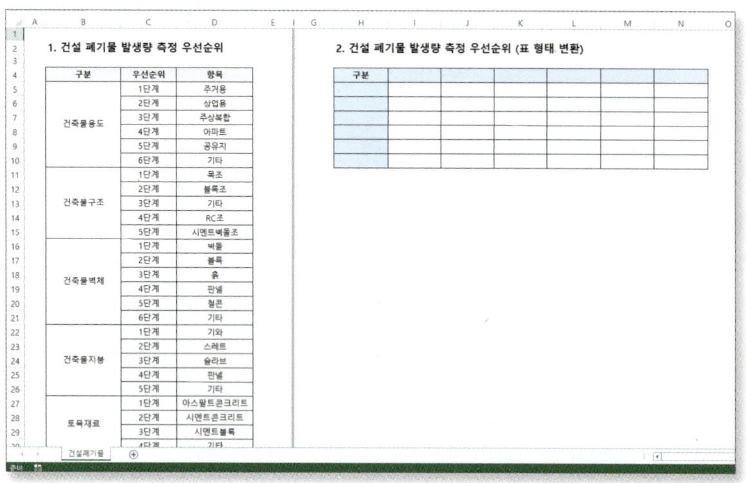

1. 건설 폐기물 발생량 측정 우선순위

구분	우선순위	항목
건축물용도	1단계	주거용
건축물용도	2단계	상업용
건축물용도	3단계	주상복합
건축물용도	4단계	아파트
건축물용도	5단계	공유지
건축물용도	6단계	기타
건축물구조	1단계	목조
건축물구조	2단계	블록조
건축물구조	3단계	기타
건축물구조	4단계	RC조
건축물구조	5단계	시멘트벽돌조
건축물벽체	1단계	벽돌
건축물벽체	2단계	블록
건축물벽체	3단계	흙
건축물벽체	4단계	판넬
건축물벽체	5단계	철콘
건축물벽체	6단계	기타
건축물지붕	1단계	기와
건축물지붕	2단계	스레트
건축물지붕	3단계	슬라브
건축물지붕	4단계	판넬
건축물지붕	5단계	기타
토목재료	1단계	아스팔트콘크리트
토목재료	2단계	시멘트콘크리트
토목재료	3단계	시멘트블록
토목재료	4단계	기타

2. 건설 폐기물 발생량 측정 우선순위 (표 형태 변환)

구분	1단계	2단계	3단계	4단계	5단계	6단계
건축물용도	주거용	상업용	주상복합	아파트	공유지	기타
건축물구조	목조	블록조	기타	RC조	시멘트벽돌조	
건축물벽체	벽돌	블록	흙	판넬	철콘	기타
건축물지붕	기와	스레트	슬라브	판넬	기타	
토목재료	아스팔트콘크리트	시멘트콘크리트	시멘트블록	기타		
폐기물분류	폐콘크리트	폐벽돌	폐블럭	건설오니	폐금속류	건설폐토석

STEP 01 원본 표 편집하고 양식 만들기

❶ B열의 구분을 병합 해제한 후 빈 셀에 수식을 사용해 데이터를 일괄 입력합니다.

❷ 구분 데이터 범위를 복사하여 [H5] 셀에 [값]으로 붙여넣기한 후 중복된 항목을 제거합니다.

❸ 우선순위의 한 그룹을 복사한 후 행/열을 바꾸어 [I4] 셀에 붙여넣기합니다.

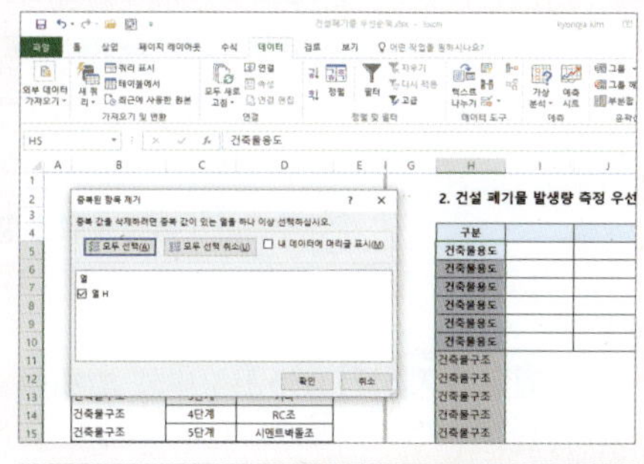

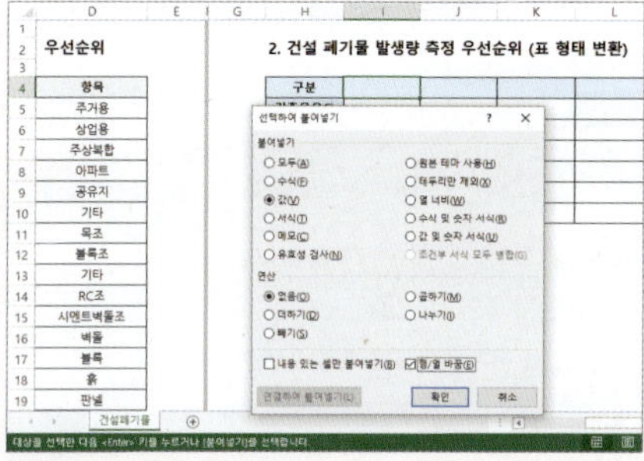

STEP 02 구분별/단계별 항목 함수로 찾아오기

❶ [B4:D36] 셀 범위를 [선택 영역에서 이름 만들기]를 이용하여 이름으로 정의합니다.

❷ INDEX, MATCH, IFERROR 함수를 배열 수식으로 입력하여 각 구분별/단계별 항목을 찾아옵니다.

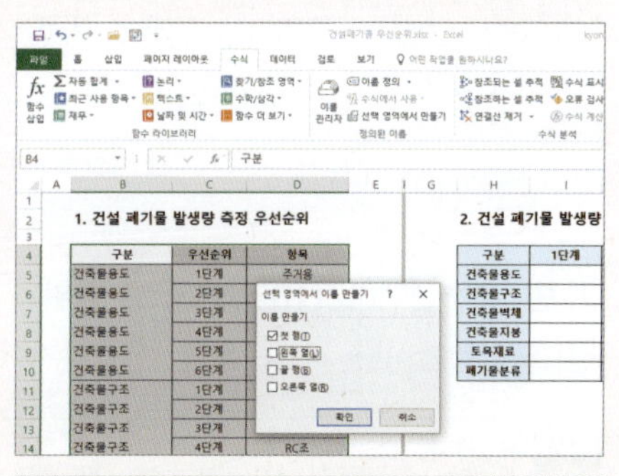

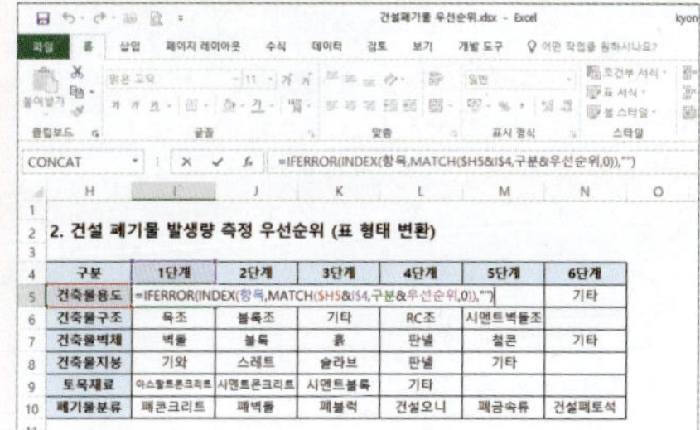

원본 표 편집하고 양식 만들기

목록형의 표로 작성된 원본 표는 행 단위로 데이터 목록이 정리되어 있어 우선순위가 반복되고 행 개수가 많습니다. 이러한 데이터 목록을 2차원 크로스탭으로 변환하면 구분별/단계별 우선순위가 한눈에 파악되어 원하는 항목을 빠르게 확인할 수 있습니다. 원본 표에서 병합되어 있는 구분 셀 범위를 병합 해제한 후 빈 셀에 수식으로 데이터를 한 번에 입력해보겠습니다. 또한 중복된 항목 제거를 이용하여 구분 항목을 한 개씩 추출하고, 우선순위는 행/열을 바꿔 복사한 후 2차원 크로스탭의 양식을 작성해보겠습니다.

1 셀 병합 해제하기 [B5:B36] 셀 범위를 선택합니다. [홈] 탭-[맞춤] 그룹-[병합하고 가운데 맞춤]을 클릭합니다.

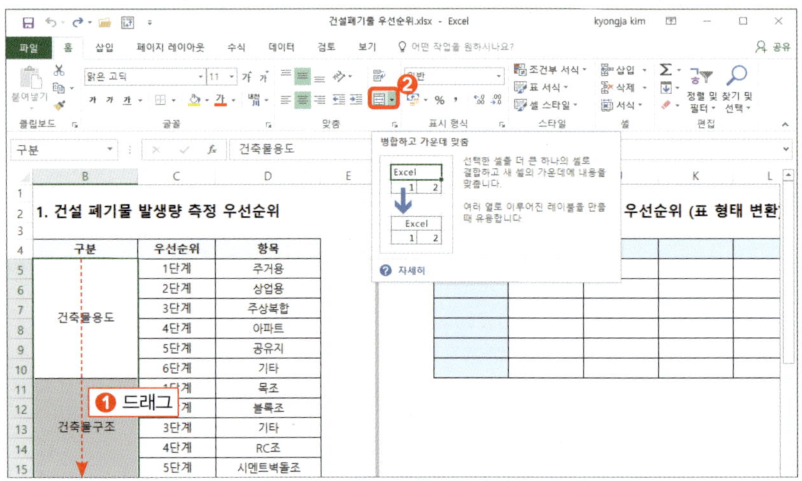

2 빈 셀만 선택하기 [B5:B36] 셀 범위가 선택된 상태에서 [홈] 탭-[편집] 그룹-[찾기 및 선택]-[이동 옵션]을 선택합니다. [이동 옵션] 대화상자에서 [빈 셀]을 선택한 후 [확인]을 클릭합니다.

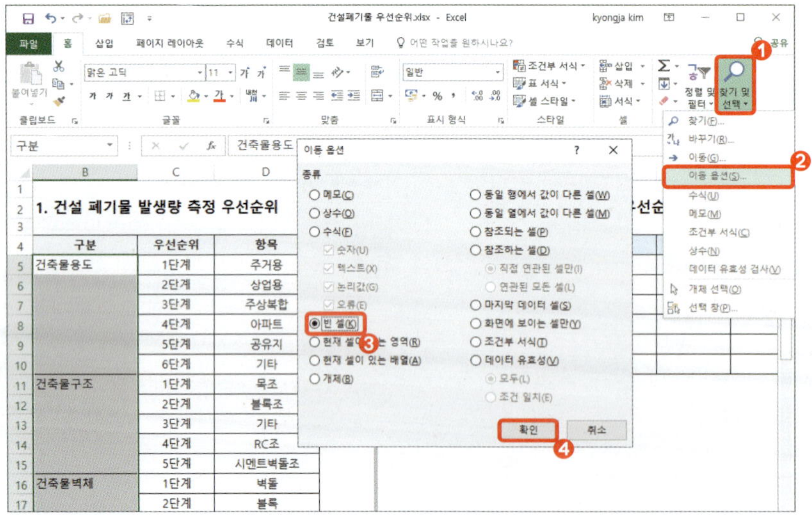

3 빈 셀에 구분 데이터 한 번에 입력하기 [B5:B36] 셀 범위의 빈 셀만 선택된 상태에서 **=B5**를 입력한 후 Ctrl + Enter 를 누릅니다.

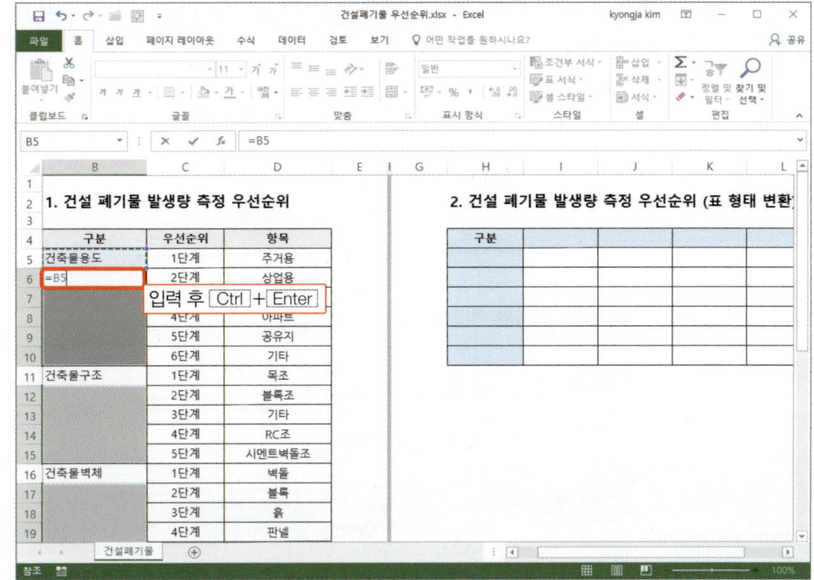

실력 향상

빈 셀만 선택된 상태에서 '=B5'를 입력한 후 Ctrl + Enter 를 누르면 모든 셀의 바로 위쪽에 있는 셀 데이터가 입력됩니다. [B7] 셀에는 [B6] 셀 값이 입력되고, [B12] 셀에는 [B11] 셀 값이 입력됩니다.

4 수식을 값으로 복사하기 빈 셀에 구분 데이터가 모두 입력되었습니다. [B5:B36] 셀 범위를 다시 선택한 후 Ctrl + C 로 복사합니다. 마우스 오른쪽 버튼을 클릭하여 [붙여넣기 옵션]에서 [값]을 클릭합니다. 변환할 두 번째 표에도 구분 데이터를 복사해야 하므로 [B5:B36] 셀 범위가 복사된 상태에서 [H5] 셀을 클릭합니다. 마우스 오른쪽 버튼을 클릭하여 [붙여넣기 옵션]에서 [값]을 클릭합니다.

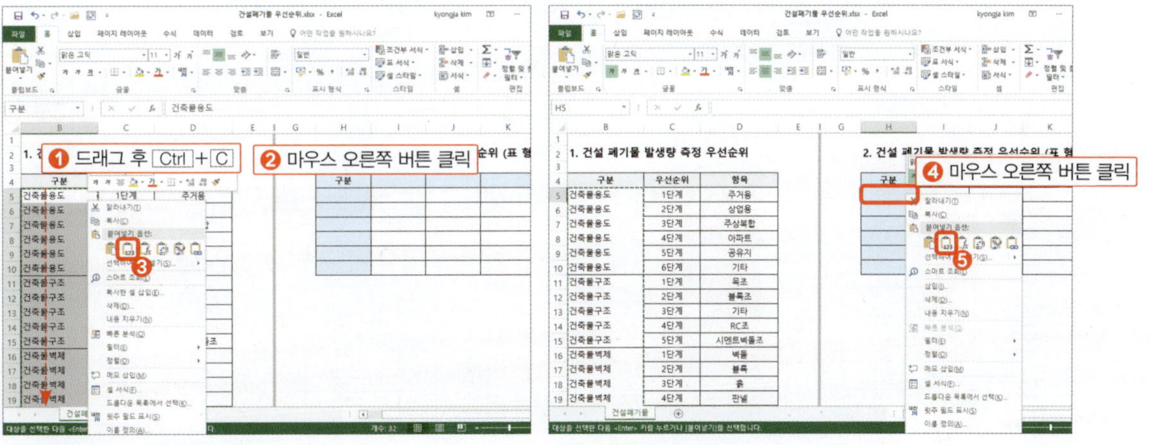

5 중복된 구분 항목 제거하기 [H5:H36] 셀 범위가 선택된 상태에서 [데이터] 탭–[데이터 도구]–[중복된 항목 제거]를 클릭합니다. [중복된 항목 제거] 대화상자에서 [열] 항목의 [구분]에 체크 표시가 되어 있습니다. [확인]을 클릭합니다. 중복되어 삭제된 개수와 남아 있는 개수를 보여주는 메시지가 나타납니다. [확인]을 클릭합니다. 구분이 한 종류씩만 남았습니다.

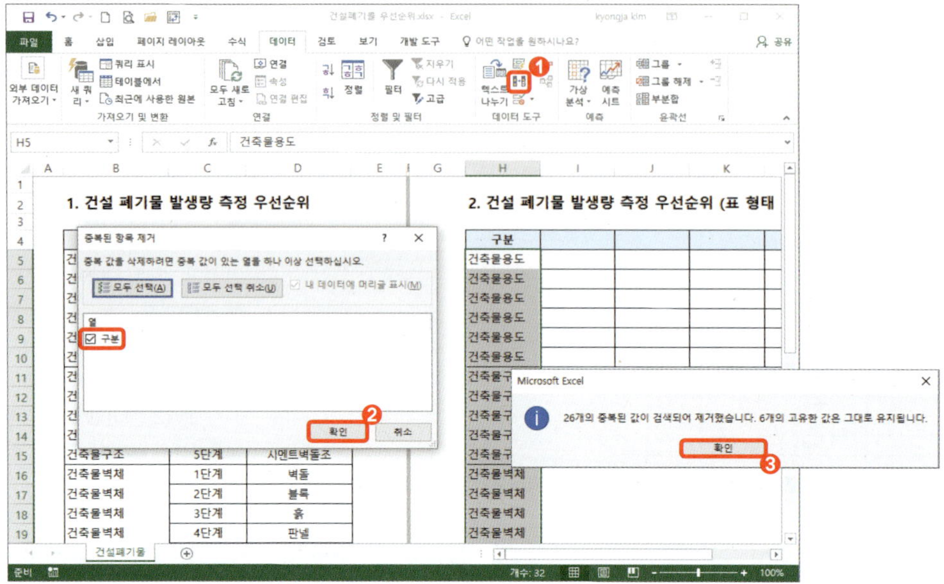

6 우선순위 복사하기 [H5] 셀을 클릭한 후 [홈] 탭–[클립보드] 그룹–[서식 복사]를 클릭합니다. [H6:H10] 셀 범위를 드래그합니다. [C5:C10] 셀 범위를 선택한 후 Ctrl + C 로 복사합니다. [I4] 셀을 클릭한 후 마우스 오른쪽 버튼을 클릭합니다. [선택하여 붙여넣기]를 클릭합니다.

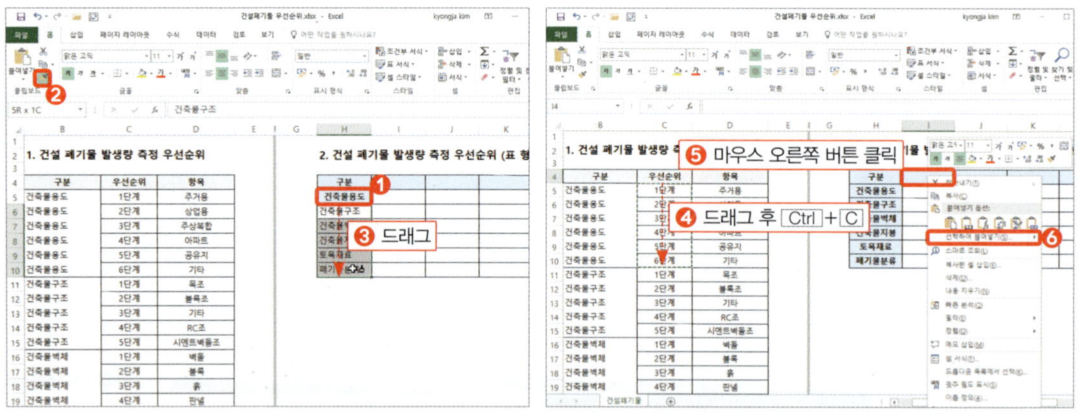

7 복사한 우선순위 행과 열 바꾸어 붙여 넣기 [선택하여 붙여넣기] 대화상자에서 [값]을 선택하고 [행/열 바꿈]에 체크 표시합니다. [확인]을 클릭합니다. 변환할 표 양식 준비가 완료되었습니다.

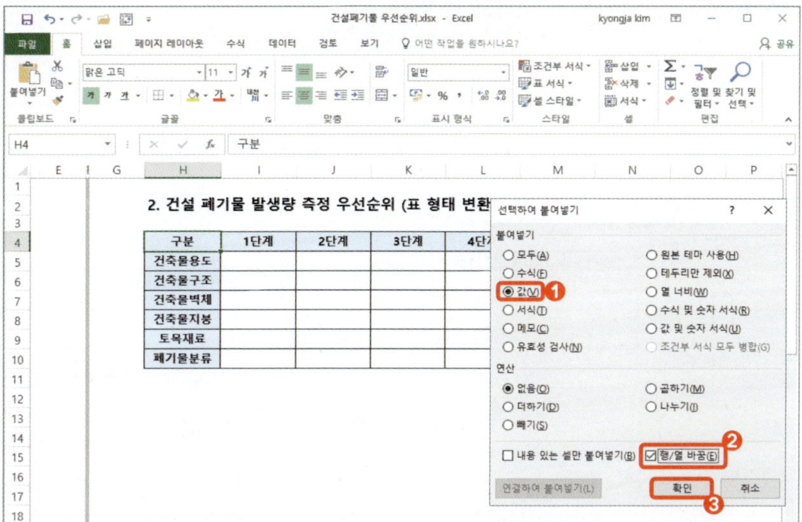

구분별/단계별 항목 함수로 찾아오기

STEP 02

앞서 준비된 2차원 크로스탭 표에 구분별/단계별 항목을 표시해보겠습니다. [B4:D36] 셀 범위를 이름으로 정의한 후 INDEX, MATCH, IFERROR 함수를 배열 수식으로 입력합니다.

8 구분, 우선순위, 항목 범위 이름으로 정의하기 [B4] 셀을 클릭한 후 Ctrl + A 를 누릅니다. [수식] 탭-[정의된 이름] 그룹-[선택 영역에서 만들기]를 클릭합니다. [선택 영역에서 이름 만들기] 대화상자에서 [첫 행]에만 체크 표시합니다. [확인]을 클릭합니다.

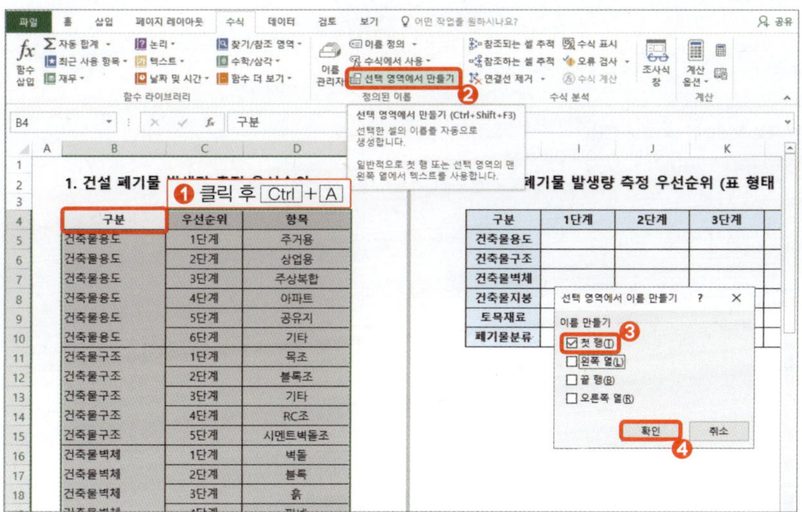

9 우선순위를 표시하는 배열 수식 입력하기 정의된 이름을 이용하여 배열 수식으로 2차원 크로스탭에 항목을 표시해보겠습니다. [I5] 셀에 **=IFERROR(INDEX(항목,MATCH($H5&I$4,구분&우선순위,0)),"")**를 입력한 후 Ctrl + Shift + Enter 를 누릅니다. 수식 앞뒤로 중괄호 {}가 표시됩니다.

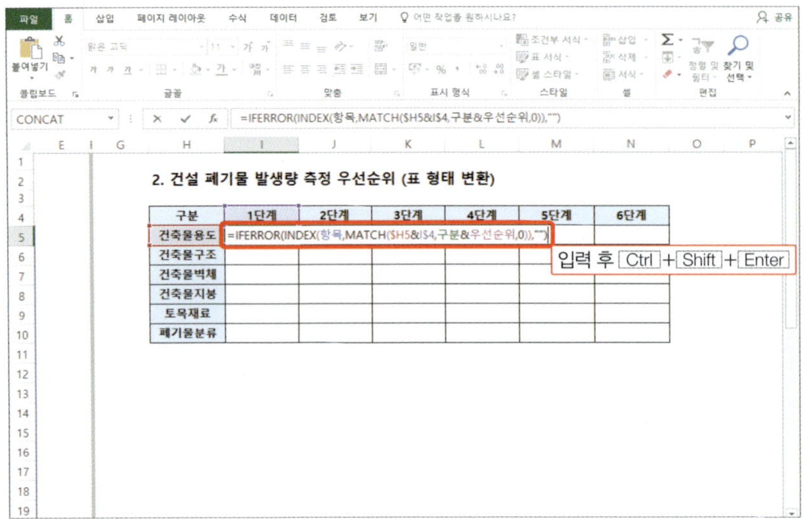

실력 향상

MATCH 함수는 지정된 범위 내에서 찾는 값이 몇 번째에 위치하는지 찾아 위치 번호를 반환합니다. INDEX 함수는 데이터 목록에서 지정한 행 번호와 열 번호의 데이터를 찾아오는 함수로 열이 한 개일 경우 열 번호를 생략할 수 있고, 행이 한 개일 경우 행 번호를 생략할 수 있습니다.

실력 향상 함수 형식은 '=MATCH(찾을 값, 범위, 찾는 방법)', '=INDEX(범위, 행 번호, 열 번호)'입니다. MATCH 함수를 이용하여 구분이 [H5] 셀과 일치하고, 우선순위가 [I4] 셀과 일치하는 값의 행 번호를 찾습니다. 그 후 INDEX 함수를 이용하여 항목 범위 중 MATCH 함수에서 찾은 행 번호의 값을 셀에 표시합니다. 일부 구분은 우선순위가 4단계나 5단계까지만 있어 MATCH 함수에서 오류가 발생합니다. 이때는 IFERROR 함수를 이용하여 빈 셀("")로 표시합니다.

10 수식 복사하기 구분이 건축물용도이면서 우선순위가 1단계인 항목이 표시되었습니다. [I5] 셀의 채우기 핸들을 [N5] 셀까지 드래그한 후 [I5:N5] 셀 범위가 선택된 상태에서 [N5] 셀의 채우기 핸들을 [N10] 셀까지 드래그합니다.

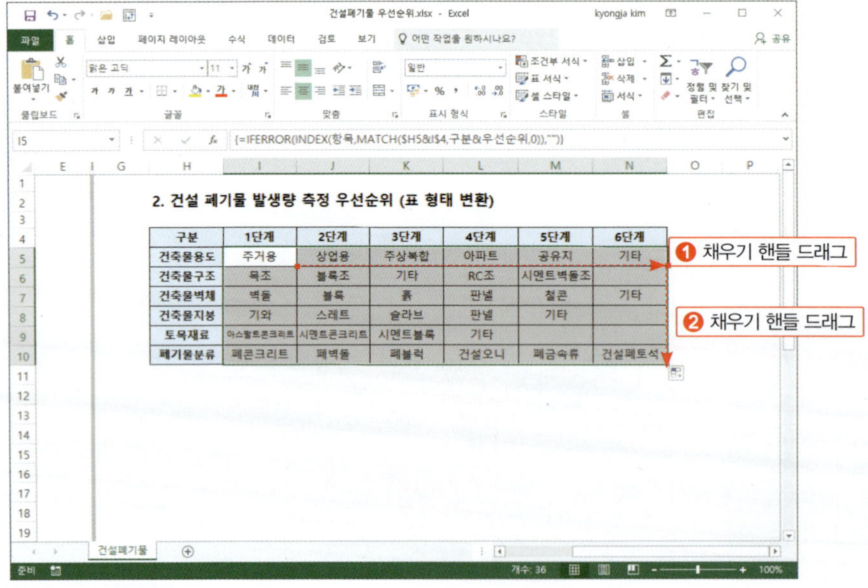

업체별 수금 내역 실시간 분석표 만들기

실습 파일 | PART 02 \ CHAPTER 02 \ 수금과 미수금 분석.xlsx   완성 파일 | PART 02 \ CHAPTER 02 \ 수금과 미수금 분석(완성).xlsx

✓ 프로젝트 시작하기

업체별 수금 내역에서 현재 시점을 기준으로 수금과 미수금, 그리고 현금입금과 어음발행 금액을 직관적으로 파악할 수 있는 분석표를 작성하려고 합니다. 수금 내역 목록에서 입금여부는 현금입금 또는 어음발행으로만 제한하여 입력할 수 있도록 유효성 검사를 설정하고 SUMIF 함수를 이용하여 수금 현황 분석표를 작성해보겠습니다. 또한 입금 유형을 쉽게 파악하기 위해 현금입금과 어음발행을 구분하여 조건부 서식으로 채우기 색을 설정합니다. 이 프로젝트에서는 데이터 목록에서 대표 문자(*)를 이용하여 다양한 조건에 따라 합을 구하는 방법을 익힐 수 있습니다.

회사에서 바로 통하는 키워드

유효성 검사, 조건부 서식, SUMIF

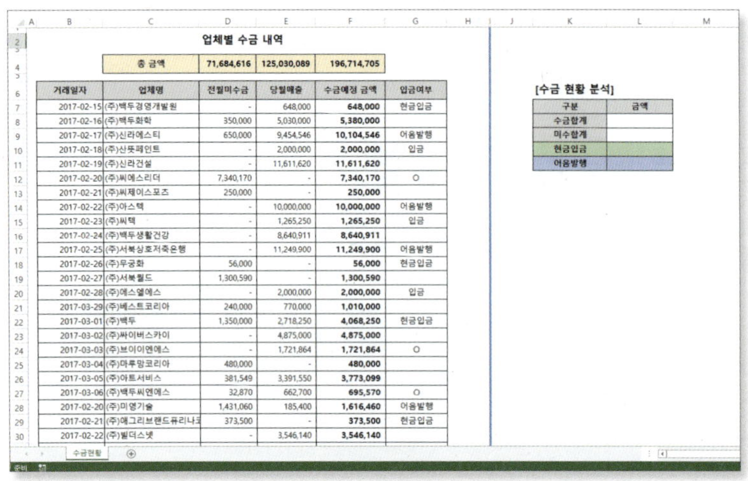

업체별 수금 내역

	총 금액	71,684,616	125,030,089	196,714,705

[수금 현황 분석]

구분	금액
수금합계	
미수합계	
현금입금	
어음발행	

거래일자	업체명	전월미수금	당월매출	수금예정 금액	입금여부
2017-02-15	(주)백두경영개발원	-	648,000	648,000	현금입금
2017-02-16	(주)백두화학	350,000	5,030,000	5,380,000	
2017-02-17	(주)신라에스티	650,000	9,454,546	10,104,546	어음발행
2017-02-18	(주)산뜻페인트	-	2,000,000	2,000,000	입금
2017-02-19	(주)신라건설	-	11,611,620	11,611,620	
2017-02-20	(주)씨에스리더	7,340,170	-	7,340,170	O
2017-02-21	(주)씨제이스포즈	250,000		250,000	
2017-02-22	(주)아스텍	-	10,000,000	10,000,000	어음발행
2017-02-23	(주)씨텍	-	1,265,250	1,265,250	입금
2017-02-24	(주)백두생활건강	-	8,640,911	8,640,911	
2017-02-25	(주)서북상호저축은행	-	11,249,900	11,249,900	어음발행
2017-02-26	(주)무궁화	56,000	-	56,000	현금입금
2017-02-27	(주)서북월드	1,300,590		1,300,590	
2017-02-28	(주)에스엘에스	-	2,000,000	2,000,000	입금
2017-03-29	(주)베스트코리아	240,000	770,000	1,010,000	
2017-03-01	(주)백두	1,350,000	2,718,250	4,068,250	현금입금
2017-03-02	(주)싸이버스카이	-	4,875,000	4,875,000	
2017-03-03	(주)브이이엔에스	-	1,721,864	1,721,864	O
2017-03-04	(주)마루망코리아	480,000	-	480,000	
2017-03-05	(주)아트서비스	381,549	3,391,550	3,773,099	
2017-03-06	(주)백두씨엔에스	32,870	662,700	695,570	O
2017-02-20	(주)미영기술	1,431,060	185,400	1,616,460	어음발행
2017-02-21	(주)애그리브랜드퓨리나코	373,500	-	373,500	현금입금
2017-02-22	(주)빌더스넷		3,546,140	3,546,140	

수금현황

업체별 수금 내역

	총 금액	71,684,616	125,030,089	196,714,705

[수금 현황 분석]

구분	금액
수금합계	93,295,789
미수합계	103,418,916
현금입금	39,713,183
어음발행	53,582,606

거래일자	업체명	전월미수금	당월매출	수금예정 금액	입금여부
2017-02-15	(주)백두경영개발원	-	648,000	648,000	현금입금
2017-02-16	(주)백두화학	350,000	5,030,000	5,380,000	
2017-02-17	(주)신라에스티	650,000	9,454,546	10,104,546	어음발행
2017-02-18	(주)산뜻페인트	-	2,000,000	2,000,000	현금입금
2017-02-19	(주)신라건설	-	11,611,620	11,611,620	
2017-02-20	(주)씨에스리더	7,340,170	-	7,340,170	현금입금
2017-02-21	(주)씨제이스포츠	250,000	-	250,000	
2017-02-22	(주)아스텍	-	10,000,000	10,000,000	어음발행
2017-02-23	(주)씨텍	-	1,265,250	1,265,250	현금입금
2017-02-24	(주)백두생활건강	-	8,640,911	8,640,911	
2017-02-25	(주)서북상호저축은행	-	11,249,900	11,249,900	어음발행
2017-02-26	(주)무궁화	56,000	-	56,000	현금입금
2017-02-27	(주)서북월드	1,300,590	-	1,300,590	
2017-02-28	(주)에스엘에스	-	2,000,000	2,000,000	현금입금
2017-03-29	(주)베스트코리아	240,000	770,000	1,010,000	
2017-03-01	(주)백두	1,350,000	2,718,250	4,068,250	현금입금
2017-03-02	(주)싸이버스카이	-	4,875,000	4,875,000	
2017-03-03	(주)브이이엔에스	-	1,721,864	1,721,864	현금입금
2017-03-04	(주)마루망코리아	480,000	-	480,000	
2017-03-05	(주)아트서비스	381,549	3,391,550	3,773,099	
2017-03-06	(주)백두씨엔에스	32,870	662,700	695,570	현금입금
2017-02-20	(주)미영기술	1,431,060	185,400	1,616,460	어음발행
2017-02-21	(주)애그리브랜드퓨리나코	373,500	-	373,500	현금입금
2017-02-22	(주)빌더스넷		3,546,140	3,546,140	

수금현황

✓ 핵심기능 미리보기

STEP 01 입금여부 목록으로 설정하고 채우기 색 구분하기

❶ G열의 입금여부에 '현금입금'과 '어음발행' 만 입력될 수 있도록 유효성 검사를 설정 합니다.

❷ 입금여부에 입력된 데이터 중에서 잘못 입 력된 데이터를 표기한 후 셀 데이터를 수 정합니다.

❸ 입금여부에 따라 채우기 색이 다르게 표시 되도록 조건부 서식에 수식을 이용하여 서 식을 설정합니다.

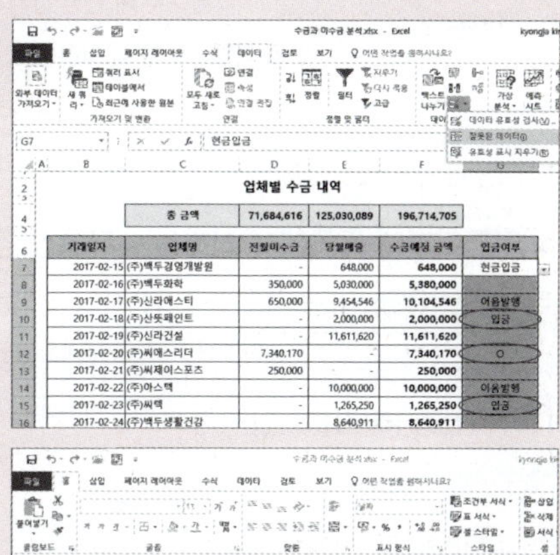

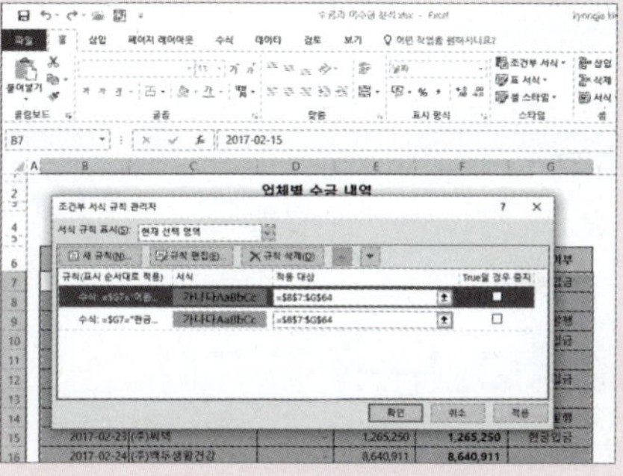

STEP 02 구분별 수금 현황 합계 구하기

❶ 수금예정 금액과 입금여부 셀 범위를 [선 택 영역에서 이름 만들기]로 이름 정의한 후 정의된 이름을 간단하게 변경합니다.

❷ 수금 현황 분석에서 수금과 미수금, 현금 입금과 어음발행 합계를 SUMIF 함수와 대 표 문자(∗)를 이용하여 계산합니다.

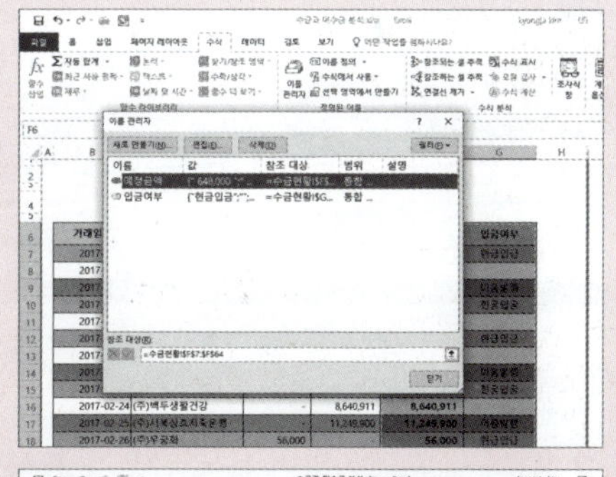

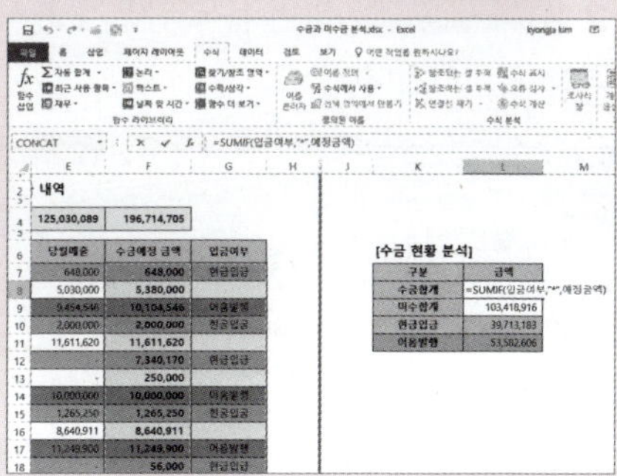

입금여부 목록으로 설정하고 채우기 색 구분하기

G열의 입금여부에 현금입금과 어음발행만 입력될 수 있도록 유효성 검사를 설정하고 잘못 입력된 데이터를 표기한 후 셀 데이터를 수정해보겠습니다. 또한 현금입금과 어음발행을 구분하여 채우기 색이 표시되도록 조건부 서식을 설정해보겠습니다.

1 입금여부에 목록에서 선택하는 유효성 검사 설정하기 [G7:G64] 셀 범위를 선택한 후 [데이터] 탭-[데이터 도구] 그룹-[데이터 유효성 검사]를 클릭합니다. [데이터 유효성] 대화상자의 [설정] 탭에서 [제한 대상]을 [목록]으로 선택하고, [원본]에는 **현금입금,어음발행**을 입력합니다. [오류 메시지] 탭을 클릭합니다. [스타일]을 [중지]로 선택하고 [제목]에는 **입금여부 입력오류**, [오류 메시지]에는 **입금여부는 목록에서 선택하세요.**를 입력합니다. [확인]을 클릭합니다.

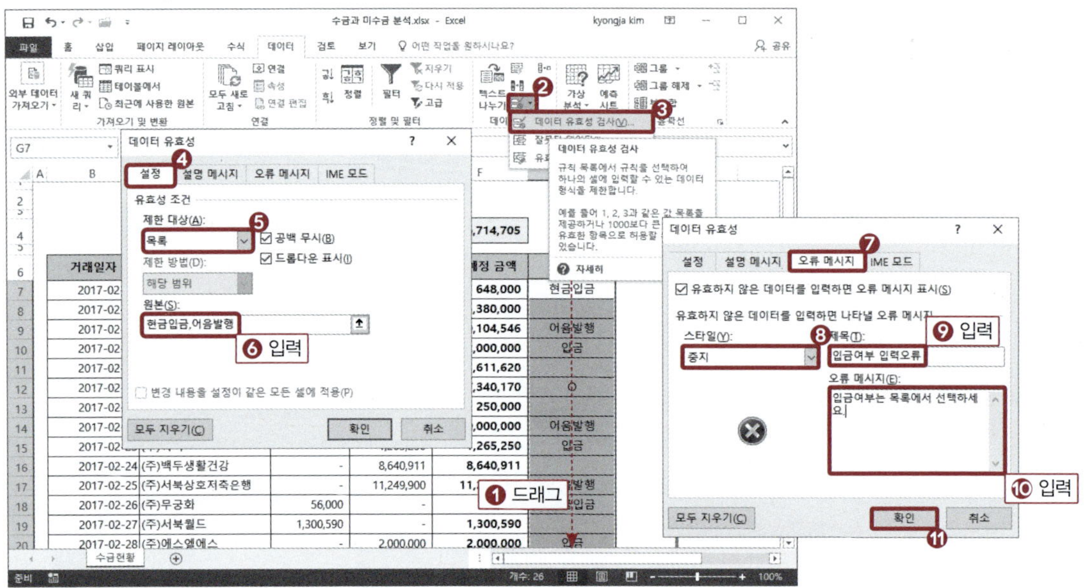

2 [G7] 셀을 클릭하면 목록 단추가 표시됩니다. 목록 단추 ▼를 클릭하면 [현금입금]과 [어음발행]이 목록으로 표시됩니다.

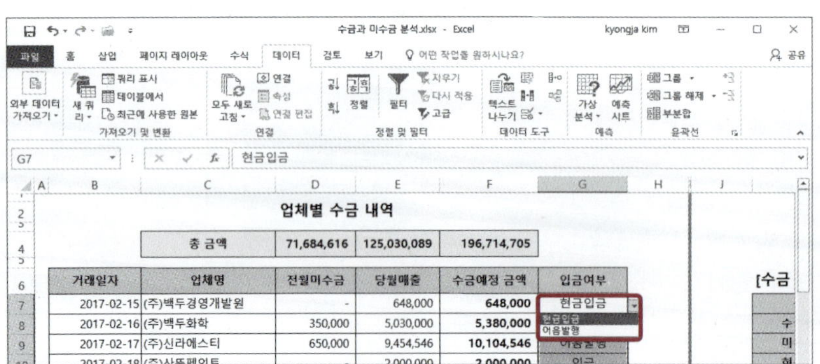

3 입금여부 데이터 중 잘못된 데이터 표기하기 G열에 미리 입력되어 있는 텍스트 중 유효성 검사 조건에 맞지 않는 셀에 표기해보겠습니다. [데이터] 탭–[데이터 도구] 그룹–[데이터 유효성 검사]–[잘못된 데이터]를 선택합니다. 유효성 검사가 설정된 셀 범위에서 조건에 맞지 않은 셀에만 동그라미가 표시되었습니다. 잘못 입력된 [G10] 셀의 목록 단추를 클릭하고 [현금입금]을 선택합니다. 동그라미 표시가 사라집니다. 나머지 셀도 동일하게 수정합니다.

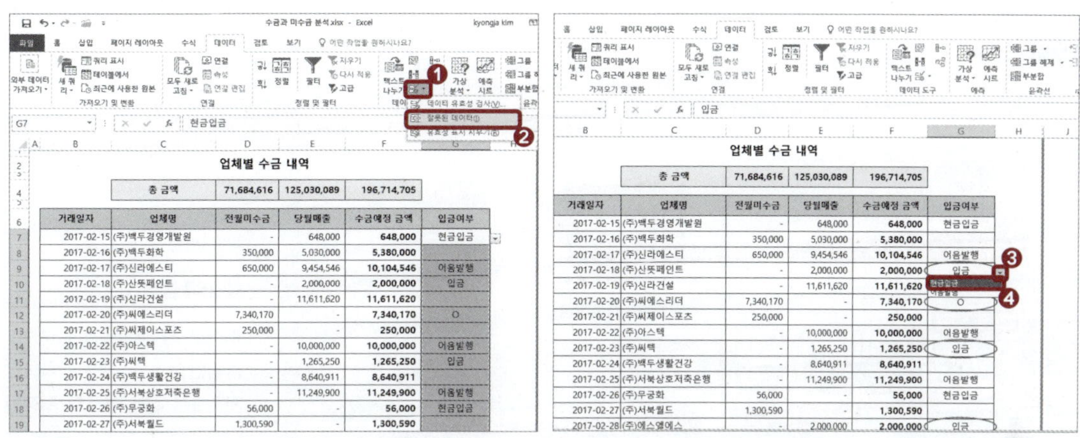

4 입금여부 기준 채우기 색 설정하기 입금여부를 기준으로 채우기 색을 표시하는 조건부 서식을 설정해보겠습니다. [B7:G64] 셀 범위를 선택합니다. [홈] 탭–[스타일] 그룹–[조건부 서식]–[규칙 관리]를 선택합니다. [조건부 서식 규칙 관리자] 대화상자에서 [새 규칙]을 클릭합니다.

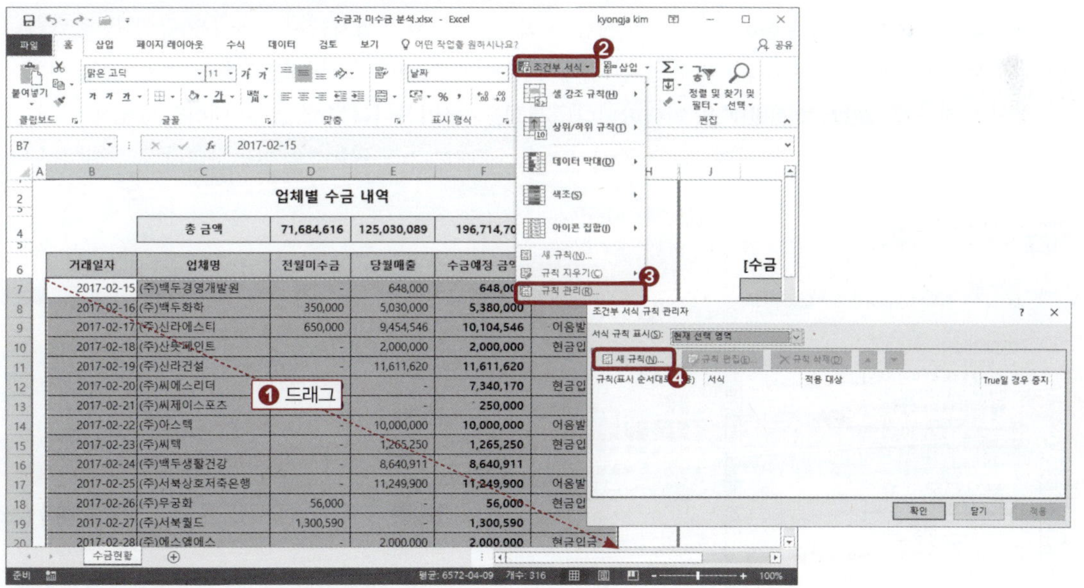

시간 단축 동일한 셀 범위에 조건부 서식을 두 개 이상 설정해야 할 때는 [규칙 관리]에서 [새 규칙]을 설정하는 것이 더 편리합니다.

5 **현금입금 행 채우기 색 설정하기** [새 서식 규칙] 대화상자의 [규칙 유형 선택]에서 [수식을 이용하여 서식을 지정할 셀 결정]을 선택하고 수식 입력란에 **=$G7="현금입금"**을 입력합니다. [서식]을 클릭합니다. [셀 서식] 대화상자에서 [채우기] 탭을 클릭하고 [배경색]으로 [녹색, 강조 6, 40% 더 밝게]를 선택합니다. [확인]을 클릭합니다. [새 서식 규칙] 대화상자의 [미리 보기]에 지정된 서식이 나타납니다. [확인]을 클릭해 대화상자를 닫습니다.

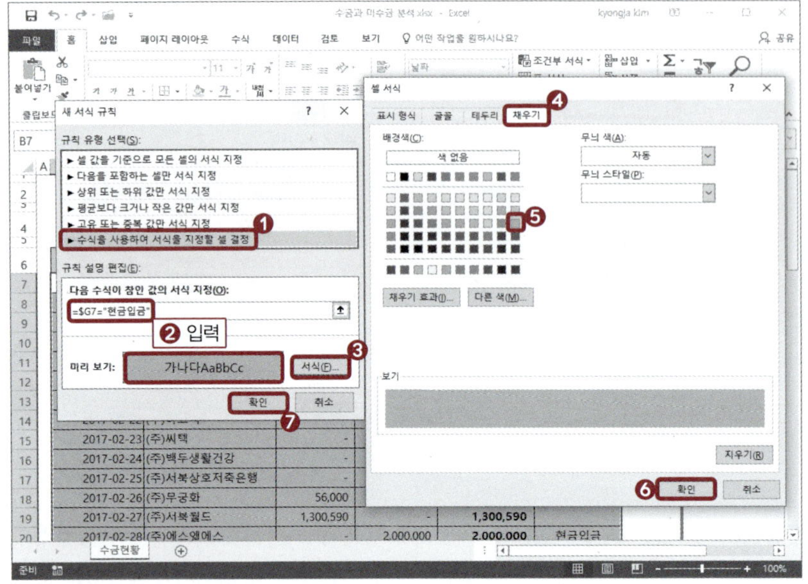

6 **어음발행 행 채우기 색 설정하기** [조건부 서식 규칙 관리자] 대화상자에서 다시 [새 규칙]을 클릭합니다. [새 서식 규칙] 대화상자의 [규칙 유형 선택]에서 [수식을 이용하여 서식을 지정할 셀 결정]을 선택하고 수식 입력란에 **=$G7="어음발행"**을 입력합니다. [서식]을 클릭합니다. [셀 서식] 대화상자에서 [채우기] 탭을 클릭하고 배경색을 [파랑, 강조 5, 60% 더 밝게]로 선택합니다. [확인]을 클릭합니다.

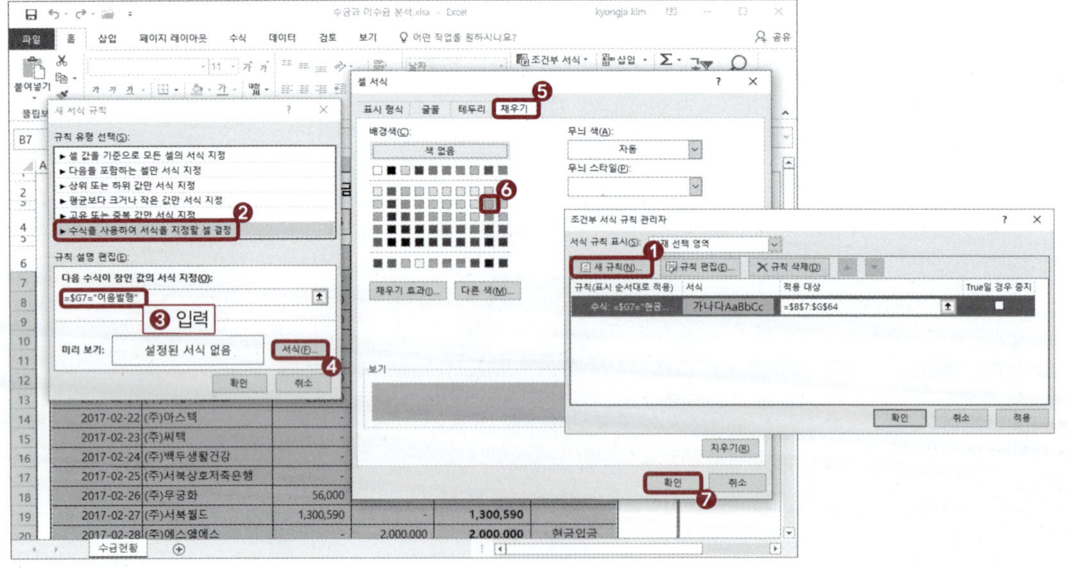

7 [새 서식 규칙] 대화상자에서 [확인]을 클릭하고 [조건부 서식 규칙 관리자] 대화상자에서도 [확인]을 클릭합니다. 입금여부를 기준으로 행 데이터 전체에 채우기 색이 설정되었습니다.

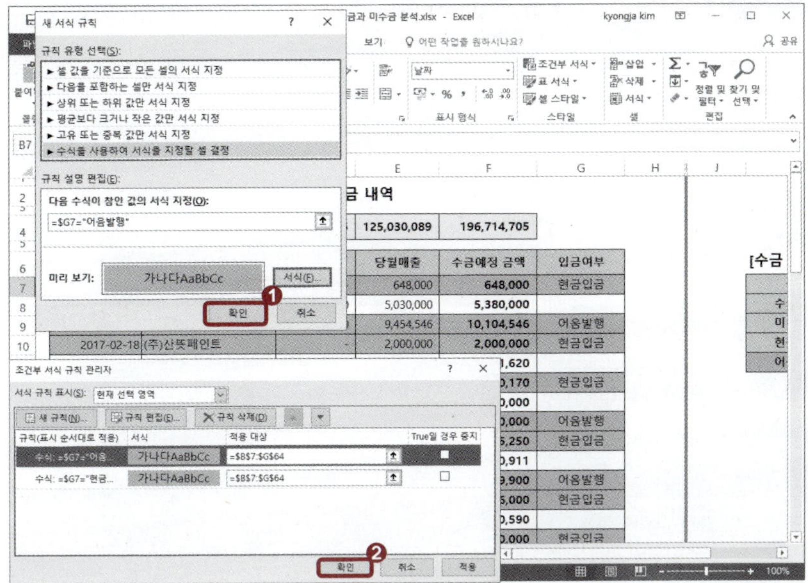

[B7:G64] 셀 범위를 선택한 후 조건부 서식을 설정하면 선택한 범위에만 조건부 서식이 설정됩니다. 수금 현황 분석의 [K10:L11] 셀 범위에는 셀 서식의 채우기 색이 미리 설정되어 있으므로 조건부 서식과는 관련이 없습니다.

구분별 수금현황 합계 구하기

SUMIF 함수와 대표 문자(*)를 이용하여 수금, 미수금, 현금입금, 어음발행의 각 합계를 계산해보겠습니다.

8 **금액과 입금여부 셀 범위 이름으로 정의하기** [F6:G64] 셀 범위를 선택합니다. [수식] 탭-[정의된 이름] 그룹-[선택 영역에서 만들기]를 클릭합니다. [선택 영역에서 이름 만들기] 대화상자에서 [첫 행]에만 체크 표시합니다. [확인]을 클릭합니다.

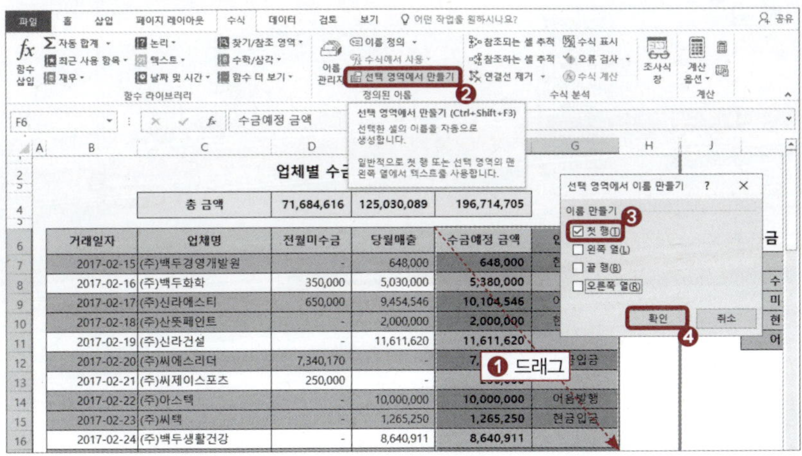

9 **정의된 이름 변경하기** [수금예정 금액] 셀 범위의 이름은 [수금예정_금액]으로 정의되어 있습니다. 수식에서 활용하기 쉽도록 이름을 변경해보겠습니다. [수식] 탭-[정의된 이름] 그룹-[이름 관리자]를 클릭합니다. [이름 관리자] 대화상자에서 [수금예정_금액]을 더블클릭합니다.

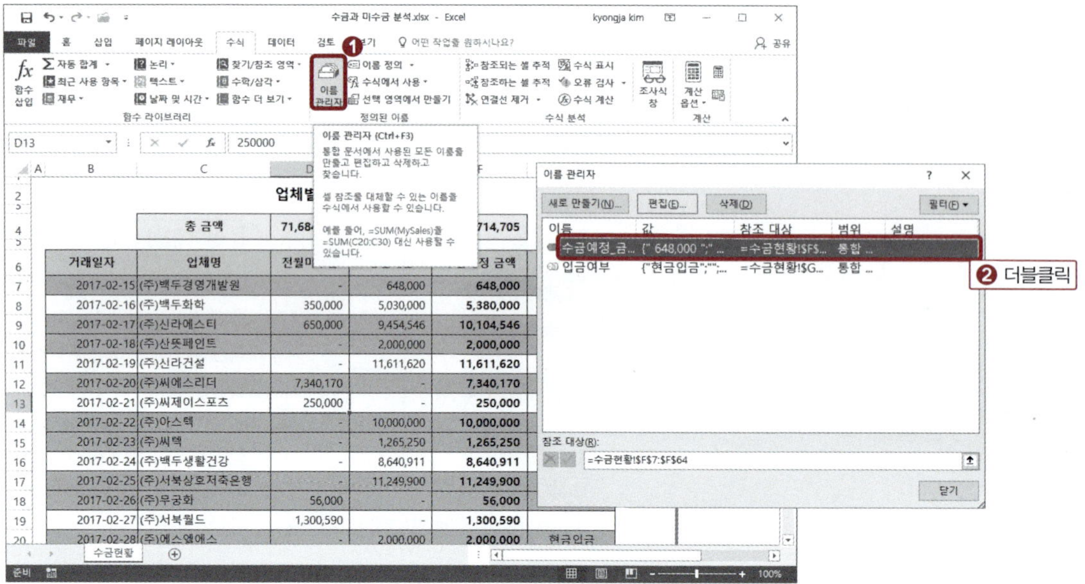

10 [이름 편집] 대화상자에서 [이름]을 **예정금액**으로 수정한 후 [확인]을 클릭합니다. [이름 관리자] 대화상자에서 [닫기]를 클릭합니다.

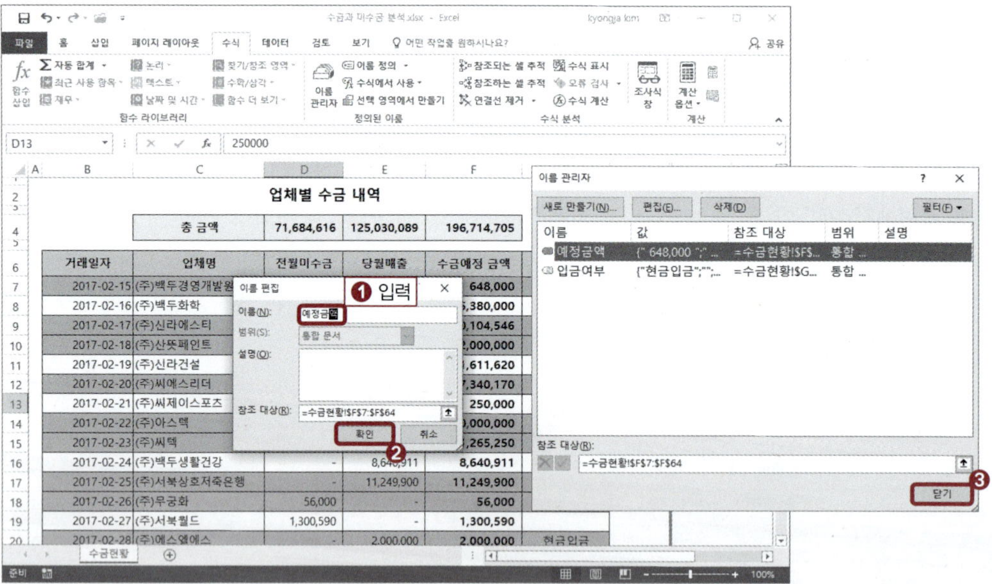

11 SUMIF 함수로 수금과 미수금 합계 구하기 [L8] 셀에 **=SUMIF(입금여부,"*",예정금액)**을 입력합니다.

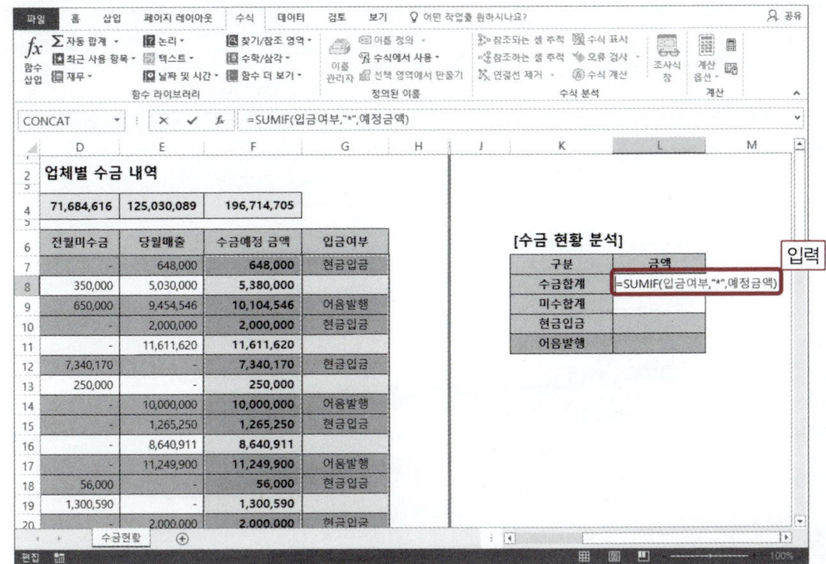

실력 향상

[입금여부] 셀 범위에 데이터가 무엇이든 입력되어 있으면 수금이 된 경우이므로 SUMIF 함수의 조건으로 별표(*)를 사용합니다. 별표(*)의 조건은 모든 문자를 뜻하며, 비어 있지 않은 셀을 의미합니다.

12 [L9] 셀에 **=SUMIF(입금여부,"",예정금액)**을 입력합니다.

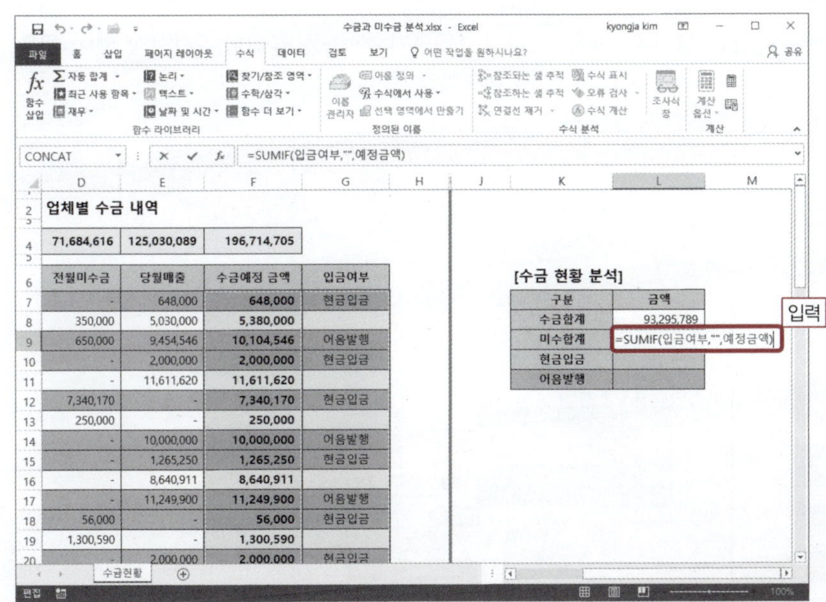

실력 향상

비어 있는 셀을 조건으로 지정할 때는 따옴표("")만 입력합니다.

13 SUMIF 함수로 현금입금과 어음발행 합계 구하기 [L10] 셀에 **=SUMIF(입금여부,K10,예정금액)**을 입력합니다.

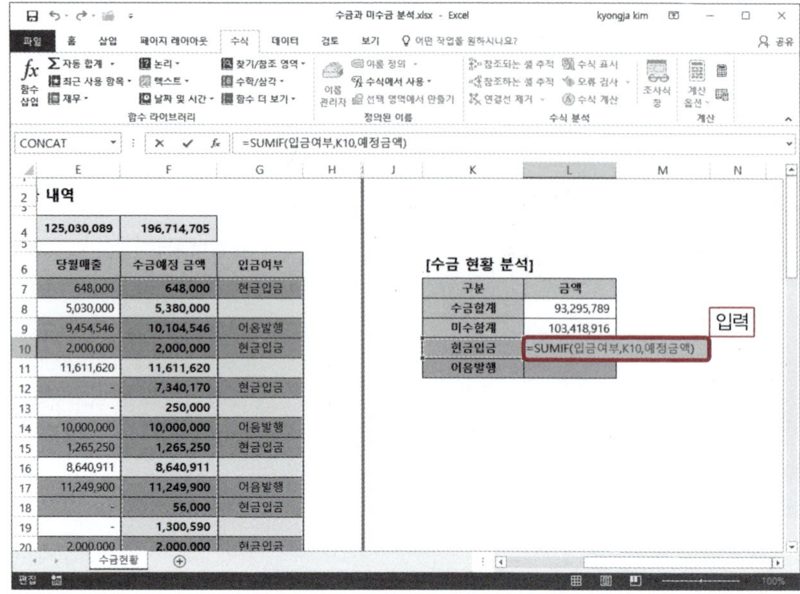

⋮ 실력 향상

[입금여부] 셀 범위에서 [K10] 셀의 데이터와 같은 '현금입금'일 경우 수금예정 금액의 합을 계산합니다.

14 [L10] 셀의 채우기 핸들을 [L11] 셀까지 드래그합니다. [채우기 옵션]을 클릭한 후 [서식 없이 채우기]를 선택합니다. 수금 현황 분석표가 완성됩니다.

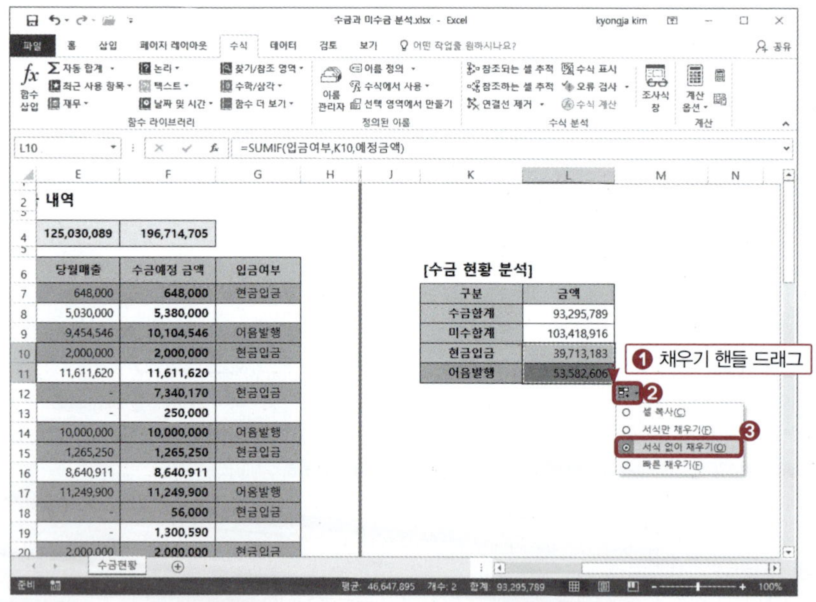

08

품명과 규격별 최저 단가를 찾아와 단가비교표 작성하기

실습 파일 | PART 02 \ CHAPTER 02 \ 단가비교표.xlsx　　**완성 파일** | PART 02 \ CHAPTER 02 \ 단가비교표(완성).xlsx

☑️ 프로젝트 시작하기

자재 구매팀에서 구매해야 하는 각 품목별 단가표를 거래처별로 제안받아 하나의 파일로 취합했습니다. 이 목록을 보고 각 품목별/규격별 단가가 가장 저렴한 거래처를 한 번에 파악할 수 있도록 단가비교표를 작성하려고 합니다. 품목별로 규격이 두 개부터 여덟 개까지 다양하므로 품목별 규격은 유효성 검사로 선택하고 선택한 규격의 최저 단가와 거래처 이름은 최저 단가표에 자동으로 표시되도록 함수를 이용해보겠습니다. 이 프로젝트에서는 목록으로 나열되어 있는 방대한 데이터에서 최솟값이나 최댓값 등을 찾아 그 값에 해당하는 항목을 간략하게 정리하는 표 작성 방법을 익힐 수 있습니다.

회사에서 바로 **통**하는 키워드

이동 옵션, 선택 영역 이름 만들기, 유효성 검사, 배열 수식, IF, MIN, INDEX, MATCH

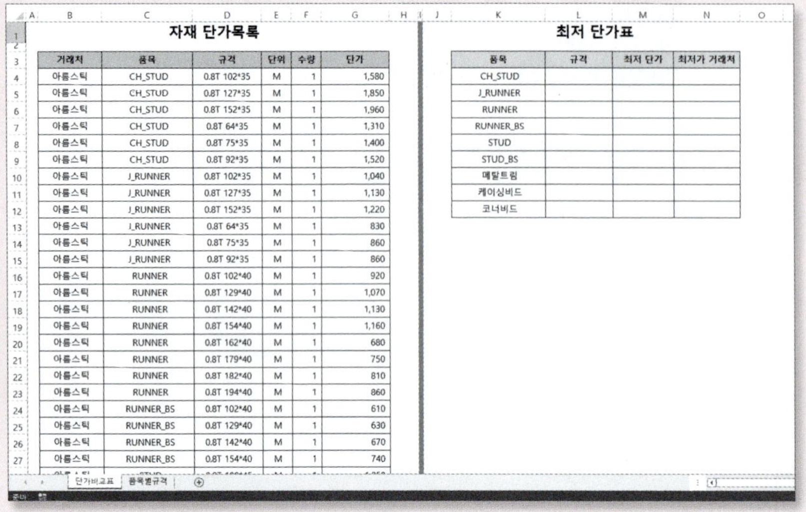

자재 단가목록

거래처	품목	규격	단위	수량	단가
아름스틱	CH_STUD	0.8T 102*35	M	1	1,580
아름스틱	CH_STUD	0.8T 127*35	M	1	1,850
아름스틱	CH_STUD	0.8T 152*35	M	1	1,960
아름스틱	CH_STUD	0.8T 64*35	M	1	1,310
아름스틱	CH_STUD	0.8T 75*35	M	1	1,400
아름스틱	CH_STUD	0.8T 92*35	M	1	1,520
아름스틱	J_RUNNER	0.8T 102*35	M	1	1,040
아름스틱	J_RUNNER	0.8T 127*35	M	1	1,130
아름스틱	J_RUNNER	0.8T 152*35	M	1	1,220
아름스틱	J_RUNNER	0.8T 64*35	M	1	830
아름스틱	J_RUNNER	0.8T 75*35	M	1	860
아름스틱	J_RUNNER	0.8T 92*35	M	1	860
아름스틱	RUNNER	0.8T 102*40	M	1	920
아름스틱	RUNNER	0.8T 129*40	M	1	1,070
아름스틱	RUNNER	0.8T 142*40	M	1	1,130
아름스틱	RUNNER	0.8T 154*40	M	1	1,160
아름스틱	RUNNER	0.8T 162*40	M	1	680
아름스틱	RUNNER	0.8T 179*40	M	1	750
아름스틱	RUNNER	0.8T 182*40	M	1	810
아름스틱	RUNNER	0.8T 194*40	M	1	860
아름스틱	RUNNER_BS	0.8T 102*40	M	1	610
아름스틱	RUNNER_BS	0.8T 129*40	M	1	630
아름스틱	RUNNER_BS	0.8T 142*40	M	1	670
아름스틱	RUNNER_BS	0.8T 154*40	M	1	740

최저 단가표

품목	규격	최저 단가	최저가 거래처
CH_STUD			
J_RUNNER			
RUNNER			
RUNNER_BS			
STUD			
STUD_BS			
메탈트림			
케이싱비드			
코너비드			

자재 단가목록

거래처	품목	규격	단위	수량	단가
아름스틱	CH_STUD	0.8T 102*35	M	1	1,580
아름스틱	CH_STUD	0.8T 127*35	M	1	1,850
아름스틱	CH_STUD	0.8T 152*35	M	1	1,960
아름스틱	CH_STUD	0.8T 64*35	M	1	1,310
아름스틱	CH_STUD	0.8T 75*35	M	1	1,400
아름스틱	CH_STUD	0.8T 92*35	M	1	1,520
아름스틱	J_RUNNER	0.8T 102*35	M	1	1,040
아름스틱	J_RUNNER	0.8T 127*35	M	1	1,130
아름스틱	J_RUNNER	0.8T 152*35	M	1	1,220
아름스틱	J_RUNNER	0.8T 64*35	M	1	830
아름스틱	J_RUNNER	0.8T 75*35	M	1	860
아름스틱	J_RUNNER	0.8T 92*35	M	1	860
아름스틱	RUNNER	0.8T 102*40	M	1	920
아름스틱	RUNNER	0.8T 129*40	M	1	1,070
아름스틱	RUNNER	0.8T 142*40	M	1	1,130
아름스틱	RUNNER	0.8T 154*40	M	1	1,160
아름스틱	RUNNER	0.8T 162*40	M	1	680
아름스틱	RUNNER	0.8T 179*40	M	1	750
아름스틱	RUNNER	0.8T 182*40	M	1	810
아름스틱	RUNNER	0.8T 194*40	M	1	860
아름스틱	RUNNER_BS	0.8T 102*40	M	1	610
아름스틱	RUNNER_BS	0.8T 129*40	M	1	630
아름스틱	RUNNER_BS	0.8T 142*40	M	1	670
아름스틱	RUNNER_BS	0.8T 154*40	M	1	740

최저 단가표

품목	규격	최저 단가	최저가 거래처
CH_STUD	0.8T 92*35	1,330	이삼건축
J_RUNNER	0.8T 102*35	760	이삼건축
RUNNER	0.8T 102*40	830	이삼건축
RUNNER_BS	0.8T 154*40	590	우성경량
STUD	0.8T 127*45	1,150	이삼건축
STUD_BS	0.8T 152*45	660	이삼건축
메탈트림	0.5T 16*25	350	이삼건축
케이싱비드	0.5T 10*25	310	한성내장
코너비드	0.5T 13*25	450	한성내장

STEP 01 각 품목별 규격 목록을 이름으로 정의하고 유효성 검사 설정하기

❶ 품목별 규격 종류에서 [이동 옵션]을 이용하여 데이터가 입력된 셀 범위만 선택한 후 왼쪽 열을 이름으로 정의합니다.

❷ [단가비교표] 시트의 최저 단가표 규격에 해당하는 셀 범위에 유효성 검사를 설정하여 각 품목별 해당 규격만 목록에서 선택할 수 있도록 지정합니다.

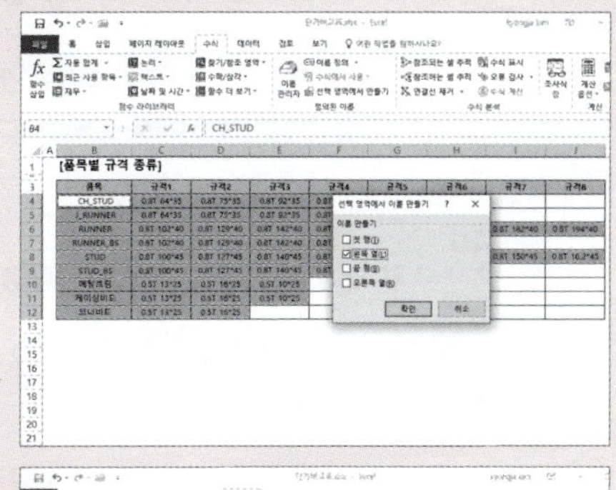

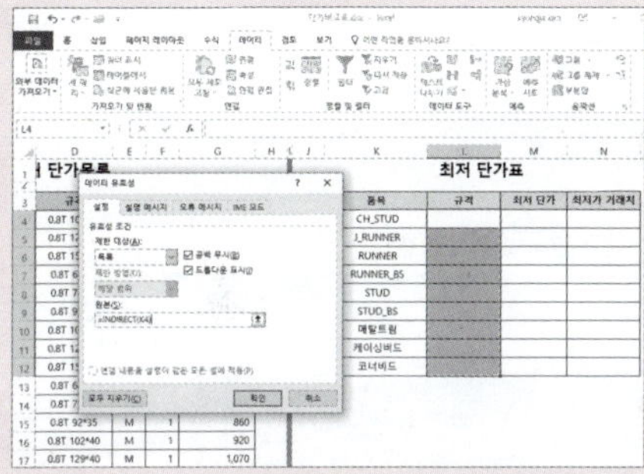

STEP 02 최저 단가와 거래처를 함수로 찾아 표시하기

❶ 자재 단가목록표의 거래처, 품목, 규격, 단가 셀 범위를 이름으로 정의합니다.

❷ IF와 MIN 함수를 배열 수식으로 입력하여 최저 단가를 표시합니다.

❸ INDEX와 MATCH 함수를 배열 수식으로 입력하여 최저 단가를 제안한 거래처를 표시합니다.

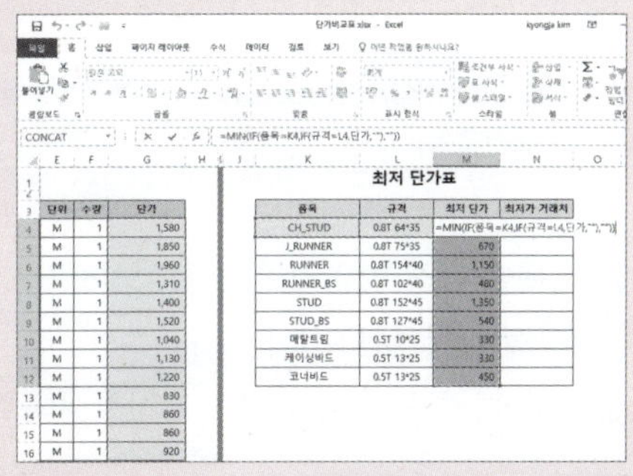

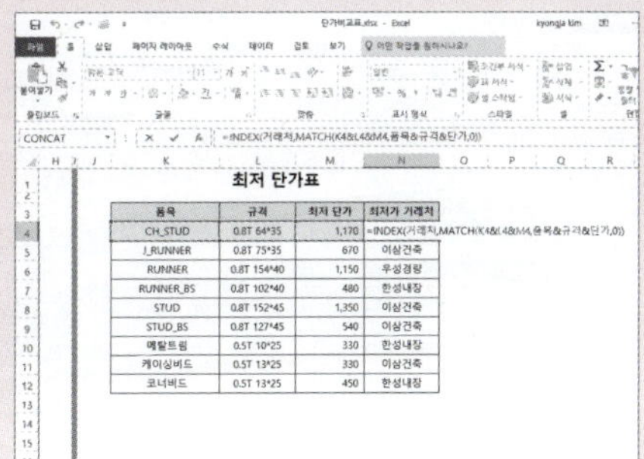

각 품목별 규격 목록을 이름으로 정의하고 유효성 검사 설정하기

[품목별규격] 시트에 입력되어 있는 각 품목별 규격 목록을 이름으로 정의하고 [단가비교표] 시트에서 유효성 검사에 이용해보겠습니다.

1 이동 옵션으로 데이터가 있는 셀만 선택하기 [품목별규격] 시트를 선택한 후 [B4:J12] 셀 범위를 선택합니다. [홈] 탭-[편집] 그룹-[찾기 및 선택]-[이동 옵션]을 선택합니다. [이동 옵션] 대화상자에서 [상수]를 선택합니다. [확인]을 클릭합니다.

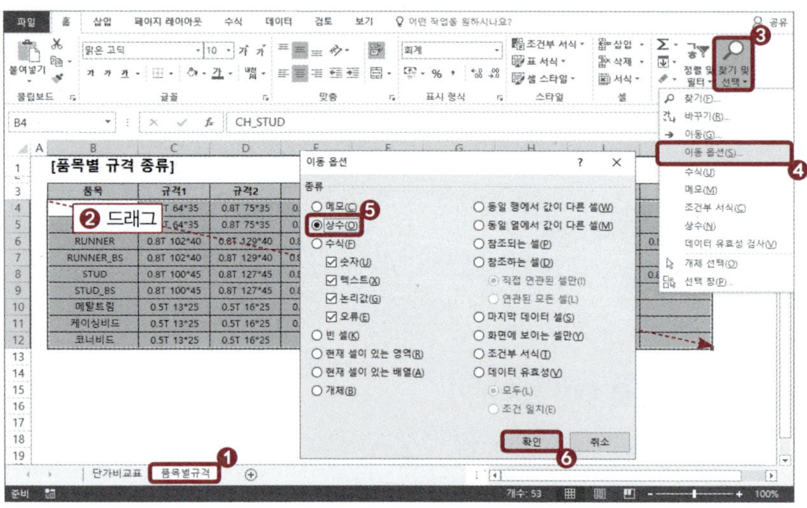

2 품목별 규격 범위 이름으로 정의하기 선택된 셀 범위 중에서 데이터가 입력된 셀만 선택되었습니다. [수식] 탭-[정의된 이름] 그룹-[선택 영역에서 만들기]를 클릭합니다. [선택 영역에서 이름 만들기] 대화상자에서 [왼쪽 열]에만 체크 표시합니다. [확인]을 클릭합니다.

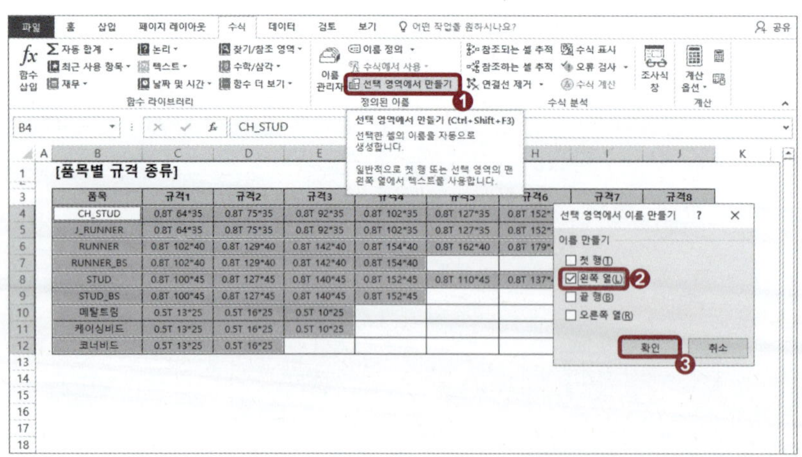

3 INDIRECT 함수로 규격에 유효성 검사 설정하기 [단가비교표] 시트를 선택한 후 [L4:L12] 셀 범위를 선택합니다. [데이터] 탭-[데이터 도구] 그룹-[데이터 유효성 검사]를 클릭합니다. [데이터 유효성] 대화상자의 [설정] 탭에서 [제한 대상]을 [목록]으로 선택하고 [원본]에 **=INDIRECT(K4)**를 입력합니다. [확인]을 클릭합니다. [L4] 셀에서 목록 단추를 클릭하면 [K4] 셀에 입력된 CH_STUD 품목의 규격이 목록으로 표시됩니다. [L4:L12] 셀 범위의 목록 단추를 클릭하여 임의의 규격을 모두 선택합니다.

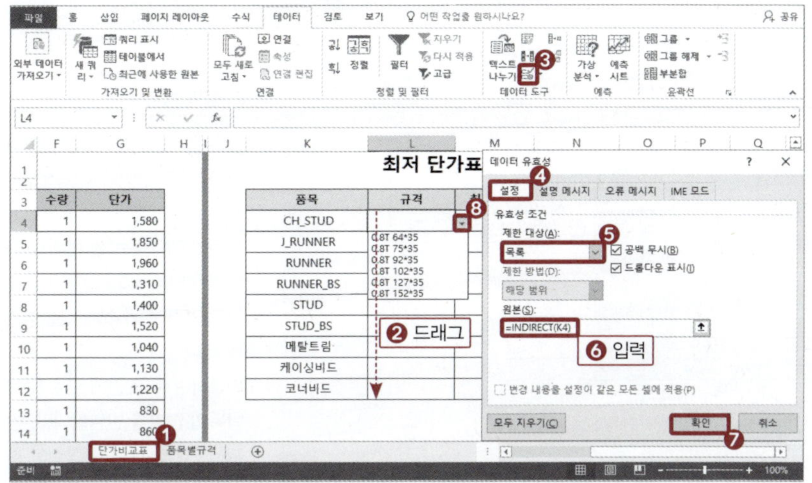

실력 향상

INDIRECT는 셀에 입력된 문자를 이름으로 사용할 수 있도록 해주는 함수로 INDIRECT(K4)에 의해 [K4] 셀에 입력된 문자가 이름으로 유효성 검사 목록에 적용됩니다.

STEP 02 최저 단가와 거래처를 함수로 찾아 표시하기

[단가비교표] 시트의 거래처, 품목, 규격, 단가 셀 범위를 이름으로 정의한 후 IF, MIN, INDEX, MATCH 함수를 배열 수식으로 입력하여 각 품목별/규격별 최저 단가를 표시하고 최저 단가를 제안한 거래처를 표시해보겠습니다.

4 거래처, 품목, 규격, 단가 셀 범위 이름으로 정의하기 [B3:D179] 셀 범위를 선택한 후 Ctrl 을 누른 상태에서 [G3:G179] 셀 범위를 추가로 선택합니다. [수식] 탭-[정의된 이름] 그룹-[선택 영역에서 만들기]를 클릭합니다. [선택 영역에서 이름 만들기] 대화상자에서 [첫 행]에만 체크 표시합니다. [확인]을 클릭합니다.

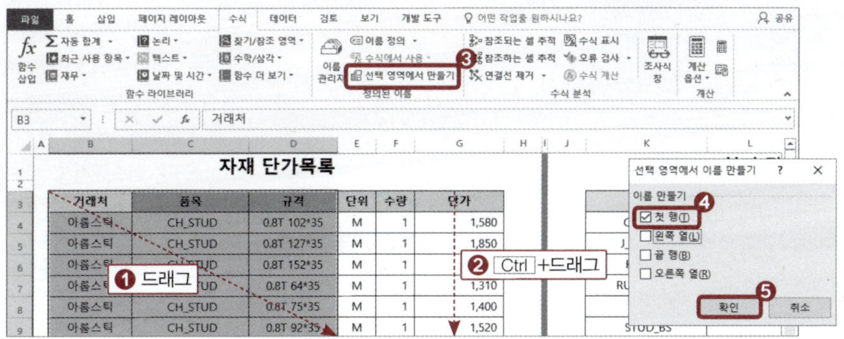

5 배열 수식으로 최저 단가 구하기 [M4] 셀에 **=MIN(IF(품목=K4,IF(규격=L4,단가,""),""))**를 입력한 후 Ctrl +Shift + Enter 를 누릅니다. 배열 수식으로 입력되어 수식 앞뒤로 중괄호({})가 표시되었습니다. [M4] 셀의 채우기 핸들을 더블클릭하여 수식을 복사합니다. 품목별 규격에 해당하는 해당하는 최저 단가가 표시됩니다.

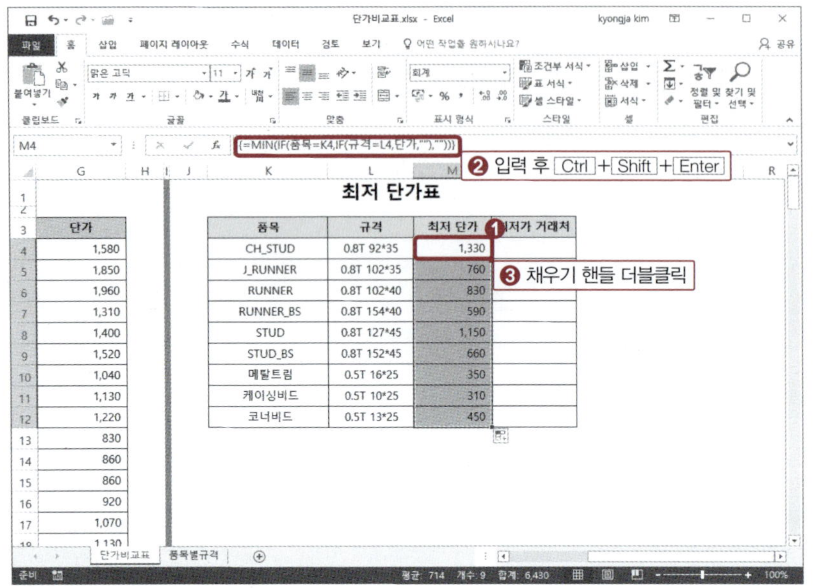

6 배열 수식으로 최저가 거래처 구하기 [N4] 셀에 **=INDEX(거래처,MATCH(K4&L4&M4,품목&규격&단가,0))**을 입력한 후 Ctrl + Shift + Enter 를 누릅니다. [N4] 셀의 채우기 핸들을 더블클릭하여 수식을 복사합니다. 최저가를 제안한 거래처가 표시됩니다.

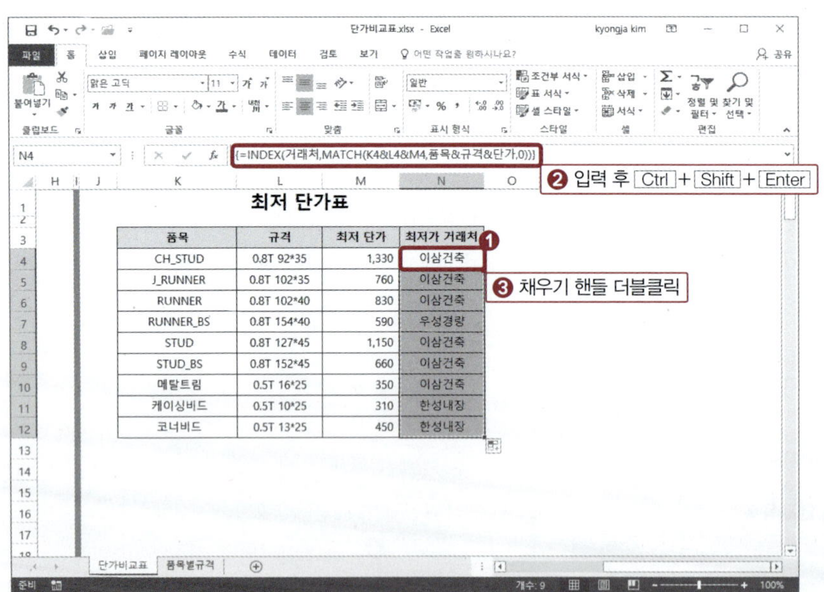

업체별 집계표 시트 분리하고
이동 링크 설정하기

실습 파일 | PART 02 \ CHAPTER 02 \ 관리보수 수수료.xlsm   **완성 파일** | PART 02 \ CHAPTER 02 \ 관리보수 수수료(완성).xlsm

☑ 프로젝트 시작하기

일 년 동안 지급한 관리보수 수수료 금액을 파악하기 위해 월별 집계표를 작성하려고 합니다. 작성된 집계표는 업체별로 시트를 분리하여 관리해야 하는데, 업체수가 많아 시트 관리가 어려우므로 '관리업체목록'을 만들고 업체명을 클릭했을 때 해당 시트로 이동할 수 있도록 문서를 작성해보겠습니다. 월별 집계표는 피벗 테이블을 이용하여 작성하고 작성된 피벗 테이블의 보고서 필터 페이지 기능을 이용하여 업체별로 시트를 자동으로 분리하겠습니다. '관리업체목록'은 GET.WORKBOOK 함수를 이용하여 시트 이름을 셀에 표시하고 HYPERLINK 함수를 이용하여 수식으로 링크를 설정합니다. 이 프로젝트에서는 방대한 데이터 목록을 그룹별 또는 시트별로 구분하여 관리할 수 있는 집계표 작성 방법을 배울 수 있습니다.

회사에서 바로 **통**하는 키워드

INT, 피벗 테이블, 보고서 필터 페이지 표시, GET.WORKBOOK, INDEX, ROW, RIGHT, FIND, LEFT, HYPERLINK

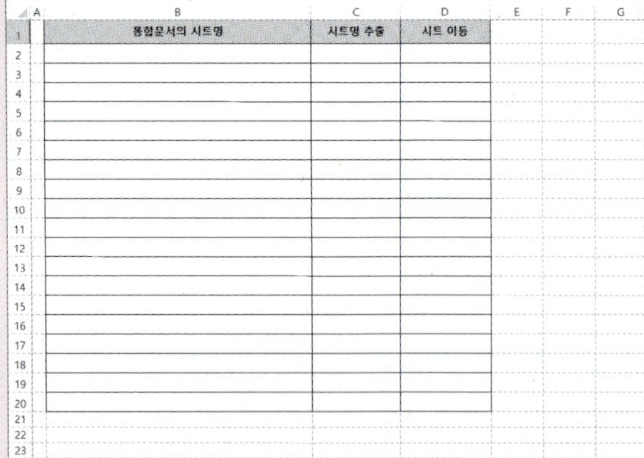

관리보수 수수료 계산

정산일자	관리업체	투자수익액	대상금액	관리일수	수수료율	관리보수금액
2017-01-03	테스콤	3,288,500	9,694,454	31	0.60%	
2017-01-05	비엔비콤	2,290,300	7,519,403	30	0.20%	
2017-01-06	영진물산	3,140,400	17,512,046	26	0.40%	
2017-01-09	에스엠비	3,316,500	7,285,104	20	0.60%	
2017-01-11	에프전기	4,271,800	15,417,317	37	0.20%	
2017-01-15	화성상사	1,439,500	6,575,541	11	0.60%	
2017-01-16	진한FCE	2,018,200	3,313,122	30	0.60%	
2017-01-22	에스메카	3,075,200	11,009,862	29	0.20%	
2017-01-23	KSP	2,570,500	8,876,685	32	0.60%	
2017-01-26	우진밸브	2,479,800	11,043,899	26	0.20%	
2017-01-31	행복전자	4,220,400	8,953,867	38	0.20%	
2017-02-02	화성상사	3,039,500	8,015,541	27	0.60%	
2017-02-02	진한테크	2,636,500	12,817,995	24	0.60%	
2017-02-09	웰리스워드	1,743,400	11,082,162	11	0.60%	
2017-02-10	디젤루	1,300,400	6,729,079	22	0.40%	
2017-02-12	인스에듀	3,394,100	15,940,851	40	0.20%	
2017-02-16	코스텍	4,645,800	15,198,365	28	0.60%	
2017-02-18	강원기공	2,775,800	8,596,134	16	0.60%	
2017-02-20	연진테크	4,047,900	5,800,479	44	0.40%	
2017-02-23	진형기업	4,258,900	3,002,263	18	0.60%	
2017-03-02	테스콤	3,358,900	11,076,331	44	0.40%	
2017-03-07	비엔비콤	1,702,800	8,460,399	17	0.60%	
2017-03-08	영진물산	3,220,300	11,498,721	23	0.60%	
2017-03-12	에스엠비	1,895,700	9,161,360	41	0.40%	

	통합문서의 시트명	시트명 추출	시트 이동	
2	[관리보수 수수료.xlsm]KSP	KSP	KSP	
3	[관리보수 수수료.xlsm]강원기공	강원기공	강원기공	
4	[관리보수 수수료.xlsm]디젤루	디젤루	디젤루	
5	[관리보수 수수료.xlsm]비엔비콤	비엔비콤	비엔비콤	
6	[관리보수 수수료.xlsm]에스메카	에스메카	에스메카	
7	[관리보수 수수료.xlsm]에스엠비	에스엠비	에스엠비	
8	[관리보수 수수료.xlsm]에프전기	에프전기	에프전기	
9	[관리보수 수수료.xlsm]연진테크	연진테크	연진테크	
10	[관리보수 수수료.xlsm]영진물산	영진물산	영진물산	
11	[관리보수 수수료.xlsm]우진밸브	우진밸브	우진밸브	
12	[관리보수 수수료.xlsm]웰리스워드	웰리스워드	웰리스워드	
13	[관리보수 수수료.xlsm]인스에듀	인스에듀	인스애듀	
14	[관리보수 수수료.xlsm]진한FCE	진한FCE	진한FCE	
15	[관리보수 수수료.xlsm]진한테크	진한테크	진한테크	
16	[관리보수 수수료.xlsm]진형기업	진형기업	진형기업	
17	[관리보수 수수료.xlsm]코스텍	코스텍	코스텍	
18	[관리보수 수수료.xlsm]테스콤	테스콤	테스콤	
19	[관리보수 수수료.xlsm]행복전자	행복전자	행복전자	
20	[관리보수 수수료.xlsm]화성상사	화성상사	화성상사	

관리업체	KSP			
행 레이블	합계 : 투자수익액	합계 : 대상금액	합계 : 관리보수금액	
⊞1월	2570500	8876685	1874755	
⊞3월	8915200	12238747	1453963	
⊞5월	4394500	3630251	527112	
⊞7월	2970400	8923867	490812	
⊞10월	3211600	13623876	1858296	
⊞12월	1506100	4876319	579306	
총합계	23568300	52169745	6784244	

STEP 01 피벗 테이블 작성하고 시트 분리하기

❶ [년간보수수수료] 시트에 INT 함수를 사용하여 관리보수금액을 계산합니다.

❷ 금액이 계산된 데이터 목록을 이용하여 업체별/월별 금액 합계를 표시하는 피벗 테이블을 작성합니다.

❸ 작성된 피벗 테이블에서 [보고서 필터 페이지 표시]를 이용하여 관리업체별로 시트를 분리합니다.

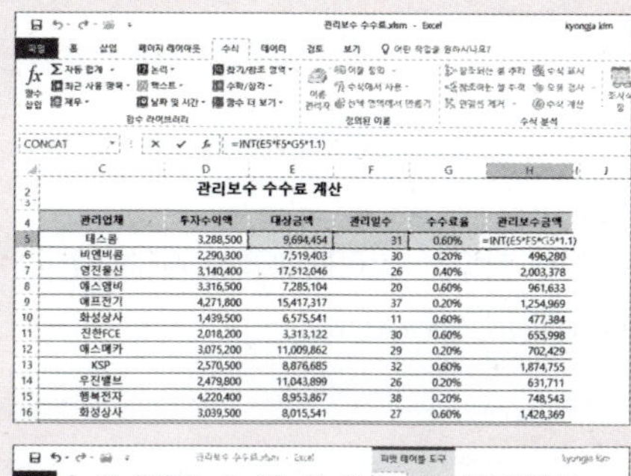

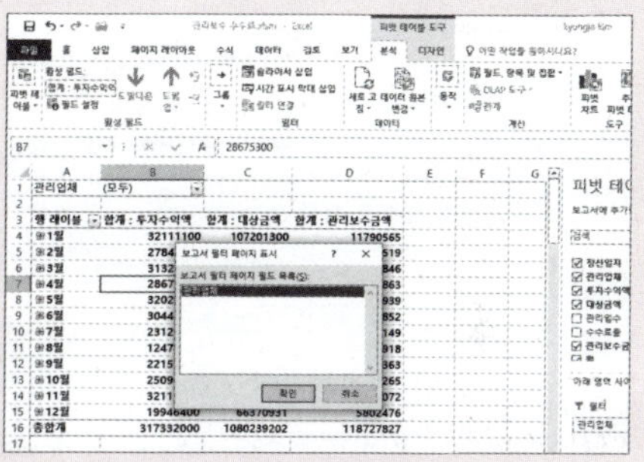

STEP 02 관리업체 목록 정리하기

❶ GET.WORKBOOK 함수를 이름으로 정의하고 통합 문서의 시트명에 INDEX와 ROW 함수를 입력하여 세 번째 시트부터 시트명을 셀에 표시합니다.

❷ RIGHT, LEN, FIND 함수를 입력하여 통합 문서의 시트명에 표시된 텍스트 중 시트명만 추출하여 표시합니다.

❸ HYPERLINK 함수를 입력하여 해당 시트로 이동할 수 있는 하이퍼링크가 설정된 텍스트를 표시합니다.

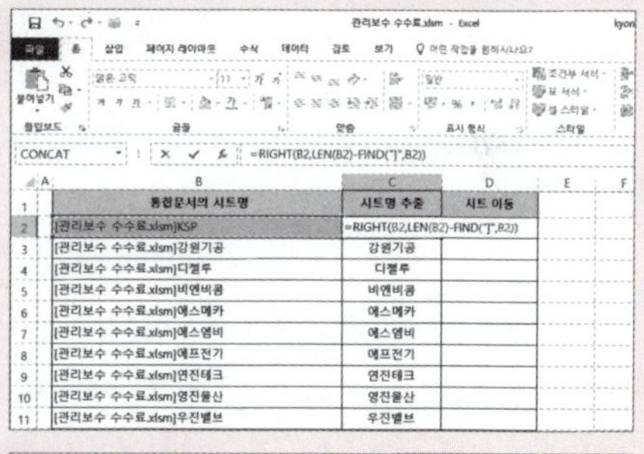

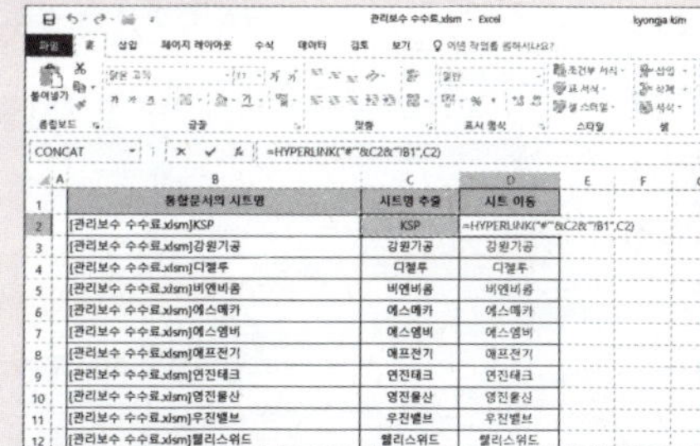

피벗 테이블 작성하고 시트 분리하기

INT 함수를 사용하여 관리보수금액을 계산하고 업체별/월별 금액 합계을 표시하는 피벗 테이블을 작성해보겠습니다. 작성된 피벗 테이블에서 [보고서 필터 페이지 표시]를 이용하여 관리업체별로 시트를 분리합니다.

1 INT 함수로 관리보수금액 계산하여 정수로 표시하기 [년간보수수수료] 시트를 선택합니다. [H5] 셀에 **=INT(E5*F5*G5*1.1)**을 입력합니다. [H5] 셀의 채우기 핸들을 더블클릭하여 수식을 복사합니다.

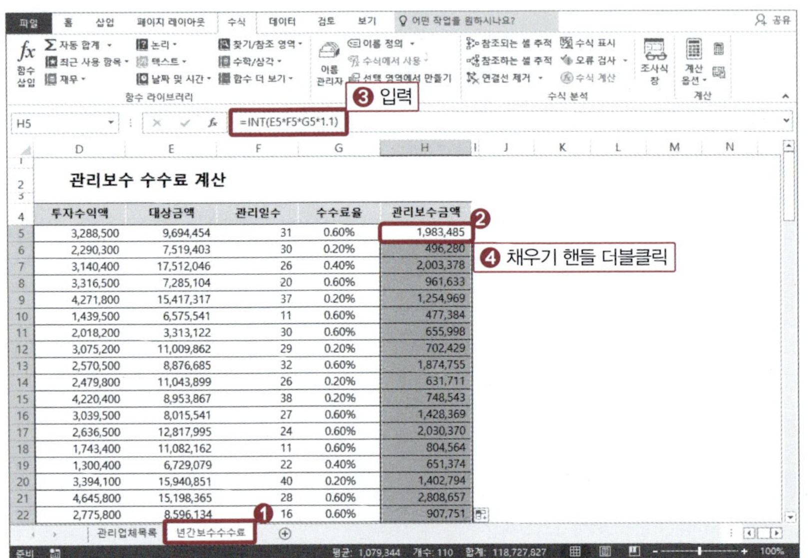

실력 향상

INT 함수는 소수점 아래를 버리고 가까운 정수로 내림합니다. ROUNDDOWN 함수와 기능은 같으나 자릿수를 지정할 수 없고 소수점 아래를 모두 버려 정수로만 표시합니다.

2 새 워크시트에 피벗 테이블 작성하기 [B4] 셀을 클릭합니다. [삽입] 탭-[표] 그룹-[피벗 테이블]을 클릭합니다. [피벗 테이블 만들기] 대화상자의 [표/범위]는 자동으로 설정된 [B4:H114] 셀 범위를 사용하고 [피벗 테이블 보고서 넣을 위치]로 [새 워크시트]를 선택합니다. [확인]을 클릭합니다.

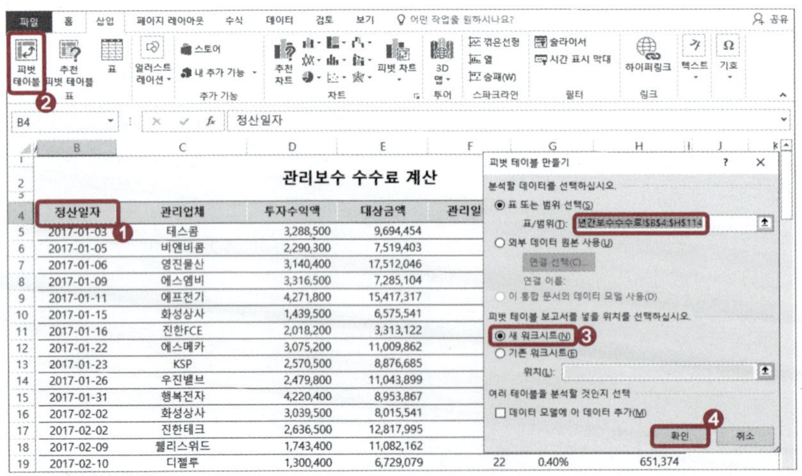

3 월별 금액 합계를 표시하는 레이아웃과 서식 설정하기 [Sheet1] 시트가 삽입되고 피벗 테이블 영역이 표시되었습니다. [피벗 테이블 필드] 작업 창에서 [관리업체] 필드는 [필터] 영역, [정산일자] 필드는 [행] 영역, [투자수익액]과 [대상금액], [관리보수금액] 필드는 모두 [값] 영역으로 드래그합니다. [피벗 테이블 도구]–[디자인] 탭–[피벗 테이블 스타일] 그룹–[피벗 스타일, 밝게 1]을 클릭합니다.

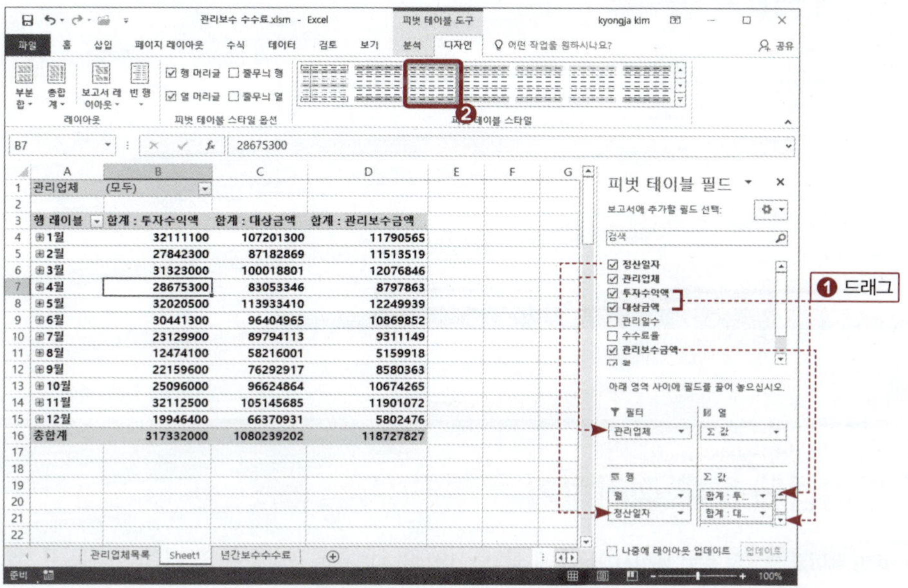

4 보고서 필터 페이지로 관리업체별 피벗 시트 분리하기 각 업체별 시트를 자동으로 구분하면 피벗 테이블 시트 뒤에 생성되므로 [년간보수수수료] 시트를 앞으로 이동해야 합니다. [Sheet1] 시트를 드래그하여 [년간보수수수료] 시트 뒤로 이동합니다. [피벗 테이블 도구]–[분석] 탭–[피벗 테이블] 그룹–[옵션]–[보고서 필터 페이지 표시]를 선택합니다. [보고서 필터 페이지 표시] 대화상자에서 [관리업체]가 자동으로 선택되었습니다. [확인]을 클릭합니다.

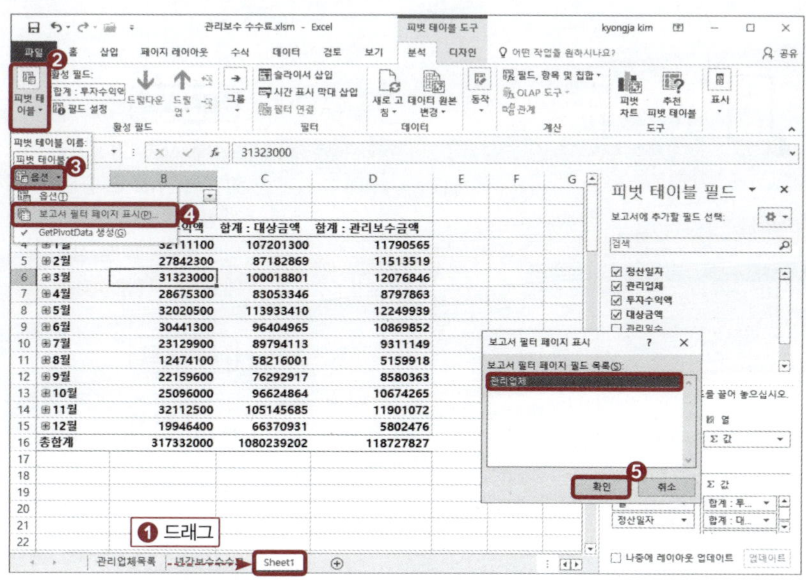

5 작성된 피벗 테이블이 관리업체별로 분리되어 19개의 시트가 추가되었습니다.

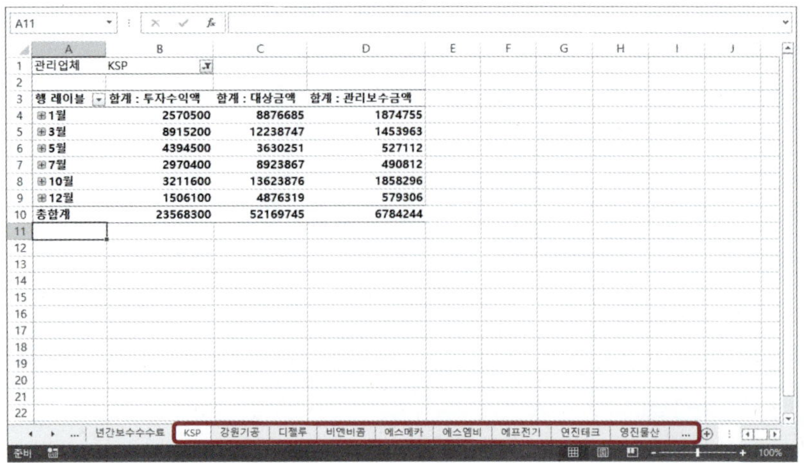

관리업체 목록 정리하기

피벗 테이블 보고서 필터 페이지 기능으로 삽입된 19개의 업체명을 관리할 수 있는 [관리업체목록] 시트를 정리해보겠습니다. 먼저 시트명을 셀에 표시할 때 사용하는 GET.WORKBOOK 매크로 함수를 이름으로 정의하고 첫 번째 업체명부터 마지막 업체명까지 시트명을 셀에 표시해보겠습니다. 셀에 표시된 시트명에 하이퍼링크를 설정하여 업체명 텍스트를 클릭하면 해당 시트로 바로 이동할 수 있도록 합니다.

6 GET.WORKBOOK 함수로 이름 정의하기 [수식] 탭-[정의된 이름] 그룹-[이름 관리자]를 클릭합니다. [이름 관리자] 대화상자에서 [새로 만들기]를 클릭합니다. [새 이름] 대화상자에서 [이름]에 **시트명**을 입력하고 [참조 대상]에 **=GET.WORKBOOK(1)**을 입력합니다. [확인]을 클릭합니다. [이름 관리자] 대화상자에서도 [닫기]를 클릭합니다.

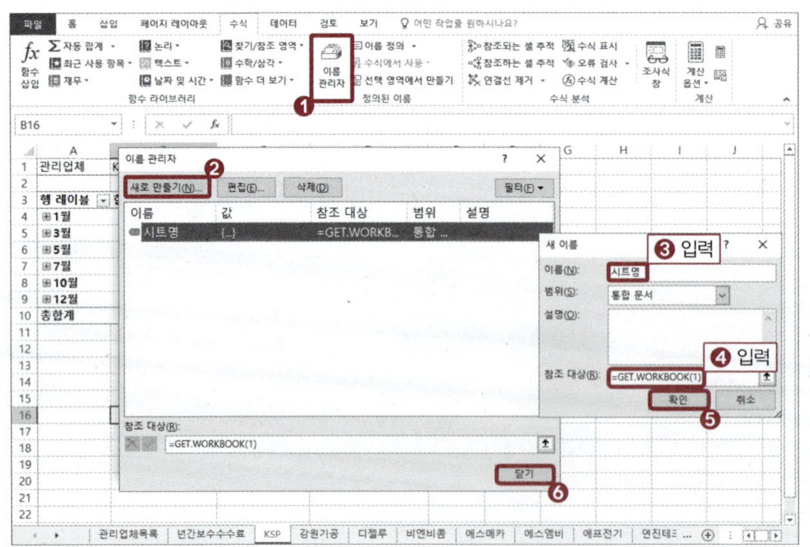

실력 향상

수식을 사용하여 이름을 정의할 때는 [이름 관리자]에서 직접 정의해야 하며 수식으로 정의한 이름은 [이름 상자] 목록에 표시되지 않습니다.

실력 향상

GET.WORKBOOK 함수는 매크로 함수입니다. 이름 정의에서만 사용할 수 있고 GET.WORKBOOK(1)로 사용하면 통합 문서의 이름과 모든 시트명을 반환합니다.

GET.WORKBOOK( )은 매크로 관련 시트나 VBA에서 사용하는 함수로 일반 함수처럼 셀에 직접 입력하여 사용할 수 없고 이름 정의에서 사용할 수 있습니다. 이 함수는 통합 문서의 정보를 얻고자 할 때 주로 사용됩니다.

함수 형식	=GET.WORKBOOK(Type_num)	=GET.WORKBOOK(옵션 번호)
	Type_num는 1~38번까지 있으며 이 중 대표적으로 사용하는 인수의 기능은 다음과 같습니다.	
인수	1	통합 문서의 모든 시트 이름을 반환합니다.
	2	항상 #N/A 오류 값을 반환합니다.
	3	통합 문서의 선택된 시트 이름을 반환합니다.
	4	통합 문서의 시트 수를 반환합니다.
	14	통합 문서 구조가 보호되어 있으면 TRUE, 보호되어 있지 않으면 FALSE를 반환합니다.
	15	통합 문서 창이 보호되어 있으면 TRUE, 보호되어 있지 않으면 FALSE를 반환합니다.
	16	통합 문서의 이름을 반환합니다.
	17	통합 문서가 읽기 전용이면 TRUE, 그렇지 않으면 FALSE를 반환합니다.
	20	[다른 이름으로 저장] 대화상자에 표시된 문서의 파일 형식에 해당하는 숫자 값을 반환합니다.
	38	활성화된 워크시트의 이름을 반환합니다.

7 통합 문서와 모든 시트 이름 셀에 표시하기 [관리업체목록] 시트를 선택합니다. [B2] 셀에 **=INDEX(시트명,ROW( )+1)**을 입력합니다. [B2] 셀의 채우기 핸들을 [B20] 셀까지 드래그합니다. 세 번째 시트부터 마지막 업체명까지 파일명과 시트명이 함께 표시됩니다.

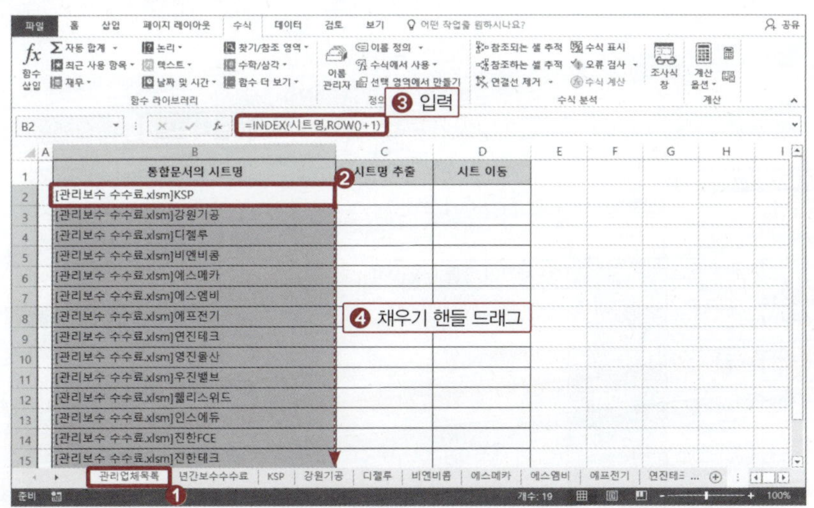

실력 향상

[B2] 셀의 채우기 핸들에서는 더블클릭으로 복사할 수 없습니다. 주변에 참조할 열에 데이터가 없으므로 채우기 핸들을 드래그하여 복사합니다.

실력 향상 이름으로 정의한 [시트명]에 현재 통합 문서의 모든 시트명이 배열로 저장되어 있습니다. 이 배열의 목록에서 INDEX 함수를 이용하여 'ROW( )+1' 번째 시트명을 셀에 표시합니다. [B2] 셀에서 'ROW( )+1' 수식을 적용하면 결과가 3이 되므로 세 번째 시트명이 셀에 표시됩니다. 함수 형식은 '=INDEX(범위, 행 번호, 열 번호)'로, 행이 한 개일 때는 행 번호를 생략할 수 있습니다.

8 시트 이름만 추출하기 [C2] 셀에 **=RIGHT(B2,LEN(B2)−FIND(“]”,B2))**를 입력합니다. [B2] 셀에 표시된 데이터에서 시트명만 추출합니다. [C2] 셀의 채우기 핸들을 더블클릭하여 수식을 복사합니다.

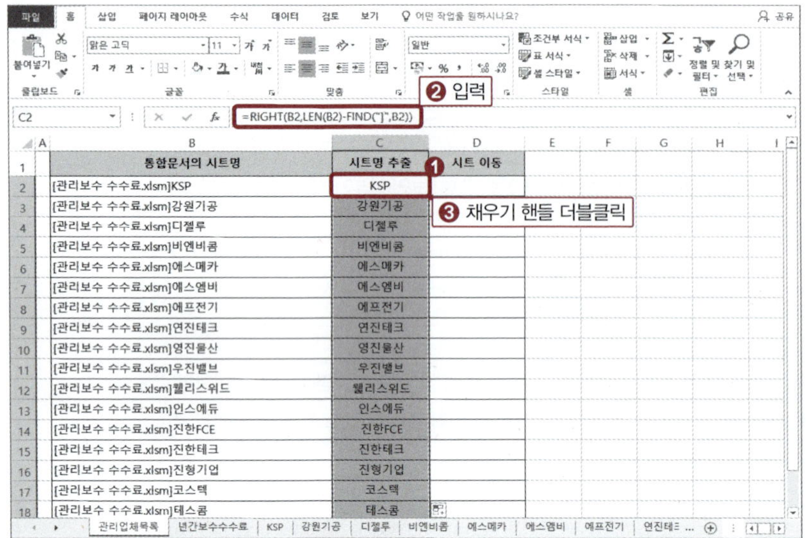

⁞⁝ 실력 향상

함수 형식은 '=RIGHT(셀 주소, 추출할 글자 수)', '=LEN(셀 주소나 텍스트)', '=FIND(찾을 문자, 셀 주소, 찾기 시작할 문자 위치)'입니다. RIGHT 함수를 이용하여 [B2] 셀에서 닫는 괄호(]) 뒤에 있는 모든 문자를 추출합니다.

⁞⁝ 실력 향상 RIGHT 함수의 추출할 글자 수에 사용된 'LEN(B2)−FIND(“]”,B2)' 수식은 '전체 글자 수−닫는 괄호(]) 글자 위치'를 뜻합니다. 즉, 'LEN(B2)' 수식으로 셀에 입력된 글자 수를 모두 계산한 후 'FIND(“]”,B2)'수식으로 닫는 괄호(])의 위치 번호를 계산하여 빼면 나머지가 시트명의 글자 수가 됩니다.

9 해당 시트로 이동할 수 있는 하이퍼링크 수식 입력하기 [D2] 셀에 **=HYPERLINK(“#”&C2&“'!B1”,C2)**를 입력합니다. 하이퍼링크가 설정된 시트명이 표시됩니다. [D2] 셀의 채우기 핸들을 더블클릭하여 수식을 복사합니다.

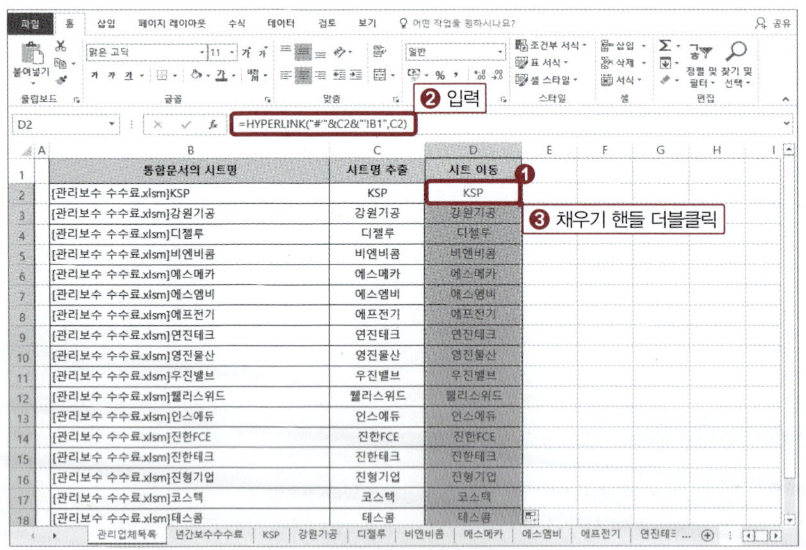

⁞⁝ 실력 향상

함수 형식은 '=HYPERLINK (링크할 파일이나 시트 정보, 셀에 표시할 텍스트)'입니다. HYPERLINK는 특정 파일이나 시트, 인터넷 등으로 이동할 수 있는 링크를 설정하는 함수로, 현재 파일에서 특정 시트로 이동하려면 '=HYPERLINK(# 시트명!셀주소, 셀에 표시할 문자)'로 수식을 입력합니다. “#” &C2&“'!B1”로 인수를 지정하면 [KSP] 시트의 [B1] 셀로 링크됩니다.

10 [B:C] 열을 선택합니다. 마우스 오른쪽 버튼을 클릭하고 [숨기기]를 선택합니다.

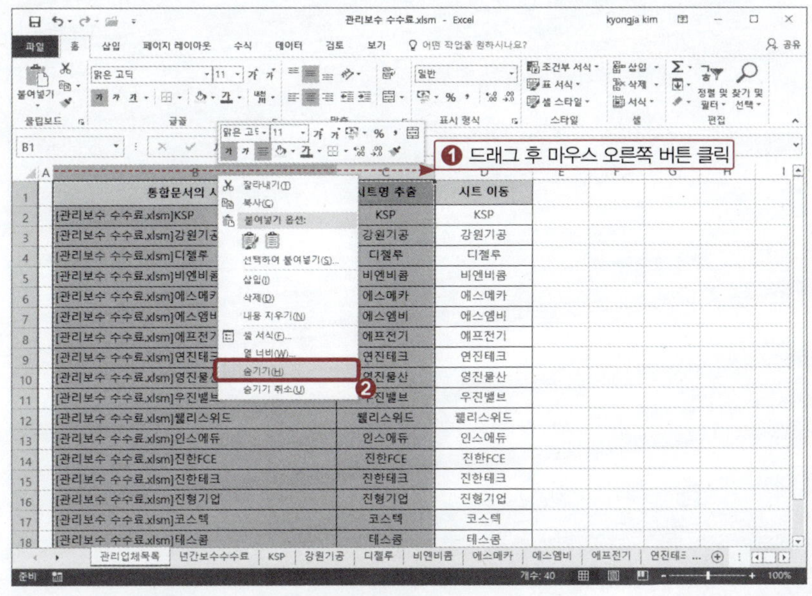

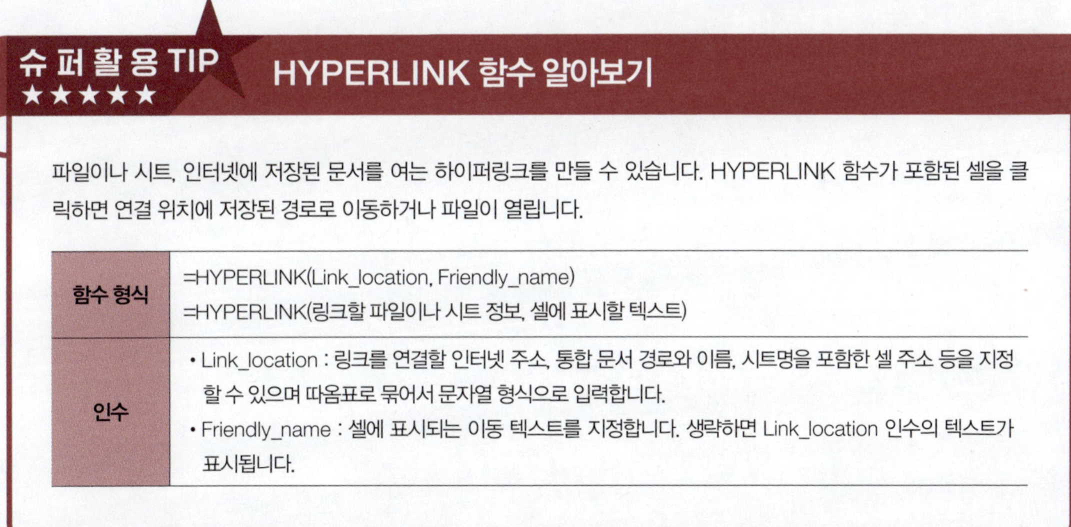

슈퍼활용 TIP ★★★★★ HYPERLINK 함수 알아보기

파일이나 시트, 인터넷에 저장된 문서를 여는 하이퍼링크를 만들 수 있습니다. HYPERLINK 함수가 포함된 셀을 클릭하면 연결 위치에 저장된 경로로 이동하거나 파일이 열립니다.

함수 형식	=HYPERLINK(Link_location, Friendly_name) =HYPERLINK(링크할 파일이나 시트 정보, 셀에 표시할 텍스트)
인수	• Link_location : 링크를 연결할 인터넷 주소, 통합 문서 경로와 이름, 시트명을 포함한 셀 주소 등을 지정할 수 있으며 따옴표로 묶어서 문자열 형식으로 입력합니다. • Friendly_name : 셀에 표시되는 이동 텍스트를 지정합니다. 생략하면 Link_location 인수의 텍스트가 표시됩니다.

수식과 함수를 활용하여
반복 작업이 필요 없는 자동화 문서 만들기

엑셀에서 수식과 함수는 여러 작업을 폭 넓고 다양하게 사용할
수 있는 기능입니다. 함수를 전부 다 알기는 힘들지만 집계에
사용되거나 데이터를 찾는 함수를 잘 활용하면 여러 가지 작업을
간단하게 해결하고 자동화 문서를 쉽게 만들 수 있습니다.
유효성 검사를 수식으로 작성하여 선택한 부서의 직원 명단만
추출하고 찾기/참조 함수를 이용하여 직원 인적 사항을 확인할 수
있는 재직증명서와 연도, 월을 선택하면 주말과 마지막 날짜까지만
표시되는 당직계획표, 양식 컨트롤과 함수를 이용해 선택한 분기의
실적 내용만 조회할 수 있는 분기별 매출분석표, 출퇴근기록
데이터를 정리하고 배열 수식을 작성하여 직원 출퇴근 내역을
확인할 수 있는 출퇴근관리표, 병합된 셀의 내용을 가져와
목록으로 만들고 해당 목록에서 브랜드를 선택하면 관련 상품의
내역을 볼 수 있는 물류현황표 등을 작성해보겠습니다. 어떤 때에
어떤 함수를 사용하는지 파악하여 날짜 관련 함수와 데이터를
찾아오는 함수, 배열 수식으로 함수를 작성하는 방법에 대해
알아보겠습니다.

10

부서명과 성명을 선택하여 자동 발급되는 재직 증명서 만들기

실습 파일 | PART 02 \ CHAPTER 03 \ 재직 증명서.xlsx　　**완성 파일** | PART 02 \ CHAPTER 03 \ 재직 증명서(완성).xlsx

✅ 프로젝트 시작하기

부서별로 직원 정보가 정리되어 있는 데이터 목록이 있습니다. 이 데이터 목록에서 특정 직원을 선택했을 때 해당 직원의 인적 사항을 검색하고 근무 기간까지 계산해 주는 재직 증명서를 작성하려고 합니다. 부서별로 구분되어 있는 직원 데이터에서 부서명 목록과 각 부서별 성명을 기준으로 이름을 정의하고, 부서와 성명은 유효성 검사와 INDIRECT 함수로 수식을 작성하여 목록 형태로 표시하겠습니다. 목록으로 제공되는 부서와 성명을 선택하면 해당 직원의 인적 사항을 가져와 표시하도록 VLOOKUP과 INDIRECT 함수로 수식을 작성하고 DATEDIF와 TODAY 함수로 입사일자부터 현재 날짜까지 근무한 총 근무 기간을 계산해보겠습니다. 수식 작성 시 나타나는 오류는 조건부 서식을 이용하여 표시되지 않도록 설정하고 재직 증명 서가 용지에 맞춰 인쇄되도록 인쇄 영역을 설정해보겠습니다. 이 프로젝트에서는 선택한 직원의 연관 정보를 검색하는 함수 활용 방법과 경과된 날짜를 정확하게 계 산하는 함수에 대해 학습할 수 있습니다.

회사에서 바로 통하는 키워드

이름 정의, 유효성 검사, VLOOKUP, INDIRECT, 조건부 서식, DATEDIF, TODAY, 인쇄 영역 설정

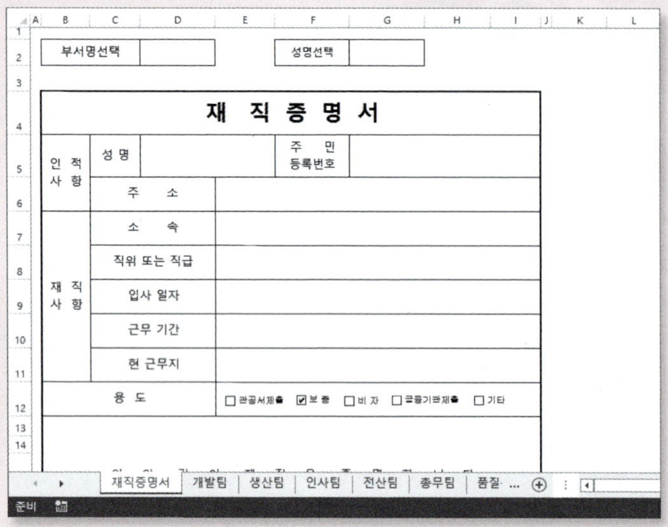

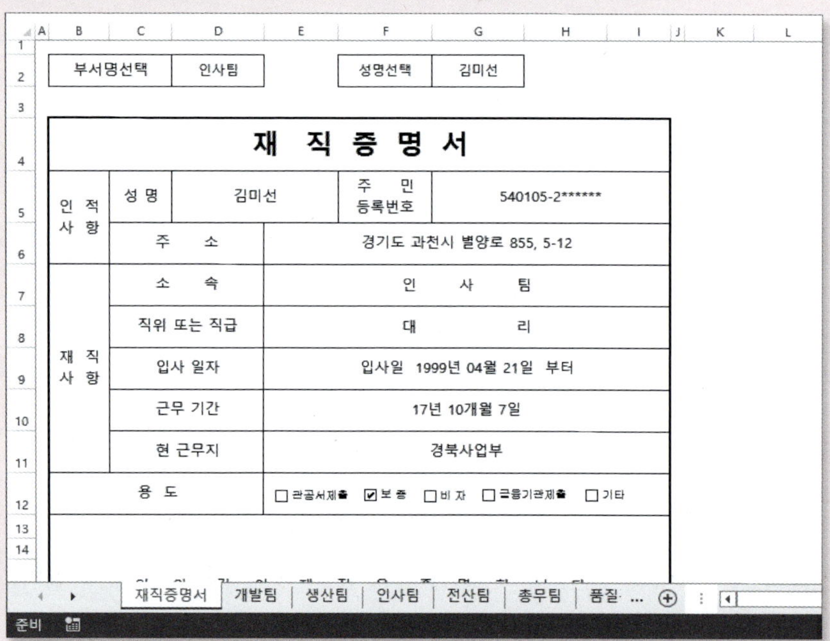

STEP 01 부서명과 이름 목록 만들기

❶ 부서명 목록과 시트별로 구분되어 있는 각 부서의 직원 성명 목록을 이름 정의합니다.

❷ 부서명은 유효성 검사의 [제한 대상]을 [목록]으로 선택한 후 [부서명] 이름 범위를 목록으로 설정합니다.

❸ 성명은 유효성 검사의 [제한 대상]을 [목록]으로 선택한 후 INDIRECT 함수를 이용하여 문자열로 지정된 이름 범위를 목록으로 설정합니다.

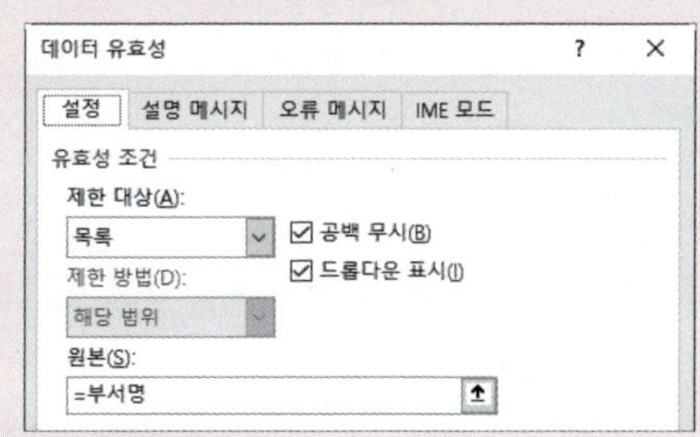

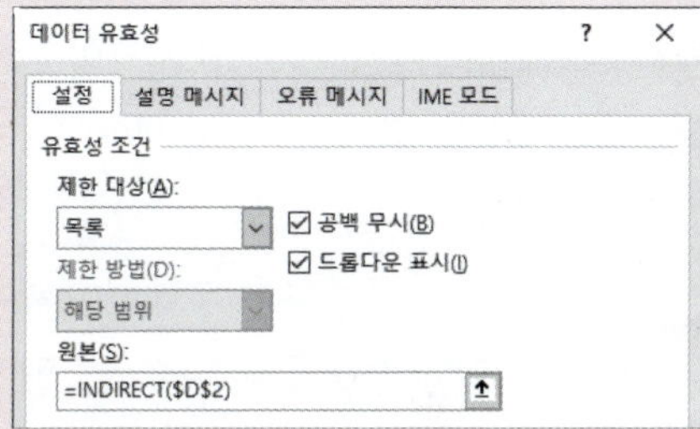

STEP 02 인적 사항과 재직 사항 찾아오기

❶ VLOOKUP과 INDIRECT 함수로 선택한 직원의 주민번호, 주소, 직급, 입사일자 등 인적 사항을 가져오도록 수식 작성합니다.

❷ 값을 찾아오지 못한 경우 오류 값이 표시되는 셀에 아무 값도 표시되지 않도록 조건부 서식을 설정합니다.

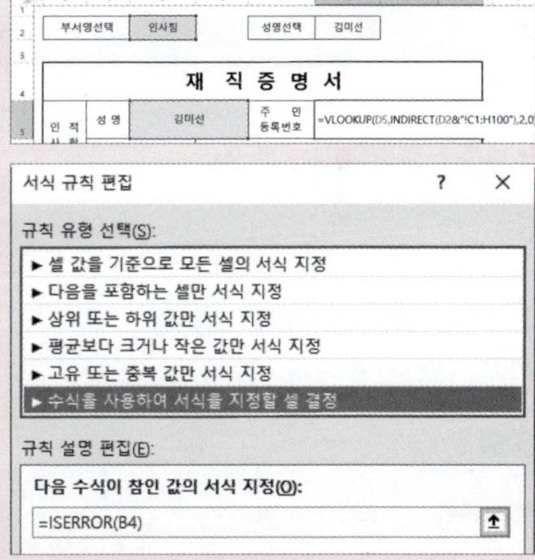

STEP 03 근무 기간과 재직 증명서 발급일 표시하기

❶ DATEDIF와 TODAY 함수로 입사일자부터 현재 날짜까지 근무 기간을 계산합니다.

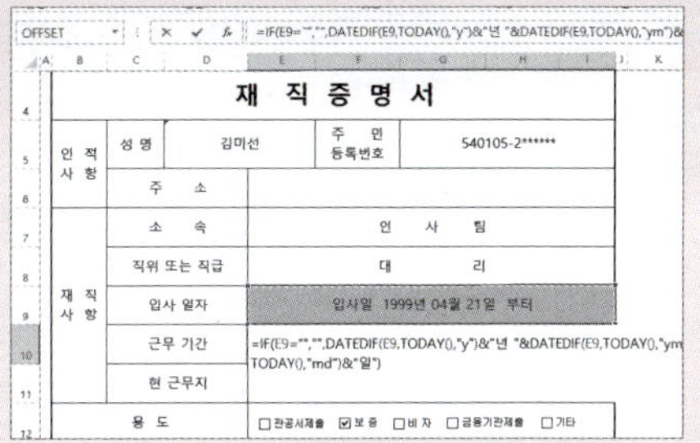

부서명과 이름 목록 만들기

부서명 목록과 각 시트에 구분되어 있는 부서별 직원 성명을 이름 정의하겠습니다. 부서 목록은 정의된 이름으로 유효성 검사를 설정하고, 직원 성명은 선택한 부서의 직원 성명만 목록으로 표시되도록 INDIRECT 함수를 이용하여 유효성 검사를 설정하겠습니다.

1 부서와 각 부서의 성명 목록을 이름 정의하기 [개발팀] 시트에서 [J2:J7] 셀 범위를 선택합니다. [이름 상자]에 **부서명**을 입력한 후 Enter 를 누릅니다. 부서별 직원의 성명 목록도 이름으로 정의하겠습니다. [개발팀] 시트에서 [C2:C23] 셀 범위를 선택합니다. [이름 상자]에 **개발팀**을 입력한 후 Enter 를 누릅니다. 같은 방법으로 **생산팀**([생산팀] 시트의 [C2:C17] 셀 범위), **인사팀**([인사팀] 시트의 [C2:C21] 셀 범위), **전산팀**([전산팀] 시트의 [C2:C20] 셀 범위), **총무팀**([총무팀] 시트의 [C2:C13] 셀 범위), **품질관리팀**([품질관리팀] 시트의 [C2:C11] 셀 범위)의 이름을 각각 이름 정의합니다.

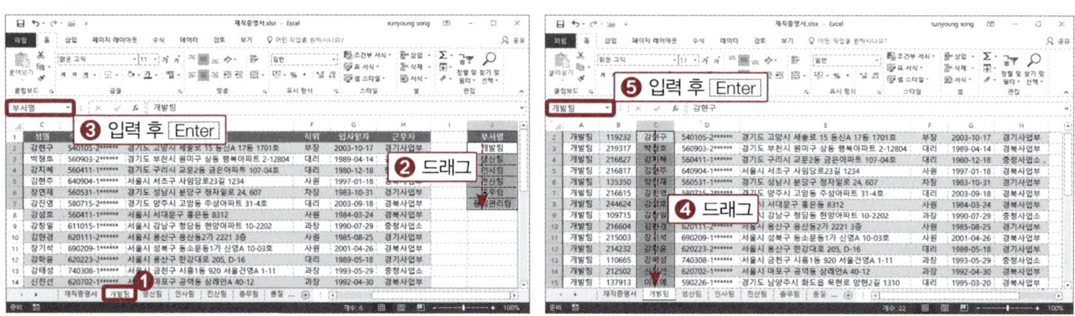

시간단축 셀 범위 선택 시 단축키를 사용하여 빠르게 범위를 선택할 수 있습니다. [C2] 셀을 클릭한 후 Ctrl + Shift + ↓ 를 눌러 [C2:C23] 셀 범위를 선택합니다.

2 이름 목록 확인하기 이름 정의 후 [수식] 탭-[정의된 이름] 그룹-[이름 관리자]를 클릭합니다. [이름 관리자] 대화상자에서 이름 목록을 확인할 수 있습니다. [닫기]를 클릭합니다.

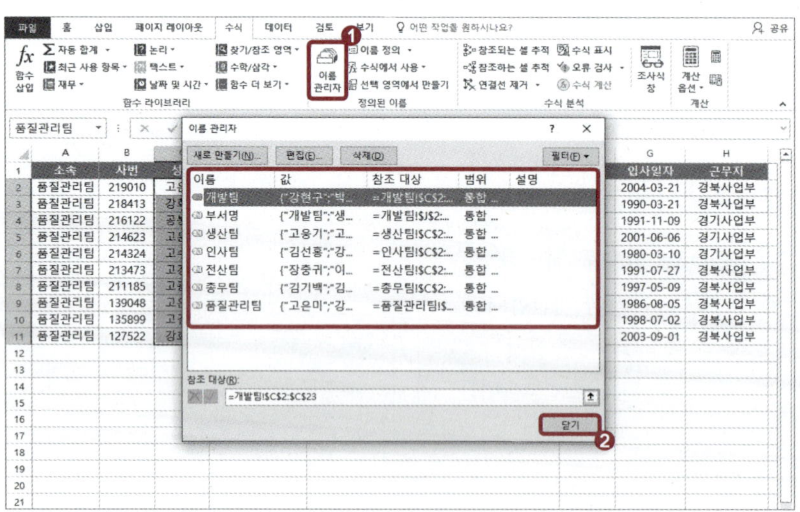

3 부서명 목록과 성명 목록 유효성 검사로 표시하기 [재직증명서] 시트에서 [D2] 셀을 클릭합니다. [데이터] 탭-[데이터 도구] 그룹-[데이터 유효성 검사]를 클릭합니다. [데이터 유효성] 대화상자의 [설정] 탭에서 [제한 대상]을 [목록]으로 선택합니다. [원본]에 **=부서명**을 입력합니다. [확인]을 클릭합니다.

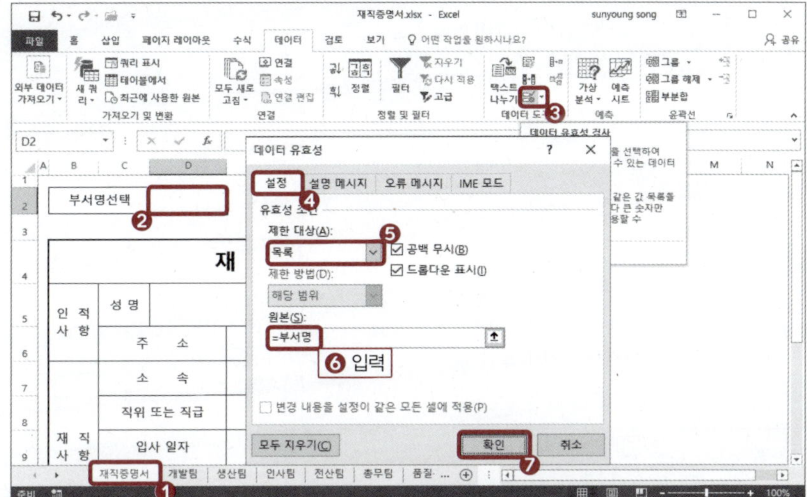

실력 향상

셀에 정의된 이름을 목록으로 설정하는 것이므로 '=이름' 형식으로 입력합니다. 유효성 검사 설정 후 셀의 목록 단추를 클릭하면 [부서명] 이름 범위, [개발팀] 시트의 [J2:J7] 셀 범위에 입력된 부서명 목록이 표시됩니다.

4 [D2] 셀의 부서 목록 중 [전산팀]을 선택합니다. 직원의 성명 목록도 표시하겠습니다. [G2] 셀을 클릭한 후 [데이터] 탭-[데이터 도구] 그룹-[데이터 유효성 검사]를 클릭합니다. [데이터 유효성] 대화상자의 [설정] 탭에서 [제한 대상]을 [목록]으로 선택합니다. [원본]에 **=INDIRECT($D$2)**를 입력합니다. [확인]을 클릭합니다.

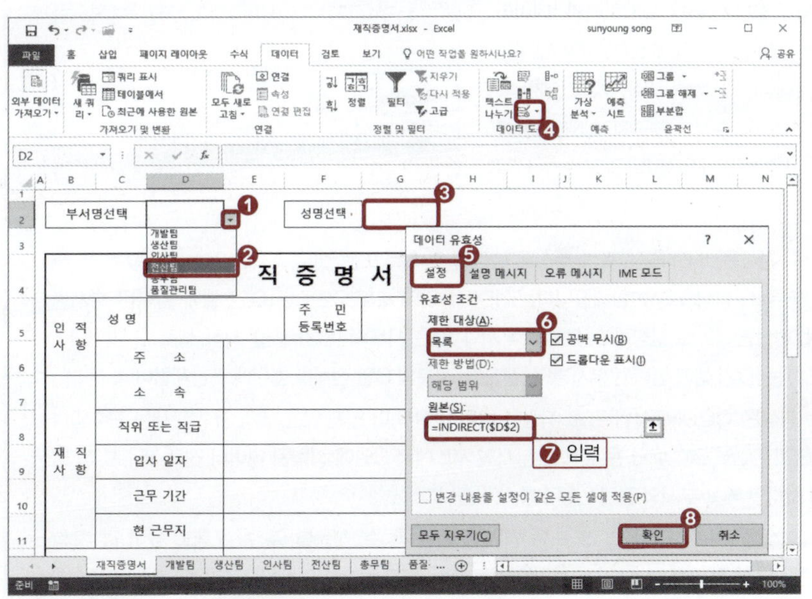

실력 향상

함수 형식은 'INDIRECT(참조할 셀)'입니다. '=INDIRECT($D$2)'로 입력하면 [D2] 셀에 입력된 '전산팀'을 참조하여 [전산팀] 이름으로 정의된 [전산팀] 시트의 [C2:C21] 셀 범위 데이터가 목록으로 표시됩니다.

실력 향상 INDIRECT 함수에서 참조하는 [D2] 셀에 부서명이 선택되어 있지 않으면 '원본은 현재 오류 상태입니다. 계속하시겠습니까?'란 오류 메시지가 표시됩니다. 이때는 [예]를 클릭하여 완료한 후 [D2] 셀에서 부서명을 선택하고 [G2] 셀에서 해당 부서의 직원 성명을 선택합니다.

5 [G2] 셀의 목록 단추를 클릭합니다. 선택한 부서의 직원 성명이 표시됩니다. 직원 이름 중 [이병태]를 선택합니다.

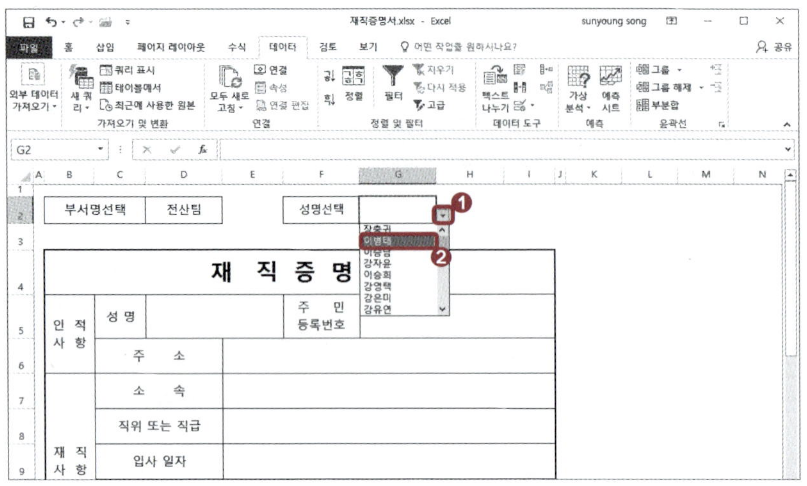

슈퍼활용 TIP ★★★★★ 이름 정의 없이 수식으로 성명 목록 가져오기

선택한 부서의 직원 성명 목록을 가져오기 위해 각 시트별 성명 범위를 이름 정의한 후 유효성 검사를 설정했습니다. 성명 범위를 이름 정의하지 않고 선택한 부서의 성명 목록을 표시하려면 [데이터 유효성] 대화상자의 [원본]에 OFFSET, INDIRECT, COUNTA 함수로 수식을 작성합니다. [데이터 유효성] 대화상자의 [제한 대상]으로 [목록]을 선택한 후 [원본]에 수식 '=OFFSET(INDIRECT (D2&"!C2"),0,0,COUNTA(INDIRECT(D2&"!C:C"))−1,1)'을 입력합니다.

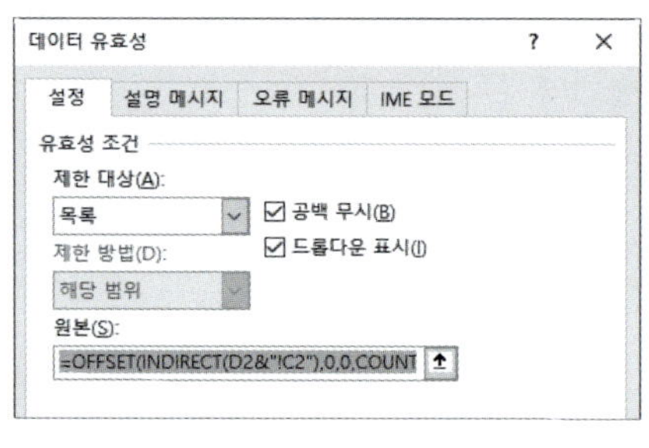

❶ **INDIRECT 함수 :** 함수 형식은 'INDIRECT(셀 주소로 변경할 텍스트 또는 셀 주소)'로, 인수에 입력된 셀 주소와 텍스트를 참조할 셀 주소 형식으로 변환해줍니다. 'INDIRECT(D2&"!C2")'는 [D2] 셀에 입력된 부서명과 [C2] 셀을 연결하여 '전산팀!C2'로 설정하고 선택한 부서와 같은 시트의 [C2] 셀을 시작 셀로 표시합니다. 'INDIRECT(D2&"!C:C")'는 [D2] 셀에 입력된 부서명인 [전산팀] 시트의 C열 전체를 범위에 포함시킵니다.

❷ **COUNTA 함수 :** 함수 형식은 'COUNTA(범위)'로 지정한 범위 안에 비어 있지 않은 셀의 개수를 세는 함수입니다. 'COUNTA(INDIRECT(D2&"!C:C"))−1'은 선택한 부서의 시트에서 C열에 입력된 데이터 전체 개수를 센 후에 1행에 입력된 머리글 하나만 빼고 부서의 전체 인원수를 세어줍니다.

❸ **OFFSET 함수 :** 함수 형식은 'OFFSET(출발 셀 또는 범위, 이동할 행 수, 이동할 열 수, 포함할 높이 값, 포함할 너비 값)'입니다. 선택한 부서 각 시트의 [C2] 셀부터(아래로 0칸, 옆으로 0칸 이동하므로 [C2] 셀이 기준 셀) COUNTA 함수로 각 부서의 인원수만큼 포함할 높이 값을 지정하고 성명 범위만 목록으로 설정하기 위해 포함할 너비 값은 1로 지정합니다.

인적 사항과 재직 사항 찾아오기

부서와 직원 성명을 선택하면 해당 직원의 인적 사항이 표시되도록 수식을 작성하겠습니다. 선택한 부서와 성명은 IF 함수를 이용하여 표시하고, 주민등록번호, 주소, 직위 또는 직급, 입사일자, 현 근무지는 VLOOKUP과 INDIRECT 함수를 이용하여 표시하는 수식을 작성하겠습니다. 또 수식 작성 시 나타나는 오류는 조건부 서식을 이용하여 표시되지 않도록 설정해보겠습니다.

6 목록에서 선택한 직원의 성명과 소속을 IF 함수로 표시하기 [D5] 셀에 **=IF(G2="","",G2)**를 입력합니다. 소속도 표시하겠습니다. [E7] 셀에 **=IF(D2="","",D2)**를 입력합니다.

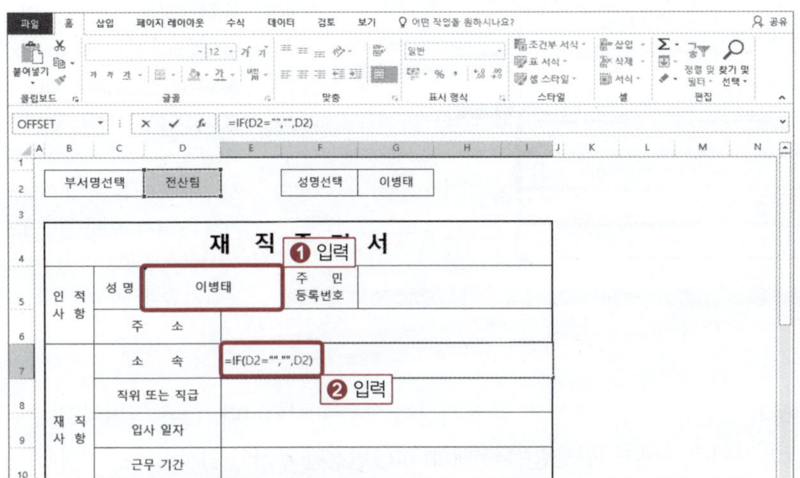

실력 향상

함수 형식은 '=IF(조건식, 참값일 때 결과 값, 거짓값일 때 결과 값)'입니다. 성명의 수식은 [G2] 셀에 성명이 선택되어 있지 않으면 빈칸으로, [G2] 셀에 성명이 선택되어 있으면 해당 성명을 표시합니다. 소속란의 수식은 [D2] 셀에 소속이 선택되어 있지 않으면 빈칸으로, [D2] 셀에 소속이 선택되어 있으면 해당 소속을 표시합니다.

7 선택한 직원의 인적 사항 표시하기 주민등록번호를 가져오겠습니다. [G5] 셀에 **=VLOOKUP(D5, INDIRECT(D2&"!C1:H100"),2,0)**을 입력합니다. 주소 데이터도 표시하겠습니다. [E6] 셀에 **=VLOOKUP(D5,INDIRECT(D2&"!C1:H100"),3,0)**을 입력합니다.

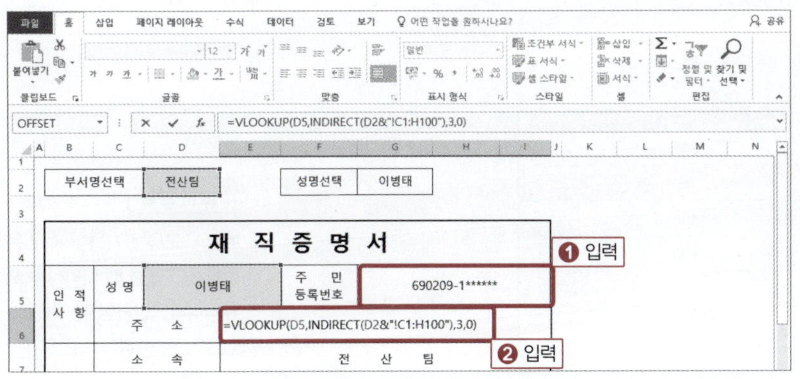

실력 향상

'INDIRECT(D2&"!C1: H100")' 수식은 [D2] 셀에 선택된 부서명인 '전산팀'과 '!C1:H100'을 연결하여 [전산팀] 시트의 [C1:H100] 셀 범위를 지정합니다. 다른 시트의 셀 범위를 입력할 때는 '시트명!셀 범위' 형식으로 입력합니다.

실력 향상 함수 형식은 '=VLOOKUP(찾을 값, 참조할 범위, 범위에서 추출할 데이터의 열 번호, 찾는 방법)'입니다. INDIRECT 함수로 지정한 [전산팀] 시트의 [C1:H100] 셀 범위 첫 열인 C열에서 [D5] 셀에 입력된 이름을 검색하여 해당 이름과 연관된 데이터 중 세 번째 열인 E열에 입력된 주소를 가져오는 수식입니다. 찾는 방법에 입력된 0은 [D5] 셀에 입력된 이름과 정확히 일치하는 값을 찾기 위한 옵션입니다.

8 직위 또는 직급을 표시하겠습니다. [E8] 셀에 **=VLOOKUP(D5,INDIRECT(D2&"!C1:H100"),4,0)**을 입력합니다. 입사 일자도 표시하겠습니다. [E9] 셀에 **=VLOOKUP(D5,INDIRECT(D2&"!C1:H100"),5,0)**을 입력합니다. 현 근무지도 표시하겠습니다. [E11] 셀에 **=VLOOKUP(D5, INDIRECT(D2&"!C1:H100"),6,0)**을 입력합니다.

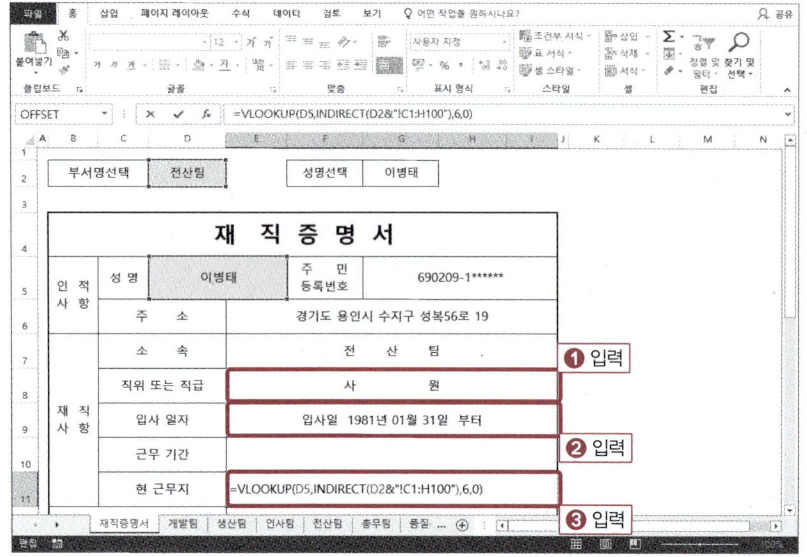

9 **재직 증명서의 오류 확인하기** 전산팀 이병태 직원의 인적 사항이 모두 표시됩니다. 다른 직원의 내용도 표시해보겠습니다. [D2] 셀의 부서 목록에서 [인사팀]을 선택합니다. 변경된 부서인 인사팀에는 이병태 직원이 없으므로 주민등록번호, 주소, 직위 또는 직급, 입사 일자, 현 근무지 등이 모두 오류로 표시됩니다.

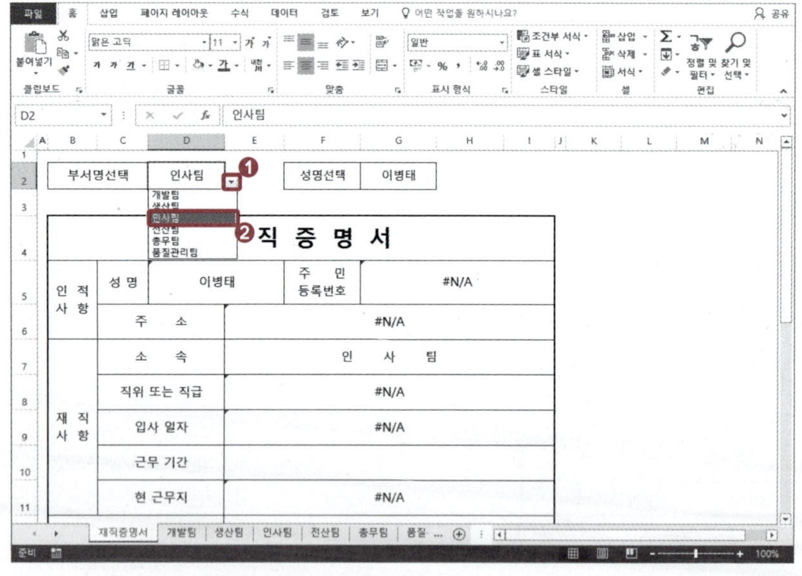

10 오류 표시가 보이지 않도록 조건부 서식에서 수식 작성하기 [B4] 셀을 클릭합니다. Ctrl + A 를 눌러 재직증명서를 선택합니다. [홈] 탭-[스타일] 그룹-[조건부 서식]-[새 규칙]을 선택합니다. [새 서식 규칙] 대화상자에서 [수식을 사용하여 서식을 지정할 셀 결정]을 선택합니다. 수식 입력란에 **=ISERROR(B4)**를 입력한 후 [서식]을 클릭합니다.

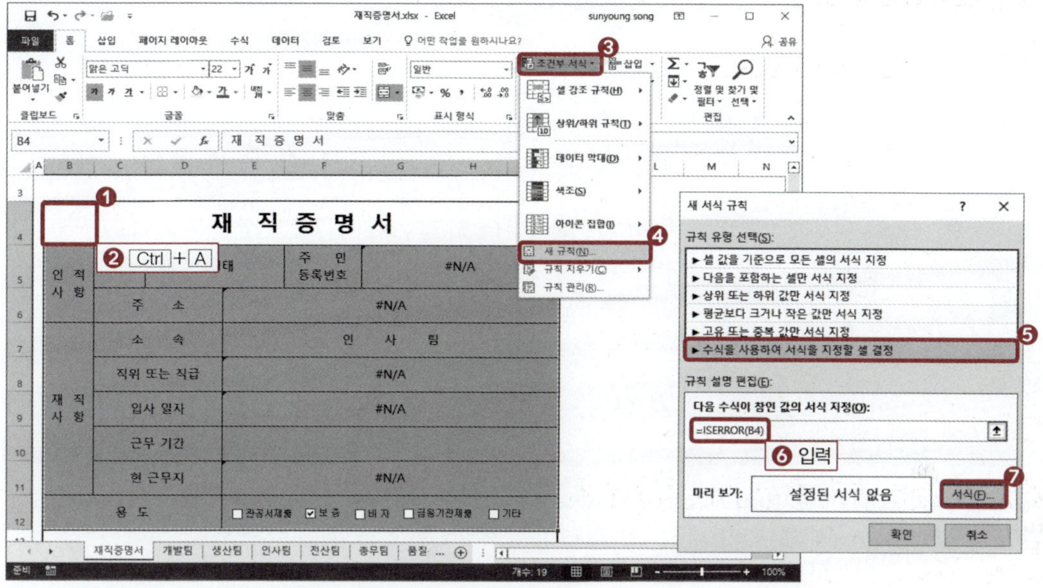

11 조건부 서식에서 서식 설정하기 [셀 서식] 대화상자에서 [글꼴] 탭을 클릭합니다. [색]을 [흰색, 배경 1] 로 선택합니다. [확인]을 클릭합니다. [새 서식 규칙] 대화상자의 [미리 보기]에 글꼴 색이 흰색으로 설정 되었습니다. [확인]을 클릭합니다.

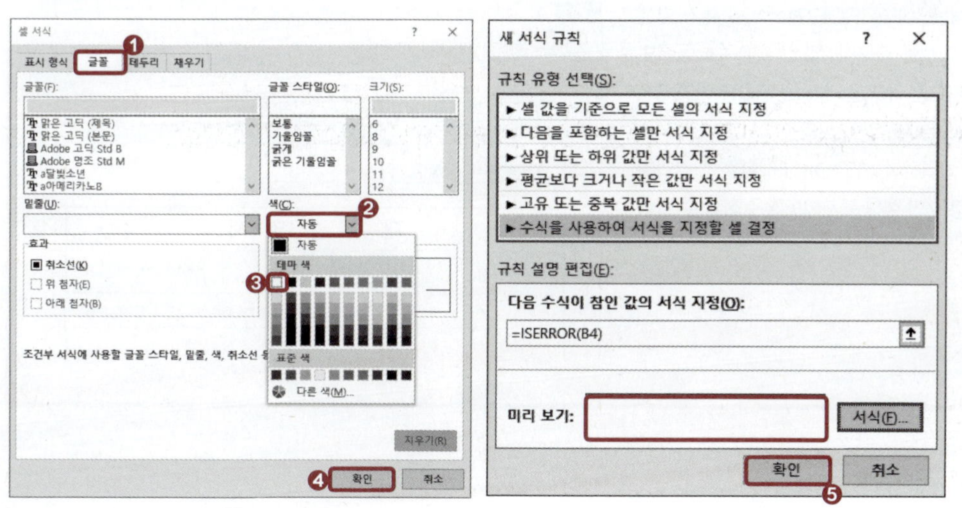

12 오류가 표시된 셀의 글꼴이 흰색으로 설정되어 화면에 표시되지 않습니다. [G2] 셀에서 인사팀 직원 목록 중 [김미선]을 선택합니다.

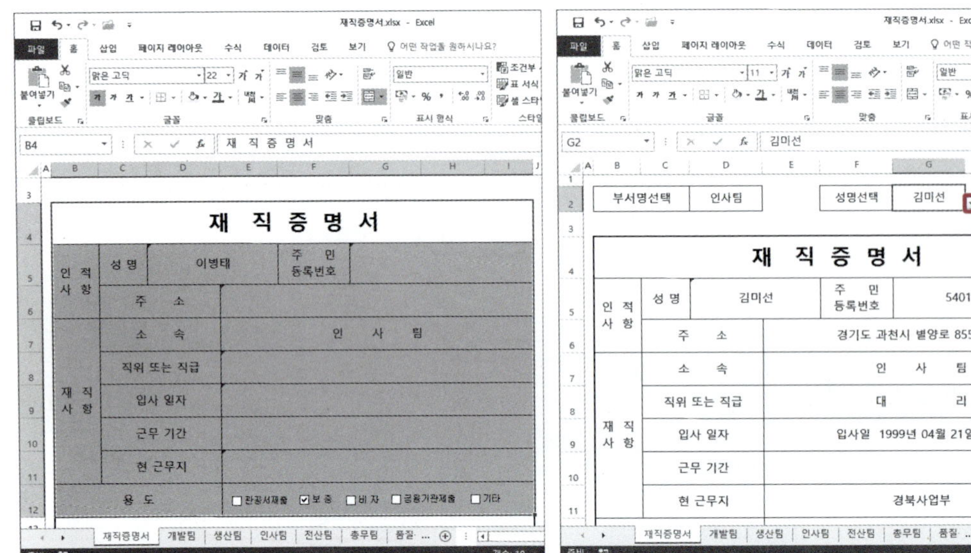

실력 향상 재직 증명서의 용도에 표시된 체크 박스는 선택 여부를 표시하기 위해 사용되는 양식 컨트롤입니다. 해당 컨트롤은 [개발 도구] 탭-[컨트롤] 그룹-[삽입]을 클릭한 후 [양식 컨트롤]에서 [확인란(양식 컨트롤)]을 삽입하여 사용합니다.

슈퍼 활용 TIP ★★★★★ 오류 대신 다른 값을 표시하는 IFERROR 함수

함수 형식은 '=IFERROR(계산식, 오류가 발생했을 때 대체할 값이나 식)'입니다. 주민등록번호를 가져오는 수식을 '=IFERROR(VLOOKUP(D5,INDIRECT(D2&"!C1:H100"),2,0),"")'으로 입력하여 VLOOKUP 함수의 결과가 오류일 경우 빈 셀이 표시되도록 수정할 수 있습니다.

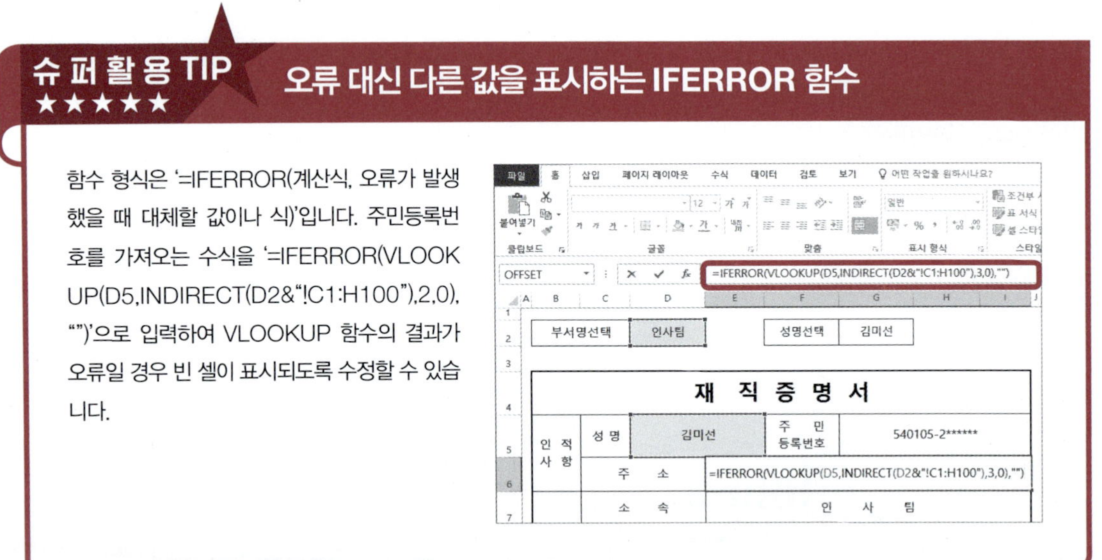

근무 기간과 재직 증명서 발급일 표시하기

DATEDIF와 TODAY 함수를 이용하여 입사 일자부터 현재 날짜까지의 근무 기간을 계산해보겠습니다. 또 완성된 재직 증명서가 용지에 맞춰 인쇄되도록 인쇄 영역도 설정하겠습니다.

13 근무 기간 계산하기 [E10] 셀에 **=DATEDIF(E9,TODAY(),"Y")&"년 "&DATEDIF(E9,TODAY(),"YM")&"개월 "&DATEDIF(E9,TODAY(),"MD")&"일"**을 입력합니다. 근무 기간이 정확히 표시됩니다.

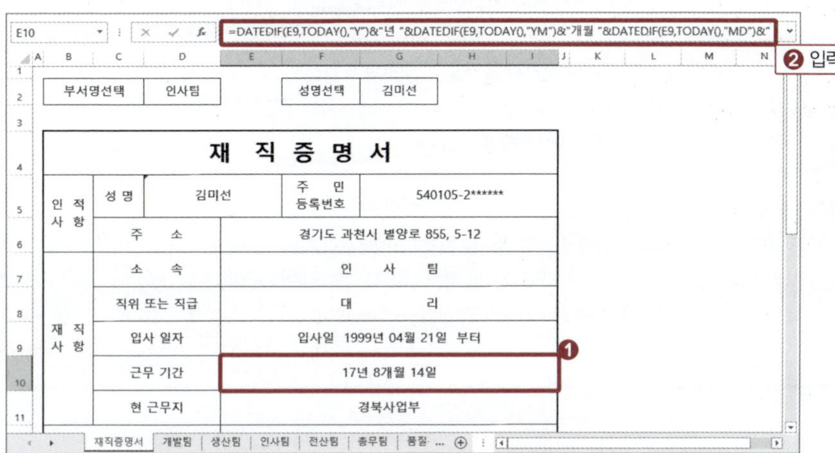

실력 향상

& 기호는 연결 연산자로 수식 결과에 문자를 추가로 표시하거나 수식 결과를 이어서 표시할 때 사용되는 연산자입니다. '=DATEDIF(E9,TODAY(),"Y")&"년"'을 입력하면 경과된 연도 뒤에 "년" 문자가 붙어서 결과가 표시됩니다.

실력 향상 함수 형식은 'DATEDIF(시작 날짜, 종료 날짜, 옵션)'입니다. 첫 번째로 사용된 '=DATEDIF(E9,TODAY(),"Y")' 수식은 [E9] 셀에 입력된 입사 일자를 시작 날짜로, TODAY() 함수를 이용하여 현재 날짜를 종료 날짜로 옵션 "Y"에 맞추어 경과된 연수를 구해줍니다. 두 번째로 사용된 'DATEDIF(E9,TODAY(),"YM")' 수식은 입사 날짜에서 현재 날짜까지 경과된 연수를 제외하고 경과된 개월 수만 구해줍니다. 세 번째로 사용된 'DATEDIF(E9,TODAY(),"MD")' 수식은 입사 날짜에서 현재 날짜까지 경과된 연수와 경과된 개월 수를 제외하고 일수를 구해줍니다.

14 재직 증명서가 발급되는 날짜 표시하기 [B17] 셀에 **=TODAY( )**를 입력합니다.

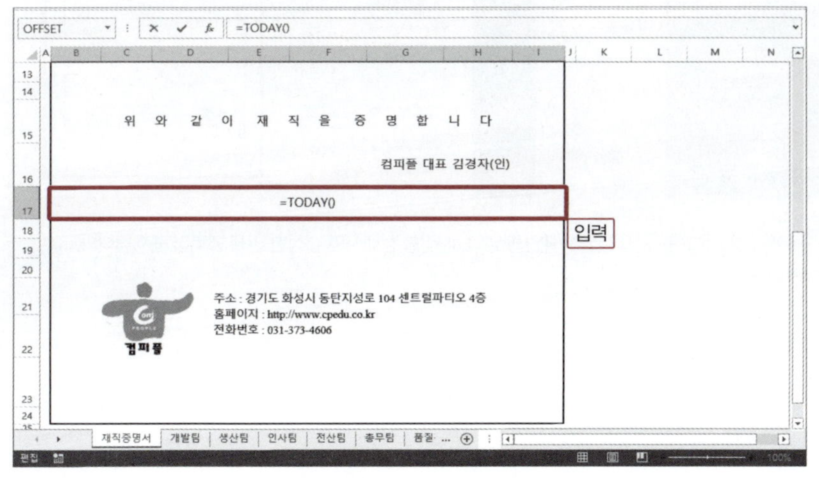

실력 향상

'=TODAY()'는 인수 없이 사용되는 함수로 현재 날짜를 알려줍니다. 발급날짜가 '2017년 01월 17일' 형식으로 표시되도록 [셀 서식] 대화상자의 [사용자 지정] 형식에는 'yyyy년 mm월 dd일'이 설정되어 있습니다.

날짜 사이의 경과된 일수는 종료 날짜에서 시작 날짜를 빼서 간단하게 확인할 수 있습니다. 하지만 경과된 일이 정확히 몇 년, 몇 개월, 며칠이 걸렸는지는 구할 수 없습니다. DATEDIF 함수는 옵션에 따라 시작 날짜와 종료 날짜 사이의 경과 연수, 경과 개월 수, 경과 일수를 구할 수 있습니다. DATEDIF 함수는 라이브러리에 없는 함수이므로 셀에 함수식을 직접 입력합니다.

함수 형식	=DATEDIF(Start_date, End_date, Return_type) =DATEDIF(시작 날짜, 종료 날짜, 옵션)
인수	• Start_date : 시작 날짜를 지정합니다. 종료 날짜보다 이전 날짜가 입력되어야 합니다. • End_date : 종료 날짜를 지정합니다. 시작 날짜보다 이후 날짜가 입력되어야 합니다. • Return_type : 어떤 종류의 기간을 구할 것인지 옵션을 지정합니다. 옵션은 "Y", "M", "D", "YM", "YD", "MD"로 총 여섯 가지 항목이며 큰따옴표("")로 묶어서 입력하고 대소문자는 구분하지 않습니다. ① "Y" : 시작 날짜에서 종료 날짜 사이에 경과된 연수를 구합니다. ② "M" : 시작 날짜에서 종료 날짜 사이에 경과된 개월 수를 구합니다. ③ "D" : 시작 날짜에서 종료 날짜 사이에 경과된 일수를 구합니다. ④ "YM" : 시작 날짜에서 종료 날짜 사이에 경과된 연도를 빼고 나머지 경과 개월 수를 구합니다. ⑤ "YD" : 시작 날짜에서 종료 날짜 사이에 경과된 연도를 빼고 나머지 경과 일수를 구합니다. ⑥ "MD" : 시작 날짜에서 종료 날짜 사이에 경과된 연도와 개월 수를 빼고 나머지 경과 일수를 구합니다.

15 인쇄 영역 설정하기 [B4:I24] 셀 범위를 선택합니다. [페이지 레이아웃] 탭–[페이지 설정] 그룹–[인쇄 영역]–[인쇄 영역 설정]을 선택합니다. [파일] 탭–[인쇄]를 선택합니다. 인쇄 미리 보기에서 인쇄되는 모양을 확인합니다.

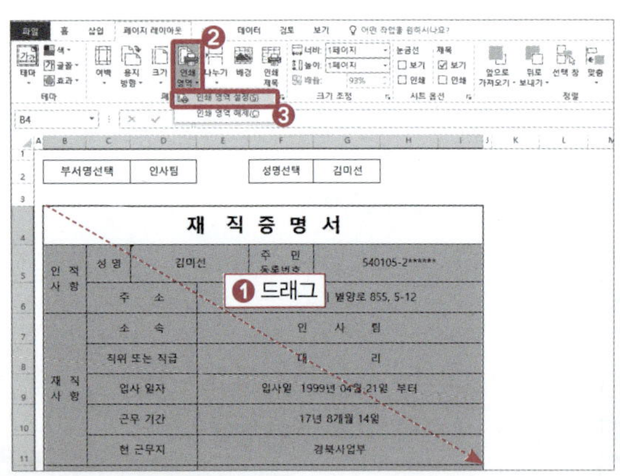
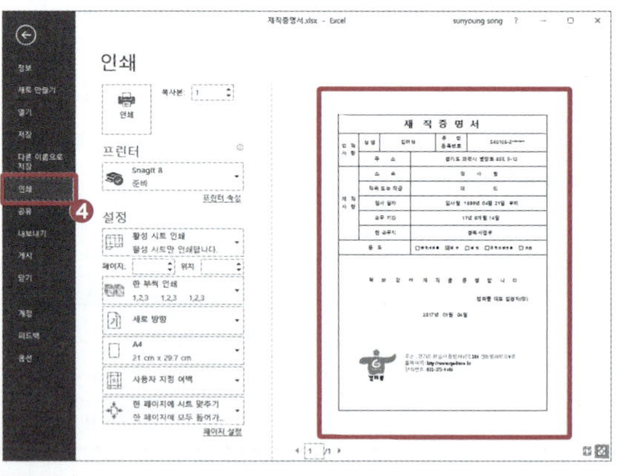

실력 향상　[페이지 레이아웃] 탭–[페이지 설정] 그룹–[인쇄 영역]–[인쇄 영역 해제]를 선택하면 설정한 인쇄 영역이 해제됩니다.

연도와 월을 선택했을 때 자동으로 작성되는 당직계획표 만들기

실습 파일 | PART 02 \ CHAPTER 03 \ 당직계획표.xlsx　　**완성 파일** | PART 02 \ CHAPTER 03 \ 당직계획표(완성).xlsx

✔ 프로젝트 시작하기

연도와 월을 선택하면 선택한 연도, 월에 맞는 제목과 해당 월의 마지막 날짜까지 표시되는 당직계획표를 작성해보겠습니다. 연도와 월은 유효성 검사를 이용하여 목록 형태로 표시하고, 목록에서 연도와 월을 선택하면 해당 연도와 월이 제목으로 표시되도록 수식을 작성하겠습니다. 또 연도와 월에 맞추어 날짜와 요일이 표시되도록 DATE 함수와 수식을 입력하고 [셀 서식]의 대화상자 [사용자 지정]에서 표시 형식을 변경해보겠습니다. 연, 월에 맞추어 작성된 당직계획표에 IF와 WEEKDAY 함수로 조건부 서식을 설정하여 토요일, 일요일은 색상으로 구분하여 표시하고, 조건부 서식에 EOMONTH 함수로 수식을 작성하여 마지막 날짜까지만 당직계획표에 표시되도록 작성하겠습니다. 이 프로젝트에서는 날짜 관련 함수의 활용 방법과 조건부 서식을 이용해 자동 서식을 지정하는 방법에 대해 알아볼 수 있습니다.

회사에서 바로 통하는 키워드 ▶

유효성 검사, ROW, DATE, 표시 형식, IF, WEEKDAY, EOMONTH, 조건부 서식

✔ 프로젝트 미리 보기

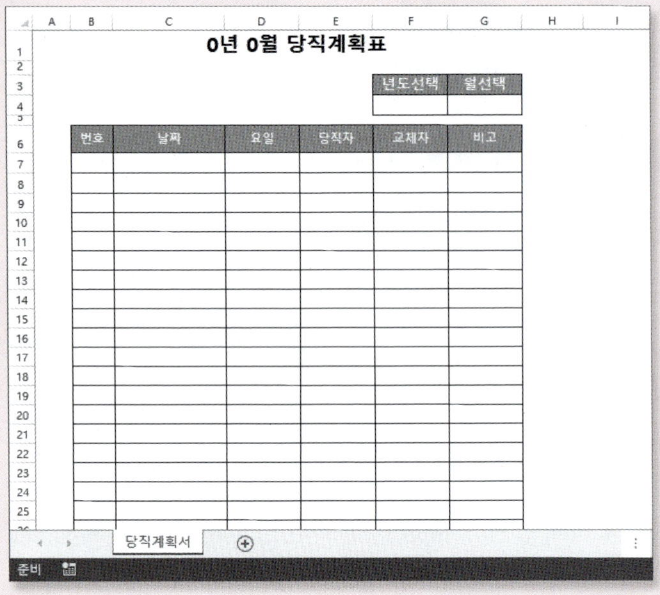

The second screenshot:

번호	날짜	요일	당직자	교체자	비고

2017년 2월 당직 계획표

			년도선택	월선택	
			2017년	2월	

번호	날짜	요일	당직자	교체자	비고
1	02월 01일	수			
2	02월 02일	목			
3	02월 03일	금			
4	02월 04일	토			
5	02월 05일	일			
6	02월 06일	월			
7	02월 07일	화			
8	02월 08일	수			
9	02월 09일	목			
10	02월 10일	금			
11	02월 11일	토			
12	02월 12일	일			
13	02월 13일	월			
14	02월 14일	화			
15	02월 15일	수			
16	02월 16일	목			
17	02월 17일	금			
18	02월 18일	토			
19	02월 19일	일			
20	02월 20일	월			

당직계획서

✔ 핵심기능 미리 보기

STEP 01

연도와 월 목록을 설정하고 제목 표시하기

❶ 유효성 검사의 [제한 대상]을 [목록]으로 설정한 후 연도는 2017, 2018, 2019를, 월은 1, 2, 3, 4, 5, 6, 7, 8, 9, 10, 11, 12를 목록으로 설정합니다.

❷ 목록에서 선택한 연도와 월이 제목에 표시되도록 수식을 작성합니다.

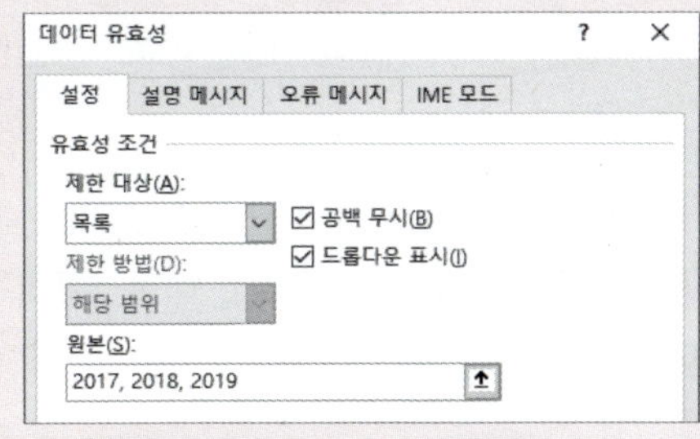

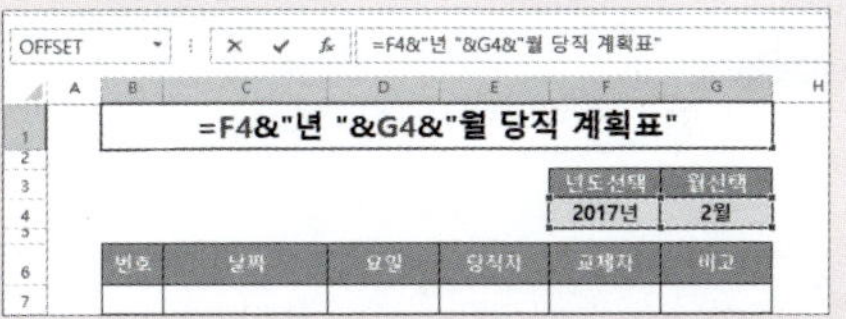

STEP 02

번호 매긴 후 날짜 표시하기

❶ ROW 함수를 이용하여 당직계획표의 번호를 입력합니다.

❷ 선택한 연도와 선택한 월의 첫 시작 날짜는 DATE 함수로, 나머지 날짜는 일반 계산식으로 수식을 작성합니다.

❸ 셀 서식의 사용자 지정 형식에서 날짜와 요일 표시 형식을 지정합니다.

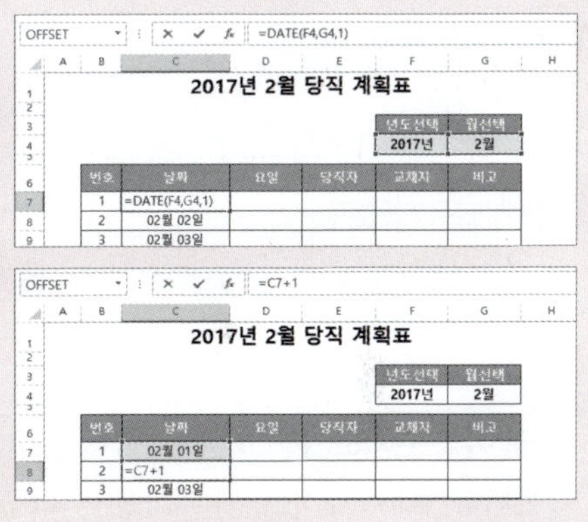

STEP 03

주말을 구분하고 매월 마지막 날짜까지만 표시하기

❶ 주말인 토요일과 일요일에는 색상이 다르게 표시되도록 조건부 서식에 OR, WEEKDAY 함수로 수식을 작성합니다.

❷ 선택한 월의 마지막 날짜까지만 표시되도록 조건부 서식에 EOMONTH 함수로 수식을 작성합니다.

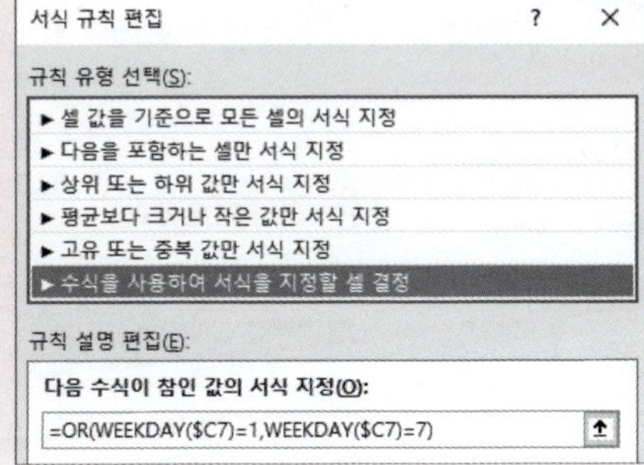

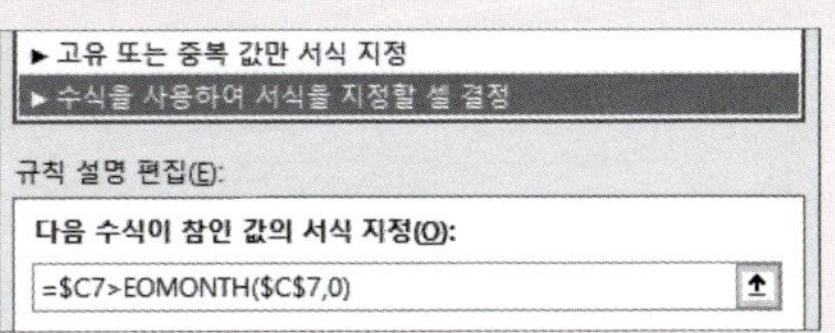

연도와 월 목록을 설정하고 제목 표시하기

연도와 월은 유효성 검사를 이용하여 목록으로 설정하고 선택한 연도와 월을 포함해 '2017년 2월 당직 계획표' 형태로 제목이 표시되도록 수식을 작성하겠습니다.

1 연도 목록 표시하기 [F4] 셀을 클릭합니다. [데이터] 탭-[데이터 도구] 그룹-[데이터 유효성 검사]를 클릭합니다. [데이터 유효성] 대화상자의 [설정] 탭에서 [제한 대상]을 [목록]으로 선택합니다. [원본]에 **2017, 2018, 2019**를 입력한 후 [확인]을 클릭합니다.

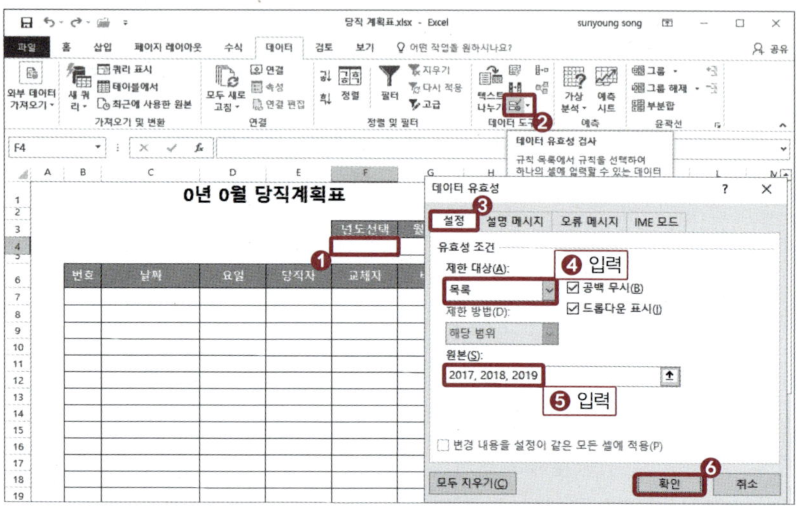

2 월 목록 표시하기 [G4] 셀을 클릭합니다. [데이터] 탭-[데이터 도구] 그룹-[데이터 유효성 검사]를 클릭합니다. [데이터 유효성] 대화상자의 [설정] 탭에서 [제한 대상]을 [목록]으로 선택합니다. [원본]에 **1, 2, 3, 4, 5, 6, 7, 8, 9, 10, 11, 12**를 입력한 후 [확인]을 클릭합니다.

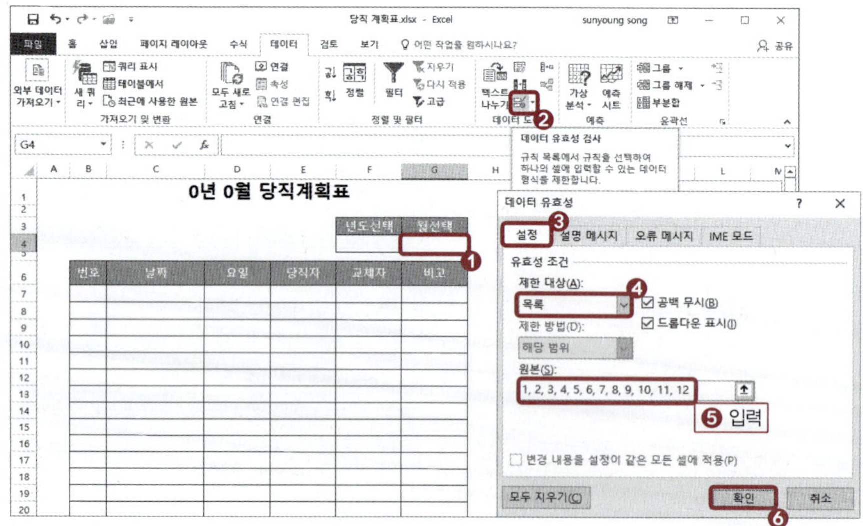

3 선택한 연도와 월, 제목에 표시하기 [F4] 셀의 목록 단추를 클릭한 후 [2017]년을 선택합니다. [G4] 셀의 목록 단추를 클릭한 후 [2]월을 선택합니다. 제목에 표시될 수식을 작성하겠습니다. [B1] 셀에 **=F4&"년 "&G4&"월 당직계획표"**를 입력합니다.

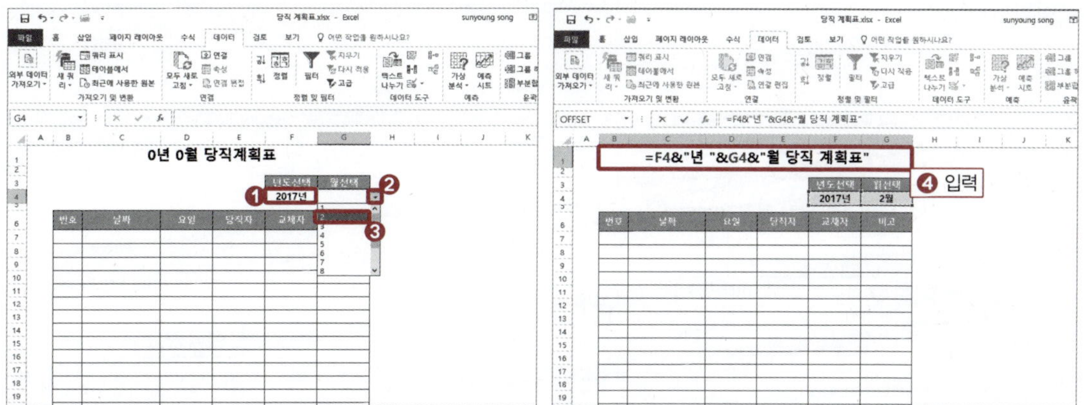

실력 향상 연도를 선택하면 '2017년' 형식으로 표시되도록 [셀 서식] 대화상자의 [사용자 지정]에는 '0년' 형식이 설정되어 있고, 월을 선택하면 '2월' 형식으로 표시되도록 '0월' 형식이 설정되어 있습니다.

STEP 02 번호 매긴 후 날짜 표시하기

목록에서 선택한 연도와 선택한 월에 맞는 날짜와 요일이 표시되도록 당직계획표를 작성해보겠습니다. 먼저 ROW 함수로 번호를 매긴 후 DATE 함수를 이용하여 해당 월의 첫 날짜를 표시하겠습니다. 첫 날짜에 1을 더한 일반 연산자로 수식을 작성하여 나머지 날짜를 계산하고 셀 서식의 사용자 지정 서식을 이용하여 입력된 날짜의 표시 형식을 변경해보겠습니다.

4 당직계획표에 번호 입력하기 [B7] 셀에 **=ROW()-6**을 입력합니다. [B7] 셀의 채우기 핸들을 [B37] 셀까지 드래그하여 수식을 복사합니다.

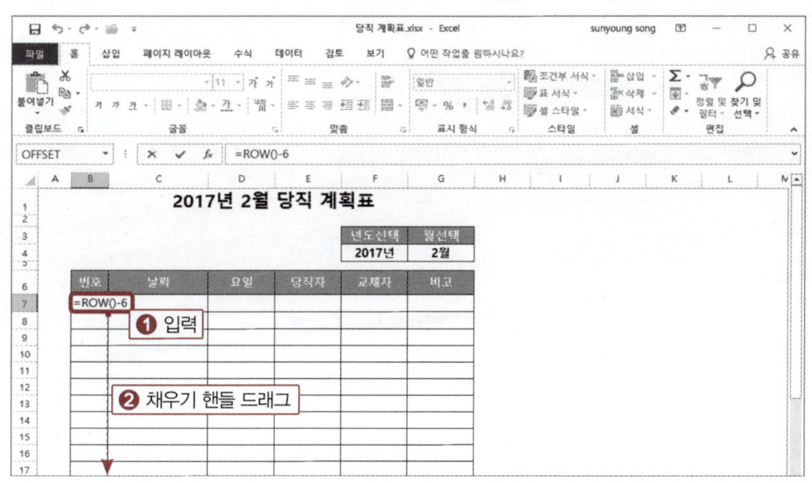

실력 향상

ROW 함수는 행 번호를 알려주는 함수입니다. [B7] 셀의 행 번호가 7이므로 7에서 6을 빼서 1부터 표시되도록 수식을 작성합니다.

5 **선택한 연도와 월의 첫 날짜를 표시하는 수식 작성하고 서식 설정하기** [C7] 셀에 **=DATE(F4,G4,1)**을 입력합니다. 첫 날짜가 표시된 [C7] 셀에서 마우스 오른쪽 버튼을 클릭합니다. [셀 서식]을 선택한 후 [셀 서식] 대화상자의 [표시 형식] 탭에서 [사용자 지정]을 선택합니다. [형식]에 **mm월 dd일**을 입력한 후 [확인]을 클릭합니다.

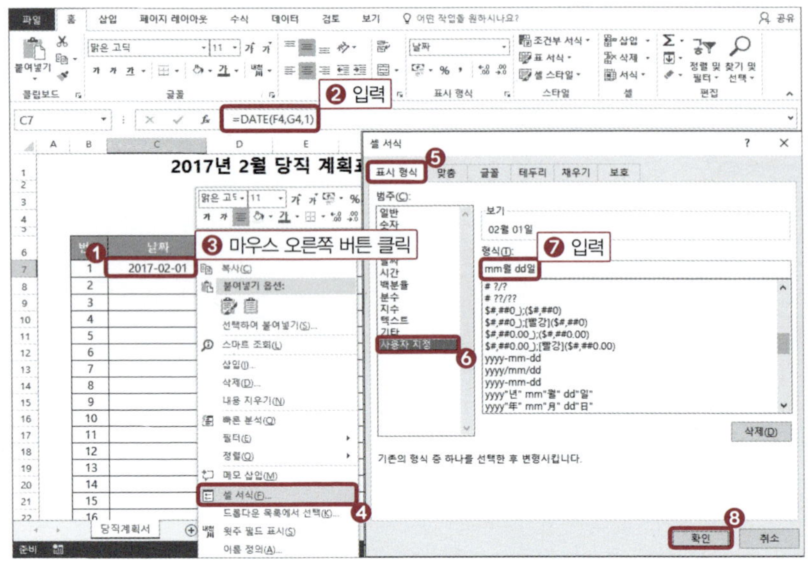

> **실력 향상**
>
> 날짜 표시 형식은 y(년), m(월), d(일), a(한글 요일)를 이용하여 형식을 지정할 수 있으며 대소문자는 구분하지 않습니다. 'mm월 dd일'로 표시 형식을 지정하면 '02월 04일'로 월, 일이 두 자리에 맞춰 표시됩니다.

> **실력 향상** 함수 형식은 'DATE(년, 월, 일)'입니다. [F4] 셀에 입력된 숫자를 '년'으로, [G4] 셀에 입력된 숫자를 '월'로, 1을 '일'로 인식하여 날짜 형식으로 표시합니다.

6 **요일을 표시할 날짜 입력하고 서식 설정하기** [D7] 셀에 **=C7**를 입력합니다. [D7] 셀에서 마우스 오른쪽 버튼을 클릭합니다. [셀 서식]을 선택한 후 [셀 서식] 대화상자의 [표시 형식] 탭에서 [사용자 지정]을 선택합니다. [형식]란에 **AAA**를 입력한 후 [확인]을 클릭합니다.

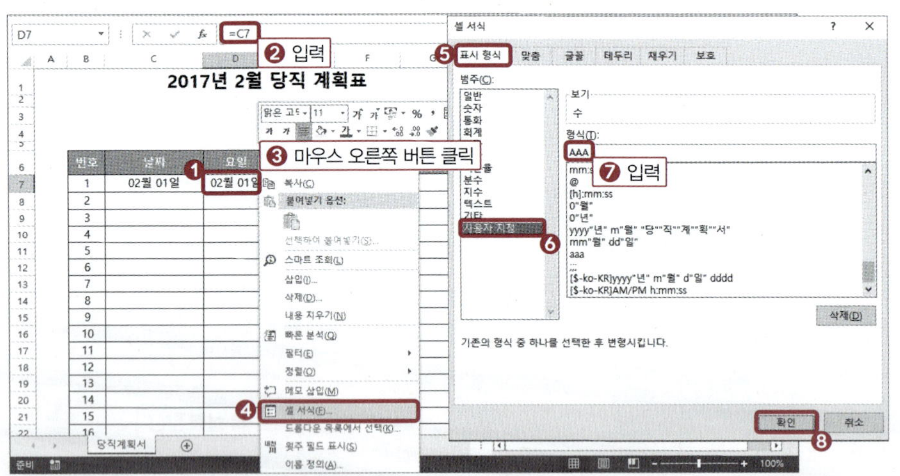

> **실력 향상** [D7] 셀은 [C7] 셀에 입력된 날짜의 요일이 표시되어야 하므로 동일한 날짜를 셀에 입력합니다. 연결된 셀의 서식을 그대로 가져오므로 요일에 맞는 서식으로 수정합니다. 'AAA'로 표시 형식을 지정하면 '토' 형식으로 표시되고, 'AAAA'로 표시 형식을 지정하면 '토요일' 형식으로 표시됩니다.

7 첫 날을 제외한 나머지 날짜와 요일 표시하기 [C8] 셀에 **=C7+1**을 입력합니다. [C8] 셀의 채우기 핸들을 더블클릭하여 수식을 복사합니다. 요일도 모두 표시하겠습니다. [D7] 셀의 채우기 핸들을 더블클릭하여 수식을 복사합니다.

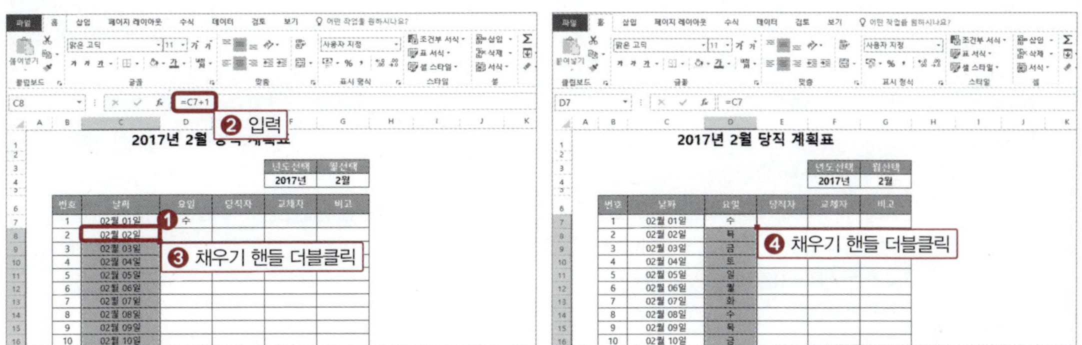

주말을 구분하고 매월 마지막 날짜까지만 표시하기

당직계획표는 선택한 연도, 월의 날짜와 요일이 표시되어 있습니다. 날짜 중 주말인 토요일과 일요일은 OR과 WEEKDAY 함수로 조건부 서식을 설정하여 색상으로 구분하겠습니다. 선택한 월의 마지막 날짜까지만 표시되도록 EOMONTH 함수로 조건부 서식을 설정하여 당직계획표를 완성하겠습니다.

8 주말은 다른 색으로 구분하여 표시되도록 조건부 서식의 수식 작성하기 [B7:G37] 셀 범위를 선택합니다. [홈] 탭-[스타일] 그룹-[조건부 서식]-[새 규칙]을 선택합니다. [새 서식 규칙] 대화상자에서 [수식을 사용하여 서식을 지정할 셀 결정]을 선택합니다. 수식 입력란에 **=OR(WEEKDAY($C7)=1,WEEKDAY($C7)=7)**을 입력한 후 [서식]을 클릭합니다.

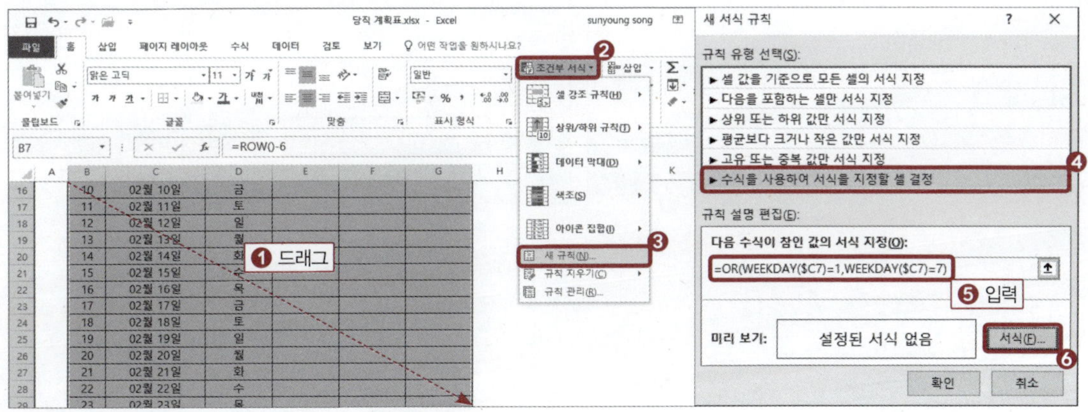

실력 향상 WEEKDAY 함수 형식은 'WEEKDAY(날짜 데이터, 옵션)'으로, 선택한 날짜의 요일을 숫자로 표시해줍니다. C열의 7행부터 37행까지 일요일인지, 토요일인지 확인하기 위해 '$C7' 열 고정 혼합 참조로 입력하고 옵션을 생략하여 1(일요일)~7(토요일)을 결과로 표시합니다. OR 함수는 여러 비교식을 인수로 입력하여 비교식 중 하나라도 만족되면 TRUE라는 결과를 반환하는 함수입니다. 해당 날짜의 요일을 WEEKDAY 함수로 확인하여 요일이 1(일요일)이거나 7(토요일)인 경우 서식이 적용되도록 수식을 작성합니다.

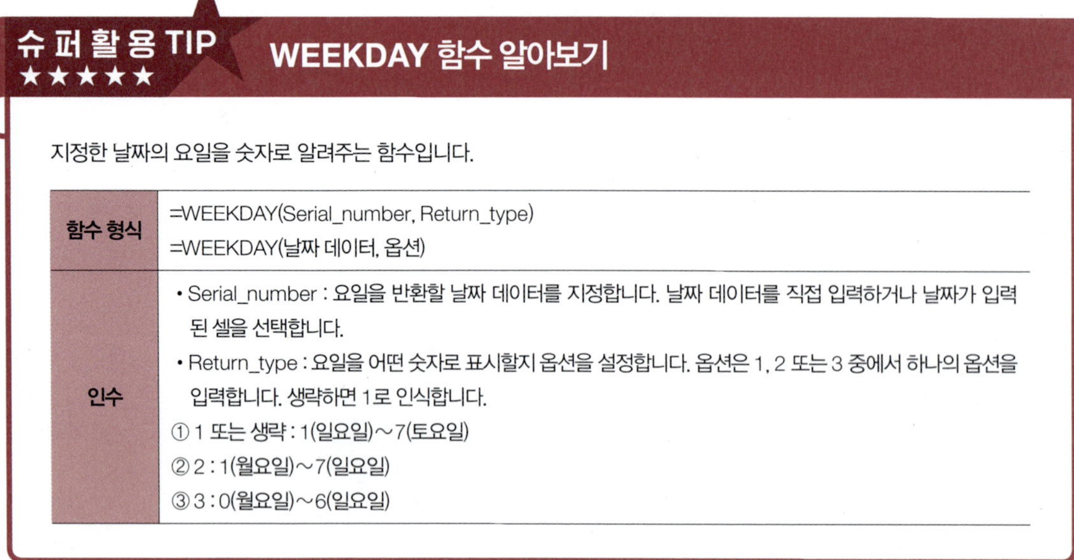

9 조건부 서식의 서식 설정하기 [셀 서식] 대화상자에서 [채우기] 탭을 클릭합니다. [배경색]으로 [연한 자주색]을 선택합니다. [확인]을 클릭합니다. [새 서식 규칙] 대화상자의 [미리 보기]에 서식이 설정되었습니다. [확인]을 클릭합니다.

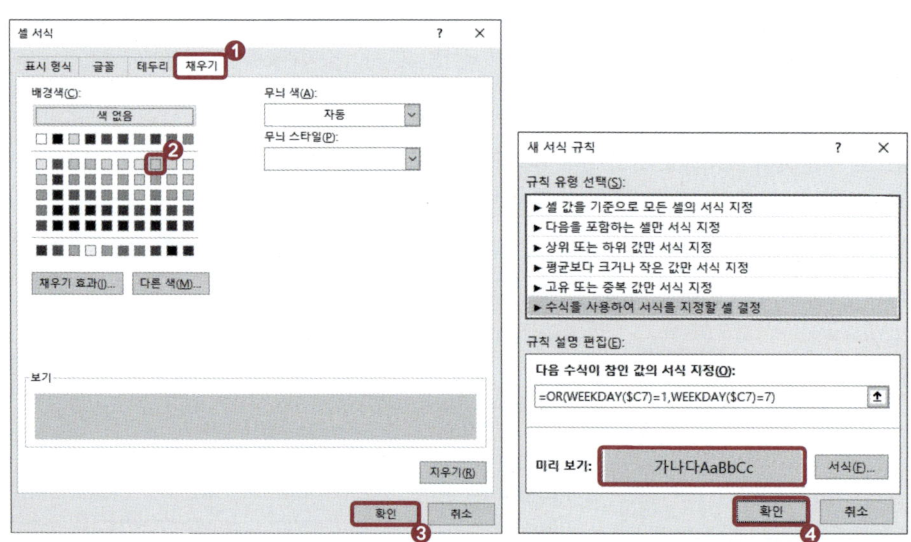

10 선택한 월의 말일까지만 표시되도록 조건부 서식의 수식 작성하기 [B7:G37] 셀 범위가 선택된 상태에서 [홈] 탭–[스타일] 그룹–[조건부 서식]–[새 규칙]을 선택합니다. [새 서식 규칙] 대화상자에서 [수식을 사용하여 서식을 지정할 셀 결정]을 선택합니다. 수식 입력란에 **=$C7>EOMONTH($C$7,0)**을 입력한 후 [서식]을 클릭합니다.

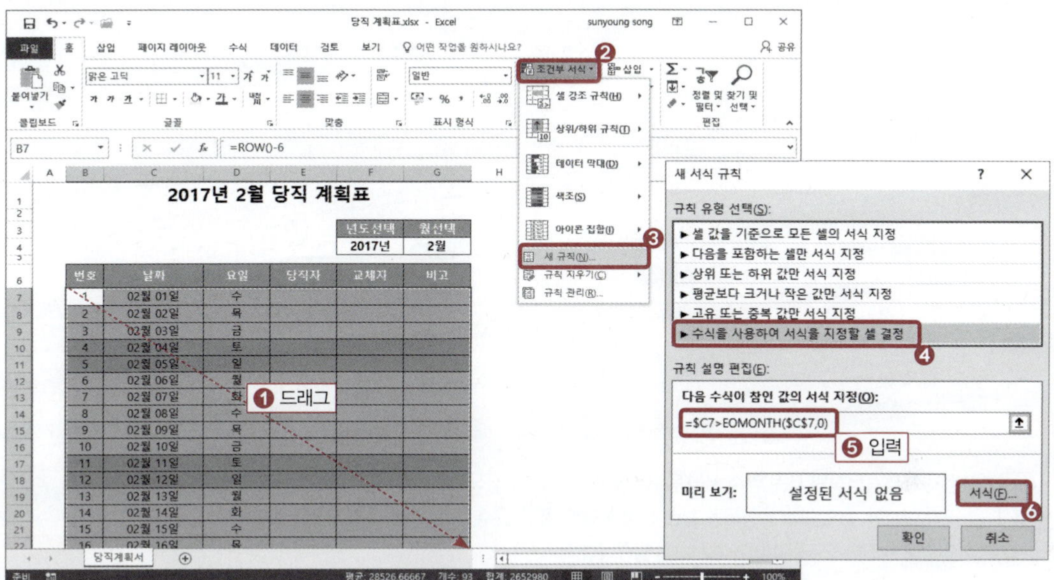

실력 향상 함수 형식은 'EOMONTH(날짜 데이터, 이전/이후 개월 수)'입니다. 'EOMONTH($C$7,0)'을 입력하면 현재 선택한 날짜에 0개월을 더한 당월의 마지막 날짜를 알려줍니다. '=$C7>EOMONTH($C$7,0)' 수식은 C열의 선택된 날짜가 당월 마지막 날짜보다 큰 경우, 즉 다음 달 날짜이면 서식이 적용되도록 작성된 수식입니다.

슈퍼활용 TIP ★★★★★ EOMONTH 함수 알아보기

지정한 날짜에서부터 몇 개월 전의 날짜나 몇 개월 후의 날짜를 구하는 함수로 항상 원하는 월의 마지막 날짜를 표시합니다. 예를 들어 '=EOMONTH(2월 날짜, 1)'을 입력하면 2월의 1개월 후인 3월의 마지막 날짜 3월 31일을 표시하고 '=EOMONTH(2월 날짜, −1)'을 입력하면 2월의 1개월 전인 1월의 마지막 날짜 1월 31일을 표시합니다.

함수 형식	=EOMONTH(Start_date, Months) =EOMONTH(시작 날짜, 더하거나 뺄 개월 수)
인수	• Start_date : 시작 날짜를 지정합니다. • Months : 시작 날짜에서 구하고자 하는 이전 개월 수나 이후 개월 수를 지정합니다.

11 조건부 서식의 셀 서식 설정하기 [셀 서식] 대화상자의 [표시 형식] 탭에서 [사용자 지정]을 선택합니다. [형식]에 ;;;를 입력합니다. [테두리] 탭을 클릭합니다. [선]에서 [스타일]을 [없음]으로 선택한 후 위쪽 테두리를 제외한 [왼쪽], [오른쪽], [아래쪽] 테두리를 각각 클릭하여 테두리를 [없음]으로 설정합니다.

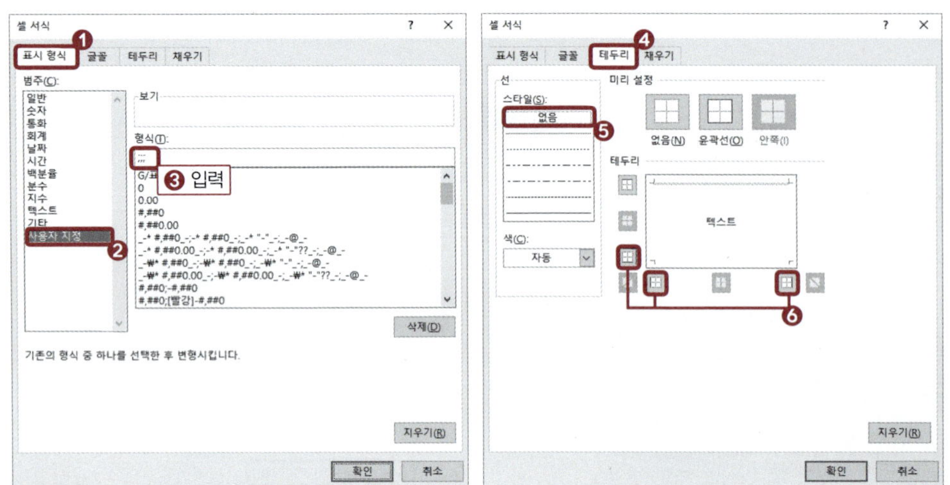

실력 향상 [사용자 지정]−[형식]에서는 '양수 서식;음수 서식;0 서식;문자 서식'으로 양수, 음수, 숫자 0, 문자에 대한 서식을 각각 설정할 수 있습니다. 형식을 ';;;'로 설정할 경우 양수, 음수, 0, 문자에 대한 서식을 아무것도 입력하지 않았으므로 오류 값을 제외한 모든 데이터가 표시되지 않습니다.

실력 향상 테두리 설정 시 다음 달 날짜는 테두리를 없애고 해당 월 마지막 날짜의 아래쪽 테두리는 그대로 남겨두어야 합니다. 왼쪽, 오른쪽, 아래쪽 테두리는 보이지 않도록 설정하지만 위쪽 테두리는 마지막 위쪽 행에 적용된 서식을 따라가도록 기존 설정을 그대로 유지합니다.

12 [셀 서식] 대화상자에서 [채우기] 탭을 클릭한 후 [배경색]으로 [색 없음]을 선택합니다. [확인]을 클릭합니다. [새 서식 규칙] 대화상자의 [미리 보기]에서 서식이 없는 것을 확인한 후 [확인]을 클릭합니다. 2017년 2월의 마지막 날짜인 2월 28일까지 표시되고 주말은 다른 색으로 구분되는 당직계획표가 완성됩니다.

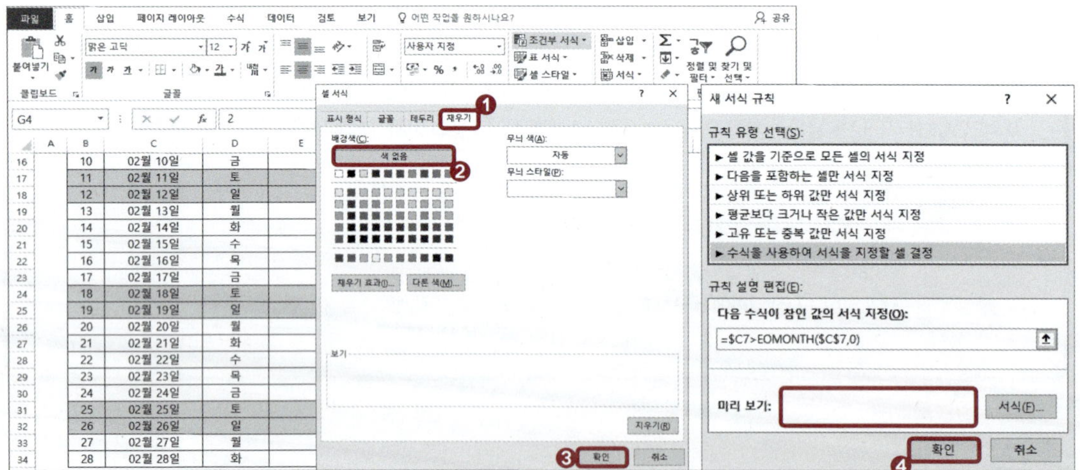

선택한 분기의 실적만 조회하는
자동분석표 만들기

실습 파일 | PART 02 \ CHAPTER 03 \ 분기별 매출분석.xlsx   **완성 파일** | PART 02 \ CHAPTER 03 \ 분기별 매출분석(완성).xlsx

☑ 프로젝트 시작하기

2017년의 사업부별 연간 매출실적 데이터가 있습니다. 사업부별로 1월~12월의 실적이 모두 한 시트에 입력되어 있어 한눈에 파악하기 힘듭니다. 각 사업부의 분기별 매출실적을 파악하고 분석하기 위해 [분기별분석] 시트에 분석표를 작성해보겠습니다. 우선 [년간실적] 시트의 데이터에 SUMIF 함수를 이용하여 사업부의 월별 합계를 구하고 자동 합계를 이용하여 사업부 제품군의 년간 합계를 구한 매출실적표를 완성하겠습니다. [분기별분석] 시트에서 분석할 분기는 양식 컨트롤의 콤보 상자를 삽입해 선택할 수 있도록 서식을 설정하고 콤보 상자에서 조회할 분기를 선택하면 선택한 분기에 해당하는 월이 표시되도록 CHOOSE 함수로 수식을 작성하겠습니다. 각 월의 실적 데이터는 [년간실적] 시트에서 찾아 확인할 수 있도록 OFFSET 함수를 사용하고 분기별 합계와 평균, 상반기/하반기 합계는 자동 합계를 이용하여 매출분석표를 완성하겠습니다.

회사에서 바로 통하는 키워드

SUMIF, 자동 합계, 양식 컨트롤의 콤보 상자, CHOOSE, OFFSET

✓ 프로젝트 미리 보기

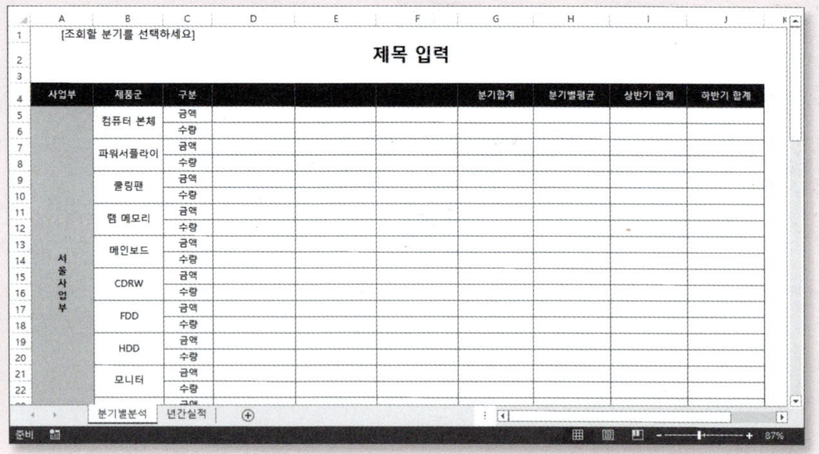

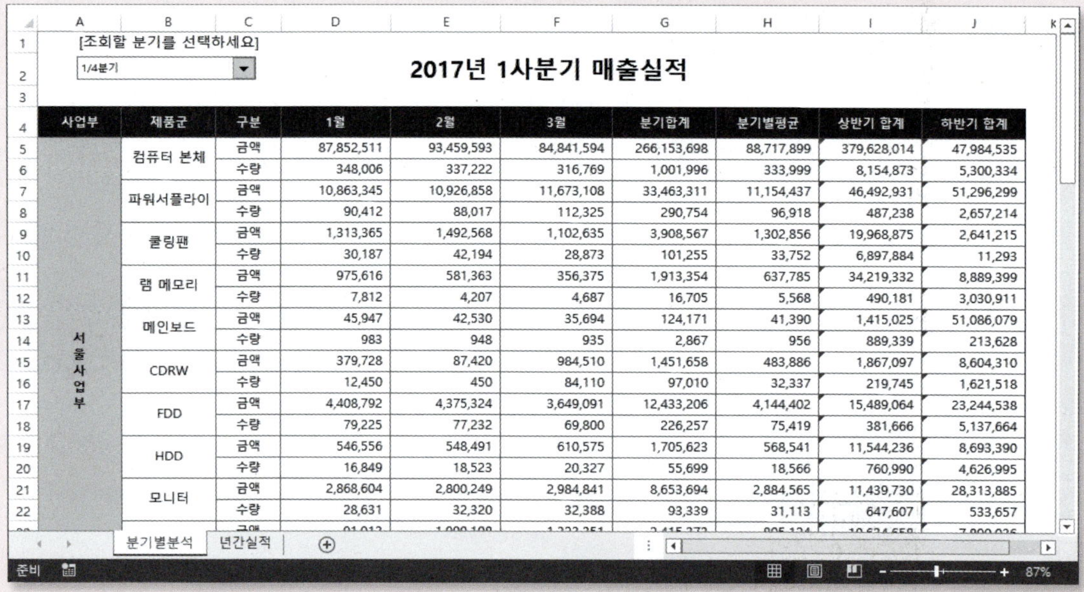

✅ 핵심기능 미리 보기

사업부별 연간 실적 집계하기

❶ 각 사업부의 월별 금액 합계와 수량의 합계를 구하기 위해 SUMIF 함수로 수식을 작성합니다.

❷ [D5:P74] 셀 범위를 선택한 후 [수식] 탭-[함수 라이브러리] 그룹-[자동 합계]를 클릭하여 각 사업부제품군의 1월~12월의 매출실적 합계를 구합니다.

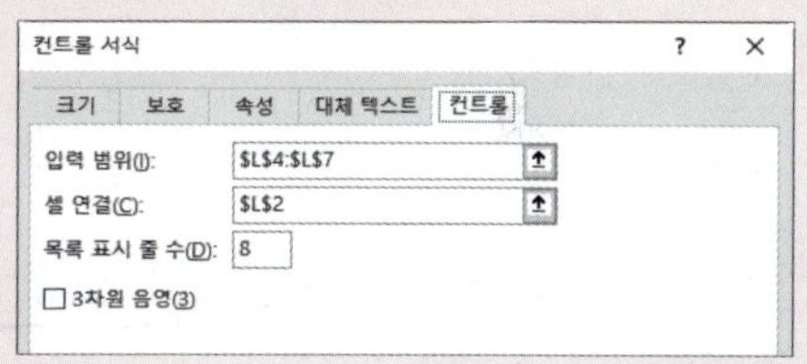

콤보 상자로 분기 목록 표시하고 제목 만들기

❶ [개발 도구] 탭-[컨트롤] 그룹-[삽입]-[콤보 상자(양식 컨트롤)]을 선택한 후 '[조회할 분기를 선택하세요.]' 아래쪽에 드래그하여 삽입합니다.

❷ 삽입된 콤보 상자의 [컨트롤 서식] 대화상자에서 입력 범위와 연결할 셀을 각각 지정합니다.

❸ 1사분기가 선택되면 선택한 분기가 포함되어 '2017년 1사분기 매출실적'으로, 2사분기가 선택되면 '2017년 2사분기 매출실적'으로 제목이 자동 변경될 수 있도록 수식을 작성합니다.

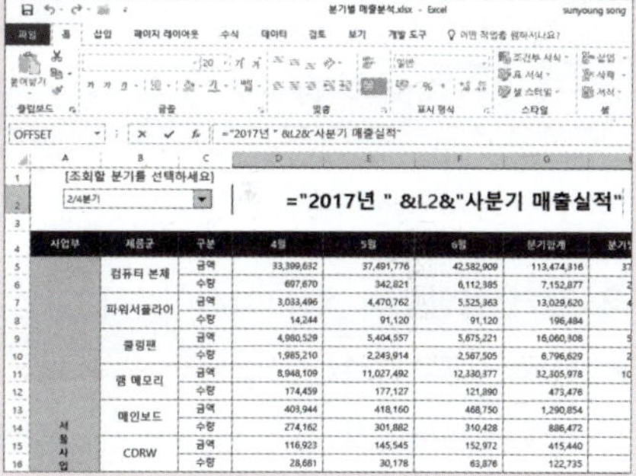

선택한 분기의 월 표시하고 해당 월의 실적 데이터 가져오기

❶ 선택한 분기에 해당하는 월이 [D4:F4] 셀 범위에 표시되도록 CHOOSE 함수를 이용하여 수식을 작성합니다.

❷ 표시된 월의 사업부별 실적 데이터를 [년간 실적] 시트에서 찾아 표시하도록 OFFSET 함수를 이용하여 수식을 작성합니다.

❸ 표시된 분기의 합계와 평균, 상반기와 하반기 합계를 SUM 함수로 구합니다.

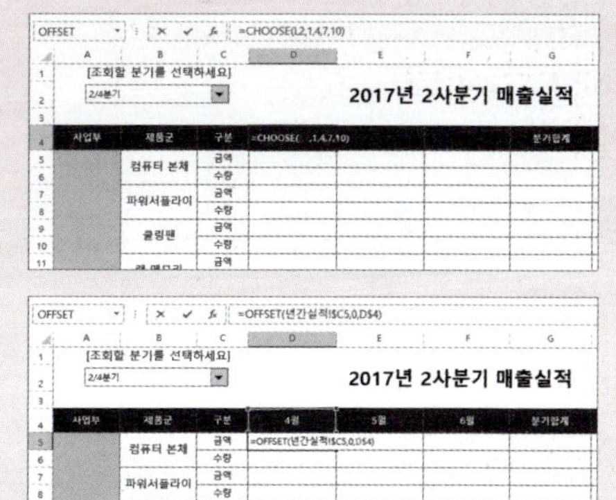

사업부별 연간 실적 집계하기

[년간실적] 시트의 사업부별 금액과 수량의 매출 합계를 SUMIF 함수를 이용하여 구하고 사업부별 제품의 1월~12월의 매출 합계는 SUM 함수를 이용하여 구해보겠습니다.

1 사업부별 금액과 수량의 합계 구하기 [년간실적] 시트를 선택합니다. [D27] 셀에 **=SUMIF($C$5:$C$26, $C27,D$5:D$26)**을 입력합니다. [D27] 셀의 채우기 핸들을 [D28] 셀까지 드래그하여 수식을 복사합니다. [D27:D28] 셀 범위가 선택된 상태에서 채우기 핸들을 오른쪽으로 드래그하여 [O27:O28] 셀까지 수식을 복사합니다.

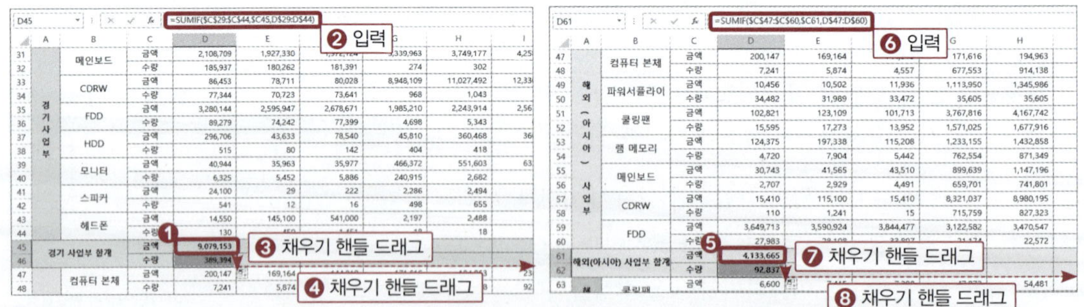

실력 향상

함수 형식은 'SUMIF(조건을 찾을 범위, 조건, 합계를 구할 범위)'입니다. [C5:C26] 셀 범위에 입력된 금액과 수량 중 [C27] 셀에 입력된 금액과 같으면 금액에 해당하는 값을 [D5:D26] 셀 범위에서 찾아 합에 포함합니다.

2 경기 사업부와 해외(아시아) 사업부의 매출 합계를 구해보겠습니다. [D45] 셀에 **=SUMIF($C$29:$C$44,$C45,D$29:D$44)**를 입력한 후 [D45] 셀의 채우기 핸들을 [D46] 셀까지 드래그하여 수식을 복사합니다. [D45:D46] 셀 범위가 선택된 상태에서 채우기 핸들을 오른쪽으로 드래그하여 [O45:O46] 셀까지 수식을 복사합니다. [D61] 셀에 **=SUMIF($C$47:$C$60,$C61,D$47:D$60)**를 입력한 후 [D61] 셀의 채우기 핸들을 [D62] 셀까지 드래그하여 수식을 복사합니다. [D61:D62] 셀 범위가 선택된 상태에서 채우기 핸들을 오른쪽으로 드래그하여 [O61:O62] 셀까지 수식 복사합니다.

실력 향상 SUMIF 함수를 이용하여 [C29:C44] 셀 범위에 입력된 금액과 수량 중 [C45] 셀에 입력된 금액과 같으면 금액에 해당하는 값을 [D29:D44] 셀 범위에서 찾아 경기 사업부의 합계를 구합니다. [C47:C60] 셀 범위에 입력된 금액과 수량 중 [C61] 셀에 입력된 금액과 같으면 금액에 해당하는 값을 [D47:D60] 셀 범위에서 찾아 해외(아시아) 사업부의 합계를 구합니다.

3 해외(유럽) 사업부의 매출 합계도 구해보겠습니다. [D73] 셀에 **=SUMIF($C$63:$C$72,$C73,D$63 :D$72)**를 입력한 후 [D73] 셀의 채우기 핸들을 [D74] 셀까지 드래그하여 수식을 복사합니다. 수식 복사 후 마지막 행의 서식이 변경됩니다. [채우기 옵션]을 클릭한 후 [서식 없이 채우기]를 선택합니다. [D73:D74] 셀 범위가 선택된 상태에서 채우기 핸들을 오른쪽으로 드래그하여 [O73:O74] 셀까지 수식을 복사합니다.

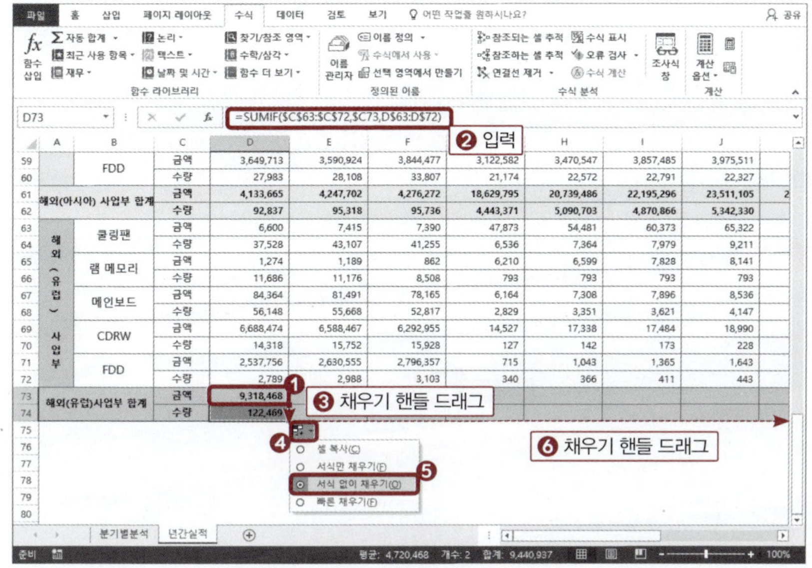

4 2017년 전체 매출 합계 구하기 [D5] 셀을 클릭한 후 Ctrl + Shift + ↓을 눌러 맨 아래쪽 데이터까지 선택합니다. Ctrl + Shift + →를 눌러 맨 오른쪽 데이터까지 선택한 후 Shift + →를 한 번 더 눌러 오른쪽으로 한 칸을 더 선택합니다. [D5:P74] 셀 범위가 선택된 상태에서 [수식] 탭-[함수 라이브러리] 그룹-[자동 합계]를 클릭합니다.

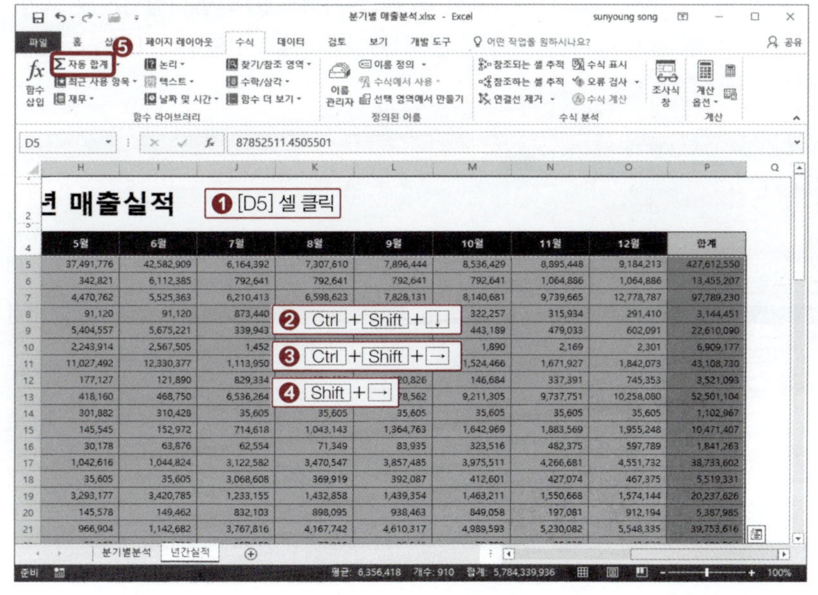

콤보 상자로 분기 목록 표시하고 제목 만들기

1년간의 데이터를 분기별로 구분해볼 수 있도록 조회할 분기를 양식 컨트롤의 콤보 상자로 만들어 목록에서 분기를 선택해보겠습니다. 또 목록에서 분기를 선택하면 해당 분기에 맞추어 제목이 표시되도록 수식을 작성하겠습니다.

5 [개발 도구] 메뉴 추가하기 콤보 상자와 같은 양식 컨트롤은 [개발 도구] 메뉴가 있어야 사용할 수 있습니다. [개발 도구] 메뉴를 표시해보겠습니다. [파일] 탭-[옵션]을 선택합니다. [Excel 옵션] 대화상자에서 [리본 사용자 지정]을 선택합니다. [리본 메뉴 사용자 지정] 항목에서 [개발 도구]를 선택한 후 [확인]을 클릭합니다.

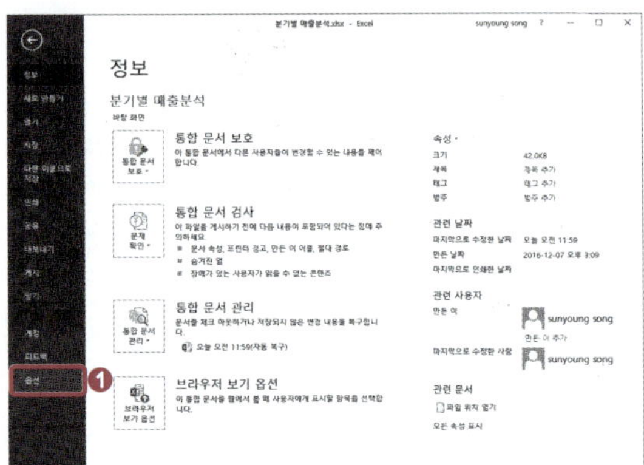
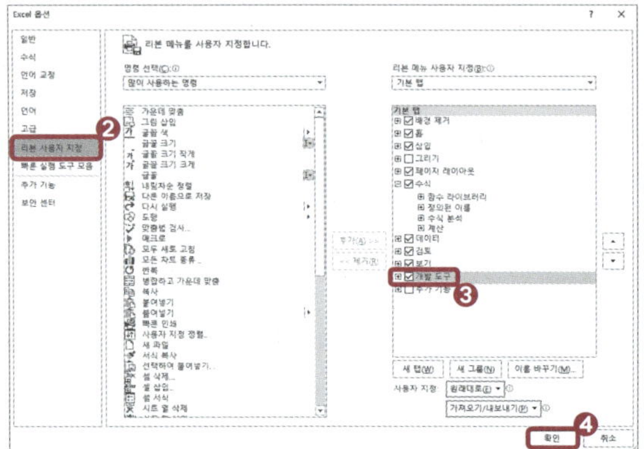

실력 향상 [개발 도구] 메뉴는 기본으로 제공되는 메뉴가 아니므로 필요할 때 [리본 메뉴 사용자 지정] 항목에서 [개발 도구] 메뉴에 체크 표시하여 사용합니다. [개발 도구] 메뉴는 한 번만 표시해주면 그 후에는 계속 표시됩니다.

6 콤보 상자 삽입하기 [분기별실적] 시트를 선택합니다. [개발 도구] 탭-[컨트롤] 그룹-[삽입]-[콤보 상자(양식 컨트롤)]을 선택합니다. 선택한 콤보 상자를 '[조회할 분기를 선택하세요]' 텍스트 아래에 드래그하여 삽입합니다.

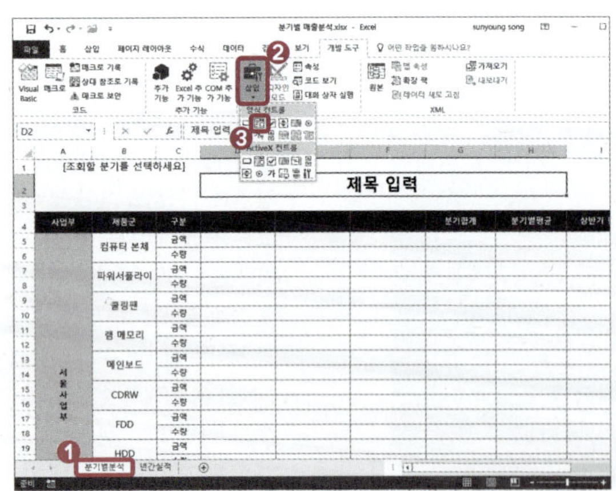
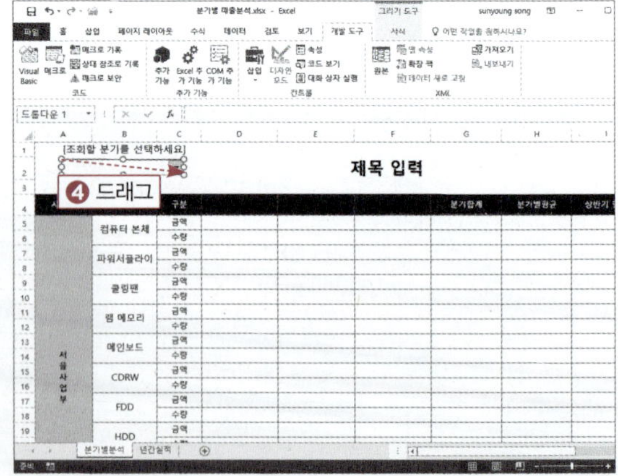

[개발 도구] 탭–[컨트롤] 그룹–[삽입]을 클릭하면 [양식 컨트롤]과 [ActiveX 컨트롤] 목록을 확인할 수 있습니다. 양식 컨트롤은 [컨트롤 서식] 메뉴에서 여러 가지 옵션 및 셀 연결을 설정할 수 있으며 연결된 셀에 입력된 값을 함수 또는 수식으로 다양하게 표현할 수 있습니다. ActiveX 컨트롤은 비주얼 베이식 편집기 창에서 VBA 코드와 함께 주로 사용됩니다.

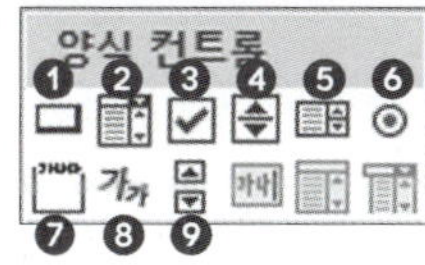

❶ **단추(양식 컨트롤)** : 단추에 매크로를 연결하여 매크로를 손쉽게 실행할 때 주로 사용됩니다.

❷ **콤보 상자(양식 컨트롤)** : 셀 범위와 연결하여 데이터를 목록 형태로 제공합니다. 목록 단추를 클릭하여 여러 목록을 확인할 수 있으며 하나의 데이터만 선택합니다.

❸ **확인란(양식 컨트롤)** : 체크 표시 또는 체크 표시를 해제해 선택 여부를 정할 때 사용합니다.

❹ **스핀 단추(양식 컨트롤)** : 수직 또는 수평으로 스핀 단추를 추가할 수 있으며 숫자 값의 증가/감소를 표현할 때 사용합니다.

❺ **목록 상자(양식 컨트롤)** : 셀 범위와 연결하여 데이터를 목록 형태로 제공합니다. 여러 목록을 한꺼번에 확인할 수 있으며 여러 데이터를 선택할 수 있습니다.

❻ **옵션 단추(양식 컨트롤)** : 옵션 단추는 그룹 상자 안에 여러 개의 옵션 단추를 삽입한 후 여러 개의 옵션 단추 중 하나만 선택하고자 할 때 사용합니다.

❼ **그룹 상자(양식 컨트롤)** : 옵션 단추 등 여러 개의 컨트롤을 하나의 그룹으로 묶을 때 사용합니다.

❽ **레이블(양식 컨트롤)** : 텍스트 상자를 개체 형태로 표현할 때 사용합니다.

❾ **스크롤 막대(양식 컨트롤)** : 수직 또는 수평으로 스크롤 막대를 추가할 수 있으며 숫자 값의 증가/감소를 큰 폭으로 표시하거나 현재 위치를 나타낼 때 사용합니다.

7 콤보 상자 설정하기 삽입한 콤보 상자에서 마우스 오른쪽 버튼을 클릭하여 [컨트롤 서식]을 선택합니다. [컨트롤 서식] 대화상자의 [컨트롤] 탭에서 [입력 범위]에 **$L$4:$L$7**, [셀 연결]에 **$L$2**를 입력합니다. [확인]을 클릭합니다.

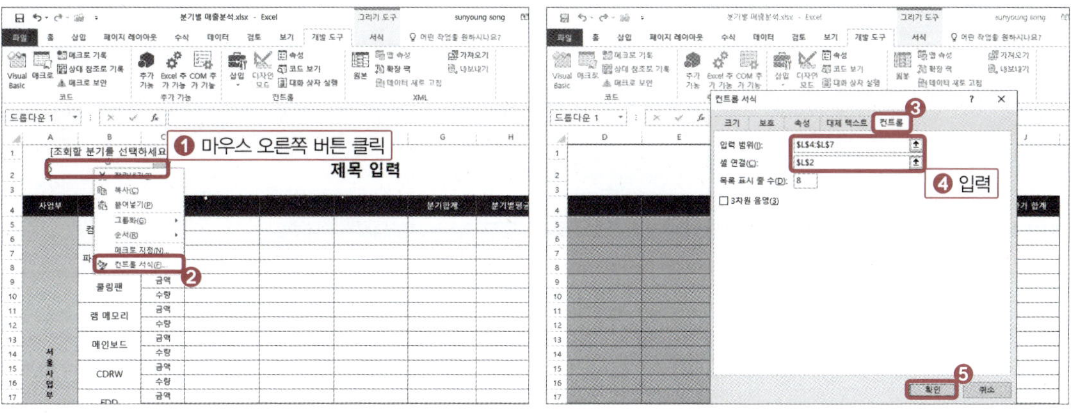

실력 향상 [컨트롤 서식] 대화상자의 [입력 범위]에는 콤보 상자의 목록 단추를 클릭했을 때 표시될 목록이 입력된 셀 범위를 지정합니다. [셀 연결]에는 콤보 상자의 목록에서 선택한 값의 순번이 표시될 셀을 지정합니다.

8 콤보 상자의 목록 표시 및 셀 연결 확인하기 콤보 상자의 목록 단추를 클릭하면 네 개의 분기가 표시됩니다. [3/4분기]를 클릭합니다. 선택한 분기의 위치 값이 [L2] 셀에 입력됩니다.

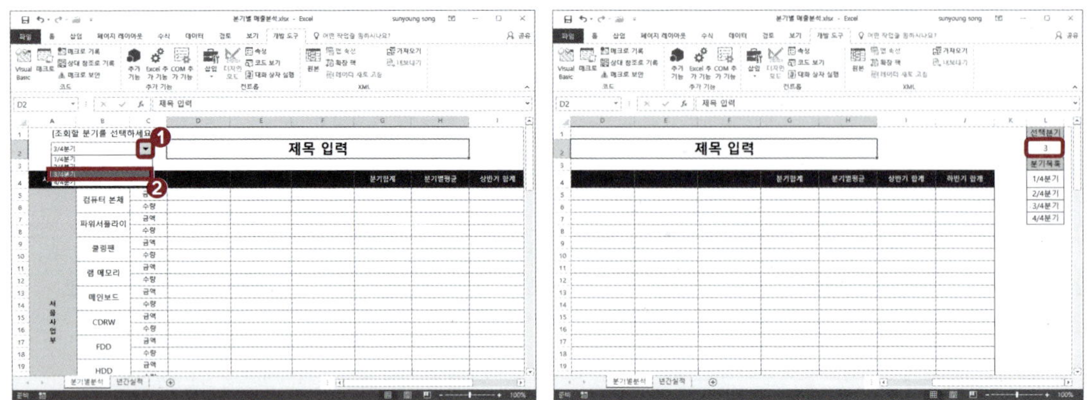

선택한 분기의 순서가 [L2] 셀에 표시됩니다. 3/4분기는 목록 중 세 번째에 위치해 있으므로 [L2] 셀에 3이 표시됩니다.

9 선택한 분기를 포함해 제목 표시하기 [D2] 셀을 클릭한 후 제목으로 입력된 문자를 삭제하고 **="2017년 "&L2&"사분기 매출실적"**을 입력합니다. 콤보 상자의 목록 단추를 클릭하여 [2/4분기]를 선택합니다. 선택한 분기가 포함되어 제목으로 표시됩니다.

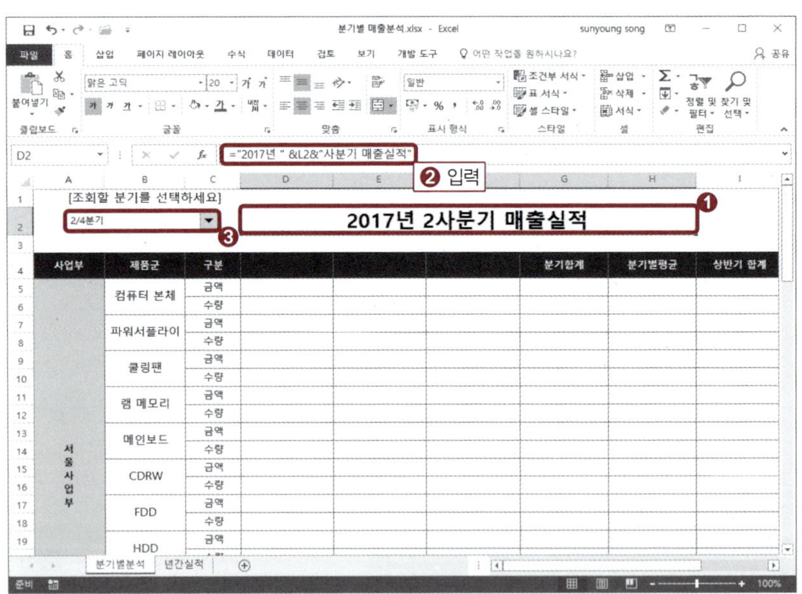

10 분기 목록이 입력된 열 숨기기 L열을 선택합니다. 마우스 오른쪽 버튼을 클릭한 후 [숨기기]를 선택하여 분기와 선택 분기를 숨깁니다.

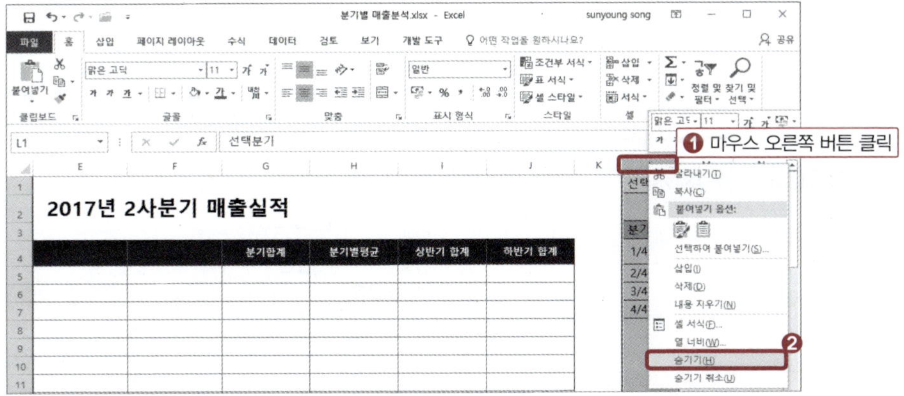

선택한 분기의 월 표시하고 해당 월의 실적 데이터 가져오기

콤보 상자에서 선택한 분기에 포함된 월만 표시되도록 CHOOSE 함수로 수식을 작성하고 표시된 월의 매출실적 데이터를 확인할 수 있도록 OFFSET 함수로 연관 데이터를 가져와 표시하겠습니다. 또 분기별 합계와 평균, 상반기와 하반기 매출실적 합계도 구하여 분기별 매출실적 보고서를 완성하겠습니다.

11 선택한 분기에 포함된 월 표시하기 콤보 상자에서 선택한 분기의 첫 번째 월이 표시되도록 [D4] 셀에 **=CHOOSE(L2,1,4,7,10)**을 입력합니다. 콤보 상자에서 선택한 분기의 두 번째와 세 번째 월도 표시해보겠습니다. [E4] 셀에 **=CHOOSE(L2,2,5,8,11)**을 입력합니다. [F4] 셀에 **=CHOOSE(L2,3,6,9,12)**를 입력합니다.

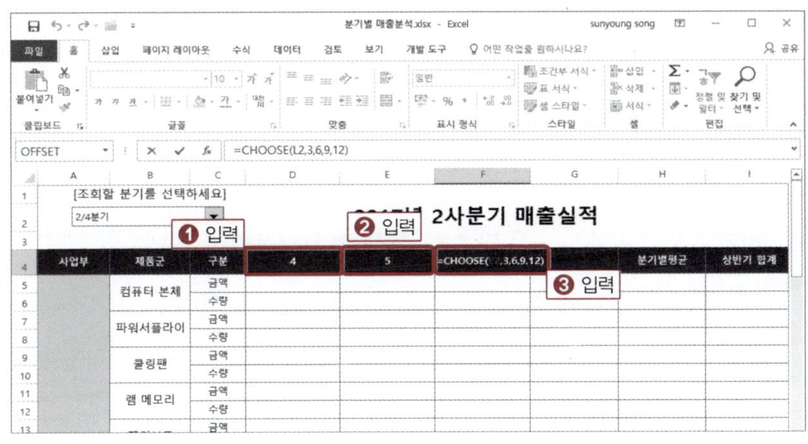

실력 향상

함수 형식은 'CHOOSE(숫자 값, 숫자 값이 1일 때 표시할 결과 값, 숫자 값이 2일 때 표시할 결과 값, …)'입니다. 첫 번째 인수에 입력된 [L2] 셀의 값이 1이면 1, 값이 2이면 4, 값이 3이면 7, 값이 4이면 10이 [D4] 셀에 결과로 표시됩니다. [D4] 셀에 표시되는 숫자는 각 분기의 첫 시작 월입니다.

실력 향상 [E4] 셀에는 각 분기의 두 번째 달인 2, 5, 8, 11이, [F4] 셀에는 각 분기의 세 번째 달, 3, 6, 9, 12가 표시됩니다.

12 숫자 뒤에 '월'이 함께 표시되도록 셀 서식 설정하기 [D4:F4] 셀 범위를 선택합니다. 마우스 오른쪽 버튼을 클릭한 후 [셀 서식]을 선택합니다. [셀 서식] 대화상자의 [표시 형식] 탭에서 [사용자 지정]을 선택합니다. [형식]에 **0월**을 입력한 후 [확인]을 클릭합니다.

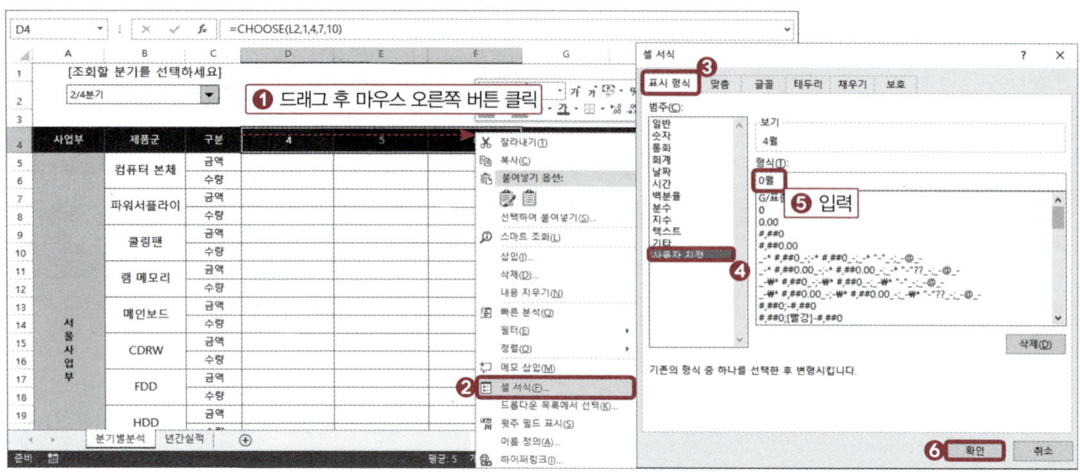

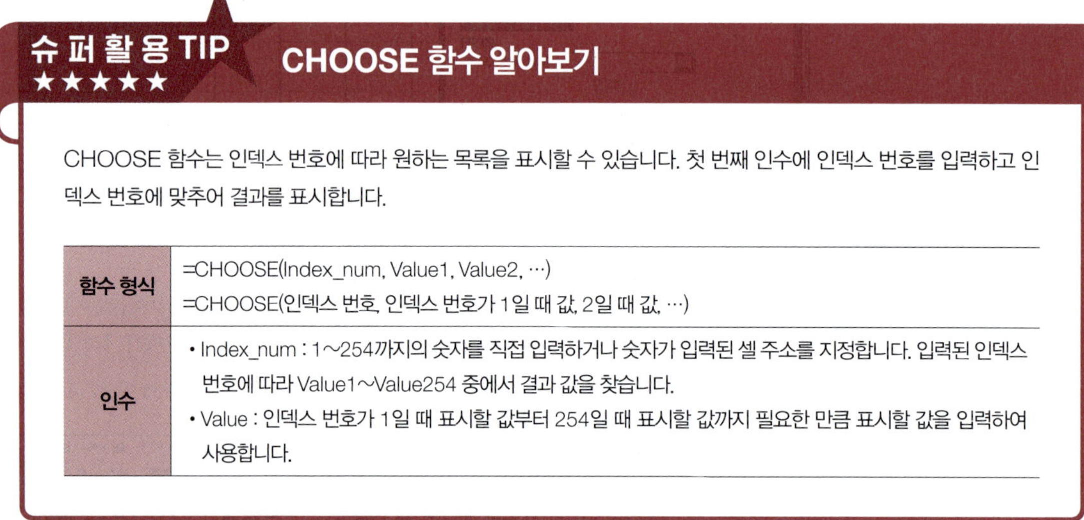

슈퍼활용 TIP ★★★★★ CHOOSE 함수 알아보기

CHOOSE 함수는 인덱스 번호에 따라 원하는 목록을 표시할 수 있습니다. 첫 번째 인수에 인덱스 번호를 입력하고 인덱스 번호에 맞추어 결과를 표시합니다.

함수 형식	=CHOOSE(Index_num, Value1, Value2, …) =CHOOSE(인덱스 번호, 인덱스 번호가 1일 때 값, 2일 때 값, …)
인수	• Index_num : 1~254까지의 숫자를 직접 입력하거나 숫자가 입력된 셀 주소를 지정합니다. 입력된 인덱스 번호에 따라 Value1~Value254 중에서 결과 값을 찾습니다. • Value : 인덱스 번호가 1일 때 표시할 값부터 254일 때 표시할 값까지 필요한 만큼 표시할 값을 입력하여 사용합니다.

13 선택한 분기의 월 목록 확인하기 콤보 상자에서 목록 단추를 클릭하여 [1/4분기]를 선택하면 해당 분기의 월이 [D4:F4] 셀 범위에 자동으로 표시됩니다.

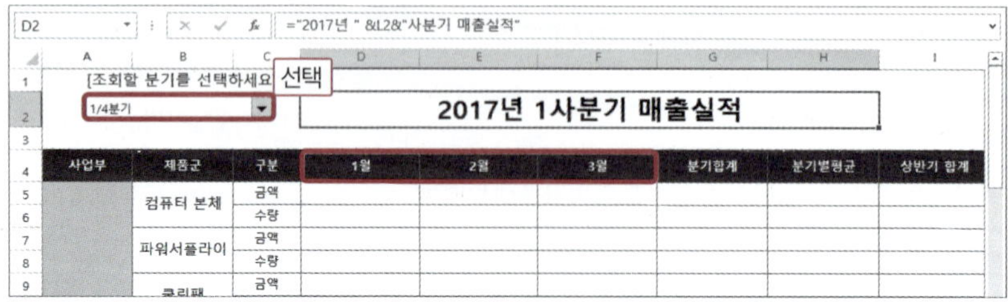

14 해당 월의 실적 데이터 가져오도록 수식 작성하기 [D5] 셀에 **=OFFSET(년간실적!$C5,0,D$4)**를 입력합니다. [D5] 셀의 채우기 핸들을 [F5] 셀까지 오른쪽으로 드래그하여 복사합니다. [D5:F5] 셀 범위가 선택된 상태에서 채우기 핸들을 더블클릭하여 [D74:F74] 셀까지 복사합니다. 수식이 복사되면서 서식도 함께 복사되어 서식이 변경됩니다. [채우기 옵션]을 클릭한 후 [서식 없이 채우기]를 선택합니다.

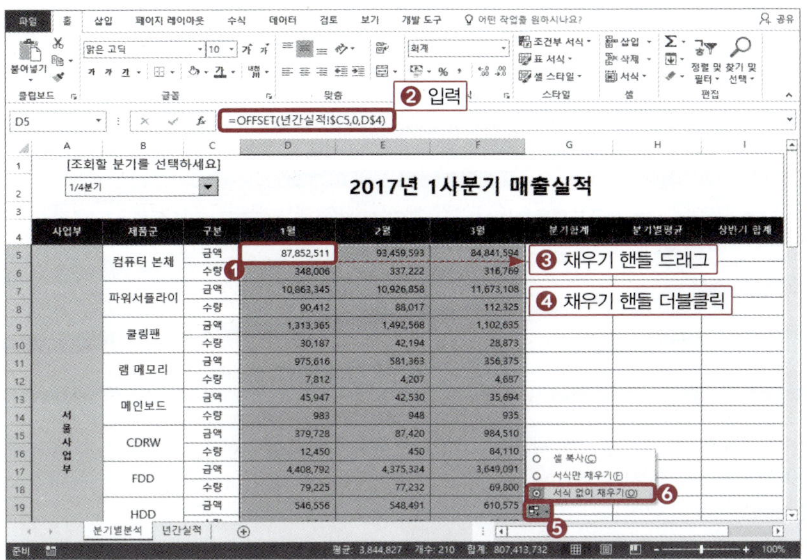

15 표시된 분기의 합계와 평균 구하기 [G5] 셀에 **=SUM(D5:F5)**를 입력합니다. [G5] 셀의 채우기 핸들을 더블클릭하여 [G74] 셀까지 수식을 복사합니다. 수식이 복사되면서 서식도 함께 복사되어 서식이 변경됩니다. [채우기 옵션]을 클릭한 후 [서식 없이 채우기]를 선택합니다. [H5] 셀에 **=AVERAGE(D5:F5)**를 입력합니다. 평균이 구해진 [H5] 셀의 채우기 핸들을 더블클릭하여 [H74] 셀까지 수식을 복사합니다. [채우기 옵션]을 클릭한 후 [서식 없이 채우기]를 선택합니다.

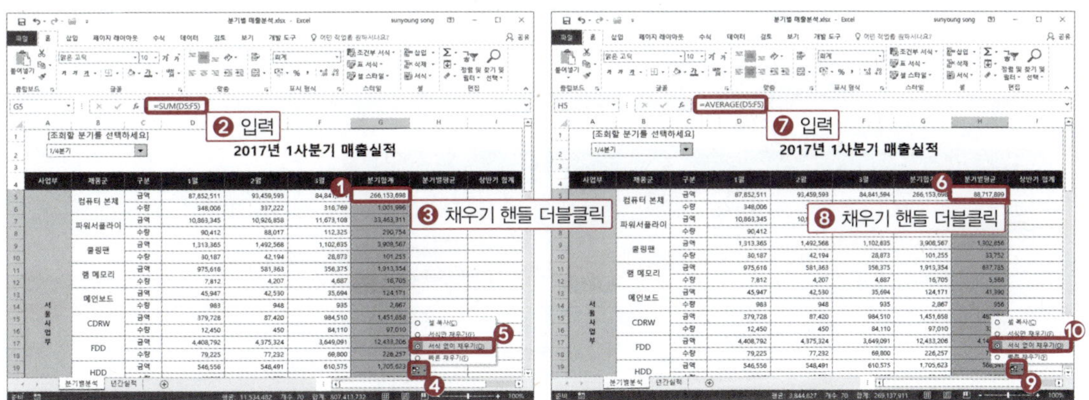

16 **상반기와 하반기 실적 합계 구하기** [I5] 셀에 **=SUM(년간실적!D5:I5)**를 입력합니다. [I5] 셀의 채우기 핸들을 더블클릭하여 [I74] 셀까지 수식을 복사합니다. [채우기 옵션]을 클릭한 후 [서식 없이 채우기]를 선택합니다. [J5] 셀에 **=SUM(년간실적!J5:O5)**를 입력합니다. [J5] 셀의 채우기 핸들을 더블클릭하여 [J74] 셀까지 수식을 복사합니다. [채우기 옵션]을 클릭한 후 [서식 없이 채우기]를 선택합니다.

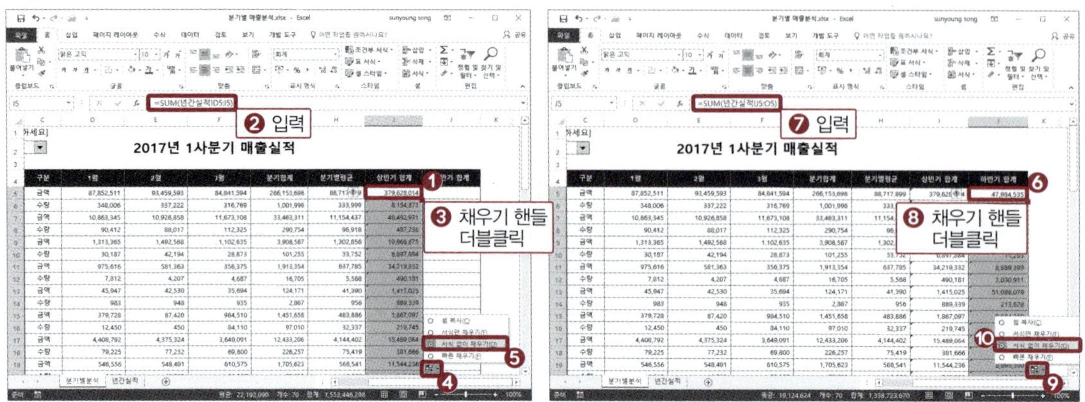

> **실력 향상** 상반기 합계와 하반기 합계 결과에 초록색 탭이 표시됩니다. 해당 결과에서의 초록색 탭은 SUM 함수로 합계를 구한 숫자 범위의 왼쪽 또는 오른쪽에 숫자가 있는데도 포함시키지 않았을 때 나타나는 표시입니다. 오류 표시라기보다는 지정한 범위에 포함되지 않은 범위가 있을 수 있다는 정보를 알려주는 표시입니다.

> **실력 향상** 상반기 합계는 [년간실적] 시트의 [D5:I5] 셀 범위에서 1월~6월의 실적합계를 구하고, 하반기 합계는 [년간실적] 시트의 [J5:O5] 셀 범위에서 7월~12월의 실적합계를 구합니다.

17 선택한 분기에 포함된 월과 해당 분기의 합계, 평균 등 매출 실적을 한 번에 확인하는 분석표가 완성됩니다.

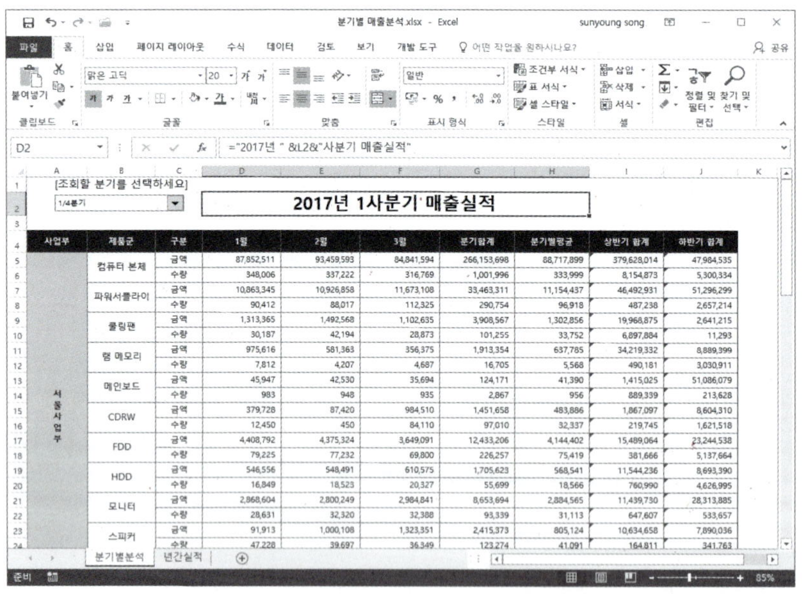

출퇴근기록 데이터를
표로 정리하기

실습 파일 | PART 02 \ CHAPTER 03 \ 출퇴근기록 관리.xlsx　**완성 파일** | PART 02 \ CHAPTER 03 \ 출퇴근기록 관리(완성).xlsx

✅ 프로젝트 시작하기

직원들의 출퇴근 시간만 입력된 목록형 데이터로는 직원들의 출퇴근 시간, 지각과 야근을 한눈에 확인하기 어렵습니다. 출퇴근기록 데이터를 텍스트 나누기와 IF, HOUR 함수를 이용해 날짜와 시간, 오전/오후 데이터로 구분하고 이름 정의하여 정리해보겠습니다. 출퇴근 관리표에는 CHOOSE와 EOMONTH, WEEKDAY 함수로 해당 월의 첫 날짜부터 표시되도록 수식을 작성하고, 직원들의 날짜별 출퇴근 시간이 표시되도록 SUMPRODUCT 함수로 배열 수식을 작성하여 해당 데이터를 가져오겠습니다. 주말인 토요일과 일요일은 WEEKDAY 함수로 조건부 서식을 작성하여 색상으로 구분하고 해당 월의 마지막 날짜까지만 표시되도록 EOMONTH 함수로 조건부 서식을 작성하겠습니다. 또 출퇴근기록이 없을 때는 표시하지 않고, 지각한 날과 야근한 날은 '지각', '야근'이 표시되도록 AND와 HOUR, MINUTE 함수로 조건부 서식을 설정하여 관리표를 완성해보겠습니다. 이 프로젝트에서는 날짜 관련 함수와 조건부 서식을 활용하는 방법에 대해 익힐 수 있습니다.

회사에서 바로 통하는 키워드

텍스트 나누기, IF, HOUR, 이름 정의, 표시 형식, 배열 수식, 조건부 서식, WEEKDAY, EOMONTH, AND, MINUTE

출퇴근기록 시트

	A	B	C	D	E
1	사번	성명	부서	직급	발생시각
2	s1171	오수	기술1팀	전임	2017-02-01 8:19
3	s1171	오수	기술1팀	전임	2017-02-01 18:04
4	s1171	오수	기술1팀	전임	2017-02-02 8:10
5	s1171	오수	기술1팀	전임	2017-02-02 21:24
6	s1171	오수	기술1팀	전임	2017-02-03 8:03
7	s1171	오수	기술1팀	전임	2017-02-03 21:45
8	s1171	오수	기술1팀	전임	2017-02-06 8:39
9	s1171	오수	기술1팀	전임	2017-02-06 22:19
10	s1171	오수	기술1팀	전임	2017-02-07 8:12
11	s1171	오수	기술1팀	전임	2017-02-07 21:08
12	s1171	오수	기술1팀	전임	2017-02-08 19:19
13	s1171	오수	기술1팀	전임	2017-02-09 7:40
14	s1171	오수	기술1팀	전임	2017-02-09 18:25
15	s1171	오수	기술1팀	전임	2017-02-10 8:22
16	s1171	오수	기술1팀	전임	2017-02-10 12:46
17	s1171	오수	기술1팀	전임	2017-02-10 21:08
18	s1171	오수	기술1팀	전임	2017-02-13 8:09
19	s1171	오수	기술1팀	전임	2017-02-13 21:09
20	s1171	오수	기술1팀	전임	2017-02-14 8:10
21	s1171	오수	기술1팀	전임	2017-02-14 19:59
22	s1171	오수	기술1팀	전임	2017-02-15 8:57

출퇴근관리표 시트

2017년 02월 UMTS팀 출퇴근 관리표

부서	사번	성명	직급	01일 (수) 출근	퇴근	02일 (목) 출근	퇴근	03일 (금) 출근	퇴근	04일 (토) 출근	퇴근	05일 (일) 출근	퇴근	06일 (월) 출근	퇴근	07일 (화) 출근	퇴근	08일 (수) 출근	퇴근	09일 (목) 출근	퇴근	10일 (금) 출근	퇴근	11일 (토) 출근	퇴근	12일 (일) 출근	퇴근
기술그룹	s1866	김진형	팀장	8:44	16:17	지각	야근	8:43	야근	9:14	16:14			8:39	야근	8:43	야근	8:45	18:45	8:42	17:42	8:41	야근				
기술그룹	s9961	김태근	책임	8:26	야근	8:43	야근	8:47	야근	9:16	16:13			8:46	야근	8:45	야근	8:46	18:19	8:45		8:47	야근				
기술그룹	s9767	김화진	책임	6:25	야근	6:25	야근	8:31	야근					6:24	야근	8:29	야근	6:23	야근	6:27	야근	8:29	야근				
기술1팀	s4873	조수만	팀장	6:07	야근	7:47	야근	7:42	야근					8:29	야근	8:30	18:07	8:16	18:44	8:23	18:25	8:04	야근				
기술1팀	s7556	김다희	책임	8:20	18:04	7:59	야근	8:32	야근					8:39	야근	8:55	야근	8:23	야근	7:40	18:25	8:19	야근				
기술1팀	s6746	김흥원	책임	8:42	야근	8:10	야근	8:06	18:22					8:07	18:08	8:06	18:06	8:05	야근	8:11	18:35	8:07	야근				
기술1팀	s7490	이희선	전임	지각	야근	8:10	야근	8:07	18:22	9:54	15:35			8:03	18:05	8:06	18:03	8:05	야근	8:11	야근	8:07	야근				
기술1팀	s1171	오수	전임	8:19	18:04	8:10	야근	8:03	야근					8:39	야근	8:12	야근	7:46	야근	7:40	18:25	8:22	야근				
기술1팀	s5676	윤용상	전임	8:44	18:05	8:18	야근	8:36	18:07					8:30	18:03	8:26	18:52	8:30	18:19	8:01	17:42	8:44	야근				
기술2팀	s2927	조문기	팀장	8:23	야근	8:19	야근	8:43	야근					8:24	야근	8:34	야근	8:45	야근	8:24	야근	8:36	야근				
기술2팀	s3367	김한수	책임	7:53	야근	8:21	야근	7:46	야근					8:36	야근	8:13	18:20	7:51	18:15	8:12	17:52	7:08	야근				
기술2팀	s5587	강미경	책임	8:23	18:41	8:22	야근	8:23	야근					8:24	야근	8:25	야근	8:26	야근	8:27	17:52	8:22	야근				
기술2팀	s2466	탁연미	책임	8:23	18:07	8:23	야근	8:23	야근					8:33	18:15	8:20	18:04	8:25	18:07	8:23	17:44	8:23	18:10				
기술2팀	s7539	이걸선	전임	8:50	18:40	8:23		8:19	야근					8:13	18:18	8:16		8:40	18:22	8:29	17:44	8:24	18:23				
기술2팀	s1307	송경화	전임	8:44	18:49	8:25	야근	8:43	야근					8:43	18:38	8:40	야근	8:45	야근	8:46	야근	8:48	18:17				
기술2팀	s8031	문명희	전임	8:26	18:23	8:25	18:09	8:27	18:12							8:25	18:06	8:25	18:07	8:28	14:03	8:29	야근				
TPS개조팀	s5539	오수연	팀장	8:33	18:05	8:25	18:15	8:28	18:37					8:27	18:18	8:45	18:52	8:30	18:28			8:48					
TPS개조팀	s6881	김선례	책임	8:21	야근	8:26	야근	8:27	야근					8:34	야근	8:35	야근	8:55	18:27	8:11	17:44	8:26	야근				
TPS개조팀	s5477	조은선	책임	8:55	야근	8:26	18:34	8:43	야근					지각	야근	8:07	18:06			8:47	야근	8:47	18:09				
TPS개조팀	s1730	곽기련	책임	8:35	18:41	8:27	야근	8:23	야근					8:31	18:35	8:29	야근			8:27	17:50	8:31	야근				
TPS개조팀	s6138	강일현	책임	8:38	18:04	8:27	야근	8:29	야근					8:34	야근	8:38	야근	8:17	18:59	8:42	18:25	8:19	야근				

✓ 핵심기능 미리 보기

STEP 01

출퇴근기록 데이터 정리하기

❶ 날짜와 시간이 같이 표시된 출퇴근 발생 기록을 텍스트 나누기 기능을 이용하여 날짜 데이터와 시간 데이터로 분리합니다.

❷ 시간 데이터를 IF와 HOUR 함수를 이용하여 오전, 오후로 구분하여 표시합니다.

STEP 02

출퇴근 관리표 작성하기

❶ 해당 월의 날짜를 입력한 후 [셀 서식] 대화 상자에서 [사용자 지정]의 [형식]란에 날짜 형식을 입력하여 '01일(수)' 형식으로 표시합니다.

❷ 출근과 퇴근을 구분하여 표시하기 위해 실제 'AM', 'PM'으로 입력하지만 '출근', '퇴근'으로 표시되도록 사용자 지정 형식을 지정합니다.

❸ 출퇴근기록 데이터에서 직원들의 날짜별 출근 시간과 퇴근 시간이 표시되도록 SUMPRODUCT 함수로 배열 수식을 작성합니다.

STEP 03

주말과 해당 월의 마지막 날짜에 서식 설정하기

❶ WEEKDAY 함수를 이용한 조건부 서식으로 주말인 토요일과 일요일은 다른 색상으로 구분되도록 표시합니다.

❷ EOMONTH 함수를 이용한 조건부 서식으로 해당 월의 마지막 날짜까지만 표시합니다.

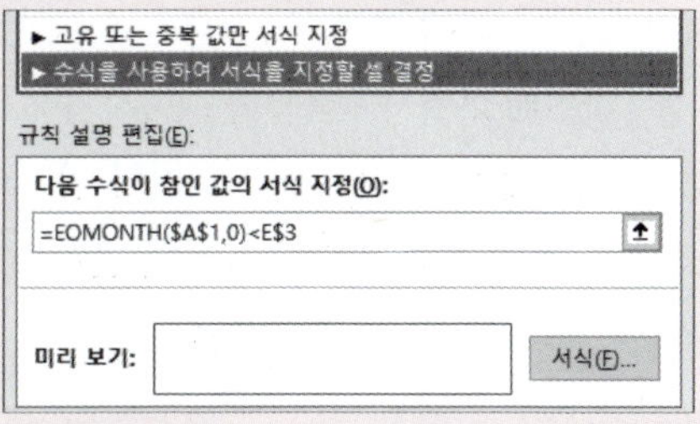

STEP 04

출퇴근기록이 없는 데이터 및 지각과 야근에 서식 설정하기

❶ 출퇴근기록이 없는 경우 표시되지 않도록 조건부 서식을 설정합니다.

❷ 지각과 야근은 AND와 HOUR, MINUTE 함수를 이용하여 '지각', '야근'으로 표시되도록 조건부 서식을 설정합니다.

출퇴근기록 데이터 정리하기

출퇴근 발생 시각이 기록된 데이터를 텍스트 나누기 기능으로 날짜와 시간 데이터로 구분하고 IF와 HOUR 함수를 이용하여 발생 시간을 오전, 오후로 구분해 정리하겠습니다. 또 정리한 출퇴근기록 데이터를 이름으로 정의하겠습니다.

1 발생 시각을 날짜와 시간 데이터로 구분하기 [출퇴근기록] 시트에서 [E2] 셀을 클릭한 후 Ctrl + Shift + ↓ 를 눌러 마지막 데이터가 있는 [E2:E2739] 셀 범위까지 선택합니다. [데이터] 탭–[데이터 도구] 그룹–[텍스트 나누기]를 클릭합니다. [텍스트 마법사–1단계] 대화상자에서 [너비가 일정함]을 선택합니다. [다음]을 클릭합니다.

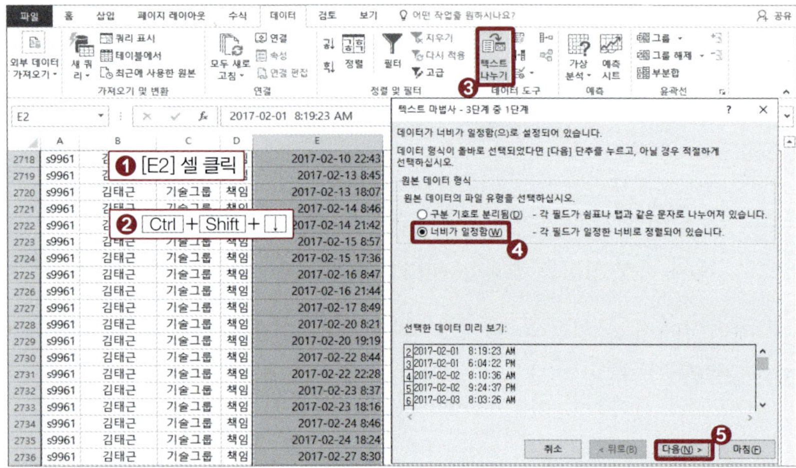

실력 향상

[구분 기호로 분리됨]을 선택하면 날짜, 시간, AM/PM의 세 개 열로 분리되므로 [너비가 일정함]을 선택합니다.

2 [텍스트 마법사–2단계] 대화상자에서 [데이터 미리 보기]에 표시된 구분선 중 AM/PM 앞에 표시된 구분선을 드래그하여 시간 데이터 앞으로 이동합니다. [다음]을 클릭합니다. [텍스트 마법사–3단계] 대화상자에서 두 번째 열에 표시된 빈칸을 선택한 후 [열 데이터 서식]에서 [열 가져오지 않음(건너뜀)]을 선택합니다. [마침]을 클릭합니다.

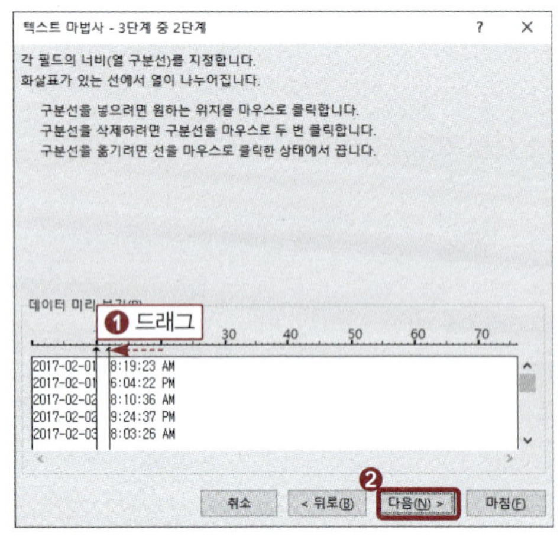

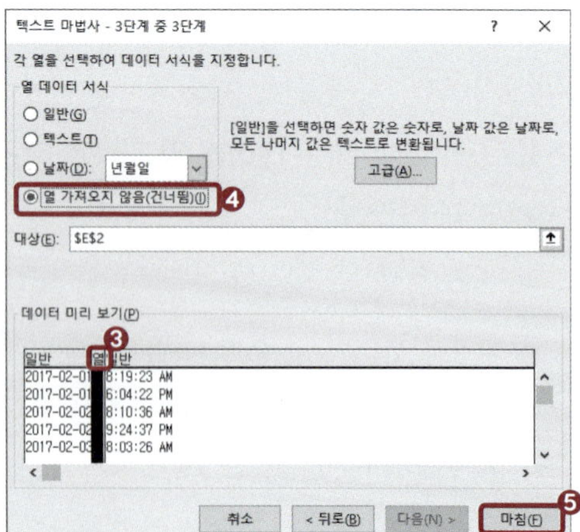

날짜와 시간 데이터 사이의 빈칸을 없애기 위해 날짜 데이터 뒤와 시간 데이터 앞에 구분선을 위치시킵니다. 표시되는 구분선은 [데이터 미리 보기]에서 선을 표시할 곳을 클릭하여 구분선을 추가합니다. 구분선은 드래그로 이동하거나 더블클릭하여 제거할 수 있습니다.

실력
향상

[열 데이터 서식]은 기본 설정이 [일반]입니다. [일반]으로 설정하면 문자는 문자로, 숫자는 숫자로 자동 설정됩니다. [열 가져오지 않음(건너뜀)]을 선택하면 해당 열은 제거됩니다.

3 날짜 서식 수정하고 시간 데이터 열 너비 조정하기 [E1] 셀에 **날짜**를 입력합니다. [E2] 셀을 클릭한 후 Ctrl + Shift + ↓를 눌러 [E2:E2739] 셀 범위를 선택합니다. [홈] 탭-[표시 형식] 그룹-[표시 형식]의 [목록 버튼]을 클릭한 후 [간단한 날짜]를 선택합니다. [F1] 셀에 **시간**을 입력합니다. [F2] 셀을 클릭한 후 [홈] 탭-[셀] 그룹-[서식]-[열 너비 자동 맞춤]을 선택합니다.

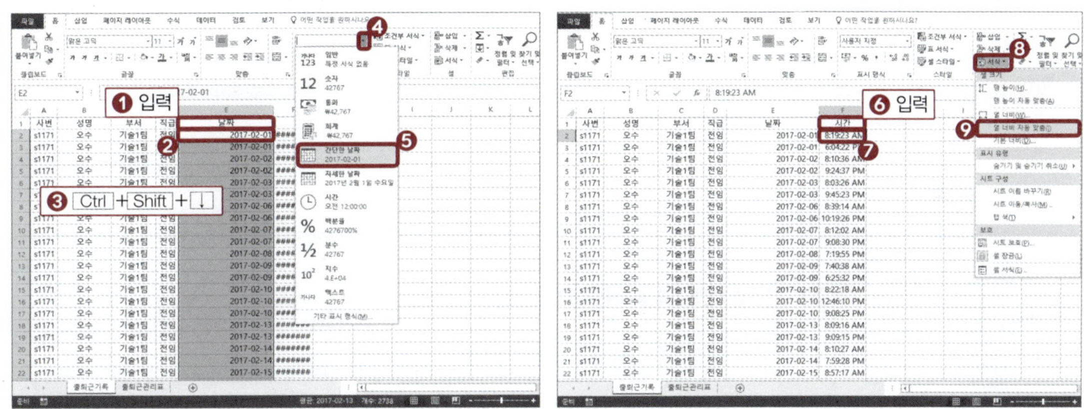

4 오전, 오후로 시간 데이터 구분하기 [G1] 셀에 **구분**을 입력합니다. [G2] 셀에 **=IF(HOUR(F2)<12,"AM", "PM")**을 입력한 후 채우기 핸들을 더블클릭하여 서식을 복사합니다.

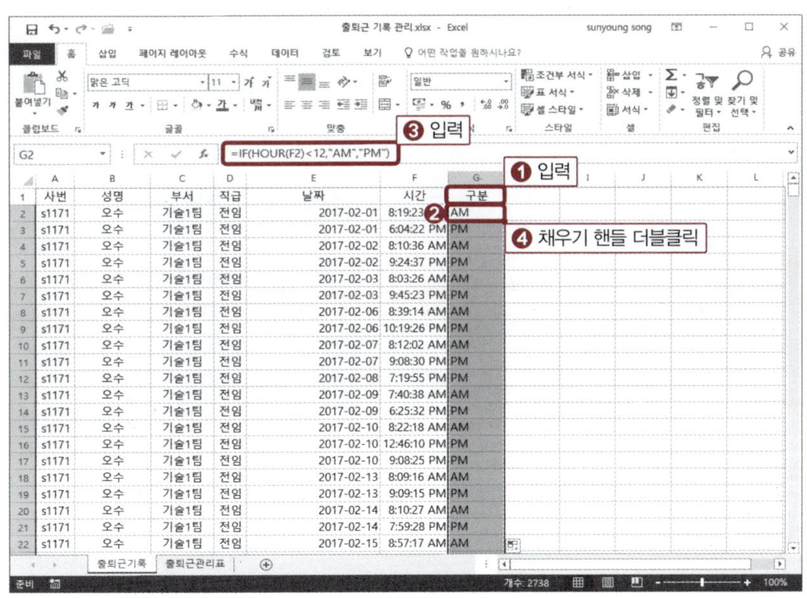

실력 향상

[F2] 셀에 입력된 데이터에서 HOUR 함수로 시간만 추출합니다. 시간은 AM, PM 구분 없이 0시~23시로 추출합니다.

실력 향상

함수 형식은 'IF(조건, 조건이 참일 경우 표시될 값, 조건이 거짓일 경우 표시될 값)'으로 추출한 시간이 12시 미만이면 오전인 AM이, 12시 이상이면 오후인 PM이 표시됩니다.

5 출퇴근기록 데이터 이름 정의하기 [A1] 셀을 클릭한 후 Ctrl + A 를 눌러 데이터 전체를 선택합니다. [수식] 탭-[정의된 이름] 그룹-[선택 영역에서 만들기]를 클릭합니다. [선택 영역에서 이름 만들기] 대화상자의 [첫 행]에만 체크 표시한 후 [확인]을 클릭합니다. 정의된 이름은 [이름 상자]의 목록 단추를 클릭하여 확인할 수 있습니다.

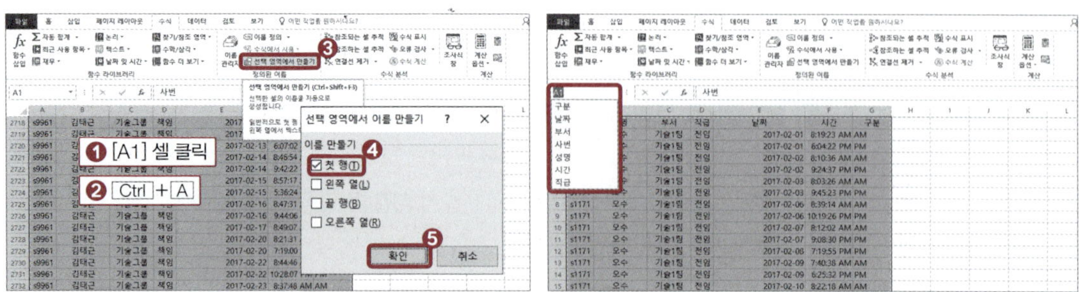

실력 향상 정의된 이름은 [수식] 탭-[정의된 이름] 그룹-[이름 관리자]에서도 확인할 수 있습니다.

STEP 02 출퇴근 관리표 작성하기

출퇴근기록표에 표시된 월에 맞추어 제목을 표시하고 해당 월의 날짜가 '01일(수)' 형식으로 나타나도록 날짜 서식을 적용하겠습니다. 출근과 퇴근은 [출퇴근기록] 시트의 구분 데이터를 연결하여 입력한 후 '출근', '퇴근' 텍스트로 표시하겠습니다. 각 직원의 출근 시간과 퇴근 시간은 SUMPRODUCT 함수를 이용한 배열 수식으로 작성하여 각 시간이 표시되도록 수식을 작성하겠습니다.

6 출퇴근관리표 제목 수식 입력과 서식 설정하기 [출퇴근관리표] 시트를 선택합니다. [A1] 셀에 **=출퇴근기록!E2**를 입력합니다. [A1] 셀에서 마우스 오른쪽 버튼을 클릭한 후 [셀 서식]을 선택합니다. [셀 서식] 대화상자의 [표시 형식] 탭에서 [사용자 지정]을 선택합니다. [형식]에 **YYYY"년" MM"월 UMTS팀 출퇴근 관리표"**를 입력합니다. [확인]을 클릭합니다.

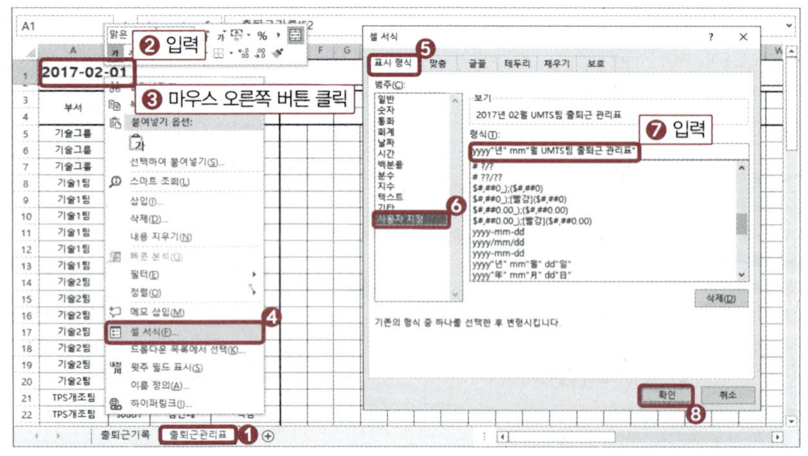

실력 향상

'UMTS'와 같은 영문자를 큰따옴표("") 없이 'YYYY년 MM월 UMTS팀 출퇴근 관리표'로 쓰면 오류가 표시됩니다. 'UMTS' 문자 중간의 M은 날짜 데이터의 월을 표시하는 예약된 문자이고 S는 시간 데이터의 초를 표시하는 예약된 문자이기 때문입니다. 이런 문자들을 사용할 때는 꼭 큰따옴표("")로 묶어서 입력해야 오류 없이 사용할 수 있습니다.

7 첫 날짜 입력하고 날짜 서식 설정하기 [E3] 셀에 **=A1**을 입력합니다. [E3] 셀에서 마우스 오른쪽 버튼을 클릭한 후 [셀 서식]을 선택합니다. [셀 서식] 대화상자의 [표시 형식] 탭에서 [사용자 지정]을 선택합니다. [형식]에 **DD일**을 입력한 후 [확인]을 클릭합니다.

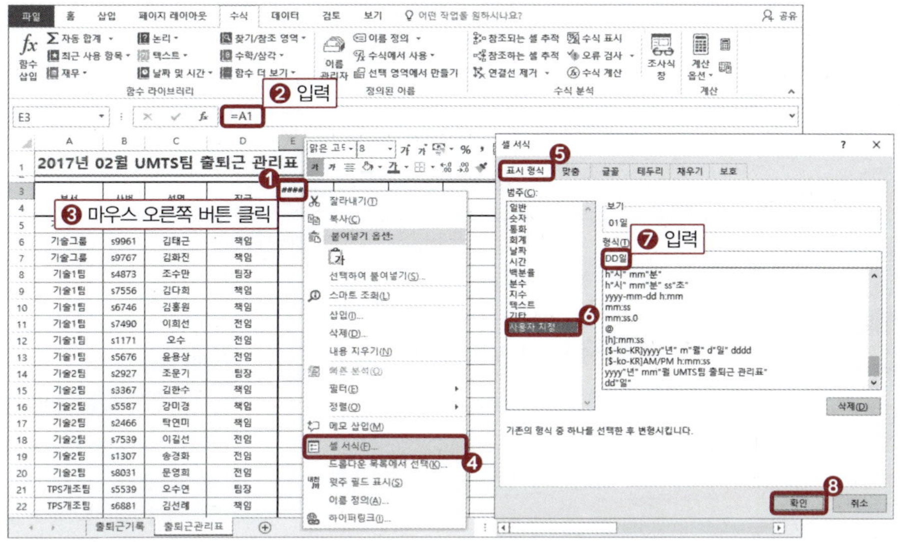

실력 향상 '=A1'을 입력하면 [A1] 셀의 날짜와 날짜 표시 형식을 함께 가져옵니다.

8 날짜 입력하고 요일 서식 설정하기 [F3] 셀에 **=E3**을 입력합니다. [F3] 셀에서 마우스 오른쪽 버튼을 클릭한 후 [셀 서식]을 선택합니다. [셀 서식] 대화상자의 [표시 형식] 탭에서 [사용자 지정]을 선택합니다. [형식]에 **(AAA)**를 입력한 후 [확인]을 클릭합니다.

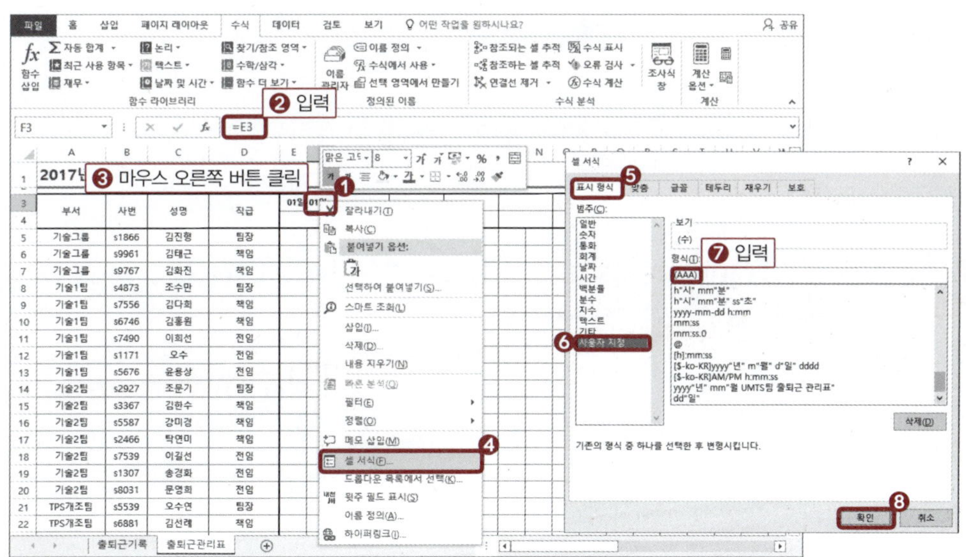

실력 향상 표시 형식을 'AAA'로 지정하면 요일이 '수' 형식으로 표시되고, 'AAAA'로 지정하면 '수요일' 형식으로 표시됩니다.

9 **첫 날짜를 제외한 나머지 날짜 입력하기** [E3:F3] 셀에 적용된 날짜 서식을 그대로 적용하기 위해 [G3] 셀에 **=E3+1**을 입력합니다. [H3] 셀에는 **=F3+1**을 입력합니다. [G3:H3] 셀 범위를 선택합니다. 채우기 핸들을 오른쪽으로 드래그하여 [BN3] 셀까지 수식 복사합니다.

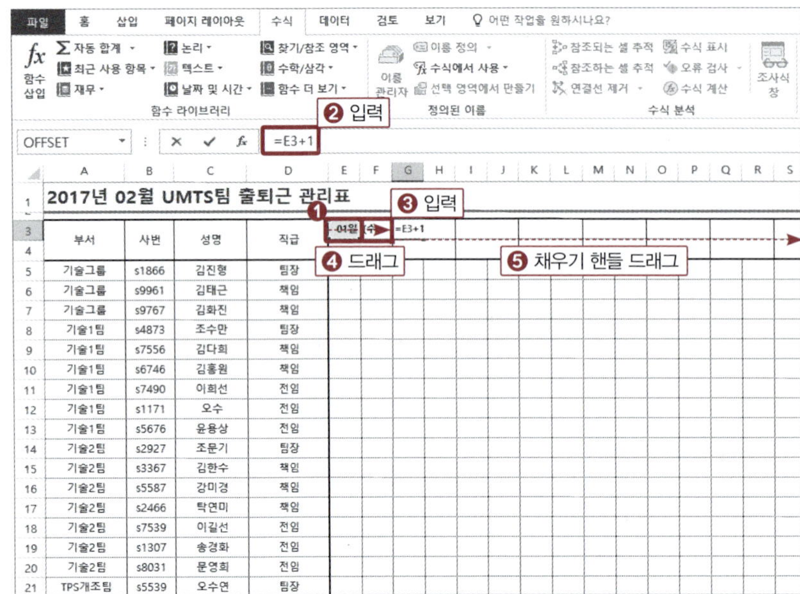

실력 향상

[E3] 셀과 [F3] 셀에서 각각 날짜와 요일 서식을 미리 지정한 후 '=E3+1', '=F3+1' 수식을 입력해야 [E3] 셀과 [F3] 셀에 적용된 서식도 함께 적용됩니다.

실력 향상 첫 날짜에서 하루씩 더한 날짜와 요일이 표시된 [G3:H3] 셀 범위를 함께 선택한 후 오른쪽으로 자동 채우기를 해야 날짜, 요일 순서대로 날짜와 표시 형식이 함께 적용됩니다.

10 **오전과 오후를 출근, 퇴근으로 표시하기** [E4] 셀에 **AM**을 입력하고 [F4] 셀에는 **PM**을 입력합니다. [E4] 셀에서 마우스 오른쪽 버튼을 클릭한 후 [셀 서식]을 선택합니다. [셀 서식] 대화상자의 [표시 형식] 탭에서 [사용자 지정]을 선택합니다. [형식]에 **;;;출근**을 입력한 후 [확인]을 클릭합니다.

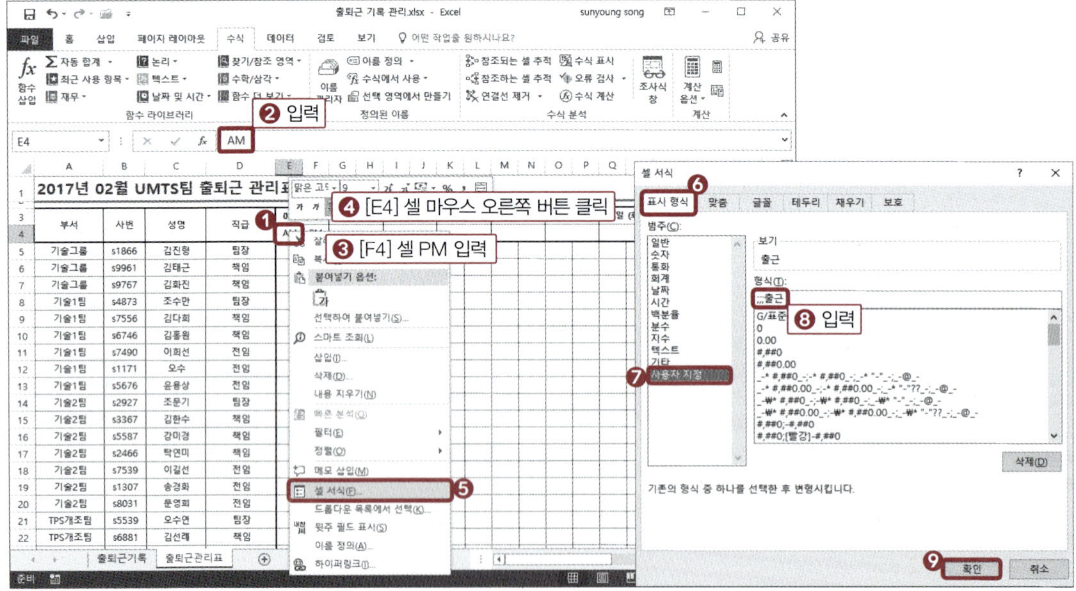

11 [F4] 셀을 클릭합니다. 마우스 오른쪽 버튼을 클릭한 후 [셀 서식]을 선택합니다. [셀 서식] 대화상자의 [표시 형식] 탭에서 [사용자 지정]을 선택합니다. [형식]에 ;;;퇴근을 입력한 후 [확인]을 클릭합니다.

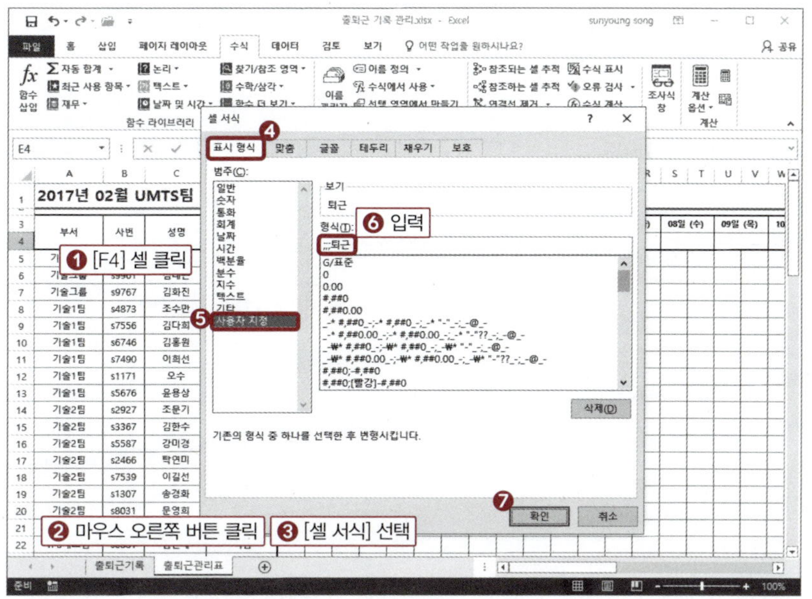

> **실력 향상** [형식]란에는 '양수 서식;음수 서식;0 서식;문자 서식'을 각각 지정할 수 있습니다. ';;;출근'으로 입력하면 양수, 음수, 0에 대한 서식은 지정하지 않고 문자 서식만 지정하여 문자가 입력되면 무조건 '출근'으로 표시됩니다.

12 **출근과 퇴근 수식 복사하기** [G4] 셀에 **=E4**, [H4] 셀에 **=F4**를 각각 입력합니다. [G4:H4] 셀 범위를 선택합니다. 채우기 핸들을 오른쪽으로 드래그하여 [BN4] 셀까지 수식을 복사합니다.

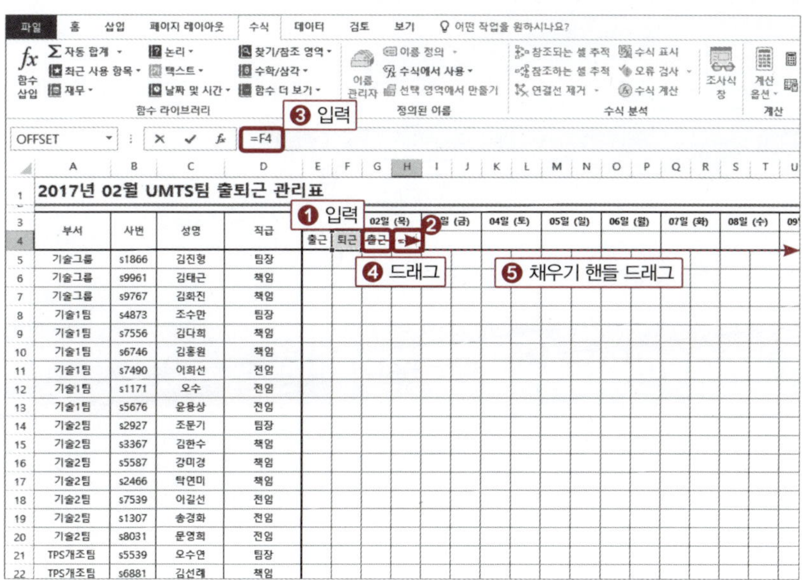

13 사번과 날짜에 맞는 출근 시간과 퇴근 시간을 배열 수식으로 가져오기 [E5] 셀에 **=SUMPRODUCT((사번 =$B5)*(날짜=E$3)*(구분=E$4)*시간)**을 입력한 후 Ctrl + Shift + Enter 를 누릅니다. [E5] 셀을 클릭한 후 채 우기 핸들을 오른쪽으로 드래그하여 [BN5] 셀까지 수식을 복사합니다. 서식이 함께 복사되므로 [채우기 옵션]을 클릭한 후 [서식 없이 채우기]를 선택합니다.

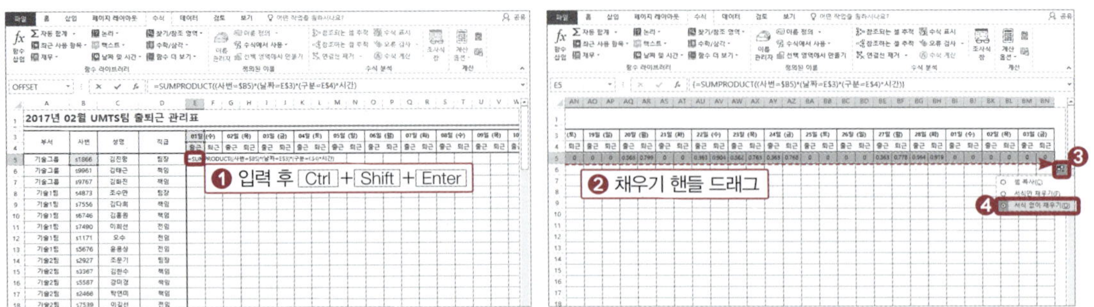

> **실력 향상** 배열 수식으로 입력한 경우 Enter 만 누르면 오류가 표시됩니다. 배열 수식은 Ctrl + Shift + Enter 를 눌러야 오류 없이 결과 가 표시됩니다.

14 [E5:BN5] 셀 범위가 선택된 상태에서 채우기 핸들을 더블클릭합니다. [BN84] 셀까지 수식이 복사 됩니다. [채우기 옵션]을 클릭한 후 [서식 없이 채우기]를 선택합니다.

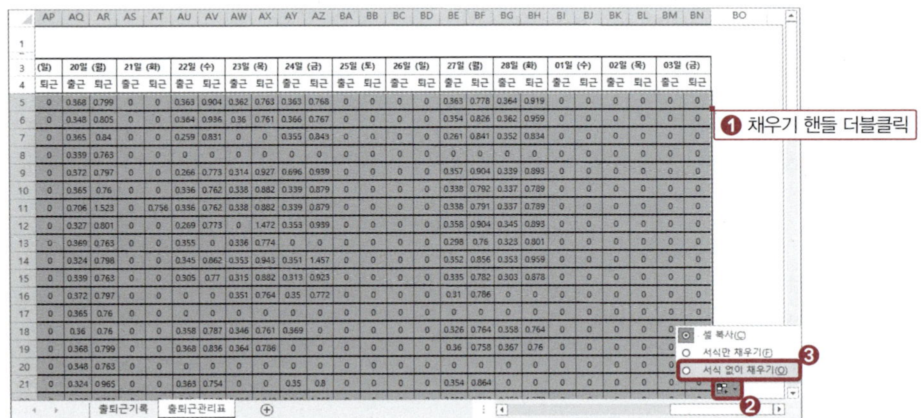

슈퍼 활용 TIP ★★★★★   SUMPRODUCT 함수를 사용한 배열 수식

SUMPRODUCT 함수를 배열 수식으로 사용할 때는 '=SUMPRODUCT((첫 번째 조건)*(두 번째 조건)*…*(합을 구할 범위)' 형식으로 사용됩니다. '=SUMPRODUCT((사번=$B5)*(날짜=E$3)*(구분=E$4)*시간)' 수식은 사번 범 위에서 [B5] 셀에 입력된 사번과 같고, 날짜 범위에서 [E3] 셀에 입력된 날짜와 같으며, 구분 범위에서 [E4] 셀에 입력 된 구분과 같은 세 조건이 모두 만족되는 시간 데이터를 가져옵니다. 만약 세 조건이 모두 만족되는 시간 데이터가 두 개 이상 있다면 시간의 합이 표시됩니다.

15 숫자 형식으로 표시된 데이터 시간 형식으로 서식 설정하기 [E5:BN84] 셀 범위가 선택된 상태에서 마우스 오른쪽 버튼을 클릭한 후 [셀 서식]을 선택합니다. [셀 서식] 대화상자의 [표시 형식] 탭에서 [사용자 지정]을 선택합니다. [형식]에 **H:MM**을 입력한 후 [확인]을 클릭합니다. 직원들의 날짜별 출근 시간과 퇴근 시간이 표시됩니다.

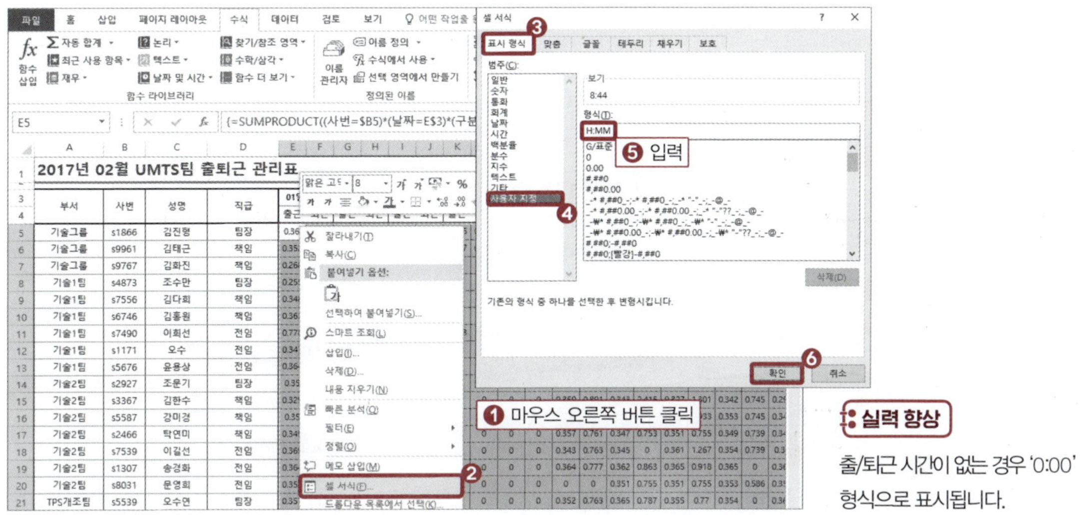

STEP 03 주말과 해당 월의 마지막 날짜에 서식 설정하기

출퇴근 관리표에서 주말인 토요일과 일요일은 다른 색상으로 구분되도록 WEEKDAY 함수로 조건부 서식에서 수식을 작성합니다. 또한 해당 월의 마지막 날짜까지만 표시되도록 EOMONTH 함수로 조건부 서식에서 수식을 작성한 후 해당 범위에 적용하겠습니다.

16 조건부 서식으로 토요일을 색으로 구분하기 [E3] 셀을 클릭한 후 Ctrl + Shift + → 를 눌러 오른쪽 끝까지, Ctrl + Shift + ↓ 를 눌러 아래쪽 끝까지 [E3:BN84] 셀 범위를 선택합니다. [홈] 탭-[스타일] 그룹-[조건부 서식]-[새 규칙]을 선택합니다.

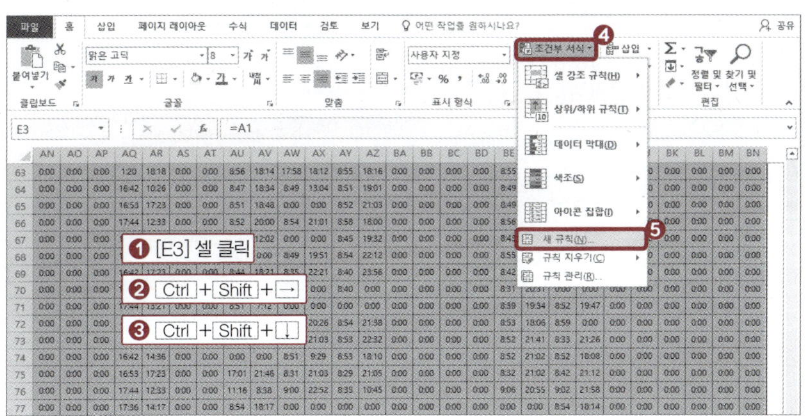

17 [새 서식 규칙] 대화상자에서 [수식을 사용하여 서식을 지정할 셀 결정]을 선택합니다. 수식 입력란에 **=WEEKDAY(E$3)=7**을 입력한 후 [서식]을 클릭합니다. [셀 서식] 대화상자의 [채우기] 탭에서 [배경색]을 [연한 파랑]으로 선택합니다. [확인]을 클릭합니다. [새 서식 규칙] 대화상자의 [미리 보기]에 서식이 설정 되었습니다. [확인]을 클릭합니다.

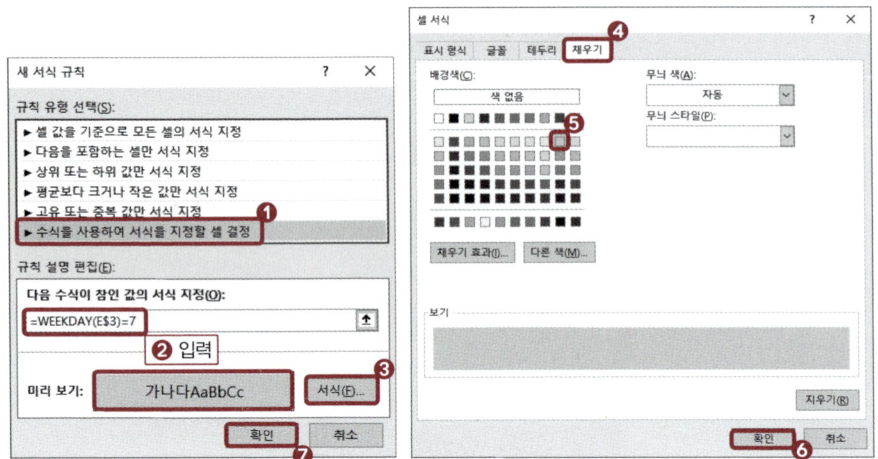

> **실력 향상** 토요일, 일요일인 경우 날짜와 데이터 모두 채우기 서식 적용하기 위해 [E3:BN84] 셀 범위를 선택합니다. 함수 형식은 'WEEKDAY(날짜 데이터, 옵션)'입니다. 옵션을 생략했기 때문에 [E3] 셀의 날짜가 일요일이면 1, 토요일이면 7을 결과 값으로 반환하며, 토요일인 경우 서식을 지정하기 위해 7과 같은지 비교식을 입력합니다. 선택한 범위에서 날짜는 E열부터 BN열 3행에 입력되어 있으므로 행을 고정하는 'E$3', 행 고정 혼합 참조로 입력합니다.

18 **조건부 서식으로 일요일을 색으로 구분하기** [E3:BN84] 셀 범위가 선택된 상태에서 [홈] 탭-[스타일] 그룹-[조건부 서식]-[새 규칙]을 선택합니다. [새 서식 규칙] 대화상자에서 [수식을 사용하여 서식을 지 정할 셀 결정]을 선택합니다. 수식 입력란에 **=WEEKDAY(E$3)=1**을 입력한 후 [서식]을 클릭합니다. [셀 서식] 대화상자의 [채우기] 탭에서 [배경색]을 [연한 주황]으로 선택합니다. [확인]을 클릭합니다. [새 서 식 규칙] 대화상자에서도 [확인]을 클릭합니다.

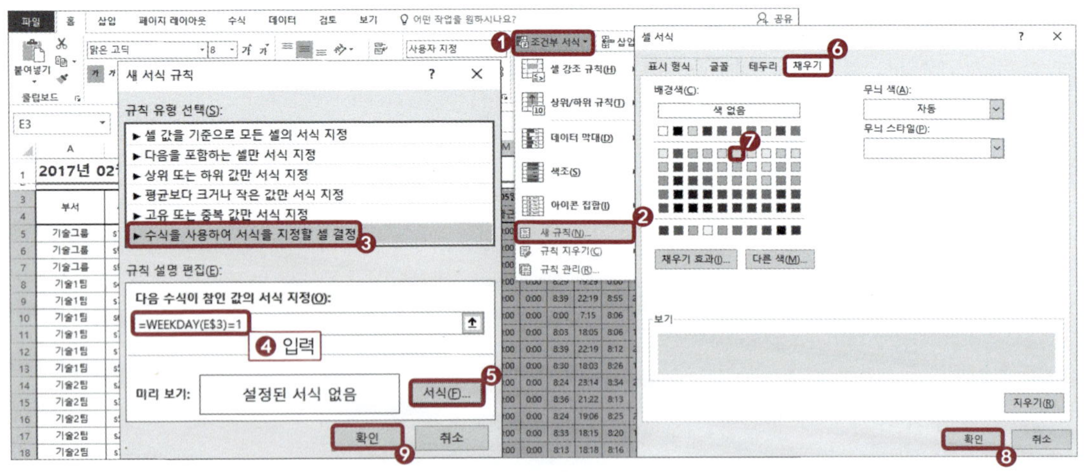

> **실력 향상** 일요일인 경우 서식을 지정하기 위해 1과 같은지 비교식을 입력합니다.

19 해당 월의 마지막 날짜까지만 표시되도록 조건부 서식 설정하기 해당 월의 마지막 날짜까지만 표시되도록 서식을 설정하겠습니다. [E3:BN84] 셀 범위가 선택되어 있는 상태에서 한 번 더 [홈] 탭-[스타일] 그룹-[조건부 서식]-[새 규칙]을 선택합니다.

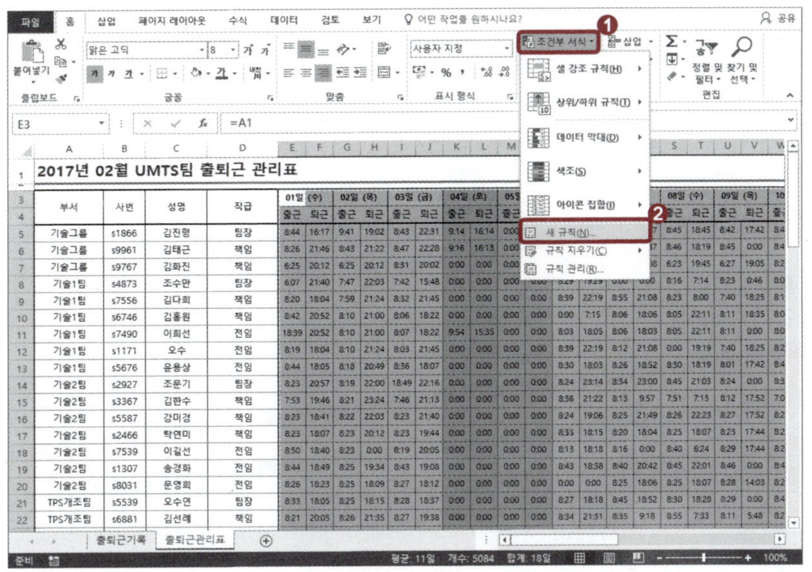

20 [새 서식 규칙] 대화상자에서 [수식을 사용하여 서식을 지정할 셀 결정]을 선택합니다. 수식 입력란에 **=EOMONTH($A$1,0)<E$3**을 입력한 후 [서식]을 클릭합니다. [셀 서식] 대화상자의 [채우기] 탭에서 [배경색]을 [색 없음]으로 선택합니다.

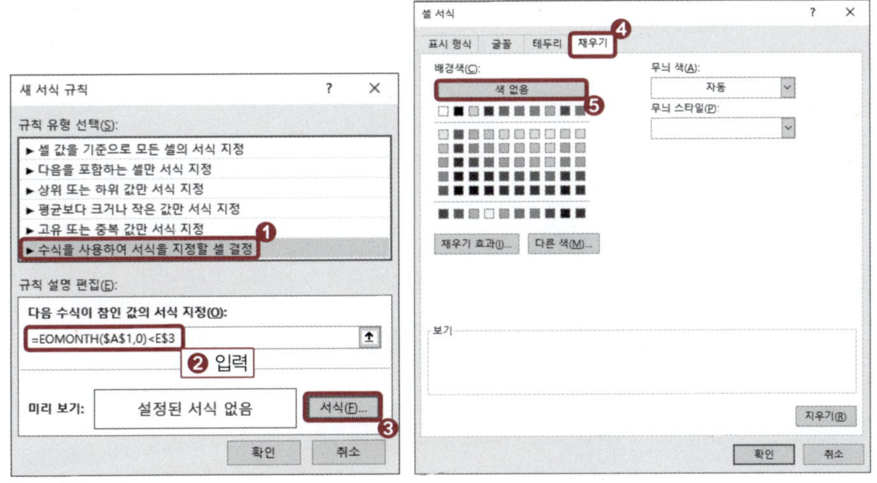

> **실력 향상** 함수 형식은 'EOMONTH(날짜 데이터, 이전/이후 개월 수)'입니다. 'EOMONTH($A$1,0)'으로 입력하면 현재 선택한 날짜에 0개월을 더한 당월의 마지막 날짜를 알려줍니다. '=EOMONTH($A$1,0)<E$3'은 E열부터 BN열까지 세 번째 행의 날짜가 당월 마지막 날짜보다 큰 경우, 즉 다음 달 날짜이면 서식이 적용되도록 작성합니다.

21 테두리도 없애기 위해 [테두리] 탭을 클릭합니다. [스타일]에서 [없음]을 선택한 후 왼쪽을 제외하고 [위쪽], [아래쪽], [오른쪽] 테두리를 클릭합니다. [표시 형식] 탭을 클릭하고 [사용자 지정]을 선택합니다. [형식]에 ;;;을 입력한 후 [확인]을 클릭합니다. [새 서식 규칙] 대화상자에서도 [확인]을 클릭합니다.

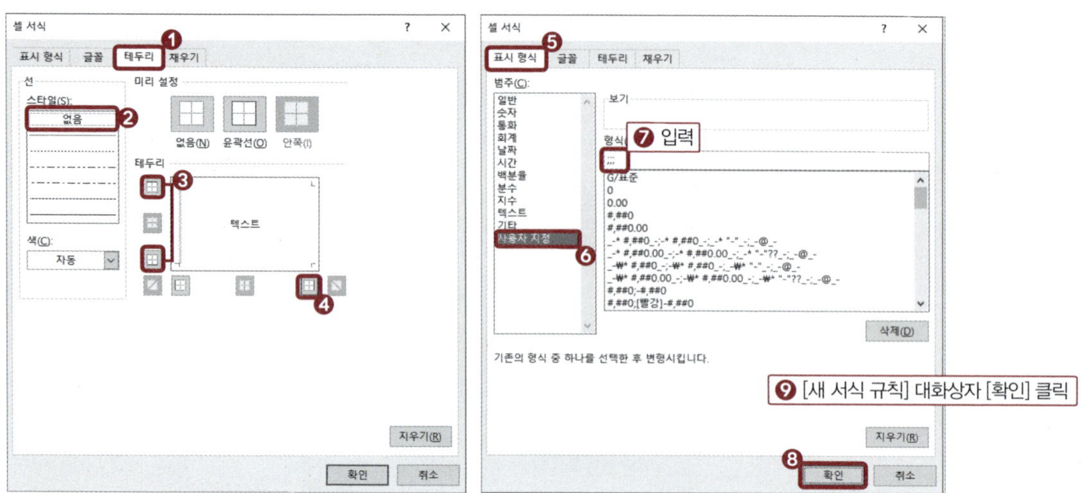

> **실력 향상** 마지막 날짜보다 큰 날짜, 즉 다음 달 날짜인 경우 테두리를 없애는 것이므로 왼쪽 테두리는 남겨두어야 표의 가장 오른쪽 테두리가 그대로 유지됩니다.

> **실력 향상** [사용자 지정]의 형식을 ';;;'로 설정하면 양수, 음수, 0, 문자에 대한 서식을 아무것도 지정하지 않았으므로 양수, 음수, 0, 문자 모든 데이터가 표시되지 않습니다.

22 주말인 토요일은 연한 파란색으로, 일요일은 연한 주황색으로 표시됩니다. 2월 마지막 날짜인 28일까지만 표시됩니다.

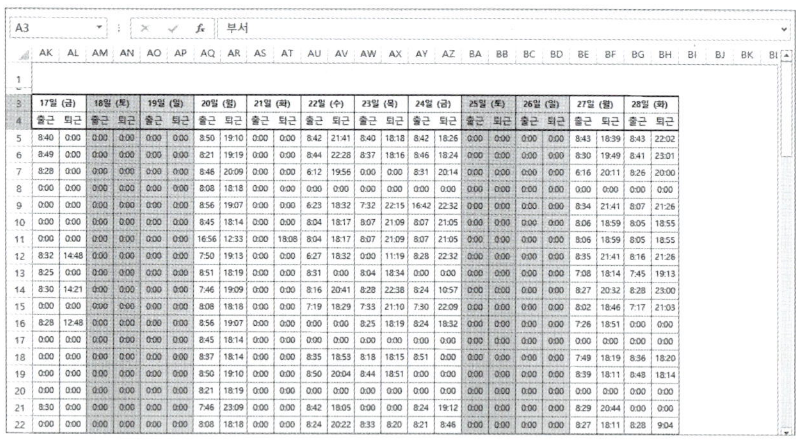

	17일 (금)		18일 (토)		19일 (일)		20일 (월)		21일 (화)		22일 (수)		23일 (목)		24일 (금)		25일 (토)		26일 (일)		27일 (월)		28일 (화)	
	출근	퇴근	출근	퇴근	출근	퇴근	출근	퇴근	출근	퇴근	출근	퇴근	출근	퇴근	출근	퇴근	출근	퇴근	출근	퇴근	출근	퇴근	출근	퇴근
5	8:40	0:00	0:00	0:00	0:00	0:00	8:50	19:10	0:00	0:00	8:42	21:41	8:40	18:18	8:42	18:26	0:00	0:00	0:00	0:00	8:43	18:39	8:43	22:02
6	8:49	0:00	0:00	0:00	0:00	0:00	8:21	19:19	0:00	0:00	8:44	22:28	8:37	18:16	8:46	18:24	0:00	0:00	0:00	0:00	8:30	19:49	8:41	23:01
7	8:28	0:00	0:00	0:00	0:00	0:00	8:46	20:09	0:00	0:00	6:12	19:56	0:00	0:00	8:31	20:14	0:00	0:00	0:00	0:00	6:16	20:11	8:26	20:00
8	0:00	0:00	0:00	0:00	0:00	0:00	8:08	18:18	0:00	0:00	0:00	0:00	0:00	0:00	0:00	0:00	0:00	0:00	0:00	0:00	0:00	0:00	0:00	0:00
9	0:00	0:00	0:00	0:00	0:00	0:00	8:56	19:07	0:00	0:00	6:23	18:32	7:32	22:15	16:42	22:32	0:00	0:00	0:00	0:00	8:34	21:41	8:07	21:26
10	0:00	0:00	0:00	0:00	0:00	0:00	8:45	18:14	0:00	0:00	8:04	18:17	8:07	21:09	8:07	21:05	0:00	0:00	0:00	0:00	8:06	18:59	8:05	18:55
11	0:00	0:00	0:00	0:00	0:00	0:00	16:56	12:33	0:00	18:08	8:04	18:17	8:07	21:09	8:07	21:05	0:00	0:00	0:00	0:00	8:06	18:59	8:05	18:55
12	8:32	14:48	0:00	0:00	0:00	0:00	7:50	19:13	0:00	0:00	6:27	18:32	0:00	11:19	8:28	22:32	0:00	0:00	0:00	0:00	8:35	21:41	8:16	21:26
13	8:25	0:00	0:00	0:00	0:00	0:00	8:51	18:19	0:00	0:00	8:31	0:00	8:04	18:34	0:00	0:00	0:00	0:00	0:00	0:00	7:08	18:14	7:45	19:13
14	8:30	14:21	0:00	0:00	0:00	0:00	7:46	19:09	0:00	0:00	8:16	20:41	8:28	22:38	8:24	10:57	0:00	0:00	0:00	0:00	8:27	20:32	8:28	23:00
15	0:00	0:00	0:00	0:00	0:00	0:00	8:08	18:18	0:00	0:00	7:19	18:29	7:33	21:10	7:30	22:09	0:00	0:00	0:00	0:00	8:02	18:46	7:17	21:03
16	8:28	12:48	0:00	0:00	0:00	0:00	8:56	19:07	0:00	0:00	0:00	0:00	8:25	18:19	8:24	18:32	0:00	0:00	0:00	0:00	7:26	18:51	0:00	0:00
17	0:00	0:00	0:00	0:00	0:00	0:00	8:45	18:14	0:00	0:00	0:00	0:00	0:00	0:00	0:00	0:00	0:00	0:00	0:00	0:00	0:00	0:00	0:00	0:00
18	0:00	0:00	0:00	0:00	0:00	0:00	8:37	18:14	0:00	0:00	8:35	18:53	8:18	18:15	8:51	0:00	0:00	0:00	0:00	0:00	7:49	18:19	8:36	18:20
19	0:00	0:00	0:00	0:00	0:00	0:00	8:50	19:10	0:00	0:00	8:50	20:04	8:44	18:51	0:00	0:00	0:00	0:00	0:00	0:00	8:39	18:11	8:48	18:14
20	0:00	0:00	0:00	0:00	0:00	0:00	8:21	18:19	0:00	0:00	0:00	0:00	0:00	0:00	0:00	0:00	0:00	0:00	0:00	0:00	0:00	0:00	0:00	0:00
21	8:30	0:00	0:00	0:00	0:00	0:00	7:46	23:09	0:00	0:00	8:42	18:05	0:00	0:00	8:24	19:12	0:00	0:00	0:00	0:00	8:29	20:44	0:00	0:00
22	0:00	0:00	0:00	0:00	0:00	0:00	8:08	18:18	0:00	0:00	8:24	20:22	8:33	8:20	8:21	8:46	0:00	0:00	0:00	0:00	8:27	18:11	8:28	9:04

출퇴근기록이 없는 데이터 및 지각과 야근에 서식 설정하기

출퇴근 관리표에는 출퇴근기록이 없을 때 '0:00' 형식으로 표시됩니다. 이 표시 형식이 보이지 않도록 조건부 서식을 설정하고 지각은 '지각', 야근은 '야근' 텍스트가 보이도록 AND와 날짜 함수를 이용하여 조건부 서식을 설정하겠습니다.

23 **조건부 서식으로 출퇴근기록이 없는 날은 표시하지 않기** [E5] 셀을 클릭한 후 Ctrl + Shift + → 를 눌러 오른쪽 끝까지, Ctrl + Shift + ↓ 를 눌러 아래쪽 끝까지 [E5:BN84] 셀 범위를 선택합니다. [홈] 탭-[스타일] 그룹-[조건부 서식]-[셀 강조 규칙]-[같음]을 선택합니다. [같음] 대화상자에서 [다음 값과 같은 셀의 서식 지정]에 **0**을 입력합니다. [적용할 서식]의 목록 단추 ▾를 클릭하고 [사용자 지정 서식]을 선택합니다.

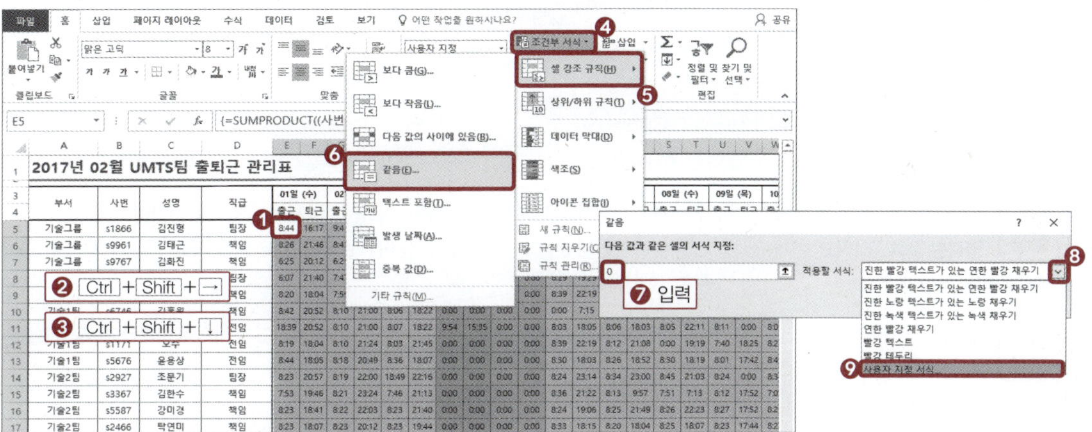

실력 향상 날짜나 출퇴근에는 서식을 적용하지 않기 위해 [E5:BN84] 셀 범위만 선택합니다. 2월을 제외한 다른 달은 30일, 31일까지 있으므로, 2월 마지막 날짜가 아닌 수식이 입력된 셀 범위까지 포함한 [E5:BN84] 셀 범위를 선택합니다.

24 [셀 서식] 대화상자의 [표시 형식] 탭에서 [사용자 지정]을 선택합니다. [형식]에 ;;;을 입력한 후 [확인]을 클릭합니다. [같음] 대화상자에서 [확인]을 클릭합니다.

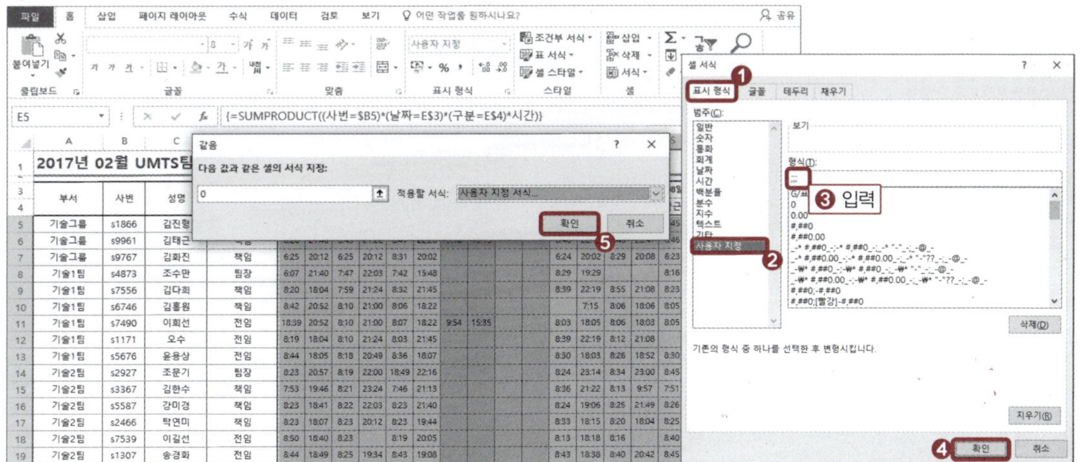

25 조건부 서식으로 출근 시간보다 늦게 출근한 경우 **'지각'으로 표시하기** [E5:BN84] 셀 범위가 선택된 상태에서 [홈] 탭-[스타일] 그룹-[조건부 서식]-[새 규칙]을 선택합니다. [새 서식 규칙] 대화상자의 [규칙 유형 선택]에서 [수식을 사용하여 서식을 지정할 셀 결정]을 선택합니다. 수식 입력란에 **=AND(E$4= "AM",HOUR(E5)>=9,MINUTE(E5)>0)**을 입력한 후 [서식]을 클릭합니다.

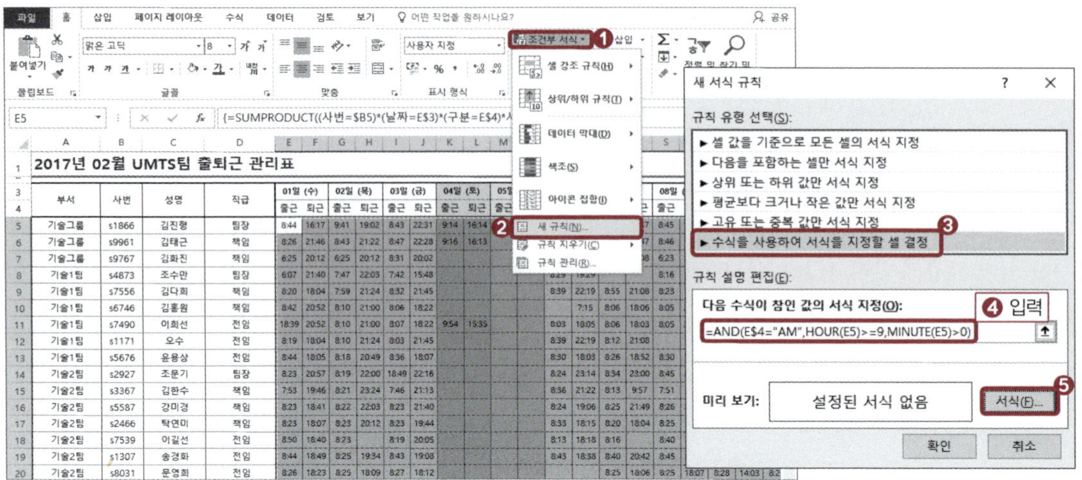

> **실력 향상** AND 함수는 여러 비교식을 인수로 입력하며 모든 비교식이 모두 다 만족되어야만 TRUE라는 결과를 반환합니다. [E$4] 셀에 입력된 값이 AM이고, 현재 선택된 [E5] 셀의 시간이 9보다 크거나 같고, 분이 0보다 크면 즉, 오전 9시 1분부터 '지각'이 표시되도록 수식을 작성합니다.

> **실력 향상** 출근은 E열부터 BN열의 네 번째 행을 확인하기 위해 행을 고정하는 'E$4' 행 고정 혼합 참조 형식으로 입력하고 시간과 분은 각 셀마다 모두 확인해야 하므로 'E5'를 상대 참조 형식으로 입력합니다.

26 [셀 서식] 대화상자의 [채우기] 탭을 클릭하고 [배경색]을 [연한 노랑]으로 선택합니다. [표시 형식] 탭을 클릭하고 [사용자 지정]을 선택합니다. [형식]에 **지각;;;**을 입력한 후 [확인]을 클릭합니다. [새 서식 규칙] 대화상자에서도 [확인]을 클릭합니다.

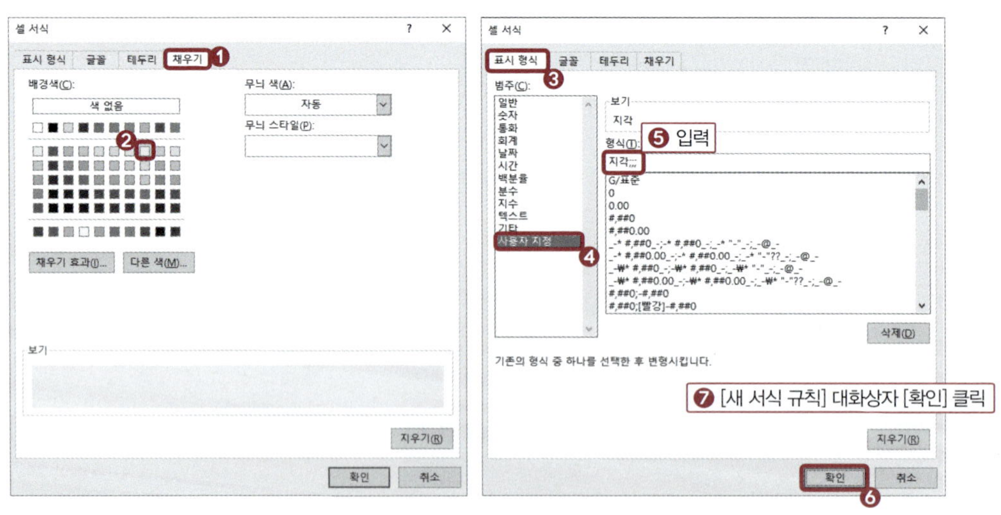

> **실력 향상** 시간을 표시하는 숫자는 양수이므로 양수 서식으로 '지각'을 입력합니다.

27 조건부 서식으로 퇴근 시간보다 늦게 퇴근한 경우 '야근'으로 표시하기 [E5:BN84] 셀 범위가 선택된 상태에서 [홈] 탭–[스타일] 그룹–[조건부 서식]–[새 규칙]을 선택합니다. [새 서식 규칙] 대화상자의 [규칙 유형 선택]에서 [수식을 사용하여 서식을 지정할 셀 결정]을 선택합니다. 수식 입력란에 **=AND(E$4="PM" ,HOUR(E5)>=19,MINUTE(E5)>=0)**을 입력한 후 [서식]을 클릭합니다.

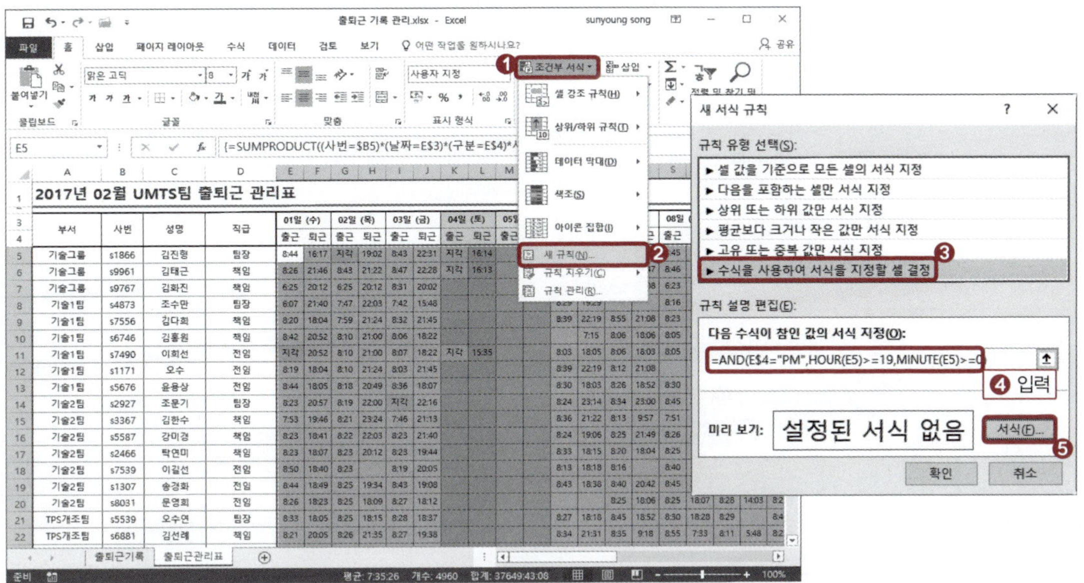

실력 향상 [E$4] 셀에 입력된 값이 PM이고 현재 선택된 [E5] 셀의 시간이 19보다 크거나 같고, 분이 0보다 크면 즉, 오후 7시 1분부터 '야근'이 표시되도록 수식을 작성합니다.

28 [셀 서식] 대화상자의 [채우기] 탭을 클릭하고 [배경색]을 [연한 녹색]으로 선택합니다. [표시 형식] 탭을 클릭하고 [사용자 지정]을 선택합니다. [형식]에 **야근;;;**을 입력한 후 [확인]을 클릭합니다. [새 서식 규칙] 대화상자에서도 [확인]을 클릭합니다.

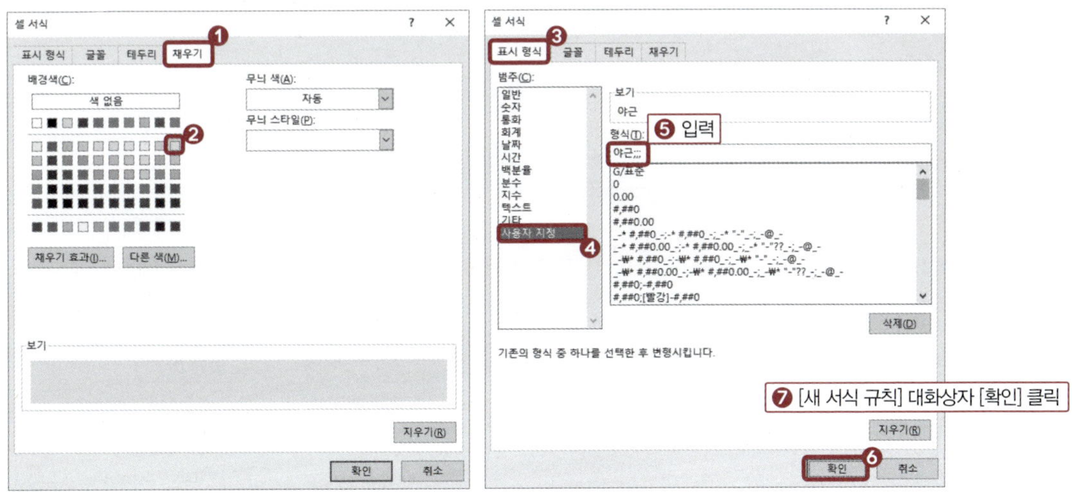

실력 향상 시간을 표시하는 숫자는 양수이므로 양수 서식으로 '야근'을 입력합니다.

29 **주말에는 지각과 야근이 표시되지 않도록 조건부 서식의 표시 순서 조정하기** [D5] 셀을 클릭한 후 [홈] 탭-[스타일] 그룹-[조건부 서식]-[규칙 관리]를 선택합니다. 현재 선택한 [D5] 셀에는 적용된 조건부 서식이 없으므로 아무 규칙도 표시되지 않습니다. [조건부 서식 규칙 관리자] 대화상자의 [서식 규칙 표시]의 목록 단추를 클릭하여 [현재 워크시트]를 선택합니다. [지각] 규칙을 선택합니다. [아래로 이동] 단추를 네 번 클릭하여 맨 아래쪽으로 이동합니다. [야근] 규칙도 선택한 후 [아래로 이동] 단추를 다섯 번 클릭하여 맨 아래쪽으로 이동합니다.

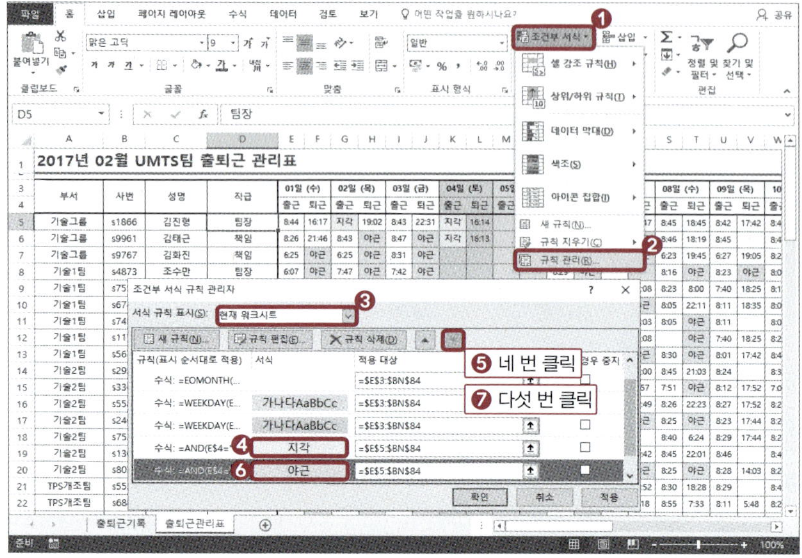

실력 향상

조건부 서식은 위쪽부터 아래쪽으로 순서대로 적용됩니다. 주말인 경우 지각과 야근 표시가 아닌 주말 색상이 먼저 표시되도록 하기 위해 [지각], [야근]조건부 서식을 아래쪽으로 이동합니다.

실력 향상

[현재 워크시트]를 선택하면 워크시트에 적용된 조건부 서식을 모두 볼 수 있습니다.

30 **TRUE일 경우 조건부 서식 적용을 중지하기** 토요일과 일요일에 해당하는 규칙 오른쪽의 [True일 경우 중지]에 각각 체크 표시합니다. [확인]을 클릭합니다. 토요일과 일요일은 구분된 색으로 서식이 적용되고 지각, 야근은 표시되지 않습니다.

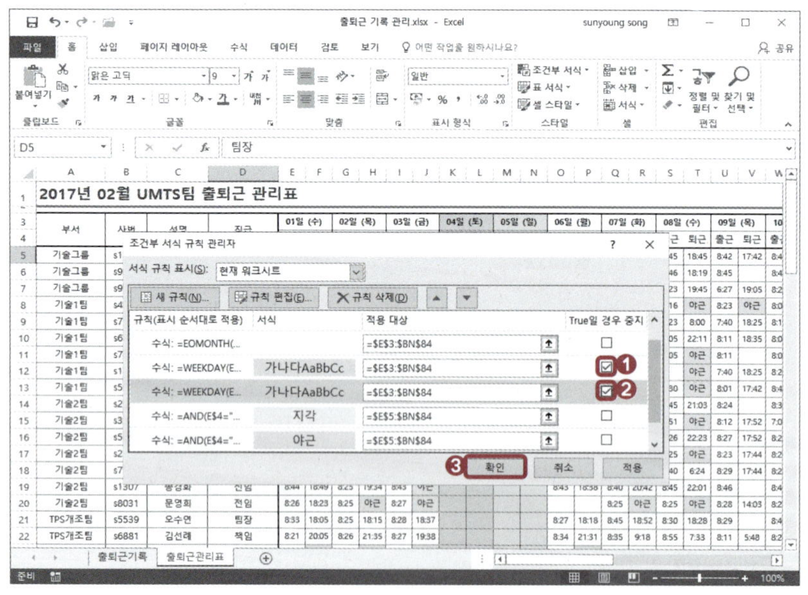

실력 향상

[True일 경우 중지]에 체크 표시하면 토요일이거나 일요일인 경우는 각각 파란색, 주황색 서식이 적용되고 아래쪽의 서식은 아예 적용되지 않습니다.

물류 현황표에서 선택한 브랜드별 상품 내역 확인하기

실습 파일 | PART 02 \ CHAPTER 03 \ 브랜드별 물류현황.xlsx   **완성 파일** | PART 02 \ CHAPTER 03 \ 브랜드별 물류현황(완성).xlsx

✅ 프로젝트 시작하기

브랜드별 상품의 보관 위치, 상태, 불량 수량, 양호 수량 등이 저장된 물류 현황표가 있습니다. 브랜드별로 데이터는 병합된 셀 때문에 자동 필터로 확인하기 어렵습니다. [물류현황표]의 병합되어 있는 브랜드명 데이터를 그대로 유지한 채 INDIRECT와 SMALL, IF, ROW 함수로 배열 수식을 작성하여 브랜드명을 추출하겠습니다. 추출한 브랜드명은 데이터 유효성 검사를 이용하여 목록으로 표시합니다. 브랜드 목록 중 하나의 브랜드를 선택하면 관련 상품코드만 볼 수 있도록 텍스트 나누기로 브랜드코드를 정리한 후 INDIRECT와 COUNTIF, SMALL, IF, ROW 함수로 배열 수식을 작성하여 상품코드를 정리하겠습니다. 선택한 브랜드, 상품코드의 연관 데이터인 상품 위치나 상태, 판매 가능한 재고 개수는 VLOOKUP과 IFERROR 함수로 찾아와 표시하고 표시된 데이터에만 서식을 적용되도록 조건부 서식을 설정해보겠습니다. 이 프로젝트에서는 배열 수식과 VLOOKUP 함수 등으로 데이터를 추출하는 다양한 방법을 알아볼 수 있습니다.

회사에서 바로 통하는 키워드

배열 수식, 유효성 검사, 텍스트 나누기, IFERROR, VLOOKUP, 조건부 서식

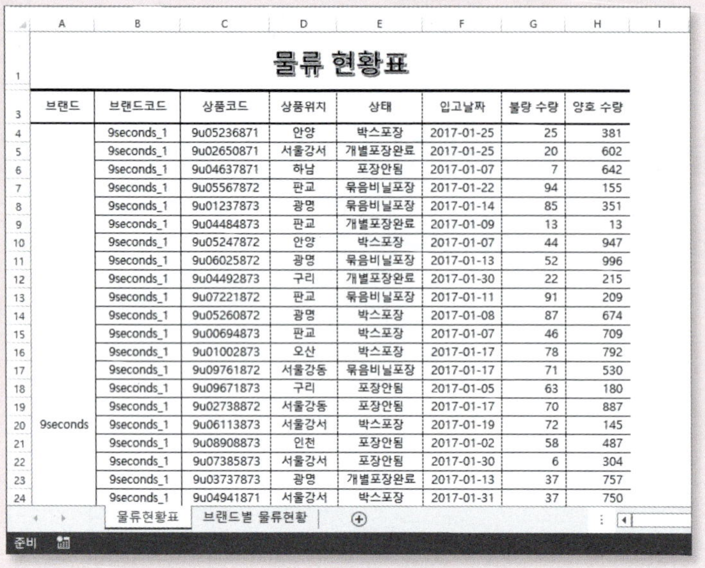

브랜드	브랜드코드	상품코드	상품위치	상태	입고날짜	불량 수량	양호 수량
	9seconds_1	9u05236871	안양	박스포장	2017-01-25	25	381
	9seconds_1	9u02650871	서울강서	개별포장완료	2017-01-25	20	602
	9seconds_1	9u04637871	하남	포장안됨	2017-01-07	7	642
	9seconds_1	9u05567872	판교	묶음비닐포장	2017-01-22	94	155
	9seconds_1	9u01237873	광명	묶음비닐포장	2017-01-14	85	351
	9seconds_1	9u04484873	판교	개별포장완료	2017-01-09	13	13
	9seconds_1	9u05247872	안양	박스포장	2017-01-07	44	947
	9seconds_1	9u06025872	광명	묶음비닐포장	2017-01-13	52	996
	9seconds_1	9u04492873	구리	개별포장완료	2017-01-30	22	215
	9seconds_1	9u07221872	판교	묶음비닐포장	2017-01-11	91	209
	9seconds_1	9u05260872	광명	박스포장	2017-01-08	87	674
	9seconds_1	9u00694873	판교	박스포장	2017-01-07	46	709
	9seconds_1	9u01002873	오산	박스포장	2017-01-17	78	792
	9seconds_1	9u09761872	서울강동	묶음비닐포장	2017-01-17	71	530
	9seconds_1	9u09671873	구리	포장안됨	2017-01-05	63	180
9seconds	9seconds_1	9u02738872	서울강동	포장안됨	2017-01-17	70	887
	9seconds_1	9u06113873	서울강서	박스포장	2017-01-19	72	145
	9seconds_1	9u08908873	인천	포장안됨	2017-01-02	58	487
	9seconds_1	9u07385873	서울강서	포장안됨	2017-01-30	6	304
	9seconds_1	9u03737873	광명	개별포장완료	2017-01-13	37	757
	9seconds_1	9u04941871	서울강서	박스포장	2017-01-31	37	750

물류현황표 | 브랜드별 물류현황

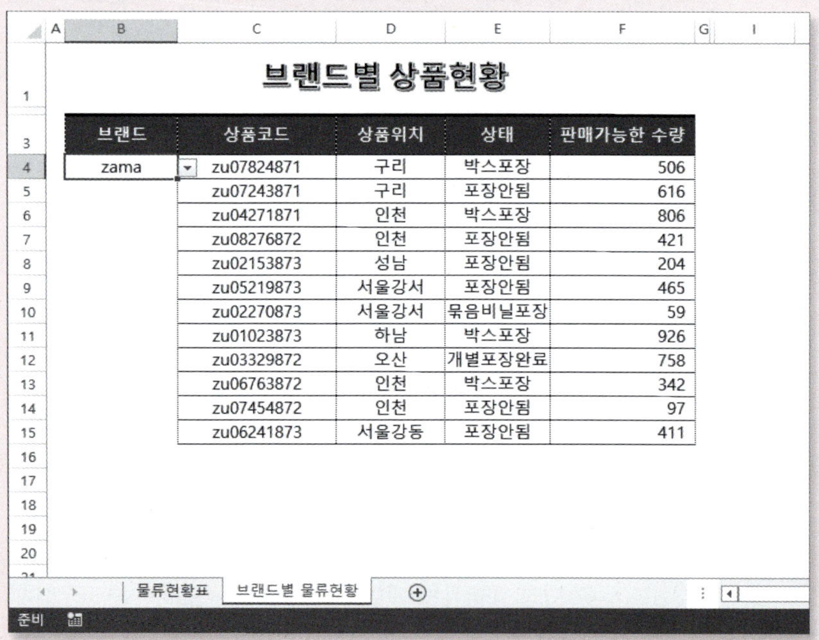

브랜드	상품코드	상품위치	상태	판매가능한 수량
zama	zu07824871	구리	박스포장	506
	zu07243871	구리	포장안됨	616
	zu04271871	인천	박스포장	806
	zu08276872	인천	포장안됨	421
	zu02153873	성남	포장안됨	204
	zu05219873	서울강서	포장안됨	465
	zu02270873	서울강서	묶음비닐포장	59
	zu01023873	하남	박스포장	926
	zu03329872	오산	개별포장완료	758
	zu06763872	인천	박스포장	342
	zu07454872	인천	포장안됨	97
	zu06241873	서울강동	포장안됨	411

물류현황표 | 브랜드별 물류현황

✔ 핵심기능 미리 보기

STEP 01 병합된 셀의 데이터를 추출하여 목록으로 표시하기

❶ 셀이 병합되어 있는 브랜드명을 IFERROR와 INDIRECT, SMALL, IF, ROW 함수로 배열 수식을 작성하여 목록으로 추출합니다.

❷ 유효성 검사의 [제한 대상]을 [목록]으로 선택한 후 추출한 브랜드명을 목록으로 설정합니다.

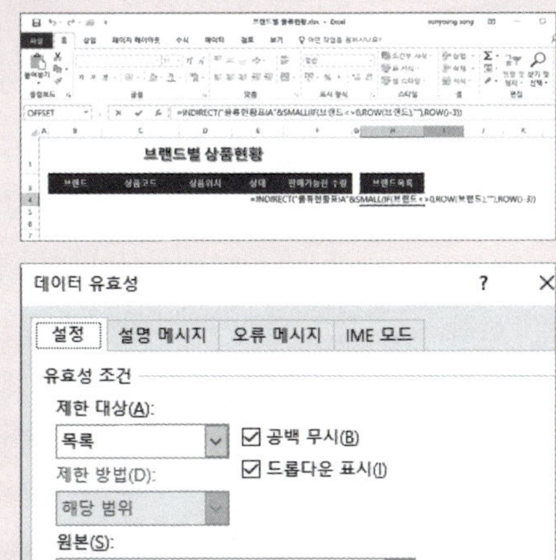

STEP 02 선택한 브랜드의 상품 목록 추출하기

❶ 브랜드 코드 데이터를 [텍스트 나누기]에서 '_' 기호로 구분하여 숫자는 제거하고 브랜드명만 표시합니다.

❷ 브랜드의 상품코드를 IF와 COUNTIF, ROW, INDIRECT, SMALL 함수로 배열 수식을 작성하여 목록으로 추출합니다.

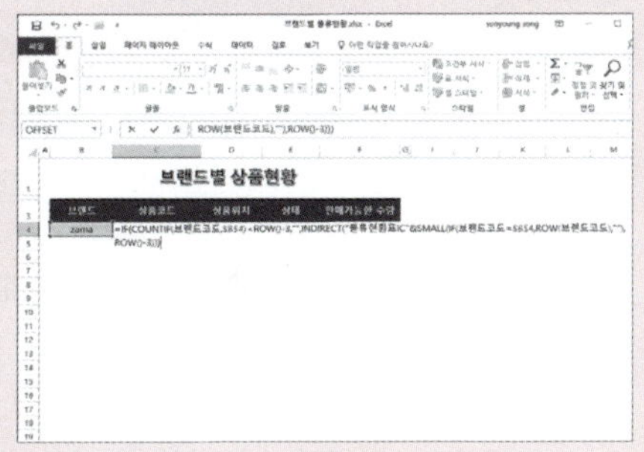

STEP 03 선택한 브랜드와 상품의 연관 데이터 찾아오기

❶ 선택한 브랜드의 상품과 연관된 데이터, 상품의 위치와 상태, 재고 개수를 VLOOKUP과 IFERROR 함수를 이용하여 가져옵니다.

❷ 현재 표시된 데이터에만 서식이 적용되도록 조건부 서식을 설정합니다.

STEP 01 병합된 셀의 데이터를 추출하여 목록으로 표시하기

[물류현황표] 시트에 브랜드별 물류 현황이 기록되어 있습니다. 그러나 각 브랜드별로 셀이 병합되어 있어 브랜드별 상품 내역을 필터 기능으로 확인하기가 어렵습니다. 브랜드를 확인하기 위해 물류 현황 데이터를 이름 정의하고 배열 수식을 이용하여 병합되어 있는 브랜드 목록을 추출하겠습니다. 추출된 목록은 유효성 검사로 정리하여 표시하겠습니다.

1 물류현황 데이터에 이름 정의하기 [물류현황표] 시트에서 [A3] 셀을 클릭합니다. Ctrl + A 를 눌러 데이터 전체를 선택합니다. [수식] 탭-[정의된 이름] 그룹-[선택 영역에서 만들기]를 클릭합니다. [선택 영역에서 이름 만들기] 대화상자에서 [첫 행]에만 체크 표시한 후 [확인]을 클릭합니다.

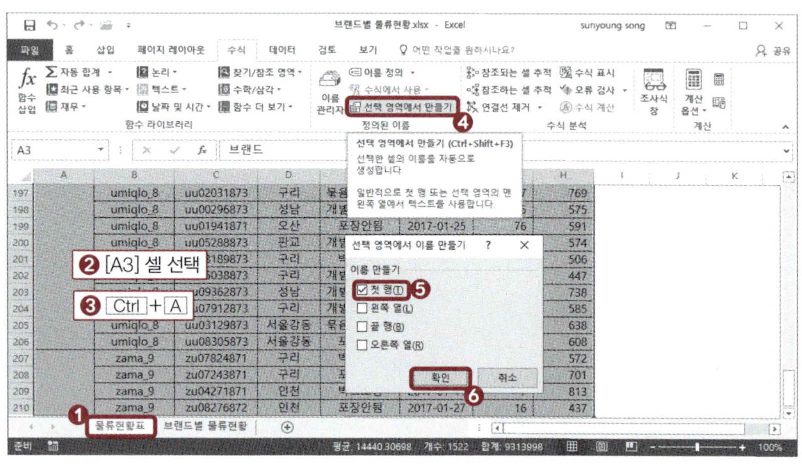

2 정의된 이름 확인하기 [수식] 탭-[정의된 이름] 그룹-[이름 관리자]를 클릭합니다. [이름 관리자] 대화상자에서 이름과 참조 범위를 확인할 수 있습니다. [닫기]를 클릭합니다.

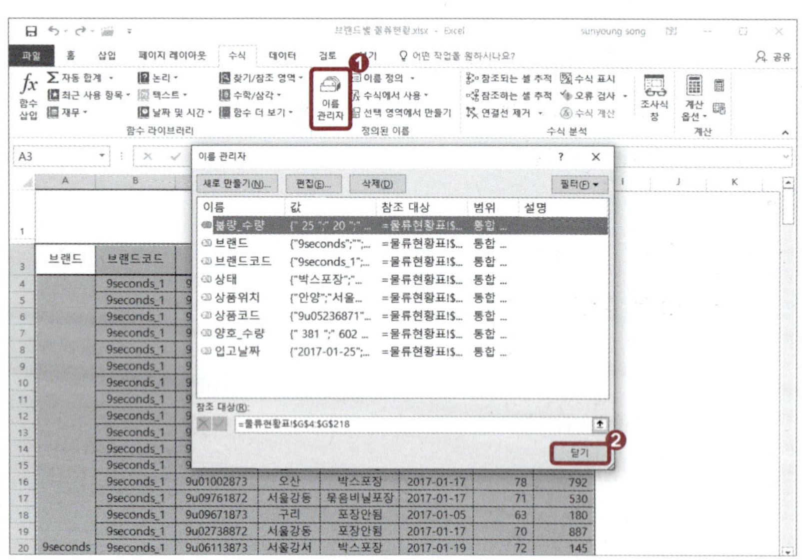

> **실력 향상**
>
> 정의된 이름은 [이름 상자]의 목록 단추를 클릭하여 확인할 수도 있습니다.

> **실력 향상**
>
> 첫 행의 '불량 수량'이나 '양호 수량' 같은 텍스트의 빈칸은 언더바(_)로 대체되어 [불량_수량], [양호_수량]으로 이름 정의됩니다.

3 **병합된 셀에 입력된 브랜드명 추출하기** [브랜드별 물류현황] 시트를 선택하고 [H4] 셀에 **=INDIRECT("물류현황표!A"&SMALL(IF(브랜드〈〉0,ROW(브랜드),""),ROW()−3))**을 입력한 후 Ctrl + Shift + Enter 를 누릅니다. [H4] 셀의 채우기 핸들을 드래그하여 [H12] 셀까지 수식을 복사합니다.

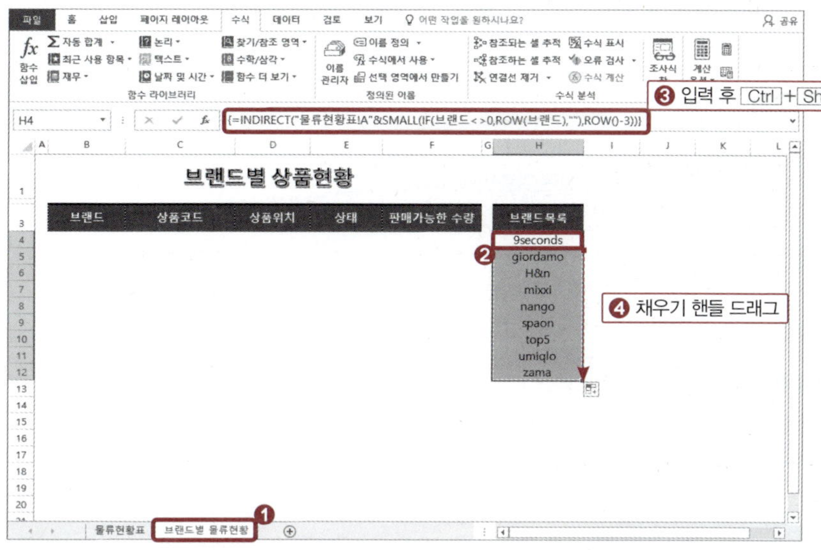

실력 향상

브랜드명이 표시되는 [H12] 셀 이후의 셀까지 자동 채우기를 하면 가져올 데이터 값이 없어 오류가 표시됩니다. 이때는 IFERROR 함수를 이용하여 '=IFERROR(INDIRECT("물류현황표!A"&SMALL(IF(브랜드〈〉0,ROW(브랜드),""),ROW()−3)),"")'로 수식을 수정하면 오류가 표시되지 않습니다.

실력 향상 INDIRECT 함수로 배열 수식을 작성하여 [물류현황표] 시트의 병합된 A열에 입력된 브랜드명을 가져옵니다.

슈 퍼 활 용 TIP ★★★★★   **브랜드 목록을 추출하는 배열 수식**

=INDIRECT("물류현황표!A"&SMALL(IF(브랜드〈〉0,ROW(브랜드),""),ROW()−3)) 배열 수식을 알아보겠습니다.

❶ 'IF(브랜드〈〉0,ROW(브랜드),"")' 수식은 이름 지정한 브랜드 범위의 데이터가 0 값이 아니면, 즉 데이터가 있으면 브랜드의 행 번호를 표시하고, 그렇지 않으면 빈칸으로 표시합니다. [물류현황표] 시트의 병합된 셀 범위는 가장 위쪽 셀인 [A4] 셀만 제외하고 나머지는 모두 0 값으로 인식하므로 [A4:A36] 셀 범위에서 [A4] 셀의 행 번호 4, [A37:A64] 셀 범위에서 [A37] 셀의 행 번호 37, [A65:A90] 셀 범위에서 [A65] 셀의 행 번호 65 등 병합된 셀의 가장 위쪽 행 번호를 배열 형태로 저장합니다.

❷ SMALL 함수는 범위에서 지정한 순위의 가장 작은 값을 추출합니다. 'SMALL(IF 함수로 추출한 행 번호 목록,ROW()−3)' 수식은 IF 함수로 추출한 가장 위쪽 행 번호 4, 37, 65,…에서 현재 수식이 입력되는 [브랜드별 물류현황] 시트 [H4] 셀의 행 번호 4에서 3을 뺀(ROW()−3) 수식의 결과로 1, 즉 행 번호 목록인 4, 37, 65,…에서 첫 번째 데이터인 4를 추출합니다. 그 다음 [H5] 셀에서는 행 번호 5에서 3을 뺀 수식의 결과로 2, 즉 두 번째 데이터인 37을 추출합니다.

❸ INDIRECT 함수는 텍스트나 숫자로 입력한 데이터를 셀 주소 형식으로 변환합니다. 수식이 입력되는 [H4] 셀에는 앞쪽에 입력한 '물류현황표!A'와 SMALL 함수로 추출한 데이터 4를 연결하여 [물류현황표] 시트의 [A4] 셀의 데이터를 가져와 표시하고, [H5] 셀에는 '물류현황표!A'와 SMALL 함수로 추출한 두 번째 데이터 37을 연결하여 [물류현황표] 시트의 [A37] 셀 데이터를 가져와 표시합니다.

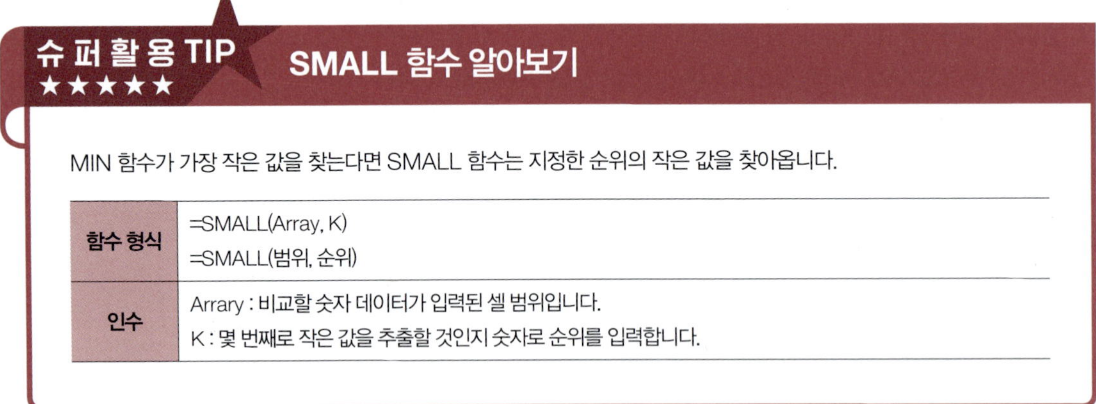

MIN 함수가 가장 작은 값을 찾는다면 SMALL 함수는 지정한 순위의 작은 값을 찾아옵니다.

함수 형식	=SMALL(Array, K) =SMALL(범위, 순위)
인수	Arrary : 비교할 숫자 데이터가 입력된 셀 범위입니다. K : 몇 번째로 작은 값을 추출할 것인지 숫자로 순위를 입력합니다.

4 유효성 검사를 이용하여 브랜드명 목록으로 설정하기 [B4] 셀을 클릭합니다. [데이터] 탭−[데이터 도구] 그룹−[데이터 유효성 검사]를 클릭합니다. [데이터 유효성] 대화상자의 [설정] 탭에서 [제한 대상]으로 [목록]을 선택합니다. [원본]에 **=$H$4:$H$12**를 입력합니다. [확인]을 클릭합니다.

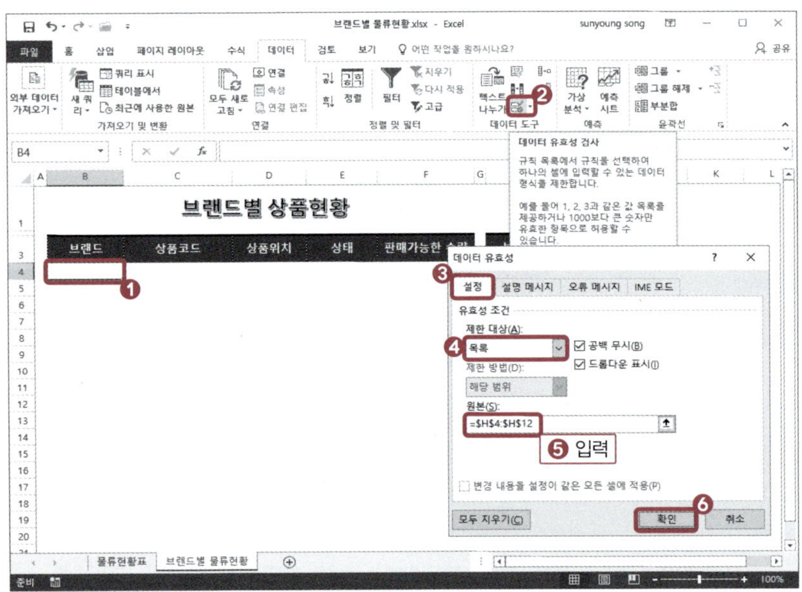

5 브랜드명 표시된 열 숨기기 [B4] 셀의 브랜드 목록 중 [9seconds]를 선택합니다. H열을 선택합니다. 마우스 오른쪽 버튼을 클릭한 후 [숨기기]를 선택합니다.

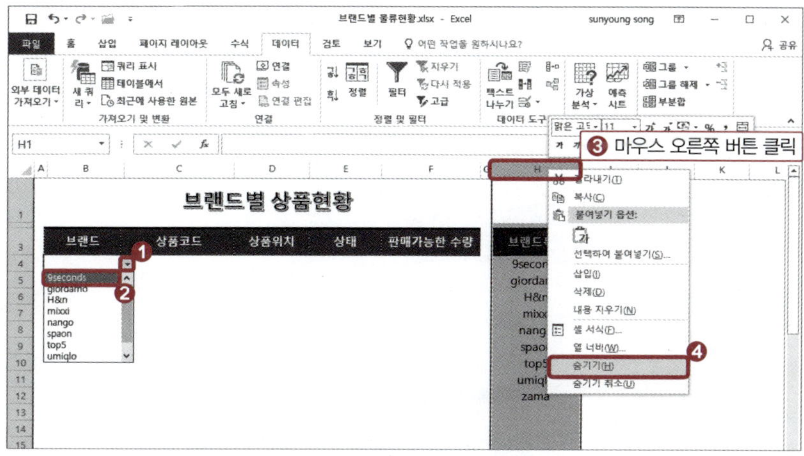

STEP
02

선택한 브랜드의 상품 목록 추출하기

선택한 브랜드명의 관련 상품 목록을 추출해보겠습니다. 우선 물류 현황표의 브랜드코드를 텍스트 나누기 기능으로 정리하여 브랜드명과 같게 수정하고 브랜드코드, 즉 브랜드명에 포함되는 상품코드만 추출되도록 배열 수식을 작성하겠습니다.

6 브랜드코드의 숫자를 텍스트 나누기로 제거하기 [물류현황표] 시트에서 [B4] 셀을 클릭한 후 Ctrl + Shift + ↓를 눌러 [B4:B218] 셀 범위를 선택합니다. [데이터] 탭-[데이터 도구] 그룹-[텍스트 나누기]를 클릭합니다. [텍스트 마법사-1단계] 대화상자에서 [구분 기호로 분리됨]을 선택합니다. [다음]을 클릭합니다.

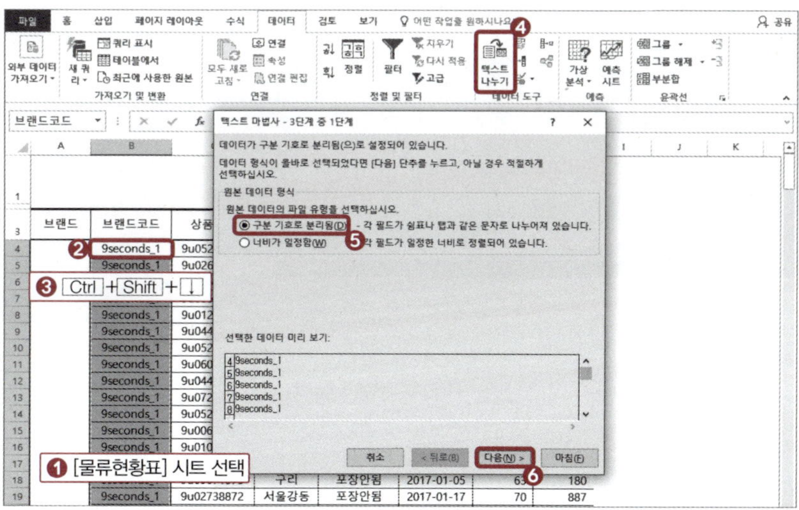

7 [텍스트 마법사 – 2단계] 대화상자에서 [구분 기호]에서 [탭]의 체크 표시를 해제하고 [기타]에 체크 표시합니다. [기타] 오른쪽 입력란에 언더바(_) 기호를 입력합니다. [다음]을 클릭합니다. [텍스트 마법 사 – 3단계] 대화상자에서 두 번째 열을 클릭한 후 [열 데이터 서식]에서 [열 가져오지 않음(건너뜀)]을 선 택합니다. [마침]을 클릭합니다.

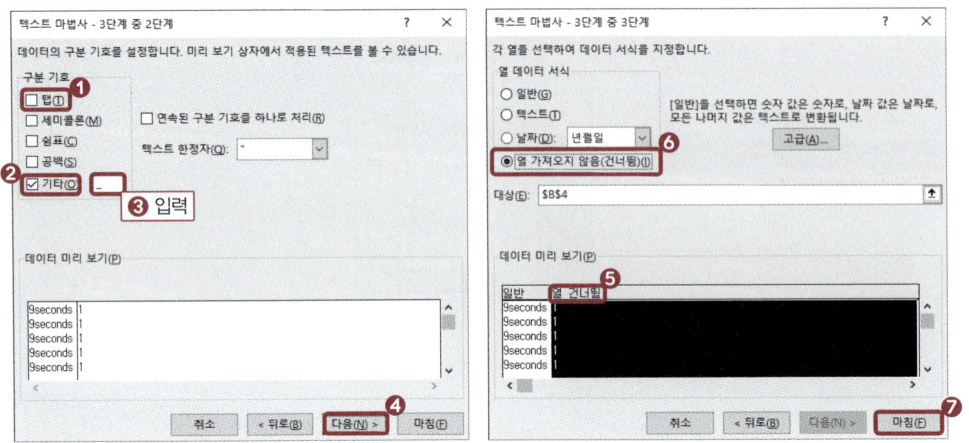

실력 향상 구분 기호로 제공되는 않는 기호는 [기타] 오른쪽 입력란에 직접 입력합니다.

8 브랜드 코드의 '_'와 숫자 부분이 제거됩니다.

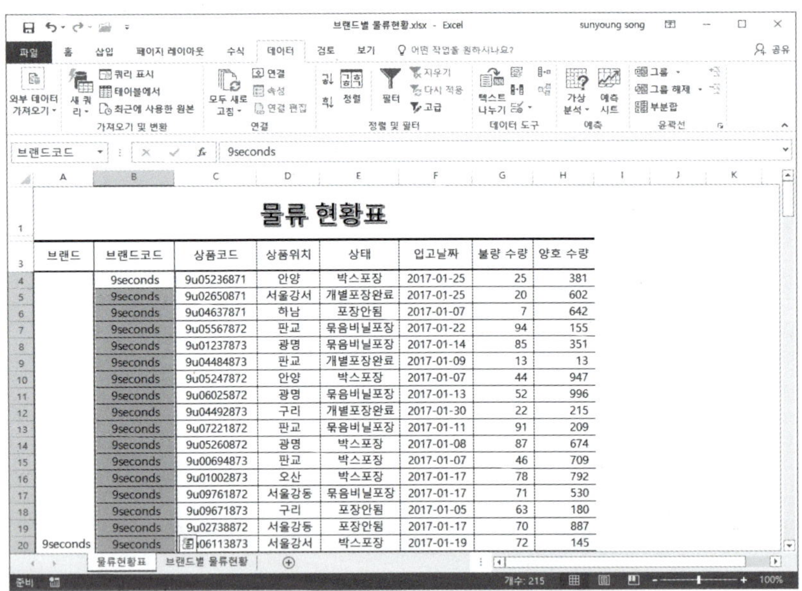

9 선택한 브랜드의 상품코드를 배열 수식으로 추출하기 [브랜드별 물류현황] 시트를 선택하고 [C4] 셀에 **=IF(COUNTIF(브랜드코드,$B$4)〈ROW()−3,"",INDIRECT("물류현황표!C"&SMALL(IF(브랜드코드=$B$4, ROW(브랜드코드),""),ROW()−3)))**을 입력한 후 Ctrl + Shift + Enter 를 누릅니다. [C4] 셀의 채우기 핸들을 드래그하여 상품코드가 표시될 임의의 행까지 수식을 복사합니다.

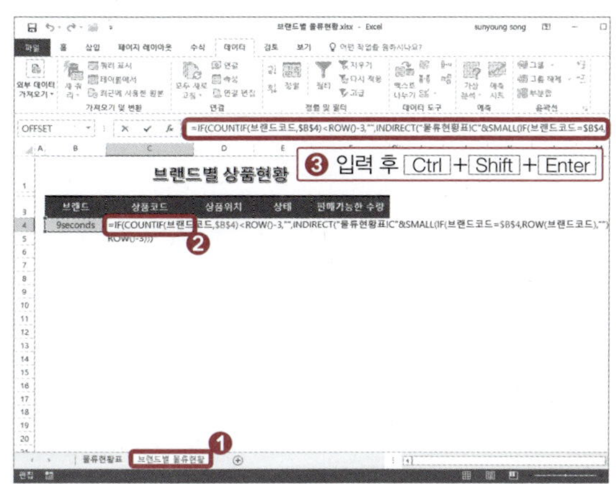

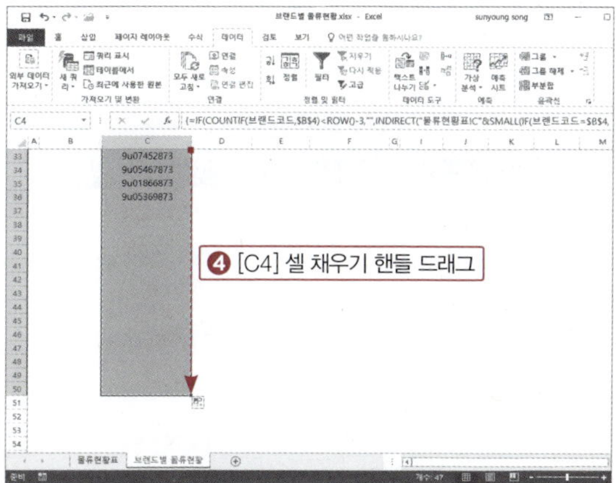

실력 향상 브랜드에 포함된 상품코드의 개수를 정확히 알고 있지 않으므로 상황에 맞게 적절한 행까지 수식을 복사합니다.

슈퍼활용 TIP ★★★★★ 브랜드의 상품코드 추출 배열 수식

=IF(COUNTIF(브랜드코드,$B$4)〈ROW()−3,"",INDIRECT("물류현황표!C"&SMALL(IF(브랜드코드 =$B$4,ROW(브랜드코드),""),ROW()−3))) 배열 수식을 알아보겠습니다.

❶ 'IF(브랜드코드=$B$4,ROW(브랜드코드),"")' 수식은 이름 정의된 브랜드코드 범위의 데이터 중 [브랜드별 물류현황] 시트의 [B4] 셀에 입력된 브랜드명과 같으면 브랜드코드의 행 번호를 표시하고, 그렇지 않으면 빈칸으로 표시합니다. [B4] 셀에 선택된 '9seconds' 브랜드와 같은 브랜드코드의 행 번호 목록을 배열 형태로 저장합니다.

❷ 'SMALL(IF 함수로 추출한 브랜드코드의 행 번호 목록, ROW()−3)' 수식은 IF 함수로 추출한 '9seconds' 브랜드와 같은 브랜드코드 목록 중에서 [C4] 셀의 현재 행 번호 4에서 3을 뺀(ROW()−3) 1, 즉 목록의 첫 번째 데이터 4를 추출합니다.

❸ 'INDIRECT("물류현황표!C"&행 번호)' 수식은 [물류현황표] 시트의 C열 상품코드 데이터를 가져오기 위해 '=INDIRECT("물류현황표!C"'에 SMALL과 IF 함수로 찾은 데이터 4를 연결하여 [물류현황표] 시트의 [C4] 셀의 상품코드 데이터를 표시합니다.

❹ 'IF(COUNTIF(브랜드코드,$B$4)〈ROW()−3,"",INDIRECT("물류현황표!C"&행 번호))' 수식은 COUNTIF 함수로 이름 정의된 브랜드코드 범위에서 [B4] 셀에서 선택한 브랜드와 같은 브랜드의 개수를 센 후 그 개수가 [C4] 셀의 현재 행 번호 4에서 3을 뺀 한 개보다 작으면 빈칸을 표시하고, 그렇지 않으면 상품코드를 표시합니다.

10 선택한 브랜드의 상품코드 확인하기 [B4] 셀의 브랜드 목록 중 [zama]를 선택합니다. zama 브랜드의 상품코드 목록만 표시됩니다.

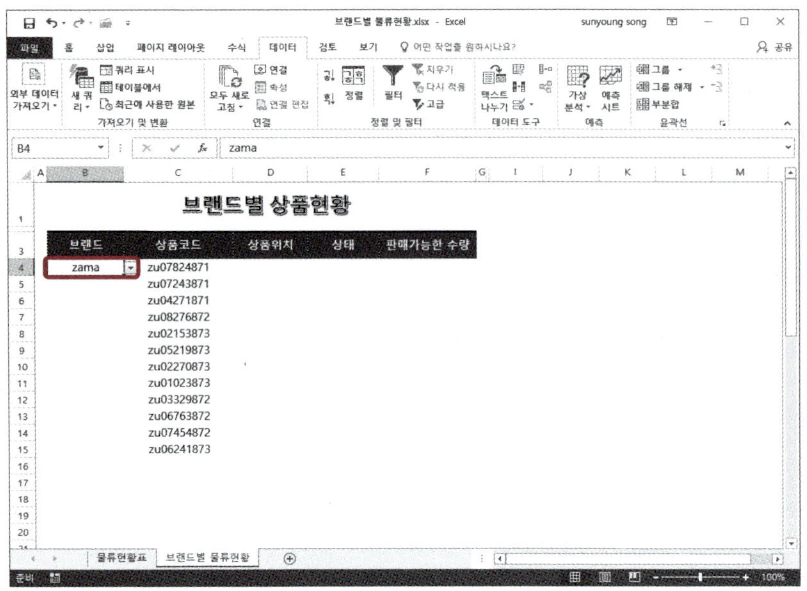

선택한 브랜드와 상품의 연관 데이터 찾아오기

선택한 브랜드와 상품코드의 위치, 상태, 재고 개수 등 연관 데이터를 VLOOKUP 함수를 이용하여 찾아 표시하겠습니다. 또 표시된 상품에만 서식이 적용되도록 조건부 서식도 설정하겠습니다.

11 브랜드코드와 상품코드를 & 연산자로 연결하기 [물류현황표] 시트에서 D열을 선택합니다. 마우스 오른쪽 버튼을 클릭한 후 [삽입]을 선택합니다. [D3] 셀에 **브랜드별상품**을 입력합니다. [D4] 셀에 **=B4&C4**를 입력합니다. 채우기 핸들을 더블클릭하여 수식을 복사합니다.

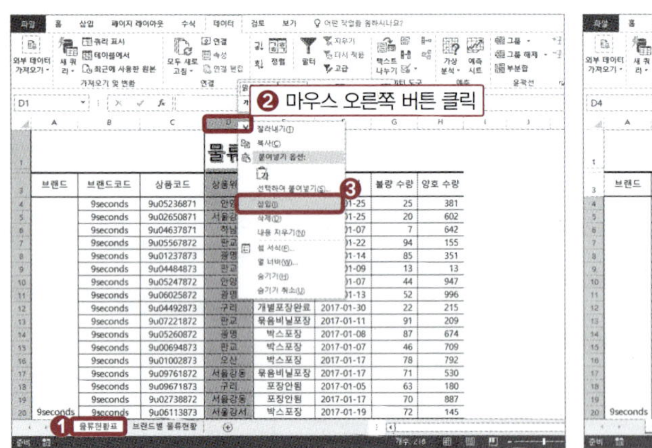

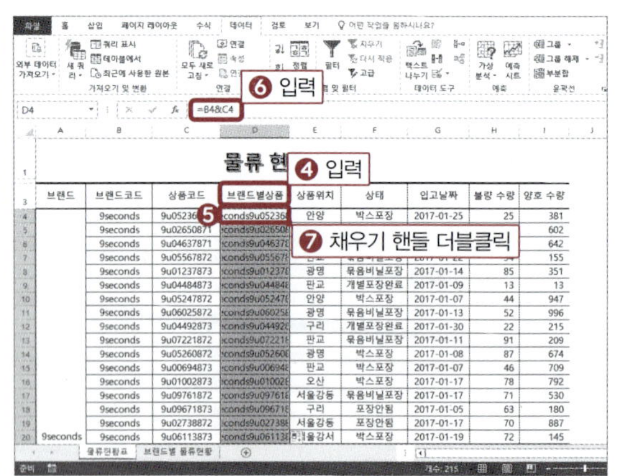

12 브랜드코드와 상품코드를 기준으로 연관 데이터 이름 정의하기 [D3] 셀을 클릭한 후 Ctrl + Shift + → 를 눌러 오른쪽 끝까지, Ctrl + Shift + ↓ 를 눌러 아래쪽 끝까지 [D3:I218] 셀 범위를 선택합니다. [이름 상자]에 **물류현황표**를 입력한 후 Enter 를 눌러 입력을 완료합니다. D열을 선택합니다. 마우스 오른쪽 버튼을 클릭한 후 [숨기기]를 선택합니다.

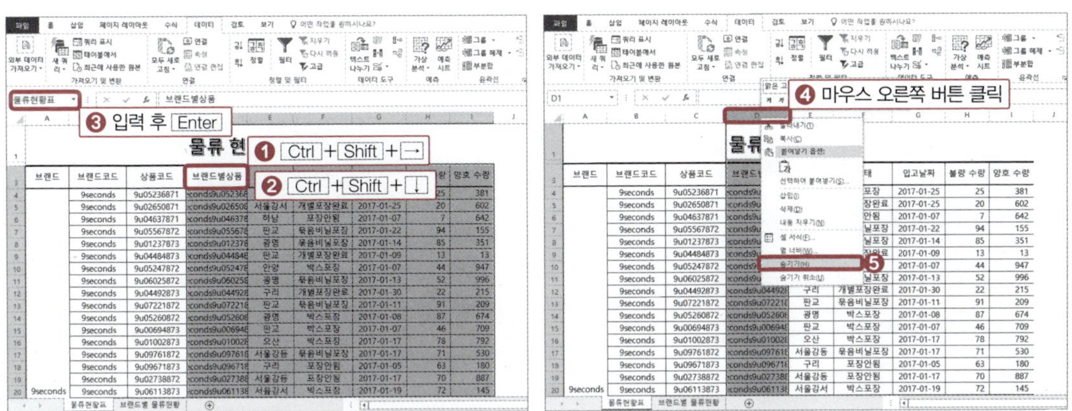

13 브랜드별 상품코드의 연관 데이터 가져오기 [브랜드별 물류현황] 시트를 선택합니다. [D4] 셀에 **=IFERROR(VLOOKUP($B$4&C4,물류현황표,2,0),"")**를 입력합니다. 상품의 상태 정보도 가져오겠습니다. [E4] 셀에 **=IFERROR(VLOOKUP($B$4&C4,물류현황표,3,0),"")**를 입력합니다. 판매가 가능한 재고 수량도 구해보겠습니다. [F4] 셀에 **=IFERROR(VLOOKUP($B$4&C4,물류현황표,6,0)–VLOOKUP($B$4&C4,물류현황표,5,0),"")**를 입력합니다. [D4:F4] 셀 범위를 드래그한 후 채우기 핸들을 더블클릭하여 수식을 복사합니다.

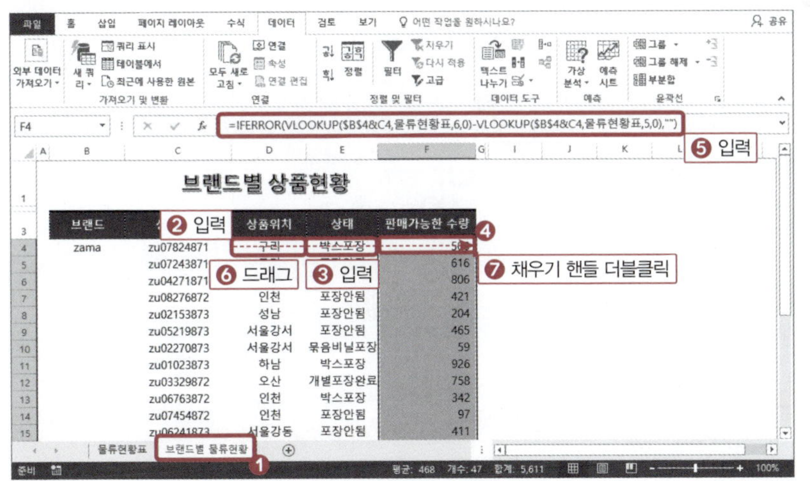

실력 향상

상품코드가 표시되어 있지 않으면 VLOOKUP 함수는 해당 상품코드를 찾지 못해 '#N/A' 오류를 표시합니다. 오류가 표시되지 않도록 IFERROR 함수로 오류를 처리합니다.

실력 향상 'VLOOKUP($B$4&C4,물류현황표,2,0)' 수식은 고정된 브랜드명 [B4] 셀과 상품코드 [C4] 셀을 연결한 데이터 값을 이름 정의한 [물류현황표] 범위의 첫 번째 열에서 찾아 [물류현황표] 범위의 두 번째 열에 위치한 상품 위치를 가져오는 수식입니다.

실력 향상 'VLOOKUP($B$4&C4,물류현황표,3,0),"")' 수식은 세 번째 열에 위치한 상태 데이터를 가져오고, '=VLOOKUP($B$4&C4,물류현황표,6,0)–VLOOKUP($B$4&C4,물류현황표,5,0)' 수식은 여섯 번째 열에 위치한 양호 수량에서 다섯 번째 열에 위치한 불량수량을 뺀 수량 데이터를 가져옵니다.

14 **표시된 상품 목록에만 서식 설정하기** [B4] 셀을 클릭합니다. [홈] 탭–[글꼴] 그룹–[테두리]를 클릭하여 [위쪽/아래쪽 테두리]를 선택합니다. 상품현황이 표시된 곳에 서식을 지정하겠습니다. [C4] 셀을 클릭한 후 Ctrl + Shift + → 를 눌러 오른쪽 끝까지, Ctrl + Shift + ↓ 를 눌러 아래쪽 끝까지의 셀 범위를 선택합니다. [홈] 탭–[스타일] 그룹–[조건부 서식]–[새 규칙]을 선택합니다.

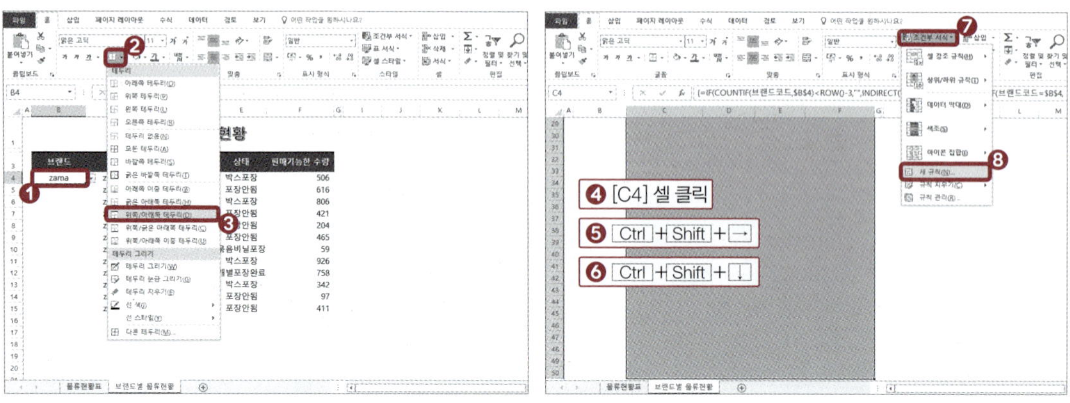

15 [새 서식 규칙] 대화상자에서 [다음을 포함하는 셀만 서식 지정]을 선택합니다. [규칙 설명 편집]에서 [셀 값], [〈〉]를 선택하고 값 입력란에 =""를 입력합니다. [서식]을 클릭합니다. [셀 서식] 대화상자에서 [테두리] 탭을 클릭합니다. [스타일]에서 [실선]을 선택한 후 위쪽과 아래쪽 테두리를 클릭하고 [점선]을 선택한 후 왼쪽과 오른쪽 테두리를 클릭합니다. [확인]을 클릭합니다. [새 서식 규칙] 대화상자에서도 [확인]을 클릭합니다.

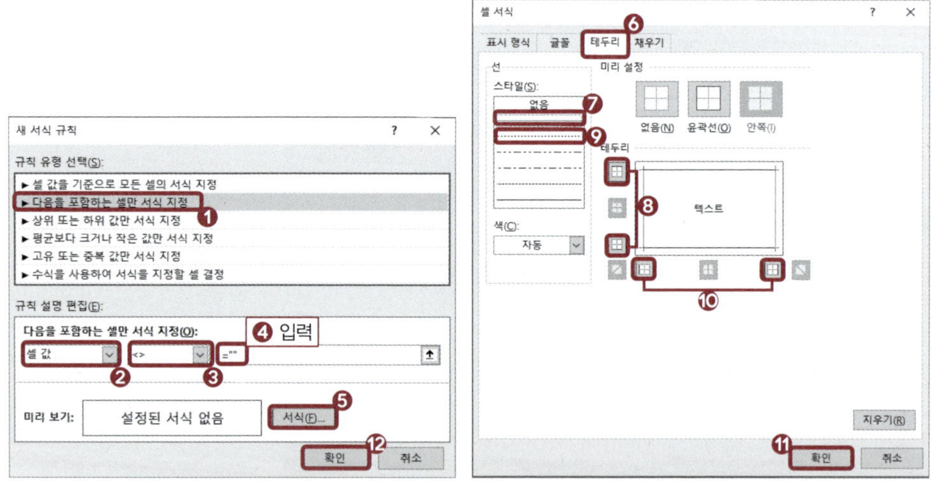

> **실력 향상** [규칙 설명 편집]에서 선택하는 '〈〉' 기호는 '같지 않다'를 나타내는 비교 연산자입니다. 빈칸이 아닌 데이터가 입력된 셀에만 서식을 적용하기 위해 '빈 셀("")과 같지 않다'라는 수식으로 작성합니다. 값 입력란에 입력하는 '=' 기호는 '같다'를 나타내는 비교 연산자가 아니라 기본 계산 시에 사용하는 기호입니다.

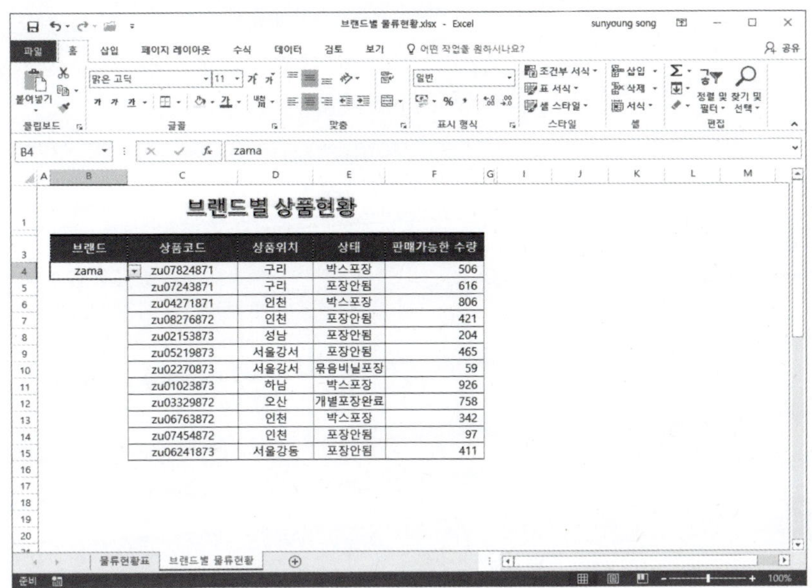

함수로 데이터 분석하고 차트로 시각화하기

함수는 여러 개체와 연동하여 사용할 수 있습니다. 피벗 테이블의
데이터를 추출하거나 수식을 차트와 연결하여 동적 차트를
작성하는 등 다양한 문서 작업에 도움을 줍니다.
피벗 테이블에 수식 계산을 추가하고 조건부 서식으로 추가한 계산
항목만 서식이 적용되는 급여 월별 분석표와 함수를 이용하여
월별 관리비 내역을 정리하고 필요한 월만 선택하여 차트로 비교
분석하는 일반 관리비 분석, 월별로 구분되어 있는 계정 과목을
함수를 이용하여 결산하고 선택한 항목의 결과만 차트로 표시하는
월별 계정 과목, 발생 시간별로 기록된 매출내역을 분석하여 요일별
시간별 매출합계를 구하고 지정한 순위의 매출금액과 해당 매출이
포함된 요일의 시간대를 차트로 표현하는 시간대별 매출목록,
제품의 판매내역을 정리하여 미니 차트로 표현한 제품 판매내역
등을 작성해보겠습니다. 수식으로 이름을 설정하거나 데이터를
분석하고 활용하는 방법을 확인할 수 있으며, 차트와 연결하여
데이터를 시각적으로 표현하는 방법을 익힐 수 있습니다.

피벗 테이블에서 수식을 사용하여 급여의 월별 차이 분석하기

실습 파일 | PART 02 \ CHAPTER 04 \ 급여 월별 분석.xlsx   **완성 파일 |** PART 02 \ CHAPTER 04 \ 급여 월별 분석(완성).xlsx

✅ 프로젝트 시작하기

1월~5월까지의 급여지급내역이 있습니다. 해당 표에서는 직원의 급여내역을 상세하게 볼 수 있지만 필요한 월만 선택하여 보거나 특정 월을 비교하여 급여 차이를 확인하기는 쉽지 않습니다. 급여지급내역에서 보고서 작성에 필요하지 않은 항목은 이동 옵션을 이용하여 제거하고 텍스트 나누기로 지급월을 날짜 데이터로 변환한 후 피벗 테이블 보고서로 작성해보겠습니다. 피벗 테이블 보고서는 직원별 기본급과 수당 내역, 공제 내역과 실지급액이 표시되도록 작성하고 급여의 차액도 계산해보겠습니다. 또 스타일을 설정한 후 급여의 차액이 표시된 곳에만 채우기 색을 지정하여 시각적으로 표현해보겠습니다. 이 프로젝트에서는 계산 작업을 추가하거나 필요 데이터만 추출하고 서식을 적용하는 등 피벗 테이블을 활용하는 방법에 대해 알아볼 수 있습니다.

회사에서 바로 통하는 키워드 ▶

이동 옵션, 텍스트 나누기, 피벗 테이블, 피벗 테이블 디자인, 피벗 수식

프로젝트 미리 보기

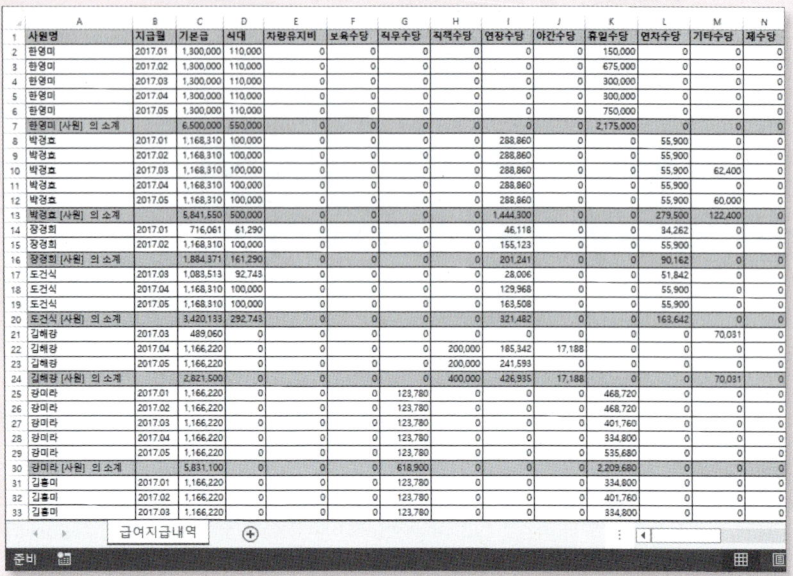

사원명	지급월	기본급	식대	차량유지비	보육수당	직무수당	직책수당	연장수당	야간수당	휴일수당	연차수당	기타수당	제수당
한영미	2017.01	1,300,000	110,000	0	0	0	0	0	0	150,000	0	0	0
한영미	2017.02	1,300,000	110,000	0	0	0	0	0	0	675,000	0	0	0
한영미	2017.03	1,300,000	110,000	0	0	0	0	0	0	300,000	0	0	0
한영미	2017.04	1,300,000	110,000	0	0	0	0	0	0	300,000	0	0	0
한영미	2017.05	1,300,000	110,000	0	0	0	0	0	0	750,000	0	0	0
한영미 [사원] 의 소계		6,500,000	550,000	0	0	0	0	0	0	2,175,000	0	0	0
박경효	2017.01	1,168,310	100,000	0	0	0	0	288,860	0	0	55,900	0	0
박경효	2017.02	1,168,310	100,000	0	0	0	0	288,860	0	0	55,900	0	0
박경효	2017.03	1,168,310	100,000	0	0	0	0	288,860	0	0	55,900	62,400	0
박경효	2017.04	1,168,310	100,000	0	0	0	0	288,860	0	0	55,900	0	0
박경효	2017.05	1,168,310	100,000	0	0	0	0	288,860	0	0	55,900	60,000	0
박경효 [사원] 의 소계		5,841,550	500,000	0	0	0	0	1,444,300	0	0	279,500	122,400	0
장경희	2017.01	716,061	61,290	0	0	0	0	46,118	0	0	34,262	0	0
장경희	2017.02	1,168,310	100,000	0	0	0	0	155,123	0	0	55,900	0	0
장경희 [사원] 의 소계		1,884,371	161,290	0	0	0	0	201,241	0	0	90,162	0	0
도건식	2017.03	1,083,513	92,743	0	0	0	0	28,006	0	0	51,842	0	0
도건식	2017.04	1,168,310	100,000	0	0	0	0	129,968	0	0	55,900	0	0
도건식	2017.05	1,168,310	100,000	0	0	0	0	163,508	0	0	55,900	0	0
도건식 [사원] 의 소계		3,420,133	292,743	0	0	0	0	321,482	0	0	163,642	0	0
김해강	2017.03	489,060	0	0	0	0	0	0	0	0	0	70,031	0
김해강	2017.04	1,166,220	0	0	0	0	200,000	185,342	17,188	0	0	0	0
김해강	2017.05	1,166,220	0	0	0	0	200,000	241,593	0	0	0	0	0
김해강 [사원] 의 소계		2,821,500	0	0	0	0	400,000	426,935	17,188	0	0	70,031	0
강미라	2017.01	1,166,220	0	0	0	123,780	0	0	0	468,720	0	0	0
강미라	2017.02	1,166,220	0	0	0	123,780	0	0	0	468,720	0	0	0
강미라	2017.03	1,166,220	0	0	0	123,780	0	0	0	401,760	0	0	0
강미라	2017.04	1,166,220	0	0	0	123,780	0	0	0	334,800	0	0	0
강미라	2017.05	1,166,220	0	0	0	123,780	0	0	0	535,680	0	0	0
강미라 [사원] 의 소계		5,831,100	0	0	0	618,900	0	0	0	2,209,680	0	0	0
김홍미	2017.01	1,166,220	0	0	0	123,780	0	0	0	334,800	0	0	0
김홍미	2017.02	1,166,220	0	0	0	123,780	0	0	0	401,760	0	0	0
김홍미	2017.03	1,166,220	0	0	0	123,780	0	0	0	334,800	0	0	0

급여지급내역

행 레이블	기본급	연장수당	야간수당	휴일수당	공제총액	실지급액	지급총액
⊟ 강미라	2,332,440	-	-	1,071,360	278,380	3,592,980	3,871,360
2017-04-01	1,166,220	-	-	334,800	158,970	1,575,830	1,734,800
2017-05-01	1,166,220	-	-	535,680	139,190	1,796,490	1,935,680
5월-4월	-	-	-	200,880	- 19,780	220,660	200,880
⊟ 김상훈	2,031,480	-	-	401,760	211,320	2,629,150	2,840,470
2017-04-01	1,166,220	-	-	267,840	154,800	1,513,040	1,667,840
2017-05-01	1,015,740	-	-	200,880	105,660	1,314,575	1,420,235
5월-4월	- 150,480	-	-	- 66,960	- 49,140	- 198,465	- 247,605
⊟ 김해강	2,332,440	483,186	-	-	222,920	2,992,706	3,215,626
2017-04-01	1,166,220	185,342	17,188	-	110,290	1,458,460	1,568,750
2017-05-01	1,166,220	241,593	-	-	111,460	1,496,353	1,607,813
5월-4월	-	56,251	- 17,188	-	1,170	37,893	39,063
⊟ 김홍미	2,332,440	-	-	937,440	274,320	3,463,120	3,737,440
2017-04-01	1,166,220	-	-	334,800	156,810	1,577,990	1,734,800
2017-05-01	1,166,220	-	-	468,720	137,160	1,731,560	1,868,720
5월-4월	-	-	-	133,920	- 19,650	153,570	133,920
⊟ 도건식	2,336,620	327,016	-	-	219,160	2,756,276	2,975,436
2017-04-01	1,168,310	129,968	-	-	108,560	1,345,618	1,454,178
2017-05-01	1,168,310	163,508	-	-	109,580	1,378,138	1,487,718
5월-4월	-	33,540	-	-	1,020	32,520	33,540
⊟ 박경효	2,336,620	577,720	-	-	264,600	3,081,540	3,346,140
2017-04-01	1,168,310	288,860	-	-	109,870	1,503,200	1,613,070
2017-05-01	1,168,310	288,860	-	-	132,300	1,540,770	1,673,070
5월-4월	-	-	-	-	22,430	37,570	60,000
⊟ 이하나	2,332,440	-	-	-	125,440	2,857,880	2,732,440

4월과 5월 급여지급내역 · 급여지급내역

STEP 01 급여지급내역 데이터 정리하기

❶ [이동 옵션]을 이용하여 B열을 기준으로 빈 셀을 선택한 후 행 전체를 삭제합니다.

❷ 지급월 열을 선택한 후 [텍스트 나누기] 기능의 [텍스트 마법사–3단계]에서 열 데이터 서식을 [날짜]로 설정합니다.

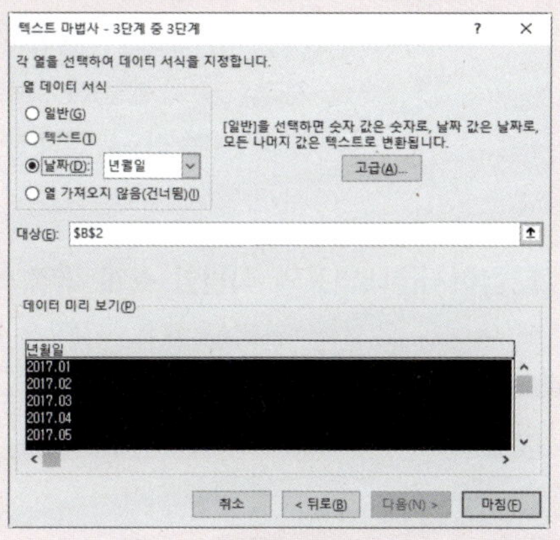

STEP 02 사원별 4월과 5월 급여 데이터를 피벗 테이블로 작성하기

❶ 직원별 기본급과 연장수당, 야간수당, 휴일수당, 공제총액, 실지급액, 지급총액을 확인하는 피벗 테이블을 작성합니다.

❷ 피벗 테이블에 자동으로 입력된 '합계' 텍스트를 [바꾸기] 기능을 이용하여 삭제합니다.

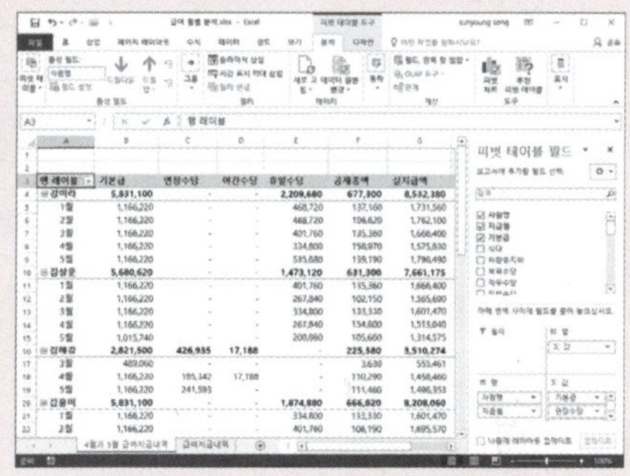

STEP 03 피벗 테이블 디자인 설정하고 수식 편집하기

❶ 피벗 테이블의 [행] 항목에 입력된 월 데이터로 [계산 항목] 기능을 이용하여 추가 계산식을 작성합니다.

❷ 추가 계산식 행에 [조건부 서식]을 이용하여 채우기 색을 적용합니다.

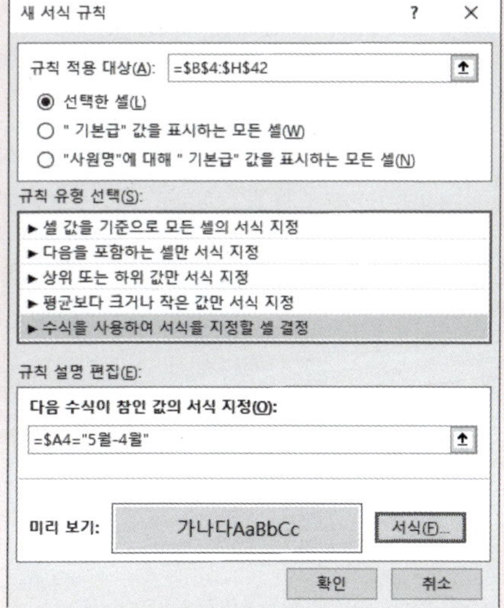

급여지급내역 데이터 정리하기

1월부터 5월까지의 급여지급내역표가 있습니다. 해당 표에는 직원별 지급내역의 상세 내용과 합계가 구해져 있지만 이 표를 이용하여 두 달의 급여 차이를 확인하거나 필요 데이터만 추출해 보기에는 불편합니다. 지급내역표의 불필요한 내용은 이동 옵션을 이용하여 제거하고 날짜 형식이 아닌 지급월 데이터는 텍스트 나누기를 이용해 날짜 형식으로 변환하여 급여지급내역표를 정리해보겠습니다.

1 급여지급내역표의 직원별 소계 내역 삭제하기 B열을 선택합니다. [홈] 탭-[편집] 그룹-[찾기 및 선택]-[이동 옵션]을 선택합니다. [이동 옵션] 대화상자에서 [빈 셀]을 선택한 후 [확인]을 클릭합니다.

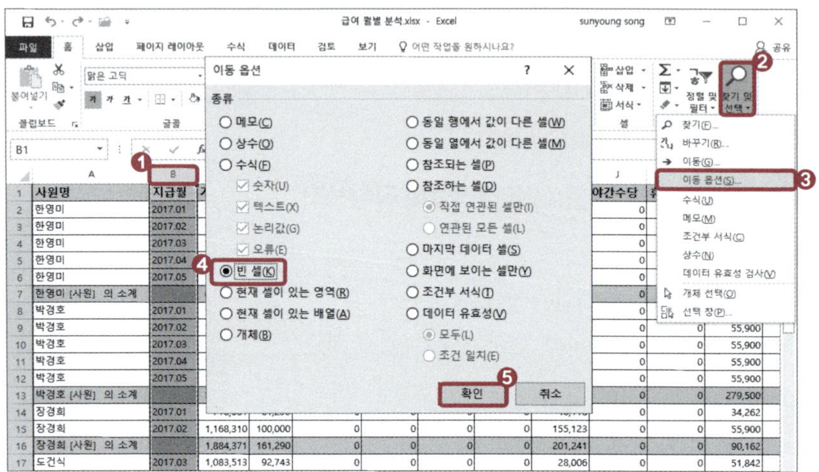

2 선택된 빈 셀 위에서 마우스 오른쪽 버튼을 클릭합니다. [삭제]를 선택합니다. [삭제] 대화상자에서 [행 전체]를 선택합니다. [확인]을 클릭하여 소계 행 전체를 삭제합니다.

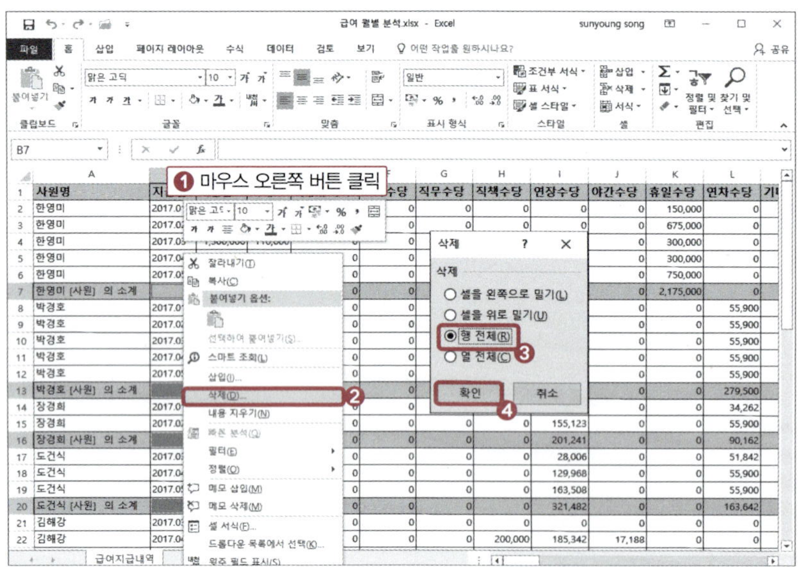

3 지급월 데이터 날짜 형식으로 변환하기 [B2] 셀을 클릭한 후 Ctrl + Shift + ↓를 눌러 [B2:B44] 셀 범위를 선택합니다. [데이터] 탭-[데이터 도구] 그룹-[텍스트 나누기]를 클릭합니다. [텍스트 마법사-1단계] 대화상자에서 [구분 기호로 분리됨]을 선택합니다. [다음]을 클릭합니다.

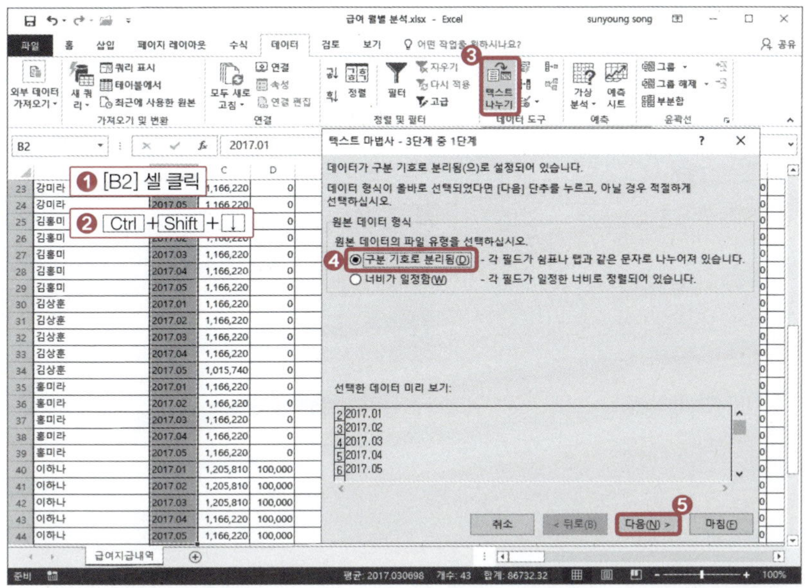

4 [텍스트 마법사-2단계] 대화상자에서 [구분 기호]의 체크 표시를 모두 해제합니다. [다음]을 클릭합니다. [텍스트 마법사-3단계] 대화상자에서 [열 데이터 서식]을 [날짜]로 선택합니다. [마침]을 클릭합니다.

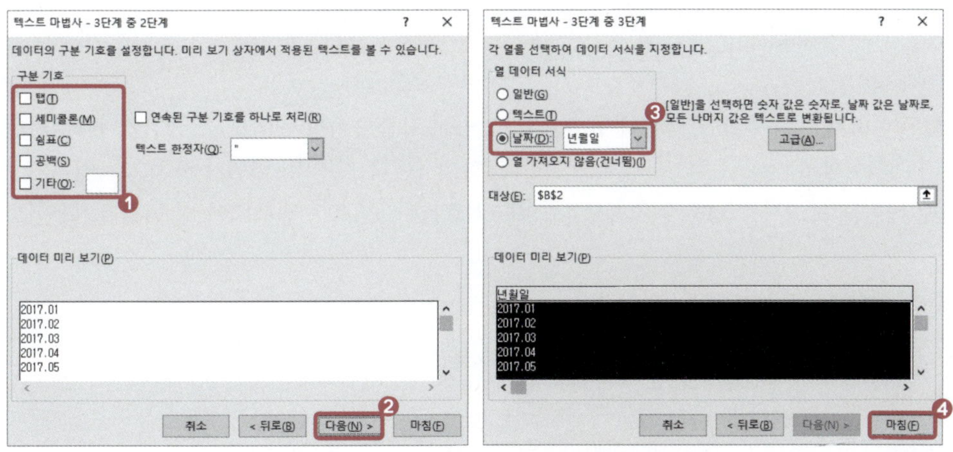

실력 향상 특정 기호로 텍스트를 나누는 것이 아니라 데이터 형식을 변환하는 것이므로 체크 표시를 모두 해제합니다. [지급월]의 데이터가 '년도.월(2017.01)'로 입력되어 있으므로 [날짜] 형식에 기본으로 설정되어 있는 [년월일]은 그대로 둡니다.

5 **'월–년도'로 표시된 지급월 간단한 날짜 형식으로 수정하기** [B2:B44] 셀 범위가 선택된 상태에서 [홈] 탭–[표시 형식] 그룹–[표시 형식]–[간단한 날짜]를 선택합니다. 간단한 날짜로 변환되면서 열 너비가 좁아 '###'로 표시됩니다. [홈] 탭–[셀] 그룹–[서식]–[열 너비 자동 맞춤]을 선택하여 열 너비를 맞춰줍 니다.

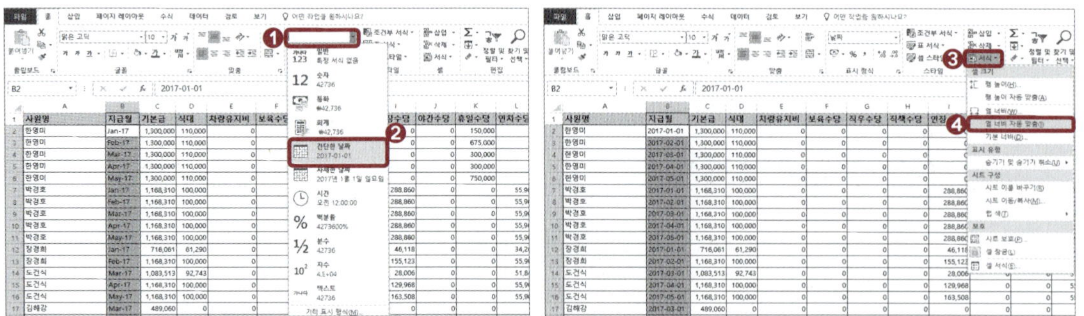

날짜가 '년.월'의 형식으로 입력된 셀은 [텍스트 나누기]를 이용하여 날짜 형식으로 변환하면 '월(영문)–년' 형식으로 자동 설정 됩니다.

STEP 02

사원별 4월과 5월 급여 데이터를 피벗 테이블로 작성하기

정리된 급여지급내역표를 피벗 테이블로 만들어보겠습니다. 각 직원별 기본급과 연장수당, 야간수당, 휴일 수당, 공제총액, 실지급액, 지급총액을 확인할 수 있도록 피벗 테이블을 작성한 후 필요 없는 텍스트는 바 꾸기 기능을 이용하여 제거하겠습니다.

6 **피벗 테이블 작성하기** [A1] 셀을 클릭합니다. [삽입] 탭–[표] 그룹–[피벗 테이블]을 클릭합니다. [피벗 테이블 만들기] 대화상자의 [표 또는 범위 선택]에 선택한 셀과 관련된 데이터 범위가 자동으로 입력되어 있습니다. 피벗 테이블 보고서를 넣을 위치에도 [새 워크시트]가 기본으로 선택되어 있습니다. [확인]을 클릭합니다.

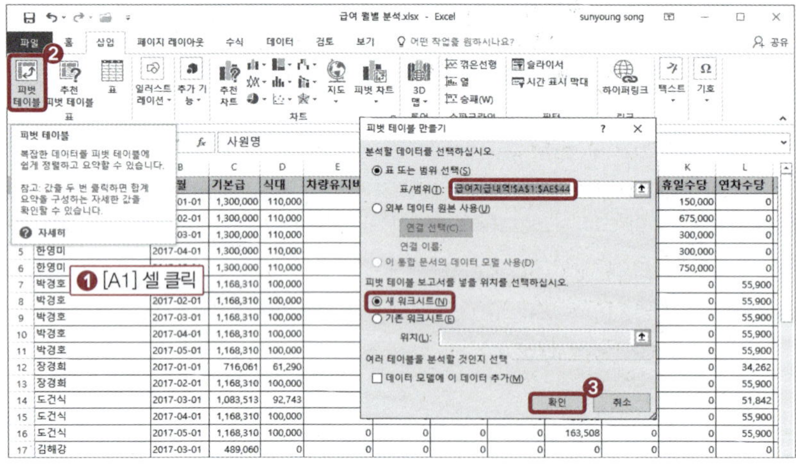

7 피벗 테이블 작업 영역으로 필드 이동하기 [피벗 테이블 필드] 작업 창에서 [사원명] 필드와 [지급월] 필드를 체크 표시하여 [행] 영역으로 추가합니다. [피벗 테이블 필드] 작업 창에서 [기본급] 필드와 [연장수당], [야간수당], [휴일수당], [공제총액], [실지급액], [지급총액] 필드는 스크롤바를 드래그하며 순서대로 체크 표시하여 [값] 영역으로 추가합니다.

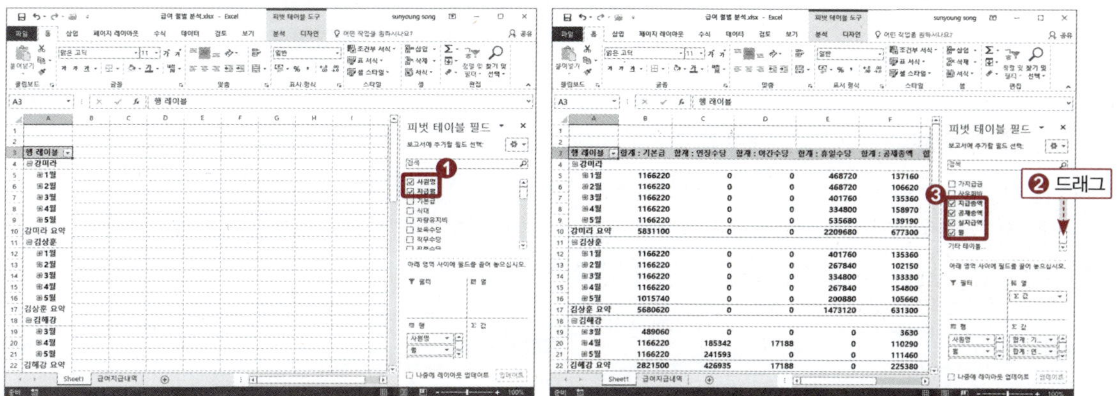

┌─실력─┐
│ 향상 │ 문자 또는 날짜 데이터가 입력된 필드에 체크 표시하면 자동으로 [행] 영역으로 추가되고, 숫자 데이터가 입력된 필드에 체크
└────┘ 표시하면 [값] 영역으로 추가되며, [합계]가 구해집니다. [열] 또는 [필터] 영역은 해당 필드를 드래그하여 추가합니다.

┌─실력─┐
│ 향상 │ 날짜 데이터가 입력된 [지급월] 필드는 엑셀 2013 버전부터 [월]로 그룹 설정되어 추가됩니다.
└────┘

8 필드 앞에 추가된 '합계' 텍스트 제거하기 [홈] 탭–[편집] 그룹–[찾기 및 선택]–[바꾸기]를 선택합니다. [찾기 및 바꾸기] 대화상자에서 [찾을 내용]에는 **합계 :**를 입력합니다. [바꿀 내용]에는 아무것도 입력하지 않습니다. [모두 바꾸기]를 클릭합니다. 변경 개수를 보여주는 메시지가 표시됩니다. [확인]을 클릭합니다. [찾기 및 바꾸기] 대화상자에서 [닫기]를 클릭합니다.

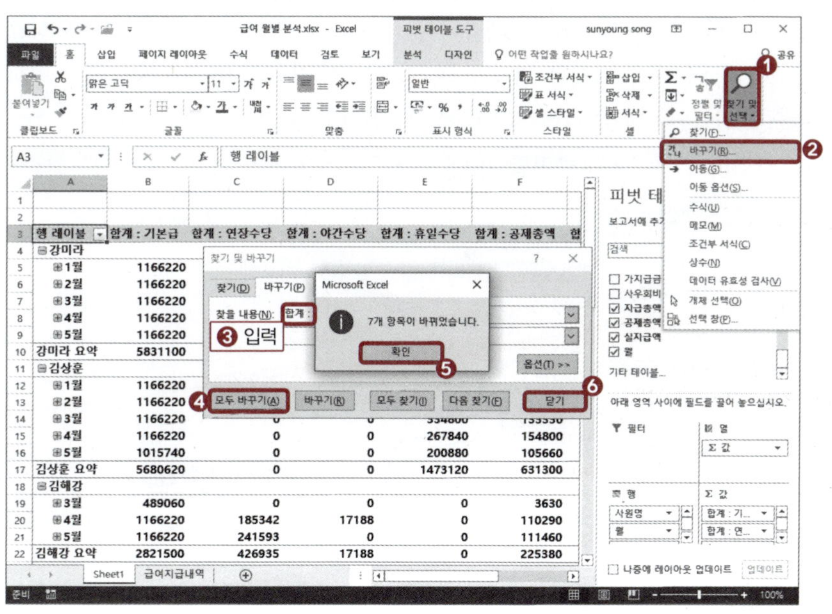

피벗 테이블 디자인 설정하고 수식 편집하기

1월~5월의 급여지급내역이 표시된 피벗 테이블을 편집하겠습니다. 자동으로 설정된 월별 그룹은 그룹 해제하고 4월과 5월의 급여내역만 표시해보겠습니다. 또 4월과 5월의 급여 차이를 확인하고 기본 제공되는 피벗 테이블 스타일과 조건부 서식을 이용하여 디자인을 설정하겠습니다.

9 월로 자동 설정된 그룹을 해제한 후 필요한 날짜만 필터링하기 날짜가 입력된 [A5] 셀을 클릭합니다. 마우스 오른쪽 버튼을 클릭한 후 [그룹 해제]를 선택합니다. [A3] 셀의 필터 단추를 클릭합니다. [필드 선택]에서 [지급월]을 선택합니다. [지급월] 데이터 목록에서 [모두 선택]의 체크 표시를 해제한 후 [2017-04-01]과 [2017-05-01]에 체크 표시합니다. [확인]을 클릭합니다.

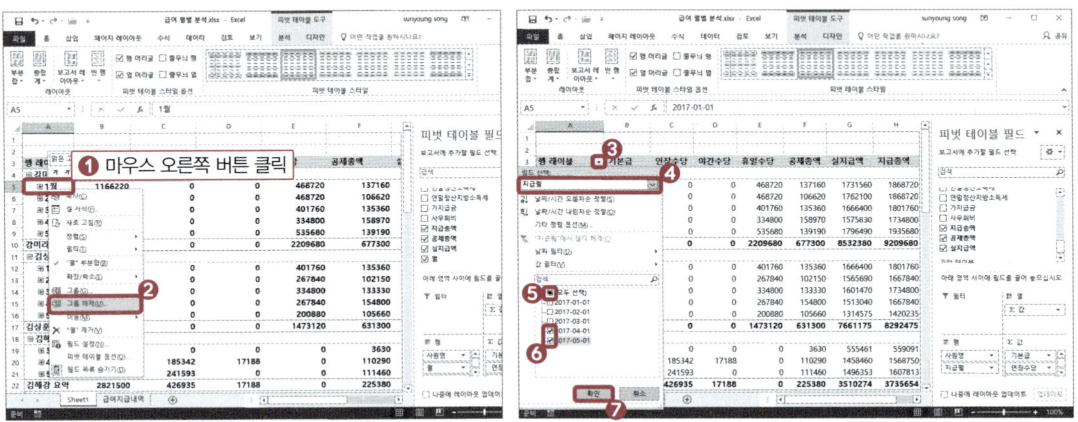

10 4월과 5월의 급여 차액을 계산하는 항목 추가하기 [A5] 셀을 클릭합니다. [피벗 테이블 도구]-[분석] 탭-[계산] 그룹-[필드, 항목 및 집합]-[계산 항목]을 선택합니다. ["지급월"에 계산 항목 삽입] 대화상자의 [이름]에 **5월-4월**을 입력합니다. [수식]에 커서를 위치한 후 [항목]에서 [2017-05-01]을 더블클릭하여 수식에 추가합니다. 자동으로 입력된 ='2017-05-01' 뒤에 **-**를 입력한 후 [항목]에서 [2017-04-01]을 더블클릭합니다. [추가]를 클릭한 후 [확인]을 클릭합니다.

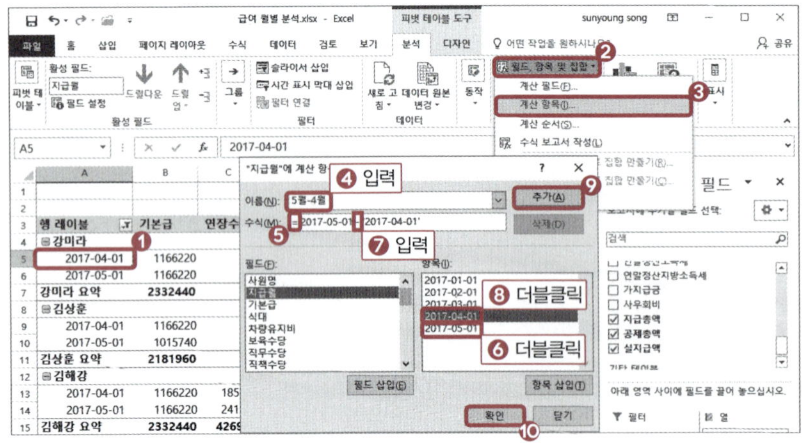

실력 향상

4월과 5월의 차이를 계산할 때는 날짜 데이터가 입력된 셀을 클릭해야만 해당 [계산 항목] 메뉴를 사용할 수 있습니다.

11 피벗 테이블의 디자인 스타일, 부분합 위치 수정하기 [피벗 테이블 도구]–[디자인] 탭–[피벗 테이블 스타일] 그룹의 [자세히□]를 클릭합니다. 스타일 목록에서 [피벗 스타일 밝게 20]을 선택합니다. [피벗 테이블 도구]–[디자인] 탭–[레이아웃] 그룹–[부분합]–[그룹 상단에 모든 부분합 표시]를 선택하여 부분합 위치를 수정합니다.

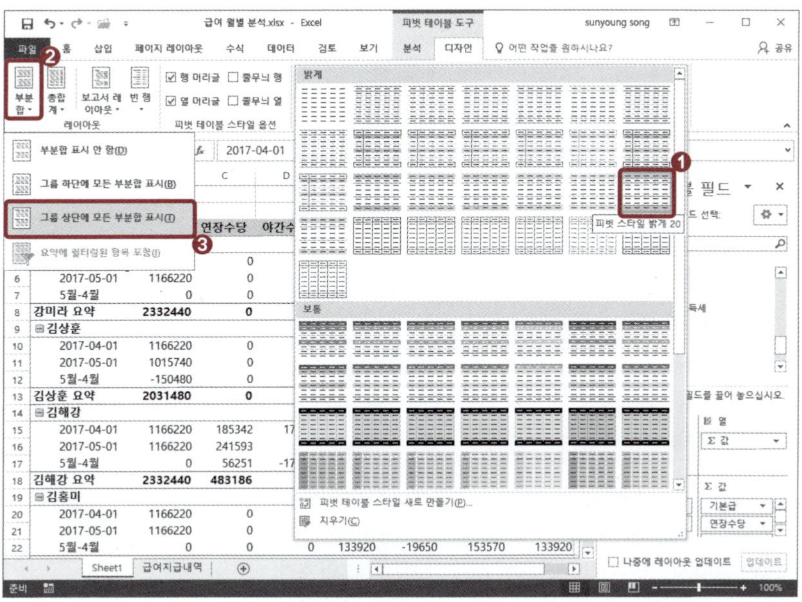

12 숫자 서식 적용과 열 너비 조절하기 [B4] 셀을 클릭한 후 Ctrl + Shift + → 를 눌러 오른쪽 끝까지, Ctrl + Shift + ↓ 를 눌러 아래쪽 끝까지 [B4:H42] 셀 범위를 선택합니다. [홈] 탭–[표시 형식] 그룹–[쉼표 스타일]을 클릭합니다. [B:H] 열을 선택합니다. 열 머리글 경계선을 더블클릭하여 열 너비를 자동 조절합니다.

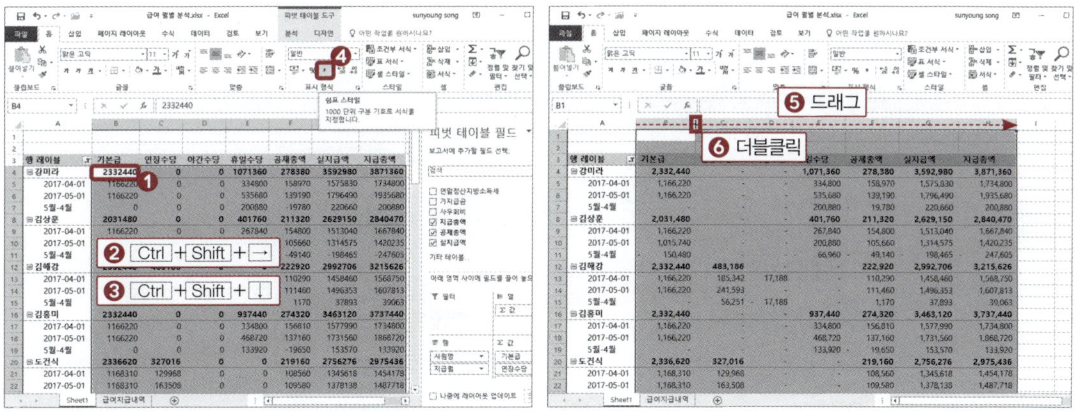

13 **'5월-4월' 항목에 조건부 서식 설정하기** [B4] 셀을 클릭한 후 Ctrl + Shift + →를 눌러 오른쪽 끝까지, Ctrl + Shift + ↓를 눌러 아래쪽 끝까지 [B4:H42] 셀 범위를 선택합니다. [홈] 탭-[스타일] 그룹-[조건 부 서식]-[새 규칙]을 선택합니다. [새 서식 규칙] 대화상자의 [규칙 유형 선택]에서 [수식을 사용하여 서 식을 지정할 셀 결정]을 선택합니다. 수식 입력란에 **=$A4="5월-4월"**을 입력합니다. [서식]을 클릭합니다.

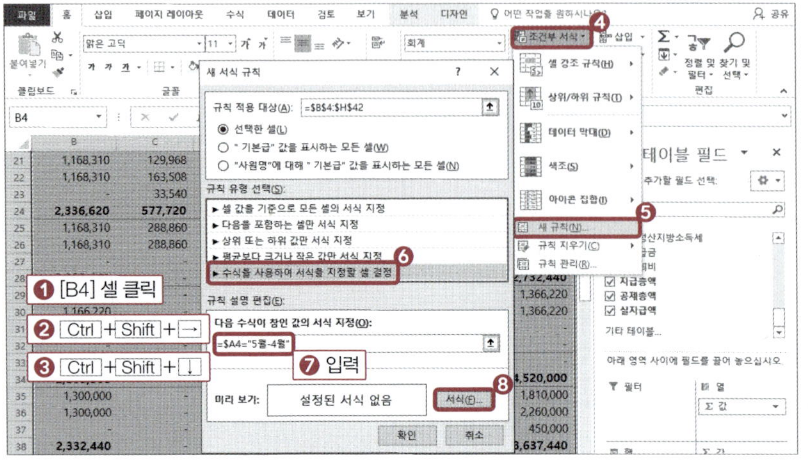

실력 향상

A 열에 '5월-4월' 텍스트가 입력되어 있으므로 A열만 고정한 '$A4' 열 고정 혼합 참조로 입력합니다.

실력 향상 조건부 서식 설정 시 값이 표시된 [B4:H42] 셀 범위를 선택합니다. 만약 [값] 레이블이 표시된 [A3:H3] 셀 범위나 [행] 레이블이 표시된 [A3:A42] 셀 범위를 포함하여 범위를 선택한 후 조건부 서식을 지정하면 데이터 새로 고침 시 조건부 서식이 적용된 범위가 자동 수정되어 조건부 서식이 제대로 표시되지 않습니다.

14 [셀 서식] 대화상자의 [채우기] 탭에서 [배경색]을 [연한 파랑]으로 선택합니다. [확인]을 클릭합니다. [새 서식 규칙] 대화상자의 [미리 보기]에 서식이 설정된 것을 확인 후 [확인]을 클릭하여 '5월-4월' 항목에만 서식을 적용합니다. [Sheet1] 시트를 더블클릭합니다. 워크시트 이름을 **4월과 5월 급여지급내역**으로 수정합니다.

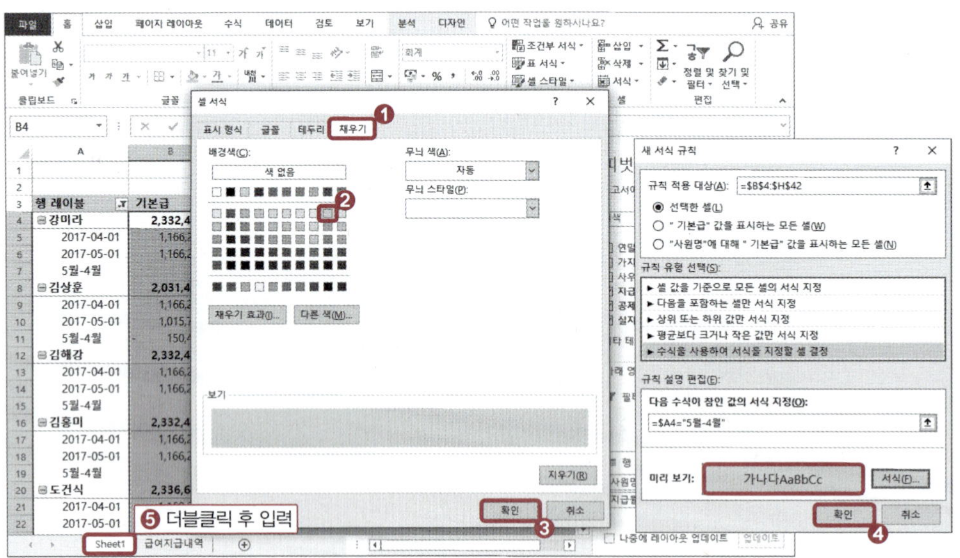

분리된 시트의 관리비 내역을 찾아
월별 분석 차트 작성하기

실습 파일 | PART 02 \ CHAPTER 04 \ 일반관리비 분석.xlsx 　**완성 파일** | PART 02 \ CHAPTER 04 \ 일반관리비 분석(완성).xlsx

✔ 프로젝트 시작하기

일반관리비가 시트별로 구분되어 있고 각 관리비는 건물별 비율에 따라 작성해야 하는데, 관리비를 건물별 비율에 따라 일일이 계산하는 과정이 복잡하고 관리비의 월별 합계를 보기에도 불편합니다. 함수로 건물별 관리비를 좀 더 쉽게 계산하고, 한 시트에서 월별 합계 내역을 확인한 후 선택한 월의 관리비 내역만 차트로 표현해보겠습니다. 우선 각 건물의 평수에 따라 계산된 비율을 이름 정의하고 INDIRECT 함수를 이용하여 관리비의 건물별 배분 금액을 계산합니다. 시트별로 구분된 관리비는 INDIRECT와 ADDRESS, COLUMN 함수를 이용하여 한 시트에 월별 합계를 표시하도록 작성하겠습니다. 양식 컨트롤의 콤보 상자를 이용해 월을 선택하고 선택한 월의 관리비 합계는 OFFSET 함수를 사용하여 표시하겠습니다. 또한 선택한 월의 관리비 합계는 세로 막대 차트로 작성하여 시각적으로 표현하겠습니다. 이 프로젝트에서는 INDIRECT, OFFSET 함수 등 데이터를 찾아 표시하는 함수의 활용 방법을 확인할 수 있습니다.

회사에서 바로 통하는 키워드

이름 정의, INDIRECT, ADDRESS, 자동 합계, 양식 컨트롤의 스핀 단추, OFFSET, 세로 막대 차트

1. 2017년 실적 (수선비)

구분	1월	2월	3월	4월	5월	6월	7월	8월	9월	10월	11월	12월
합계	6,476,770	16,848,275	761,183	967,000	6,911,364	12,524,185	474,549	3,568,381	2,871,786	2,175,190	1,478,595	782,000
수선비	6,476,770	16,848,275	761,183	967,000	6,911,364	12,524,185	474,549	3,568,381	2,871,786	2,175,190	1,478,595	782,000

전체실적 | 월별분석 | 수도광열비 | **수선비** | 임차료 | 소모품비 …

1. 2017년 실적 (임차료)

구분	1월	2월	3월	4월	5월	6월	7월	8월	9월	10월	11월	12월
합계	1,294,309	1,588,618	1,588,618	1,588,618	1,588,618	2,456,513	2,718,149	1,588,618	1,588,618	1,588,618	1,588,618	2,718,149
1. 복사기 리스	1,000,000	1,000,000	1,000,000	1,000,000	1,000,000	1,867,895	2,129,531	1,000,000	1,000,000	1,000,000	1,000,000	2,129,531
2. 매트	294,309	588,618	588,618	588,618	588,618	588,618	588,618	588,618	588,618	588,618	588,618	588,618

전체실적 | 월별분석 | 수도광열비 | 수선비 | **임차료** | 소모품비 …

1. 2017년 실적 (소모품비)

구분	1월	2월	3월	4월	5월	6월	7월	8월	9월	10월	11월	12월
합계	6,637,944	15,609,168	34,073,425	10,611,582	6,830,538	5,923,429	12,054,208	8,767,817	7,683,933	6,598,848	5,514,583	4,429,878
소모품비	6,637,944	15,609,168	34,073,425	10,611,582	6,830,538	5,923,429	12,054,208	8,767,817	7,683,933	6,598,848	5,514,583	4,429,878

2. 상세항목

구분	1월	2월	3월	4월	5월	6월	7월	8월	9월	10월	11월	12월
합계	6,637,944	15,609,168	34,073,425	10,611,582	6,830,538	5,923,429	12,054,208	8,767,817	8,545,139	8,716,491	5,680,346	5,015,752
1. 생수(0.5L/18.9L)	763,200	1,136,100	906,900	959,200	1,218,900	1,370,800	1,569,000	763,200	1,136,100	906,900	959,200	1,218,900
2. 핸드타올(휴지류)	934,000	1,408,000	1,535,000	1,759,859	1,878,863	1,188,271	3,155,045	2,489,511	2,706,209	2,922,907	3,189,605	3,306,303

전체실적 | 월별분석 | 수도광열비 | 수선비 | 임차료 | **소모품비** …

4월과 6월 일반관리비 비교분석

계정	4월	6월
수도광열비	37,956,925	24,662,014
수선비	987,000	12,524,185
임차료	1,588,618	2,456,513
소모품비	10,611,582	5,923,429
통신비	400,000	400,000
지급수수료	16,785,080	8,396,521
세금과공과	0	58,428,206

전체실적 | **월별분석** | 수도광열비 | 수선비 | 임차료 | 소모품비 …

✔ 핵심기능 미리 보기

관리비의 건물별 배분 금액 계산하기

❶ 각 건물 배분에 따라 계산된 건물별 비율 범위를 이름으로 정의합니다.

❷ 각 관리비 시트에 있는 건물별 구분표에는 INDIRECT 함수와 건물의 배분 비율이 정의된 건물명 이름으로 수식을 작성합니다.

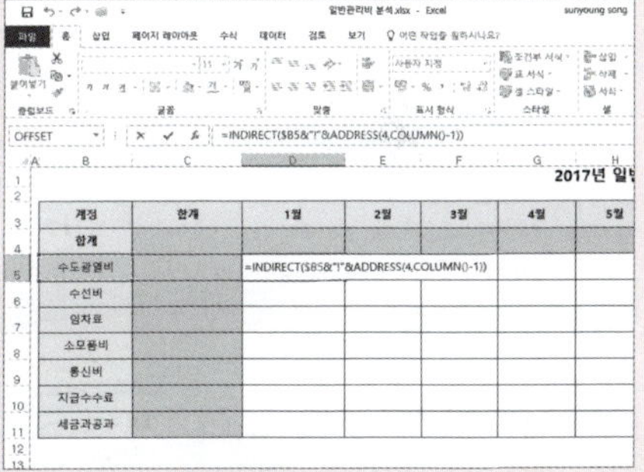

일반 관리비의 월별 금액 가져오기

❶ 시트로 구분되어 있는 관리비의 월별 합계를 INDIRECT와 ADDRESS 함수로 수식을 작성하여 가져옵니다.

선택한 월의 관리비 내역 표시하고 차트 작성하기

❶ 비교할 두 월을 쉽게 선택하도록 스핀 단추를 삽입하고 서식을 설정합니다.

❷ 선택한 월의 관리비 내역을 가져오도록 OFFSET 함수를 사용합니다.

❸ 두 월의 관리비 내역을 비교하여 볼 수 있도록 세로 막대 차트를 작성합니다.

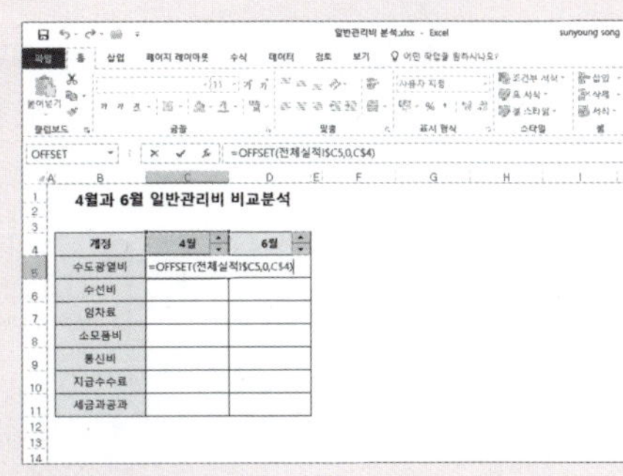

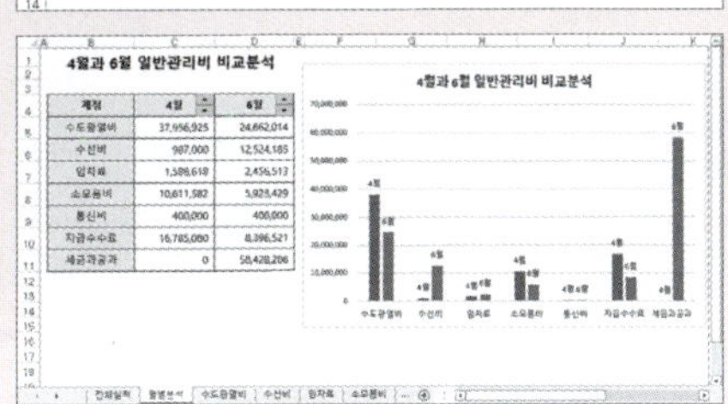

관리비의 건물별 배분 금액 계산하기

관리비의 전체 월별 실적 내역이 시트별로 구분되어 있습니다. 구분되어 있는 해당 관리비를 건물의 평수에 따라 금액을 배분하여 계산할 수 있도록 건물별 비율을 이름으로 정의하고 관리비의 건물별 배분 금액을 INDIRECT 함수를 이용하여 계산해보겠습니다.

1 건물별 평수 비율에 이름 정의하기 [기준] 시트에서 [C10:G11] 셀 범위를 선택합니다. [수식] 탭–[정의된 이름] 그룹–[선택 영역에서 만들기]를 클릭합니다. [선택 영역에서 이름 만들기] 대화상자에서 [첫 행]에만 체크 표시한 후 [확인]을 클릭합니다.

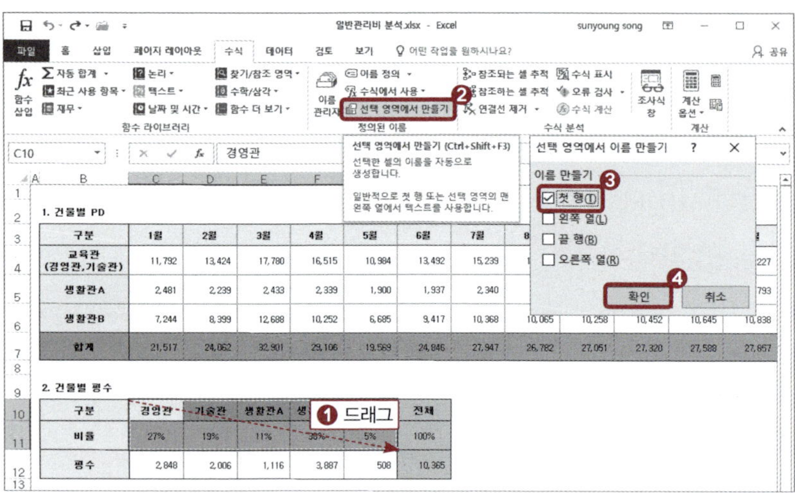

2 정의한 이름 확인하기 [수식] 탭–[정의된 이름] 그룹–[이름 관리자]를 클릭합니다. 각 건물 이름별로 비율 값이 정의된 것을 확인할 수 있습니다. [닫기]를 클릭하여 대화상자를 닫습니다.

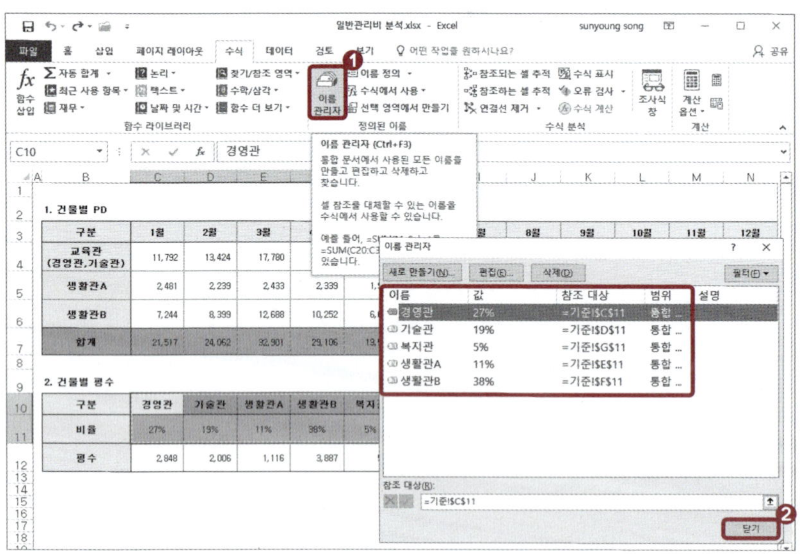

3 각 건물의 월별 수도광열비 계산하기 [수도광열비] 시트를 선택합니다. [C12] 셀에 **=C$4*INDIRECT($B12)**를 입력합니다. 소수점과 함께 '####'로 표시됩니다. [C12] 셀을 클릭하고 [홈] 탭–[표시 형식] 그룹–[쉼표 스타일]을 클릭합니다.

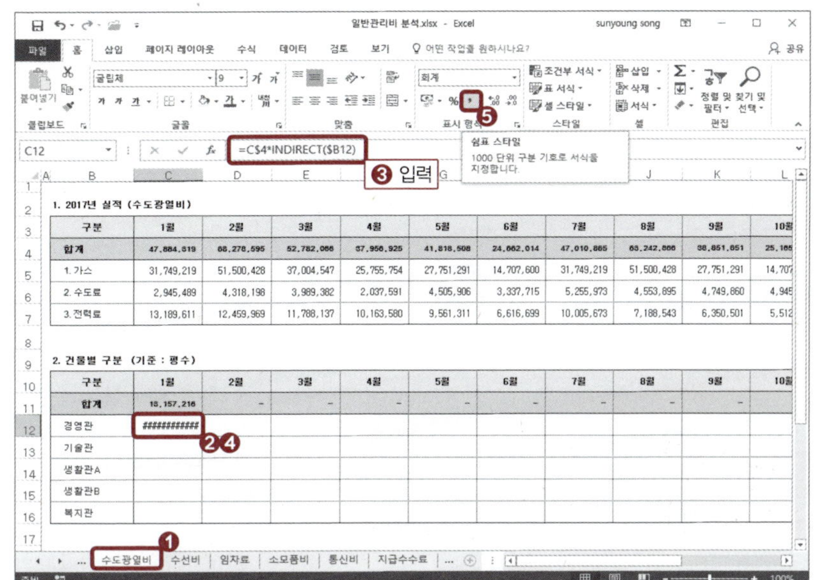

구분	1월	2월	3월	4월	5월	6월	7월	8월	9월	10월
합계	47,884,619	88,278,595	52,782,066	57,956,925	41,818,508	24,662,014	47,010,865	68,242,866	38,851,651	25,165
1. 가스	31,749,219	51,500,428	37,004,547	25,755,754	27,751,291	14,707,600	31,749,219	51,500,428	27,751,291	14,707
2. 수도료	2,945,489	4,318,198	3,989,382	2,037,591	4,505,906	3,337,715	5,255,973	4,553,895	4,749,860	4,945
3. 전력료	13,189,611	12,459,969	11,788,137	10,163,580	9,561,311	6,616,699	10,005,673	7,188,543	6,350,501	5,512

구분	1월	2월	3월	4월	5월	6월	7월	8월	9월	10월
합계	18,157,216	–	–	–	–	–	–	–	–	–
경영관	##########									
기술관										
생활관A										
생활관B										
복지관										

> **실력 향상**
>
> 전체 합계에서 경영관의 비율대로 금액을 계산하기 위해 '=C$4*INDIRECT($B12)', '수도광열비의 전체 합계 금액*경영관 비율'로 계산합니다. 합계 금액은 월별로 [C4:O4] 셀 범위에 있으므로 행 고정 혼합 참조 'C$4'로 입력하고, 건물 이름은 [B12:B16] 셀 범위에 있으므로 열 고정 혼합 참조 '$B12'로 입력합니다.

4 [C12] 셀의 채우기 핸들을 오른쪽으로 드래그하여 [O12] 셀까지 수식을 복사합니다. [C12:O12] 셀 범위가 선택된 상태에서 채우기 핸들을 더블클릭하여 [O16] 셀까지 수식을 복사합니다.

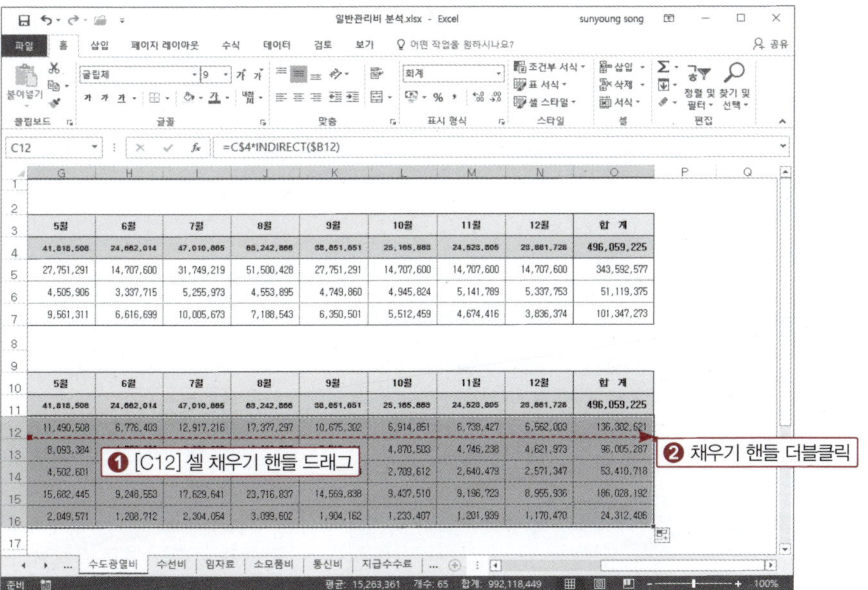

	5월	6월	7월	8월	9월	10월	11월	12월	합 계
	41,818,508	24,662,014	47,010,865	68,242,866	38,851,651	25,165,888	24,528,805	28,881,728	496,059,225
	27,751,291	14,707,600	31,749,219	51,500,428	27,751,291	14,707,600	14,707,600	14,707,600	343,592,577
	4,505,906	3,337,715	5,255,973	4,553,895	4,749,860	4,945,824	5,141,789	5,337,753	51,119,375
	9,561,311	6,616,699	10,005,673	7,188,543	6,350,501	5,512,459	4,674,416	3,836,374	101,347,273

	5월	6월	7월	8월	9월	10월	11월	12월	합 계
	41,818,508	24,662,014	47,010,865	68,242,866	38,851,651	25,165,888	24,528,805	28,881,728	496,059,225
	11,490,508	6,776,403	12,917,216	17,377,297	10,675,302	6,914,851	6,738,427	6,562,003	136,302,621
	8,093,384					4,870,503	4,746,238	4,621,973	96,005,287
	4,502,601					2,709,612	2,640,479	2,571,347	53,410,718
	15,682,445	9,248,553	17,629,641	23,716,837	14,569,838	9,437,510	9,196,723	8,955,936	186,028,192
	2,049,571	1,208,712	2,304,054	3,099,602	1,904,162	1,233,407	1,201,939	1,170,470	24,312,406

5 **각 건물의 월별 수선비 계산하기** [수선비] 시트를 선택합니다. [C10] 셀에 **=C$4*INDIRECT($B10)**을 입력합니다. [C10] 셀을 클릭하고 [홈] 탭-[표시 형식] 그룹-[쉼표 스타일]을 클릭합니다. [C10] 셀의 채우기 핸들을 오른쪽으로 드래그하여 [O10] 셀까지 수식을 복사합니다. [C10:O10] 셀 범위가 선택된 상태에서 채우기 핸들을 더블클릭하여 [O14] 셀까지 수식을 복사합니다.

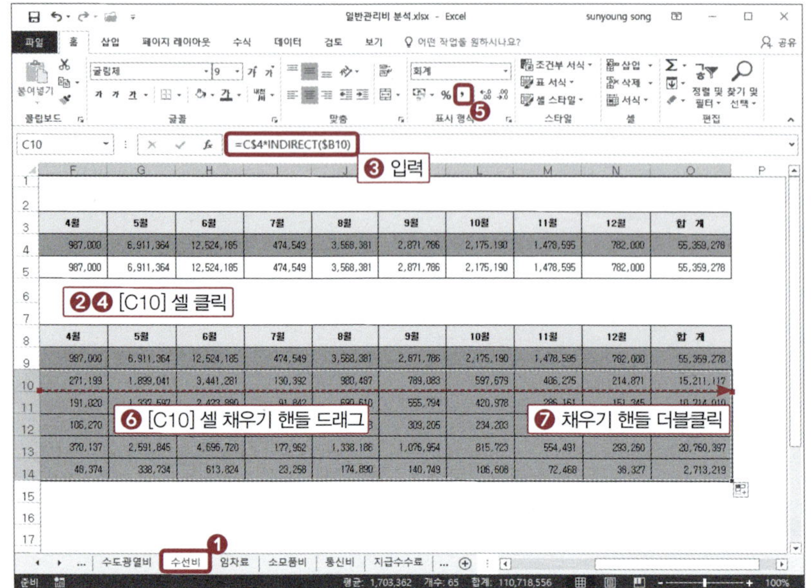

실력 향상

'=C$4*INDIRECT($B10)',
'수선비의 전체 합계 금액*경영관 비율'로 계산합니다. 합계 금액은 월별로 [C4:O4] 셀 범위에 있으므로 행 고정 혼합 참조 'C$4'로 입력하고, 건물 이름은 [B10:B14] 셀 범위에 있으므로 열 고정 혼합 참조 '$B10'으로 입력합니다.

6 **각 건물의 월별 임차료 계산하기** [임차료] 시트를 선택합니다. [C11] 셀에 **=C$4*INDIRECT($B11)**을 입력합니다. [C11] 셀을 클릭하고 [홈] 탭-[표시 형식] 그룹-[쉼표 스타일]을 클릭합니다. [C11] 셀의 채우기 핸들을 오른쪽으로 드래그하여 [O11] 셀까지 수식을 복사합니다. [C11:O11] 셀 범위가 선택된 상태에서 채우기 핸들을 더블클릭하여 [O15] 셀까지 수식을 복사합니다.

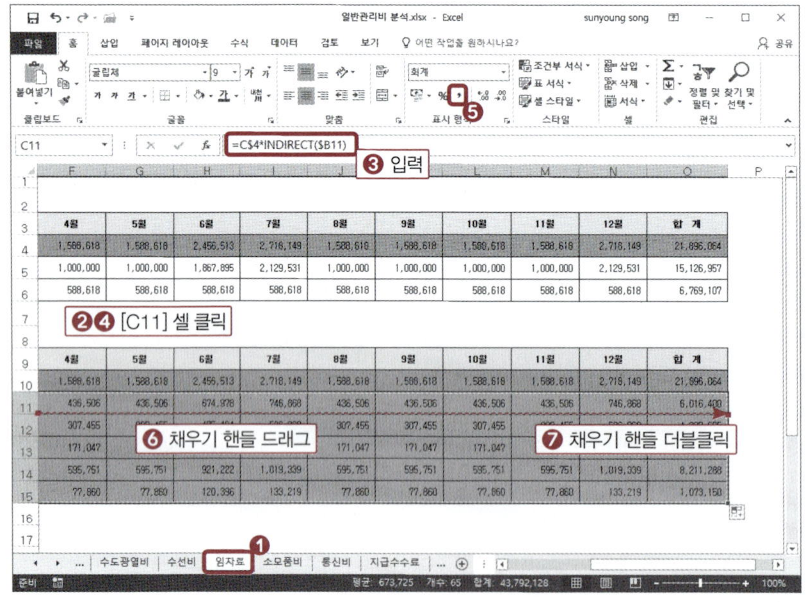

실력 향상

'=C$4*INDIRECT($B11)',
'임차료의 전체 합계 금액*경영관 비율'로 계산합니다. 합계 금액은 월별로 [C4:O4] 셀 범위에 있으므로 행 고정 혼합 참조 'C$4'로 입력하고, 건물 이름은 [B11:B15] 셀 범위에 있으므로 열 고정 혼합 참조 '$B11'로 입력합니다.

7 각 건물의 월별 소모품비 계산하기 [소모품비] 시트를 선택합니다. [C18] 셀에 **=C$4*INDIRECT($B18)**을 입력합니다. [C18] 셀을 클릭하고 [홈] 탭–[표시 형식] 그룹–[쉼표 스타일]을 클릭합니다. [C18] 셀의 채우기 핸들을 오른쪽으로 드래그하여 [O18] 셀까지 수식을 복사합니다. [C18:O18] 셀 범위가 선택된 상태에서 채우기 핸들을 더블클릭하여 [O22] 셀까지 수식을 복사합니다.

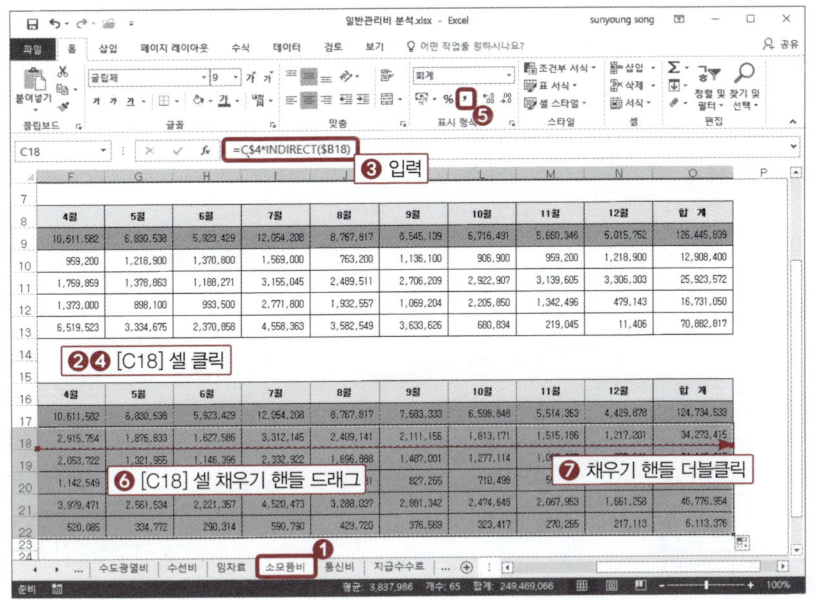

8 각 건물의 월별 통신비 계산하기 [통신비] 시트를 선택합니다. [C10] 셀에 **=C$4*INDIRECT($B10)**을 입력합니다. [C10] 셀을 클릭하고 [홈] 탭–[표시 형식] 그룹–[쉼표 스타일]을 클릭합니다. [C10] 셀의 채우기 핸들을 오른쪽으로 드래그하여 [O10] 셀까지 수식을 복사합니다. [C10:O10] 셀 범위가 선택된 상태에서 채우기 핸들을 더블클릭하여 [O14] 셀까지 수식을 복사합니다.

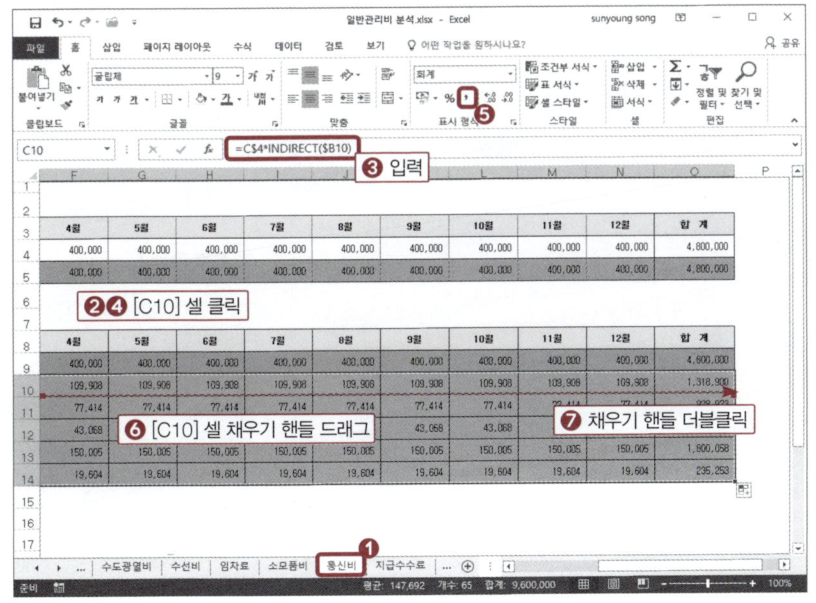

9 **각 건물의 월별 지급수수료 계산하기** [지급수수료] 시트를 선택합니다. [C14] 셀에 **=C$4*INDIRECT($B14)**를 입력합니다. [C14] 셀을 클릭하고 [홈] 탭-[표시 형식] 그룹-[쉼표 스타일]을 클릭합니다. [C14] 셀의 채우기 핸들을 오른쪽으로 드래그하여 [O14] 셀까지 수식을 복사합니다. [C14:O14] 셀 범위가 선택된 상태에서 채우기 핸들을 더블클릭하여 [O18] 셀까지 수식을 복사합니다.

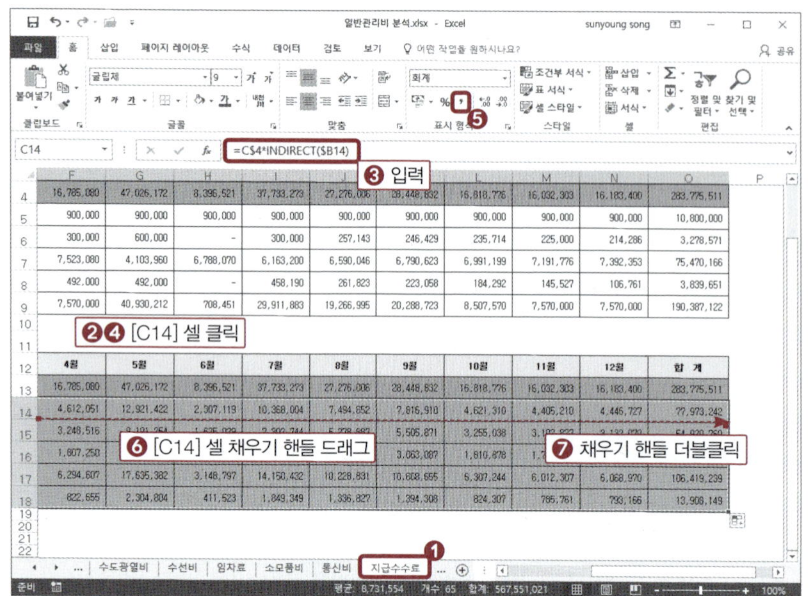

10 **각 건물의 월별 세금과공과 계산하기** [세금과공과] 시트를 선택합니다. [C10] 셀에 **=C$4*INDIRECT($B10)**을 입력합니다. [C10] 셀을 클릭하고 [홈] 탭-[표시 형식] 그룹-[쉼표 스타일]을 클릭합니다. [C10] 셀의 채우기 핸들을 오른쪽으로 드래그하여 [O10] 셀까지 수식을 복사합니다. [C10:O10] 셀 범위가 선택된 상태에서 채우기 핸들을 더블클릭하여 [O14] 셀까지 수식을 복사합니다.

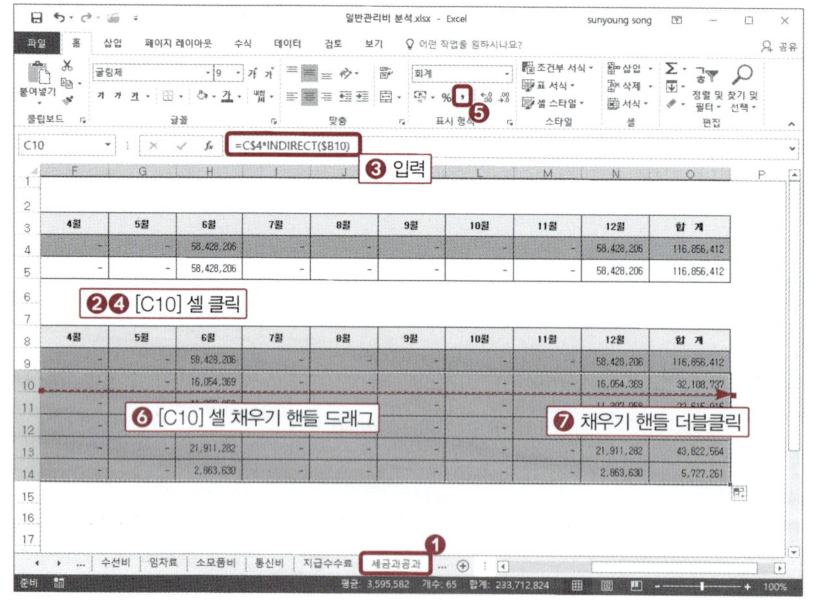

일반 관리비의 월별 금액 가져오기

시트에 구분되어 있는 일반 관리비를 한 시트에 가져와 표시하겠습니다. INDIRECT와 ADDRESS 함수를 이용하여 관리비 시트의 월별 합계 금액을 가져오고 월별 합계와 관리비의 전체 합계도 구해보겠습니다.

11 관리비의 월별 합계 구하기 [전체 실적] 시트를 선택합니다. [D5] 셀에 **=INDIRECT($B5&"!"&ADDRESS(4,COLUMN( )−1))**을 입력합니다. [D5] 셀의 채우기 핸들을 오른쪽으로 드래그하여 [O5] 셀까지 수식을 복사한 후 채우기 핸들을 아래쪽으로 드래그하여 [O11] 셀까지 수식을 복사합니다.

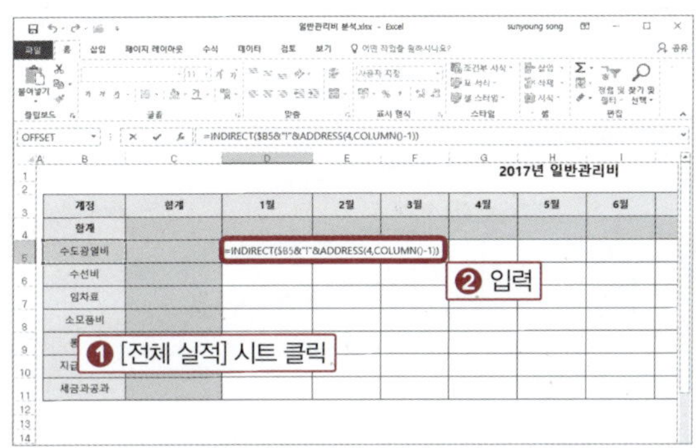
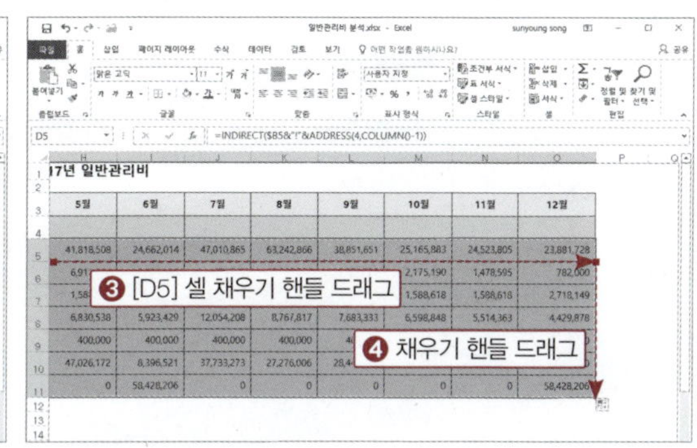

실력향상 COLUMN( ) 함수는 함수가 입력된 현재 셀의 열 번호를 알려주는 함수입니다. [D5] 셀에 해당 함수가 입력되어 있으므로 결과로 네 번째 열인 4 값을 반환합니다.

실력향상 함수 형식은 'ADDRESS(행, 열, 참조 방식)'으로 입력된 행/열 번호를 가지고 셀 주소를 만드는 함수입니다. 입력된 행 번호는 4, 열 번호는 현재 열 번호에서 1을 뺀 3이므로 세 번째 열과 네 번째 행인 [C4] 셀 주소 값을 반환합니다.

실력향상 함수 형식은 'INDIRECT(셀 주소로 변경할 텍스트 또는 셀 주소)'입니다. [B5] 셀에 입력된 '수도광열비'를 시트명으로 '수도광열비!C4' 셀에 입력된 값을 가져옵니다.

12 월별 전체 합계와 관리비 전체 합계 구하기 1월의 항목별 관리비의 합계를 구하겠습니다. [D4] 셀에 **=SUM(D5:D11)**을 입력합니다. 오른쪽으로 드래그하여 [O4] 셀까지 수식을 복사합니다. 각 관리비 항목별 1월~12월의 합계도 구하겠습니다. [C4] 셀에 **=SUM(D4:O4)**를 입력합니다. [C4] 셀의 채우기 핸들을 더블클릭하여 [C11] 셀까지 수식을 복사합니다.

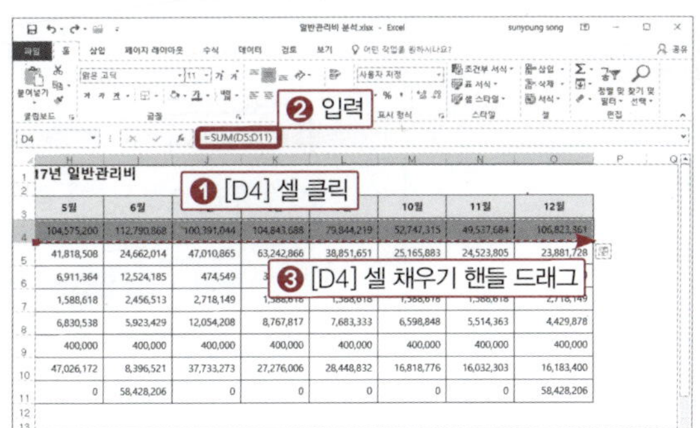
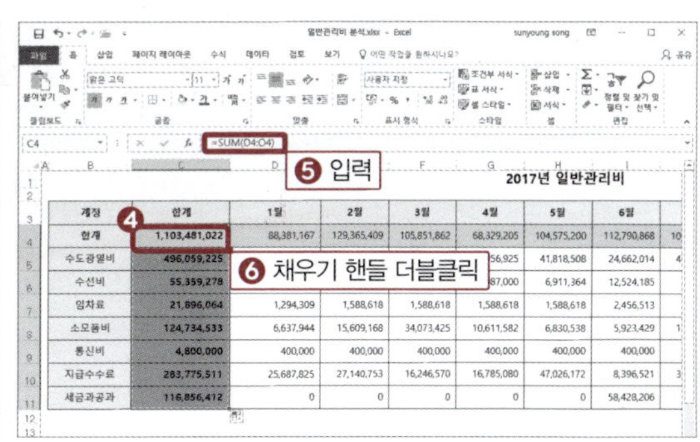

선택한 월의 관리비 내역 표시하고 차트 작성하기

선택한 월의 관리비 내역만 보이도록 작성하고 선택한 두 개의 월을 비교하여 시각적으로 표현해보겠습니다. 비교할 월은 양식 컨트롤의 스핀 단추를 이용하여 쉽게 선택할 수 있도록 하고 선택한 월의 관리비 내역은 OFFSET 함수로 값을 표시하겠습니다. 비교할 두 월의 관리비 내역은 세로 막대형 차트로 작성하겠습니다.

13 양식 컨트롤의 스핀 단추 삽입하기 [월별분석] 시트를 선택합니다. [개발 도구] 탭—[컨트롤] 그룹—[삽입]—[스핀 단추(양식 컨트롤)]을 선택합니다. [C4] 셀 오른쪽에 드래그하여 삽입합니다.

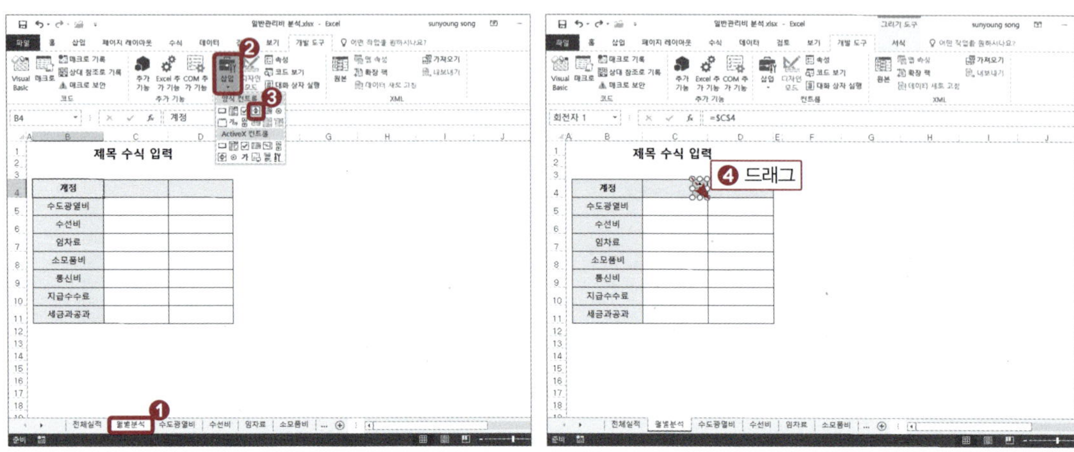

14 스핀 단추의 컨트롤 서식 설정하기 삽입한 스핀 단추 위에서 마우스 오른쪽 버튼을 클릭하고 [컨트롤 서식]을 선택합니다. [컨트롤 서식] 대화상자의 [컨트롤] 탭에서 [최소값]에 **1**, [최대값]에 **12**, [증분 변경]에 **1**, [셀 연결]에 **$C$4**를 입력합니다. [확인]을 클릭합니다.

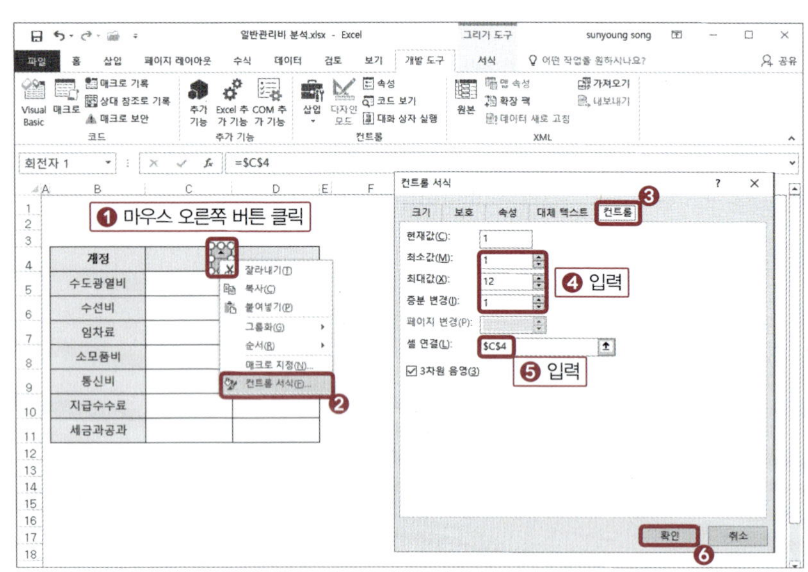

실력 향상

[셀 연결]은 스핀 단추를 클릭할 때 증가/감소되는 값이 입력될 셀입니다. [셀 연결]의 셀 주소는 직접 입력할 수도 있지만 해당 셀을 클릭하여 입력해도 됩니다.

15 **스핀 단추 복사하고 컨트롤 서식 수정하기** Ctrl 을 누른 상태에서 스핀 단추를 클릭합니다. Ctrl +Shift 를 누른 상태에서 스핀 단추를 오른쪽으로 드래그하여 [D4] 셀의 오른쪽에 복사합니다. 복사한 스핀 단추에서 마우스 오른쪽 버튼을 클릭하고 [컨트롤 서식]을 선택합니다. [컨트롤 서식] 대화상자의 [컨트롤] 탭에서 [셀 연결]을 **$D$4**로 수정합니다. [확인]을 클릭합니다.

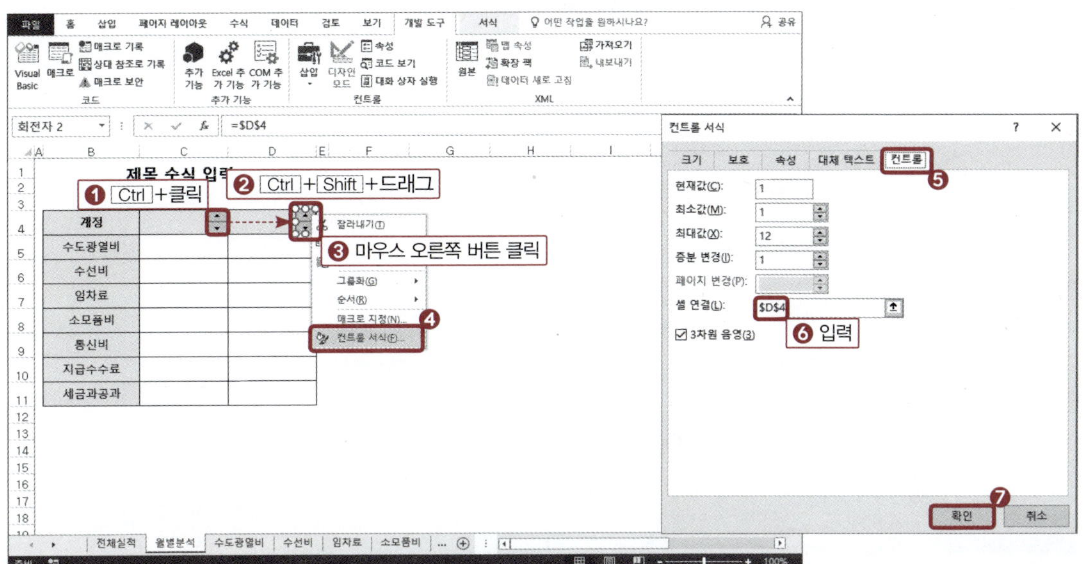

실력 향상 다른 셀을 클릭한 후 스핀 단추를 클릭하면 버튼이 눌려지면서 [C4] 셀의 값이 증가되거나 감소됩니다. 스핀 단추의 크기 및 위치를 변경하거나 복사할 때는 Ctrl 을 누른 상태에서 스 핀 단추를 클릭합니다.

실력 향상 Ctrl + Shift 를 누른 상태에서 마우스 포인터를 움직이면 마우스 포인터 모양이 '+'로 표시 됩니다. '+'가 보일 때 드래그하여 복사합니다.

16 스핀 단추를 클릭하여 [C4] 셀에는 [1], [D4] 셀에는 [3]을 표시합니다.

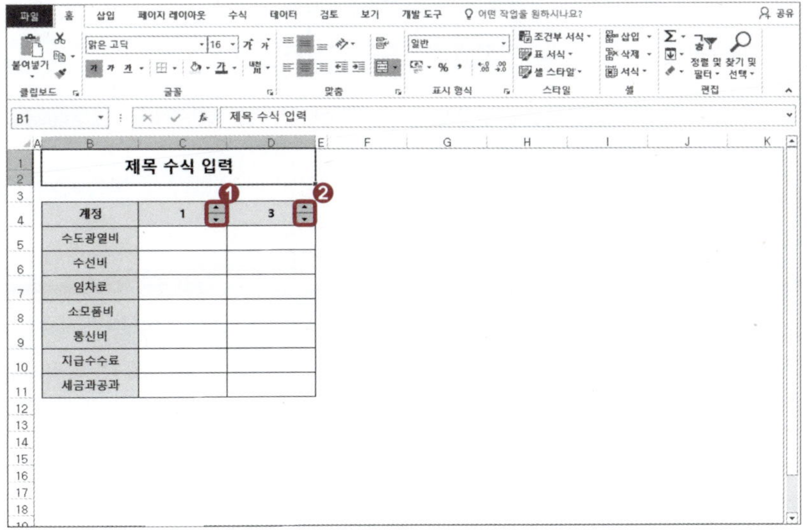

17 표시 형식 설정하여 숫자 뒤에 '월' 표시하기 [C4:D4] 셀 범위를 선택합니다. 마우스 오른쪽 버튼을 클릭한 후 [셀 서식]을 선택합니다. [셀 서식] 대화상자의 [표시 형식] 탭에서 [사용자 지정]을 선택합니다. [형식]에 **0월**을 입력합니다. [확인]을 클릭합니다.

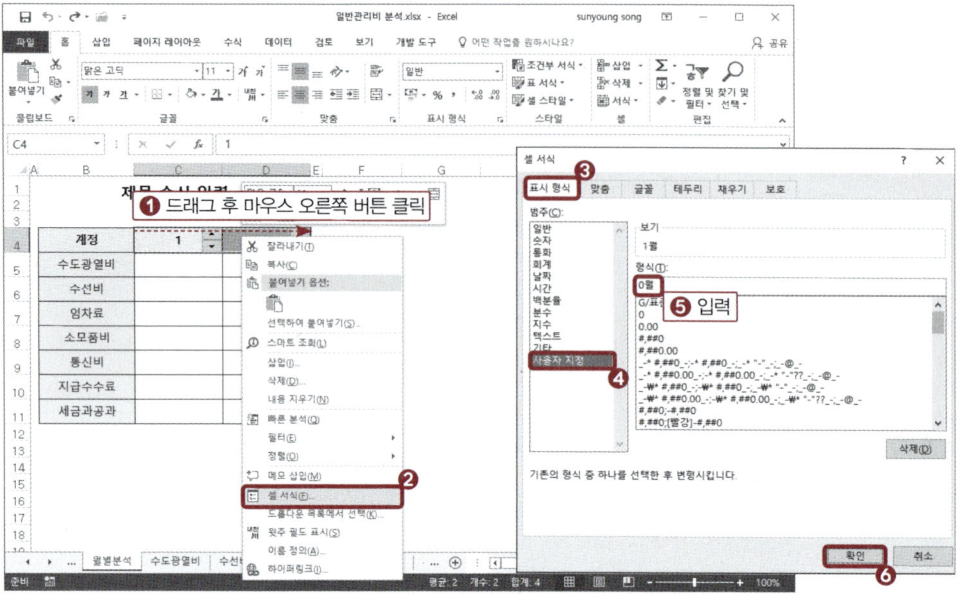

18 선택한 월의 관리비 내역 가져오기 [C5] 셀에 **=OFFSET(전체실적!$C5,0,C$4)**를 입력합니다. [C5] 셀의 채우기 핸들을 오른쪽으로 드래그하여 [D5] 셀까지 수식을 복사한 후 더블클릭하여 [C11] 셀까지 수식을 복사합니다. 제목을 표시하겠습니다. [B1] 셀의 텍스트는 삭제하고 **=C4&"월과 "&D4&"월 일반관리비 비교분석"**을 입력합니다.

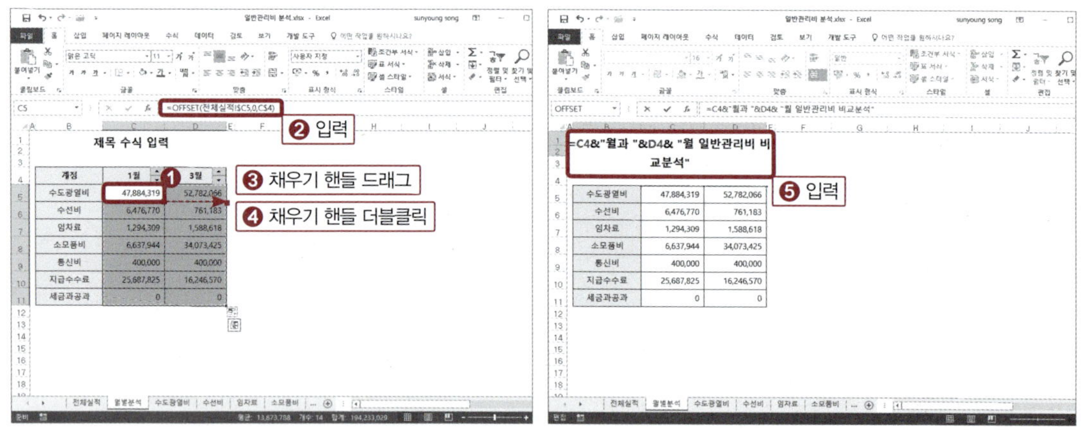

실력 향상 함수 형식은 'OFFSET(출발 셀, 이동할 행 수, 이동할 열 수)'입니다. [전체실적] 시트의 [C5] 셀을 출발 셀로 지정한 후 행은 이동하지 않고, 열은 [C4] 셀에 입력된 숫자만큼 이동하여 해당 값을 찾아옵니다. [전체실적] 시트의 [C5:C11] 셀 범위에 관리비 내역이 입력되어 있으므로 열 고정 혼합 참조인 '$C5'로, [월별분석] 시트의 [C4:D4] 셀 범위에 값을 찾아올 월이 입력되어 있으므로 행 고정 혼합 참조인 'C$4'로 입력합니다.

19 데이터를 비교할 막대형 차트 삽입하기 [B5:D11] 셀 범위를 선택합니다. [삽입] 탭–[차트] 그룹–[세로 또는 가로 막대형 차트 삽입]–[2차원 세로 막대형]–[묶은 세로 막대형]을 선택합니다. 삽입된 차트의 왼쪽 모서리는 [F2] 셀에 맞춥니다. 오른쪽 아래 모서리를 드래그하여 [K15] 셀에 맞춥니다.

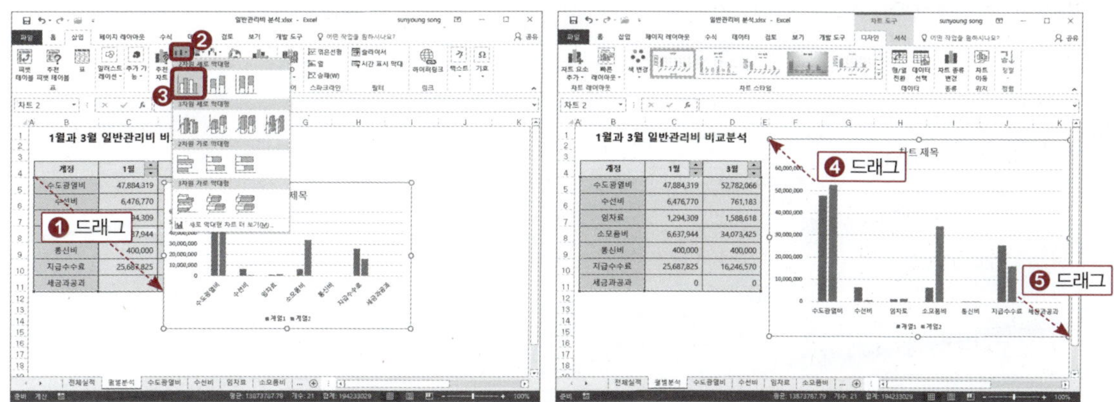

실력 향상 차트 삽입 시 [B4:D11] 셀 범위를 선택하면 머리글에 입력된 월이 숫자로 인식되어 차트 값으로 입력됩니다. 그러므로 머리글을 제외하고 값 데이터 범위인 [B5:D11] 셀 범위를 선택합니다.

20 범례로 표시되는 계열 이름 수정하기 차트를 선택한 후 [차트 도구]–[디자인] 탭–[데이터] 그룹–[데이터 선택]을 클릭합니다. [데이터 원본 선택] 대화상자의 [범례 항목(계열)]에서 [계열1] 선택 후 [편집]을 클릭합니다.

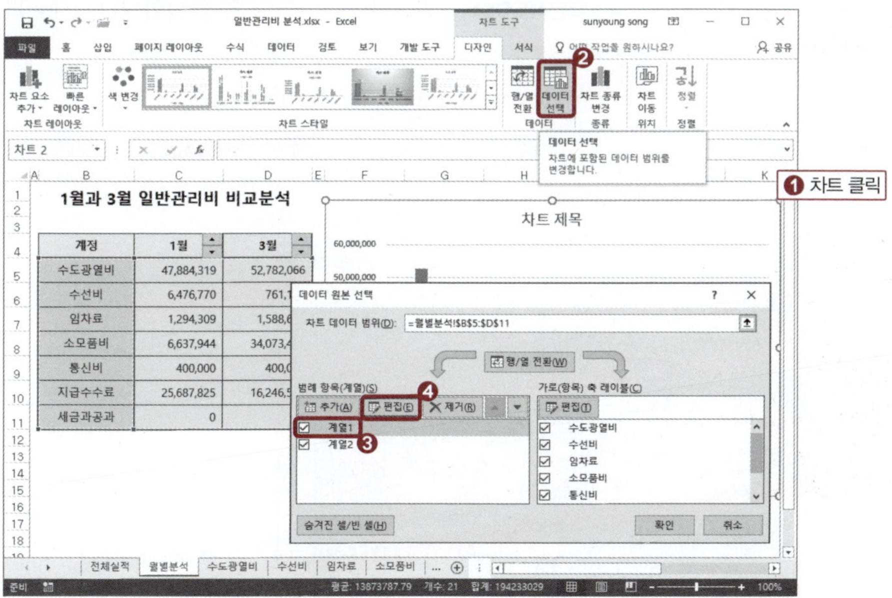

21 [계열 편집] 대화상자의 [계열 이름]에 **=월별분석!$C$4**를 입력합니다. [확인]을 클릭합니다. [데이터 원본 선택] 대화상자의 [범례 항목(계열)]에서 [계열2]를 선택 후 [편집]을 클릭합니다.

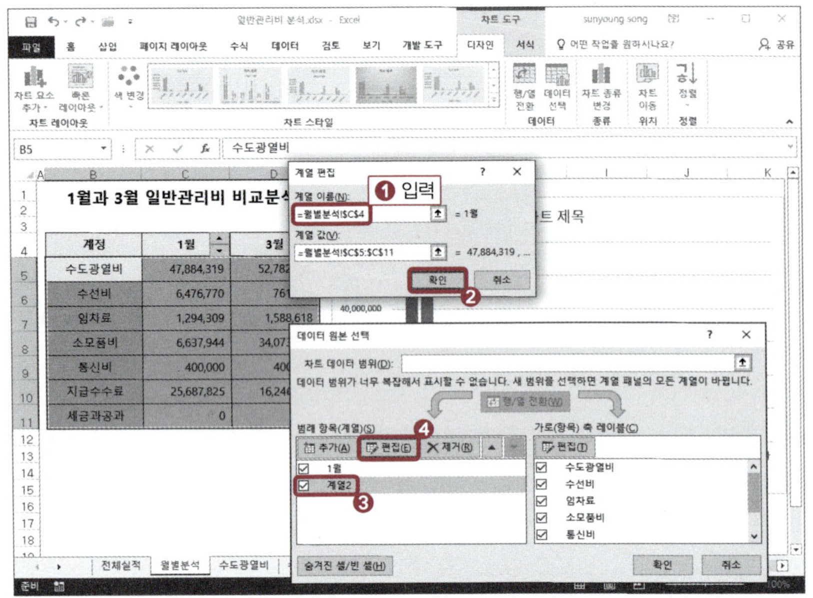

시간 단축

[계열 이름]란을 클릭한 후 [월별분석] 시트의 [C4] 셀을 클릭하면 항목을 쉽게 입력할 수 있습니다.

실력 향상 [계열 이름]은 범례나 데이터 레이블을 표시할 때 보이는 텍스트입니다. 선택한 월이 몇 월인지 확인하기 위해서 [계열 이름]에는 첫 번째로 선택한 월인 [C4] 셀을 입력합니다.

22 [계열 편집] 대화상자의 [계열 이름]에 **=월별분석!$D$4**를 입력합니다. [확인]을 클릭합니다. [데이터 원본 선택] 대화상자에서도 [확인]을 클릭합니다.

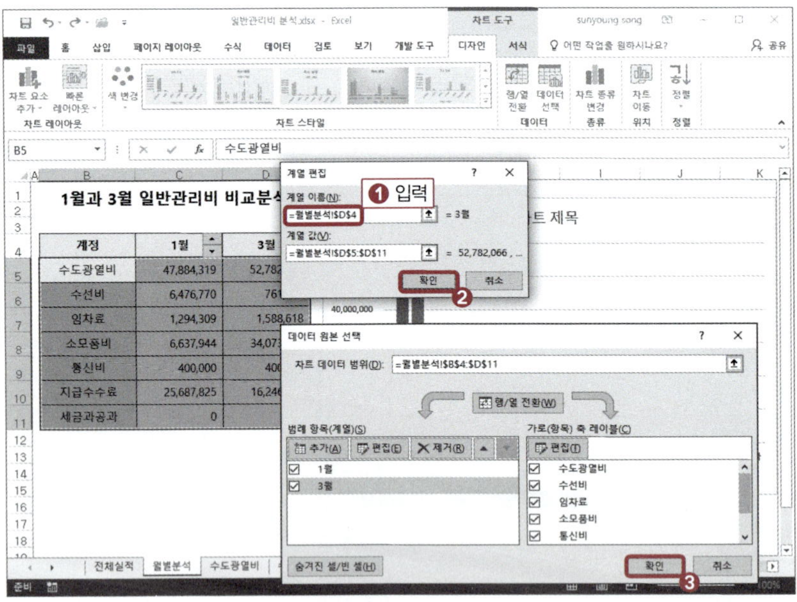

23 **차트 제목 표시하기** 차트 제목을 선택한 후 수식 입력줄을 클릭합니다. =를 입력한 후 [B1] 셀을 클릭합니다. Enter 를 누릅니다. 표시된 제목을 선택합니다. [홈] 탭-[글꼴] 그룹-[굵게]를 클릭합니다.

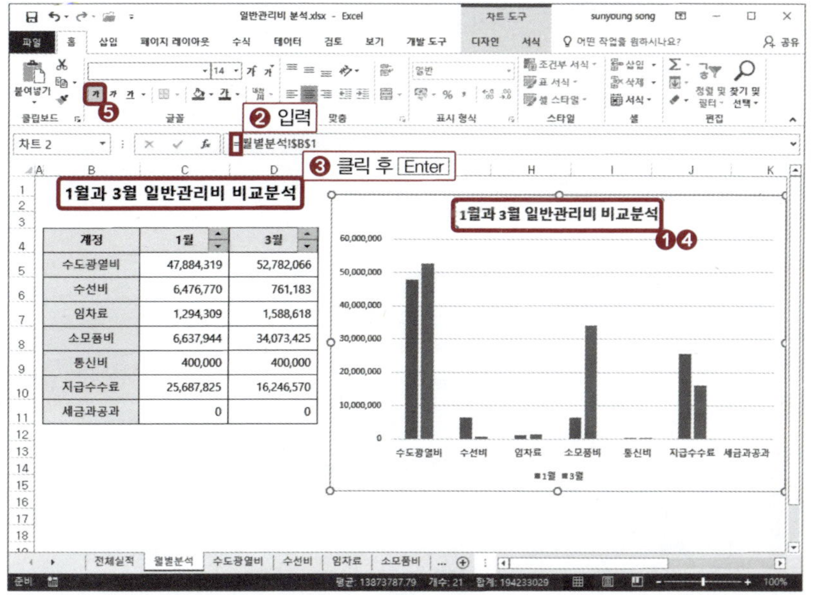

24 **차트의 범례와 레이블 표시 여부 설정하기** [차트 도구]-[디자인] 탭-[차트 레이아웃] 그룹-[차트 요소 추가]-[범례]-[없음]을 선택합니다. [차트 도구]-[디자인] 탭-[차트 레이아웃] 그룹-[차트 요소 추가]-[데이터 레이블]-[기타 데이터 레이블 옵션]을 선택합니다. 차트에서 범례가 삭제되고 데이터 레이블 값이 표시됩니다.

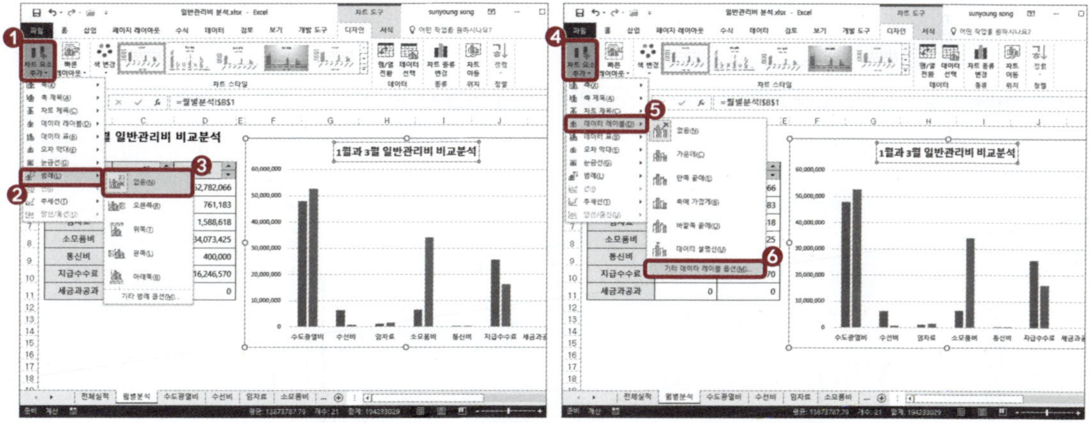

25 데이터 레이블 수정하기 [데이터 레이블 서식] 작업 창이 표시됩니다. [레이블 옵션]의 [레이블 내용]에서 [계열 이름]에 체크 표시하고 기본으로 설정되어 있는 [값]의 체크 표시를 해제합니다. [데이터 레이블 서식] 작업 창에서 [레이블 옵션]의 [자세히]를 클릭합니다. 요소 목록 중 [계열 "3월" 데이터 레이블]을 선택합니다.

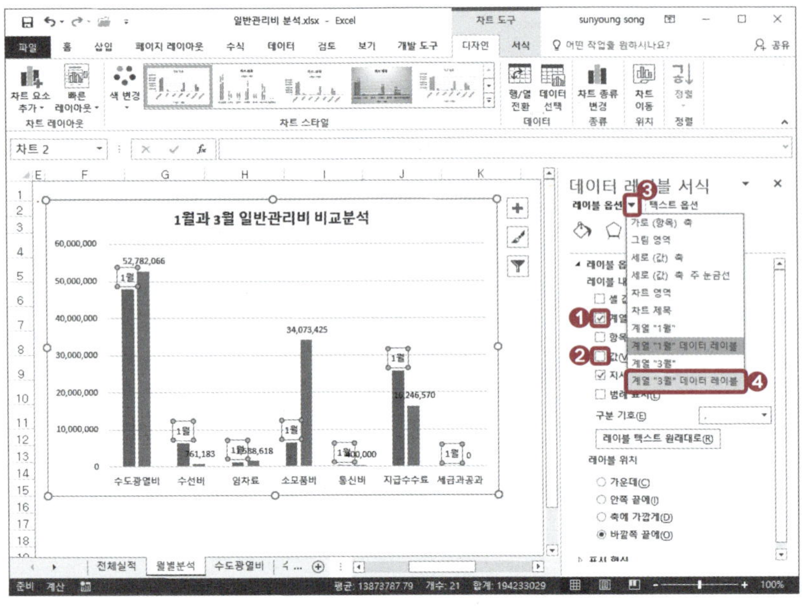

실력 향상 차트 전체를 선택해도 첫 번째 계열의 레이블 옵션만 수정되므로 두 번째 레이블 계열은 따로 선택하여 똑같이 설정합니다.

26 [레이블 옵션]의 [레이블 내용]에서 [계열 이름]에 체크 표시하고 [값]의 체크 표시를 해제합니다. [닫기]를 클릭하여 작업 창을 닫습니다. 스핀 단추를 클릭하여 [C4] 셀은 [4월]로, [D4] 셀은 [6월]로 지정합니다. 선택한 월의 관리비 합계가 표시되고 관리비의 차트가 표시됩니다.

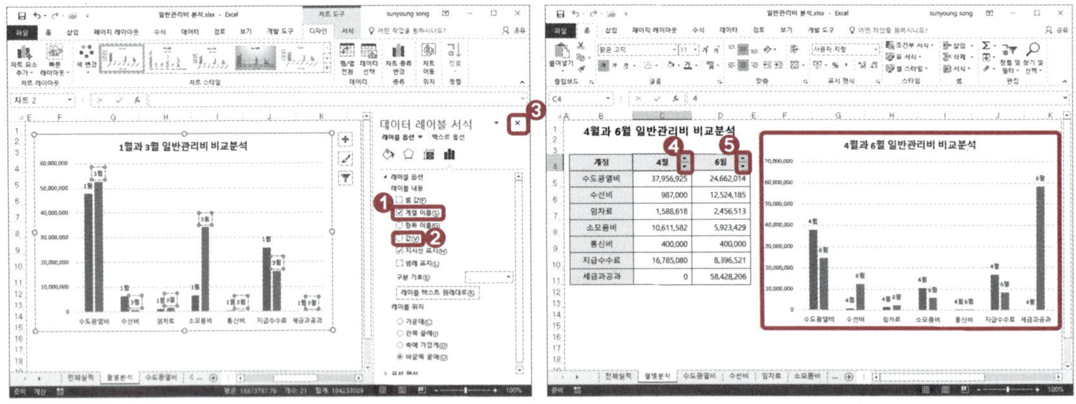

월별 계정과목 데이터 정리하고
결산 자료 작성하기

실습 파일 | PART 02 \ CHAPTER 04 \ 월별계정과목.xlsx **완성 파일** | PART 02 \ CHAPTER 04 \ 월별계정과목(완성).xlsx

✔ 프로젝트 시작하기

월별 계정과목의 결산 금액이 시트에 기록되어 있습니다. 각 결산 금액은 시트별로 구분되어 있어 계정과목의 월별 금액을 확인하거나 비교, 분석하여 보기가 어렵습니다. 시트별로 구분되어 있는 월별 결산 금액을 계정과목별로 이름 정의하고 INDIRECT 함수를 사용하여 계정과목의 월별 결산 금액을 한 시트에 가져와 표시하겠습니다. 또 수입 계정과목과 지출 계정과목의 전체 합계도 이름 정의와 INDIRECT, SUM 함수로 구해보겠습니다. 수입과 지출을 차트로 작성하기 위해 함수를 이용하여 이름 정의하고 해당 이름을 차트의 범위로 입력하여 수입을 선택하면 수입 관련 계정과목 내역만, 지출을 선택하면 지출 관련 계정과목 내역만 표시하도록 작성해보겠습니다. 이 프로젝트에서는 함수 수식으로 이름 정의하는 방법및 동적인 차트를 표현하고 응용하는 방법을 알아볼 수 있습니다.

회사에서 바로 통하는 키워드

이름 정의, INDIRECT, ROW, SUM, 유효성 검사, IF, 차트 작성 및 수정

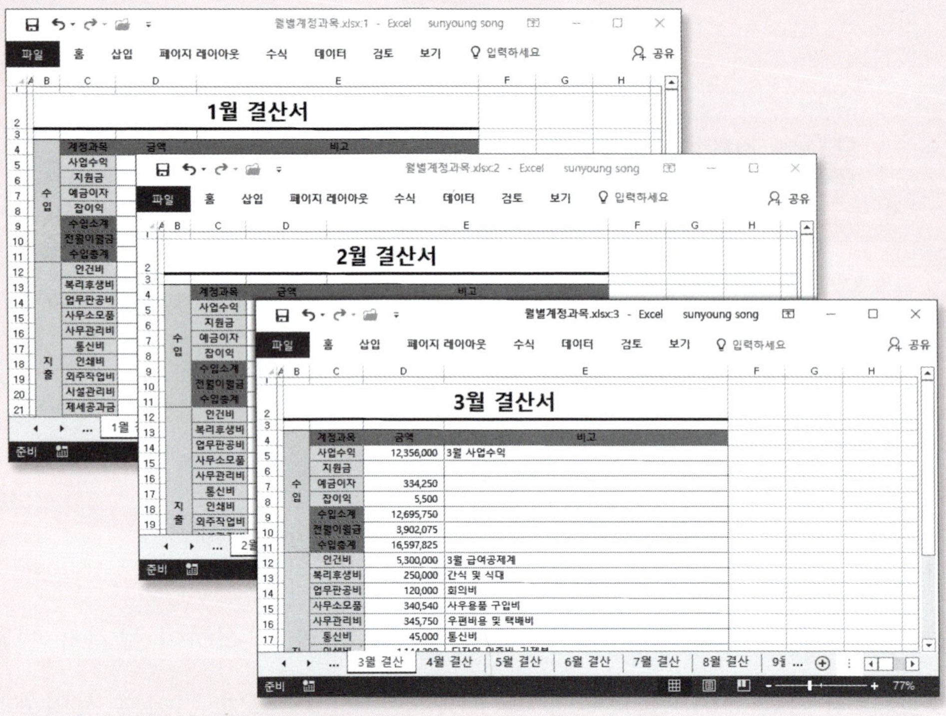

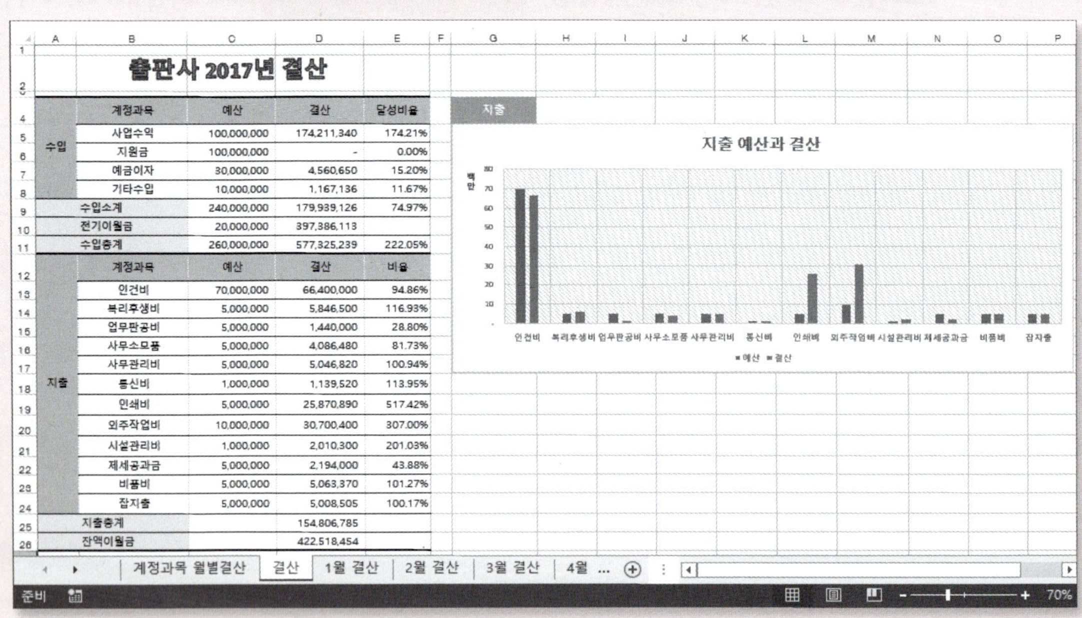

STEP 01

계정 항목의 월별 결산 금액 정리하기

❶ [계정과목 월별계산] 시트의 항목별로 이름 정의합니다.

❷ 시트로 구분되어 있는 각 월의 계정 결산 금액을 가져오기 위해 INDIRECT 함수로 수식을 작성합니다.

STEP 02

수입과 지출의 예산과 결산을 비교하는 동적 차트 작성하기

❶ [계정과목 월별결산] 시트에 정리된 계정과목별 1월~12월의 합계를 표시하기 위해 INDIRECT와 SUM 함수로 수식을 작성합니다.

❷ 수입과 지출의 예산 범위와 결산 범위를 구분하여 선택하도록 IF 함수를 이용한 수식으로 이름 정의합니다.

❸ 수입과 지출 중 목록에서 선택한 항목의 내용만 반영되도록 차트를 작성합니다.

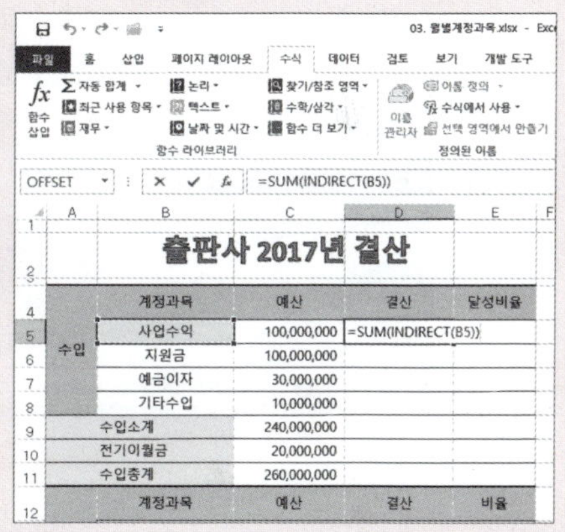

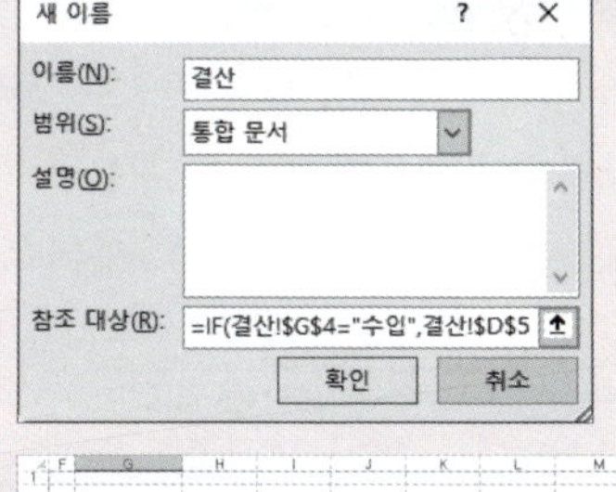

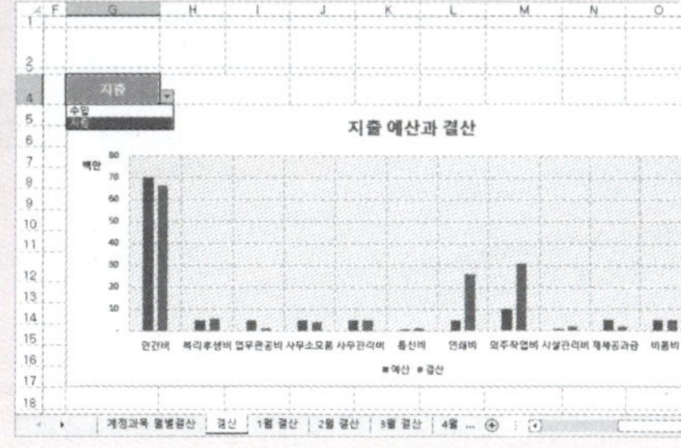

계정 항목의 월별 결산 금액 정리하기

1월부터 12월까지 월별로 사용된 계정 항목의 금액을 하나의 시트에 정리하겠습니다. 계정 항목을 이름 정의하여 INDIRECT 함수로 데이터를 가져옵니다. 이름 정의된 항목의 범위는 SUM, INDIRECT 함수로 합계를 구하고 각 계정 항목의 달성비율도 구해보겠습니다.

1 계정과목 이름 정의하기 [계정과목 월별결산] 시트에서 [A2] 셀을 클릭한 후 Ctrl + A 를 눌러 표 전체를 선택합니다. [수식] 탭-[정의된 이름] 그룹-[선택 영역에서 만들기]를 클릭합니다. [선택 영역에서 이름 만들기] 대화상자에서 [왼쪽 열]에만 체크 표시한 후 [확인]을 클릭합니다. 정의된 이름은 [이름 상자]의 목록 단추를 클릭하여 확인할 수 있습니다.

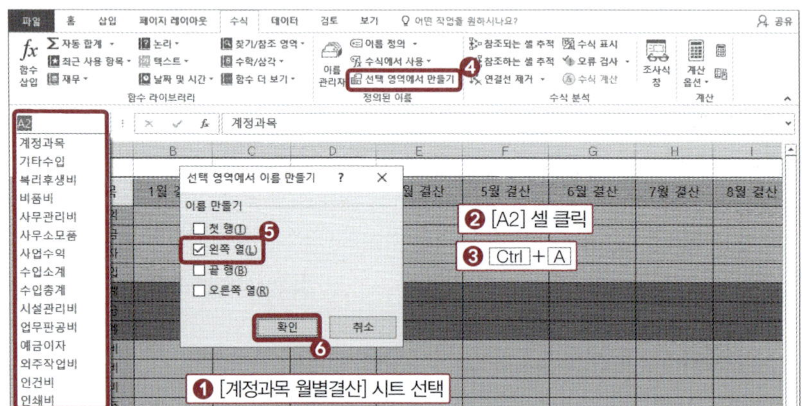

실력 향상

[수식] 탭-[정의된 이름] 그룹-[이름 관리자]를 클릭하여 정의된 이름과 범위를 함께 확인할 수 있습니다.

2 계정과목별 월별 결산 금액 가져오기 [B3] 셀에 **=INDIRECT(""&B$2&"!D"&ROW( )+2)**를 입력합니다. [B3] 셀의 채우기 핸들을 오른쪽으로 드래그하여 [M3] 셀까지 수식을 복사합니다. [B3:M3] 셀 범위가 선택된 상태에서 채우기 핸들을 더블클릭하여 [M23] 셀까지 수식을 복사합니다. 서식까지 함께 복사되므로 서식을 제외하고 복사하기 위해 [채우기 옵션]을 클릭한 후 [서식 없이 채우기]를 선택합니다.

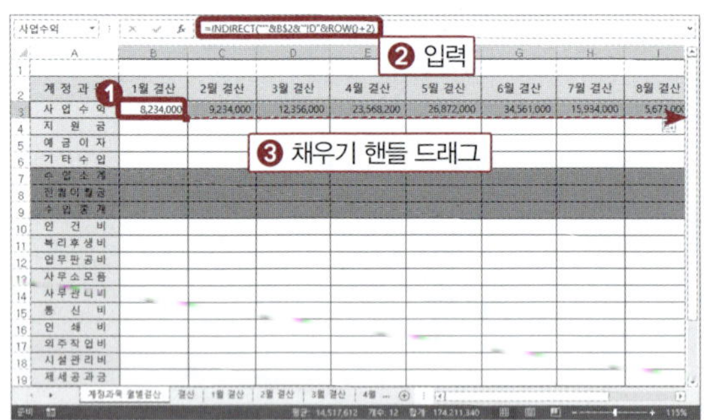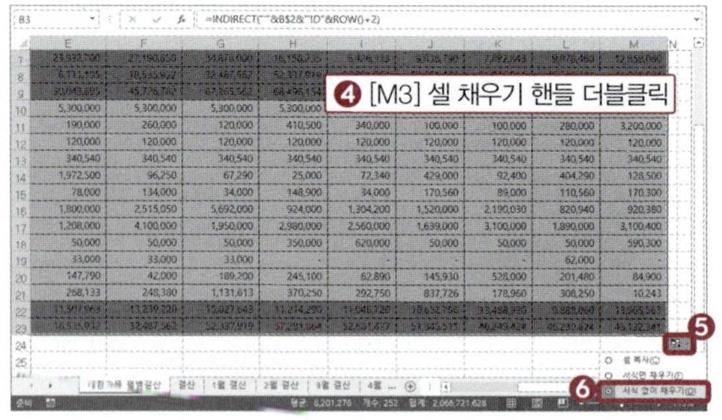

실력 향상 ROW( ) 함수는 함수가 입력된 현재 셀의 행 번호를 알려줍니다. 함수가 [B3] 셀에 입력되어 있으므로 3 값이 결과이고 뒤에 이어진 수식대로 2를 더하여 5 값을 반환합니다.

실력 향상 한글로 이름 지정한 [결산] 시트의 [D5] 셀을 참조할 때는 '결산!D5' 형식으로 입력하고, 숫자가 포함된 [1월 결산] 시트의 [D5] 셀을 참조할 때는 ''1월 결산'!D5' 형식으로 입력합니다.

함수 형식은 'INDIRECT(셀 주소로 변경할 텍스트 또는 셀 주소)'로, 입력된 텍스트 내용에 맞는 셀 주소의 값을 가져옵니다. 각 시트에 입력된 월별 결산 내용을 가져오기 위해 입력하는 수식입니다. 작은따옴표(')와 [B2] 셀에 입력된 1월 결산, 또 하나의 작은따옴표(')와 !D, ROW 함수 결과인 숫자 5를 연결하여 "1월 결산'!D5'의 값에 해당하는 [1월 결산] 시트의 [D5] 셀에 입력된 값을 가져옵니다.

3 **1월부터 12월까지의 수입 계정 합계 구하기** [결산] 시트를 선택합니다. [D5] 셀에 **=SUM(INDIRECT(B5))**를 입력합니다. INDIRECT 함수에 입력된 [B5] 셀의 값인 '사업수익' 범위의 값을 SUM 함수로 합산했습니다. [D5] 셀의 채우기 핸들을 [D11] 셀까지 드래그하여 수식을 복사합니다.

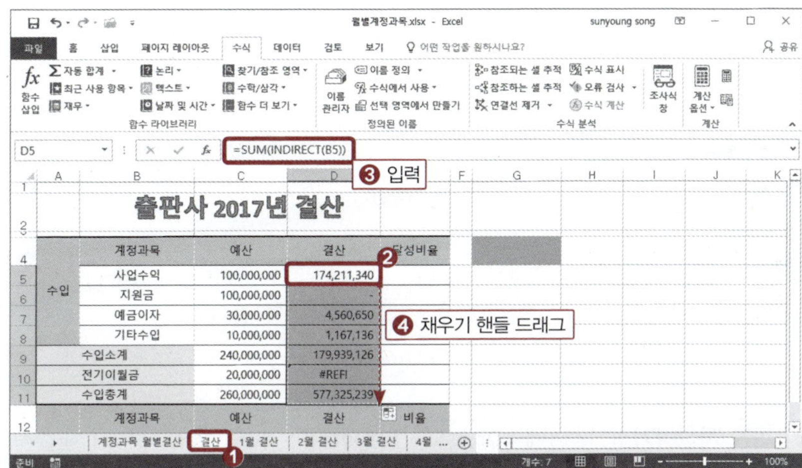

함수 형식은 'INDIRECT(셀 주소로 변경할 텍스트 또는 셀 주소)'입니다. [B5] 셀에 입력된 '사업수익' 텍스트를 이름 정의된 [사업수익] 범위로 변경한 후 SUM 함수로 [사업수익], 즉 [$B$3:$M$3] 셀 범위의 합계를 구합니다.

4 **오류 표시된 '전월이월금'을 '전기이월금'으로 수정하기** [B10] 셀을 클릭한 후 셀의 내용을 **전월이월금**으로 수정합니다. [B10] 셀을 클릭한 후 마우스 오른쪽 버튼을 클릭하고 [셀 서식]을 선택합니다. [셀 서식] 대화상자의 [표시 형식] 탭에서 [사용자 지정]을 선택합니다. [형식]에 **;;;전기이월금**을 입력한 후 [확인]을 클릭합니다.

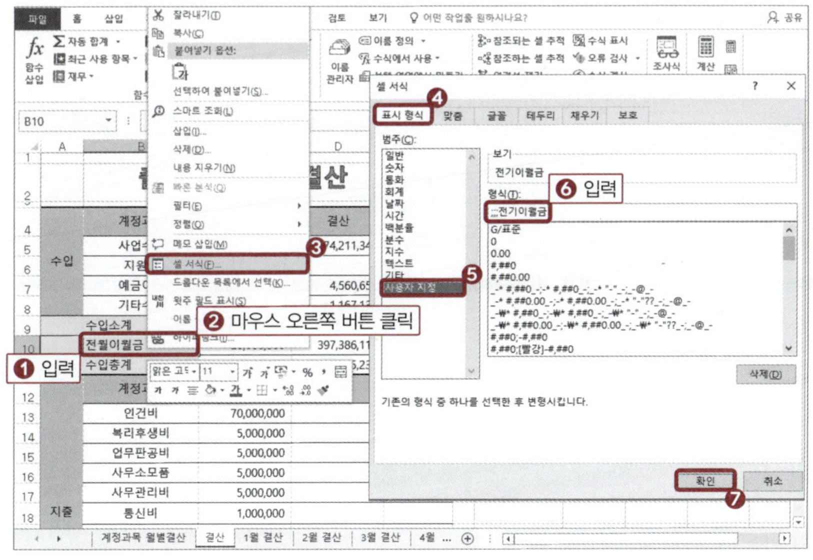

';;;전기이월금'으로 입력하면 양수, 음수, 0에 대한 서식은 지정되지 않고 문자를 입력하면 무조건 '전기이월금'으로 표시합니다.

이름 정의했던 [계정과목 월별계산] 시트에는 '전기이월금'이 아닌 [전월이월금]으로 입력되어 있습니다. '전기이월금'은 지정해놓은 이름이 없어 오류로 표시됩니다.

5 **1월부터 12월까지의 지출 계정 합계 구하기** [D13] 셀에 **=SUM(INDIRECT(B13))**을 입력합니다. [D13] 셀의 채우기 핸들을 [D26] 셀까지 드래그하여 수식을 복사합니다. 아래쪽 셀의 서식이 변경됩니다. 서식은 제외하고 복사하기 위해 [채우기 옵션]을 클릭한 후 [서식 없이 채우기]를 선택합니다.

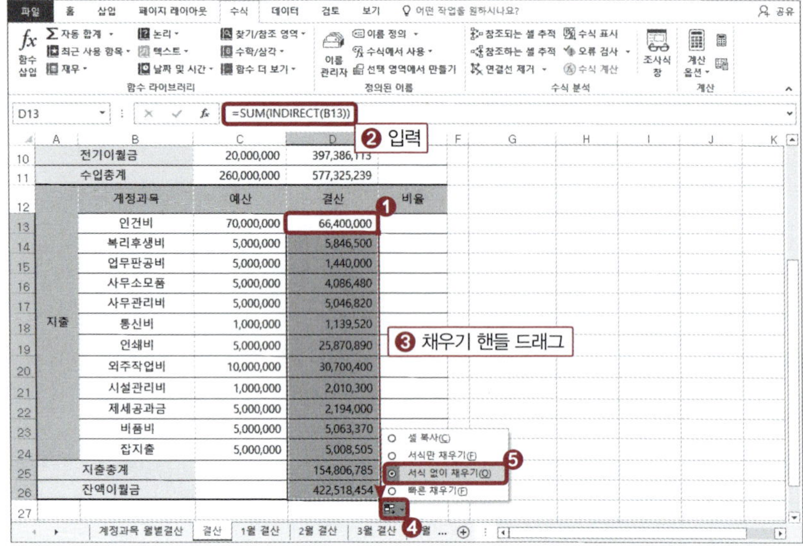

실력 향상

'=SUM(INDIRECT(B13))' 수식은 [B13] 셀에 입력된 [인건비] 텍스트를 이름 정의된 [인건비] 범위로 변경한 후 SUM 함수로 [인건비], 즉 [$B$10:$M$10] 셀 범위의 합계를 구합니다.

6 **수입/지출 계정과목의 달성 비율 계산하기** [E5] 셀에 **=D5/C5**를 입력합니다. [E5] 셀의 채우기 핸들을 드래그하여 [E11] 셀까지 수식을 복사합니다. [E10] 셀에 입력된 전기이월금의 비율은 Delete 를 눌러 삭제합니다. 지출 계정과목의 비율을 확인하겠습니다. [E13] 셀에 **=D13/C13**을 입력합니다. [E13] 셀의 채우기 핸들을 드래그하여 [E24] 셀까지 수식을 복사합니다.

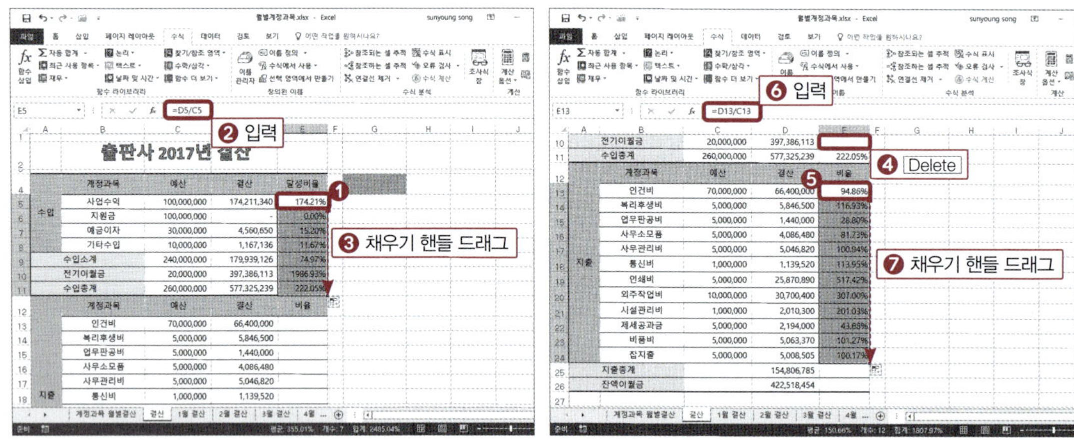

수입과 지출의 예산과 결산을 비교하는 동적 차트 작성하기

수입과 지출의 예산, 결산을 비교하는 차트를 작성하겠습니다. 수입 계정 항목과 지출 계정 항목을 따로 보기 위해 유효성 검사를 이용하여 수입, 지출 목록을 만들고 수입 계정 항목 데이터를 기준으로 차트를 삽입하겠습니다. 수입과 지출 계정은 IF 함수를 이용한 수식으로 이름 정의한 후 해당 이름 범위로 차트 데이터 범위를 수정하여 선택한 항목을 반영하는 동적 차트로 완성하겠습니다.

7 수입과 지출 목록 만들기 [G4] 셀을 클릭합니다. [데이터] 탭-[데이터 도구] 그룹-[데이터 유효성 검사]를 클릭합니다. [데이터 유효성] 대화상자의 [설정] 탭에서 [제한 대상]으로 [목록]을 선택합니다. [원본]에는 **수입, 지출**을 입력한 후 [확인]을 클릭합니다.

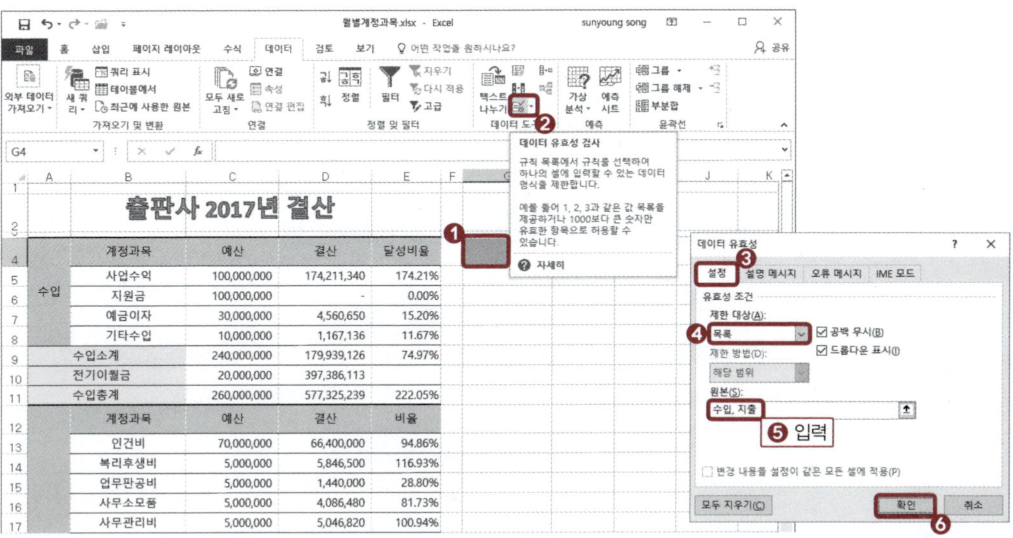

8 수입 계정의 예산으로 차트 작성하기 [G4] 셀에서 [수입]을 선택합니다. 차트로 표현할 [B4:D8] 셀 범위를 선택합니다. [삽입] 탭-[차트] 그룹-[세로 또는 가로 막대형 차트 삽입]을 클릭합니다. 차트 목록 중 [2차원 세로 막대형]-[묶은 세로 막대형] 차트를 선택합니다.

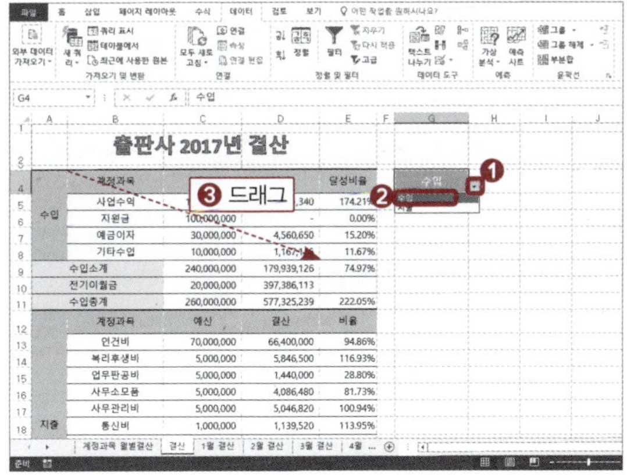

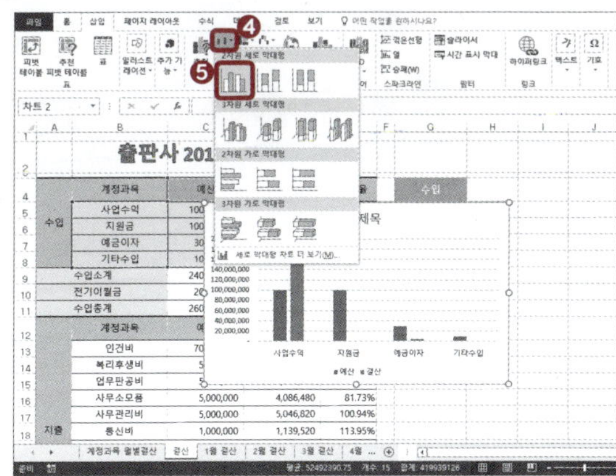

9 **차트 크기 조절하고 스타일 설정하기** 차트를 드래그하여 왼쪽 모서리 점을 [G5] 셀에 맞추고 오른쪽 아래 모서리 점을 드래그하여 [P17] 셀에 맞춥니다. [차트 도구]−[디자인] 탭−[차트 스타일] 그룹−[자세히 ▢]를 클릭합니다. 스타일 목록에서 [스타일 7]을 선택하여 차트에 적용합니다.

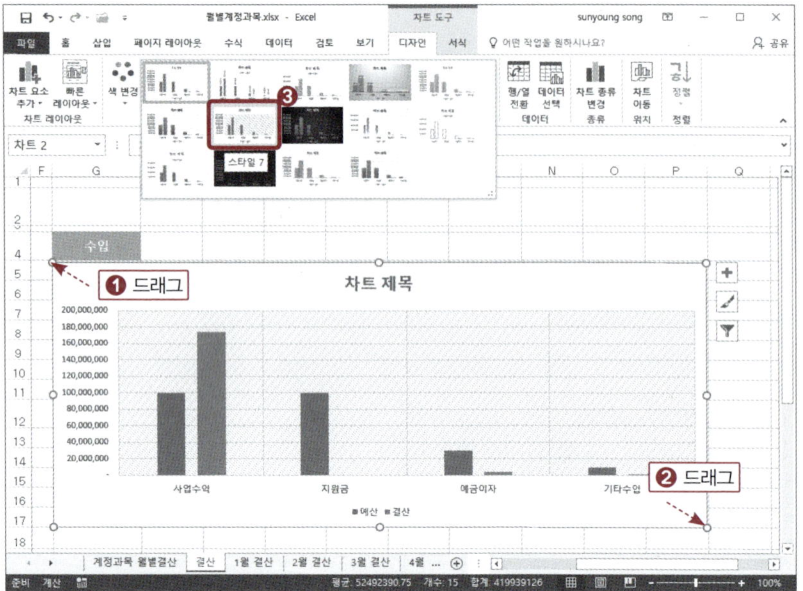

10 **차트 제목 표시하기** [H4] 셀에 **=G4&" 예산과 결산"**을 입력합니다. 차트 제목을 선택한 후 수식 입력줄을 클릭합니다. =를 입력한 후 [H4] 셀을 클릭합니다. Enter 를 눌러 입력을 완료합니다.

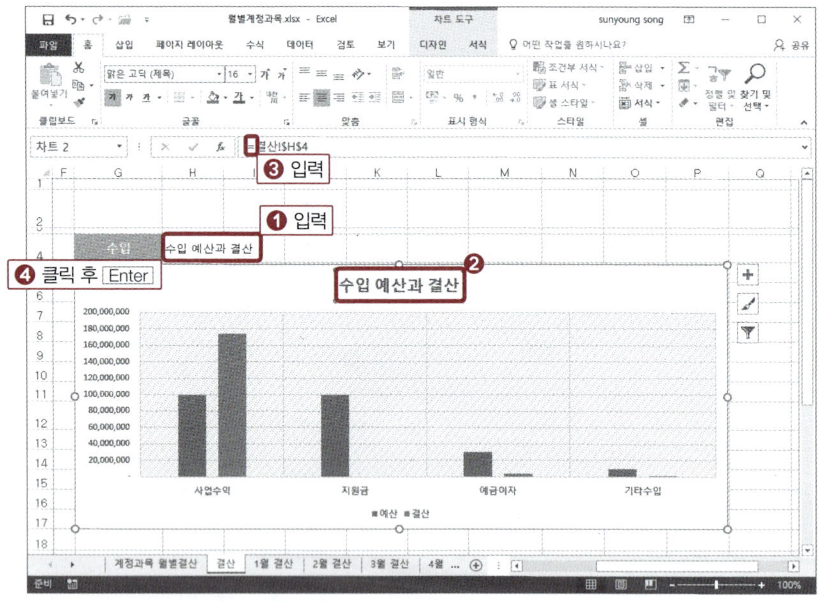

> **실력 향상** 차트 제목에는 연산자가 입력되지 않습니다. 따라서 다른 셀에 연산자와 텍스트로 수식을 작성한 후 차트 제목에 연결하여 사용합니다.

11 차트의 세로(값) 축 표시 단위 수정하고 레이블 서식 수정하기 [H4] 셀을 클릭합니다. [홈] 탭–[글꼴] 그룹–[글꼴 색]–[흰색, 배경1]을 선택하여 글씨가 보이지 않도록 설정합니다. 차트 영역에서 [세로 (값) 축]을 선택합니다. 마우스 오른쪽 버튼을 클릭한 후 [축 서식]을 선택합니다.

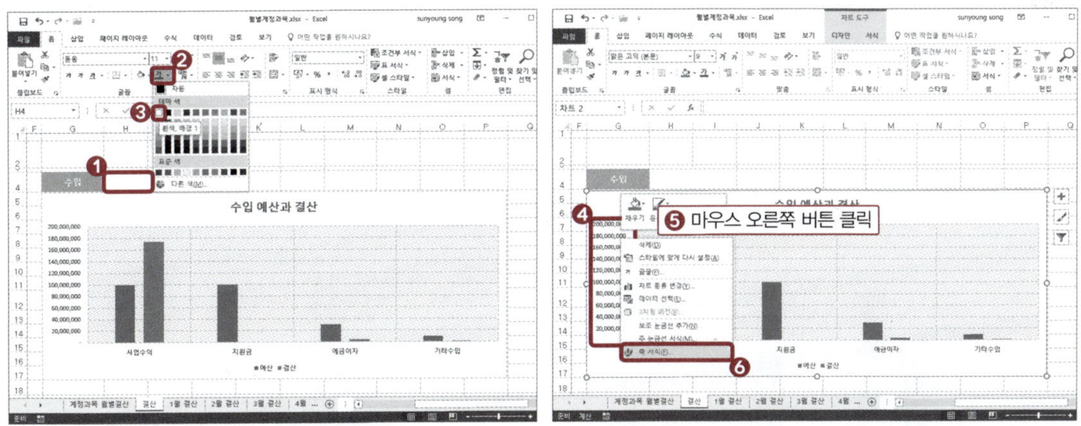

12 [축 서식] 작업 창의 [축 옵션]에서 [표시 단위]를 [백만]으로 선택합니다. [백만] 레이블을 클릭합니다. [표시 단위 레이블 서식] 작업 창의 [맞춤]에서 [텍스트 방향]을 [세로]로 선택합니다. [표시 단위 레이블 서식] 작업 창을 닫습니다.

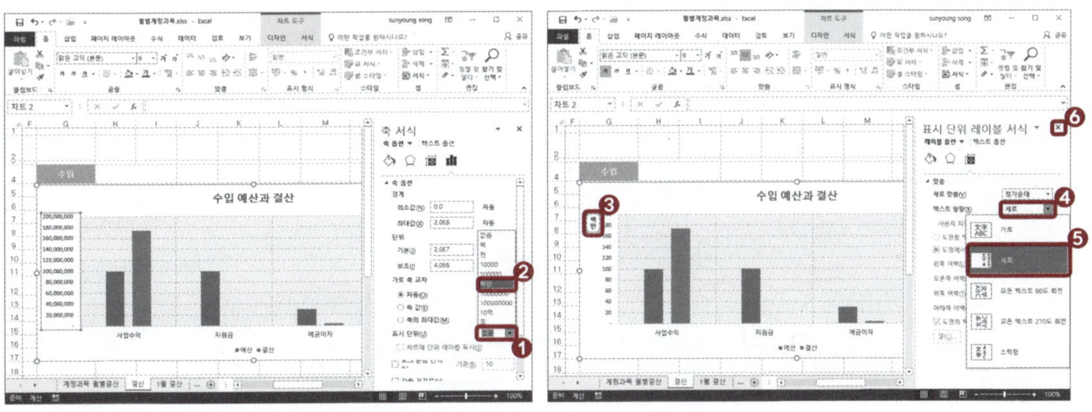

> **시간 단축** 레이블을 클릭하면 [표시 단위 레이블 옵션] 작업 창으로 자동 변경됩니다.

13 예산과 결산, 계정과목 범위, 함수로 이름 정의하기 [G4] 셀을 클릭합니다. [수식] 탭–[정의된 이름] 그룹–[이름 관리자]를 클릭합니다. [이름 관리자] 대화상자에서 [새로 만들기]를 클릭합니다

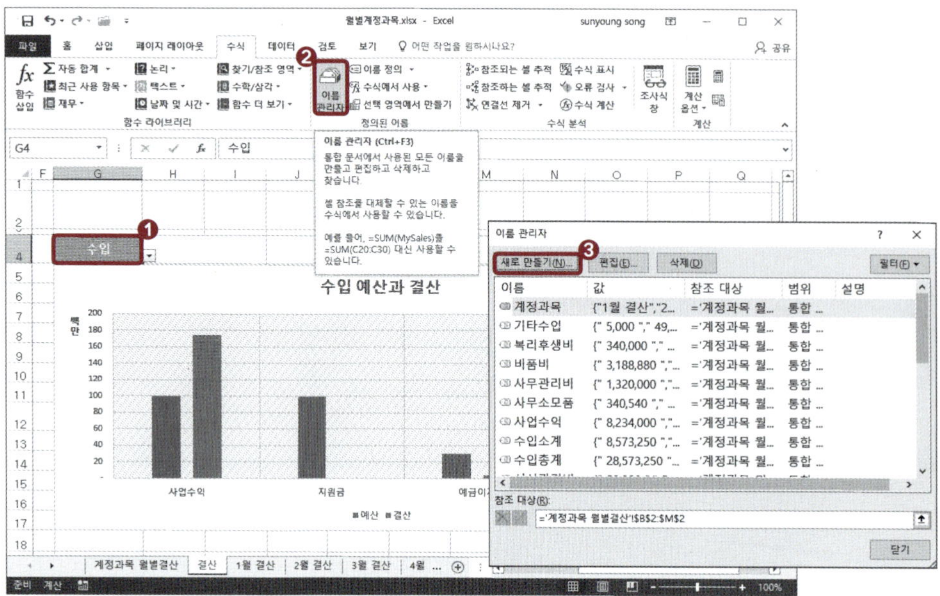

실력 향상 ┃ 차트가 선택된 상태에서는 [수식] 탭의 메뉴가 모두 비활성화됩니다. 셀을 클릭한 후 [수식] 탭의 [이름 관리자] 메뉴를 클릭합니다.

14 [새 이름] 대화상자의 [이름]에는 **예산**을 입력합니다. [참조 대상]에는 **=IF(결산!$G$4="수입",결산!$C$5: $C$8,결산!$C$13:$C$24)**를 입력한 후 [확인]을 클릭합니다. 결산 이름도 정의하겠습니다. [이름 관리자] 대화상자에서 [새로 만들기]를 클릭합니다.

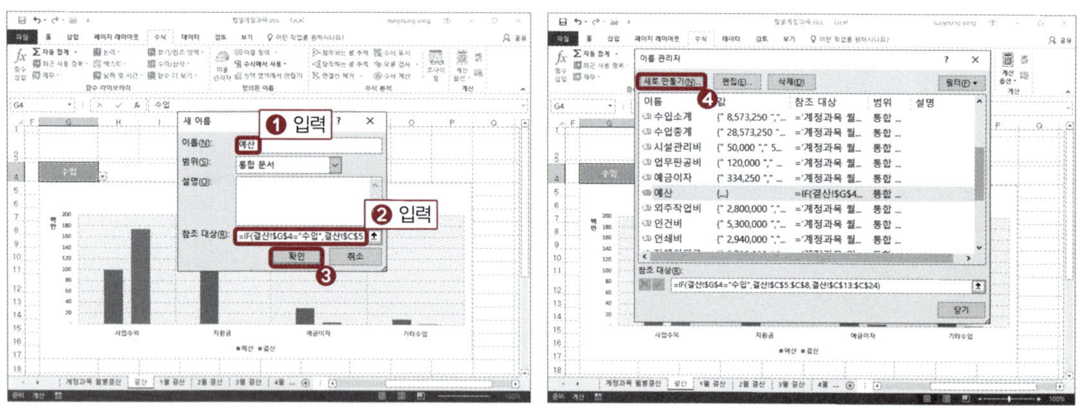

실력 향상 ┃ 함수 형식은 'IF(비교식, 비교식이 참일 때 결과 값, 비교식이 거짓일 때 결과 값)입니다. [결산] 시트의 [G4] 셀에 입력된 값이 '수입'과 같으면 [결산] 시트의 [C5:C8] 셀 범위를 참조하고, '수입'과 같지 않으면 [C13:C24] 셀 범위를 참조하는 수식입니다.

15 [새 이름] 대화상자의 [이름]에 **결산**을 입력합니다. [참조 대상]에 **=IF(결산!$G$4="수입",결산!$D$5:$D$8,결산!$D$13:$D$24)**를 입력한 후 [확인]을 클릭합니다. '계정과목'의 범위를 수정하겠습니다. [이름 관리자] 대화상자의 이름 목록에서 [계정과목]을 선택합니다. [참조 대상]에서 기존 내용은 삭제하고 **=IF(결산!$G$4="수입",결산!$B$5:$B$8,결산!$B$13:$B$24)**를 입력합니다. 체크 표시 모양 ✓을 클릭해 수정을 완료합니다. [이름 관리자] 대화상자에서 [닫기]를 클릭합니다.

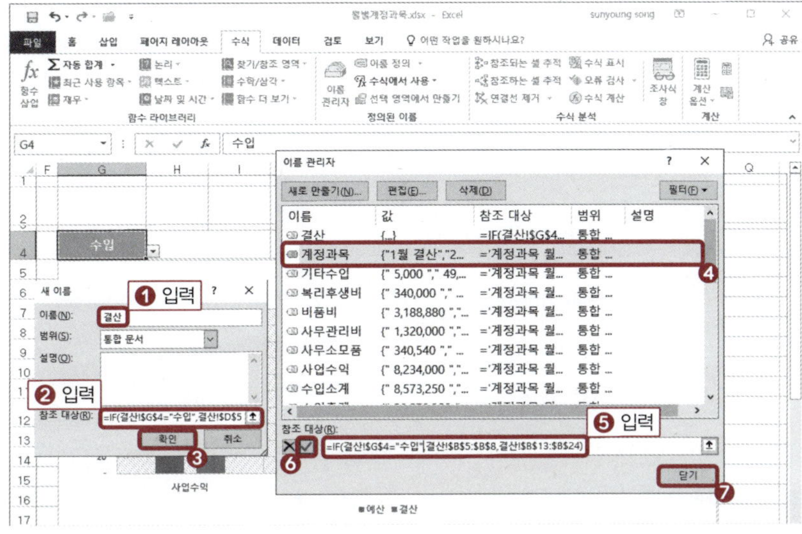

실력 향상 [계정과목] 이름은 [계정과목 월별계산] 시트에서 지정한 이름으로 '='계정과목 월별결산'!$B$2:$M$2' 셀 범위를 참조하고 있습니다. 사용하지 않는 이름이므로 다른 용도로 사용하기 위해 수정합니다. [계정과목]은 [결산] 시트의 [G4] 셀에 입력된 값이 '수입'과 같으면 [결산] 시트의 [B5:B8] 셀 범위를 참조하고, '수입'과 같지 않으면 [B13:B24] 셀 범위를 참조하는 수식입니다.

16 차트 데이터 범위 수정하기 차트를 선택합니다. [차트 도구]-[디자인] 탭-[데이터] 그룹-[데이터 선택]을 클릭합니다. [데이터 원본 선택] 대화상자에서 [범례 항목(계열)]의 [예산]을 선택한 후 [편집]을 클릭합니다. [계열 편집] 대화상자의 [계열 값]을 **=결산!예산**으로 수정합니다. [확인]을 클릭합니다.

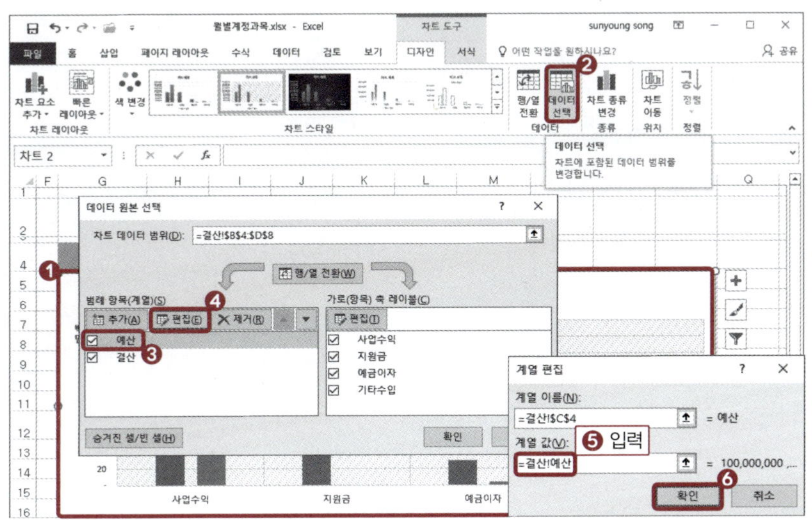

17 결산도 수정하겠습니다. [범례 항목(계열)]의 [결산]을 선택한 후 [편집]을 클릭합니다. [계열 편집] 대화상자의 [계열 값]을 **=결산!결산**으로 수정합니다. [확인]을 클릭합니다.

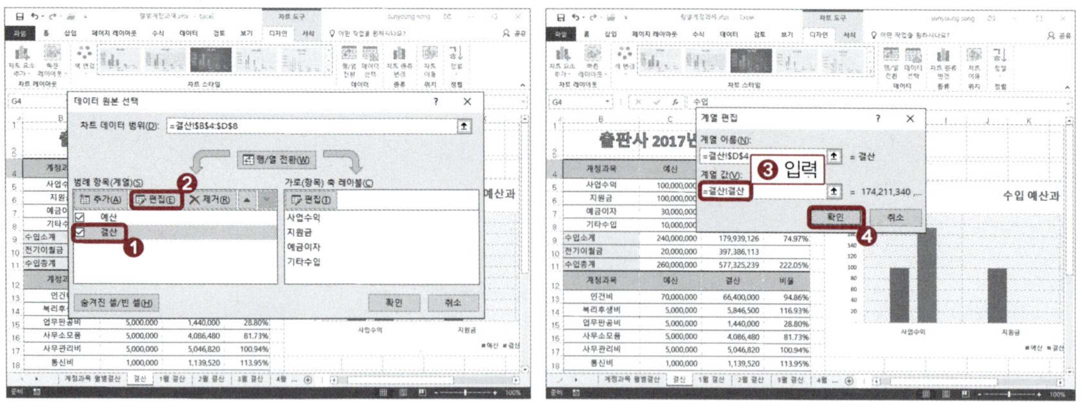

시간 단축 결산 데이터 범위도 고정된 '=결산!$D$5:$D$8' 범위가 아닌 [G4] 셀에 입력된 값에 따라 범위가 변경되는 [결산] 범위로 수정합니다.

18 [데이터 원본 선택] 대화상자에서 [가로(항목) 축 레이블]의 [편집]을 클릭합니다. [축 레이블] 대화상자의 [축 레이블 범위]를 **=결산!계정과목**으로 수정합니다. [확인]을 클릭합니다. [데이터 원본 선택] 대화상자에서도 [확인]을 클릭합니다. [G4] 셀을 [지출]로 수정합니다. 지출 계정 항목의 내용을 확인할 수 있습니다.

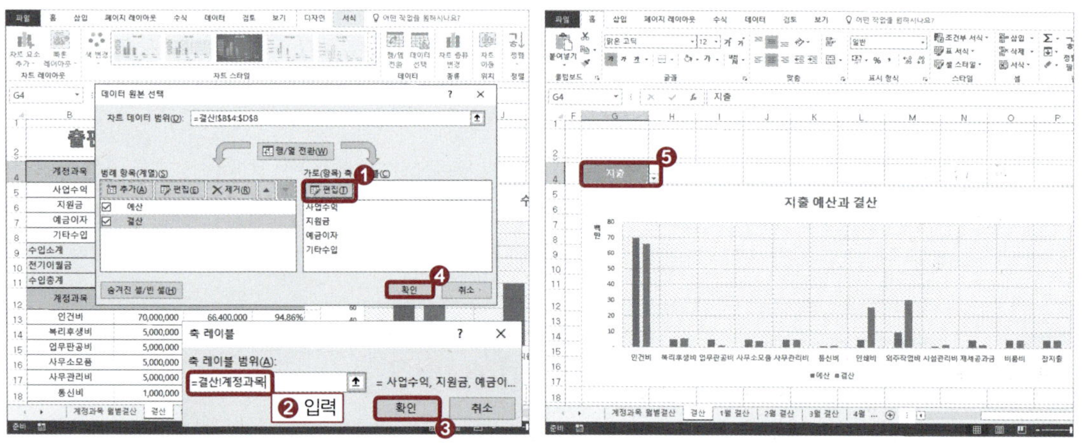

실력 향상 계정과목 데이터 범위도 고정된 '=결산!$B$5:$B$8' 범위가 아닌 [G4] 셀에 입력된 값에 따라 범위가 변경되는 [계정과목] 범위로 수정합니다.

요일별, 시간대별 매출 목록 합계를 구한 후 판매금액이 높은 요일, 시간대 현황 분석하기

실습 파일 | PART 02 \ CHAPTER 04 \ 시간대별 매출목록.xlsx　　**완성 파일** | PART 02 \ CHAPTER 04 \ 시간대별 매출목록(완성).xlsx

✔ 프로젝트 시작하기

거래 발생시간별로 매출이 기록된 매출내역표가 있습니다. 매출내역표의 발생 날짜를 텍스트 나누기와 CHOOSE, WEEKDAY 함수를 사용하여 요일을 추출하고 발생시간은 LEFT 함수를 사용하여 시간대만 추출해보겠습니다. 정리된 매출목록표의 데이터는 요일별 시간대별로 매출금액의 합계를 구하고 지정한 순위의 매출금액은 LARGE 함수를 이용하여 표시해보겠습니다. 순위는 사용자가 편하게 수정할 수 있도록 양식 컨트롤의 스크롤 막대를 삽입하고 컨트롤 서식을 설정하여 셀과 연결하겠습니다. 선택한 순위의 매출금액은 SUMPRODUCT와 COLUMN 함수를 이용한 배열 수식으로 작성하고 INDEX 함수로 어느 요일에 포함되어 있는지 값을 추출한 후 추출된 요일의 시간대별 매출금액은 방사형 차트를 이용하여 시각적으로 표현해보겠습니다.

회사에서 바로 통하는 키워드

텍스트 나누기, CHOOSE, WEEKDAY, LEFT, SUMIF, LARGE, 양식 컨트롤의 스크롤 막대, 조건부 서식, SUMPRODUCT, COLUMN, INDEX, 방사형 차트

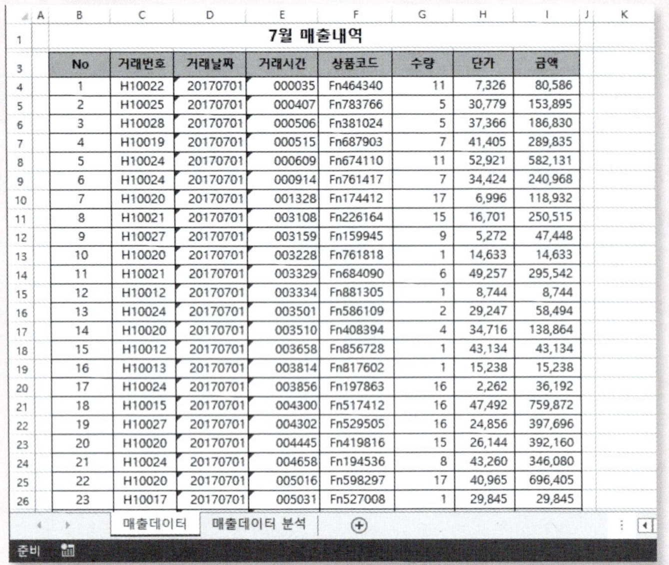

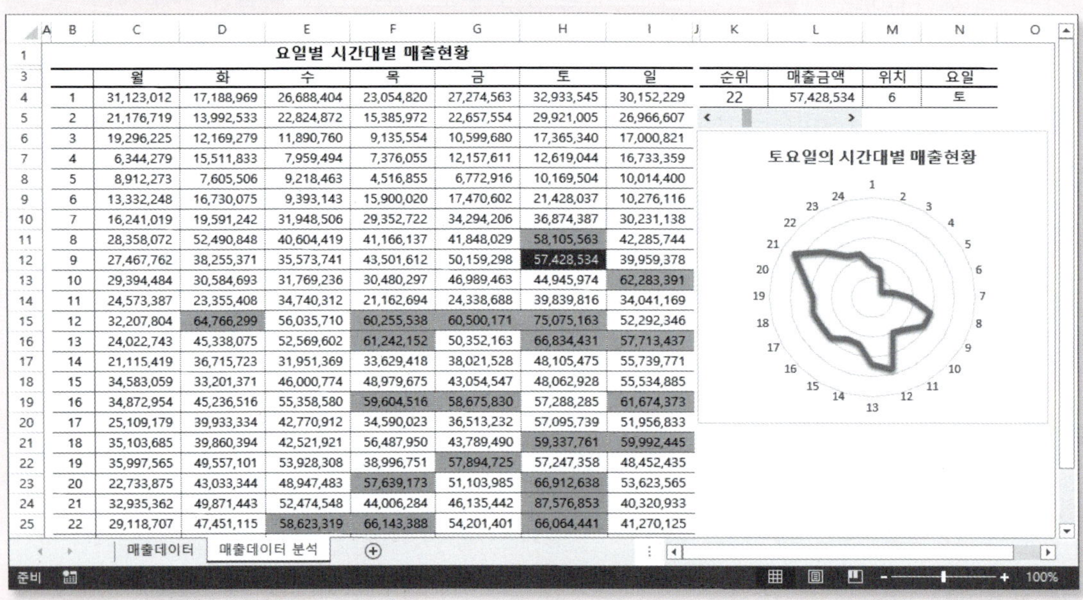

매출내역 데이터 정리하기

STEP 01

❶ 거래날짜 열을 [날짜] 서식으로 변경한 후 WEEKDAY와 CHOOSE 함수로 거래 날짜의 요일을 구하도록 수식을 작성합니다.

❷ 시분초로 입력된 거래시간 데이터에서 왼쪽의 시간 데이터만 LEFT 함수로 추출한 후 숫자 형식으로 변환되도록 수식을 작성합니다.

요일별, 시간별 매출금액의 합계와 지정한 순위의 매출금액 추출하기

STEP 02

❶ SUMIF 함수를 이용하여 요일별, 시간대별로 매출합계를 구합니다.

❷ 매출합계 데이터에서 LARGE 함수를 이용하여 지정한 순위의 매출금액을 표시하고 양식 컨트롤의 스크롤 막대로 찾아볼 순위를 변경합니다.

❸ 지정한 순위와 지정한 순위보다 높은 순위의 매출금액은 조건부 서식을 이용하여 색으로 구분합니다.

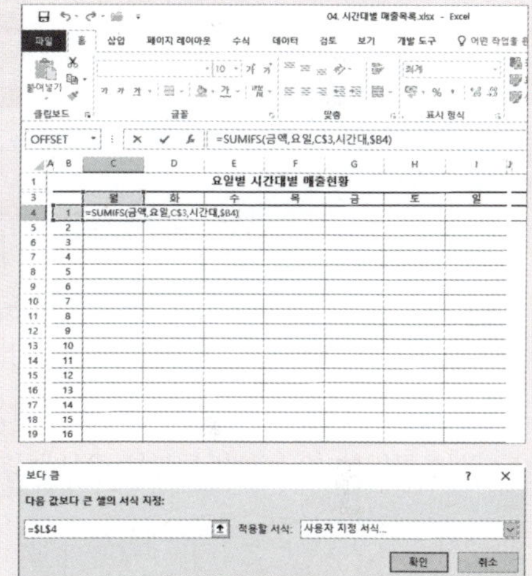

선택한 순위의 매출금액이 위치한 요일을 확인하고 차트로 표현하기

STEP 03

❶ 지정한 순위의 매출금액이 어느 요일에 포함되어 있는지 확인하기 위해 SUMPRODUCT와 COLUMN 함수로 매출금액의 열 위치를 가져옵니다.

❷ 찾아놓은 열 위치로 INDEX 함수 수식을 작성하여 표시된 매출금액의 요일 데이터를 가져옵니다.

❸ 선택한 순위의 매출금액이 포함된 요일의 시간대별 매출금액을 방사형 차트로 표현합니다.

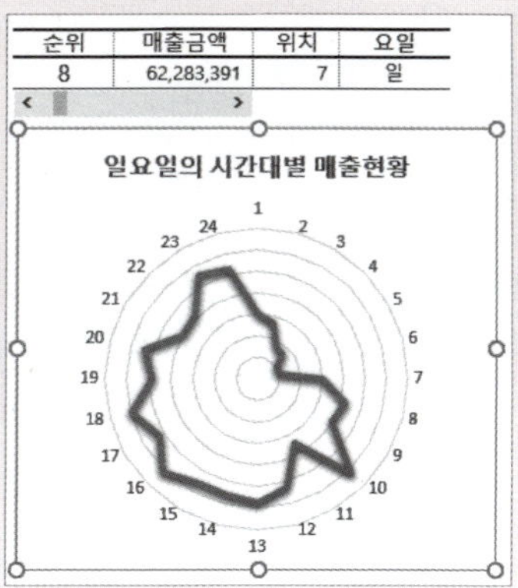

매출내역 데이터 정리하기

거래날짜와 거래시간별로 기록된 매출내역 데이터를 요일별, 시간대별로 분석하기 위해 데이터를 정리하
겠습니다. 날짜 형식으로 입력되어 있지 않은 거래날짜는 텍스트 나누기 기능을 이용하여 날짜 형식으로
변환하고 WEEKDAY와 CHOOSE 함수로 해당 날짜의 요일을 구해보겠습니다. 거래시간에서는 시간
대만 추출하고 다른 시트에서 정의된 이름으로 계산할 수 있도록 선택 영역을 이름 정의하겠습니다.

1 거래날짜를 날짜 형식으로 변경하기 [D4] 셀을 클릭한 후 Ctrl + Shift + ↓ 를 눌러 [D4:D21519] 셀 범
위를 선택합니다. [데이터] 탭-[데이터 도구] 그룹-[텍스트 나누기]를 클릭합니다. [텍스트 마법사-1단
계] 대화상자에서 [구분 기호로 분리됨]을 선택합니다. [다음]을 클릭합니다.

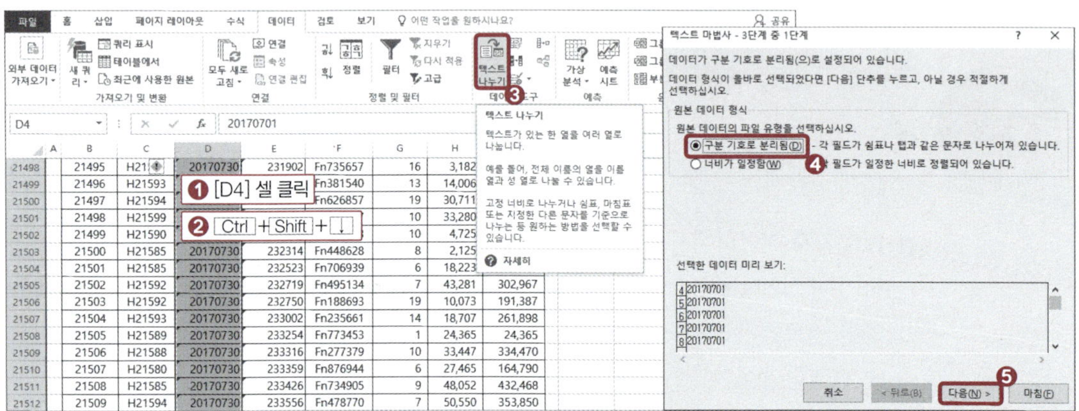

2 [텍스트 마법사-2단계] 대화상자에서 [구분 기호]의 체크 표시를 모두 해제합니다. [다음]을 클릭합니
다. [텍스트 마법사-3단계] 대화상자에서 [열 데이터 서식]을 [날짜]로 선택합니다. [마침]을 클릭합니다.
데이터가 날짜 형식으로 변경됩니다.

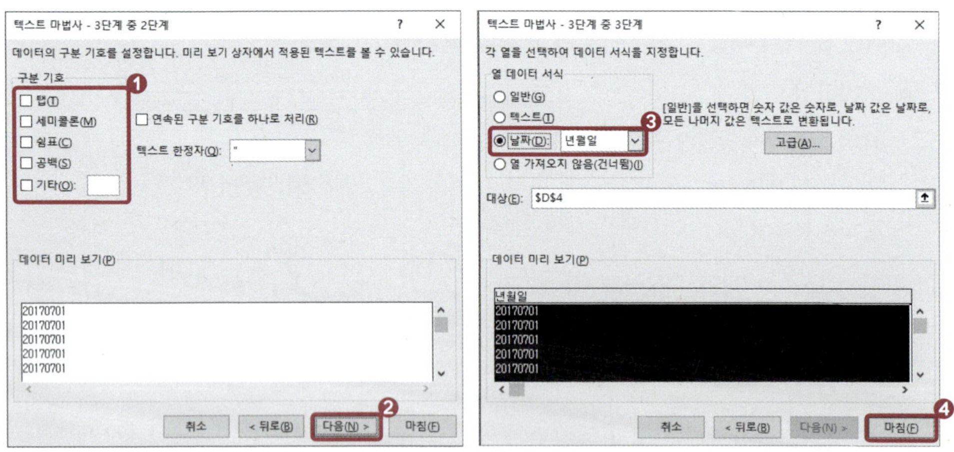

실력 향상 특정 기호로 텍스트를 나누는 것이 아니라 데이터 형식을 변환하는 것이므로 체크 표시를 모두 해제합니다. [거래날짜]의 데이
터가 '년월일(20170701)'로 입력되어 있으므로 [날짜] 옆에 기본으로 설정된 [년월일]을 그대로 둡니다.

3 날짜의 요일 구하기 E열을 선택한 후 마우스 오른쪽 버튼을 클릭합니다. [삽입]을 선택합니다. [E3] 셀에 **요일**을 입력합니다. [E4] 셀에 **=CHOOSE(WEEKDAY(D4),"일","월","화","수","목","금","토")**를 입력합니다. [E4] 셀의 채우기 핸들을 더블클릭하여 수식을 복사합니다.

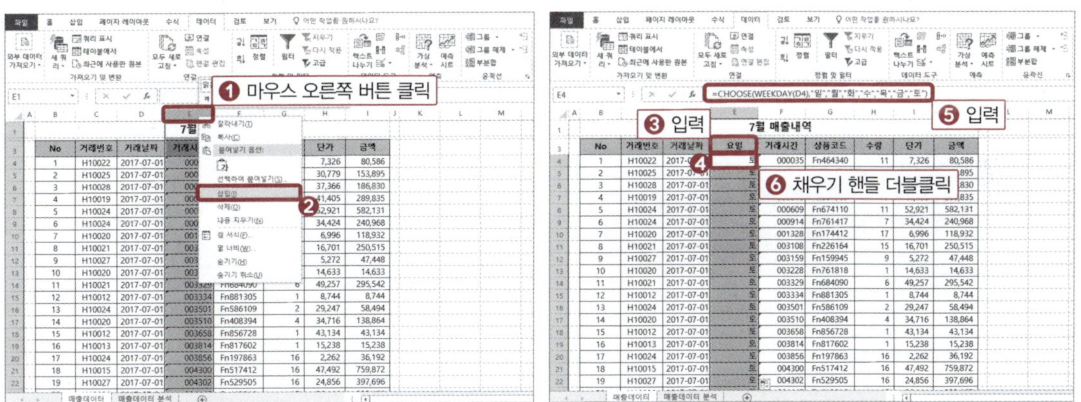

> **실력 향상** 함수 형식은 'WEEKDAY(날짜 데이터, 옵션)'입니다. 옵션을 생략했기 때문에 [D4] 셀의 날짜가 일요일이면 1, 토요일이면 7을 결과 값으로 반환합니다.

> **실력 향상** 함수 형식은 'CHOOSE(숫자 값, 숫자 값이 1일 때, 숫자 값이 2일 때, …)'입니다. 첫 번째 인수에 입력된 WEEKDAY 함수의 결과 값이 1이면 '일요일', 2면 '월요일'로 숫자에 맞는 요일을 표시합니다.

4 '시분초'로 작성된 거래시간에서 시간만 추출하기 상품코드가 입력된 G열을 선택합니다. 마우스 오른쪽 버튼을 클릭한 후 [삽입]을 선택하여 시간대를 표시할 열을 추가합니다. [G3] 셀에 **시간대**를 입력합니다. [G4] 셀에 **=LEFT(F4,2)*1**을 입력하여 매출이 발생한 시간대 '0시(24시)'를 추출합니다. [G4] 셀의 채우기 핸들을 더블클릭하여 수식을 복사합니다.

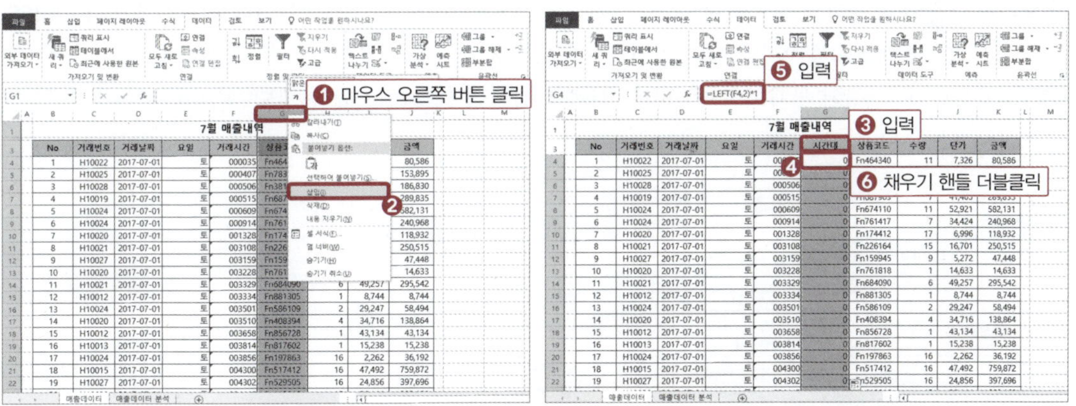

> **실력 향상** 함수 형식은 'LEFT(문자열, 추출한 문자 개수)'입니다. '=LEFT(F4,2)' 수식은 '시분초'로 입력된 [거래시간] 데이터에서 시간을 나타내는 왼쪽 두 개의 문자만 추출합니다.

> **실력 향상** LEFT 함수로 추출한 시간은 문자 형식으로 추출됩니다. 뒤에 1을 곱하는 연산을 입력하여 숫자 형식으로 변환합니다.

5 데이터의 머리글 기준으로 이름 정의하기 [B3] 셀을 선택한 후 Ctrl + A 를 눌러 표 전체를 선택합니다. [수식] 탭–[정의된 이름] 그룹–[선택 영역에서 만들기]를 클릭합니다. [선택 영역에서 이름 만들기] 대화 상자에서 [첫 행]에만 체크 표시한 후 [확인]을 클릭합니다. 정의된 이름은 [이름 상자]의 목록 단추를 클릭하여 확인할 수 있습니다.

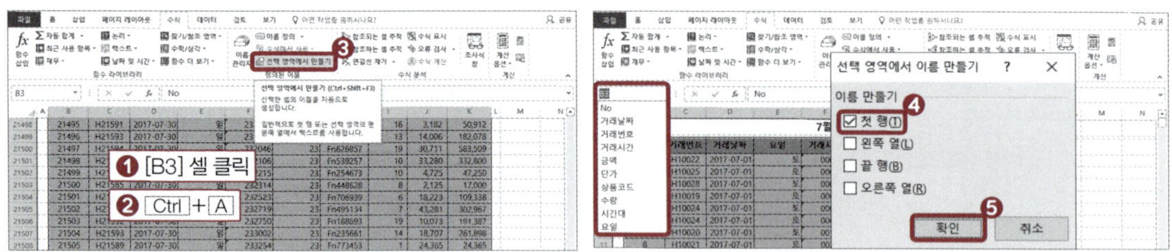

요일별, 시간별 매출금액의 합계와 지정한 순위의 매출금액 추출하기

STEP 02

[매출데이터] 시트에 정리된 데이터로 SUMIF 함수 수식을 작성하여 요일별, 시간대별 매출 합계를 구해 보겠습니다. 요일별, 시간대별 매출금액 합계 내역에서 LARGE 함수를 이용하여 지정한 순위의 매출 금액을 찾고, 양식 컨트롤의 스크롤 막대를 삽입하여 순위를 쉽게 지정할 수 있도록 작성하겠습니다. 선택한 순위와 선택한 순위보다 높은 순위의 매출금액은 조건부 서식을 이용하여 색으로 구분할 수 있도록 서식을 설정하겠습니다.

6 요일별, 시간대별 판매금액의 합계 구하기 [매출데이터 분석] 시트를 선택합니다. [C4] 셀에 **=SUMIFS(금액,요일,C\$3,시간대,\$B4)**를 입력합니다. [C4] 셀의 채우기 핸들을 오른쪽으로 드래그하여 [I4] 셀까지 수식을 복사합니다. 수식이 복사되면서 서식도 함께 복사되어 테두리 선이 변경되었습니다. [채우기 옵션]을 클릭하고 [서식 없이 채우기]를 선택합니다.

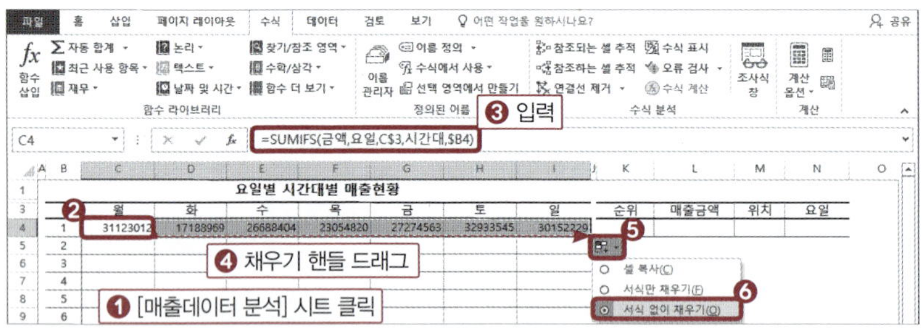

실력 향상 함수 형식은 '=SUMIFS(합계를 구할 범위,조건을 찾을 범위1,조건1,조건을 찾을 범위2, 조건2,…)'입니다. 첫 번째 조건을 찾을 [요일] 범위에서 [C3] 셀에 입력된 요일과 같은 요일을 찾고, 두 번째 조건을 찾을 [시간대] 범위에서 [B4] 셀에 입력된 시간과 같은 시간을 찾은 후 두 조건이 모두 만족하는 금액의 합을 구합니다. 요일은 세 번째 행에 만 입력되어 있어 3행만 고정한 'C\$3' 행 고정 혼합 참조로, 시간대는 B열에 입력되어 있어 B열만 고정한 '\$B4' 열 고정 혼합 참조로 입력합니다.

7 [C4:I4] 셀 범위가 선택된 상태에서 채우기 핸들을 더블클릭하여 [I27] 셀까지 수식을 복사합니다. [채우기 옵션]을 클릭하고 [서식 없이 채우기]를 선택합니다. [C4:I27] 셀 범위가 선택된 상태에서 [홈] 탭-[표시 형식] 그룹-[쉼표 스타일]을 클릭합니다.

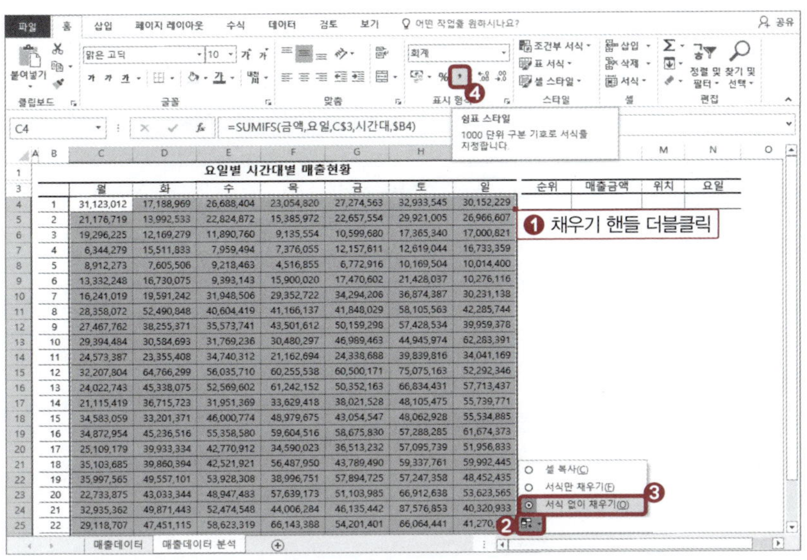

8 **24시 판매금액의 합계 표시하기** 매출데이터에 표시된 '0시(24시)'의 판매금액 합계가 표시되도록 [B27] 셀에 **0**을 입력합니다. [B27] 셀을 클릭한 후 마우스 오른쪽 버튼을 클릭합니다. [셀 서식]을 선택합니다. [셀 서식] 대화상자의 [표시 형식] 탭에서 [사용자 지정]을 선택합니다. [형식]에 **;;24;**를 입력한 후 [확인]을 클릭합니다.

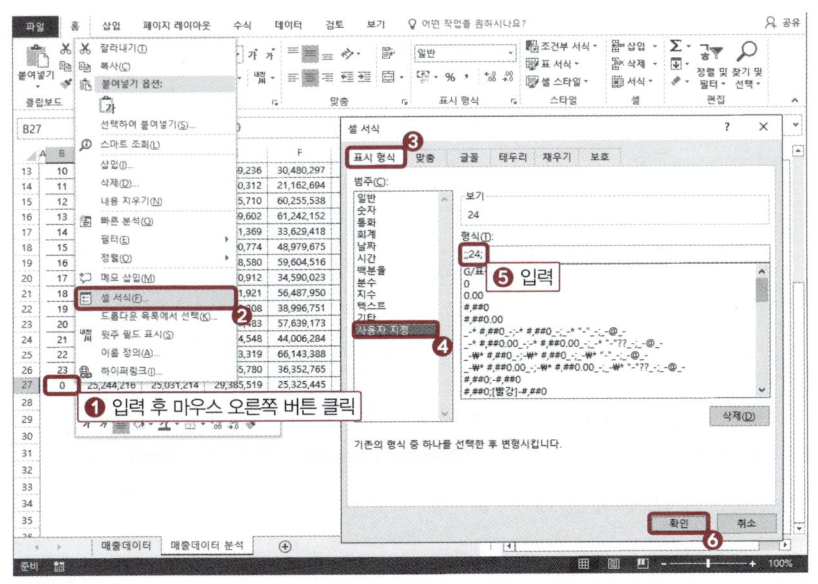

:: **실력 향상**

[형식]에서는 '양수 서식;음수 서식;0 서식;문자 서식'을 각각 지정할 수 있습니다. ';;24;'로 입력하면 0이 입력되었을 때 무조건 24로 표시합니다.

:: **실력 향상** [매출데이터] 시트에는 24시가 0시로 입력되어 있어 매출합계 값이 구해지지 않습니다. 실제 셀에는 0 값을 입력하고, 표시되는 값은 24로 보이도록 [셀 서식]에서 표시 형식을 수정합니다.

9 **지정한 순위의 매출금액 구하기** [K4] 셀에 확인하려는 순위 값 **1**을 입력합니다. 입력한 순위의 매출금액을 확인하기 위해 [L4] 셀에 **=LARGE(C4:I27,K4)**를 입력합니다.

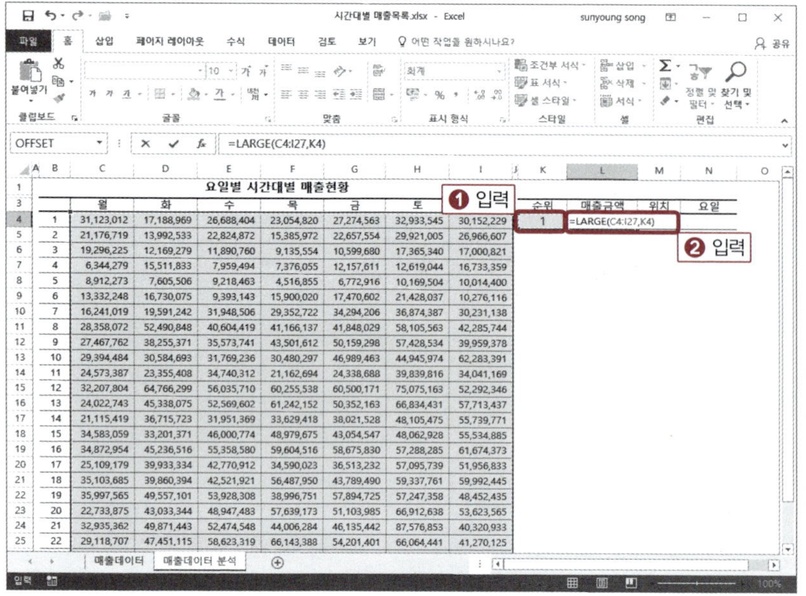

> **실력 향상** 함수 형식은 'LARGE(범위, 순위)'입니다. 범위에서 지정한 순위의 가장 큰 값을 추출합니다. '=LARGE(C4:I27,K4)' 수식은 [C4:I27] 셀 범위에서 [K4] 셀에 입력된 순위의 매출금액을 가져옵니다.

10 **순위를 수정할 스크롤 막대 삽입하기** [개발 도구] 탭-[컨트롤] 그룹-[삽입]-[스크롤 막대(양식 컨트롤)]을 선택합니다. [K5:L5] 셀 범위에 드래그하여 삽입합니다.

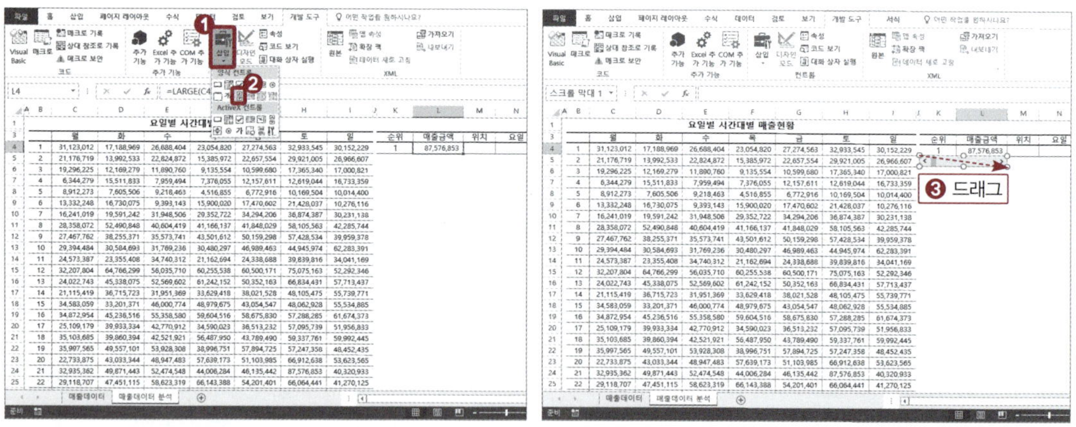

> **실력 향상** 양식 컨트롤의 스크롤 막대는 가로로 길게 드래그하면 가로 스크롤 막대, 세로로 길게 드래그하면 세로 스크롤 막대로 그려집니다.

11 스크롤 막대 서식 설정하기 삽입한 스크롤 막대 위에서 마우스 오른쪽 버튼을 클릭한 후 [컨트롤 서식] 을 선택합니다. [컨트롤 서식] 대화상자의 [컨트롤] 탭에서 [최소값]에 **1**, [최대값]에 **100**, [증분 변경]에 **1**, [셀 연결]에 **$K$4**를 입력합니다. [확인]을 클릭합니다.

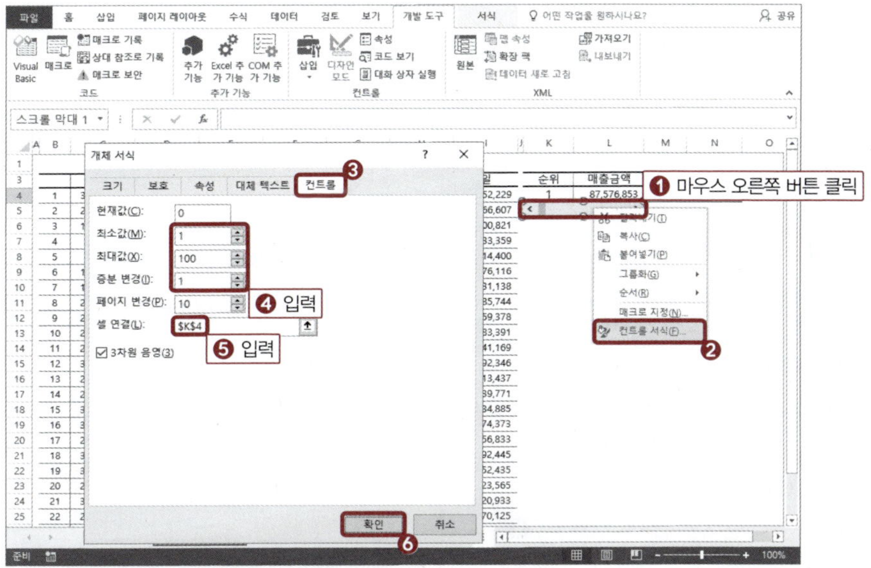

실력 향상 [최소값]은 스크롤 막대를 왼쪽으로 드래그했을 때 입력될 가장 작은 값, [최대값]은 스크롤 막대를 오른쪽으로 드래그했을 때 입력될 가장 큰 값입니다. [증분 변경]은 왼쪽과 오른쪽 단추 클릭 시 변경될 값을, [페이지 변경]은 스크롤 막대 안을 클릭하는 경우 한 번에 증가/감소되는 값을 입력합니다. [셀 연결]은 스크롤 막대를 움직여 증가/감소되는 값이 입력될 셀을 지정하며, 셀 주소는 직접 입력하기보다 해당 셀을 클릭하여 입력합니다.

12 스크롤 막대로 순위 지정하기 임의의 셀을 클릭하여 스크롤 막대 선택을 해제합니다. 오른쪽 이동 단추를 클릭하여 7순위에 해당하는 매출금액을 찾습니다.

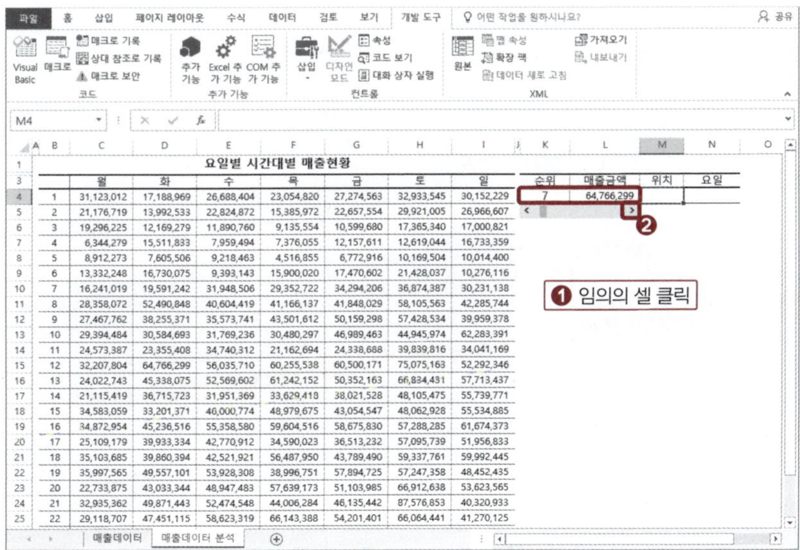

13 선택한 순위의 매출금액을 서식으로 구분하기 [C4] 셀을 클릭한 후 Ctrl + Shift + → 를 눌러 오른쪽 끝까지, Ctrl + Shift + ↓ 를 눌러 아래쪽 끝까지 선택합니다. [C4:I27] 셀 범위가 선택된 상태에서 [홈] 탭-[스타일] 그룹-[조건부 서식]-[셀 강조 규칙]-[같음]을 선택합니다. [같음] 대화상자의 [다음 값과 같은 셀의 서식 지정]에 **=$L$4**를 입력합니다. [적용할 서식]에서 [사용자 지정 서식]을 선택합니다. [셀 서식] 대화상자의 [채우기] 탭에서 [배경색]을 [진한 파랑]으로 선택합니다.

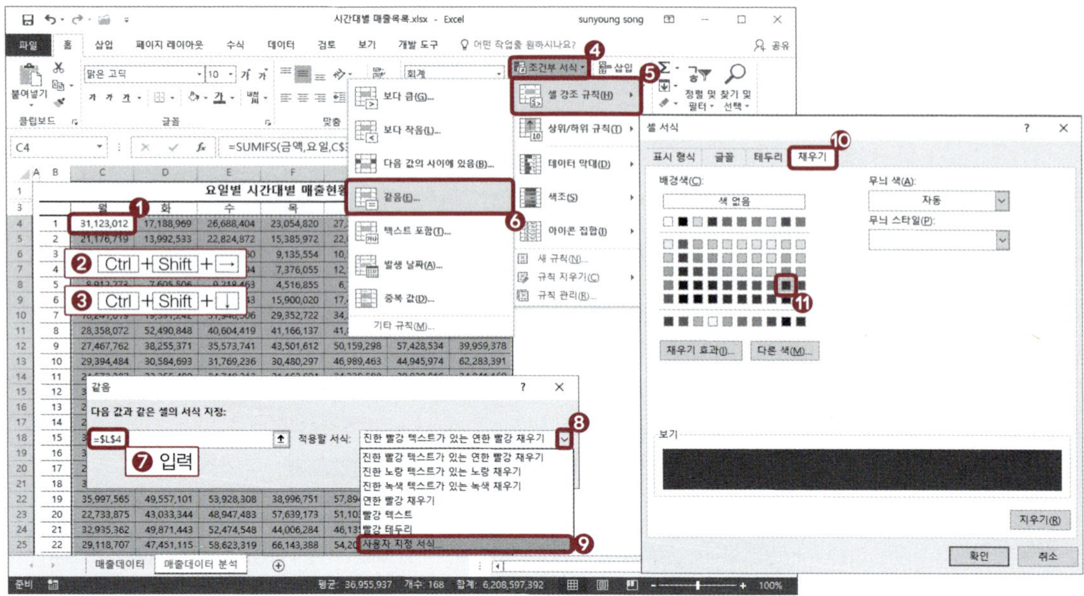

14 [글꼴] 탭을 선택한 후 [색]을 [흰색]으로 선택합니다. [확인]을 클릭합니다. [같음] 대화상자에서도 [확인]을 클릭합니다. 선택한 순위의 매출금액과 해당 매출금액의 위치를 쉽게 확인할 수 있습니다.

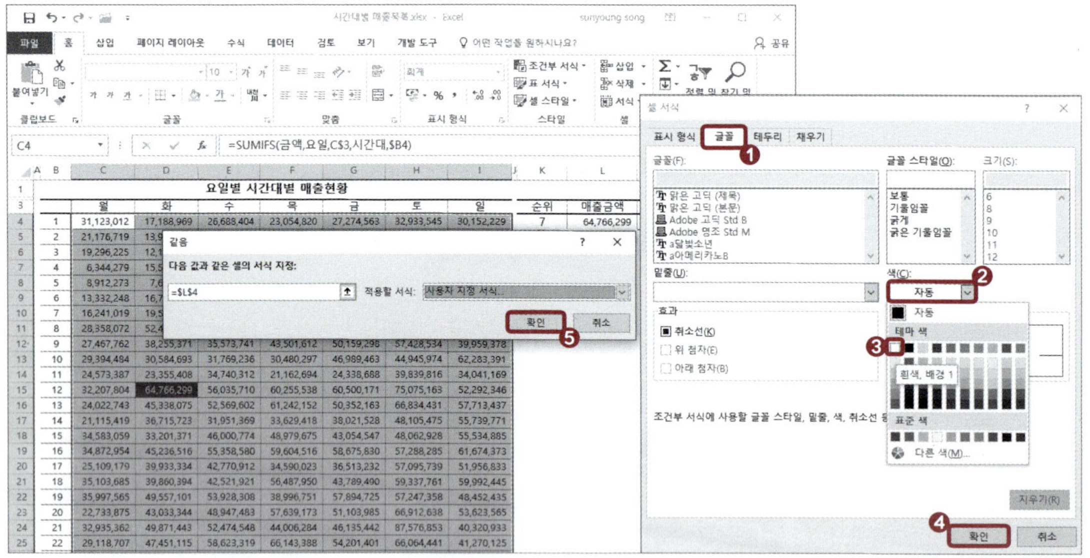

실력 향상 현재 선택한 순위의 매출금액에 서식이 적용되는 조건부 서식입니다.

15 선택한 순위보다 높은 순위의 매출금액을 서식으로 구분하기 [C4:I27] 셀 범위가 선택된 상태에서 [홈] 탭-[스타일] 그룹-[조건부 서식]-[셀 강조 규칙]-[보다 큼]을 선택합니다. [보다 큼] 대화상자의 [다음 값과 같은 셀의 서식 지정]에 **=$L$4**를 입력합니다. [적용할 서식]에서 [사용자 지정 서식]을 선택합니다.

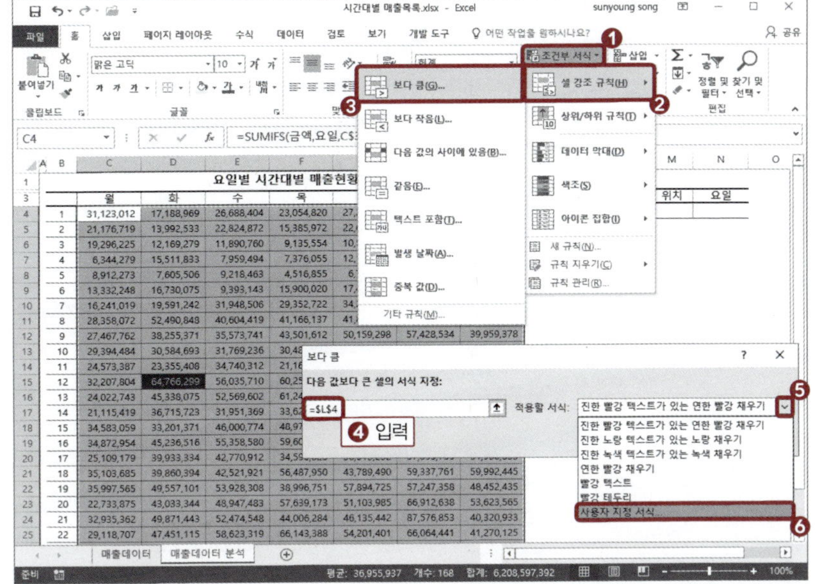

실력 향상

현재 선택한 순위보다 높은 순위의 매출금액에 서식이 적용되는 조건부 서식입니다.

16 [셀 서식] 대화상자의 [채우기] 탭에서 [배경색]을 [연한 회색]으로 선택합니다. [확인]을 클릭합니다. [보다 큼] 대화상자에서도 [확인]을 클릭합니다. 스크롤 막대의 오른쪽 이동 단추를 클릭하거나 드래그하여 45순위에 해당하는 매출금액을 찾습니다. 45순위에 해당하는 매출금액과 1~44순위에 해당하는 매출금액이 색으로 구분되어 대체로 오후 12시 이후, 저녁 시간대에 매출이 많은 것을 확인할 수 있습니다.

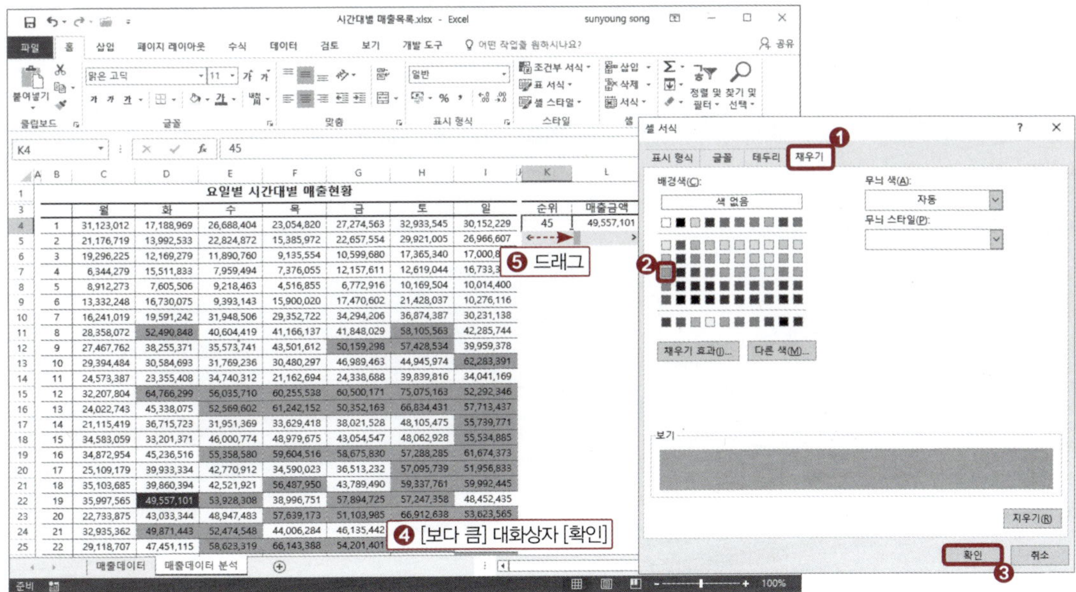

선택한 순위의 매출금액이 위치한 요일을 확인하고 차트로 표현하기

선택한 순위의 매출금액 위치를 SUMPRODUCT와 COLUMN 함수로 확인하고 INDEX 함수로 매출금액이 위치한 요일을 확인하겠습니다. 또 매출금액이 위치한 요일의 범위를 이름 정의하겠습니다. 우선 특정 요일의 시간대별 매출금액을 방사형 차트로 작성한 후 차트의 데이터 범위를 매출금액이 위치한 요일의 범위로 수정하여 순위를 선택했을 때 해당 순위의 매출금액과 매출금액이 포함된 요일의 차트가 표시되도록 매출현황을 작성해보겠습니다.

17 표시된 매출금액의 열 위치 확인하기 [M4] 셀에 **=SUMPRODUCT((C4:I27=L4)*COLUMN(C4:I27))-2** 를 입력한 후 Ctrl + Shift + Enter 를 눌러 입력을 완료합니다.

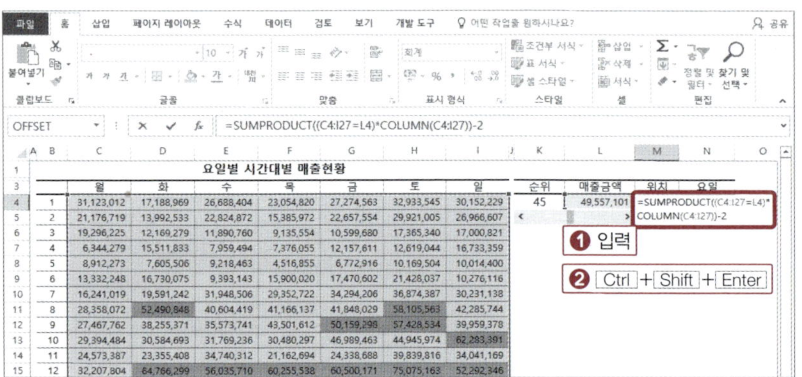

실력 향상

함수 형식은 'SUMPRODUCT(범위, 범위2,…)'입니다. 범위의 대응되는 값끼리 곱한 후 각 값의 합계를 구합니다. 여기에서는 배열 수식으로 사용되었습니다.

실력 향상 배열 수식의 형식은 '=SUMPRODUCT((조건을 찾을 범위=조건)*데이터를 가져올 범위)'입니다. [C4:I27] 셀 범위에서 [L4] 셀에 입력된 매출금액과 같은 매출 값을 찾은 후 COLUMN 함수로 [C4:I27] 셀 범위에서 찾은 매출 값의 열 위치를 찾습니다. 뒤쪽의 '-2'는 비어 있는 A열과 시간대가 입력된 B열을 빼서 월요일~일요일 사이에서의 위치 값을 정확히 찾도록 입력된 수식입니다.

18 매출금액이 포함된 요일 표시하기 [N4] 셀에 **=INDEX(C3:I3,1,M4)**를 입력합니다. 45순위의 매출금액이 위치한 '화요일'이 표시됩니다.

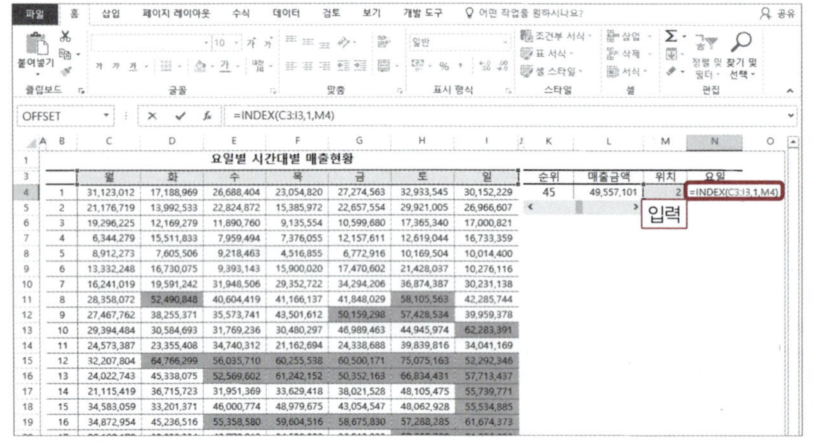

실력 향상

함수 형식은 'INDEX(범위, 행, 열)'로, 지정된 범위 안에서 입력한 행, 열 위치의 값을 찾아옵니다. 요일이 입력된 [C3:I3] 셀 범위에서 첫 번째 행, [M4] 셀에 입력된 열 위치의 요일을 찾아 표시합니다.

19 **표시된 요일의 범위를 이름 정의하기** [수식] 탭–[정의된 이름] 그룹–[이름 관리자]를 클릭합니다. [이름 관리자] 대화상자에서 [새로 만들기]를 클릭합니다.

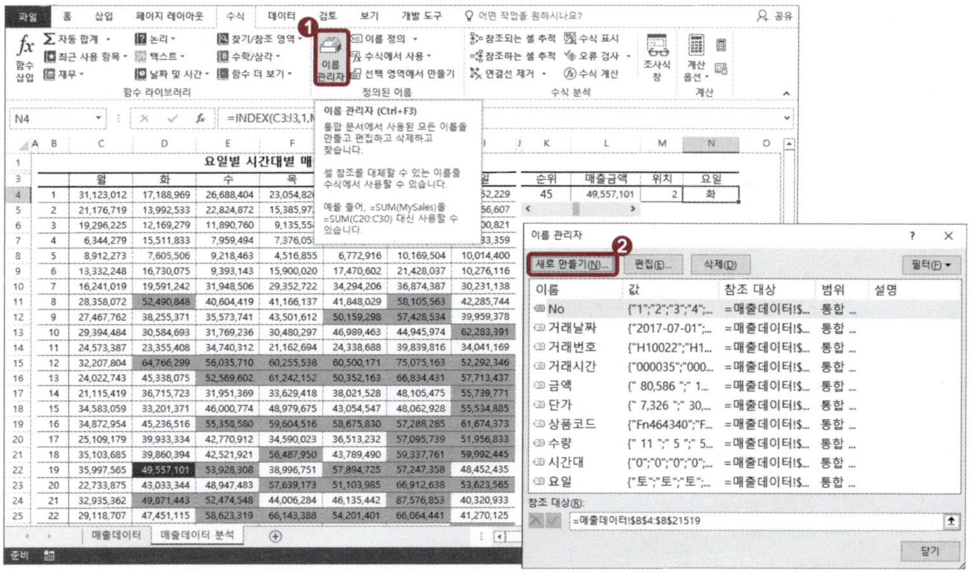

20 [새 이름] 대화상자의 [이름]에 **선택된요일**을 입력합니다. [참조 대상]에 **=OFFSET($B$4,0,$M$4, 24,1)**을 입력합니다. [확인]을 클릭합니다. [이름 관리자] 대화상자에서 [닫기]를 클릭합니다.

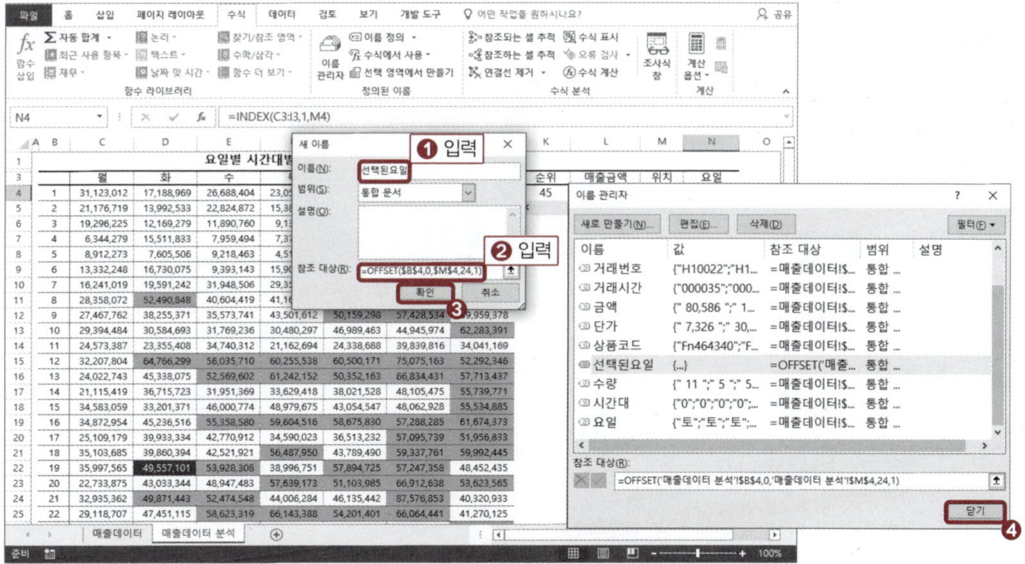

> **실력 향상** 함수 형식은 'OFFSET(출발 셀, 이동할 행 수, 이동할 열 수, 참조할 높이(행수), 참조할 너비(열수))'입니다. [B4] 셀을 출발 셀로 지정한 후 행은 이동하지 않고 열은 [M4] 셀에 입력된 숫자만큼 이동하여 해당 값을 찾은 후 높이는 24, 너비는 1만큼 범위를 지정합니다. [M4] 셀의 값이 2(화요일)일 때, [B4] 셀부터 오른쪽으로 두 칸 이동한 [D4] 셀부터 높이는 24, 너비 1만큼인 [D4:D27] 셀 범위를 지정합니다.

21 고정 범위로 차트 작성하기 [B3:C3] 셀 범위를 선택한 후 Ctrl + Shift + ↓를 눌러 [B3:C27] 셀 범위를 선택합니다. [삽입] 탭-[차트] 그룹-[표면형 또는 방사형 차트 삽입]을 클릭합니다. 차트 종류 중 [방사형]-[방사형]을 선택합니다. 차트의 왼쪽 모서리는 [K6] 셀에 맞추고, 오른쪽 아래 모서리를 드래그하여 크기 조절합니다.

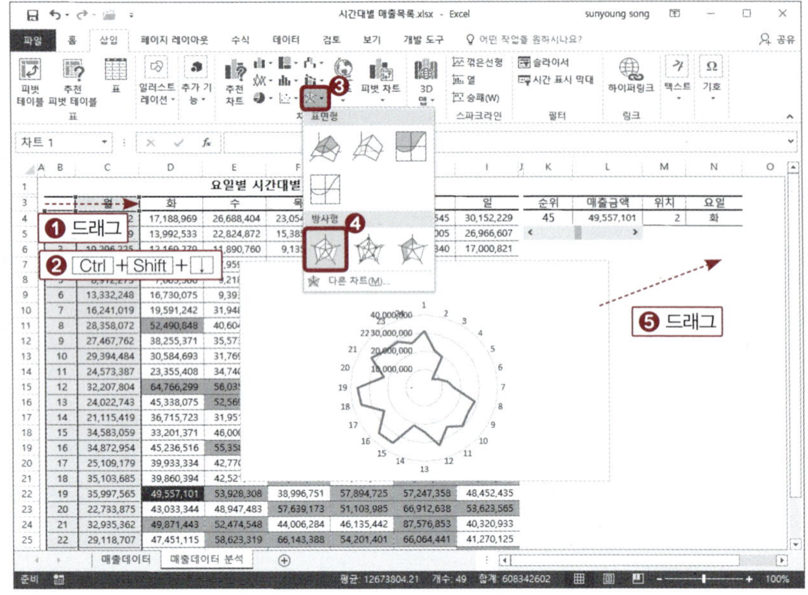

실력 향상

방사형 차트는 가운데 중심점을 기준으로 항목들의 위치를 상대적으로 비교해볼 때 사용하는 차트입니다.

22 차트 스타일 설정하고 세로(값)축 숨기기 [차트 도구]-[디자인] 탭-[차트 스타일] 그룹-[자세히▾]를 클릭한 후 [스타일 8]을 선택하여 차트에 적용합니다. [차트 도구]-[디자인] 탭-[차트 레이아웃] 그룹-[차트 요소 추가]-[축]-[기본 세로]를 선택하여 세로 값 축이 보이지 않도록 설정합니다.

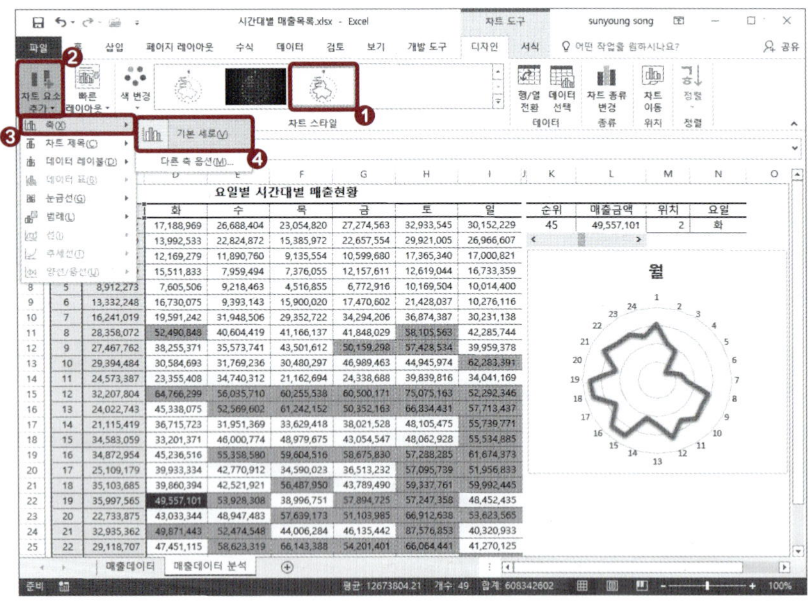

23 차트 데이터 범위 수정하기 차트를 선택한 후 [차트 도구]–[디자인] 탭–[데이터] 그룹–[데이터 선택]을 클릭합니다. [데이터 원본 선택] 대화상자의 [범례 항목(계열)]에서 [월]을 선택한 후 [편집]을 클릭합니다.

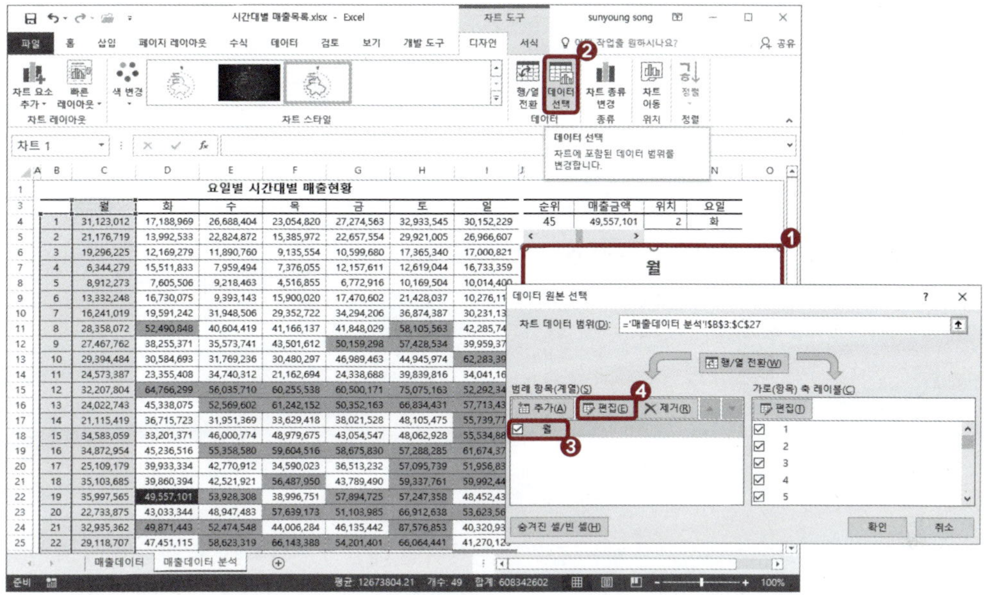

24 [계열 편집] 대화상자에서 [계열 이름]의 기존 내용을 삭제하고 요일이 입력되어 있는 [N4] 셀을 클릭합니다. [계열 값]도 기존 내용은 삭제하고 **='매출데이터 분석'!선택된요일**을 입력합니다. [확인]을 클릭합니다. 고정된 [$C$4:$C$27] 셀 범위가 아니라 이름 정의한 [선택된요일]로 범위가 수정되었습니다. [데이터 원본 선택] 대화상자에서도 [확인]을 클릭합니다.

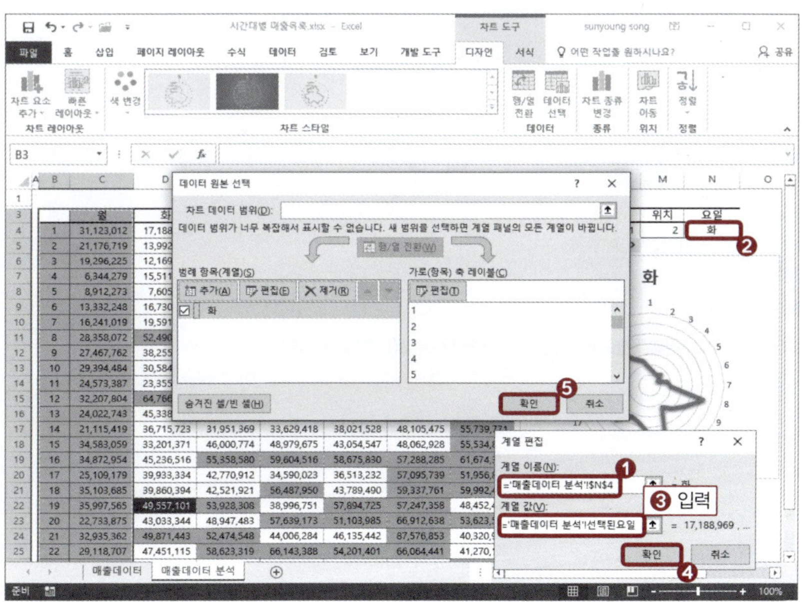

25 **차트에 표시할 제목 작성하기** [M5] 셀에 **=N4&"요일의 시간대별 매출현황"**을 입력합니다. 차트 제목을 선택한 후 수식 입력줄을 클릭합니다. 수식 입력줄에 **=**을 입력 후 [M5] 셀을 클릭하고 Enter 를 누릅니다. 차트 제목을 선택한 후 [홈] 탭-[글꼴] 그룹-[글꼴 크기]에 **12**를 입력합니다. [M5] 셀을 클릭합니다. [홈] 탭-[글꼴] 그룹-[글꼴 색]을 [흰색]으로 설정하여 보이지 않도록 서식 적용합니다.

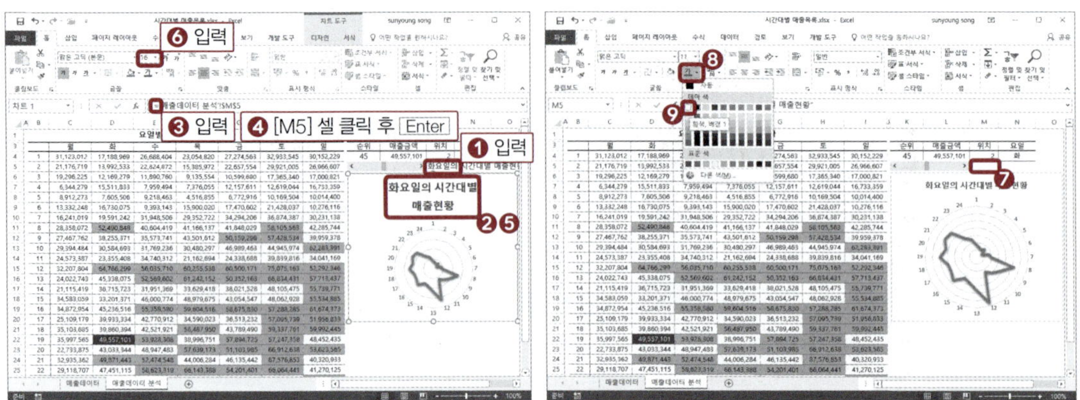

26 스크롤 막대를 드래그하여 확인하고자 하는 순위를 선택하면 해당 순위의 매출 금액과 해당 요일의 시간대별 매출현황을 확인할 수 있습니다.

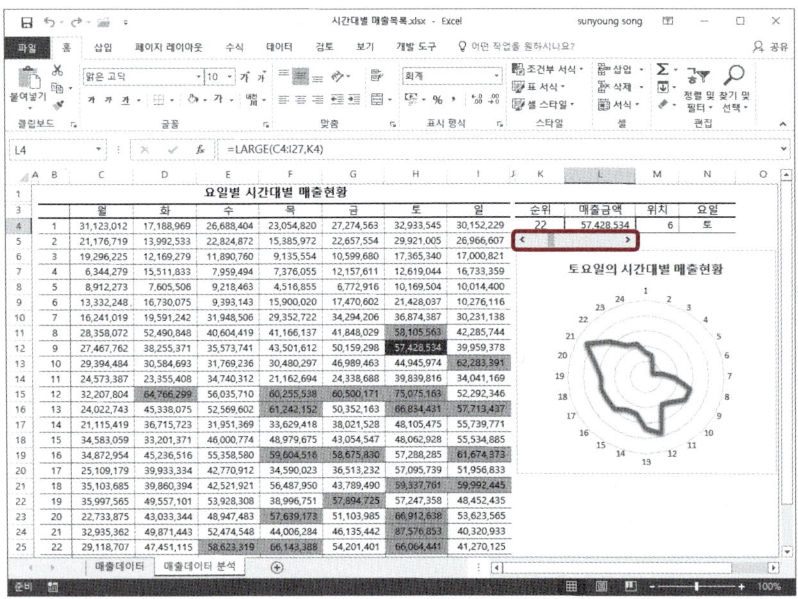

전자제품의 판매내역 월별 통계를 구한 후 미니 차트로 표현하기

실습 파일 | PART 02 \ CHAPTER 04 \ 제품 판매내역.xlsx   **완성 파일** | PART 02 \ CHAPTER 04 \ 제품 판매내역(완성).xlsx

✅ 프로젝트 시작하기

[판매내역] 시트의 판매내역표는 날짜별로 기록되어 있어 제품명이 중복되어 있고 날짜도 정렬되어 있지 않습니다. 이 판매내역 데이터를 배열 수식과 피벗 테이블, 스파크라인을 이용하여 정리해보겠습니다. 우선 중복된 제품명은 고유 제품명만 추출하여 표시되도록 INDEX와 MATCH, COUNTIF 함수를 이용한 배열 수식으로 작성하고 월별 판매금액의 합계는 SUMIF 함수를 사용하여 구합니다. 각 제품의 월별 판매금액 차이는 미니 차트 형식의 스파크라인으로 표현하여 완성하겠습니다. 또 함수로 작업한 제품의 월별 판매내역은 피벗 테이블을 이용하여 표시된 내용을 GETPIVOTDATA 함수로 추출합니다. 제품의 분기별 판매내역은 스파크라인을 이용하여 한눈에 확인할 수 있도록 작성하겠습니다. 이 프로젝트에서는 스파크라인 사용 방법 및 피벗 테이블의 데이터 추출 함수를 익힐 수 있습니다.

회사에서 바로 통하는 키워드

배열 수식, 스파크라인, 피벗 테이블, GETPIVOTDATA

✔ 프로젝트 미리 보기

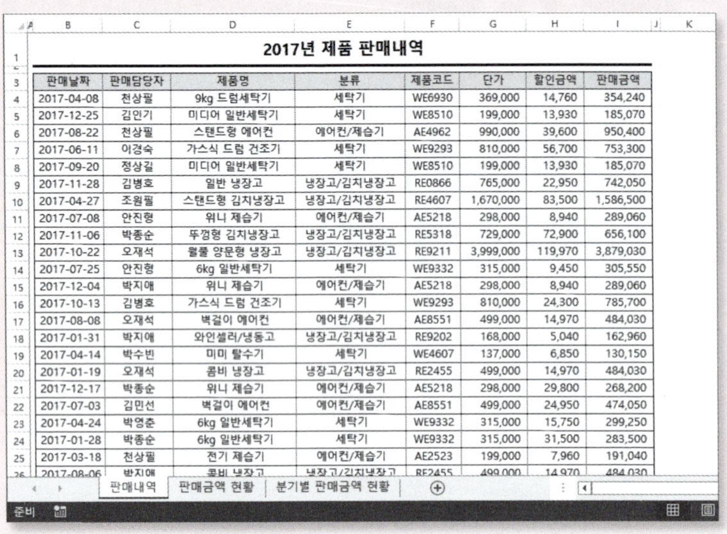

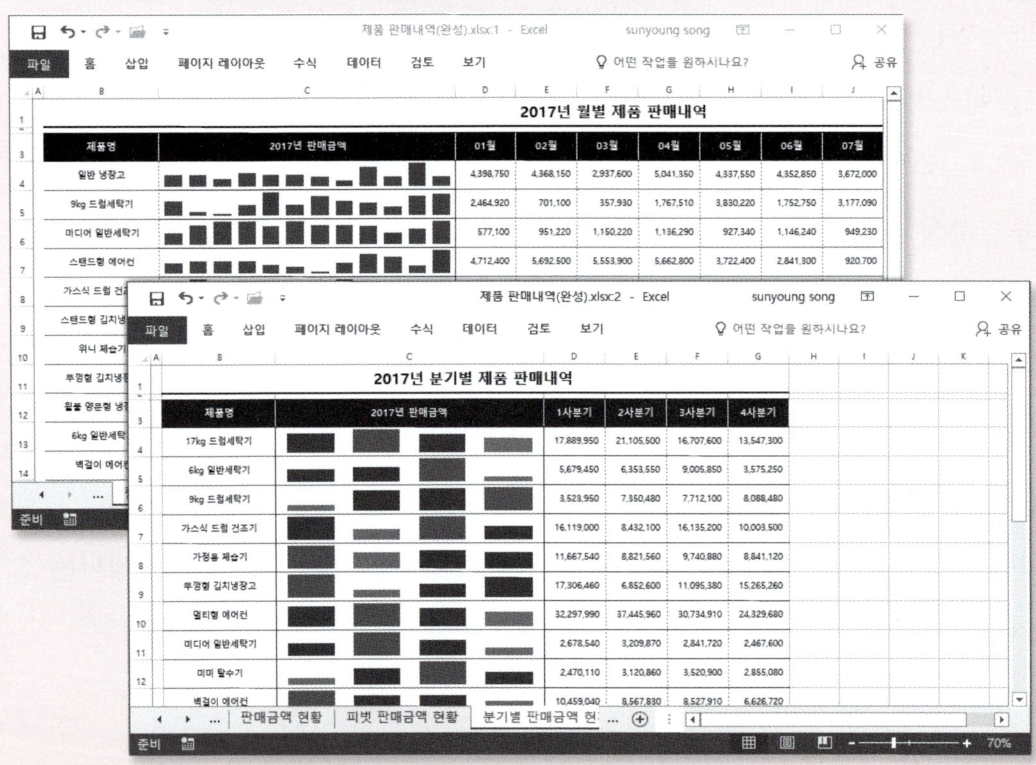

STEP 01

고유 제품 추출하고 각 제품의 월별 판매금액의 합계를 구한 후 미니 차트로 표현하기

❶ 중복된 제품명 목록에서 INDEX와 MATCH, COUNTIF 함수를 이용하여 고유 제품명을 추출하도록 수식을 작성합니다.

❷ 고유 제품의 월별 판매합계는 SUM, MONTH 함수를 이용한 배열 수식으로 구합니다.

❸ 제품의 월별 판매합계를 미니 차트를 이용하여 시각적으로 표현합니다.

STEP 02

제품의 분기별, 월별 판매금액의 합계를 피벗 테이블로 구한 후 피벗 함수로 분기별 데이터 추출하기

❶ 피벗 테이블을 이용하여 제품의 월별 분기별 판매합계를 구합니다.

❷ 피벗 테이블에서 구한 제품의 분기별 판매합계는 GETPIVOTDATA 함수로 수식 작성하여 데이터를 가져옵니다.

❸ 제품의 분기별 판매합계를 미니 차트를 이용하여 시각적으로 표현합니다.

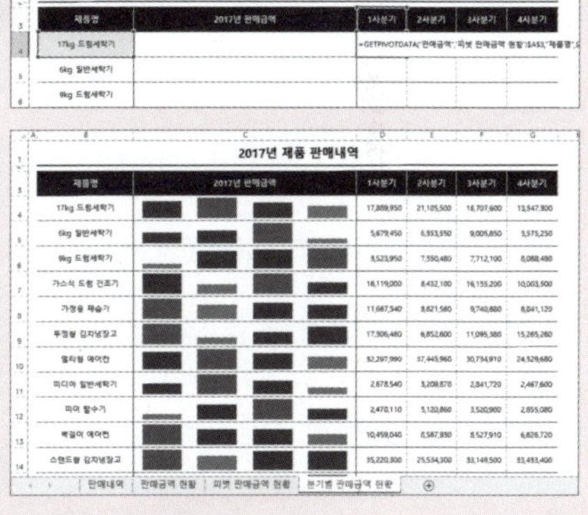

고유 제품 추출하고 각 제품의 월별 판매금액의 합계를 구한 후 미니 차트로 표현하기

제품이 판매된 내역이 기록된 표에서 INDEX와 MATCH, COUNTIF 함수를 이용하여 고유 제품명을 추출해보겠습니다. 추출된 제품의 월별 판매합계는 SUM, MONTH 함수를 이용한 배열 수식으로 작성하고 제품명별 월별 판매 차이는 스파크라인을 이용하여 시각적으로 표현해보겠습니다.

1 판매내역 데이터에 이름 정의하기 [판매내역] 시트에서 [B3] 셀을 클릭한 후 Ctrl + A 를 눌러 표 전체를 선택합니다. [수식] 탭–[정의된 이름] 그룹–[선택 영역에서 만들기]를 클릭합니다. [선택 영역에서 이름 만들기] 대화상자의 [첫 행]에만 체크 표시한 후 [확인]을 클릭합니다.

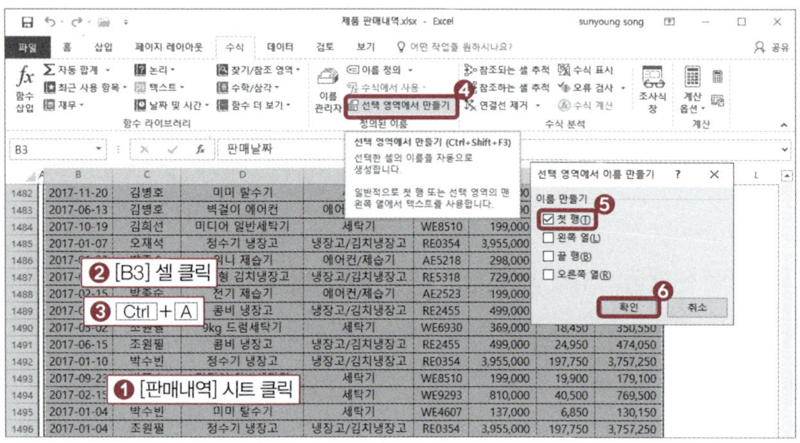

2 고유 제품명 추출하기 [판매금액 현황] 시트를 선택합니다. [B4] 셀에 **일반 냉장고**를 입력합니다. [B5] 셀을 클릭하고 **=INDEX(제품명,MATCH(0,COUNTIF($B$4:B4,제품명),0))**을 입력한 후 Ctrl + Shift + Enter 를 눌러 입력을 완료합니다. [B5] 셀의 채우기 핸들을 드래그하여 [B23] 셀까지 수식을 복사합니다.

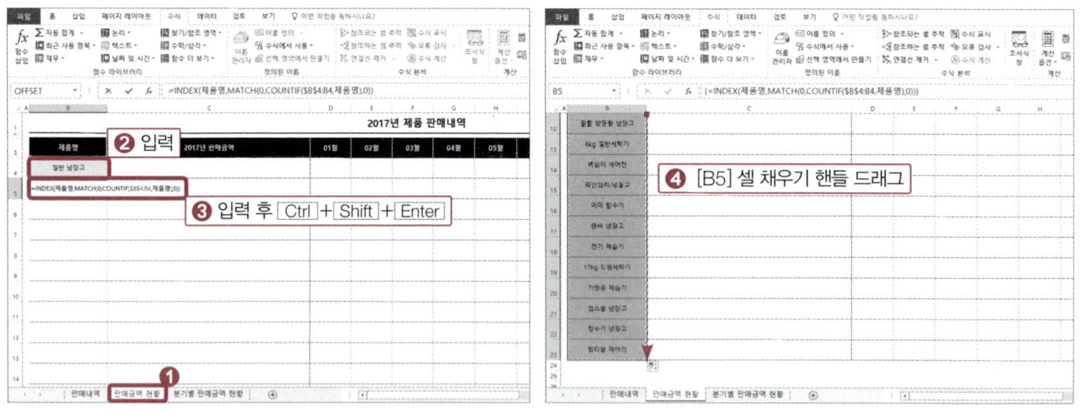

실력 향상 '일반 냉장고'가 아닌 제품명 목록 중 다른 제품명을 입력해도 됩니다.

 함수 형식은 'COUNTIF(범위, 조건)'입니다. 선택한 범위 안에 입력된 조건과 같은 데이터가 있으면 개수를 구해줍니다. 'COUNTIF($B$4:B4,제품명)'의 배열 수식으로 작성되어 [B4] 셀부터 B열에 입력되는 제품이 [제품명] 범위 안에 있는지 없는지의 여부를 확인하여 0 또는 1을 반환합니다.

 함수 형식은 'MATCH(찾는 값, 찾는 값을 찾을 범위, 찾는 방법)'입니다. 지정한 범위에서 찾는 값의 위치를 찾아 반환합니다. 찾는 방법에 0을 입력하면 범위에서 찾고자 하는 값과 같은 값이 여러 개인 경우 첫째 값의 위치를 반환합니다.

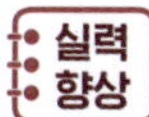 함수 형식은 'INDEX(범위, 행, 열)'입니다. 지정된 범위에서 입력한 행, 열에 위치한 값을 찾아 표시합니다.

고유 제품명을 추출하는 배열 수식

=INDEX(제품명,MATCH(0,COUNTIF($B$4:B4,제품명),0)) 배열 수식을 알아보겠습니다.

❶ 'COUNTIF($B$4:B4,제품명)' 배열 수식은 [$B$4:B4] 셀 범위 안에 [제품명] 범위의 제품명이 있으면 1을, 그렇지 않으면 0을 반환하여 배열 형태로 저장합니다. 예를 들어 [제품명] 범위의 첫 번째 데이터 '9kg 드럼세탁기'가 [$B$4:B4] 셀 범위 안에 없으므로 0 값을, [제품명] 범위의 두 번째 데이터 '미디어 일반세탁기'가 [$B$4:B4] 셀 범위 안에 없으므로 0 값을 반환하여 {0,0,…} 형태의 배열로 저장합니다.

[$B$4:B4] 셀 범위	[제품명] 범위	
제품명	제품명	배열에 저장되는 반환 값
일반냉장고	9kg 드럼세탁기	0
	미디어 일반세탁기	0
	스탠드형 에어컨	0
	가스식 드럼 건조기	0
	미디어 일반세탁기	0
	일반 냉장고	1

COUNTIF 함수 결과로 배열에 저장되는 값은 {0,0,0,0,0,1,…}입니다.

❷ 'MATCH(0,COUNTIF($B$4:B4,제품명),0)' 배열 수식은 COUNTIF 함수 결과를 배열 목록에서 찾고자 하는 0과 같은 첫째 값을 찾아 해당 값의 위치를 반환합니다. {0,0,0,0,0,1,…} 배열에서 첫 번째 0 값의 위치인 1을 반환합니다.

❸ 'INDEX(제품명,MATCH(0,COUNTIF($B$4:B4,제품명),0))' 배열 수식은 [제품명] 범위에서 MATCH 함수로 찾은 행의 제품명을 반환합니다. 제품명 열이 하나이므로 열은 생략되어 있습니다.

3 제품명의 월별 판매금액 합계 구하기 [D4] 셀에 **=SUM((MONTH(판매날짜)=D$3)*(제품명=$B4)*판매금액)** 을 입력한 후 Ctrl + Shift + Enter 를 눌러 입력을 완료합니다.

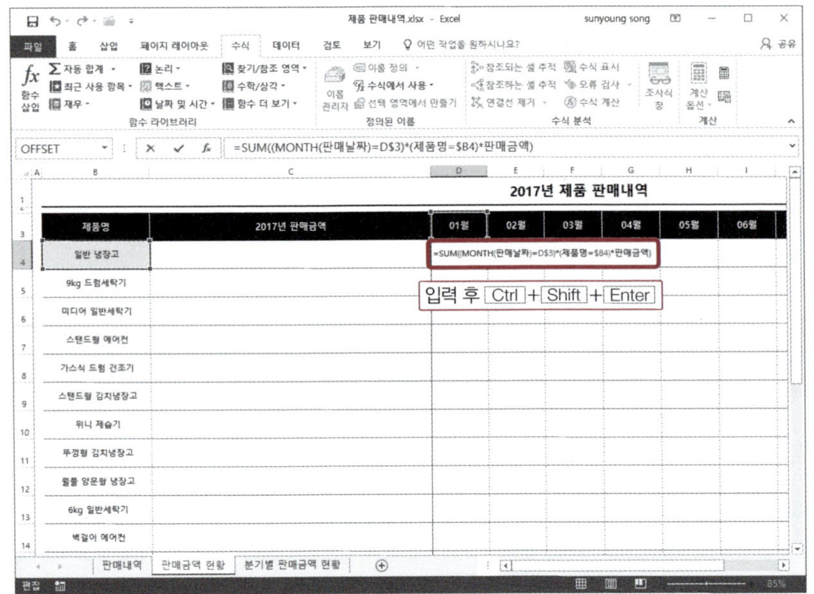

실력 향상

SUM 함수는 '=SUM((조건)*(조건)*(합계를 구할 범위))' 형태의 배열 수식으로 사용됩니다. MONTH 함수로 추출한 월이 [D3] 셀의 월과 같고, [제품명] 범위에서 [B4] 셀의 제품명과 같은 데이터를 찾아 해당 데이터의 판매금액 합계를 구합니다.

실력 향상 [D3:O3] 셀 범위에 월 데이터가 입력되어 있으므로 행 고정 혼합 참조인 'D$3'으로, [B4:B23] 셀 범위에 제품명이 입력되어 있으므로 열 고정 혼합 참조인 '$B4'로 입력합니다.

실력 향상 [D3:O3] 셀 범위의 월은 [셀 서식]의 [표시 형식]에서 '00월'로 서식 입력되어 있어 '01월', '02월' 형식으로 표시되어 보입니다.

4 [D4] 셀의 채우기 핸들을 오른쪽으로 드래그하여 [O4] 셀까지 수식을 복사합니다. 수식을 복사한 후 [채우기 옵션]을 클릭하고 [서식 없이 채우기]를 선택합니다. [D4:O4] 셀 범위가 선택된 상태에서 채우기 핸들을 더블클릭하여 [O23] 셀까지 수식을 복사합니다.

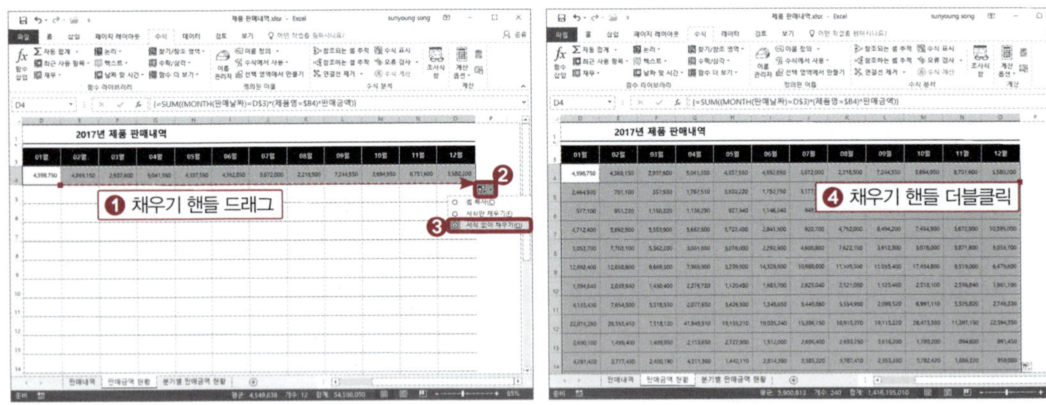

5 **제품명의 월별 판매금액을 스파크라인으로 표현하기** 1월~12월의 데이터를 시각적으로 표현해보겠습니다. [C4] 셀을 클릭합니다. [삽입] 탭-[스파크라인] 그룹-[열]을 클릭합니다. [스파크라인 만들기] 대화상자의 [데이터 범위]에 **D4:O4**를 입력합니다. [스파크라인을 배치할 위치 선택]에는 선택해놓은 '$C$4'가 입력되어 있습니다. [확인]을 클릭합니다.

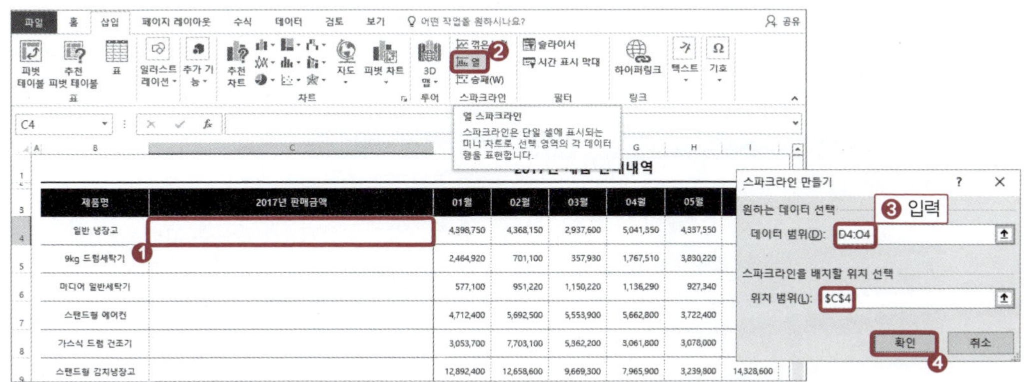

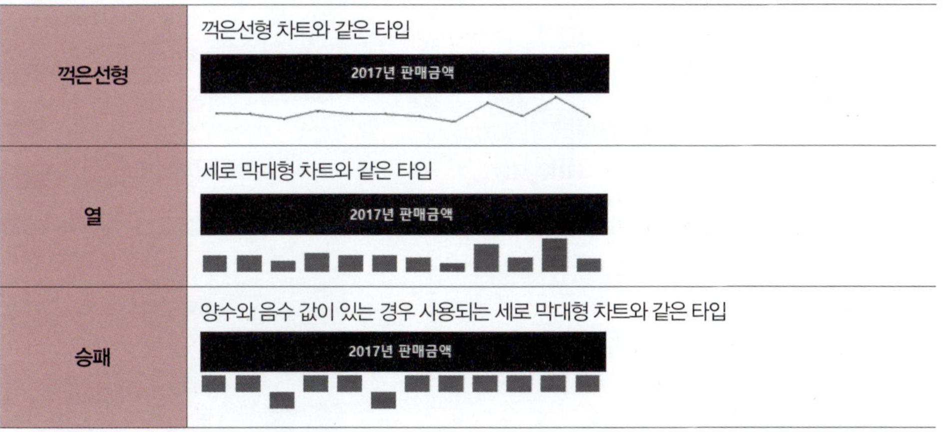

슈 퍼 활 용 TIP ★★★★★ 스파크라인 알아보기

스파크라인은 특정 범위에 입력된 데이터 값을 하나의 셀에 그래프 형태로 표현하는 미니 차트입니다.

❶ 스파크라인 종류

꺾은선형	꺾은선형 차트와 같은 타입 2017년 판매금액
열	세로 막대형 차트와 같은 타입 2017년 판매금액
승패	양수와 음수 값이 있는 경우 사용되는 세로 막대형 차트와 같은 타입 2017년 판매금액

❷ 스파크라인 메뉴

- **데이터 편집** : 스파크라인을 구성하는 원본 데이터 범위와 스파크라인이 표시될 위치를 편집합니다.
- **종류** : 스파크라인을 [선], [열], [승패] 형태로 변경합니다.
- **표시** : 스파크라인에 표시되는 [높은 점], [낮은 점], [첫 점], [마지막 점], [음수 점]에 체크 표시하여 강조할 수 있습니다.
- **스타일** : 스파크라인의 디자인과 색상을 수정합니다.
- **그룹** : 스파크라인의 축 표시 방법, 삭제 등의 메뉴가 포함되어 있습니다.

6 [C4] 셀의 채우기 핸들을 드래그하여 [C23] 셀까지 스파크라인을 복사합니다. [C4:C23] 셀 범위가 선택된 상태에서 [스파크라인 도구]–[디자인] 탭–[표시] 그룹에서 [높은 점]과 [낮은 점]에 체크 표시합니다.

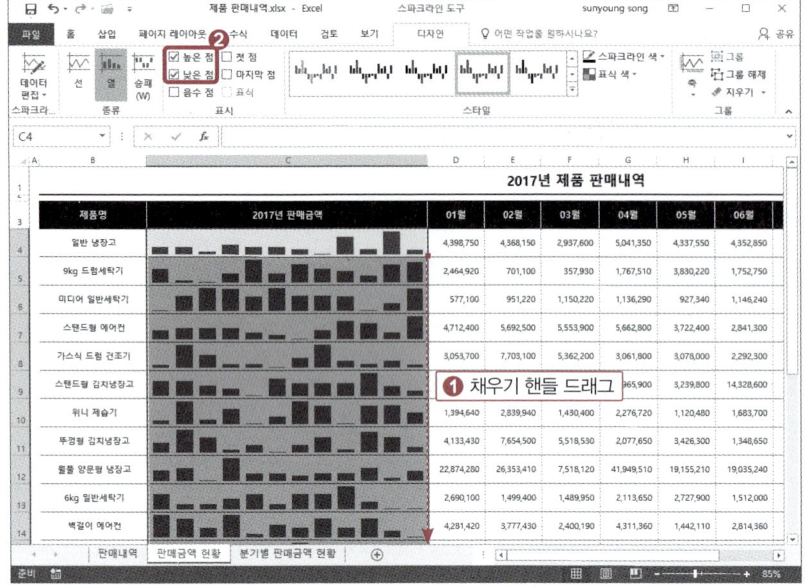

실력 향상

[스파크라인 도구]–[디자인] 탭–[표시] 그룹에서 체크 표시하여 해당 항목을 강조하여 표현할 수 있습니다.

7 **스파크라인 디자인 설정하기** [스파크라인 도구]–[디자인] 탭–[스타일] 그룹–[스파크라인 색]을 클릭합니다. [테마 색]에서 [파랑, 강조 1, 25% 더 어둡게]를 선택합니다. [스파크라인 도구]–[디자인] 탭–[스타일] 그룹–[표식 색]–[낮은 점]을 선택합니다. [낮은 점]의 색상은 [테마 색]에서 [황금색, 강조 4, 50% 더 어둡게]로 선택합니다.

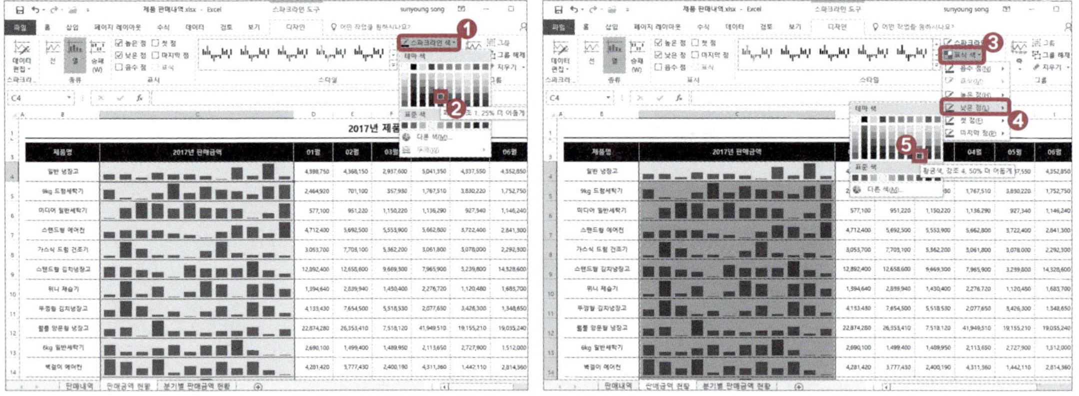

8 [스파크라인 도구]–[디자인] 탭–[그룹] 그룹–[축]–[세로 축 최소값 옵션]–[모든 스파크라인에 대해 동일하게]를 선택합니다.

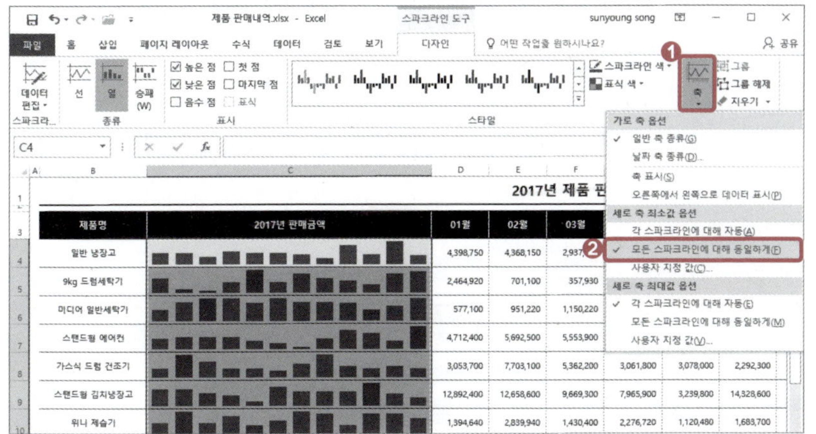

> **실력 향상**
>
> [모든 스파크라인에 대해 동일하게]에 체크 표시하면 모든 스파크라인에 공통으로 최솟값이 적용되어 각 값의 높낮이를 좀 더 정확하게 파악할 수 있습니다.

제품의 분기별, 월별 판매금액의 합계를 피벗 테이블로 구한 후 피벗 함수로 분기별 데이터 추출하기

STEP 02

피벗 테이블을 이용하여 제품의 월별, 분기별 판매합계를 구해보겠습니다. 또 피벗 테이블에서 구한 분기별 판매합계를 GETPIVOTDATA 함수로 다른 시트에 추출하고 분기 데이터를 스파크라인으로 표현해보겠습니다.

9 피벗 테이블 작성하기 [판매내역] 시트를 선택하고 [B3] 셀을 클릭합니다. [삽입] 탭–[표] 그룹–[피벗 테이블]을 클릭합니다. [피벗 테이블 만들기] 대화상자의 [표 또는 범위 선택]에 선택한 셀과 관련된 데이터 범위가 자동으로 선택되어 보입니다. 피벗 테이블 보고서를 넣을 위치도 [새 워크시트]가 기본으로 선택되어 있습니다. [확인]을 클릭합니다.

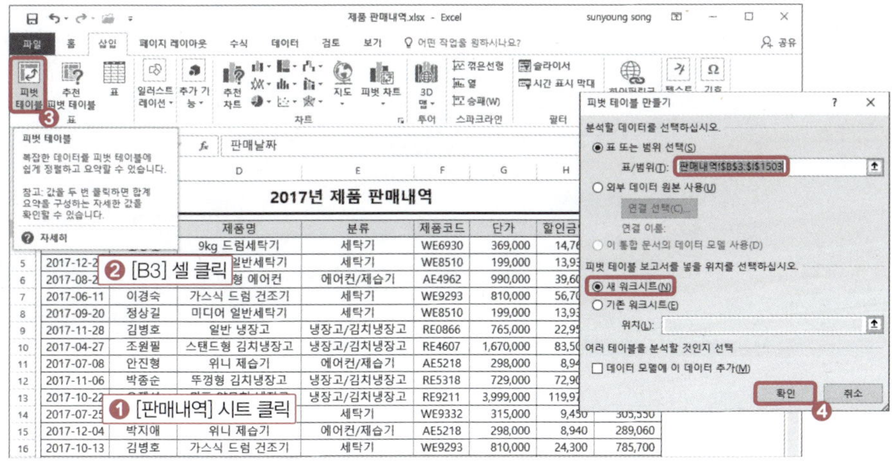

10 새로운 시트에 피벗 테이블 보고서 작업 영역이 표시됩니다. [피벗 테이블 필드] 작업 창에서 [제품명] 필드와 [판매금액] 필드에 체크 표시합니다. 제품명을 월별로 보기 위해 [피벗 테이블 필드] 작업 창에서 [판매날짜] 필드를 [열] 영역으로 드래그합니다. 제품명별, 월별 판매합계가 구해집니다.

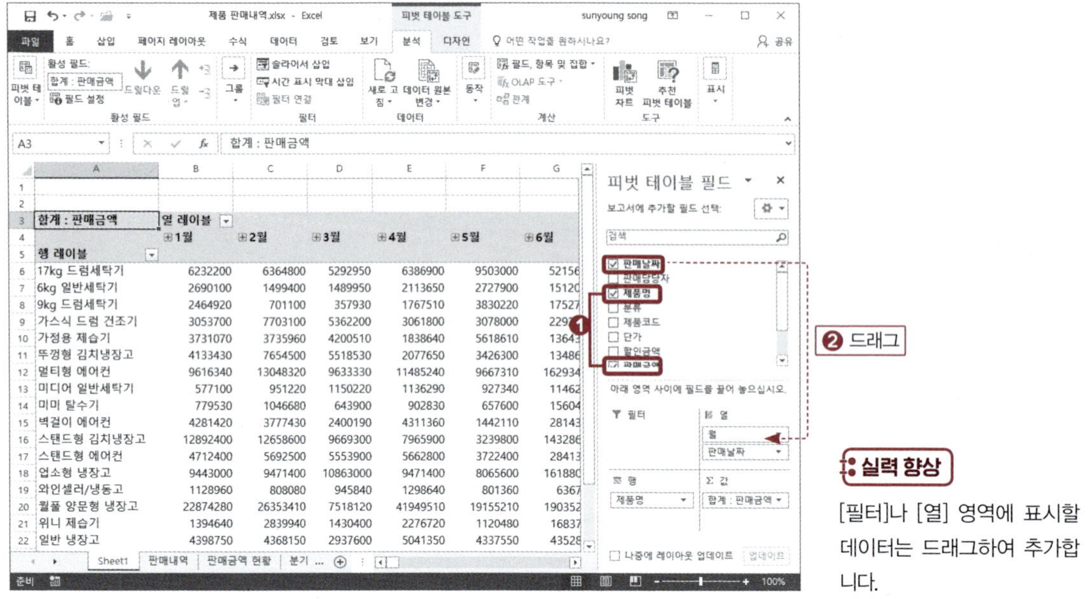

실력 향상

[필터]나 [열] 영역에 표시할 데이터는 드래그하여 추가합니다.

11 날짜 그룹 수정하기 [B4] 셀을 클릭한 후 마우스 오른쪽 버튼을 클릭합니다. [그룹]을 선택합니다. [그룹화] 대화상자에 [일]과 [월]이 기본으로 선택되어 있습니다. [일]은 선택을 해제하고 [분기]를 추가로 선택합니다. [월]과 [분기]가 선택된 상태에서 [확인]을 클릭합니다.

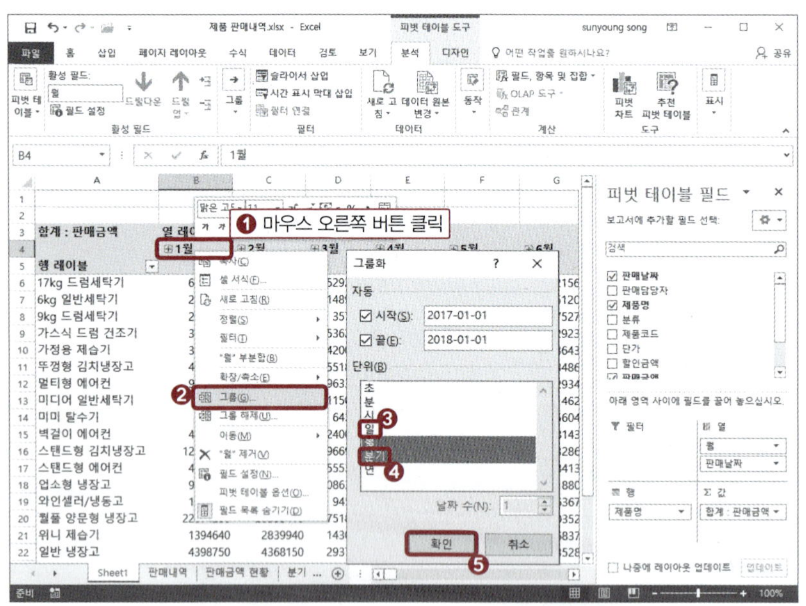

시간 단축

날짜의 그룹을 수정하려면 날짜가 입력된 셀을 클릭한 후 메뉴를 선택합니다.

실력 향상 엑셀 2013 버전부터는 [일]과 [월]이 기본으로 그룹 설정되어 있습니다.

12 피벗 테이블 스타일 수정하기 [피벗 테이블 도구]-[디자인] 탭-[피벗 테이블 스타일] 그룹-[자세히 □]를 클릭한 후 [피벗 스타일 밝게 8]을 선택합니다. [피벗 테이블 도구]-[디자인] 탭-[레이아웃] 그룹-[부분합]-[그룹 하단에 모든 부분합 표시]를 선택합니다. 각 분기별 합계가 표시됩니다.

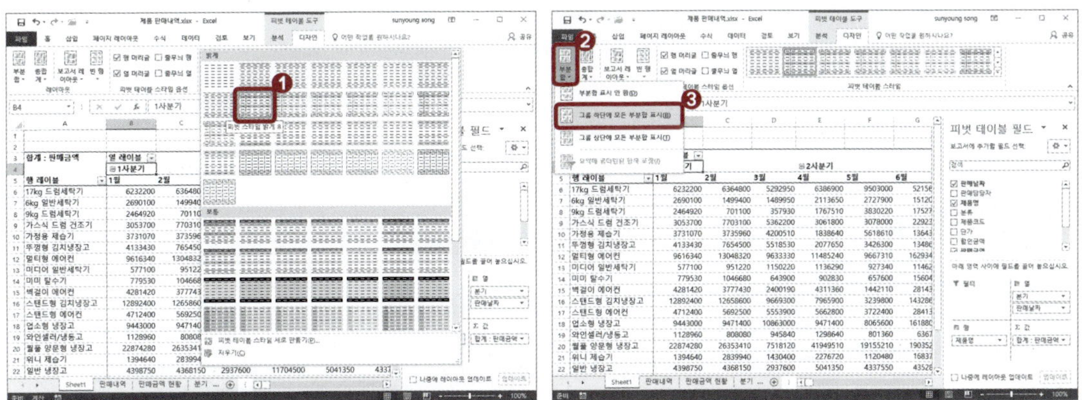

실력 향상 분기별 합계가 구해져 있어야 GETPIVOTDATA 함수로 분기별 합계 값을 가져올 수 있습니다.

13 분기별 합계가 표시된 열 숨기기 E열을 선택합니다. Ctrl 을 누른 상태에서 I열, M열, Q열을 추가로 더 선택합니다. 마우스 오른쪽 버튼을 클릭한 후 [숨기기]를 선택합니다. [값] 영역의 [합계 : 판매금액]을 클릭합니다. [값 필드 설정]을 선택합니다.

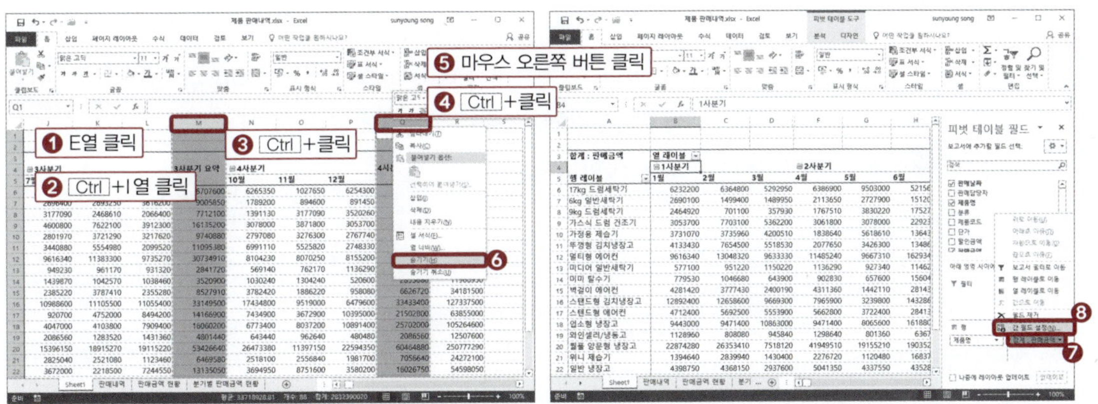

실력 향상 [피벗 테이블 필드] 작업 창은 데이터가 입력된 셀을 클릭하면 자동으로 표시됩니다.

14 판매금액의 숫자 표시 형식 설정하기 [값 필드 설정] 대화상자에서 [표시 형식]을 클릭합니다. [셀 서식] 대화상자의 [표시 형식] 탭에서 [숫자] 범주를 선택하고 [1000 단위 구분 기호(,) 사용]에 체크 표시합니다. [확인]을 클릭합니다. [값 필드 설정] 대화상자에서도 [확인]을 클릭합니다.

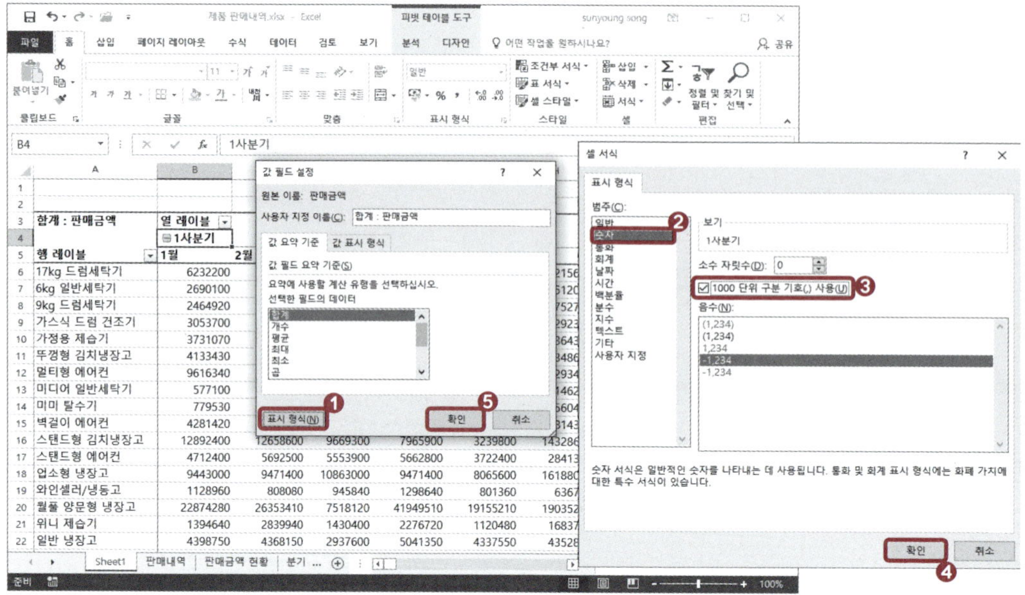

실력 향상 [값 필드 설정] 대화상자에서는 함수를 변경하거나 표시 형식 등을 설정할 수 있습니다.

15 피벗 테이블 보고서 시트명 수정하기 [Sheet4] 시트명 위에서 마우스 오른쪽 버튼을 클릭한 후 [이름 바꾸기]를 선택합니다. 시트 이름을 **피벗 판매금액 현황**으로 수정합니다. 시트 선택 후 오른쪽으로 드래그하여 [분기별 판매금액 현황] 시트 앞으로 이동합니다.

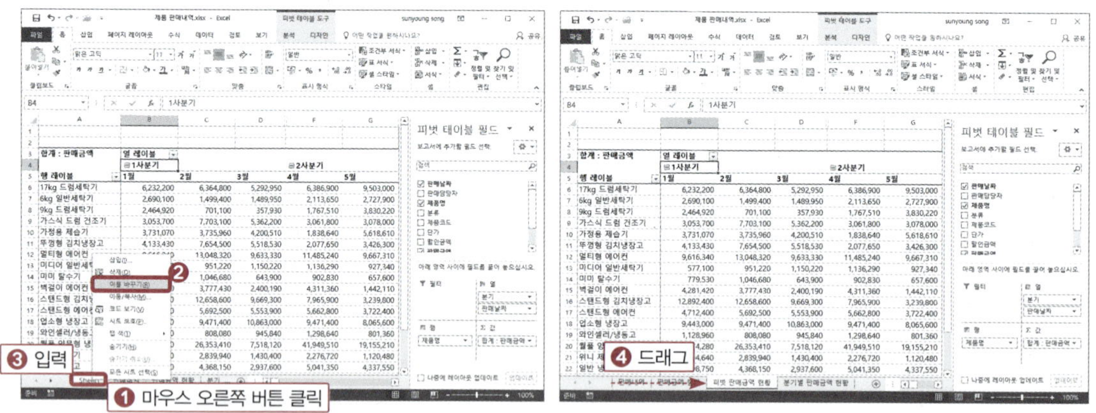

시간 단축 시트명은 [Sheet4] 시트를 더블클릭하여 수정할 수도 있습니다.

16 피벗 테이블의 제품명 가져오기 [분기별 판매금액 현황] 시트를 선택합니다. [B4] 셀에 **='피벗 판매금액 현황'!A6**을 입력합니다. [B4] 셀의 채우기 핸들을 드래그하여 [B23] 셀까지 수식을 복사합니다.

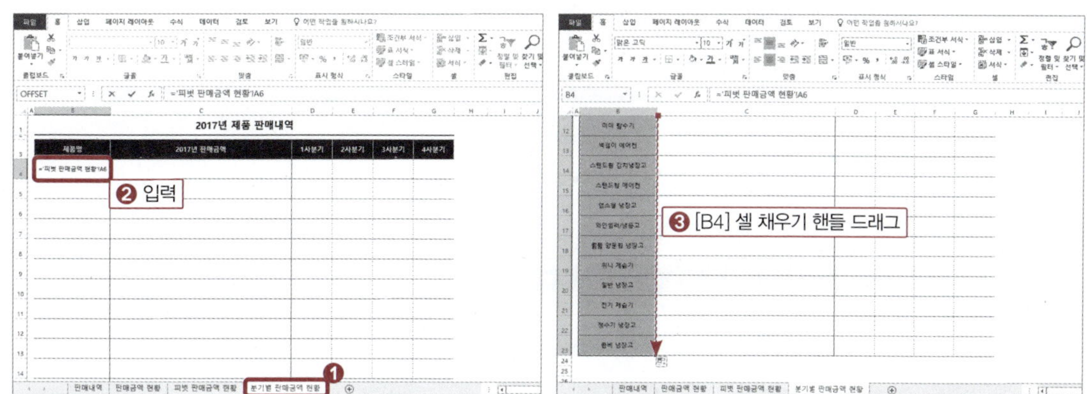

> **실력 향상** [피벗 판매금액 현황] 시트의 [A6] 셀부터 제품명이 표시되어 있으므로 'A6'을 입력합니다.

17 피벗 테이블에서 제품의 분기별 판매금액 가져오기 [D4] 셀에 **=GETPIVOTDATA("판매금액",'피벗 판매금액 현황'!$A$3,"제품명",$B4,"분기",D$3)**을 입력합니다. [D4] 셀의 채우기 핸들을 오른쪽으로 드래그하여 [G4] 셀까지 수식을 복사합니다. 서식은 제외하고 복사하기 위해 [채우기 옵션]을 클릭하고 [서식 없이 채우기]를 선택합니다. [D4:G4] 셀 범위가 선택된 상태에서 채우기 핸들을 더블클릭하여 [G23] 셀까지 수식을 복사합니다.

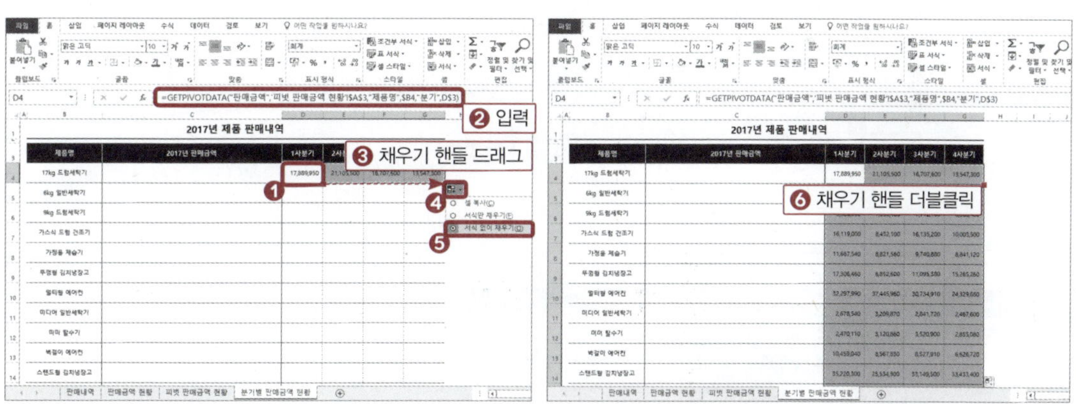

> **실력 향상** GETPIVOTDATA는 피벗 테이블 보고서 내의 데이터를 가져오는 함수입니다. 함수 형식은 'GETPIVOTDATA(추출할 데이터 필드명, 피벗 테이블 시작 위치, 참조할 필드1, 참조할 필드에서 찾을 조건1, 참조할 필드2, 참조할 필드에서 찾을 조건2, …)'입니다. [B4] 셀에 입력된 제품명의 1사분기에 해당하는 판매금액을 가져오기 위해 '=GETPIVOTDATA("판매금액",'피벗 판매금액 현황'!$A$3,"제품명",$B4,"분기",D$3)'으로 수식을 작성합니다.

18 분기별 판매금액 스파크라인 삽입하기 [C4] 셀을 클릭합니다. [삽입] 탭–[스파크라인] 그룹–[열]을 클릭합니다. [스파크라인 만들기] 대화상자의 [데이터 범위]에 **D4:G4**를 입력합니다. [스파크라인을 배치할 위치 선택]에는 선택해놓은 '$C$4'가 입력되어 있습니다. [확인]을 클릭합니다.

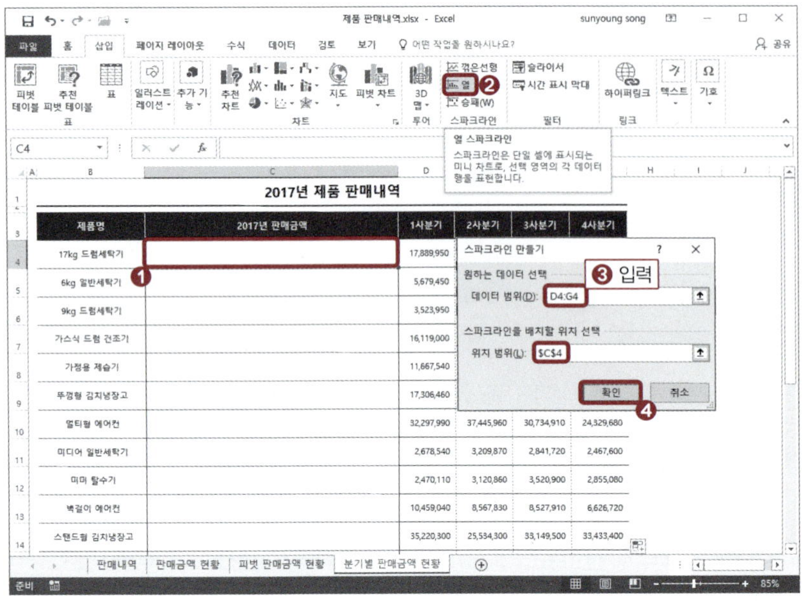

19 [C4] 셀의 채우기 핸들을 드래그하여 [C23] 셀까지 스파크라인을 복사합니다. [C4:C23] 셀 범위가 선택된 상태에서 [스파크라인 도구]–[디자인] 탭–[표시] 그룹에서 [높은 점]과 [낮은 점]에 체크 표시합니다.

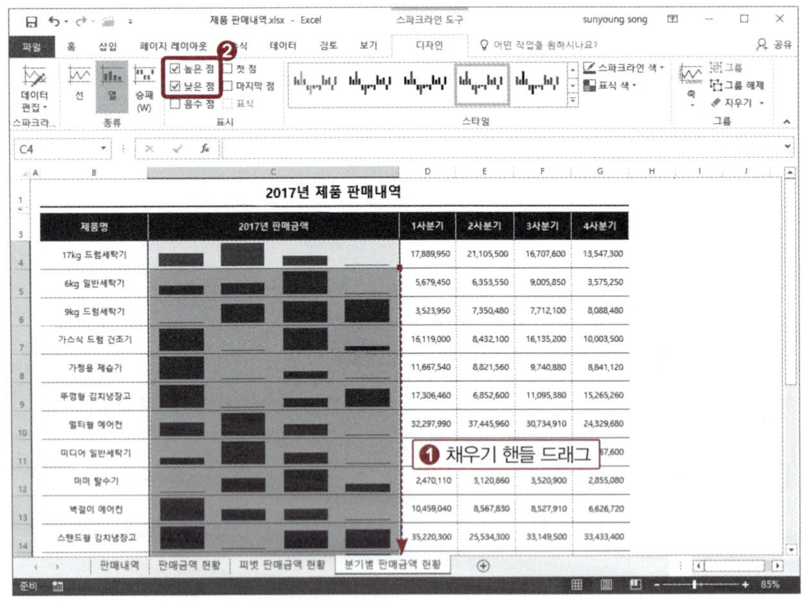

20 **스파크라인 스타일 수정하기** [스파크라인 도구]-[디자인] 탭-[스타일] 그룹-[표식 색]-[높은 점]을 선택합니다. [높은 점]의 색상으로 [테마 색]에서 [주황, 강조 2, 25% 더 어둡게]를 선택합니다. [스파크라인 도구]-[디자인] 탭-[스타일] 그룹-[표식 색]-[낮은 점]을 선택합니다. [낮은 점]의 색상으로 [테마 색]에서 [황금색, 강조 4, 25% 더 어둡게]를 선택합니다.

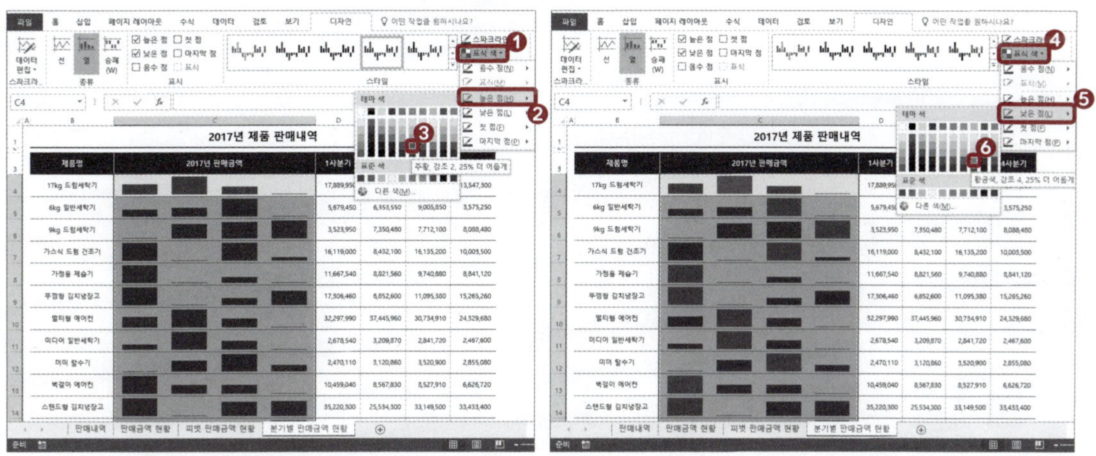

21 [스파크라인 도구]-[디자인] 탭-[그룹] 그룹-[축]-[세로 축 최소값 옵션]-[모든 스파크라인에 대해 동일하게]를 선택합니다.

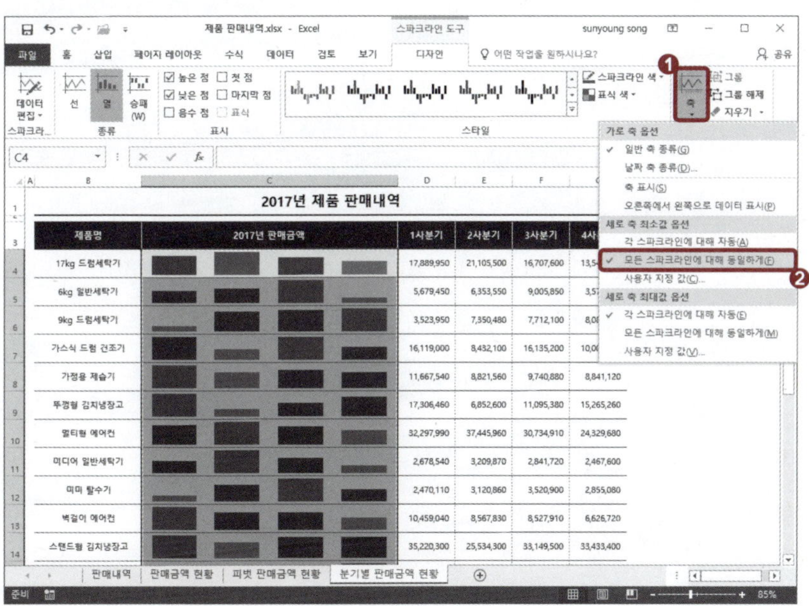

컨트롤 도구와 함수를 활용하여
매크로 프로그램 만들기

엑셀에서 매크로 기록과 VBA는 엑셀에 없는 기능을
사용자가 직접 만들어 사용할 수 있는 도구입니다.
엑셀의 함수와 양식 컨트롤, 매크로 기록, VBA를
함께 사용하면 반복 작업을 효율적으로 처리하고 빠른
속도로 작업할 수 있습니다. ActiveX 컨트롤과 함수를
이용하여 직원의 인적사항과 급여내역을 표시하고
ActiveX 컨트롤에 속성 설정한 후 이벤트 프로시저로
코드를 기록하여 급여명세서를 작성해보겠습니다.
또 양식 컨트롤과 함수를 이용하여 거래처와 도서 연관
데이터를 찾고 거래구분에 맞는 화면이 표시되도록
매크로를 기록하겠습니다. 또 자동화 작업이
가능하도록 기록된 매크로를 편집하여 거래내역서를
작성해보겠습니다.

사번과 성명이 상호 연결된 급여 명세서 검색 매크로 만들기

실습 파일 | PART 02 \ CHAPTER 05 \ 급여 명세서.xlsm   **완성 파일** | PART 02 \ CHAPTER 05 \ 급여 명세서(완성).xlsm

✔ 프로젝트 시작하기

직원의 사번이나 성명을 선택하면 직원의 인적사항과 급여 세부내역이 표시되도록 급여 명세서를 만들어보겠습니다. 수식을 간단하게 작성하기 위해 각 시트의 기준 표는 이름 정의하고 [급여명세서] 시트에서 선택한 사번에 해당하는 직원의 인적사항은 IFERROR, VLOOKUP 함수를 이용하여 가져오겠습니다. 직원의 소득 세부 내역과 급여지급내역은 IFERROR와 INDEX, VLOOKUP, HLOOKUP 함수를 이용하여 관련 데이터를 가져오고 계산식을 작성하여 표시해보겠습니다. 사번 이외에 성명도 선택 기준으로 삼기 위해 ActiveX 컨트롤의 콤보 상자를 삽입하고 속성값 설정 및 이벤트 프로시저를 이용하여 사번과 성명을 상호 연결해보겠습니다.

회사에서 바로 통하는 키워드

IFERROR, VLOOKUP, HLOOKUP, 유효성 검사, INDEX, ActiveX 컨트롤, 이벤트 프로시저

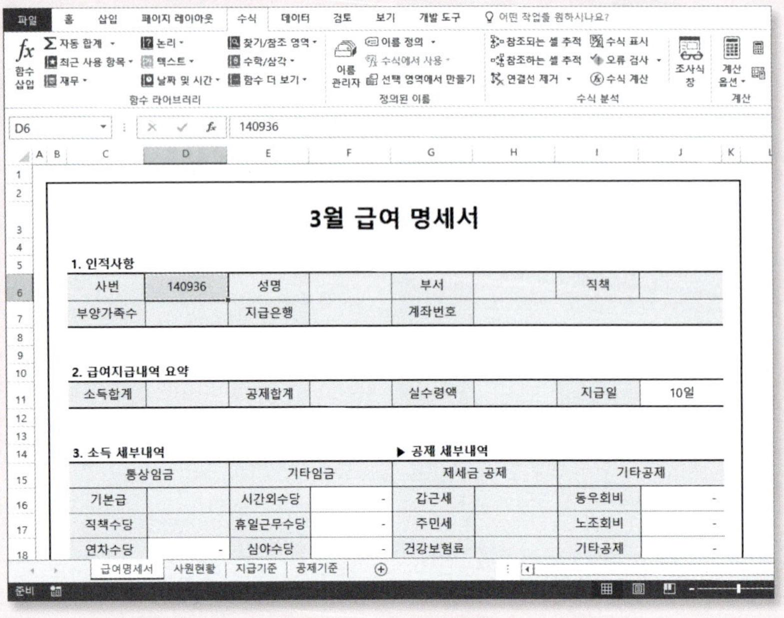

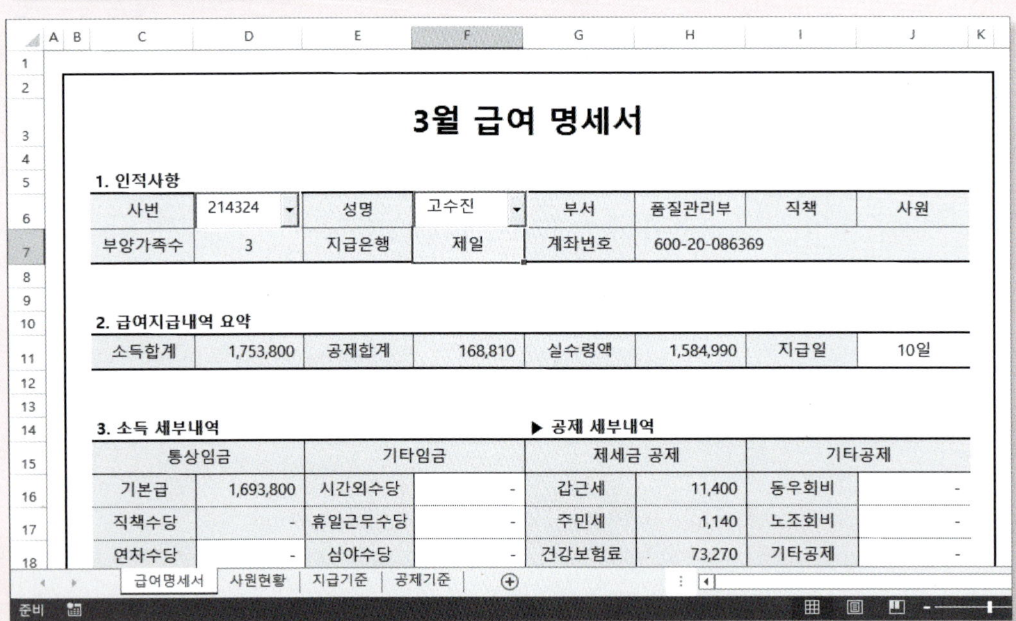

✅ 핵심기능 미리 보기

직원들의 인적사항 가져오기

❶ 사번은 유효성 검사의 [제한 대상]을 [목록]으로 선택한 후 [사번]의 이름 범위를 목록으로 설정합니다.

❷ 선택한 사번의 인적사항은 IFERROR와 VLOOKUP 함수를 이용하여 가져옵니다.

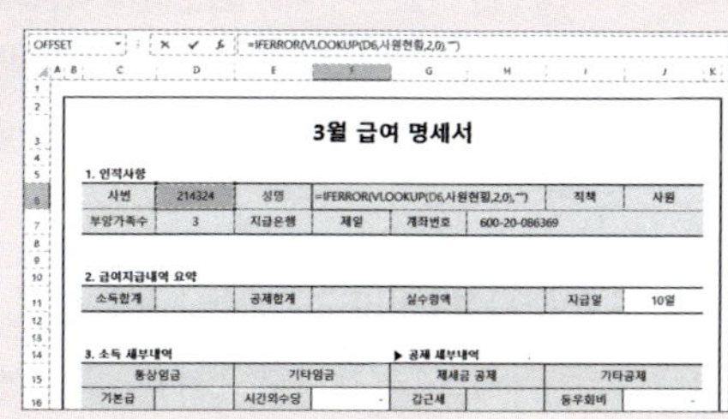

직원의 소득 세부내역 표시하기

❶ 선택한 직원의 소득 세부내역은 IFERROR, INDEX, VLOOKUP 함수를 이용하여 가져옵니다.

❷ 선택한 직원의 공제 세부내역은 IFERROR, INDEX, MATCH 함수를 이용하여 가져옵니다.

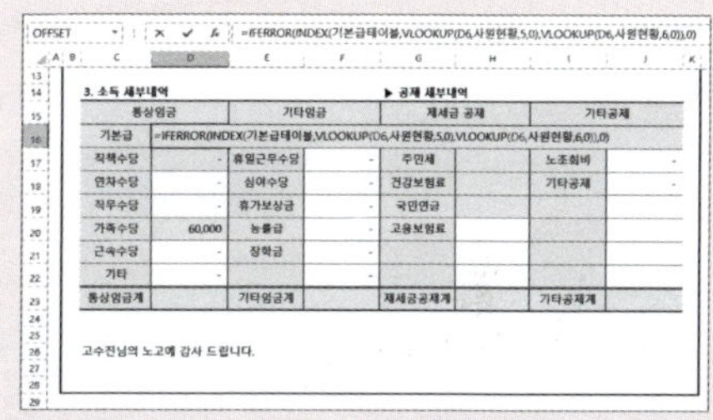

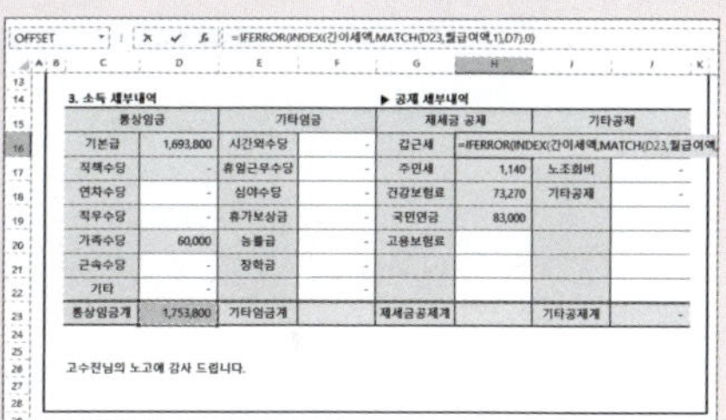

사번과 성명 ActiveX 컨트롤로 상호 연결하기

❶ 사번과 성명을 목록에서 선택할 수 있도록 ActiveX 컨트롤의 콤보 상자를 삽입하고 속성을 설정합니다.

❷ 사번과 성명이 상호 연결되도록 이벤트 프로시저를 작성합니다.

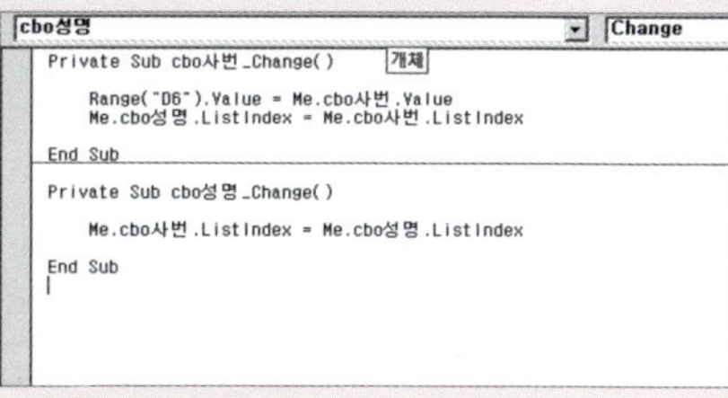

직원들의 인적사항 가져오기

함수 수식을 간단하게 작성하기 위해 직원 정보가 입력되어 있는 [사원현황] 시트에서 이름을 정의하겠습니다. [급여명세서] 시트의 사번은 유효성 검사로 목록 설정하고 선택한 사번에 해당하는 직원의 성명, 부서, 부양가족수 등 인적사항 데이터는 IFERROR와 VLOOKUP 함수를 이용하여 가져오겠습니다.

1 직원 인적사항 데이터에 이름 정의하기 [사원현황] 시트를 선택합니다. [A1] 셀을 클릭한 후 Ctrl + A 를 눌러 표 전체를 선택합니다. [이름 상자]에 **사원현황**을 입력한 후 Enter 를 누릅니다. 표가 선택된 상태에서 [수식] 탭–[정의된 이름] 그룹–[선택 영역에서 만들기]를 클릭합니다. [선택 영역에서 이름 만들기] 대화상자에서 [첫 행]에만 체크 표시한 후 [확인]을 클릭합니다. 정의된 이름은 [이름 상자]의 목록 단추를 클릭하여 확인할 수 있습니다.

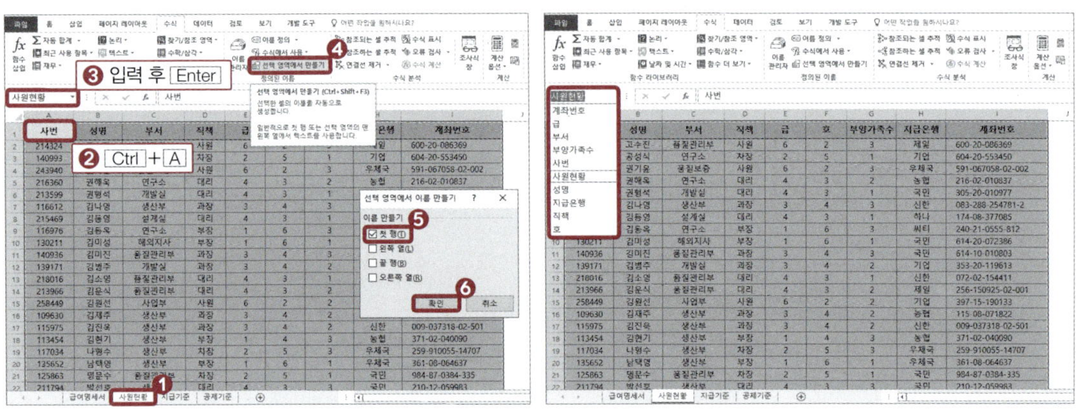

2 사번 데이터 유효성 검사를 이용하여 목록으로 표시하기 [급여명세서] 시트를 선택합니다. 사번이 표시되는 [D6] 셀을 클릭합니다. [데이터] 탭–[데이터 도구] 그룹–[데이터 유효성 검사]를 클릭합니다. [데이터 유효성] 대화상자의 [설정] 탭에서 [제한 대상]으로 [목록]을 선택합니다. [원본]에는 **=사번**을 입력합니다. [확인]을 클릭합니다.

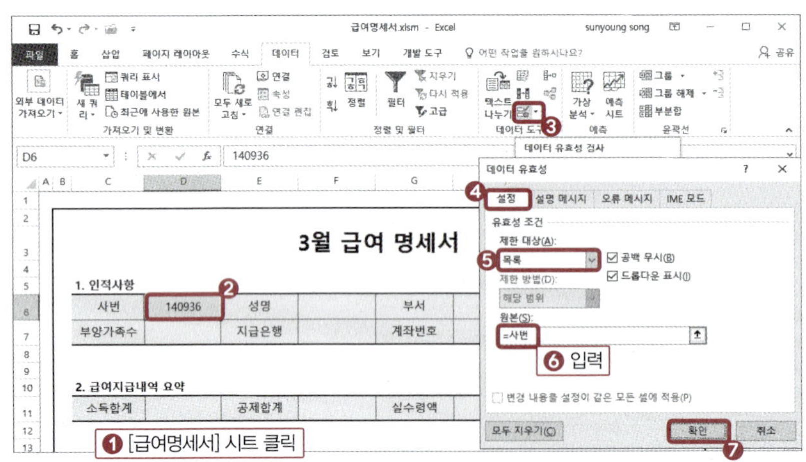

실력 향상

셀에 정의된 이름을 목록으로 설정할 때는 '=이름' 형식으로 입력합니다. 유효성 검사 설정 후 목록 단추를 클릭하면 [사원현황] 시트의 [사번] 범위 데이터가 목록으로 표시됩니다.

3 **선택된 사번의 인적사항 가져오기** [D6] 셀의 사번 목록에서 임의의 사번을 선택합니다. 선택한 사번의 이름을 가져오겠습니다. [F6] 셀에 **=IFERROR(VLOOKUP(D6,사원현황,2,0),"")**을 입력합니다.

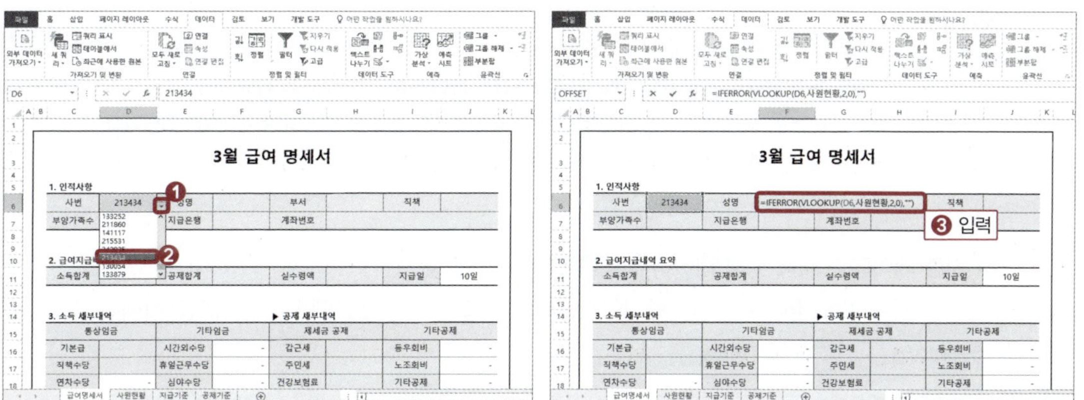

실력 향상 선택한 사번의 이름 데이터는 VLOOKUP 함수를 이용하여 [D6] 셀의 사번을 [사원현황] 표 범위의 가장 왼쪽 열에서 일치하는 값을 찾은 후 [사원현황] 표 범위의 두 번째 열에 위치한 성명 데이터를 찾아옵니다.

실력 향상 사번에 연관된 이름을 찾지 못할 경우 빈칸("")으로 표시하기 위해 IFERROR 함수로 오류 처리합니다.

4 부서 데이터도 가져오겠습니다. [H6] 셀에 **=IFERROR(VLOOKUP(D6,사원현황,3,0),"")**을 입력합니다. 직책 데이터는 [J6] 셀에 **=IFERROR(VLOOKUP(D6,사원현황,4,0),"")**을 입력합니다. 부양가족수는 [D7] 셀에 **=IFERROR(VLOOKUP(D6,사원현황,7,0),"")**을 입력합니다. 지급은행은 [F7] 셀에 **=IFERROR(VLOOKUP(D6,사원현황,8,0),"")**을 입력합니다. 계좌번호는 [H7] 셀에 **=IFERROR(VLOOKUP(D6,사원현황,9,0),"")**을 입력합니다.

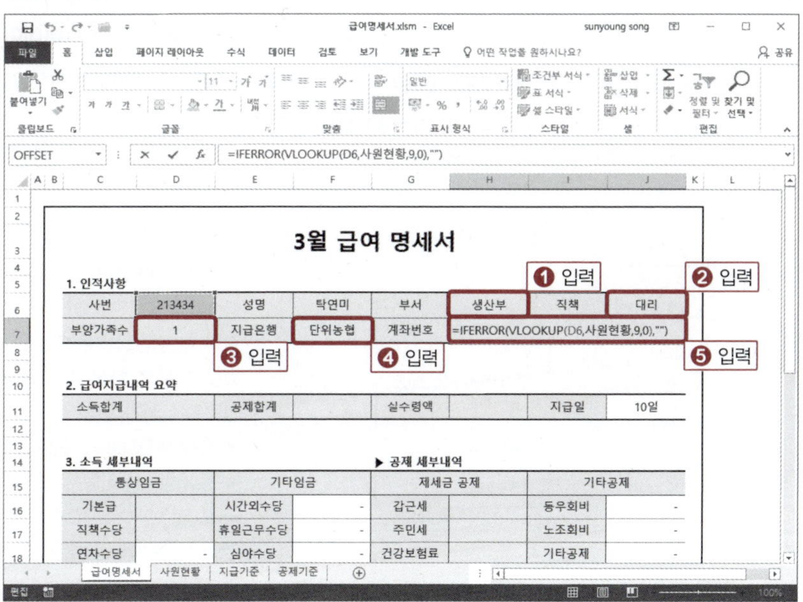

직원의 소득 세부내역 표시하기

선택된 직원의 소득 세부내역과 공제 세부내역, 소득 관련 내역을 작성하겠습니다. 필요한 표에 각각 이름 정의한 후 IFERROR와 INDEX, VLOOKUP, HLOOKUP 함수를 이용하여 기본급과 직책수당 금액을 가져오고, 갑근세와 주민세, 건강보험료, 국민연금도 함수를 이용하여 계산해보겠습니다. 각 금액 계산 후 소득 전체합계와 공제합계, 실수령액도 계산해보겠습니다.

5 **기본급 기준 데이터와 직책 수당 데이터에 이름 정의하기** [지급기준] 시트의 [B4:G9] 셀 범위를 선택합니다. [이름 상자]에 **기본급테이블**을 입력한 후 Enter를 누릅니다. [B14:F15] 셀 범위를 선택한 후 [이름 상자]에 **수당테이블**을 입력한 후 Enter를 누릅니다.

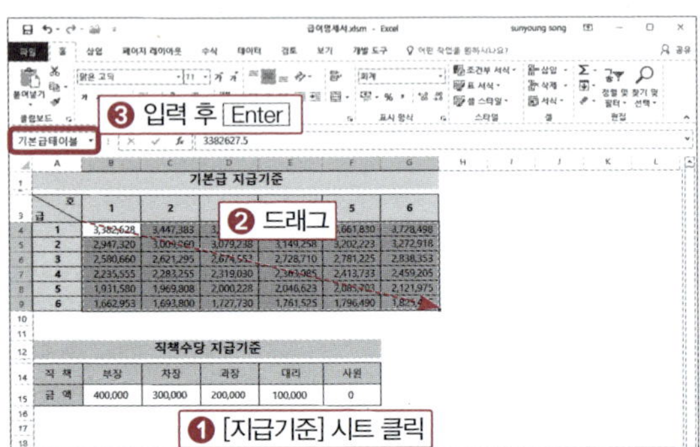
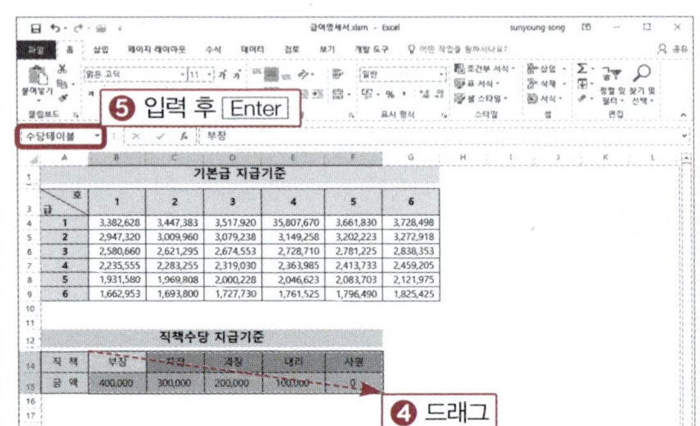

6 **선택한 직원의 기본급과 수당 데이터 가져오기** [급여명세서] 시트를 선택합니다. 기본급을 가져오겠습니다. [D16] 셀에 **=IFERROR(INDEX(기본급테이블,VLOOKUP(D6,사원현황,5,0),VLOOKUP(D6,사원현황,6,0)),0)**을 입력합니다. 직책수당도 가져오겠습니다. [D17] 셀에 **=IFERROR(HLOOKUP(J6,수당테이블,2,0),0)**을 입력합니다. 가족수당 데이터도 계산하겠습니다. [D20] 셀에 **=IFERROR(D7*20000,0)**을 입력합니다. 통상임금의 합계를 구하겠습니다. [D23] 셀에 **=SUM(D16:D22)**를 입력합니다.

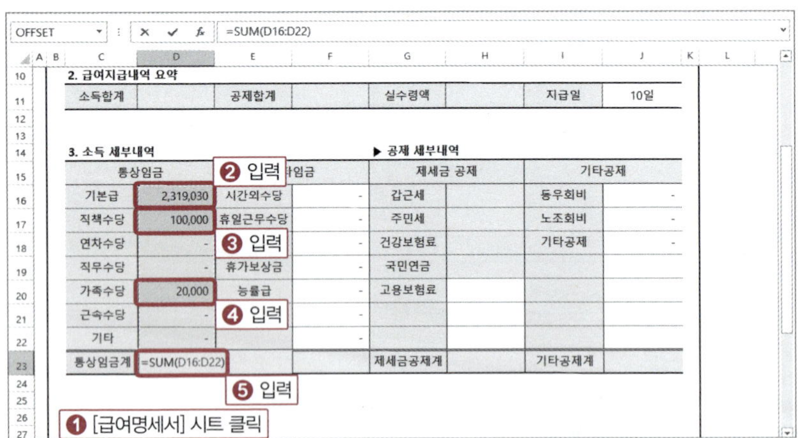

실력 향상 직책수당 데이터는 HLOOKUP 함수를 이용해 [J6] 셀에 입력된 직위를 [수당테이블]의 첫 행에서 찾아 두 번째 행에 입력된 해당 직위의 수당 데이터를 가져옵니다.

7 공제기준 데이터에 이름 정의하기 [공제기준] 시트를 선택한 후 [B4:B356] 셀 범위를 선택합니다. [이름 상자]에 **월급여액**을 입력한 후 Enter 를 누릅니다. [C4:E356] 셀 범위를 선택한 후 [이름 상자]에 **간이세액**을 입력한 후 Enter 를 누릅니다.

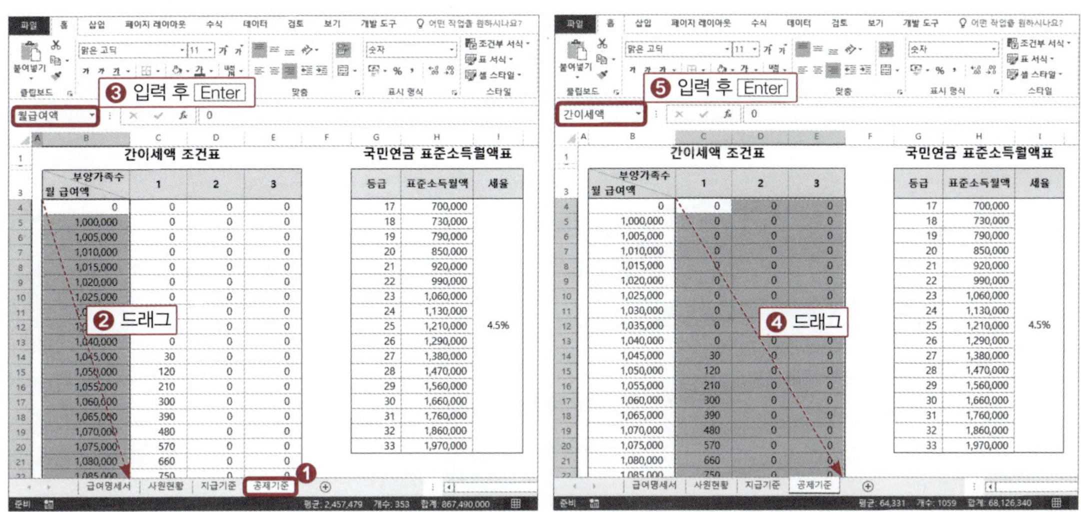

시간 단축 [B4] 셀을 클릭한 후 Ctrl + Shift + ↓ 를 눌러 [B4:B356] 셀 범위를 선택합니다.

8 [H4:H20] 셀 범위 선택한 후 [이름 상자]에 **국민연금**을 입력하고 Enter 를 눌러 입력 완료합니다. [L4:L16] 셀 범위를 선택합니다. [이름 상자]에 **건강보험**을 입력한 후 Enter 를 누릅니다.

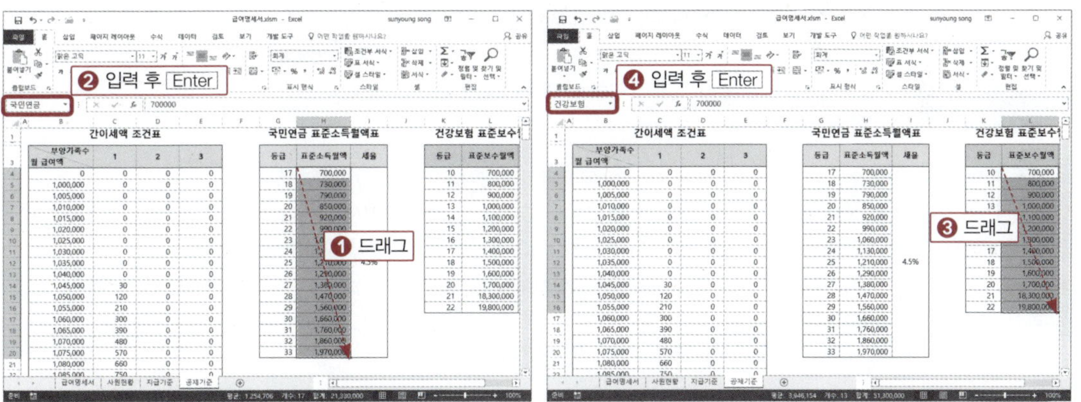

9 공제금액 계산하기 공제 세부내역의 갑근세를 계산하겠습니다. [급여명세서] 시트를 선택합니다. [H16]
셀에 **=IFERROR(INDEX(간이세액,MATCH(D23,월급여액,1),D7),0)**을 입력합니다. 주민세는 [H17] 셀에
=H16*0.1을 입력하여 구합니다. 건강보험료도 구하겠습니다. [H18] 셀에 **=IFERROR(VLOOKUP(D23,건강
보험,1,1)*4.31%,0)**을 입력합니다. 국민연금도 구하겠습니다. [H19] 셀에 **=IFERROR(VLOOKUP(D23,국민
연금,1,1)*5%,0)**을 입력합니다.

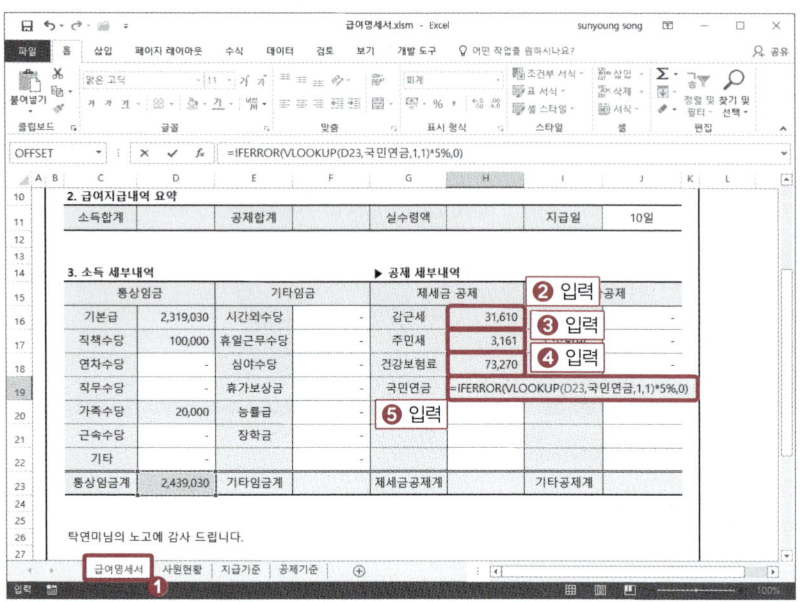

실력 향상 함수 형식은 'MATCH(찾는 값, 범위, 찾는 방법)'입니다. MATCH 함수를 이용하여 [D23]
셀에 입력된 통상임금과 비슷한 급여액을 [월급여액] 범위에서 찾아 위치 값을 반환합
니다. 찾는 방법에 1이 입력되어 있어 한 단계 낮은 근삿값의 위치 값을 반환합니다. 현재 선택된
'2,439,030'은 월급여액 표에서 2,430,000원의 위치 값 196을 가져옵니다. INDEX 함수를 이용하여
[간이세액] 범위에서 MATCH 함수로 찾은 행, [D7] 셀에 입력된 부양가족수에 맞는 값, 196번째 행과
1열에 해당하는 값을 찾아옵니다.

실력 향상 VLOOKUP 함수로 [D23] 셀에 입력된 임금합계에 해당하는 금액을 [건강보험] 범위에서
찾아 4.31%를 곱하여 계산합니다. 현재 선택된 '2,439,030'은 건강보험 표에서 20등급
인 1,700,000~18,299,999원에 포함되므로 1,700,000에 4.31%를 곱하여 건강보험료를 계산합
니다. 국민연금도 마찬가지로 VLOOKUP 함수로 [D23] 셀에 입력된 임금합계에 해당하는 금액을 [국
민연금] 범위에서 찾아 5%를 곱하여 계산합니다. 선택된 '2,439,030'은 국민연금 표에서 33등급인
1,970,000원 이상에 포함되므로 1,970,000에 5%를 곱하여 건강보험료를 계산합니다.

10 [F23] 셀을 클릭합니다. Ctrl 을 누른 상태에서 [H23] 셀과 [J23] 셀을 클릭합니다. [수식] 탭-[함수 라이브러리] 그룹-[자동 합계]를 클릭합니다. 기타임금계, 제세금공제계, 기타공제계 금액 합계가 자동 으로 구해집니다.

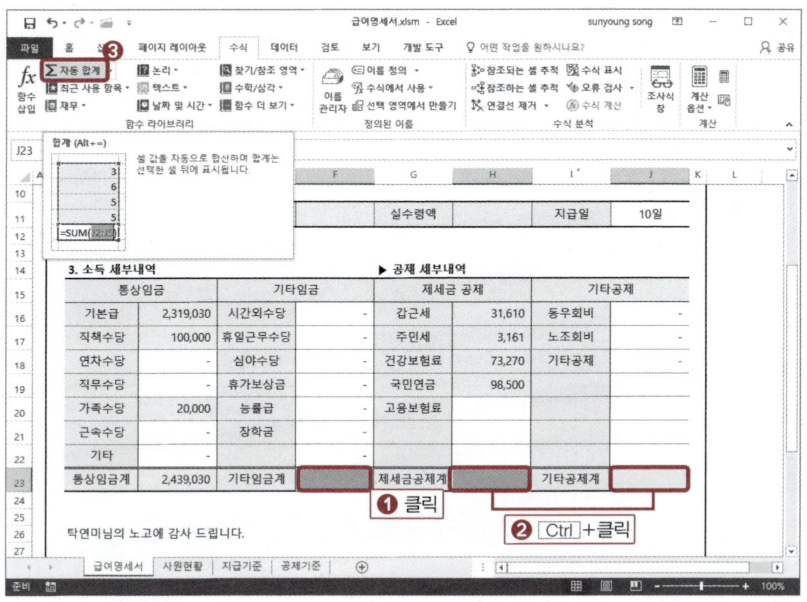

11 **급여지급내역 계산하기** 소득합계는 [D11] 셀에 **=D23+F23**을 입력하여 통상임금과 기타임금의 합을 구합니다. 공제합계는 [F11] 셀에 **=H23+J23**을 입력하여 제세금공제와 기타공제의 합을 구합니다. 실수 령액은 [H11] 셀에 **=D11-F11**을 입력하여 소득합계에서 공제합계를 뺀 금액을 계산합니다.

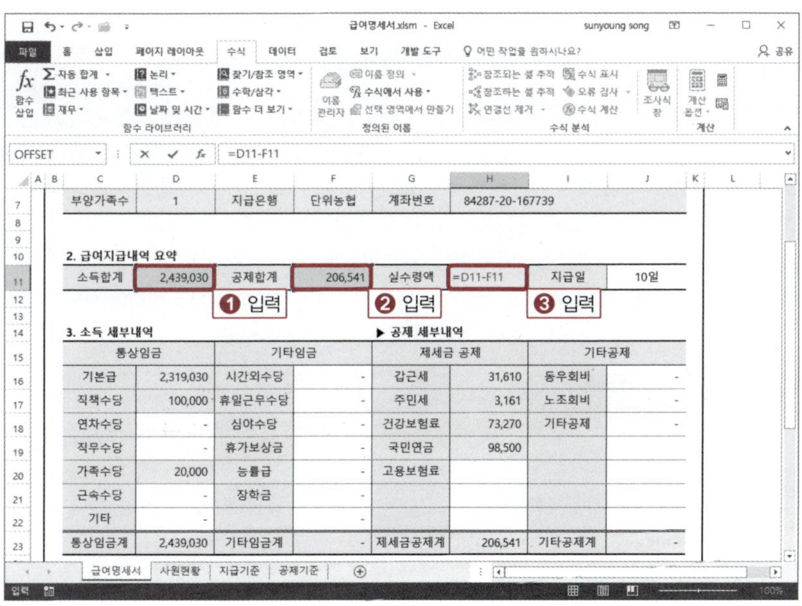

사번과 성명 ActiveX 컨트롤로 상호 연결하기

사번을 선택하면 선택한 사번의 인적사항을, 성명을 선택하면 선택한 성명의 인적사항을 검색할 수 있도록 사번과 성명을 표시하는 콤보 상자를 ActiveX 컨트롤로 삽입하겠습니다. 삽입한 콤보 상자의 속성 값을 설정하고 콤보 상자를 선택했을 때 실행될 내용은 이벤트 프로시저로 입력하겠습니다.

12 ActiveX 컨트롤의 콤보 상자 삽입하기 [개발 도구] 탭–[컨트롤] 그룹–[삽입]–[ActiveX 컨트롤]–[콤보 상자(ActiveX 컨트롤)]을 클릭합니다. 사번이 입력되는 셀 위쪽 [D5] 셀에 드래그하여 삽입합니다.

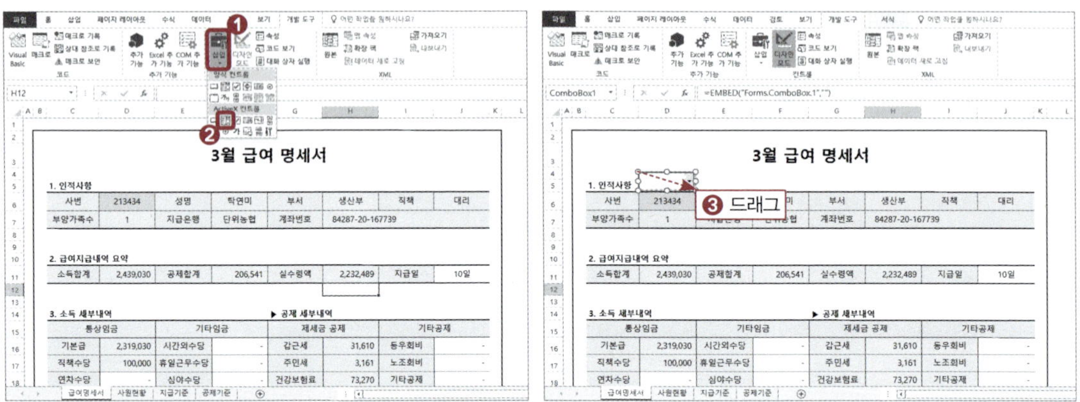

> **실력 향상** [개발 도구] 메뉴는 [파일] 탭–[옵션]을 선택한 후 [Excel 옵션] 대화상자의 [리본 사용자 지정]에서 [개발 도구] 탭에 체크 표시 하면 기본 메뉴 화면에 표시됩니다.

슈퍼 활용 TIP ★★★★★ 양식 컨트롤과 ActiveX 컨트롤

양식 컨트롤과 ActiveX 컨트롤은 컨트롤의 이름도 같고 모양도 비슷하지만 사용하는 방법은 많이 다릅니다. 양식 컨트롤은 [컨트롤 서식]에서 컨트롤의 속성 값 또는 연결할 셀을 입력하고 함수와 연결하여 사용합니다. ActiveX 컨트롤은 [개발 도구] 탭–[컨트롤] 그룹–[디자인 모드]가 선택된 상태에서 편집 가능하며 [개발 도구] 탭–[컨트롤] 그룹–[속성]에서 각 속성 값을 설정합니다. 또 [개발 도구] 탭–[컨트롤] 그룹–[코드 보기]를 클릭하여 코드를 직접 입력하여 사용합니다.

	양식 컨트롤	ActiveX 컨트롤
편집 방법	컨트롤 위에서 마우스 오른쪽 버튼 클릭 후 [컨트롤 서식] 선택	[개발 도구] 탭-[컨트롤] 그룹-[디자인 모드] 클릭
속성 설정	[컨트롤 서식] 대화상자에서 속성 설정	[개발 도구] 탭-[컨트롤] 그룹-[속성] 클릭
활용 방법	컨트롤에서 선택된 값을 셀과 연결하고 연결된 셀에 입력된 값을 함수와 연결하여 활용	비주얼 베이식 편집기 창에서 VBA 코드로 프로그램을 작성하여 활용

13 콤보 상자 속성 설정하기 삽입한 콤보 상자를 클릭합니다. Ctrl + Shift 를 누른 상태에서 콤보 상자를 오른쪽으로 드래그하여 [F5] 셀로 복사합니다. 삽입한 콤보 상자의 속성을 변경하겠습니다. [D5] 셀에 삽입된 콤보 상자를 클릭합니다. [개발 도구] 탭-[컨트롤] 그룹-[속성]을 클릭합니다. [속성] 창의 [(이름)] 항목에 **cbo사번**을 입력합니다. [ListFillRange] 항목에 **사번**을 입력합니다.

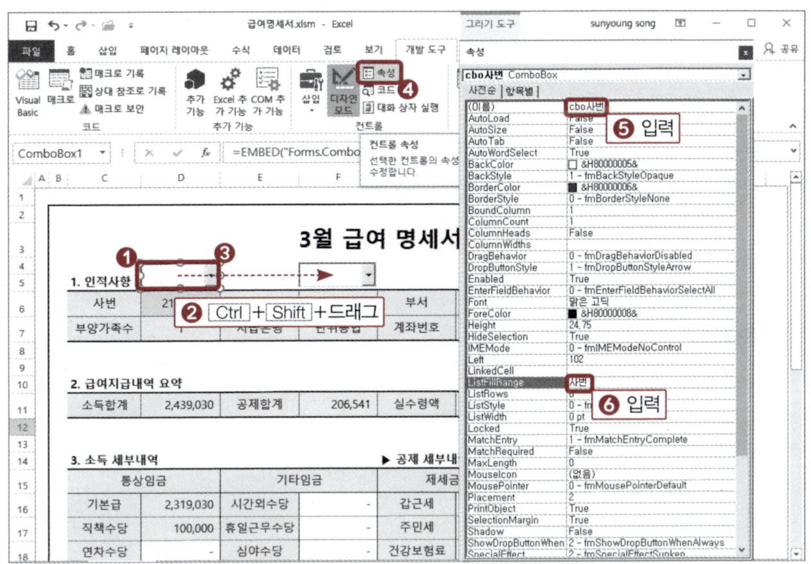

실력 향상 [속성] 창에 한글을 입력할 때는 깨진 글자처럼 보이지만 자음과 모음을 모두 입력하고 나면 글자가 정상적으로 표시됩니다.

14 [F5] 셀에 삽입된 두 번째 콤보 상자를 선택합니다. [속성] 창의 속성 값이 현재 선택한 콤보 상자의 속성으로 표시됩니다. 같은 방법으로 [속성] 창의 [(이름)] 항목에 **cbo성명**을 입력하고 [ListFillRange] 항목에는 **성명**을 입력합니다. [속성] 창은 [닫기]를 클릭하여 닫습니다. 속성이 잘 입력되었는지 확인해보겠습니다. [개발 도구] 탭-[컨트롤] 그룹-[디자인 모드]를 클릭하여 디자인 모드 상태를 해제합니다.

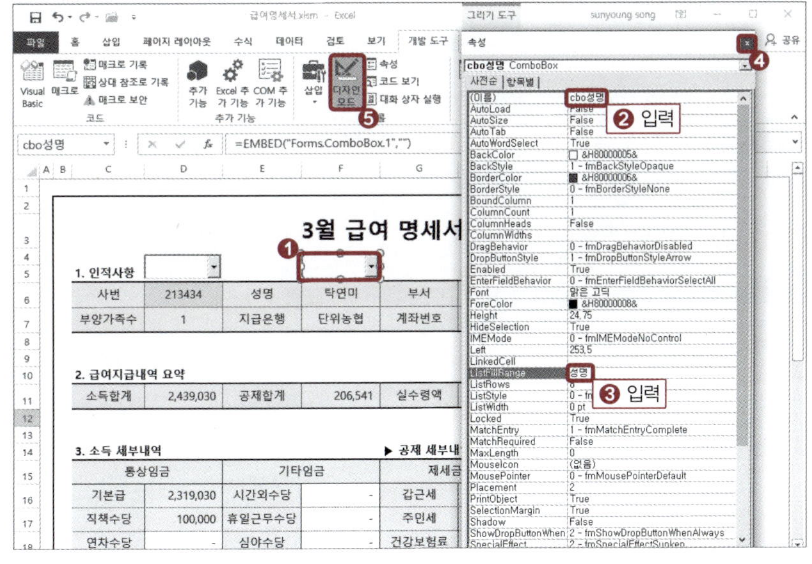

15 콤보 상자의 목록 확인하기 디자인 모드가 해제되어 실행 모드 상태로 변경됩니다. [D5] 셀에 삽입된 콤보 상자의 목록 단추를 클릭합니다. 사번 목록이 표시됩니다. [F5] 셀에 삽입된 콤보 상자의 목록 단추도 클릭합니다. 성명 목록이 표시됩니다.

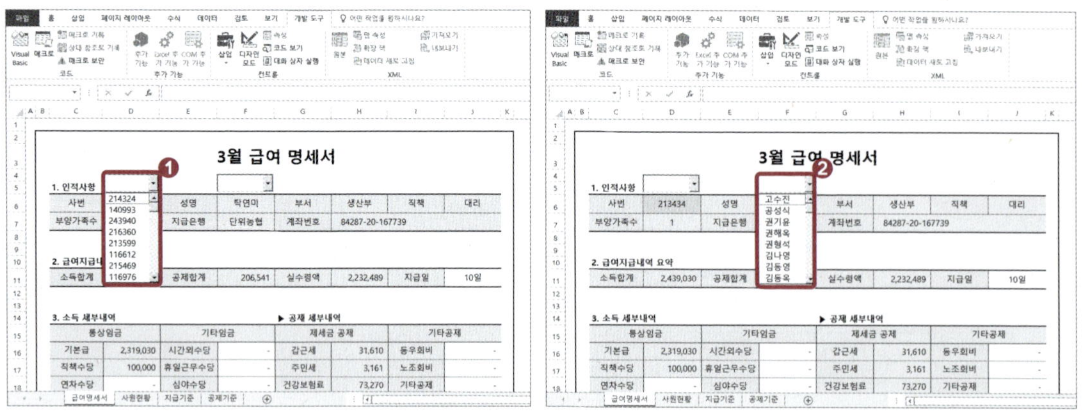

16 프로시저 작성하기 위해 코드 창 표시하기 사번이 입력된 콤보 상자에서 사번을 선택하면 해당 사번과 연관된 직원의 성명이 성명 콤보 상자에 표시되도록 프로시저를 작성해보겠습니다. 편집 화면으로 변경하기 위해 [개발 도구] 탭-[컨트롤] 그룹-[디자인 모드]를 클릭합니다. [D5] 셀의 콤보 상자를 클릭한 후 [개발 도구] 탭-[컨트롤] 그룹-[코드 보기]를 클릭합니다.

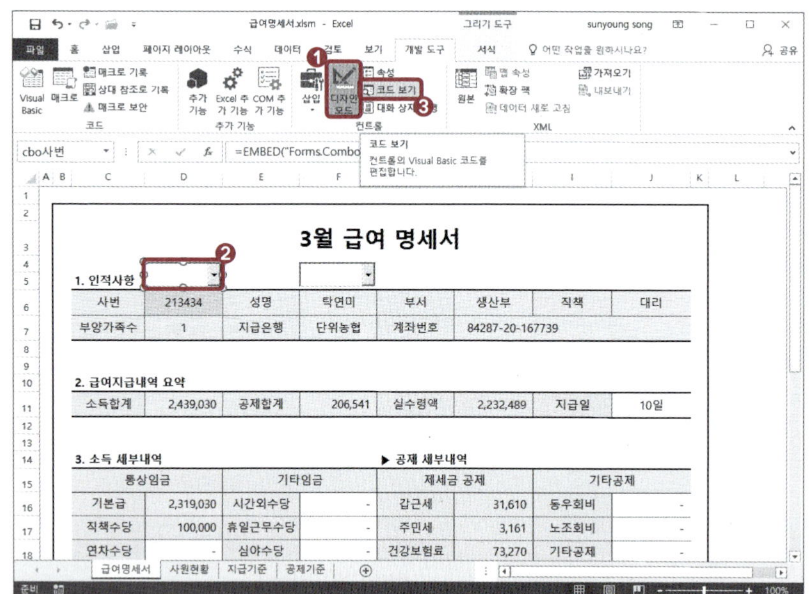

실력 향상

디자인 모드로 변경되면 삽입한 콤보 상자를 편집할 수 있습니다.

17 **사번 선택 시 발생하는 이벤트 프로시저 작성하기** 비주얼 베이식 편집기 창이 표시됩니다. 코드 창 상단에서 [일반]의 목록 단추를 클릭합니다. 워크시트에 입력된 ActiveX 컨트롤 목록이 표시됩니다. 목록 중 [cbo사번]을 선택합니다. [cbo사번]의 Change 이벤트 프로시저가 만들어집니다. [cbo사번] 이벤트 프로시저에 다음과 같이 코드를 입력합니다. '사번 이벤트 프로시저.txt' 파일에서 코드 내용을 확인할 수 있습니다.

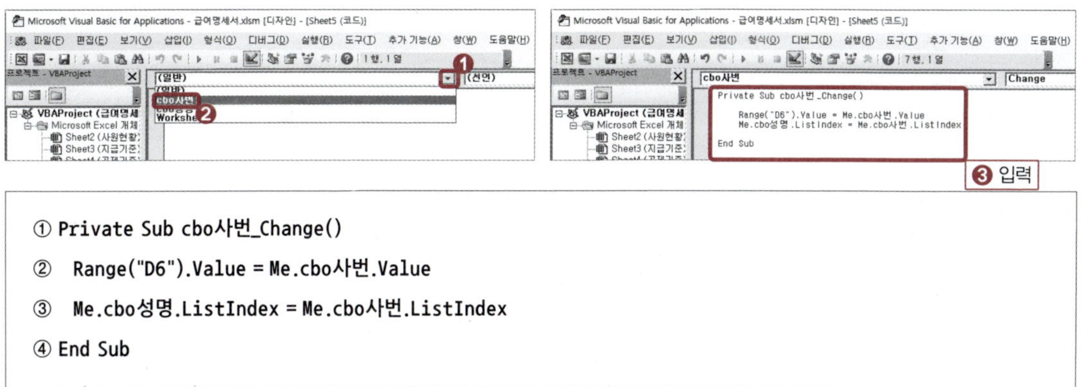

```
① Private Sub cbo사번_Change()
②    Range("D6").Value = Me.cbo사번.Value
③    Me.cbo성명.ListIndex = Me.cbo사번.ListIndex
④ End Sub
```

❶ 이벤트 프로시저가 시작되는 곳입니다. Change 이벤트는 선택한 개체의 값이 변경되었을 때 실행되는 이벤트 프로시저입니다.

❷ [D6] 셀에 [cbo사번] 콤보 상자에서 선택된 값을 입력합니다. 값 입력 시 'Range("D6")=Me.cbo사번'으로 입력하면 사번 값이 텍스트 형태로 입력되어 함수에서 오류가 발생합니다.

❸ ListIndex 속성은 콤보 상자에서 선택한 값의 위치를 기억하는 속성입니다. [cbo사번] 콤보 상자에서 선택한 목록의 번호를 [cbo성명] 콤보 상자의 목록 번호로 입력하여 선택한 사번의 성명이 표시되도록 작성합니다.

❹ 이벤트 프로시저가 끝나는 코드입니다.

실력 향상 시트에서 cbo사번 콤보 상자를 더블클릭하면 비주얼 베이식 편집기 창이 표시되고 cbo사번의 이벤트 프로시저가 만들어집니다. [cbo사번] 콤보 상자의 값이 변경(Change)될 때 작동되는 이벤트 프로시저입니다.

슈퍼활용 TIP ★★★★★ 이벤트 프로시저

이벤트란 키보드를 누를 때나 마우스를 클릭할 때와 같이 사용자의 동작이나 개체에 변화가 생기는 것을 말합니다. 이러한 이벤트가 발생할 때 실행되도록 만든 프로시저가 이벤트 프로시저입니다. 따라서 해당 이벤트에 맞는 프로시저를 작성해놓으면 일반 프로시저처럼 프로그램을 실행하는 것이 아니라 이벤트가 발생하면 자동으로 해당 프로시저가 실행됩니다. 개체와 이벤트를 선택했을 때 자동으로 해당 이벤트 프로시저가 생성되며 생성된 프로시저 안에서 실행문을 작성하여 이벤트 프로시저는 항상 '개체명_이벤트명'으로 표시됩니다.

18 성명 선택 시 발생하는 이벤트 프로시저 작성하기 cbo성명의 이벤트 프로시저를 작성해보겠습니다. 코드 창 상단 목록에서 [cbo성명]을 클릭합니다. cbo성명의 Change 이벤트 프로시저가 만들어집니다. [cbo성명]의 이벤트 프로시저에 다음과 같이 코드를 입력합니다. '성명 이벤트 프로시저.txt' 파일에서 코드 내용을 확인할 수 있습니다.

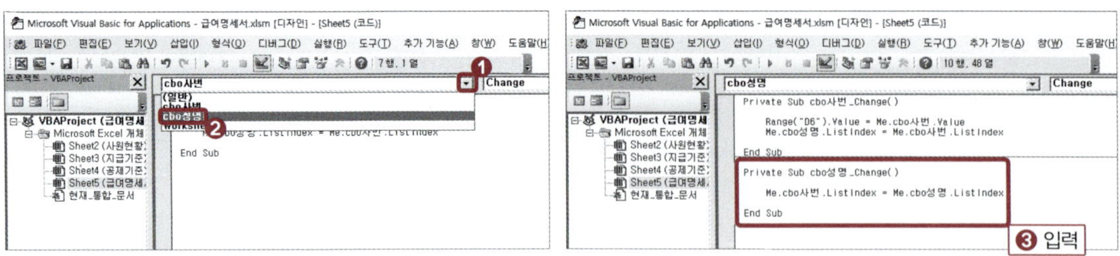

① **Private Sub cbo성명_Change()**

②　**Me.cbo사번.ListIndex = Me.cbo성명.ListIndex**

③ **End Sub**

❶ 이벤트 프로시저가 시작되는 곳입니다. Change 이벤트는 선택한 개체의 값이 변경되었을 때 실행되는 이벤트 프로시저입니다.

❷ ListIndex 속성은 콤보 상자에서 선택한 값의 위치를 기억하는 속성입니다. [cbo성명] 콤보 상자에서 선택한 목록의 번호를 [cbo사번] 콤보 상자의 목록 번호로 입력하여 선택한 성명의 사번이 표시되도록 작성합니다.

❸ 이벤트 프로시저가 끝나는 코드입니다.

> **실력 향상** 성명이 표시된 [E6] 셀에는 함수가 입력되어 있기 때문에 이벤트 프로시저에서 직접 값을 대입하지 않고 사번 콤보 상자의 값을 변경합니다. [cbo성명] 콤보 상자에서 선택한 목록의 번호를 [cbo사번] 콤보 상자에도 입력합니다. 선택한 성명에 따라 [cbo사번] 콤보 상자에 값이 변경되면 [cbo사번_Change( )] 프로시저가 실행되며 [D6] 셀에 선택한 사번이 입력됩니다. 또 [D6] 셀에 표시된 사번의 인적사항은 입력된 함수로 연관 데이터를 찾아 표시합니다.

19 이벤트 프로시저 결과 확인하기 [파일] 탭-[닫고 Microsoft Excel(으)로 돌아가기]를 클릭합니다. 콤보 상자의 위치를 변경하겠습니다. [사번] 콤보 상자는 [D6] 셀로 [성명] 콤보 상자는 [F6] 셀로 이동합니다. [개발 도구] 탭-[컨트롤] 그룹-[디자인 모드]를 클릭하여 디자인 모드를 해제합니다.

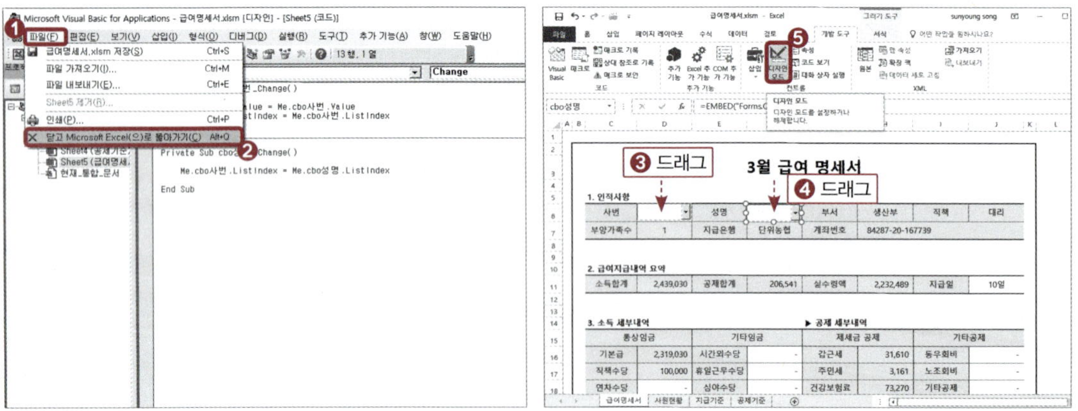

20 실행 모드로 변경됩니다. 성명을 선택하면 해당 성명의 사번과 인적사항이 표시됩니다.

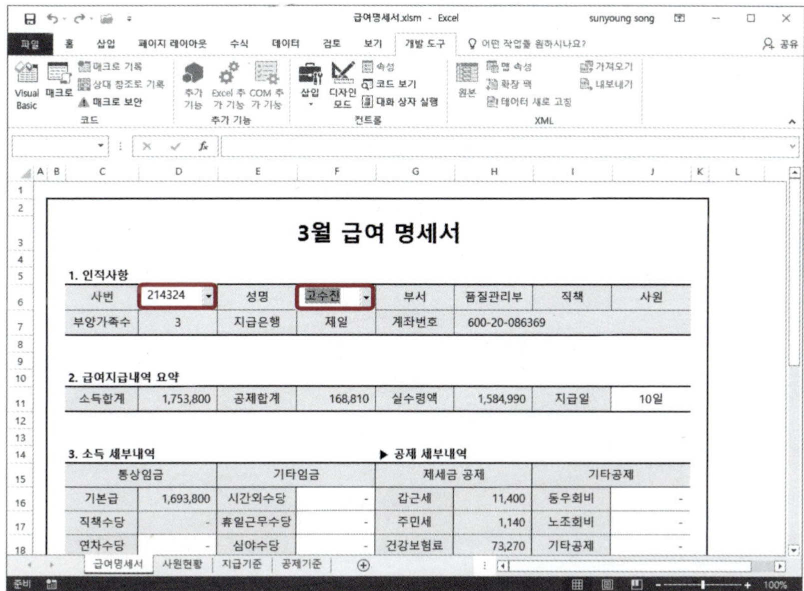

매크로 파일 저장하고 열기

1 매크로 파일 저장

매크로가 기록된 파일은 '*.xlsm' 형식으로 저장해야 매크로가 함께 포함되어 저장됩니다. [파일] 탭-[다른 이름으로 저장]을 선택하여 [다른 이름으로 저장] 대화상자가 표시되면 [파일 형식]을 [Excel 매크로 사용 통합 문서(*.xlsm)]로 변경하여 저장합니다.

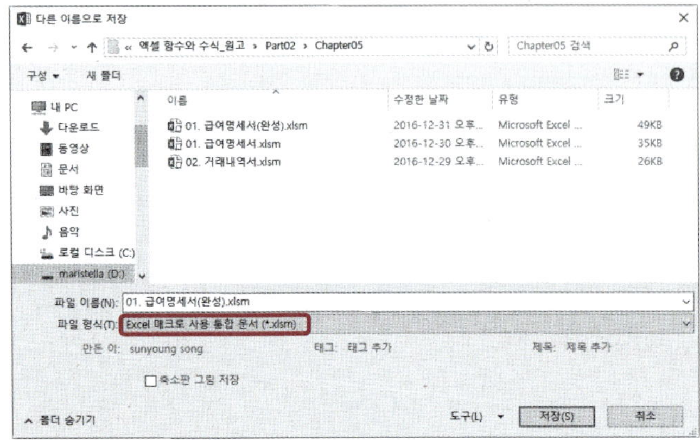

2 매크로 파일 열기

매크로 파일 형식으로 저장된 Excel 문서는 기본으로 모든 매크로는 제외한 상태에서 열리고, 매크로가 포함되어 있는지 알림 표시로 알려줍니다. 매크로를 사용하려면 매크로가 포함하여 열리도록 [콘텐츠 사용]을 클릭합니다.

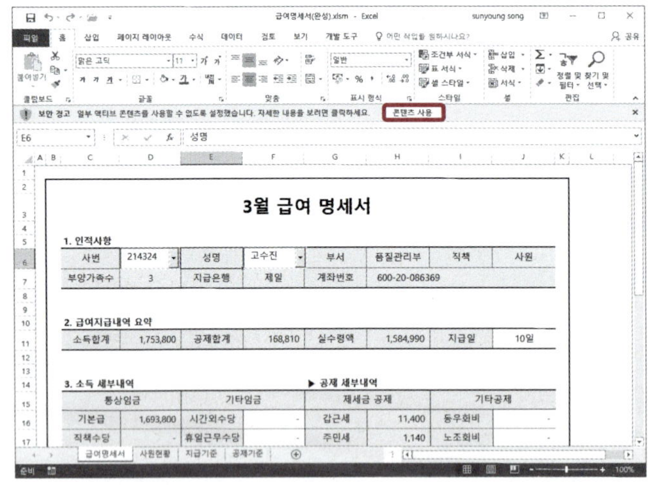

21

거래구분에 맞는 화면을 표시하고 데이터를 자동으로 입력하는 매크로 만들기

실습 파일 | PART 02 \ CHAPTER 05 \ 거래내역서.xlsm　　**완성 파일** | PART 02 \ CHAPTER 05 \ 거래내역서(완성).xlsm

☑ 프로젝트 시작하기

출판사의 입고와 출고 거래내역을 작성할 때 입고 시 재고수량과 미지급금, 출고 시 재고수량과 미수금을 매번 작성해야 한다면 효율성과 정확도가 떨어질 수밖에 없습니다. 입고와 출고 거래에 맞는 내용을 기록할 수 있도록 입고와 출고 매크로를 기록하고 양식 컨트롤의 옵션 단추와 연결하여 거래에 맞는 화면이 표시되도록 작성해보겠습니다. 입고 거래와 출고 거래 시 거래처와 도서명은 콤보 상자로 표현하고 INDEX, INDIRECT 함수로 수식을 작성하여 관련 데이터를 표시해보겠습니다. 입고 화면에서 입고 관련 내용을 기록한 후 [입력 완료] 단추를 클릭하면 재고수량, 미지급금 등이 재계산되고, 출고화면에서 출고 관련 내용을 기록한 후 [입력 완료] 단추를 클릭하면 재고수량, 미수금 등이 재계산되도록 매크로를 기록합니다. 또 기록만으로 해결되지 않는 내용은 코드를 직접 입력하여 매크로를 편집해보겠습니다.

양식 컨트롤의 옵션 단추 및 콤보 상자, 매크로 기록, 이름 정의, INDEX, INDIRECT, 매크로 편집

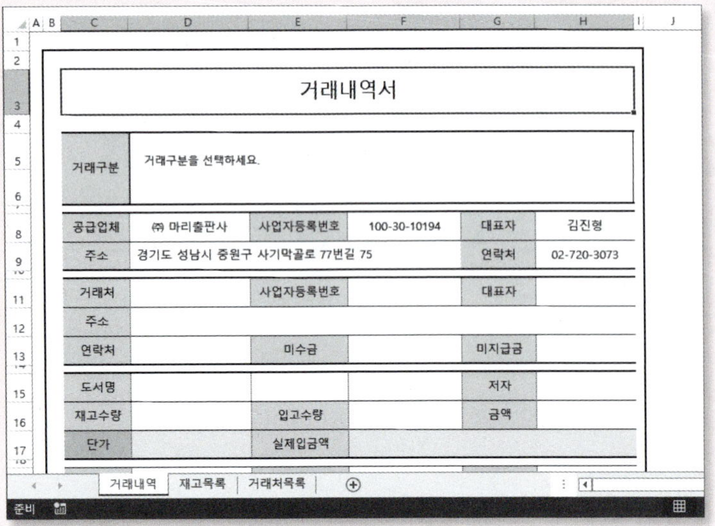

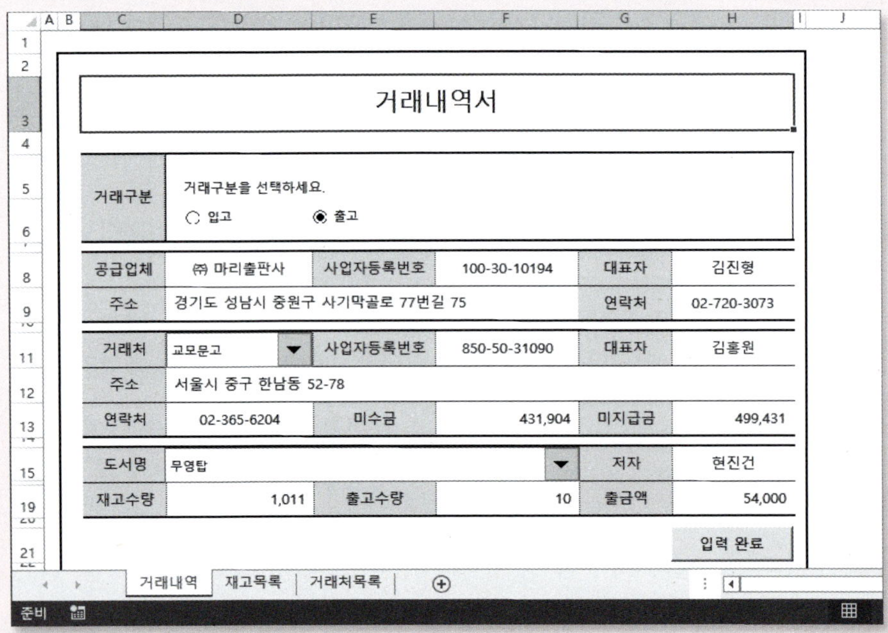

☑ 핵심기능 미리 보기

거래구분에 맞는 매크로 작성하기

❶ 입고 화면과 출고 화면을 선택하는 옵션 단추를 삽입합니다.

❷ 입고 화면을 표시하는 매크로와 출고 화면을 표시하는 매크로를 기록합니다.

거래처와 도서의 연관 데이터 가져오기

❶ 선택한 거래처, 도서명의 연관 데이터를 INDEX와 INDIRECT 함수로 가져옵니다.

❷ 입고되는 재고수량은 이름 정의하여 '현재 재고수량+입고수량'으로, 미지급금은 입금액으로 이름 정의하여 '현재 미지급금+입금액'으로 계산합니다.

❸ 출고되는 재고수량은 이름 정의하여 '현재 재고수량−출고수량'으로, 미수금은 출금액으로 이름 정의하여 '현재 미수금+출금액'으로 계산합니다.

입고와 출고 매크로 기록하고 편집하기

❶ 입고, 출고 시 처리할 내용을 매크로로 기록합니다.

❷ 선택된 거래처와 도서명으로 매크로가 자동 기록되도록 매크로를 수정합니다.

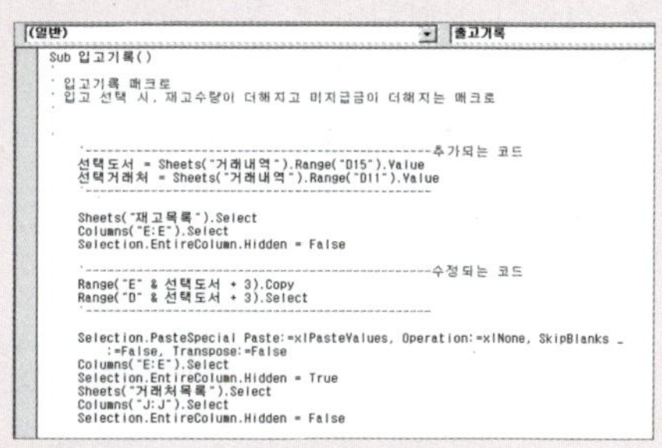

거래구분에 맞는 매크로 작성하기

입고와 출고 거래내역 화면이 다르기 때문에 워크시트를 각각 작성하는 경우가 많습니다. 입고 시 필요한 화면과 출고 시 필요한 화면을 매크로로 기록한 후 양식 컨트롤의 옵션 단추와 연결하여 입고 옵션 단추를 클릭하면 입고 화면이 표시되고, 출고 옵션 단추를 클릭하면 출고 화면이 표시되도록 매크로를 작성해보겠습니다. 또 입고/출고 시 필요한 거래처와 도서명은 선택하기 쉽게 양식 컨트롤의 콤보 상자로 표시해보겠습니다.

1 입고 화면 매크로 기록하기 입고 관련 행만 표시하는 [입고] 매크로를 기록해보겠습니다. [개발 도구] 탭-[코드] 그룹-[매크로 기록]을 클릭합니다. [매크로 기록] 대화상자의 [매크로 이름]에 **입고**를 입력합니다. [설명]에 **입고 화면 매크로**를 입력합니다. [확인]을 클릭합니다.

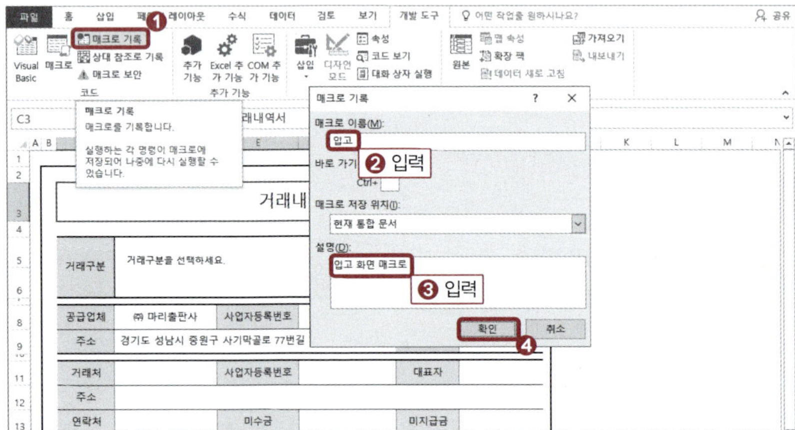

실력 향상

양식 컨트롤의 옵션 단추와 연결하여 사용하기 위해 [바로 가기 키]는 설정하지 않고 매크로를 기록합니다.

2 기록이 시작됩니다. 입고되는 수량, 실제 입금하는 금액이 표시되는 [16:18] 행 범위를 선택합니다. 마우스 오른쪽 버튼을 클릭하고 [숨기기 취소]를 선택합니다. 출고 수량과 출금액이 표시되어 있는 [19:20] 행 범위를 선택합니다. 마우스 오른쪽 버튼을 클릭하고 [숨기기]를 선택합니다.

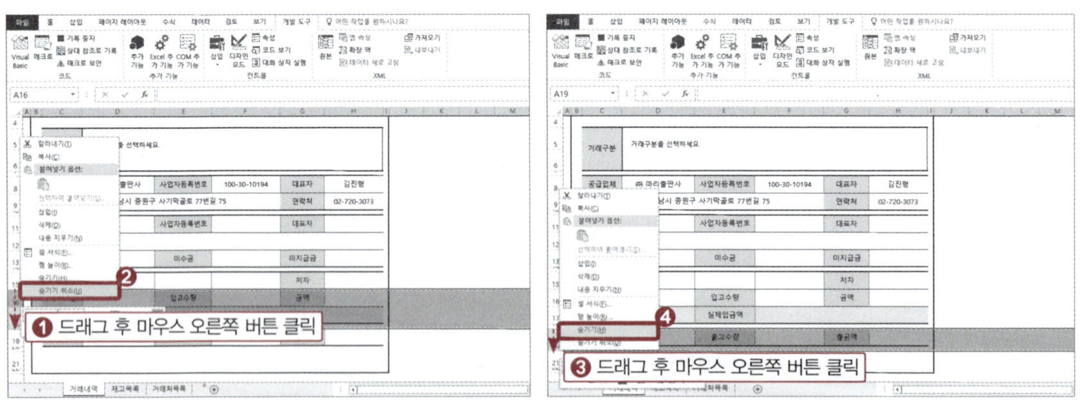

실력 향상 입고되는 수량과 단가, 실제 입금액이 표시된 [16:17] 행과 아래 여분 18행 범위는 숨겨져 있는 경우에도 항상 표시될 수 있도록 [숨기기 취소]하고 출고되는 수량과 출금액이 표시된 19행 및 아래 여분 20행은 표시되지 않도록 [숨기기]를 설정합니다.

3 [개발 도구] 탭-[코드] 그룹-[기록 중지]를 클릭하여 기록을 종료합니다. 화면을 다시 원래대로 표시하겠습니다. [17:21] 행 범위를 선택한 후 마우스 오른쪽 버튼을 클릭합니다. [숨기기 취소]를 선택합니다.

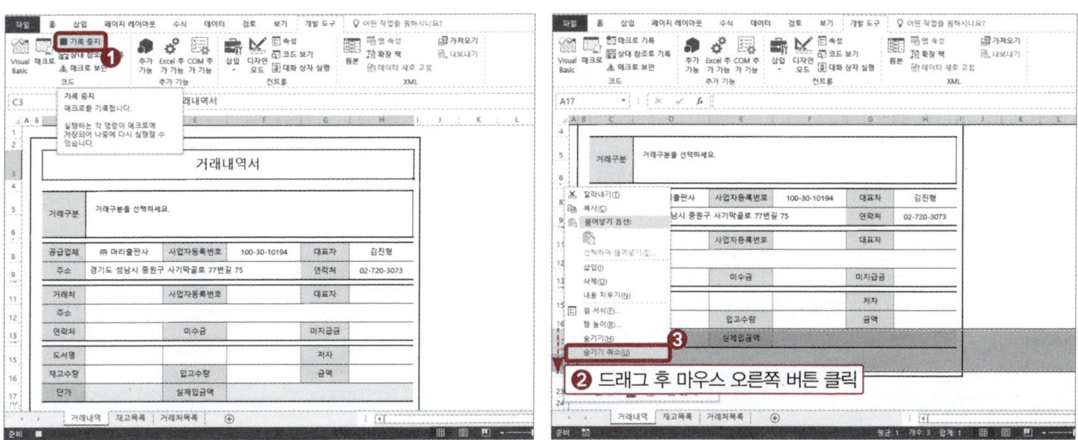

4 출고 화면 매크로 기록하기 출고 관련 행만 표시하는 [출고] 매크로도 기록하겠습니다. [개발 도구] 탭-[코드] 그룹-[매크로 기록]을 클릭합니다. [매크로 기록] 대화상자의 [매크로 이름]에 **출고**를, [설명]에 **출고 화면 매크로**를 입력합니다. [확인]을 클릭합니다.

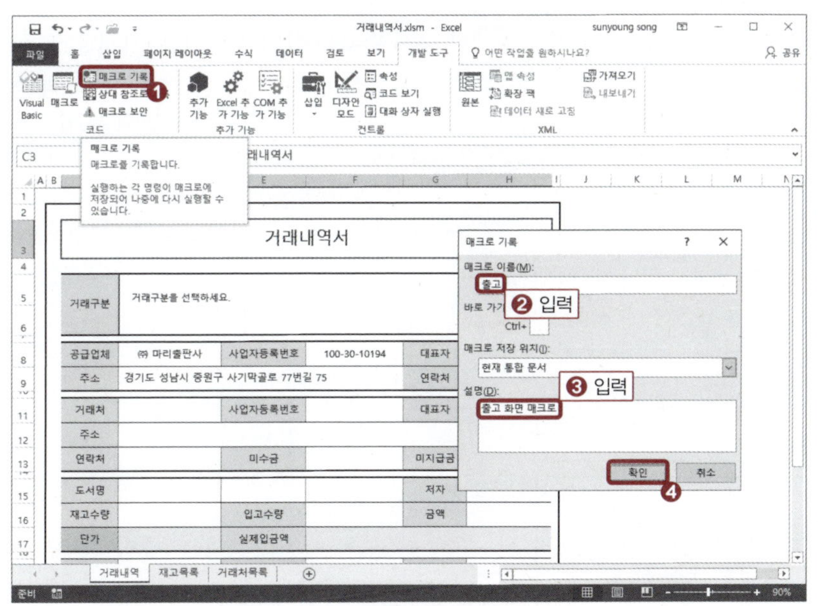

실력 향상

매크로 기록 시 행 범위를 다시 선택하므로 현재 상태에서 바로 매크로를 기록합니다.

5 입고되는 수량, 실제 입금하는 금액이 표시되어 있는 [16:18] 행 범위를 선택합니다. 마우스 오른쪽 버튼을 클릭하고 [숨기기]를 선택합니다. 출고 수량이 표시되어 있는 [19:20] 행 범위를 선택합니다. 마우스 오른쪽 버튼을 클릭하고 [숨기기 취소]를 선택합니다. [개발 도구] 탭–[코드] 그룹–[기록 중지]를 클릭하여 기록을 종료합니다.

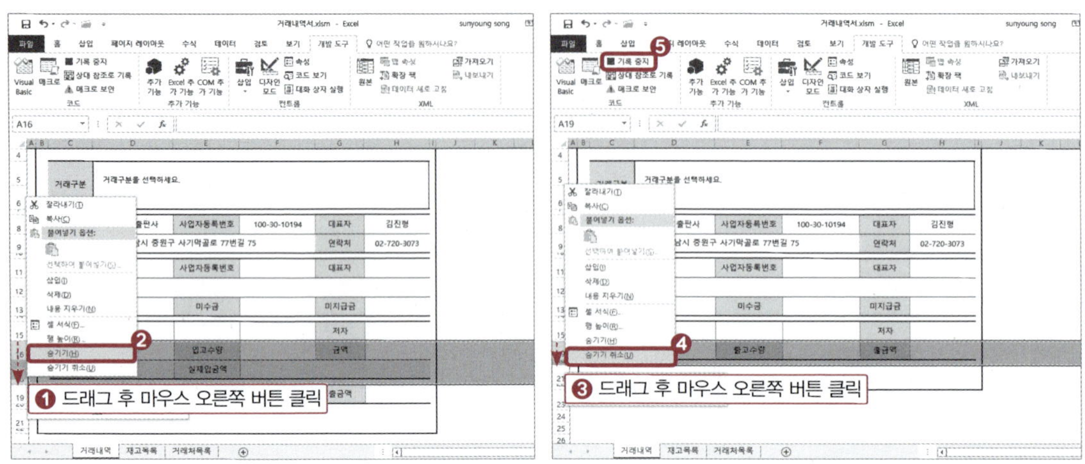

> **실력 향상** 입고되는 수량과 단가, 실제 입금액이 표시된 [16:18] 행 범위는 표시되지 않도록 [숨기기] 설정하고, 출고되는 수량과 출금액이 표시된 [19:20] 행 범위는 숨겨져 있는 경우에도 항상 표시될 수 있도록 [숨기기 취소]를 설정합니다.

6 양식 컨트롤의 옵션 단추 삽입하기 [입고]와 [출고]를 선택할 옵션 단추를 삽입하겠습니다. [개발 도구] 탭–[컨트롤] 그룹–[삽입]을 클릭합니다. [양식 컨트롤]–[옵션 단추(양식 컨트롤)]을 선택합니다. '거래구분을 선택하세요.'의 텍스트 아래쪽에 드래그하여 삽입합니다. 삽입한 옵션 단추가 선택된 상태입니다. Ctrl + Shift 를 누른 상태에서 오른쪽으로 드래그하여 복사합니다.

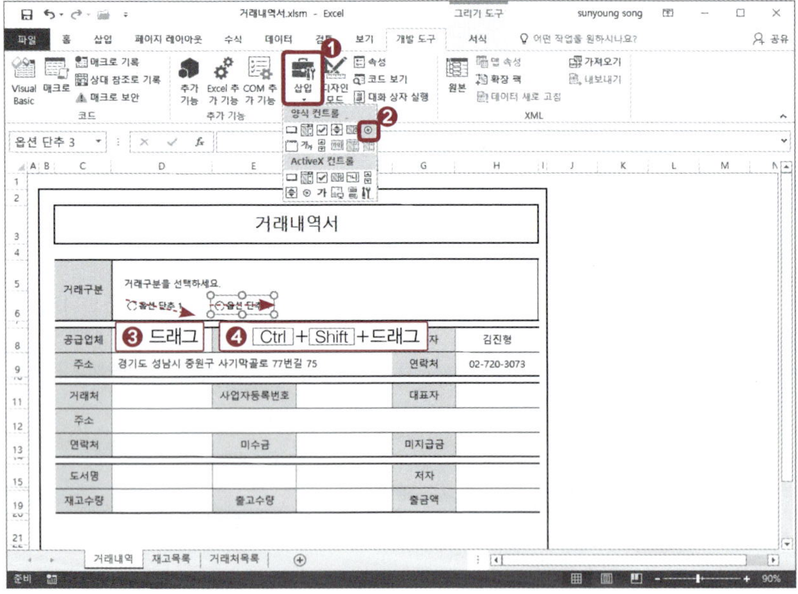

7 왼쪽 옵션 단추 위에서 마우스 오른쪽 버튼을 클릭합니다. [텍스트 편집]을 선택합니다. 기존 텍스트는 삭제하고 **입고**로 수정합니다. 같은 방식으로 오른쪽 옵션 단추도 기존 텍스트는 삭제하고 **출고**로 수정합니다.

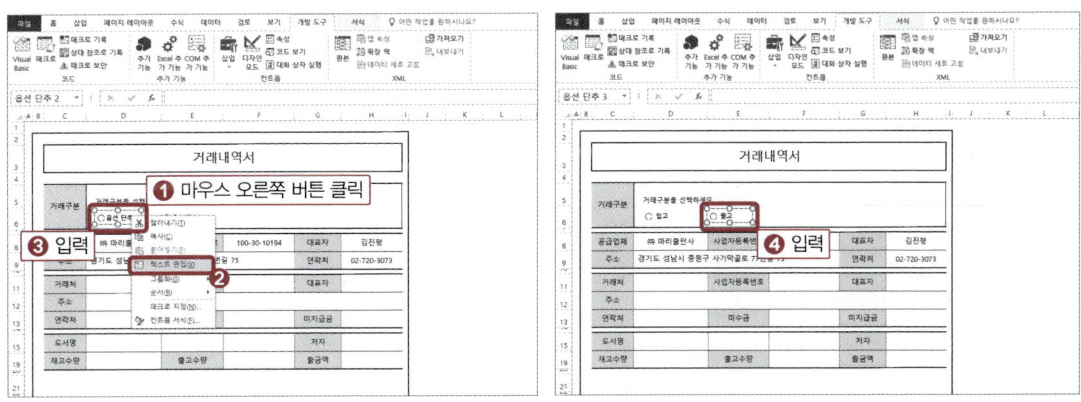

실력 향상 다른 개체 선택 후 다시 옵션 단추를 선택하면 편집 상태가 아닌 사용 상태로 선택됩니다. 텍스트 편집, 이동 등 수정하는 경우에는 Ctrl 을 누른 상태에서 옵션 단추를 클릭하여 개체를 선택하거나 옵션 단추 위에서 마우스 오른쪽 버튼을 클릭하여 개체를 선택합니다.

8 옵션 단추의 속성 설정하기 [입고] 옵션 단추 위에서 마우스 오른쪽 버튼을 클릭한 후 [컨트롤 서식]을 선택합니다. [컨트롤 서식] 대화상자의 [컨트롤] 탭에서 [셀 연결]에 **$K$5**를 입력합니다. [확인]을 클릭합니다. 임의의 셀을 클릭하여 옵션 단추 선택을 해제합니다. [입고] 옵션 단추를 클릭하면 [입고] 옵션 단추가 선택되고 연결된 [K5] 셀에 1 값이 입력됩니다.

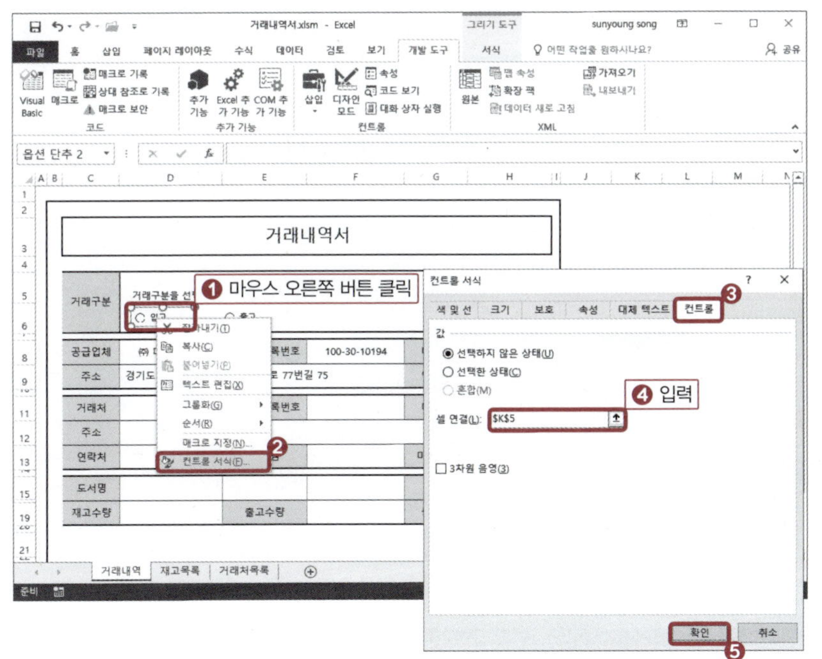

실력 향상

입고 옵션 단추의 속성을 설정하면 출고 옵션 단추도 자동으로 속성이 설정됩니다. [출고] 옵션 단추를 클릭하면 [K5] 셀에 2 값이 입력됩니다.

9 입고 옵션 단추에 입고 매크로 연결하기 [입고] 옵션 단추 위에서 마우스 오른쪽 버튼을 클릭한 후 [매크로 지정]을 선택합니다. [매크로 지정] 대화상자의 매크로 목록에서 [입고]를 선택합니다. [확인]을 클릭합니다.

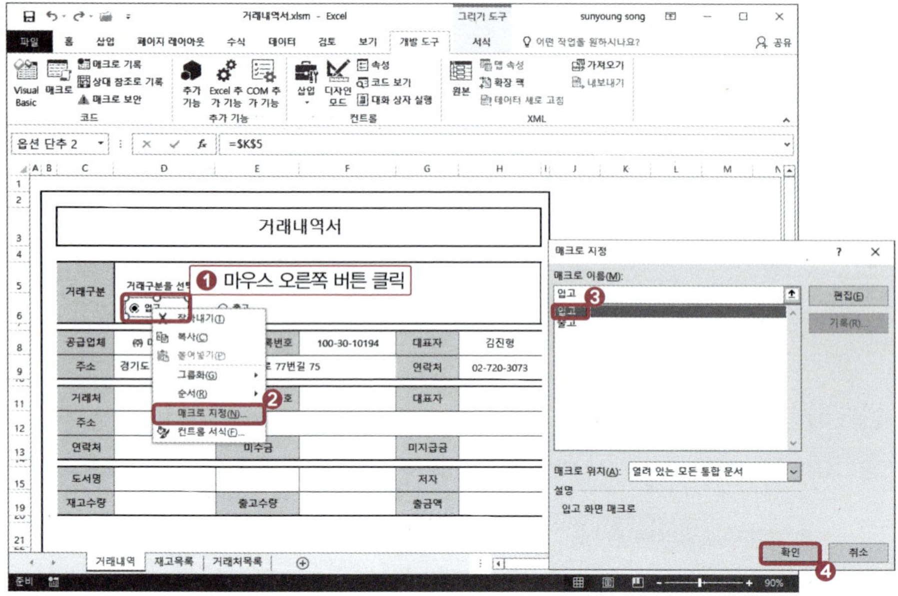

10 출고 옵션 단추에 출고 매크로 연결하기 [출고] 옵션 단추 위에서 마우스 오른쪽 버튼을 클릭한 후 [매크로 지정]을 선택합니다. [매크로 지정] 대화상자의 매크로 목록에서 [출고]를 선택합니다. [확인]을 클릭합니다.

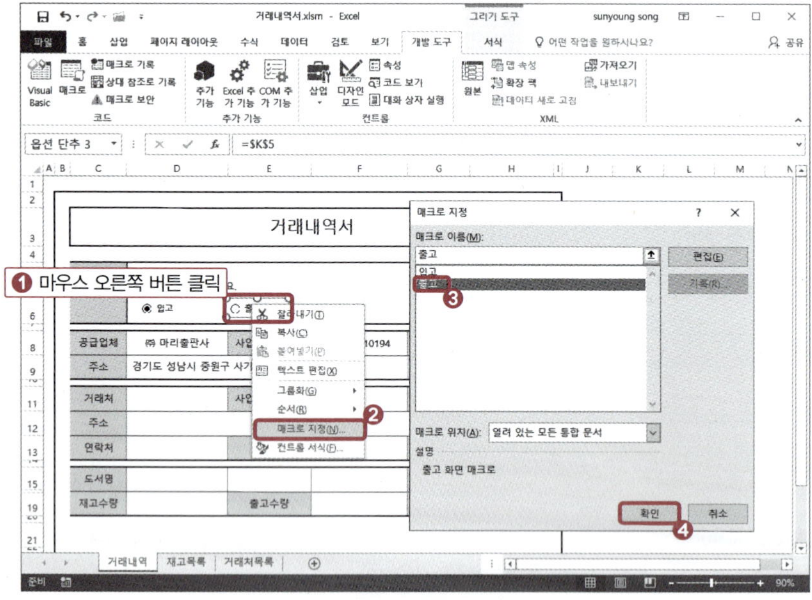

11 매크로 실행하기 [15:19] 행 범위를 선택한 후 마우스 오른쪽 버튼을 클릭합니다. [숨기기 취소]를 선택하여 다시 모든 행이 보이도록 설정합니다. [출고] 옵션 단추를 클릭합니다. 출고 화면이 표시되고 [K5] 셀에 2 값이 입력됩니다.

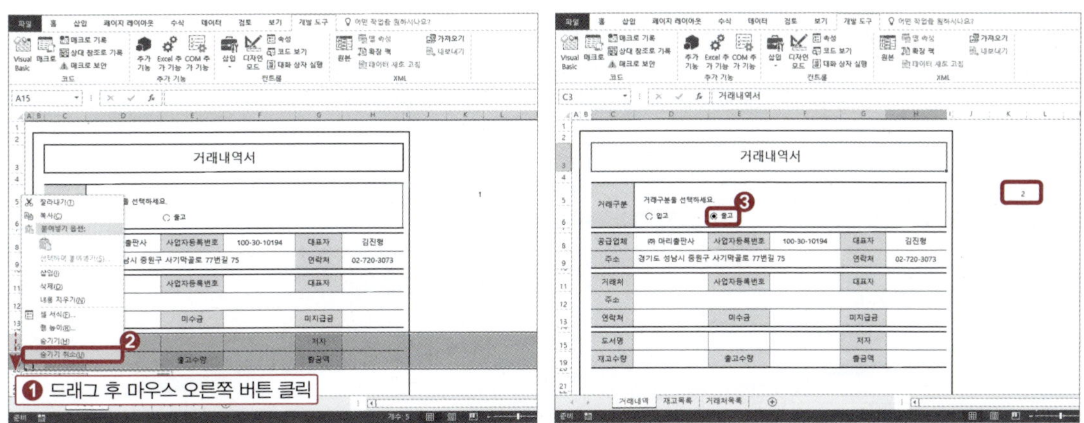

12 K열을 선택합니다. 마우스 오른쪽 버튼을 클릭한 후 [숨기기]를 선택하여 입고와 출고 선택 값이 표시되지 않도록 설정합니다.

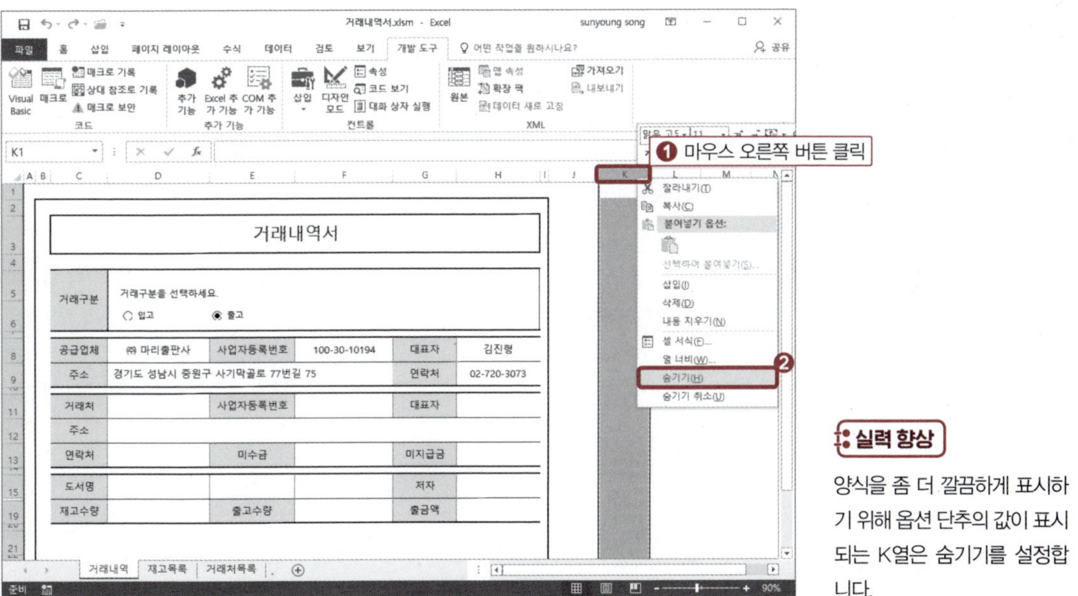

실력 향상

양식을 좀 더 깔끔하게 표시하기 위해 옵션 단추의 값이 표시되는 K열은 숨기기를 설정합니다.

13 입고 매크로 수정하기 [개발 도구] 탭-[코드] 그룹-[매크로]를 클릭합니다. [매크로] 대화상자의 매크로 목록에서 [입고] 매크로를 선택한 후 [편집]을 클릭합니다.

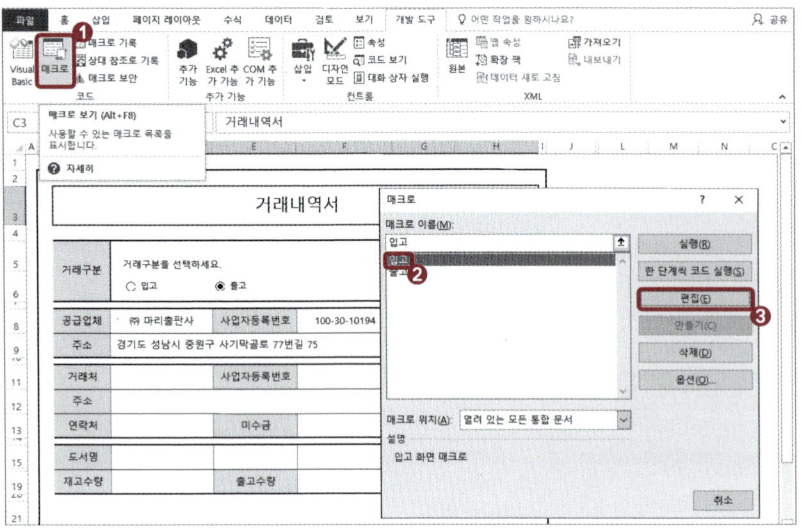

14 [입고] 시 입고 수량과 실제 입금액은 초기화되도록 [입고] 매크로의 기록된 코드 아래쪽에 해당 코드를 추가합니다. '입고 매크로.txt' 파일에서 코드 내용을 확인할 수 있습니다.

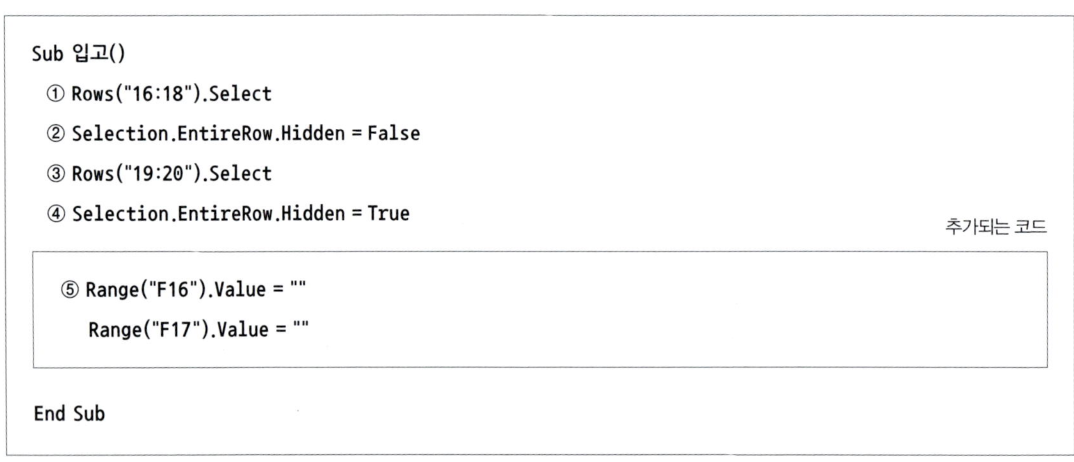

❶ [16:18] 행 범위를 선택하는 코드입니다.

❷ 선택한 행 전체를 숨기기 취소합니다.

❸ [19:20] 행 범위를 선택하는 코드입니다.

❹ 선택한 행 전체를 숨기기 설정합니다.

❺ [F16] 셀, 즉 입고수량이 입력될 셀을 빈 값으로 설정합니다. [F17] 셀, 즉 실제입금액이 입력될 셀을 빈 값으로 설정합니다.

실력 향상 코드 중간중간 마우스 휠을 드래그하는 'ActiveWindow.SmallScroll Down:=-15' 코드가 보일 수 있습니다. 해당 코드는 삭제합니다.

15 출고 매크로 수정하기 [출고] 매크로 아래쪽에도 코드를 추가합니다. '출고 매크로.txt' 파일에서 코드
내용을 확인할 수 있습니다.

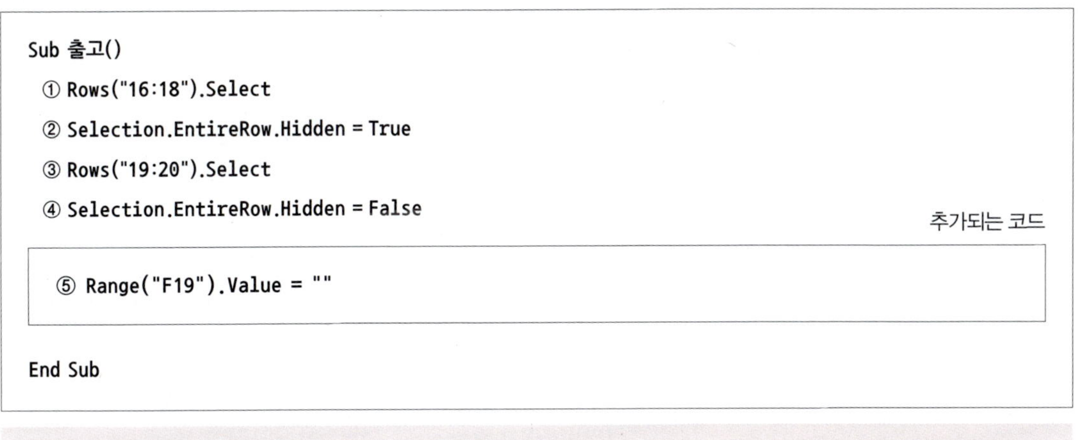

```
Sub 출고()
 ① Rows("16:18").Select
 ② Selection.EntireRow.Hidden = True
 ③ Rows("19:20").Select
 ④ Selection.EntireRow.Hidden = False
                                                          추가되는 코드
 ⑤ Range("F19").Value = ""

End Sub
```

❶ [16:18] 행 범위를 선택하는 코드입니다.

❷ 선택한 행 전체를 숨기기 설정합니다.

❸ [19:20] 행 범위를 선택하는 코드입니다.

❹ 선택한 행 전체를 숨기기 취소합니다.

❺ [F19] 셀, 즉 출고수량이 입력될 셀을 빈 값으로 설정합니다.

16 [파일] 탭-[닫고 Microsoft Excel(으)로 돌아가기]를 선택합니다.

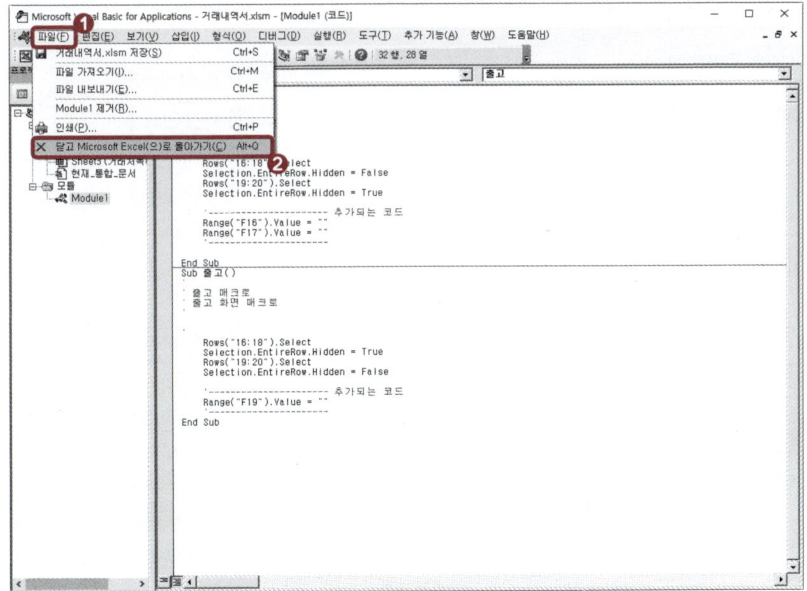

17 거래처 콤보 상자 삽입과 속성 설정하기 거래처를 선택할 수 있는 콤보 상자를 삽입하겠습니다. [개발 도구] 탭-[컨트롤] 그룹-[삽입]을 클릭합니다. [양식 컨트롤]-[콤보 상자(양식 컨트롤)]을 선택합니다. [D12] 셀에 드래그하여 콤보 상자를 삽입합니다. 콤보 상자를 선택한 후 마우스 오른쪽 버튼을 클릭합니다. [컨트롤 서식]을 선택합니다.

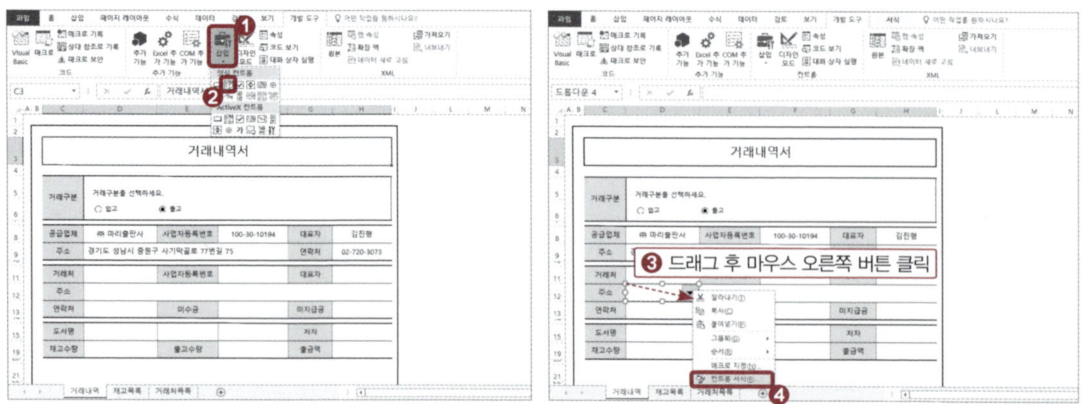

거래처 리스트를 목록으로 표현하고, 선택된 거래처 위치 등을 확인하기 위해 양식 컨트롤의 콤보 상자를 사용합니다.

18 [컨트롤 서식] 대화상자에서 [컨트롤] 탭을 선택합니다. [입력 범위]에는 **거래처목록!$B$4:$B$18**을 입력하고, [셀 연결]에는 **$D$11**을 입력합니다. [확인]을 클릭합니다. [E12] 셀을 클릭하여 콤보 상자가 선택된 상태(편집 상태)를 해제한 후 다시 콤보 상자를 클릭하면 거래처 목록이 표시됩니다. 목록 중 [프란문고]를 선택합니다. [D11] 셀에 프란문고의 위치 값 3이 표시됩니다.

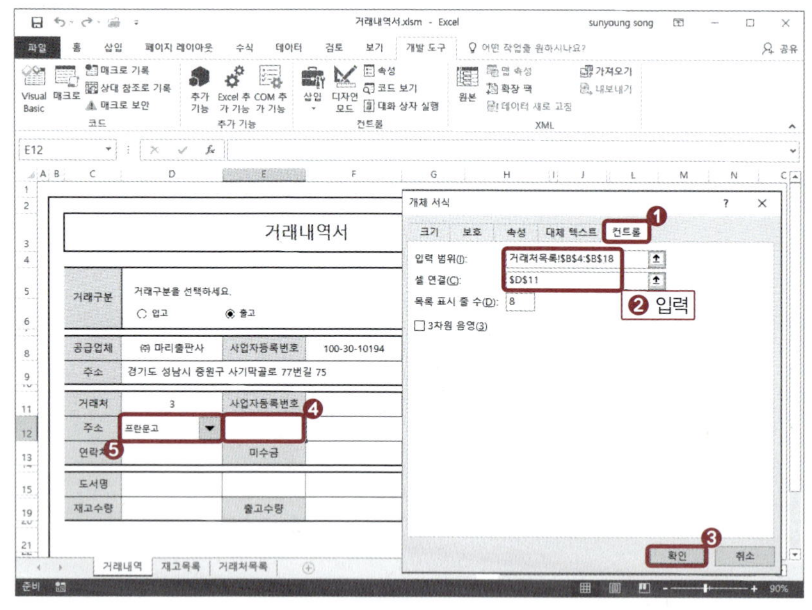

시간 단축

[입력 범위]에 커서를 위치한 후 [거래처목록] 시트를 선택합니다. [B4:B18] 셀 범위를 드래그하여 입력할 수도 있습니다.

실력 향상

[입력 범위]는 콤보 상자의 목록 단추를 클릭했을 때 표시될 목록이 입력된 셀 범위, [거래처목록] 시트의 [B4:B18] 거래처명 범위를 지정합니다. [셀 연결]에는 콤보 상자의 목록에서 선택한 거래처의 위치 값이 표시될 [D11] 셀을 입력합니다.

거래처 목록 중 세 번째에 위치해 있으므로 위치 값 3이 표시됩니다.

19 [Ctrl]을 누른 채 콤보 상자를 선택합니다. 콤보 상자를 드래그히여 [D11] 셀로 이동합니다.

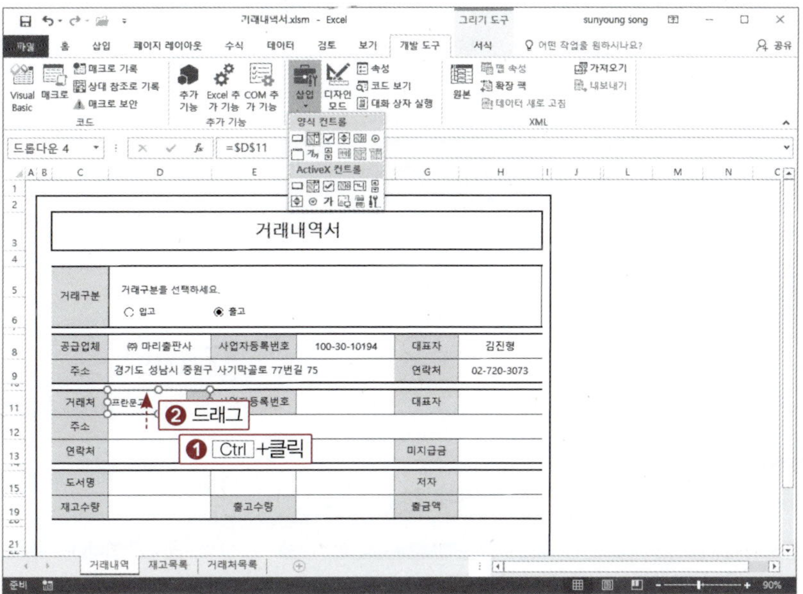

> **실력 향상** 콤보 상자를 클릭하면 콤보 상자가 선택되지 않고 거래처 목록이 표시됩니다. 콤보 상자의 위치를 이동하기 위해서는 [Ctrl]을 누른 상태에서 콤보 상자를 클릭하여 선택된 상태(편집 상태)로 변경한 후 드래그하여 이동합니다.

20 **도서명 콤보 상자 삽입과 속성 설정하기** 도서명 콤보 상자도 삽입하겠습니다. [개발 도구] 탭–[컨트롤] 그룹–[삽입]을 클릭합니다. [양식 컨트롤]–[콤보 상자(양식 컨트롤)]을 선택합니다. [D19:F19] 셀 범위에 드래그하여 콤보 상자를 삽입합니다. 콤보 상자가 선택된 상태에서 마우스 오른쪽 버튼을 클릭합니다. [컨트롤 서식]을 선택합니다.

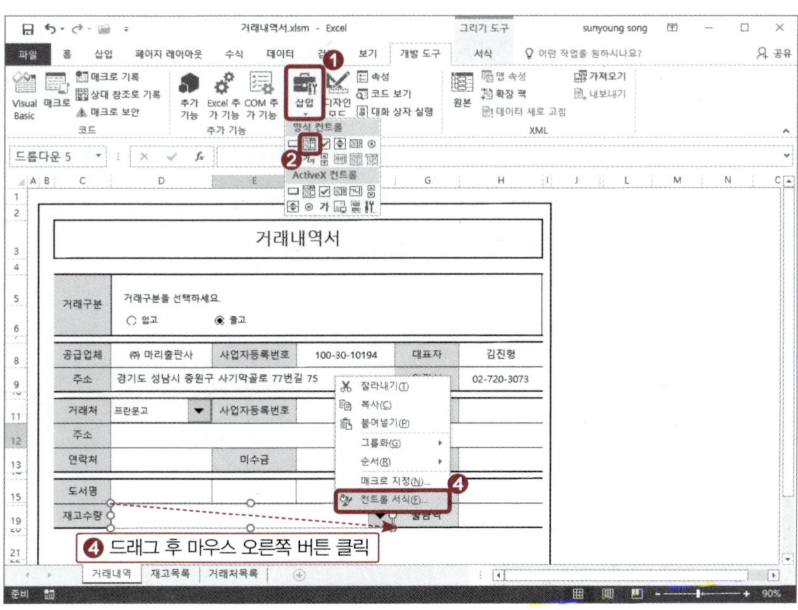

21 [컨트롤 서식] 대화상자에서 [컨트롤] 탭을 선택합니다. [입력 범위]에 **재고목록!$B$4:$B$101**을 입력하고, [셀 연결]에 **$D$15**를 입력합니다. [확인]을 클릭합니다. 도서명 콤보 상자를 [D15:F15] 셀 범위로 이동한 후 콤보 상자의 목록 단추를 클릭하여 도서 목록을 확인합니다.

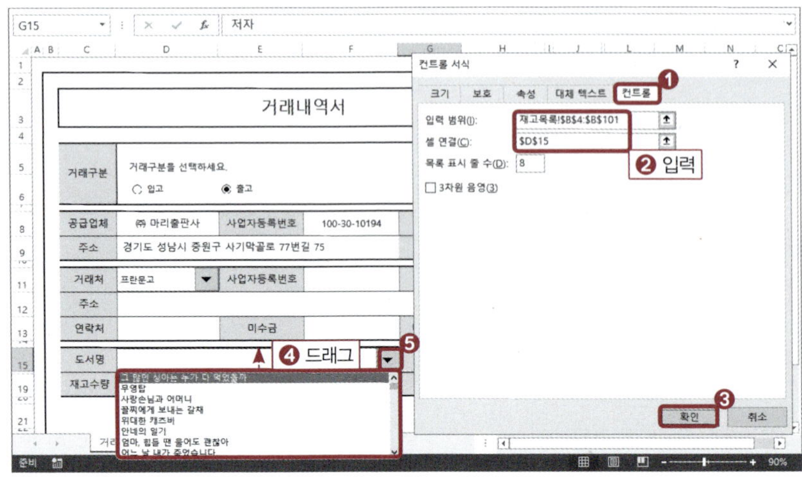

 **실력 향상**

[입력 범위]에 커서를 위치한 후 [재고목록] 시트를 선택합니다. [B4] 셀을 클릭한 후 Ctrl + Shift + ↓ 를 눌러 [B4:B101] 셀 범위를 입력합니다.

 **실력 향상** [입력 범위]는 콤보 상자의 목록 단추를 클릭했을 때 표시될 목록이 입력된 셀 범위, [재고목록] 시트의 [B4:B101] 도서명 범위를 지정합니다. [셀 연결]에는 콤보 상자의 목록에서 선택한 거래처의 위치 값이 표시될 [D15] 셀을 입력합니다.

STEP 02 거래처와 도서의 연관 데이터 가져오기

[거래처] 콤보 상자에서 거래처를 선택하거나 [도서명] 콤보 상자에서 도서명을 선택하면 선택한 거래처나 도서의 연관 데이터를 찾아올 수 있도록 각 시트의 데이터에 이름 정의하고, 정의한 이름과 INDEX, INDIRECT 함수로 수식을 작성하여 연관 데이터를 표시하겠습니다. 입고되거나 출고될 때의 수량 변동과 미수금, 미지급금은 정의된 이름을 이용하여 따로 계산하겠습니다.

22 재고목록과 거래처목록 데이터에 이름 정의하기 [재고목록] 시트를 선택합니다. [A3] 셀을 클릭한 후 Ctrl + A 를 눌러 표 전체를 선택합니다. [수식] 탭-[정의된 이름] 그룹-[선택 영역에서 만들기]를 클릭합니다. [선택 영역에서 이름 만들기] 대화상자의 [첫 행]에만 체크 표시한 후 [확인]을 클릭합니다.

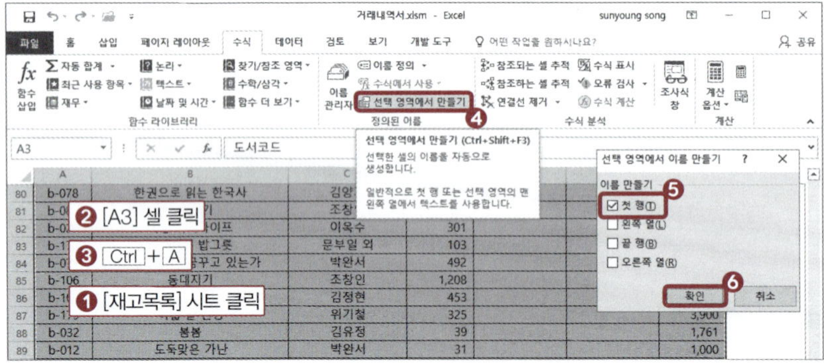

23 [거래처목록] 시트를 선택합니다. [A3] 셀을 클릭한 후 Ctrl + A 를 눌러 표 전체를 선택합니다. [수식] 탭-[정의된 이름] 그룹-[선택 영역에서 만들기]를 클릭합니다. [선택 영역에서 이름 만들기] 대화상자의 [첫 행]에만 체크 표시한 후 [확인]을 클릭합니다.

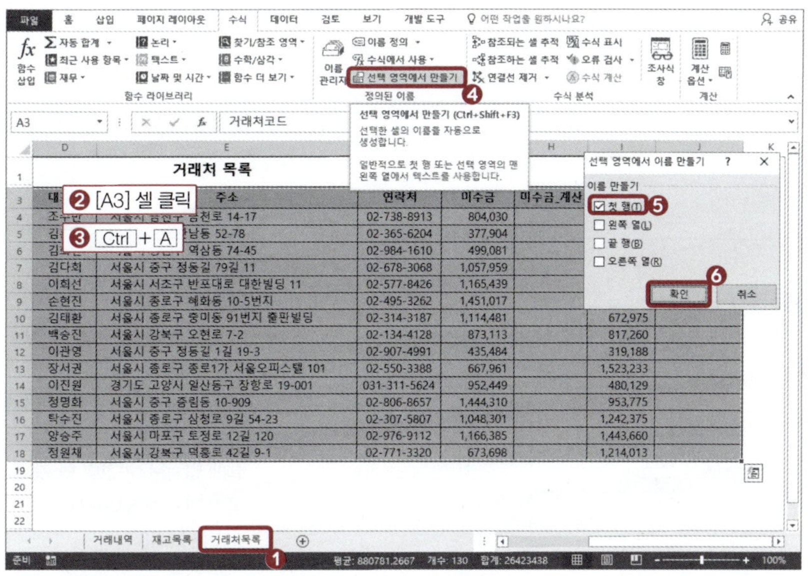

24 선택된 거래처의 연관 데이터 가져오기 거래처 목록에서 선택한 거래처의 연관 데이터를 가져오겠습니다. [거래내역] 시트를 선택합니다. [거래처] 목록에서 [국립중앙도서관]을 선택합니다. 국립중앙도서관의 사업자등록번호를 가져오겠습니다. [F11] 셀에 **=INDEX(INDIRECT(E11),$D$11,1)**을 입력합니다.

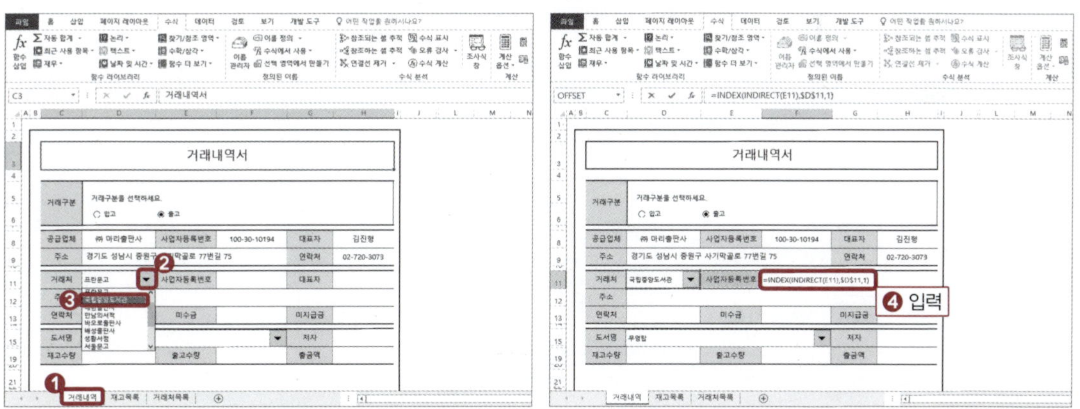

> **실력 향상** 선택한 '국립중앙도서관'은 콤보 상자의 목록에서 네 번째에 있으므로 콤보 상자와 연결된 [D11] 셀에 4 값이 입력됩니다.

> **실력 향상** 함수 형식은 'INDIRECT(참조할 셀 범위)'입니다. [E11] 셀에 입력된 '사업자등록번호' 텍스트를 참조하여 [사업자등록번호] 이름으로 지정된 [거래처목록] 시트의 [C4:C18] 셀 범위를 포함합니다.

> **실력 향상** 함수 형식은 'INDEX(범위, 행, 열)'입니다. [거래처목록] 시트의 [C4:C18] 셀 범위에서 [D11] 셀에 입력된 네 번째 행, 첫 번째 열(열은 하나이므로 1 입력)에 위치한 사업자등록번호 데이터를 가져옵니다.

25 대표자 이름도 표시하겠습니다. [H11] 셀에 **=INDEX(INDIRECT(G11),$D$11,1)**을 입력합니다. 주소와 연락처도 표시하겠습니다. [D12] 셀에 **=INDEX(INDIRECT(C12),$D$11,1)**을 입력하고 [D13] 셀에 **=INDEX(INDIRECT (C13),$D$11,1)**을 입력합니다.

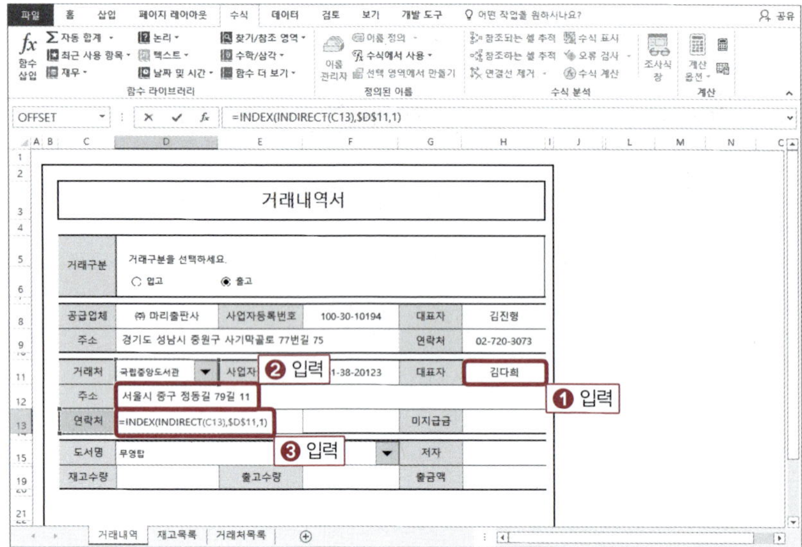

26 미수금과 미지급을 표시하겠습니다. [F13] 셀에 **=INDEX(INDIRECT(E13),$D$11,1)**을 입력하고, [H13] 셀에 **=INDEX(INDIRECT(G13),$D$11,1)**을 입력합니다.

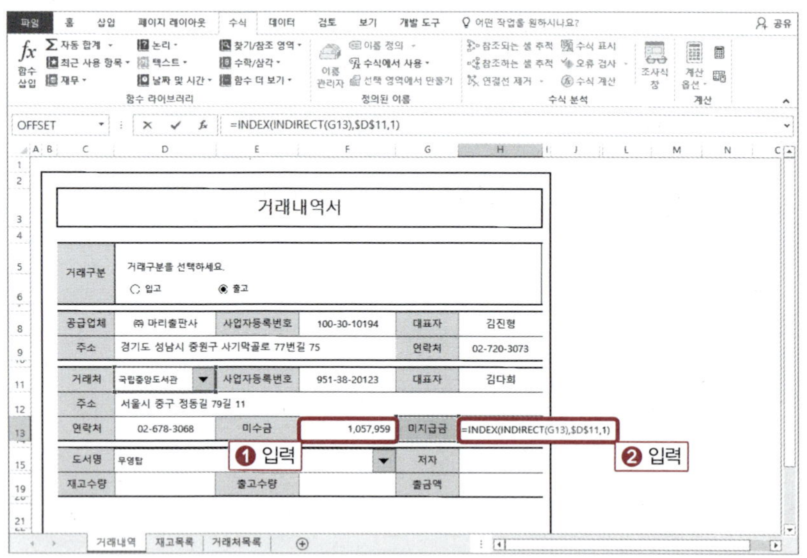

27 선택된 도서의 저자 데이터 가져오기 [도서명] 목록에서 [무영탑]을 선택합니다. 해당 도서의 저자를 표시하겠습니다. [H15] 셀에 **=INDEX(INDIRECT(G15),$D$15,1)**을 입력합니다.

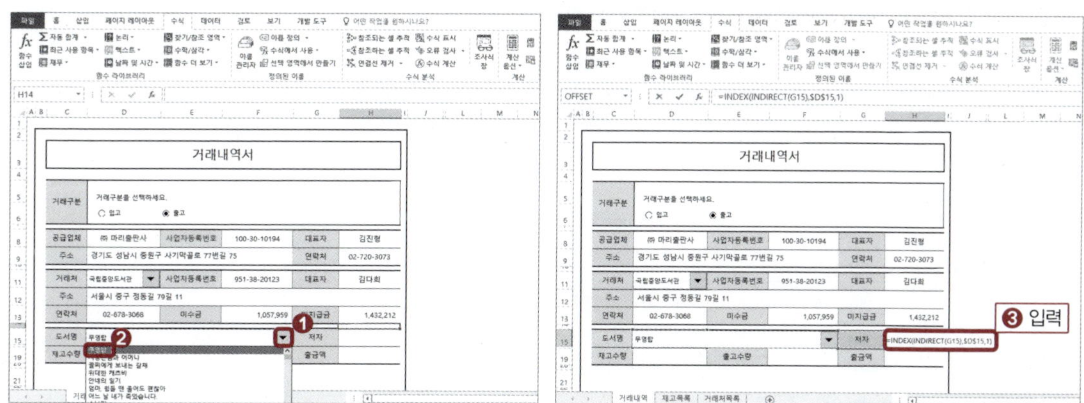

실력 향상 선택한 '무영탑'은 콤보 상자의 목록에서 두 번째에 있으므로 콤보 상자와 연결된 [D15] 셀에 2 값이 입력됩니다.

실력 향상 [G15] 셀에 입력된 '저자'를 참조하여 [저자] 이름으로 지정된 [재고목록] 시트의 [C4:C101] 셀 범위에서 [D15] 셀에 입력된 두 번째 행, 첫 번째 열에 위치한 저자 데이터를 가져옵니다.

28 숨겨진 입고 관련 행 표시하기 숨겨져 있는 입고 화면을 표시하겠습니다. [15:19] 행 범위를 선택합니다. 마우스 오른쪽 버튼을 클릭한 후 [숨기기 취소]를 선택합니다.

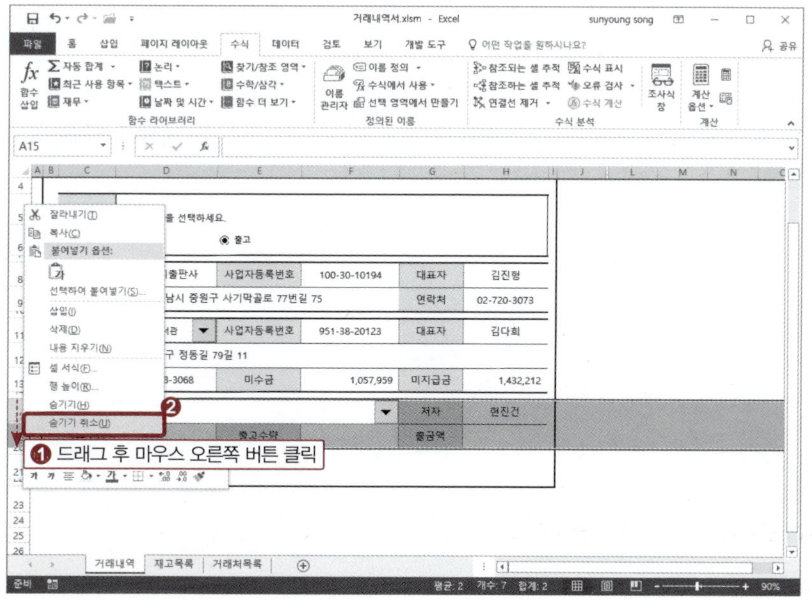

29 선택된 도서의 재고수량 표시하기 입고 화면과 출고 화면에 표시될 재고수량을 표시하겠습니다.
[D16] 셀과 [D19] 셀에 **=INDEX(INDIRECT(C16),$D$15,1)**을 입력합니다. 단가도 표시하겠습니다.
[D17] 셀에 **=INDEX(INDIRECT(C17),$D$15,1)**을 입력합니다.

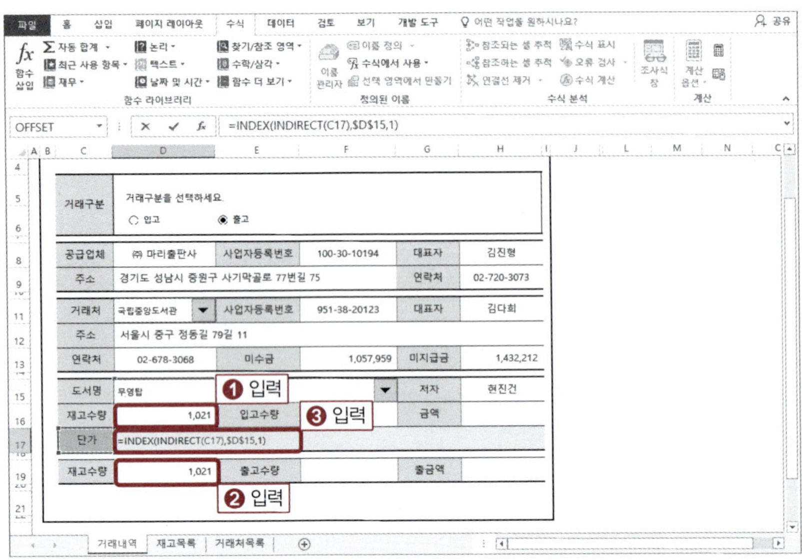

실력 향상 [C16] 셀에 입력된 [재고수량]을 참조하여 [재고수량] 이름으로 지정된 [재고목록] 시트의 [D4:D101] 셀 범위에서 [D15] 셀에 입력된 두 번째 행, 첫 번째 열에 위치한 저자 데이터를 가져오고, [C17] 셀에 입력된 '단가'를 참조하여 [단가] 이름으로 지정된 [재고목록] 시트의 [G4:G101] 셀 범위에서 [D15] 셀에 입력된 두 번째 행, 첫 번째 열에 위치한 단가 데이터를 가져옵니다.

30 입고/출고수량과 단가에 맞는 금액 계산하기 금액을 계산하겠습니다. [H16] 셀에 **=F16*D17**을 입력합니다. 출금액도 계산하겠습니다. [H19] 셀에 **=F19*D17**을 입력합니다.

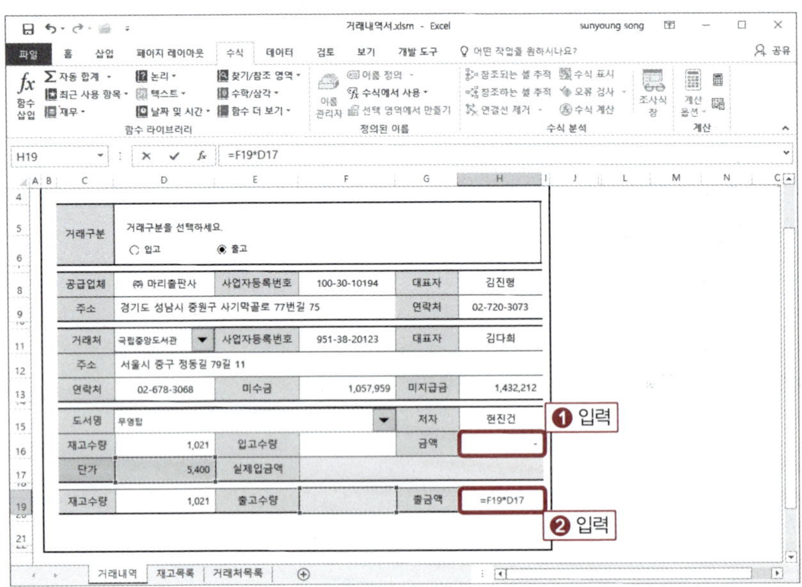

31 입고수량 셀을 이름 정의한 후 계산하기 [F16] 셀을 클릭합니다. [이름 상자]에 **입고수량**을 입력하고 Enter를 눌러 입력을 완료합니다. [재고목록] 시트를 선택합니다. [E4] 셀에 **=D4+입고수량**을 입력합니다. [E4] 셀의 채우기 핸들을 더블클릭하여 수식을 복사합니다.

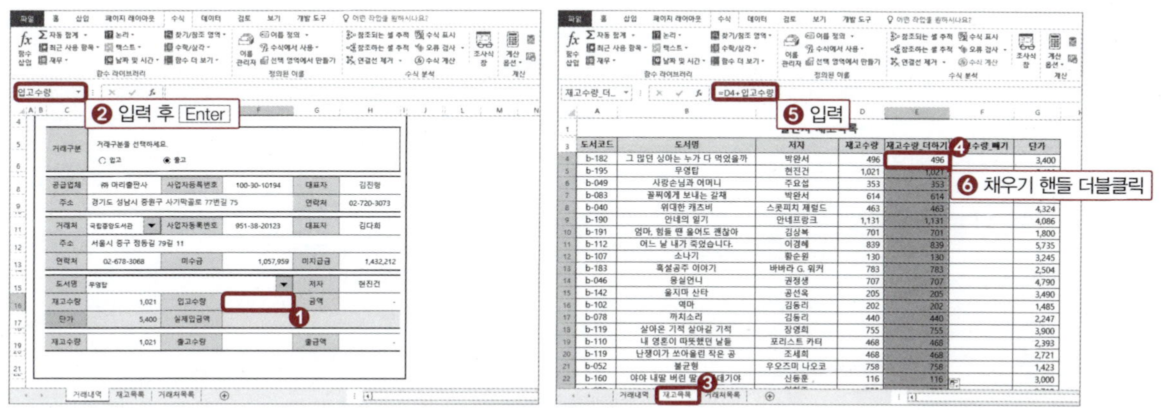

실력 향상 | 기존 재고수량에 입고된 입고수량을 더하여 재고수량을 계산합니다.

실력 향상 | 이름 정의한 [F16] 셀, 즉 입고수량은 매크로 기록 시 입고될 수량을 입력하고 현재 재고수량에 입고수량을 더하기 위해 사용됩니다.

32 실제입금액을 이름 정의한 후 계산하기 [거래내역] 시트를 선택합니다. [F17] 셀을 클릭합니다. [이름 상자]에 **입금액**을 입력하고 Enter를 눌러 입력을 완료합니다. [거래처목록] 시트를 선택합니다. [J4] 셀에 **=I4+입금액**을 입력합니다. [J4] 셀의 채우기 핸들을 더블클릭하여 수식을 복사합니다.

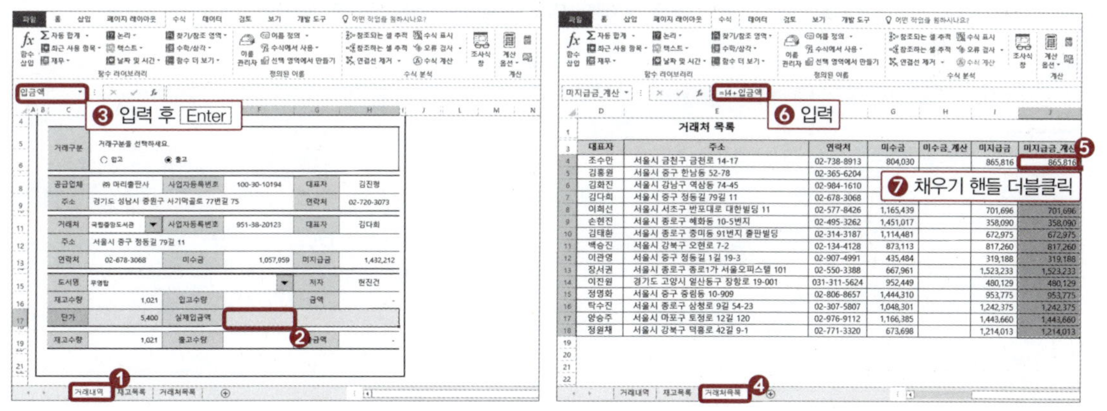

실력 향상 | 거래처와 입고 거래 시 입금되는 금액은 미지급금에 더하여 계산합니다.

33 **출고수량 셀을 이름 정의한 후 계산하기** 출고 관련 계산도 하겠습니다. [거래내역] 시트를 선택합니다.
[F19] 셀을 클릭합니다. [이름 상자]에 **출고수량**을 입력하고 Enter 를 눌러 입력을 완료합니다. [재고목록]
시트를 선택합니다. [F4] 셀에 **=D4-출고수량**을 입력합니다. [F4] 셀의 채우기 핸들을 더블클릭하여 수식
을 복사합니다.

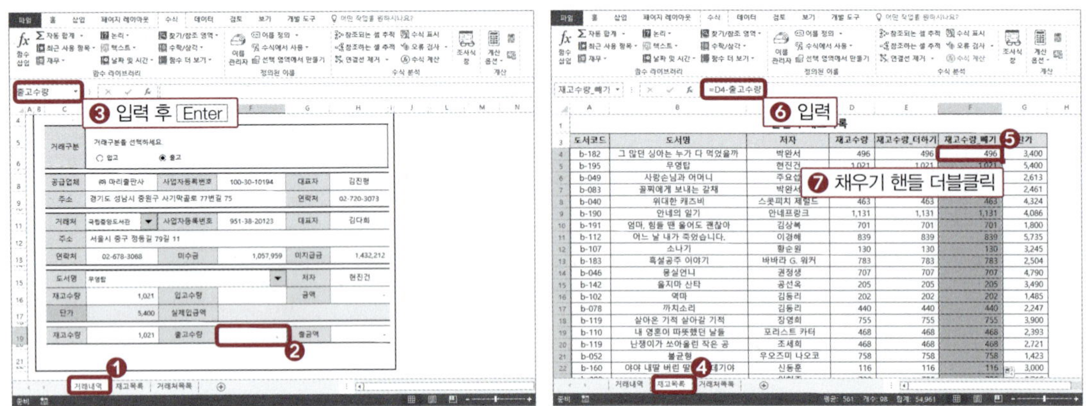

실력 향상 기존 재고수량에 출고된 출고수량을 빼서 재고수량을 계산합니다.

실력 향상 이름 정의한 [F19] 셀, 즉 [출고수량]은 매크로 기록 시 출고될 수량을 입력하고 현재 재고수량에 출고수량을 빼기 위해 사용합니다.

34 **출금액 셀을 이름 정의한 후 계산하기** [거래내역] 시트를 선택한 후 [H19] 셀을 클릭합니다. [이름 상
자]에 **출금액**을 입력하고 Enter 를 눌러 입력을 완료합니다. [거래처목록] 시트를 선택합니다. [H4] 셀에
=G4+출금액을 입력합니다. [H4] 셀의 채우기 핸들을 더블클릭하여 수식을 복사합니다.

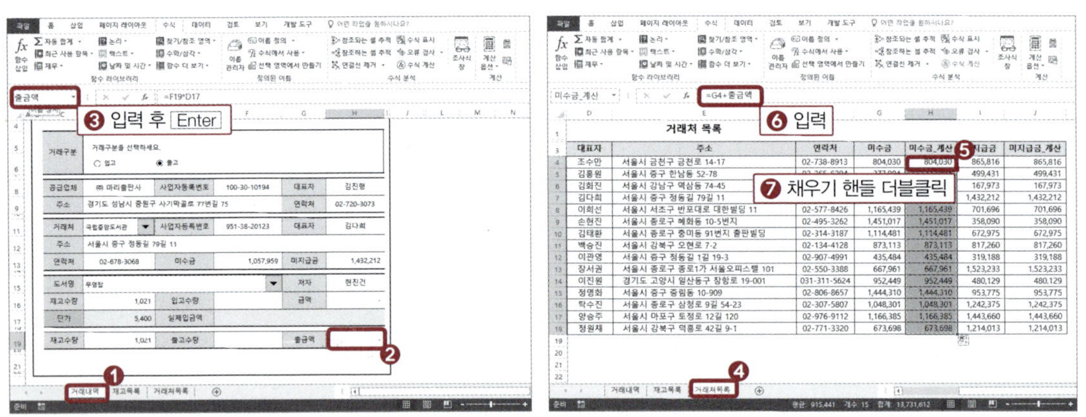

실력 향상 거래처로 출고할 때 출금되는 금액은 미수금에 더하여 계산합니다.

입고와 출고 매크로 기록하고 편집하기

입고 화면에서 입고 관련 내용을 기록한 후 [입력 완료] 단추를 클릭하면 재고수량, 미지급금 등이 재계산되고, 출고 화면에서 출고 관련 내용을 기록한 후 [입력 완료] 단추를 클릭하면 재고수량, 미수금 등이 재계산되도록 매크로를 기록하겠습니다. 또 기록한 매크로만으로는 문서 자동화가 어려우므로 입고와 출고 관련 내용이 정확히 작동되도록 매크로를 편집해보겠습니다.

35 입고기록 매크로 기록하기 [개발도구] 탭–[코드] 그룹–[매크로 기록]을 클릭합니다. [매크로 기록] 대화상자의 [매크로 이름]에 **입고기록**을 입력합니다. [설명]에는 **입고 선택 시, 재고수량이 더해지고 미지급금이 더해지는 매크로**를 입력합니다. [확인]을 클릭합니다.

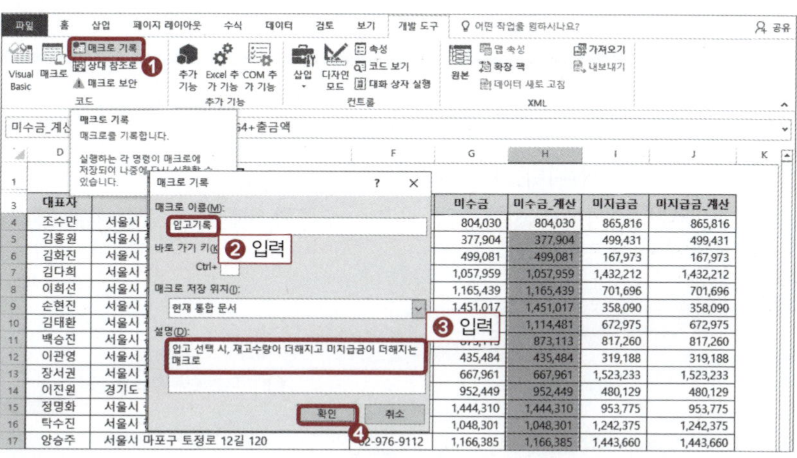

36 매크로 기록이 시작됩니다. [재고목록] 시트를 선택합니다. E열을 선택한 후 마우스 오른쪽 버튼을 클릭합니다. [숨기기 취소]를 선택합니다. [E4] 셀을 클릭한 후 Ctrl+C를 눌러 복사합니다. [D4] 셀을 클릭한 후 마우스 오른쪽 버튼을 클릭합니다. [붙여넣기 옵션]에서 [값]을 선택합니다.

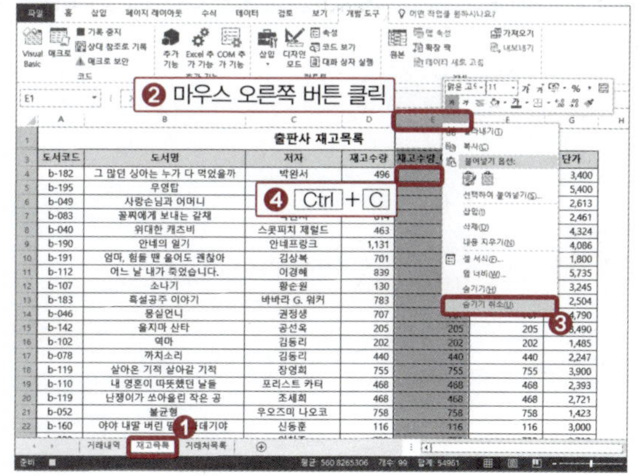

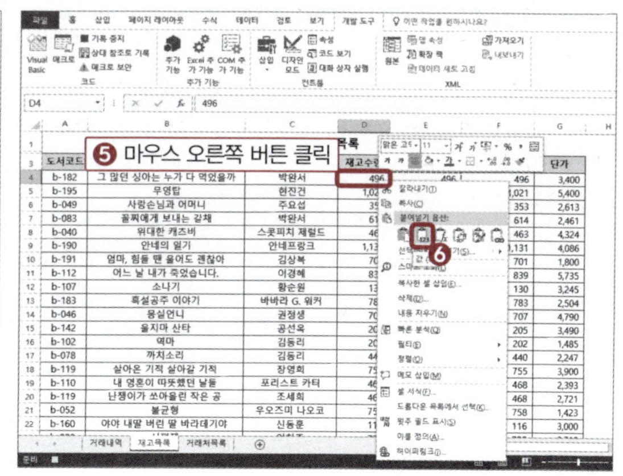

실력 향상 [값] 붙여넣기 옵션을 선택하여 결과 값만 붙여 넣습니다.

37 E열을 선택한 후 마우스 오른쪽 버튼을 클릭합니다. [숨기기]를 선택하여 열을 숨기기 설정합니다. [거래처목록] 시트를 선택합니다. J열을 선택한 후 마우스 오른쪽 버튼을 클릭합니다. [숨기기 취소]를 선택합니다.

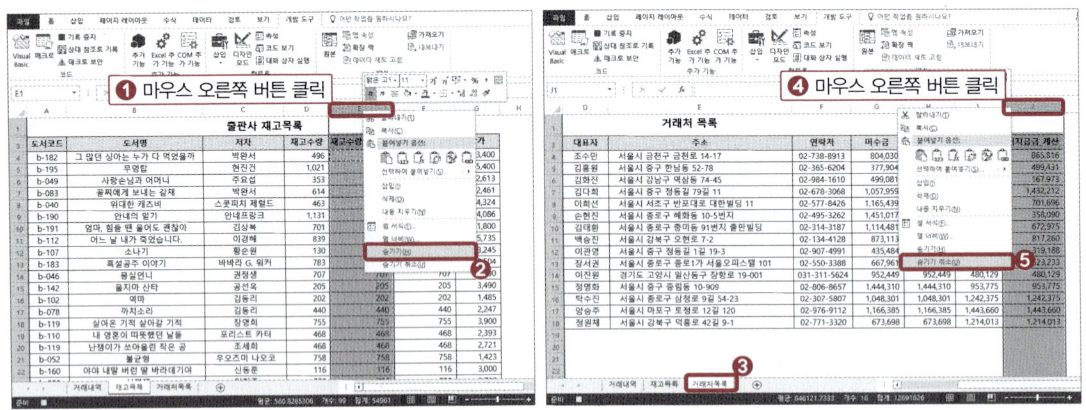

38 [J4] 셀을 클릭한 후 Ctrl + C 를 눌러 복사합니다. [I4] 셀을 클릭한 후 마우스 오른쪽 버튼을 클릭합니다. [붙여넣기 옵션]에서 [값]을 선택합니다. J열을 선택한 후 마우스 오른쪽 버튼을 클릭합니다. [숨기기]를 선택하여 열을 숨기기 설정합니다.

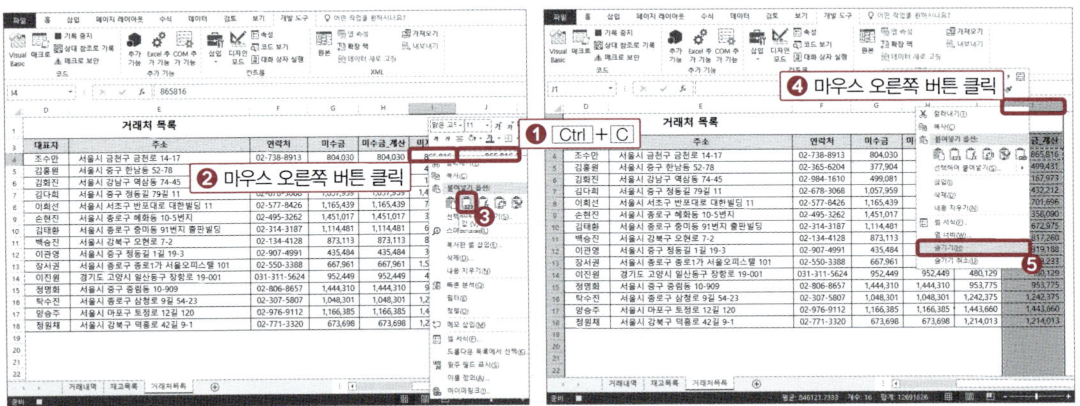

39 [거래내역] 시트를 선택한 후 [개발도구] 탭-[코드] 그룹-[기록 중지]를 클릭합니다.

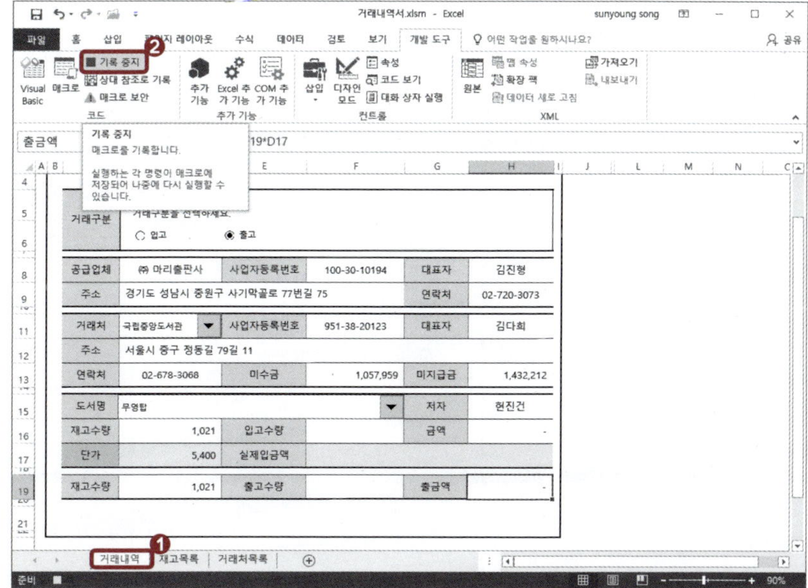

실력 향상

매크로 기록 완료 후 [거래내역] 시트가 보여야 하므로 [거래내역] 시트를 선택한 후 [기록 중지]를 클릭합니다.

40 출고기록 매크로 기록하기 [개발도구] 탭-[코드] 그룹-[매크로 기록]을 클릭합니다. [매크로 기록] 대화상자의 [매크로 이름]에 **출고기록**을 입력합니다. [설명]에는 **출고 선택 시, 재고수량이 빼지고 미수금이 더해지는 매크로**를 입력합니다. [확인]을 클릭합니다.

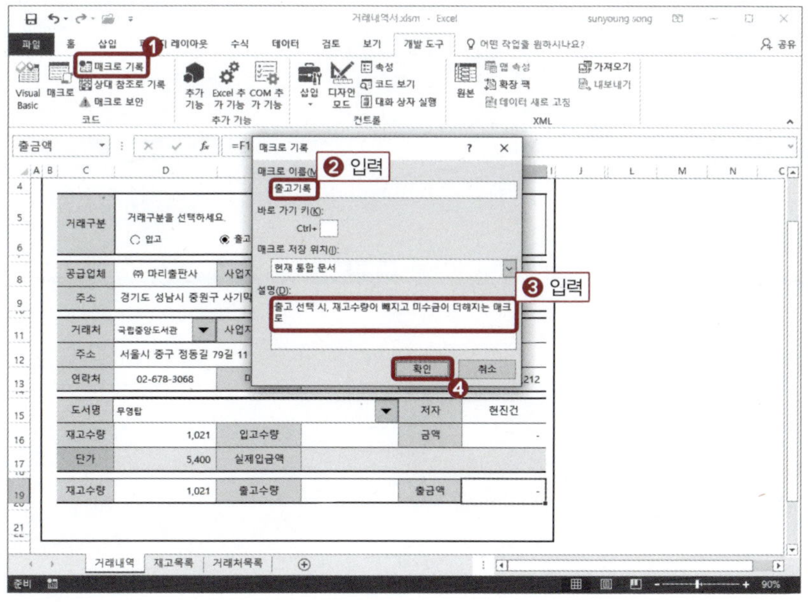

41 매크로 기록이 시작됩니다. [재고목록] 시트를 선택합니다. F열을 선택한 후 마우스 오른쪽 버튼을 클릭합니다. [숨기기 취소]를 선택합니다. [F4] 셀을 클릭한 후 Ctrl+C를 눌러 복사합니다. [D4] 셀을 클릭한 후 마우스 오른쪽 버튼을 클릭합니다. [붙여 넣기 옵션]에서 [값]을 선택합니다.

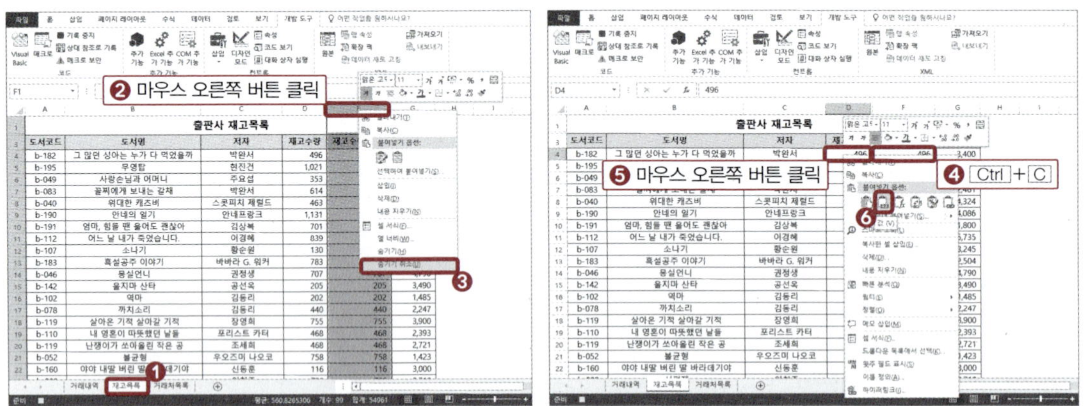

42 F열을 선택한 후 마우스 오른쪽 버튼을 클릭합니다. [숨기기]를 선택하여 열을 숨기기 설정합니다. [거래처목록] 시트를 선택합니다. H열을 선택한 후 마우스 오른쪽 버튼을 클릭합니다. [숨기기 취소]를 선택합니다.

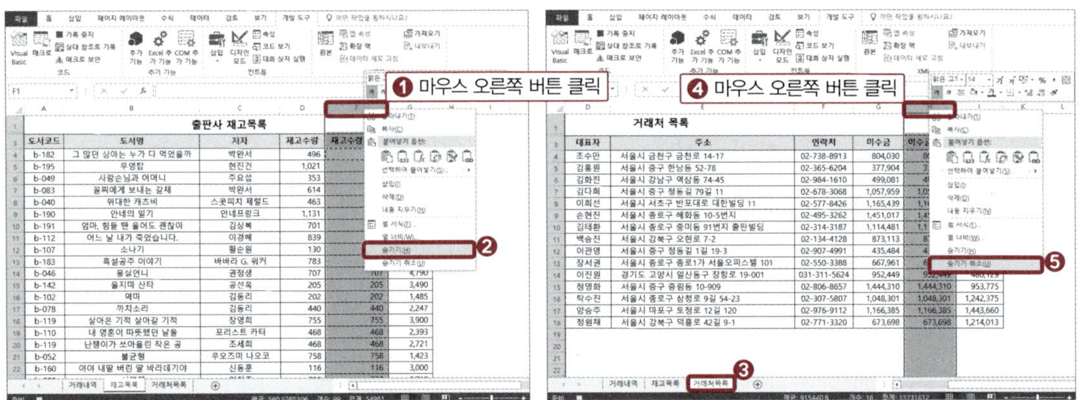

43 [H4] 셀을 클릭한 후 Ctrl + C 를 눌러 복사합니다. [G4] 셀을 클릭한 후 마우스 오른쪽 버튼을 클릭합니다. [붙여넣기 옵션]에서 [값]을 선택합니다. H열을 선택한 후 마우스 오른쪽 버튼을 클릭합니다. [숨기기]를 선택하여 열을 숨기기 설정합니다.

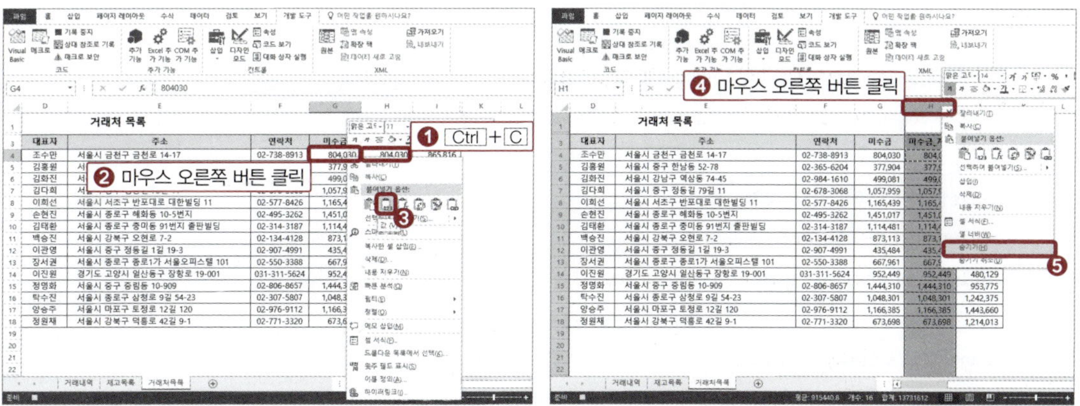

44 입고기록 매크로 수정하기 [거래내역] 시트를 선택한 후 [개발도구] 탭-[코드] 그룹-[기록 중지]를 클릭합니다. 기록된 코드를 수정하겠습니다. [개발도구] 탭-[코드] 그룹-[매크로]를 클릭합니다. [매크로] 대화상자에서 [입고기록] 매크로를 선택한 후 [편집]을 클릭합니다.

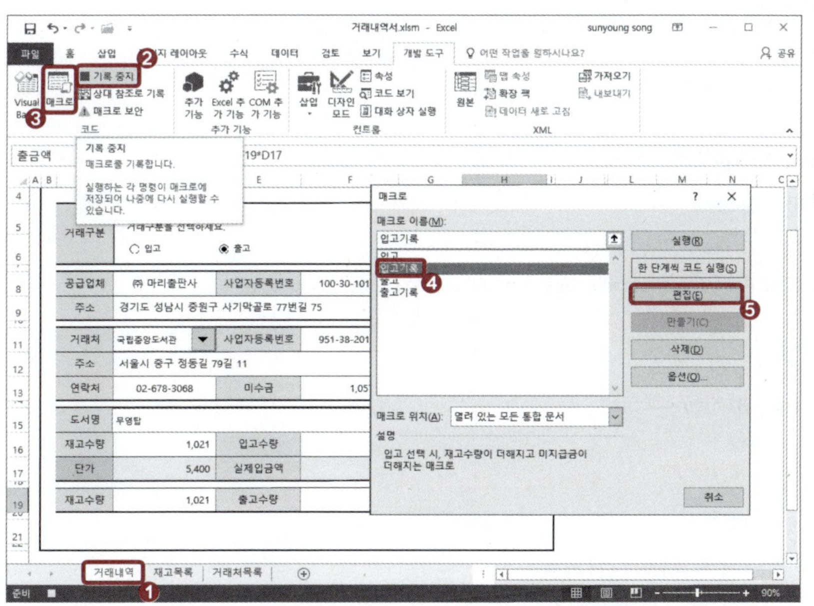

45 비주얼 베이식 편집기 창의 [입고기록] 매크로에 코드를 추가하고 수정합니다. '입고기록 매크로.txt' 파일에서 코드 내용을 확인할 수 있습니다.

```
Sub 입고기록()                                                       추가되는 코드

 ① 선택도서 = Sheets("거래내역").Range("D15").Value
    선택거래처 = Sheets("거래내역").Range("D11").Value


 ② Sheets("재고목록").Select
    Columns("E:E").Select
    Selection.EntireColumn.Hidden = False
                                                                    수정되는 코드

 ③ Range("E" & 선택도서+3).Copy
    Range("D" & 선택도서+3).Select


 ④ Selection.PasteSpecial Paste:=xlPasteValues, Operation:=xlNone, SkipBlanks _
    :=False, Transpose:=False
 ⑤ Columns("E:E").Select
    Selection.EntireColumn.Hidden = True
 ⑥ Sheets("거래처목록").Select
    Columns("J:J").Select
    Selection.EntireColumn.Hidden = False
                                                                    수정되는 코드

 ⑦ Range("J" & 선택거래처+3).Copy
    Range("I" & 선택거래처+3).Select


 ⑧ Selection.PasteSpecial Paste:=xlPasteValues, Operation:=xlNone, SkipBlanks _
    :=False, Transpose:=False
 ⑨ Columns("J:J").Select
    Selection.EntireColumn.Hidden = True
    Sheets("거래내역").Select
                                                                    추가되는 코드

 ⑩ MsgBox "입고가 완료되었습니다."


End Sub
```

❶ [거래내역] 시트의 [D15] 셀에 입력된 선택된 도서의 위치는 '선택도서' 변수에 저장되고, [D11] 셀에 입력된 선택된 거래처의 위치는 '선택거래처' 변수에 저장됩니다.

❷ [재고목록] 시트를 선택합니다. E열을 선택한 후 E열 전체를 숨기기 취소합니다.

❸ E 열에서 '선택도서' 변수에 입력된 위치에 3을 더한 위치의 값을 복사한 후 D열에서 똑같은 위치의 값을 선택합니다. 선택 도서 뒤에 더하는 3은 [재고목록] 시트에서 [1:3] 행의 개수입니다.

❹ 복사한 셀의 값을 [값]으로 붙여넣기합니다.

❺ E열을 선택합니다. 선택한 E열 전체를 숨기기합니다.

❻ [거래처목록] 시트를 선택합니다. J열을 선택한 후 J열 전체를 숨기기 취소합니다.

❼ J열에서 '선택거래처' 변수에 입력된 위치에 3을 더한 위치의 값을 복사한 후 I열에서 똑같은 위치의 값을 선택합니다. 선택 거래처 뒤에 더하는 3은 [거래처목록] 시트의 [1:3] 행의 개수입니다.

❽ 복사한 셀의 값을 [값]으로 붙여넣기합니다.

❾ J열을 선택합니다. 선택한 J열 전체를 숨깁니다. [거래내역] 시트를 선택합니다.

❿ '입고가 완료되었습니다.'라는 메시지를 표시합니다.

슈퍼활용 TIP ★★★★★ MsgBox 함수

MsgBox 함수는 'MsgBox 표시할 메시지, 단추 종류+아이콘 모양+기본 설정 단추 위치, 제목' 형식으로 사용합니다. 메시지를 보여주기만 할 경우에는 괄호 없이 사용하고, 사용자가 선택한 단추 값을 변수나 조건 비교문으로 반환할 때는 표시할 메시지부터 괄호를 묶어줍니다.

단순히 보여주는 메시지	단추 종류와 아이콘 모양을 지정한 메시지
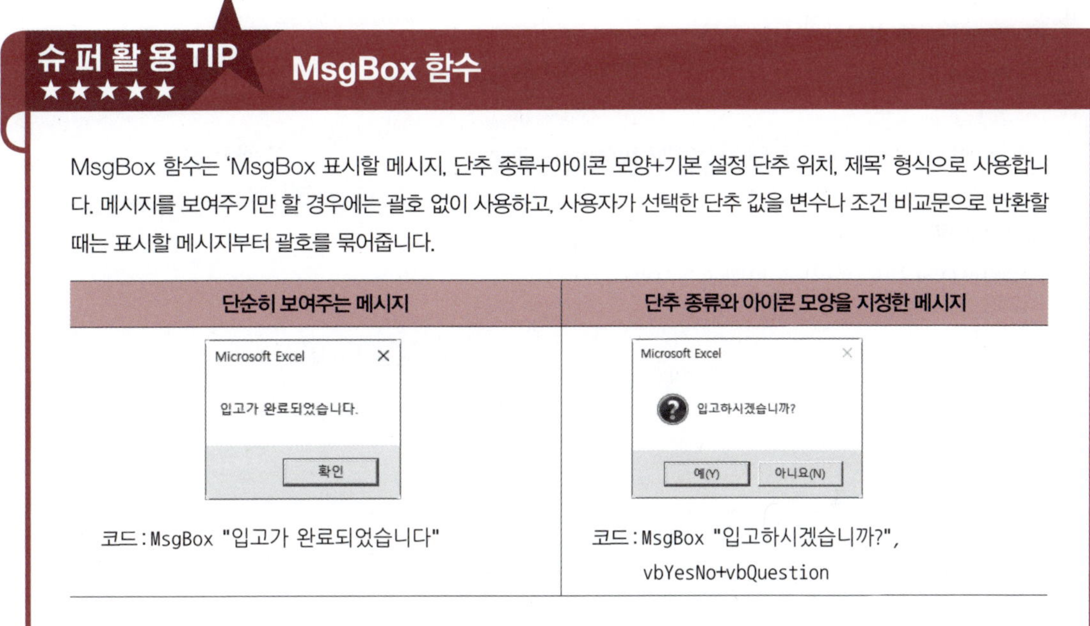	
코드 : MsgBox "입고가 완료되었습니다"	코드 : MsgBox "입고하시겠습니까?", vbYesNo+vbQuestion

46 출고기록 매크로 수정하기 [출고기록] 매크로를 아래와 같이 추가하고 수정합니다. '출고기록 매크로.txt' 파일에서 코드 내용을 확인할 수 있습니다.

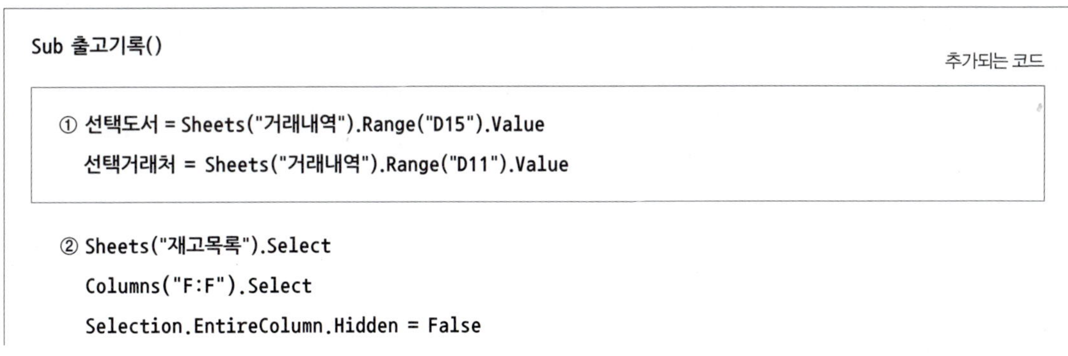

```
Sub 출고기록()
                                                              추가되는 코드

① 선택도서 = Sheets("거래내역").Range("D15").Value
  선택거래처 = Sheets("거래내역").Range("D11").Value

② Sheets("재고목록").Select
  Columns("F:F").Select
  Selection.EntireColumn.Hidden = False
```

수정되는 코드

```vba
③ Range("F" & 선택도서+3).Copy
   Range("D" & 선택도서+3).Select
```

```vba
④ Selection.PasteSpecial Paste:=xlPasteValues, Operation:=xlNone, SkipBlanks _
   :=False, Transpose:=False
⑤ Columns("F:F").Select
   Selection.EntireColumn.Hidden = True
⑥ Sheets("거래처목록").Select
   Columns("H:H").Select
   Selection.EntireColumn.Hidden = False
```

수정되는 코드

```vba
⑦ Range("H" & 선택거래처+3).Copy
   Range("G" & 선택거래처+3).Select
```

```vba
⑧ Selection.PasteSpecial Paste:=xlPasteValues, Operation:=xlNone, SkipBlanks _
   :=False, Transpose:=False
⑨ Columns("H:H").Select
   Selection.EntireColumn.Hidden = True
   Sheets("거래내역").Select
```

추가되는 코드

```vba
⑩ MsgBox "출고가 완료되었습니다."
```

```vba
End Sub
```

❶ [거래내역] 시트의 [D15] 셀에 입력된 선택된 도서의 위치는 '선택도서' 변수에 저장되고, [D11] 셀에 입력되어 있는 선택된 거래처의 위치는 '선택거래처' 변수에 저장됩니다.

❷ [재고목록] 시트를 선택합니다. F열을 선택한 후 F열 전체를 숨기기 취소합니다.

❸ F열에서 '선택도서' 변수에 입력된 위치에 3을 더한 위치의 값을 복사한 후 D열에서 똑같은 위치의 값을 선택합니다. 선택 도서 뒤에 더하는 3은 [재고목록] 시트에서 [1:3] 행 범위의 개수입니다.

❹ 복사한 셀의 값을 [값]으로 붙여넣기합니다.

❺ F열을 선택합니다. 선택한 F열 전체를 숨기기합니다.

❻ [거래처목록] 시트를 선택합니다. H열을 선택한 후 H열 전체를 숨기기 취소합니다.

❼ H열에서 '선택거래처' 변수에 입력된 위치에 3을 더한 위치의 값을 복사한 후 G열에서 똑같은 위치의 값을 선택합니다. 선택거래처 뒤에 더하는 3은 [거래처목록] 시트에서 [1:3] 행 범위의 개수입니다.

❽ 복사한 셀의 값을 [값]으로 붙여넣기합니다.

❾ H열을 선택합니다. 선택한 H열 전체를 숨기기합니다. [거래내역] 시트를 선택합니다.

❿ '출고가 완료되었습니다.'라는 메시지를 표시합니다.

47 입고와 출고 프로세스를 선택하는 입출고내역 매크로 코드 입력하기 [출고기록] 매크로 아래에 새로운 '입출고내역' 매크로를 만들어보겠습니다. '입출고내역 매크로.txt' 파일에서 코드 내용을 확인할 수 있습니다.

```
Sub 입출고내역()
  ① 입출고 = Sheets("거래내역").Range("K5").Value
  ② 실제입금액 = Sheets("거래내역").Range("F17").Value

  ③ If 입출고 = 1 And 실제입금액 = "" Then
      MsgBox "실제입금액이 입력되지 않았습니다. 입금액을 입력해 주십시오."
        Range("F17").Select
  ④ ElseIf 입출고 = 1 And 실제입금액 ◇ "" Then
      Call 입고기록
      Call 입고
  ⑤ Else
      Call 출고기록
      Call 출고
  ⑥ End If
End Sub
```

❶ [거래내역] 시트의 [K5] 셀의 값을 '입출고' 변수에 저장합니다. [K5] 셀은 입고를 선택하면 1, 출고를 선택하면 2 값이 입력됩니다.

❷ [거래내역] 시트의 [F17] 셀의 값을 '실제입금액' 변수에 저장합니다.

❸ If 구문의 시작입니다. '입출고' 변수에 저장된 값이 1이고 '실제입금액' 변수 값이 빈 값이면([입고] 화면이면서 실제입금액이 입력되어 있지 않으면) '실제입금액이 입력되지 않았습니다. 입금액을 입력해 주십시오.'라는 메시지를 표시한 후 [F17] 셀을 선택합니다.

❹ If 문의 조건이 만족되지 않을 경우 Else IF 문으로 이동하여 해당 문이 실행됩니다. '입출고' 변수에 저장된 값이 1이고 '실제입금액' 변수 값이 빈 값이 아니면([입고] 화면이면서 실제입금액이 입력되어 있으면) [입고기록] 매크로를 실행합니다. [입고기록] 매크로 실행 후 [입고] 매크로를 실행하여 '입고수량'과 '실제입금액'에 입력된 데이터를 삭제합니다.

❺ ❸과 ❹의 조건이 모두 맞지 않으면(출고 화면이면) [출고기록] 매크로를 실행합니다. [출고기록] 매크로를 실행한 후 [출고] 매크로를 실행하여 '출고수량'에 입력된 데이터를 삭제합니다.

❻ If 구문이 끝납니다.

조건문이 두 개인 경우

[형식]	[코드]

If 조건 Then
　조건이 참인 경우 실행문
Else
　조건이 거짓인 경우 실행문
End If
	If 입출고 =1 Then
	　Call 입고기록
	Else
	　Call 출고기록
	End If

입출고 값이 1이면 입고기록을 호출하고, 그렇지 않으면 출고기록을 호출합니다.

조건문이 두 개 이상인 경우

[형식]	[코드]

If 조건 Then
　조건이 참인 경우 실행문
ElseIf 두 번째조건 Then
　두 번째 조건이 참인 경우 실행문
Else
　위의 조건이 모두 거짓인 경우 실행문
End If
	If 입출고 =1 Then
	　Call 입고기록
	ElseIf 입출고 = 2 Then
	　Call 출고기록
	Else
	　MsgBox "입/출고 내역을 확인해주십시오."
	End If

입출고 값이 1이면 입고기록을 호출하고, 2면 출고기록을 호출합니다. 1과 2 둘 다 아니면 메시지를 표시합니다.

Call 문은 매크로를 불러오는 역할을 합니다. 프로그램 실행중 Call 문이 나타나면 Call 문 옆에 입력된 매크로로 이동하여 해당 매크로를 실행한 후 다시 원래의 위치로 복귀하여 Call 문 다음의 코드를 실행합니다. 'Call 매크로이름' 형식으로 사용됩니다.

48 단추 컨트롤 삽입 후 매크로 연결하기 [파일] 탭–[닫고 Microsoft Excel(으)로 돌아가기]를 선택합니다. 입출고 기록을 실행할 단추를 추가하겠습니다. [거래내역] 시트를 선택합니다. [개발 도구] 탭–[컨트롤] 그룹–[삽입]을 클릭합니다. [양식 컨트롤]–[단추(양식 컨트롤)]을 선택합니다.

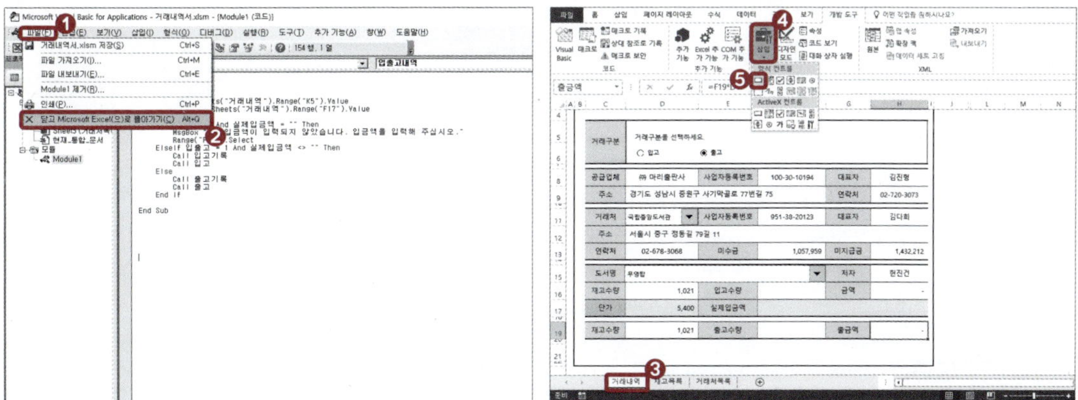

49 [H21 셀에 맞추어 드래그하여 삽입합니다. 단추 삽입 후 [매크로 지정] 대화상자가 표시됩니다. [입출고내역] 매크로 선택 후 [확인]을 클릭합니다. 단추 위에서 마우스 오른쪽 버튼을 클릭합니다. [텍스트 편집]을 선택합니다. 기존 텍스트는 삭제하고 **입력 완료**를 입력합니다.

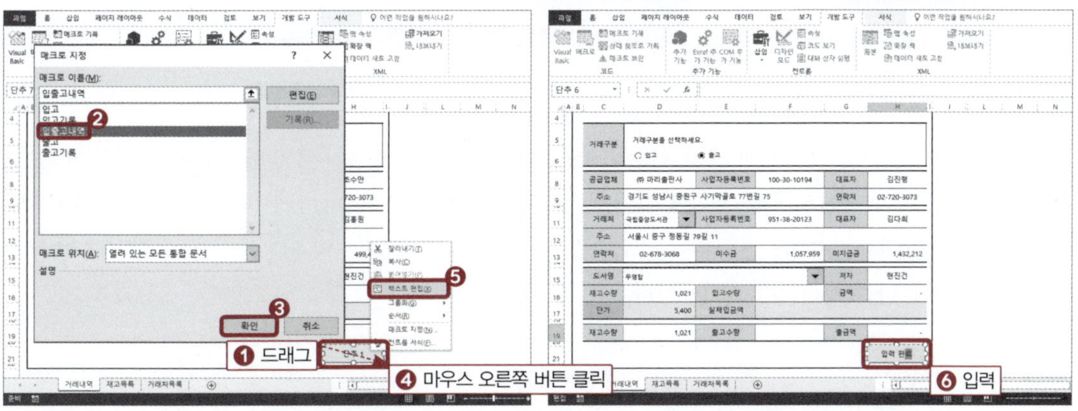

실력 향상 [매크로 이름] 대화상자는 단추 위에서 마우스 오른쪽 버튼을 클릭한 후 [매크로 지정]을 선택하여 표시합니다.

50 입고를 실행해보겠습니다. [입고] 옵션 단추를 클릭하여 입고 화면이 보이도록 설정합니다. [D11] 셀의 거래처 목록에서 [가화출판사]를 선택합니다. [D15] 셀의 도서명 목록에서 [그 많던 싱아는 누가 다 먹었을까?]를 선택합니다. [F16] 셀에 입고수량 **10**을 입력합니다. [F17] 셀에 실제입금액 **30000**을 입력합니다. [입력 완료] 단추를 클릭합니다. 재고수량과 미지급금이 수정되고 '입고가 완료되었습니다.'라는 메시지가 표시됩니다. [확인]을 클릭합니다.

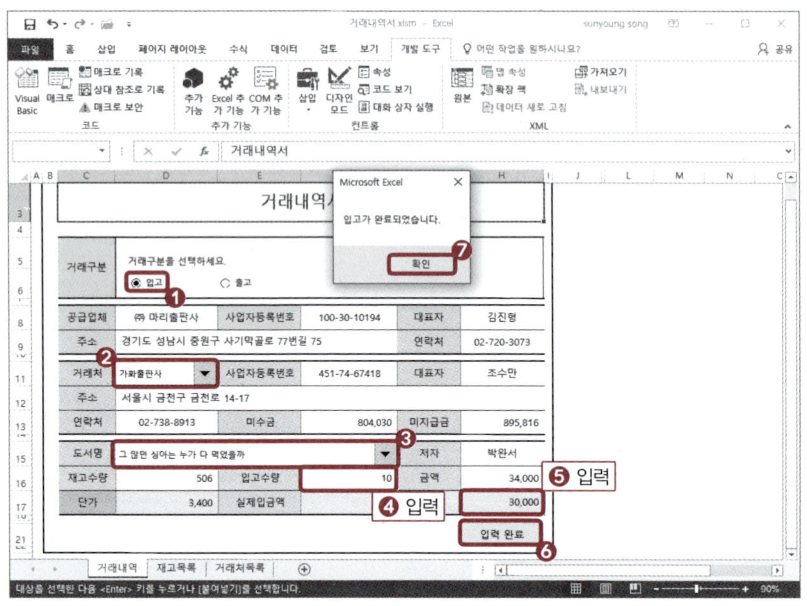

51 [출고] 옵션 단추를 클릭하여 출고 화면이 보이도록 설정합니다. [D11] 셀의 거래처 목록에서 [교모문고]를 선택합니다. [D15] 셀의 도서명 목록에서 [무영탑]을 선택합니다. [F19] 셀에 출고수량 **10**을 입력합니다. [입력 완료] 단추를 클릭하여 출고수량을 수정합니다. 재고수량과 미수금이 수정되고 '출고가 완료되었습니다.'라는 메시지가 표시됩니다.

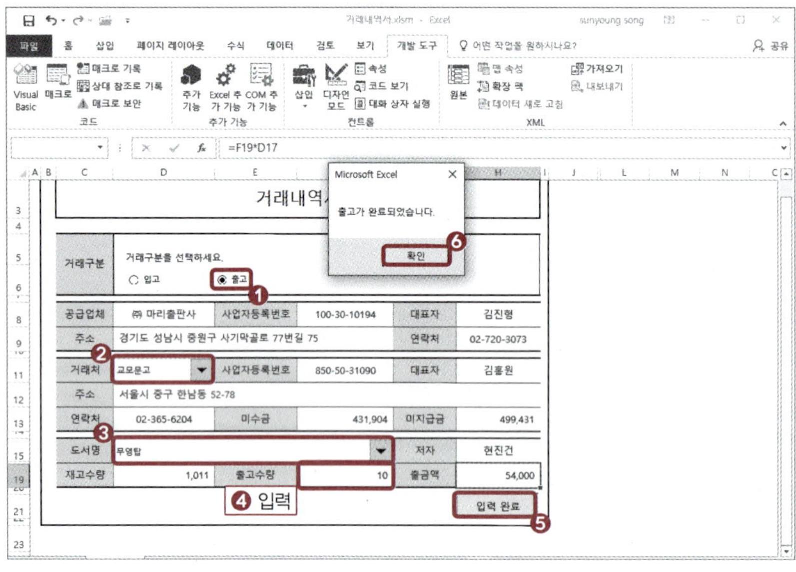

실습 및 완성 파일 다운로드

이 책에 사용된 모든 실습 및 완성 예제 파일은 한빛미디어 홈페이지(www.hanbit.co.kr/media)에서 다운로드할 수 있습니다.
예제 파일은 따라 하기를 진행할 때마다 사용되므로 컴퓨터에 복사해두고 활용합니다.

❶ 한빛미디어 홈페이지 (www.hanbit.co.kr/media)로
접속합니다. 로그인 후 화면 오른쪽 아래에서
[자료실] 버튼을 클릭합니다.

❷ 자료실 도서 검색란에 도서명을 입력하고,
찾는 도서의 제목 부분을 클릭합니다.

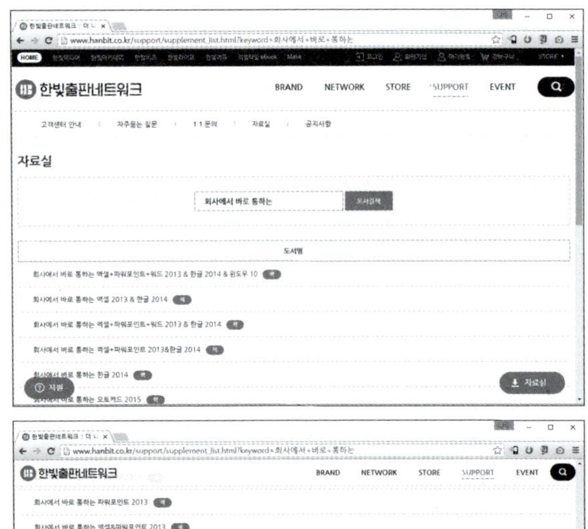

❸ 선택한 도서 정보가 표시되면 오른쪽에 있는
다운로드 아이콘을 클릭합니다.

• 다운로드한 예제 파일은 일반적으로
  [다운로드] 폴더에 저장되며,
  사용하는 웹브라우저 설정에 따라 다를 수 있습니다.

독자 Q&A

학습하다 부딪히는 문제가 있다면 한빛미디어 홈페이지(www.hanbit.co.kr/media)에서 화면 왼쪽 아래에 있는
[지원] 버튼을 클릭해 문의하거나 저자 이메일로 보내 쉽게 해결할 수 있습니다.